magnum
Word 2002

Malte Borges, Jörg Schumacher

M+T magnum

Word 2002

Kompakt
Komplett
Kompetent

Markt+Technik-Verlag

Die Deutsche Bibliothek – CIP-Einheitsaufnahme

Ein Titeldatensatz für diese Publikation ist bei
Der Deutschen Bibliothek erhältlich.

Die Informationen in diesem Buch werden ohne Rücksicht auf einen
eventuellen Patentschutz veröffentlicht.
Warennamen werden ohne Gewährleistung der freien Verwendbarkeit benutzt.
Bei der Zusammenstellung von Texten und Abbildungen wurde mit größter
Sorgfalt vorgegangen.
Trotzdem können Fehler nicht vollständig ausgeschlossen werden.
Verlag, Herausgeber und Autoren können für fehlerhafte Angaben
und deren Folgen weder eine juristische Verantwortung noch
irgendeine Haftung übernehmen.
Für Verbesserungsvorschläge und Hinweise auf Fehler sind Verlag und
Herausgeber dankbar.

Fast alle Hardware- und Softwarebezeichnungen, die in diesem Buch erwähnt werden,
sind gleichzeitig auch eingetragene Warenzeichen oder sollten als solche betrachtet werden.

Umwelthinweis:
Dieses Buch wurde auf chlorfrei gebleichtem Papier gedruckt.
Die Einschrumpffolie – zum Schutz vor Verschmutzung – ist aus
umweltverträglichem und recyclingfähigem PE-Material.

10 9 8 7 6 5 4 3 2 1

04 03 02 01

ISBN 3-8272-6113-9

© 2001 by Markt+Technik-Verlag,
ein Imprint der Pearson Education Deutschland GmbH,
Martin-Kollar-Straße 10–12, D-81829 München/Germany
Alle Rechte vorbehalten
Lektorat: Marcus Beck, mbeck@pearson.de
Fachlektorat: Armin Kappler
Herstellung: Ulrike Hempel, uhempel@pearson.de
Layout und Satz: reemers publishing services gmbh, Krefeld (www.reemers.de)
Druck und Verarbeitung: Media-Print, Paderborn
Printed in Germany

Inhaltsverzeichnis

Vorwort

Bei einer neuen Office-Version, die wie die Vorgänger mit lautem Marketinggetöse erst angekündigt und dann in den Markt eingeführt wurde, stellt sich die Frage: Lohnt sich der Umstieg? Die Antwort lautet, wie bei den Vorgängerversionen: Ja, aber ...

Nach einer anfänglichen Skepsis – als Vielschreiber haben alle Autoren unseres Teams Features wie »individuelle Menüs« und »Hilfe-Assistenten« deaktiviert – machten sich eine Reihe von Funktionen schnell positiv bemerkbar. Die Smart Tags halten was sie versprechen und auch der neue Aufgabenbereich entwickelt sich schnell zu einer ernst zu nehmenden Arbeitshilfe.

Die Liste der neuen Funktionen und Funktionalitäten ist zu lang, um sie hier aufzuzählen. Wichtige Entwicklungsziele wie der Steigerung der Effizienz, die Datensicherheit oder auch die Fähigkeit zur Zusammenarbeit im Team sind nach meiner Ansicht erreicht. Und damit wird deutlich, dass die Office-XP-Produkte im Allgemeinen und Word 2002 im Besonderen ihrem Führungsanspruch im Bereich der Bürosoftware gerecht werden. Und im geschäftlichen Alltag liegt auch der Schwerpunkt: Die Seriendruckfunktion in Verbindung mit Outlook oder Access lassen sich einfacher denn je in perfekte Serienbriefe umsetzen, die Teamfunktionen sind durch exzellente Internetanbindung auf Kooperationen auch über die Unternehmensgrenzen hinaus optimiert. Aber auch der Anwender im SOHO-Bereich (Small Office / Home Office) oder für den privaten Einsatz profitiert von den neuen oder verbesserten Programmfunktionen.

magnum Word 2002 ist lösungsorientiert aufgebaut. Statt Menüpunkte und Dialogboxen zu beschreiben soll dieses Buch dem Leser zeigen, wie Word im Arbeitsalltag zur Lösung von häufig auftretenden Aufgaben eingesetzt wird. Gleichzeitig liefert es den Hintergrund, um auch ungewöhnlichere Arbeiten mit Erfolg durchzuführen.

In diesem Sinn wünsche ich Ihnen, auch im Namen unseres Teams, viel Erfolg mit Word 2002 und diesem Buch.

Types & Bytes Autorenteam

Malte Borges, Jörg Schumacher

Einführung

In dieser Einführung erfolgt der erste Blick auf Word 2002. Thema dieses ersten Teils sind die Bedienelemente, mit denen Sie bei der täglichen Arbeit zu tun haben, die Arbeitsoberfläche des Programms, verschiedene Ansichten und die Anwenderunterstützung.

1 Der Einstieg

In diesem Kapitel werden Ihnen die wichtigsten Windows-Bedienelemente sowie das Arbeiten mit der Maus und Tastatur vorgestellt. Außerdem finden Sie wertvolle Praxistipps. Die weiteren Ausführungen im Buch basieren auf diesen Grundlagen.

1.1 Was leistet eine Textverarbeitung?

Word ist ein typisches Programm für Microsoft Windows. Die Arbeit mit Word setzt also Grundkenntnisse der typischen Bedienelemente voraus. Andererseits können Sie natürlich dadurch auch Kenntnisse aus anderen Windows-Applikationen in Word nutzen – Sie werden eine Menge wieder verwenden.

Die Textverarbeitung ist eine der Anwendungen, die den Siegeszug der Computer in den Büros maßgeblich eingeleitet hat. Microsoft Word ist mittlerweile ein Klassiker unter den Textverarbeitungen und unbestritten das am weitesten verbreitete Büroprogramm. Seine Kernaufgabe besteht in der Textverarbeitung im weitesten Sinn. Natürlich kann Word auch als Ersatz für die Schreibmaschine dienen, doch das wird dem Leistungsumfang dieses Programms nicht annähernd gerecht:

→ Ein Textprogramm zeichnet sich dadurch aus, dass Texte bearbeitet und dann gespeichert werden. Was auf den ersten Blick simpel erscheint, stellt in der Praxis eine wertvolle Arbeitserleichterung dar: Die Texte lassen sich später wieder öffnen, verändern, kopieren und natürlich auch drucken. Ein einmal geschriebener Text steht immer wieder zur Verfügung.

→ Moderne Textverarbeitungen, zu denen Word ohne Zweifel gehört, ersetzen nicht nur die in jüngeren Generationen schon unbekannten Schreibmaschinen, sondern gehen weit darüber hinaus: Sie helfen Ihnen beim Entwurf komplexer Dokumente, können die einzelnen Versionen bei der Arbeit im Team auseinander halten, Grafiken und Tabellen integrieren und sogar Berechnungen anstellen.

Aus einem Textprogramm wird erst durch zusätzliche Funktionen eine Textverarbeitung. Dazu einige Bespiele:

→ Die Rechtschreibprüfung lauert im Hintergrund und wird sofort aktiv, wenn ein unbekanntes Wort im Text auftaucht.

Word unterscheidet bei allen Funktionen für Rechtschreibung und Grammatik verschiedene Sprachen.

→ Dokumentvorlagen enthalten alle oft benötigten Elemente bis hin zum komplett aufgebauten Briefbogen.

→ Textbausteine (AutoText-Einträge) nehmen Ihnen das Eintippen häufig benötigter Passagen ab.

→ Spezielle Teamfunktionen bewahren auch bei verschiedenen Bearbeitern den Überblick über die einzelnen Versionen und Veränderungen.

→ Konvertierungen in Dateiformate, die das Veröffentlichen der Texte im Internet unterstützen, gehören heute selbstverständlich dazu.

Word glänzt mit umfangreichen Möglichkeiten zur Gestaltung des Texts: Schriftart, Schriftgröße, unterschiedliche Farben, Rahmen, Absatzausrichtungen usw. Festzuhalten bleibt, dass Word sich nicht nur um die Texteingabe kümmert, sondern den Text auch optisch in eine ansprechende Form bringt. Schließlich können Sie sogar Bilder oder Grafiken in Texte integrieren. Viele Funktionen erreichen einen Perfektionsgrad, der früher nur in speziellen Satzprogrammen zu finden war.

Auch wenn Sie nicht diese speziellen Anforderungen haben, ist Word die geeignete Anwendung für alle Textarbeiten. Mit leistungsfähigen Assistenten, die Ihnen viele Standardaufgaben abnehmen, gelangen Sie im Handumdrehen zu ansprechenden Ergebnissen.

Selbstverständlich hält Word alle Funktionen bereit, mit denen aus einer eher unansehnlichen Ansammlung von Texten ein gut gestaltetes Dokument wird – doch dazu mehr in späteren Abschnitten.

1.2 Der erste Start

Ob Sie Word als Einzelanwendung installieren oder das gesamte Office-Paket einsetzen, spielt keine Rolle. Nach der Installation hat das Setup-Programm im Ordner *Programme* des Startmenüs einen neuen Eintrag angelegt: *Microsoft Word*. Ein Klick darauf startet die Textverarbeitung.

Auch ein Doppelklick auf ein Programmsymbol auf dem Desktop startet eine Anwendung.

Nach der Installation von Word enthält das Startmenü von Windows die Einträge Neues Office-Dokument *und* Office-Dokument öffnen. *Mit einem Klick auf eine dieser Schaltflächen wählen Sie entweder eine Vorlage oder ein Worddokument. Nach Bestätigung der Auswahl startet Word ebenfalls.*

1.3 Mit der Maus arbeiten

Word erreicht nur mit einer Maus oder einem anderen Zeigegerät seinen vollen Leistungsumfang. Deshalb sollen im Folgenden die betreffenden Grundfunktionen erläutert werden.

Wie funktioniert die Maus?

Die Bewegungen der Maus auf dem Schreibtisch werden in Bewegungen auf dem Monitor umgesetzt. Eine Kugel nimmt die Bewegungen der Maus auf und überträgt sie auf den Mauszeiger am Bildschirm. Der Mauszeiger verändert sich, wenn er auf so genannte sensitive Bildschirmbereiche – z.B. die Ränder eines Fensters – zeigt.

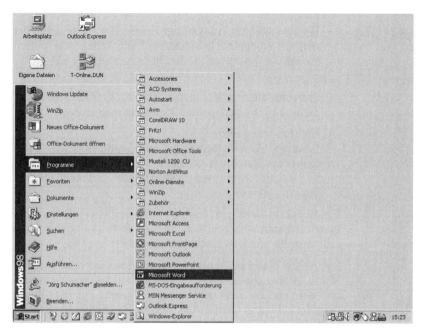

Bild 1.1: Der Ordner Programme *im* Startmenü *von Windows enthält den Eintrag* Microsoft Word *und eventuell weitere Programme der Office-Familie.*

Das Verhalten der Maus kann man über den Eintrag Maus *in der Systemsteuerung verändern. Je nach installiertem Maustreiber lassen sich unterschiedlichste Verhaltensweisen einstellen und anpassen.*

Die Mausfunktionen

Durch Betätigen der Maustasten werden weitere Aktionen eingeleitet. Für jede Mausaktion existiert ein bestimmter Begriff, der auch in diesem Buch einheitlich verwendet wird.

→ *Zeigen*
   Deuten Sie mit dem Mauszeiger auf ein Bildschirmelement, ohne eine Taste zu drücken.

→ *Klicken*
   Beim Klicken wird der Zeiger auf das gewünschte Element bewegt und die linke Maustaste kurz gedrückt. Sofern nichts anderes angegeben ist, bezieht sich der Begriff »Klicken« auf die linke Maustaste. Auf Aktionen der anderen Taste weist z.B. die Bezeichnung »rechter Mausklick« hin. Die rechte Maustaste hat unter Windows mehr Funktionen als in den Vorversionen. Sie ruft kontextsensitive Menüs (Objektmenüs) auf und reagiert damit auf die jeweilige Arbeitsumgebung.

→ *Doppelklick*
Ein zweimaliges Drücken der linken Maustaste schnell hintereinander wird als Doppelklick bezeichnet. Die Zeitspanne zwischen den Klicks stellen Sie bei Bedarf in der Systemsteuerung ein.

→ *Ziehen*
Bewegen Sie den Mauszeiger auf das gewünschte Element, halten Sie die linke Maustaste gedrückt und bewegen Sie die Maus.

→ *Modifiziertes Ziehen*
Bewegen Sie den Mauszeiger auf das gewünschte Element, halten Sie die rechte Maustaste gedrückt und bewegen Sie die Maus. Bei Freigabe der Maus erscheint ein Kontextmenü, aus dem Sie den gewünschten Vorgang wählen.

Einige Mäuse verfügen über eine zusätzliche, mittlere Maustaste. Diese Taste lässt sich – ebenfalls in der Systemsteuerung – frei belegen; sie kann z.B. anstelle eines Doppelklicks eingesetzt werden.

Die rechte Maustaste ruft unter Windows so genannte kontextsensitive Menüs (Kontextmenüs) auf. Hier finden Sie die wichtigsten Funktionen und Befehle, die zum angeklickten Element auf dem Bildschirm oder zur jeweiligen Programmsituation passen. Auch bei der Benutzung von Word lässt sich die Effektivität der Arbeit durch den gezielten Einsatz der rechten Maustaste steigern.

Alle Ausführungen in diesem Buch beziehen sich, sofern nichts anderes angegeben ist, auf die linke Maustaste. Bedenken Sie das, wenn Sie in der Systemsteuerung die Funktionen für die linke und rechte Maustaste vertauscht haben.

Die IntelliMouse

Selten ist etwas Gutes so perfekt, dass man es nicht noch verbessern könnte. Im Handel finden Sie Mäuse, die mehr als zwei oder drei Tasten haben: Die IntelliMouse verfügt zwischen den beiden normalen Maustasten über ein Rad, das auch eine Tastenfunktion aufweist. Leider stehen diese Funktionen nur in Programmen zur Verfügung, die auf die Verwendung dieser speziellen Maus vorbereitet sind. Wie unterstützt diese Maus z.B. das Arbeiten mit den Office-Applikationen?

Ein Klick mit der Radtaste aktiviert den Bildlaufmodus in Word. Der dargestellte Abschnitt bewegt sich in die Richtung, in die Sie die Maus ziehen. Um den Bildlauf zu beenden, genügt es, die Radtaste erneut zu drücken oder den Mauszeiger in die Bildschirmmitte zu stellen. Im Hilfesystem bewegen Sie sich durch Drehen am Rad vorwärts oder rückwärts durch die zuvor angewählten Seiten. Weitere Funktionen werden ausgelöst, wenn Sie gleichzeitig die Tasten Shift oder Strg drücken:

→ Halten Sie die Strg-Taste beim Drehen des Rades gedrückt, um die Darstellungsgröße zu verändern.

→ Auch im Windows Explorer ist die IntelliMouse aktiv: Sie kann – bei gleichzeitigem Halten der Shift-Taste – Ordner öffnen und schließen.

Probieren Sie die Mausfunktionen immer wieder in verschiedenen Programmsituationen aus: Sie werden überrascht sein, wie viele Möglichkeiten Sie für den effektiven Mauseinsatz entdecken.

2 Ein Ausflug über die Benutzeroberfläche

Wie immer bei einem neuen Programm ist der erste Eindruck entscheidend: Ist das Programm intuitiv zu erfassen oder sind umfangreiche Handbuchstudien schon für die ersten Schritte erforderlich? Auch wenn ein Handbuch zunächst entbehrlich erscheint – die grundlegenden Bereiche des Word-Bildschirms sollten Sie schon kennen und zuordnen können.

Die Bildschirmelemente im Überblick

Die Programmoberfläche ist die Schnittstelle zwischen Computer und Anwendung. Sie bietet Steuerelemente, unterschiedliche Darstellungsformen und erlaubt die Eingabe der benötigten Daten. Diese Arbeitsumgebung ist erfreulicherweise bei allen Windows-Programmen und besonders bei den Office-Applikationen relativ identisch.

Die abgebildete Oberfläche entspricht der Darstellung nach der Installation von Word. Sie lässt sich individuell und für verschiedene Anforderungen extra anpassen.

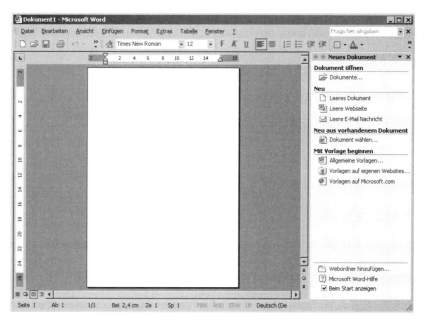

Bild 2.1: Der Bildschirm von Word

Häufig werden Sie mit besonderen (in XP neuen) Steuerelementen konfrontiert: Am rechten – in Ausnahmefällen am linken – Bildschirmrand zeigen sich Bereiche, die als Assistenten oder direkt sichtbare Bibliotheken bei der Arbeit helfen.

Die Titelleiste

Die obere Begrenzung aller Fenster, mit denen sich Windows-Anwendungen auf dem Bildschirm präsentieren, ist die Titelleiste. Sie enthält den Namen der Anwendung, z.B. *Microsoft Word*. Dieser Eintrag wird durch die Bezeichnung der gerade aktiven Dokumentendatei ergänzt.

Ganz links in der Titelleiste öffnet sich nach einem Klick auf das Programmsymbol das Systemmenü.

 Ein Doppelklick auf das Systemmenü schließt das entsprechende Programm. Falls ungespeicherte Änderungen am Dokument vorliegen, erscheint eine Sicherheitsabfrage.

Auf der rechten Seite der Titelleiste befinden sich drei weitere Symbole: Das Symbol links dient dem Minimieren, das zweite Symbol schaltet das Anwendungsfenster zwischen Vollbild- und Fensterdarstellung um. Das »X« in der Titelzeile schließt das Anwendungsfenster – und damit auch die Anwendung.

Dokument1 - Microsoft Word

Bild 2.2: Die Titelleiste des Anwendungsfensters enthält alle gewohnten Windows-Fensterelemente.

Die Menüleiste

Ein Klick auf einen Menüeintrag in der Menüleiste öffnet ein Menü. Ausgehend von den Hauptmenüs haben Sie Zugriff auf eine große Zahl von weiteren Funktionen – die Befehle in den Menüs. Die Hauptmenüeinträge ordnen diese Funktionen. Einige Besonderheiten sind dabei wissenswert:

→ Das Layout von Word 2002 ist gegenüber dem bisher gewohnten Windows-Standard verändert: Die geöffneten Menüs bestehen aus einer grauen Symbolspalte am linken Rand und den Menüeinträgen auf weißem Grund. Beim Überfahren der Menüeinträge mit dem Mauszeiger wird der aktive Befehl deutlich hervorgehoben.

→ Das Programm zeigt zunächst nur die wichtigsten Einträge. Ein Klick auf den nach unten zeigenden Doppelpfeil am unteren Rand oder eine kurze Pause nach dem Öffnen des Menüs öffnet die bislang verborgenen Einträge. Sie heben sich durch eine hellere Hintergrundtönung in der grauen Symbolspalte des Menüs von den Standardeinträgen ab. Wenn Sie aber einen der Befehle aus dem erweiterten Befehlsmenü nutzen, dann geht Word davon aus, dass Sie diesen Befehl öfter nutzen werden: Ab sofort erscheint auch dieser Befehl sofort bei einem erneuten Öffnen dieses Menüs. Dieses Verhalten fällt unter den Begriff »personalisierte Menüs«.

→ Hellgraue Menüeinträge stehen derzeit nicht zur Verfügung. Word verhindert dadurch den Zugriff auf Werkzeuge, die im Kontext sinnlos sind oder für deren Funktion kein Objekt im Dokument vorhanden ist.

→ Ein schwarzer Pfeil am rechten Rand des Menüs weist darauf hin, dass hier ein weiteres Untermenü verborgen ist. Es genügt, den Mauszeiger ohne Klicken auf diesen Eintrag zu bewegen, um dieses Untermenü zu öffnen.

→ Vor einigen Befehlen sehen Sie in der Symbolspalte Symbole, die Sie in den Symbolleisten wiederfinden. Ein Klick auf dieses Zeichen in einer Symbolleiste löst die gleiche Funktion aus wie der Aufruf des Menübefehls.

→ Hinter einigen Menüeinträgen finden sich drei Punkte. Diese Punkte weisen darauf hin, dass nicht unmittelbar etwas geschieht, sondern zunächst eine Dialogbox erscheint.

→ Waagerechte Striche in aufgeklappten Menüs trennen Befehlsblöcke voneinander ab. Menüoptionen eines Befehlsblocks sind also thematisch verwandt.

Die weiteren Ausführungen des Buchs nennen Menüeinträge ohne besonderen Hinweis auf die komplexeren Zusatzbefehle. Wenn Sie einen angegebenen Befehl nicht auf Anhieb finden, klicken Sie auf den Doppelpfeil nach unten, um diese Funktionen zu sehen.

→ Schließlich sind in den geöffneten Menüs noch Tastenkombinationen zu finden. `Strg`+`X` bedeutet zum Beispiel, dass die `Strg`-Taste gehalten und dann die `X`-Taste gedrückt werden soll. Die Tastenkombinationen lösen die gleichen Funktionen wie die zugehörigen Befehle aus: `Strg`+`X` entspricht also dem Befehl *Bearbeiten/Ausschneiden*.

Erst durch Tastenkombinationen wird das Arbeiten mit Word richtig effizient. Übersichten der wichtigsten Kombinationen finden Sie im Anhang.

Einen Menübefehl können Sie entweder durch einen Klick mit der Maus oder durch eine Tastenkombination aufrufen. Einer der Buchstaben der Menüs ist unterstrichen – der so genannte Kennbuchstabe. Wenn Sie die `Alt`-Taste halten und diesen Buchstaben drücken, wird der Menübefehl ausgelöst. Ein Beispiel: `Alt`+`D` öffnet das Menü *Datei*, da Sie sich jetzt schon im Menü befinden, genügt das `S`, um den Befehl *Speichern* zu aktivieren.

Auch in Dialogboxen finden Sie Einträge mit unterstrichenen Buchstaben. Auch hier funktioniert die Kombination `Alt`+`Kennbuchstabe`.

Im rechten Bereich der ansonsten unspektakulären Menüleiste ist das Listenfeld *Frage eingeben* platziert. Nach einem Klick können Sie wie in ein Eingabefeld eine Frage oder einen Suchbegriff eingeben und mit `Enter` bestätigen. Word bietet dann die gewünschte Hilfe zum eingegebenen Thema.

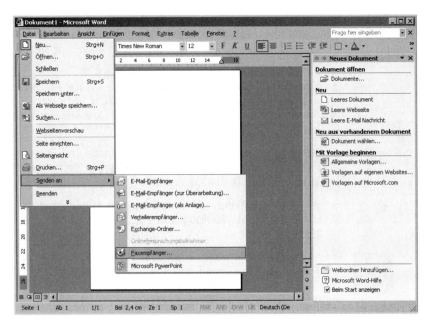

Bild 2.3: *Die Word-Menüleiste mit aufgeklapptem und erweitertem Menü* Datei. *Hier ist das Untermenü* Senden an *geöffnet.*

Die Symbolleisten

Mit den in Windows überall verwendeten Symbolleisten bietet auch Word schnellen Zugriff auf die wichtigsten Befehle. Viele der Symbole – auch als Icons bezeichnet – finden Sie mit der gleichen Bedeutung auch in allen Anwendungsprogrammen und vor den entsprechenden Menüeinträgen wieder.

Die Symbolleisten erscheinen üblicherweise flach. Das jeweils aktive Symbol wird erhoben dargestellt, sobald der Mauszeiger darauf ruht. Einige der Schaltflächen können umrahmt und blau schattiert erscheinen, z.B. die Schaltfläche *F*, wenn der markierte Text fett ausgezeichnet ist.

Nach der Installation werden in Word zwei Symbolleisten angezeigt. Die linke Leiste bis zu den ersten nach rechts gerichteten Doppelpfeilen trägt den Namen *Standard*, die rechte heißt *Format*. Beide Symbolleisten teilen sich eine Zeile. Das hat zur Folge, dass nicht alle verfügbaren Symbole in den Leisten Platz finden. Deshalb arbeiten die Symbolleisten als so genannte personalisierte Symbolleisten. Die Leisten zeigen jeweils die Symbole, mit denen Sie arbeiten: Ausgehend von einer Standardvorgabe ordnen die Programme zusätzliche Symbole in der Symbolleiste ein, wenn Sie sie aus dem erweiterten Umfang erstmalig benutzen. Dafür wird ein bisher noch nicht genutztes Symbol im Hintergrund verschwinden. Auf diese Weise erhalten Sie nach und nach Symbolleisten, die bei Platzmangel ausschließlich häufig genutzte Symbole zeigen.

Weitere Symbolleisten lassen sich mit einem rechten Mausklick in der Menü-leiste oder auf eine sichtbare Symbolleiste aktivieren. Auch der Befehl Ansicht/Symbolleisten *dient dem Ein- oder Ausschalten dieser Steuerele-mente.*

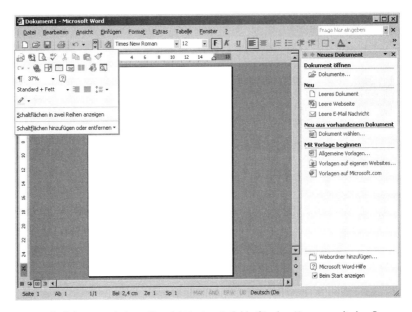

Bild 2.4: Die Symbolleisten enthalten die wichtigsten Befehle für den Umgang mit den Pro-grammen.

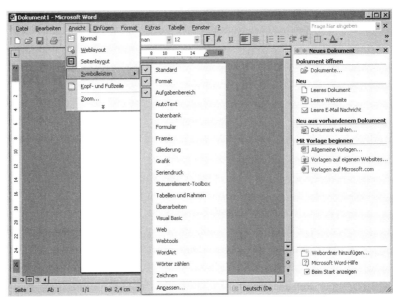

Bild 2.5: Über das Menü Ansicht/Symbolleisten *können Sie je nach Bedarf auf weitere Symbol-leisten zugreifen.*

Alle Symbolleisten und auch die Menüzeile sind auf der linken Seite mit mehreren Strichen versehen. Wenn Sie Leisten mit gehaltener linker Maustaste in den Arbeitsbereich ziehen, erscheinen diese als frei verschiebbare Fenster, so genannte »Paletten«. Auf diese Weise können Sie auch alle Fensterränder als neue feste Position für die Leisten wählen.

Haben Sie auf diese Weise eine Symbolleiste verschoben – ein Doppelklick auf deren Titelleiste verbannt sie wieder auf ihren angestammten Platz, ein Klick auf das Symbol *Schliessen* lässt sie verschwinden.

 Word zeigt passende Symbolleisten je nach Programmsituation automatisch an. Die Symbolleisten lassen sich jetzt ganz schnell anpassen, wenn Sie die Pfeilschaltfläche am rechten Rand anklicken.

Exkurs Personalisierte Menüs deaktivieren

Die personalisierten Menüs und Symbolleisten sind nicht jedermanns Geschmack. Deshalb können Sie die Funktionalität ausschalten.

→ Wählen Sie in der gewünschten Anwendung den Befehl *Extras/Anpassen*. Es öffnet sich die Dialogbox *Anpassen*.

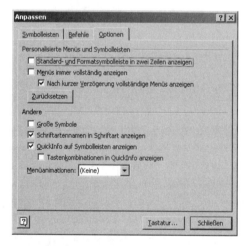

Bild 2.6: In der Dialogbox Anpassen *regeln Sie das Verhalten der Menüleiste und der Symbolleisten.*

→ Aktivieren Sie das Kontrollkästchen *Standard- und Formatsymbolleiste in zwei Zeilen anzeigen*, wenn Sie das wechselnde Verhalten der Symbolleisten abschalten möchten.

→ Die Deaktivierung des Kontrollkästchens *Nach kurzer Verzögerung vollständige Menüs anzeigen* führt dazu, dass erst ein Klick auf den Doppelpfeil am unteren Ende eines Menüs das Menü vollständig öffnet.

→ Um das Menü von Anfang an mit allen Befehlen zu sehen, hilft ein Klick in das Kontrollkästchen *Menüs immer vollständig anzeigen*.

→ Mitunter wird die Ansicht der personalisierten Menüs bzw. Symbolleisten so gewünscht, wie sie nach der Installation eingestellt war. In diesem Fall stellt ein Klick auf *Zurücksetzen* diesen Zustand wieder her: Manuelle Veränderungen, z.B. ein eigener Befehl in einem Menü oder ein eigenes Symbol in einer der betroffenen Symbolleisten, bleiben allerdings erhalten.

Der Aufgabenbereich

Sofort nach dem Start einer Anwendung fällt ein markanter Bereich am rechten Bildschirmrand auf. Es ist der *Aufgabenbereich*, ein Bereich mit nützlichen Befehlen. Er enthält statt einer oder mehrerer Dialogboxen eine Sammlung von Befehlen bzw. Einstellungen. Der Arbeitsbereich verwaltet z.B. die zentralen Office-Funktionen *Office-Zwischenablage*, *Suchen* und *Neues Dokument*. Word bietet außerdem die Funktion *ClipArt einfügen* sowie spezielle Funktionsbereiche zur Hilfe und Unterstützung bei programmspezifischen Aufgaben.

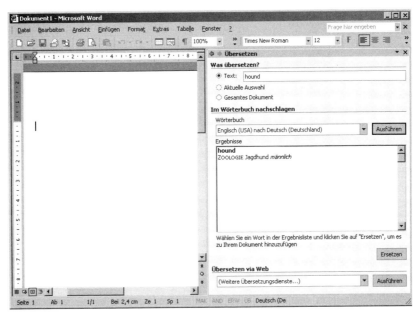

Bild 2.7: Der Aufgabenbereich bietet wesentliche Hilfestellungen bei der Erledigung spezieller Aufgaben.

In der Titelleiste des Aufgabenbereichs finden Sie Steuerelemente zur Verwaltung dieses Werkzeugs:

→ Das Kreuz am rechten Rand dient zum Verbergen des Aufgabenbereichs. Falls Sie den Arbeitsbereich erneut aktivieren möchten, verwenden Sie den Befehl *Ansicht/Aufgabenbereich* bzw. *Ansicht/Symbolleisten/Aufgabenbereich*.

→ Der nach unten gerichtete Pfeil *Weitere Aufgabenbereiche* öffnet ein – je nach Anwendung unterschiedliches – Auswahlmenü mit den spezifischen Arbeiten, für die ein spezieller Aufgabenbereich zur Verfügung steht.

→ Sobald Sie mit mehreren Aufgabenbereichen arbeiten, können Sie mit den Schaltflächen *Vor* bzw. *Zurück* am linken Rand des Aufgabenbereichs zwischen den verschiedenen Aufgaben wechseln.

Der Arbeitsbereich

Der Arbeitsbereich nimmt den größten Teil des Fensters ein. In diesem Bereich können Sie Texte verfassen, korrigieren und gestalten. Wenn Sie eine neue Datei öffnen, erscheint der Arbeitsbereich fast leer. Sie erkennen einen senkrechten, blinkenden Strich – die Schreibmarke - und die leere Seite im Hintergrund.

Die Schreibmarke markiert die Stelle im Fenster, an der der Text erscheint, wenn Sie ihn über die Tastatur eingeben. Das ist zunächst die Stelle am Beginn des Dokuments. Geben Sie über die Tastatur einige Zeichen ein. Sie sehen, wie sich die Schreibmarke nach rechts bewegt und der Text erscheint.

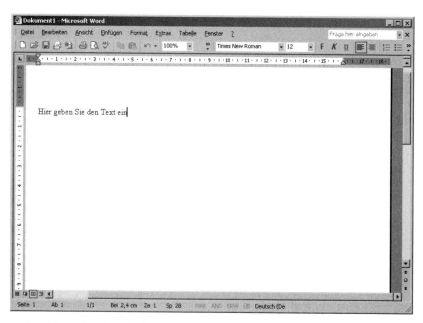

Bild 2.8: Im Arbeitsbereich geben Sie den Text an der Position der Schreibmarke ein.

Sie sind aber nicht daran gebunden, den Text in der ersten Zeile des Dokuments zu beginnen. Durch Klicken und Eingeben setzen Sie die Schreibmarke an eine beliebige Stelle des Word-Dokuments.

Bevor Sie diese Methoden des Klickens und Eingebens einsetzen, müssen Sie in die Ansichten Seitenlayout oder Weblayout *umschalten. In den anderen Ansichten ist dieses Feature nicht verfügbar.*

Sobald Sie z.B. im Seitenlayout den Mauszeiger über einen leeren Seitenbereich unterhalb der bisherigen Schreibmarke halten, erscheint der Mauszeiger als senkrechter Strich mit angehängtem stilisiertem Absatzsymbol. Wenn Sie eine Stelle für Ihren Text gefunden haben, klicken Sie doppelt an die gewünschte Stelle: Word platziert die Schreibmarke sofort an dieser Stelle und überbrückt den Zwischenraum mit nicht druckbaren Zeichen.

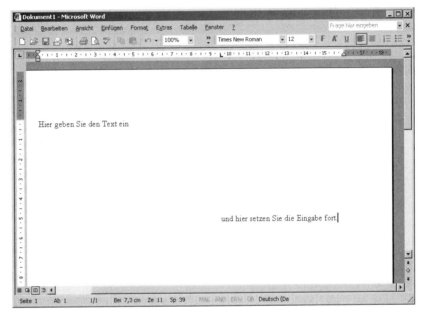

Bild 2.9: *Nach einem Doppelklick an eine freie Stelle im Arbeitsbereich versetzt Word durch Klicken und Eingeben die Schreibmarke an eine Stelle mitten im Dokument.*

Mit den senkrechten und waagerechten Bildlaufleisten blättern Sie in einem Text, den Word innerhalb einer Bildschirmseite nicht komplett darstellen kann. Wenn Sie die schwarzen Pfeile anklicken, bewegt sich das Textfenster zeilenweise; wenn Sie in die graue Fläche der Rollbalken klicken, bewegt sich der Text in größeren Schritten über den Bildschirm.

 Fehlt die Bildlaufleiste? Sie wird über Extras/Optionen *auf der Registerkarte* Ansicht *ein- oder ausgeblendet.*

In der Bildlaufleiste sehen Sie einen grauen Regler. Dieser gibt die relative Position im Text an. Wenn Sie ihn an eine andere Position ziehen, bewegen Sie sich schnell durch den Text. Bei mehrseitigen Dokumenten wird Ihnen dann auch die jeweilige Seitennummer und die erste Überschrift angezeigt – die Schreibmarke bleibt jedoch an ihrer bisherigen Position.

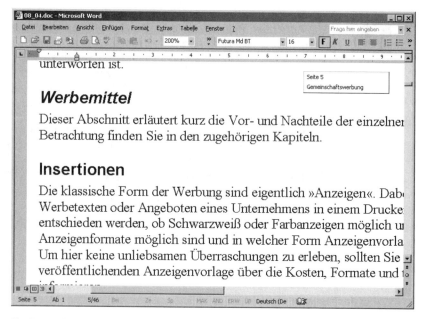

Bild 2.10: Die Steuerelemente der Bildlaufleiste helfen beim Navigieren durch den Text, in einer QuickInfo zeigt Word Seitenzahl und Überschrift.

Noch einfacher regeln Sie den Bildlauf mit einer Radmaus: Mit einem Klick auf das Rad lösen Sie einen automatischen Dokumentdurchlauf aus, den Sie mit der [Esc]-Taste oder einem weiteren Klick auf das Rad wieder beenden.

Links unten in der waagrechten Bildlaufleiste befinden sich vier weitere Symbole. Sie dienen zum Umschalten zwischen den Ansichten des Textfensters: Normal, Weblayout, Seitenlayout und Gliederung.

Ebenfalls in die Bildlaufleisten integriert ist die Navigationshilfe. Sie wird durch eine Kugel zwischen den blauen oder schwarzen Doppelpfeilen repräsentiert. Ein Klick auf diese Kugel öffnet ein kleines Fenster. Es enthält eine Reihe von Symbolen, die für bestimmte Objekte innerhalb der Word-Dokumente stehen.

Ein Klick auf eines dieser Symbole markiert den nächsten passenden Eintrag – Word bietet z.B. die Suche nach Kommentaren, Fußzeilen, Überschriften und Tabellen an. Über die Bedeutung der Symbole informiert die Zeile – die je nach Lage des Fensters oberhalb oder unterhalb der Symbole zu sehen ist –, wenn sich der Mauszeiger über einem solchen befindet. Nach dem ersten Suchvorgang verschwindet das Fenster wieder. Die Einstellung ist aber in den blauen Pfeilen über bzw. unter der Kugel hinterlegt. Mit einem Klick auf eine dieser Schaltflächen wiederholen Sie die Suche mit dem eingestellten Objekt in die gewünschte Richtung innerhalb des Dokuments.

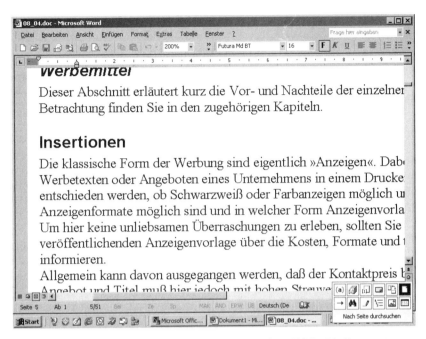

Bild 2.11: Die Navigationshilfe setzt die Schreibmarke auf das nächste Objekt. Die Typen entsprechen dem Befehl Bearbeiten/Gehe zu.

Die Statusleiste

Diese unterste Leiste im Fenster versorgt Sie mit unterschiedlichsten Informationen über den Status des geöffneten Dokuments und über einige Einstellungen. Die Leiste dient nicht nur Informationszwecken: Mit einem
Doppelklick auf einen Bereich oder über das Kontextmenü der Bereiche
verändern Sie einige Einstellungen. Die angezeigten Informationen sind
vielfältig.

*In der folgenden Übersicht werden wechselnde numerische Werte durch die
Platzhalter XX und YY ersetzt.*

Information	Bedeutung
S *XX*	Zeigt an, dass sich die Schreibmarke zurzeit auf Seite XX des Dokuments befindet.
Ab *XX*	Zeigt an, dass sich die Schreibmarke in Abschnitt XX des Dokuments befindet.
XX/YY	Zeigt an, dass die Schreibmarke auf Seite *XX* des insgesamt aus *YY* Seiten bestehenden Dokuments platziert ist.

Tabelle 2.1: Informationen in der Statuszeile

Information	Bedeutung
Bei XX	Diese Maßangabe zeigt den vertikalen Abstand der Oberkante der gewählten Schrift zum oberen Blattrand.
Ze XX	Bedeutet, dass die Schreibmarke in der *XXten* Zeile steht.
Sp XX	Bedeutet, dass sich die Schreibmarke hinter dem *XXten* Buchstaben einer Zeile befindet.

Tabelle 2.1: Informationen in der Statuszeile (Forts.)

Rechts daneben ordnet Word einige Statusfelder an:

Anzeige	Bedeutung
MAK	Zeigt an, dass gerade ein Makro aufgezeichnet wird. Mit einem Doppelklick starten Sie eine Makroaufzeichnung. Wenn eine Aufzeichnung läuft, beendet ein weiterer Doppelklick den Vorgang.
ÄND	Informiert darüber, dass der Änderungs- bzw. Überarbeiten-Modus aktiviert wurde. Dann werden Änderungen am Dokument nicht einfach ausgeführt, sondern bleiben als besonders gekennzeichnete Passagen erhalten. Nach einem Klick mit der rechten Maustaste auf diesen Bereich stellen Sie im Kontextmenü Eigenschaften für diesen Modus ein. Ein Doppelklick schaltet den Modus ein bzw. aus.
ERW	Dieses Statusfeld zeigt an, wenn der Modus *Markierung erweitern* aktiviert ist. Ein Doppelklick schaltet den Modus ein bzw. aus.
ÜB	Ein Doppelklick wechselt vom normalen Einfügemodus in den Überschreib-Modus. Dann fügt Word keine Zeichen mehr in einen Text ein, sondern überschreibt bereits bestehende Buchstaben. Ein weiterer Doppelklick stellt den »Normalzustand« wieder her.

Tabelle 2.2: Statusfelder in Word.

Schließlich folgen noch drei Aktionsbereiche.

→ Ein Bereich zeigt die von Word für die Rechtschreibprüfung verwendete Sprache. Mit einem Doppelklick auf diesen Bereich starten Sie die Dialogbox *Sprache*, in der Sie die Sprache der Texte selbst bestimmen.

→ Ein weiterer Bereich ist für die Rechtschreibprüfung reserviert. Mit einem Doppelklick auf das Buchsymbol starten Sie die Rechtschreibprüfung. Nach einem Klick mit der rechten Maustaste auf diesen Bereich verändern Sie mit den Befehlen des Kontextmenüs die Vorgaben für die Prüfung von Rechtschreibung und Grammatik.

→ Der dritte Bereich zeigt z.B. den Fortschritt beim Drucken im Hintergrund an. Bei manchen Aktionen – z.B. beim Speichern – ersetzt Word die normalen Anzeigen durch andere Informationen. Beim Speichern sind dies z.B. der Hinweis auf den Dateinamen und eine Fortschrittsanzeige.

Bild 2.12: Die Statusleiste von Word ist Informationselement und Werkzeug zugleich.

Die Kontextmenüs

Eine interessante, weil arbeitssparende Technik beim Arbeiten mit Word besteht im Aufruf so genannter Kontextmenüs. Die Programme zeigen in Kontextmenüs die Befehle, die für das aktuelle Objekt sinnvoll erscheinen – z.B. die Formatbefehle bei markiertem Text. Das Kontextmenü durch einen Klick mit der rechten Maustaste oder durch die Menütaste bei neueren Tastaturen (Windows-9x-Layout) geöffnet.

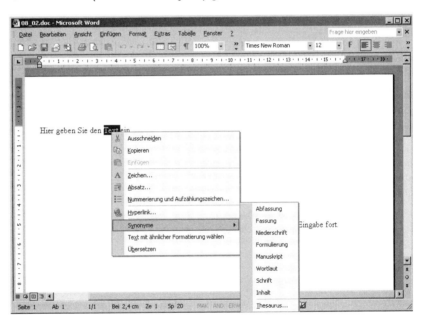

Bild 2.13: Ein rechter Mausklick ruft das Kontextmenü auf.

Steuerelemente in Dialogboxen

Ein wesentlicher Teil der Kommunikation zwischen Programm und Anwender findet über Dialogboxen statt. Dies sind separate Windows-Fenster, die eine Reihe von Einstellungen zu unterschiedlichsten Funktionen zulassen. Sie verfügen über einen gemeinsamen Satz von Steuerelementen.

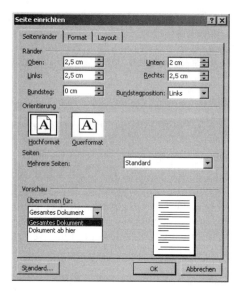

Bild 2.14: Diese Dialogbox (Datei/Seite einrichten) *zeigt einige der üblichen Steuerelemente. Das Listenfeld* Übernehmen für *ist geöffnet.*

Dialogboxen sind in der Regel in Bereiche eingeteilt, manchmal haben diese Bereiche eine eigene Bezeichnung. Jede Einstellmöglichkeit trägt wiederum eine eigene Bezeichnung, bei der meist ein Buchstabe unterstrichen ist. Dieser Kennbuchstabe ermöglicht das schnelle Aktivieren des entsprechenden Eingabebereichs durch gleichzeitiges Drücken von `Alt`+`Kennbuchstabe`.

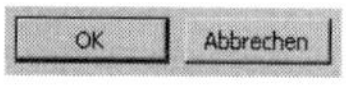

Bild 2.15: Schaltflächen *starten die Aktion, die auf ihnen angegeben ist, z.B. eine Bestätigung mit* Ok *oder einen Abbruch mit einem Mausklick auf* Abbrechen.

Bild 2.16: Eingabefelder *nehmen Eingaben von der Tastatur entgegen. Ein Beispiel: Beim Speichern einer neuen Datei wird der Dateiname in ein Textfeld eingetragen.*

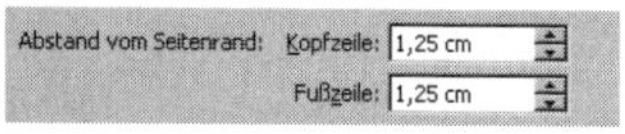

Bild 2.17: Eingabefelder mit Pfeilen *verhalten sich weitgehend wie Eingabefelder. Mit den Pfeilen am rechten Rand wird der numerische Wert des Feldes erhöht oder verringert.*

Die einzelnen Optionen einer Dialogbox werden mit `Tab` nacheinander angesprungen, die Tastenkombination `Shift`+`Tab` führt zur vorherigen Option. Das gleichzeitige Betätigen von `Alt`+`Kennbuchstabe` setzt die Schreibmarke direkt auf die Einstellung oder wechselt die Option.

Bild 2.18: Listenfelder *bieten alle zulässigen Möglichkeiten in einer Liste an. Die Auswahl erfolgt mit den Cursortasten oder mit der Maus. Listenfelder verfügen an den Seiten über Bildlaufleisten, wenn die Anzahl der Gesamtelemente die Zeilenzahl der Anzeige überschreitet.*

Bild 2.19: Einzeilige Listenfelder *zeigen zunächst nur einen Eintrag einer Liste an. Ein Klick auf den nach unten gerichteten Pfeil öffnet die eigentliche Liste. Per Tastatur wird die Liste dargestellt, indem mit (Tab) auf das Listenfeld gesprungen und die* ↓ *-Taste betätigt wird.*

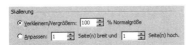

Bild 2.20: Optionsschaltflächen *sind in Gruppen angeordnet. Es ist immer genau eine Optionsschaltfläche aktiviert, da sich die einzelnen Optionen gegenseitig ausschließen.*

Bild 2.21: Kontrollkästchen *– durch Quadrate dargestellt – bieten verschiedene Möglichkeiten an, die unabhängig voneinander aktiviert oder deaktiviert werden können. Word markiert aktive Kontrollkästen mit einem Häkchen.*

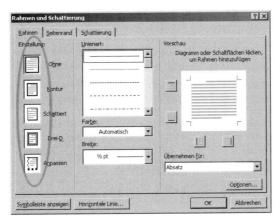

Bild 2.22: Sichtschaltflächen *zeigen in einer Vorschauabbildung einen Hinweis auf die damit zu erzielende Funktion: Die jeweils aktive Einstellung ist mit einem Rahmen versehen. Nach einem Klick auf eine solche Schaltfläche wird entweder das Layout der Dialogbox verändert oder die Einstellung des Objekts sofort verändert.*

Bild 2.23: Vorschauabbildungen *stellen in bestimmten Bereichen der Dialogbox das zu erwartende Ergebnis dar.*

Einige Dialogboxen verfügen über Registerkarten. Diese Registerkartens erhöhen die Übersichtlichkeit. Die Dialogbox *Seite einrichten* bietet alle Einstellungen zum Druckformat der Seite und unterteilt diese in Kategorien. In der folgenden Abbildung ist das Register *Layout* geöffnet. Ein Klick auf eine Registerzunge zeigt den Inhalt des entsprechenden Registers an.

Bild 2.24: Nach einem Klick auf das Register Layout *erscheint dessen Inhalt.*

 Die in diesem Abschnitt beschriebenen Steuerelemente und die zugehörigen Bezeichnungen werden im Folgenden als Grundlage weiterer Erklärungen vorausgesetzt.

Smarttags

Eine in vielen Fällen offensichtliche Funktion in Word sind die Smarttags. Dabei handelt es sich um eine Funktion, die bei der Eingabe Daten erkennt und versucht, Ihnen gebündelte Informationen zu den Daten zu liefern und Aktionen zu ermöglichen. Aktionen sind in diesem Zusammenhang Aufgaben, die mit Hilfe der Smarttags ausgeführt werden können.

In Word treffen Sie auf Smarttags vor allem in Zusammenhang mit Namen von Personen, die Word im Outlook-Kontaktordner lokalisiert.

Wenn Sie einen Namen in der Form eingeben, wie er in den Outlook-Daten identifiziert wird, dann blendet Word einen Smarttag-Indikator ein.

 Falls Sie mehrere Profile von Outlook installiert haben, treten einige Probleme auf: Der Smarttag-Indikator identifiziert Kontakte aus allen Profilen. Bei Aktivierung einer Aktion müssen Sie aber das Profil richtig angeben, damit der Kontakt gefunden werden kann.

Nach einem Klick auf den Smarttag-Indikator öffnet sich das Befehlsmenü des Tages.

 Zum Zeitpunkt der Drucklegung funktionierten die Smarttags in einigen Fällen nur dann korrekt, wenn der umgebende Text die Sprache Englisch verwendet.

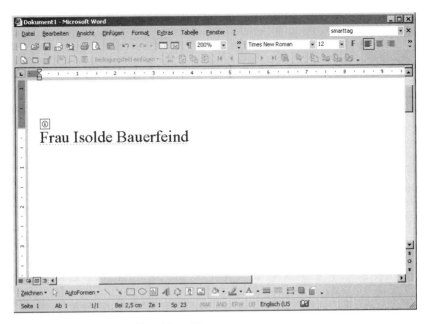

Bild 2.25: Ein Smarttag-Indikator meldet sich zu Wort.

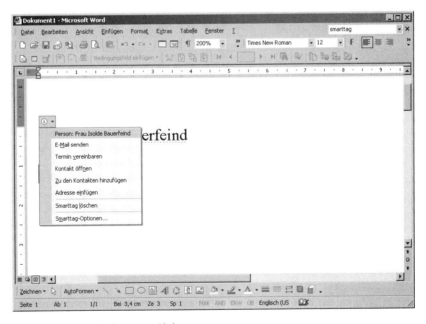

Bild 2.26: Das Befehlsmenü der Smarttag-Aktionen

→ Im oberen, grauen Bereich erscheint der Name der Person. Ob es sich um eine bereits im Kontaktordner vorhandene Person oder um einen neuen Namen handelt, ist zunächst nicht zu unterscheiden.

→ Wählen Sie bei einer nicht sofort zuzuordnenden Person den Befehl *Kontakt öffnen:* Bei vorhandenen Personen öffnet Outlook die Karteikarte, bei unbekannten Personen erscheint eine Fehlermeldung. In diesem Fall wählen Sie den Befehl *Zu den Kontakten hinzufügen,* um im aktiven Outlook-Profil eine Karteikarte für den neuen Kontakt anzulegen.

→ Wenn der Kontakt eindeutig identifiziert ist, funktionieren auch die übrigen Befehle problemlos:

   – *E-Mail senden* öffnet eine neue Nachricht und trägt die Adresse des Empfängers automatisch ein.

   – *Termin vereinbaren* öffnet eine Besprechungsanfrage und trägt die Adresse des Empfängers automatisch ein.

   – *Adresse einfügen* holt die im Kontakt als Postanschrift deklarierten Daten auf den Schirm.

→ Um einen einzelnen Tag aus dem Text zu löschen, wählen Sie den Befehl *Smarttag löschen* aus dem Befehlsmenü der Smarttag-Aktionen.

→ Mit dem Befehl *Smarttag-Optionen* gelangen Sie in das Register *Smarttags* der *AutoKorrektur-Optionen.*

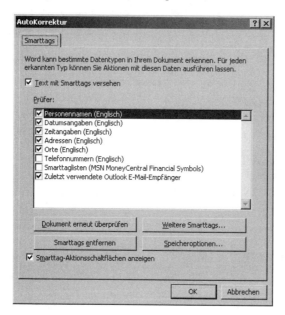

Bild 2.27: Die Dialogbox für die Smarttag-Optionen

In diesem Register steuern Sie die Funktionen:

→ Im oberen Bereich finden Sie das Kontrollkästchen *Text mit Smarttags versehen*. Damit schalten Sie die Funktion ein (Standard) oder aus.

→ Ganz unten ist das Kontrollkästchen *Smarttag-Aktionsschaltflächen anzeigen* angeordnet. Falls dieses Kontrollkästchen deaktiviert wird, verbirgt Word die Smarttag-Indikatoren: Ein Zugriff auf die Befehle ist dann nicht möglich, obwohl die Funktion aktiviert bleibt.

→ Im Bereich *Prüfer* aktivieren Sie, welche Elemente Word erkennen und mit einem Smarttag-Indikator versehen soll. Besonders zu empfehlen ist das Kontrollkästchen *Zuletzt verwendete Outlook E-Mail-Empfänger* (im Standard aktiviert).

→ Mit dem Befehl *Dokument erneut prüfen* verwerfen Sie alle gekennzeichneten Tags und veranlassen Word, das Dokument auf vorhandene Tags zu prüfen und neue Smarttag-Indikator zu setzen. Dann müssen Sie aber damit rechnen, dass auch die Grammatikprüfung »zuschlägt«.

→ *Weitere Smarttags* startet ins Internet und hilft, die Funktionen auf dem Laufenden zu halten.

→ *Smarttags entfernen* löscht die Smarttag-Indikator im aktuellen Dokument.

→ *Speicheroptionen* wechselt in das Register *Speichern* der Dialogbox *Extras/Optionen*. Dort steuern zwei Kontrollkästchen das Verhalten der Tags beim Speichern.

  - Aktiviert ist das Kontrollkästchen *Smarttags einbetten:* Die Tags werden mit dem Dokument gespeichert.

  - Deaktiviert ist das Kontrollkästchen, mit dem Sie die Tags als XML-Eigenschaften in Webseiten speichern.

3 Datenmanagement

Dieses Kapitel beschäftigt sich mit dem Öffnen und Speichern von Daten und Dokumenten. Es erläutert die Standardfunktionen und einige weitergehende Routinen der Office-Applikationen. Zusätzlich finden Sie Hinweise zum Arbeiten mit der Zwischenablage und den OLE-Routinen.

3.1 Die Dateidialogbox zum Öffnen und Speichern

Die Dateidialogbox ist das Herzstück der Lade- und Speicherfunktionen. Sie öffnet sich z.B. nach dem Aufruf von *Datei/Öffnen*. Die Dialogbox ist viergeteilt: Im oberen Bereich werden der Ordner und die Darstellung beeinflusst. Den meisten Platz nimmt ein Dateibereich ein, der alle den Vorgaben entsprechenden Dateien wiedergibt. Der untere Teil der Dialogbox filtert die Dateiliste – alle Dokumente, die den Vorgaben nicht entsprechen, erscheinen einfach nicht. Links befinden sich große Symbolschaltflächen, mit denen Sie direkt in Standardordner wechseln.

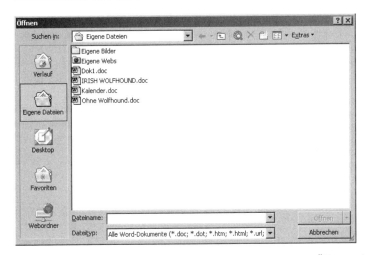

Bild 3.1: Die Dateidialogbox: Sie ist bei allen Aktionen zum Speichern und Öffnen nahezu identisch.

Dokumente speichern

Dokumente – das ist der allgemeine Sprachgebrauch für Dateien, die Word erstellt – erzeugen Sie neu oder Sie bearbeiten existierendes Material. Diesen Neuzugang an Informationen müssen Sie dauerhaft auf einem Datenträger verwahren. Das Verfahren dazu nennt sich *Speichern*, ein Übertragen der im Arbeitsspeicher befindlichen Daten auf einen Datenträger. Der Arbeitsspeicher ist ein strombetriebenes Zwischenlager – ohne Strom keine Lagerung. Vor dem Verlassen der Office-Anwendung oder dem Ausschalten des Rechners müssen Sie die Daten in Sicherheit bringen, an einer Stelle, die auch ohne Strom die Informationen aufbewahrt. Die Ordnung stellt sich bei der Dateiablage durch den richtigen Umgang mit den Ablagehilfs-mitteln her. Das sind Namen für die Dokumente und Plätze, so genannte Ordner, an denen sie abgelegt werden.

Mit Windows 9x hat sich die Bezeichnung Ordner *im Sprachgebrauch durch-gesetzt und den früher üblichen Begriff* Verzeichnis *ersetzt. Dokumente, die thematisch zusammengehören, kommen zusammen in einen Ordner. Word hat vorgesorgt und legt bei der Installation für die Dateiablage den Windows-Systemordner* Eigene Dateien *an.*

Dokumente favorisieren

Mit bestimmten Dokumenten müssen Sie immer wieder arbeiten. Wenn Sie jedoch systematisch mit Ordnern und weiteren Untergliederungen gearbei-tet haben, sind diese Dateien vermutlich über den ganzen Datenträger ver-teilt und deshalb nur mit einigem Aufwand zu finden und zu laden. Was nun tun? Sollen diese Dokumente unabhängig von der sonstigen Struktur in einen eigenen Ordner geschoben werden?

Müssen sie nicht, denn Windows bietet Ihnen eine elegante Lösung für dieses Problem – die Arbeit mit so genannten Favoriten. Das Favorisieren ersetzt die umständliche Suche nach Ordnern und Dateien beim Öffnen Ihrer am häufigsten benötigten Dokumente durch Erstellen einer Verknüp-fung. Windows merkt sich für Sie beim Erstellen einer Verknüpfung den genauen Platz Ihres Dokuments, egal ob es sich dabei um einen Verweis auf einen Ordner des Datenträgers, einen anderen Datenträger oder sogar um einen Platz in einem Netzwerk handelt. In einem Unterordner *Favoriten* werden die Verknüpfungen abgelegt. Es gibt dabei nur einen Trick – Sie müssen die Datei einmal an dem dafür vorgesehenen Platz gespeichert haben.

Mit einem Klick auf die Schaltfläche *Extras/Zu Favoriten hinzufügen* geschieht das sofort: Ein Symbol im Ordner *Favoriten* sorgt ab sofort für den Direktzugriff.

Wenn Sie vor dem Speichern einer Datei in den Ordner Favoriten *wechseln und die Datei speichern, erzeugt Windows kein* SYMBOL, *sondern legt die Datei exklusiv im Ordner ab.*

Wenn Sie das Dokument später benötigen sollten, klicken Sie in der Dia-logbox *Öffnen* auf das Symbol *Favoriten*. Nach diesem Vorgang haben Sie einfachen Zugriff auf die dort abgelegten Favoriten: Das Anzeigefenster zeigt den Inhalt des Ordners *Favoriten* an. Mit einem Doppelklick wählen Sie den richtigen Ordner oder das gewünschte Dokument aus.

Das Erstellen einer Verknüpfung erstellt kein neues Dokument. Wenn Sie also ein Dokument über eine Verknüpfung aktiviert haben, wird auf das Original zugegriffen – alle Änderungen erfolgen also dort und nur einmal.

Varianten beim Speichern von Dateien

Es gibt, je nach Programmsituation und Wunsch des Anwenders, verschie-dene Varianten zum Speichern des Arbeitsstands auf dem Datenträger. Das berücksichtigt Word im Menü *Datei*. Sie finden dort in allen Anwendungen die Menüoptionen *Speichern* und *Speichern unter*.

Sie verwenden den Menübefehl *Speichern*, wenn Sie das Dokument schon einmal gespeichert haben. Die Datei ist dann bereits auf Ihrem Datenträger vorhanden. Die Anwendung speichert die aktuellen Änderungen in der gleichen Datei: Das Programm überschreibt den letzten gesicherten Arbeitsstand, der bisherige Dateiname und der Speicherort bleiben erhalten.

Bild 3.2: *Alternativ starten Sie das Speichern über die Schaltfläche der Standard-Symbolleiste. Ein Klick entspricht dem Menübefehl* Speichern.

Speichern unter wenden Sie an, wenn das Dokument:

→ noch nicht gesichert wurde oder

→ in ein anderes Format konvertiert werden soll oder

→ einen neuen Namen erhalten soll, um den bisherigen Arbeitsstand und das vorhergehende Dokument zu erhalten, oder

→ an einem neuen Speicherort abgelegt werden soll.

Access verhält sich anders als die anderen Office-Applikationen. Dort muss gleich beim Anlegen einer neuen Datenbank ein Dateiname angegeben werden. Datenveränderungen werden automatisch sofort beim Verlassen eines veränderten Datensatzes gespeichert, lediglich veränderte Strukturen (z.B. Tabellen oder Formulare) bedürfen einer direkten Speicherung.

Regeln für Dateinamen

Bis auf wenige Ausnahmen sind die Zeiten vorbei, in denen Sie auf acht Zeichen und drei erweiternde Zeichen bei der Vergabe von Namen für die Dokumente beschränkt waren.

Wenn Sie andere Speichermedien einsetzen, kann es vorkommen, dass Sie weiterhin auf Dateinamen mit acht Zeichen angewiesen sind. Überprüfen Sie dies unbedingt, bevor Sie Dokumente endgültig sichern.

Windows und damit auch Word erlauben Dateinamen mit maximal 256 Zeichen Länge – einschließlich der Ortsangabe wie z.B. *C:\Eigene Dateien\ Briefe*. Allerdings werden Sie nach einem ersten Rausch angesichts der Möglichkeiten bald die Nachteile von Überlängen erkennen und sich auf kürzere Namen beschränken.

*Einige Zeichen in Dateinamen sind nicht erlaubt, weil sie von Windows für andere Zwecke benötigt werden. Vermeiden Sie also folgende Zeichen in Dateinamen: / \ : * ? " < > |. Office erkennt diese Zeichen automatisch und macht Sie bei Verwendung darauf aufmerksam.*

Hilfsmittel in den Dateidialogboxen

Alle Dateidialogboxen sind mit den gleichen Werkzeugen ausgestattet. Das sind vor allem Möglichkeiten zum Gestalten der Ansicht und zur Dateiverwaltung.

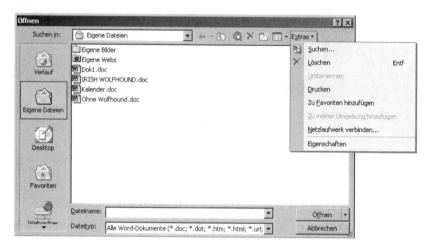

Bild 3.3: Im oberen Teil der Dateidialogbox finden Sie nützliche Hilfsmittel für die Dateiverwaltung.

→ Mit dem Listenfeld *Speichern in* legen Sie den Speicherort des Dokuments fest. Der Inhalt des dort ausgewählten Ordners erscheint in der Dateiliste darunter. Durch Aufklappen der Liste ist der Speicherordner durch Zeigen mit der Maus wählbar: Mit einem Doppelklick auf einen Ordnereintrag wechseln Sie eine Ebene nach unten in den angeklickten Ordner.

→ Für den Wechsel um eine Ebene nach oben steht Ihnen das Ordnersymbol neben dem Listenfeld zur Verfügung.

→ Nach dem Wechsel um einen Ordner nach oben aktiviert Word das Symbol *Zurück* rechts neben dem Listenfeld. Damit wechseln Sie bei Bedarf zurück zum Ursprungsordner. Der angehängte Listenpfeil am Symbol führt zu einer Liste mit bereits besuchten Ordnern: Der schnelle Wechsel zwischen häufig genutzten Arbeitsordnern ist damit garantiert.

→ Für den schnellen Sprung ins Internet nutzen Sie die Schaltfläche *Im Web suchen*.

→ Sobald das Symbol *Löschen* aktiviert ist, können Sie die im Anzeigebereich markierte Datei mit einem Klick entfernen. Die Programme fragen sicherheitshalber nach, ob Sie die Datei wirklich entfernen möchten.

Achten Sie in jedem Fall auf die Sicherheitsabfrage: Wenn Word auf das endgültige Löschen hinweist, wird der Papierkorb umgangen. In diesem Fall lässt sich die Datei nicht wieder herstellen.

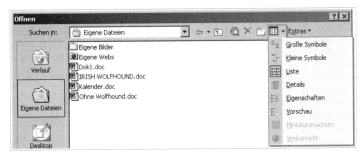

Bild 3.4: Mit der Schaltfläche Ansichten *beeinflussen Sie die Anzeige im Vorschaubereich. Ein Klick auf das Symbol selbst schaltet die Anzeige zyklisch um, der Listenpfeil rechts neben dem Symbol führt zu den Menüeinträgen für die Direktwahl.*

→ *Grosse Symbole* bzw. *Kleine Symbole*
Verändern die Größe der Symbole für die Darstellung der Dateiverknüpfung.

→ *Liste*
Stellt die Einträge in Listenform dar.

→ *Details*
Zeigt neben dem Dateinamen weitere Informationen wie die Dateigröße, den Dateityp und das Änderungsdatum in der Dateiliste an. Nutzen Sie die grauen Schaltflächen am oberen Rand der Dateiliste, um die Anzeige zu sortieren.

→ *Eigenschaften*
Zeigt in einer Listendarstellung zusätzlich die Dateieigenschaften zu einem markierten Eintrag an.

→ *Vorschau*
Zeigt in einer Listendarstellung zusätzlich eine Vorschau zu einem markierten Eintrag an, sofern ein Vorschaubild verfügbar ist.

In den Dateidialogboxen können Sie mit der Symbolschaltfläche Neuer Ordner einen neuen Ordner erstellen, ohne Word zu verlassen.

Im linken Teil der Dialogbox sind große Schaltflächen angeordnet, mit denen Sie komfortabel in die dort angegebenen Verzeichnisse wechseln.

Sie können den eingestellten Webordner in der Dateidialogbox nur wählen, wenn dieser Systemordner korrekt eingerichtet ist. Nutzen Sie dazu im Aufgabenbereich Neues Dokument *den* Webordner hinzufügen-*Assistenten, den Sie mit einem Klick auf den Link* Webordner hinzufügen *starten.*

Wenn Sie einen Eintrag mit der rechten Maustaste anklicken, öffnet sich wie gewohnt das Kontextmenü. Es bietet – neben den eigentlichen Programmfunktionen – auch noch Optionen, die man sonst eher im Windows-Explorer vermutet: Löschen, Kopieren oder Umbenennen ist auch hier kein Problem.

Damit ist es z.B. möglich, einen Ordner direkt in der Dialogbox aufzuräumen. Schalten Sie in den Vorschau-Modus der Dialogbox und klicken Sie fragliche Dateien einfach an. In vielen Fällen informiert Sie schon die Vorschau über den Inhalt und damit darüber, ob Sie eine Datei noch brauchen oder einfach löschen können.

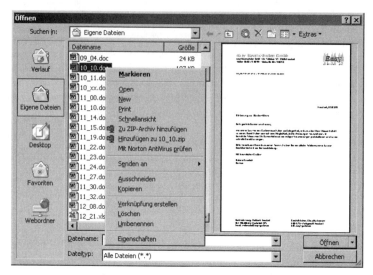

Bild 3.5: Mit Hilfe der Vorschau und des Kontextmenüs (rechte Maustaste) können Sie schnell alle Dokumente überprüfen und aufräumen.

 Auch die üblichen Tasten und Tastenkombinationen funktionieren, wenn eine Dateiauswahl getroffen ist: ⌊Entf⌋ *löscht eine Datei (nach Rückfrage),* ⌊F2⌋ *kann zum Umbenennen eingesetzt werden.*

Im unteren Bereich der Dialogbox legen Sie fest, welche Dateien Sie überhaupt sehen möchten. Dieser Bereich aktiviert Filter, mit denen die Dateiliste besonders bei Ordnern mit vielen Dateien überschaubarer wird.

Einfache Suche in Dateidialogboxen

Die Felder *Dateiname* und *Dateityp* finden Sie beim Öffnen, Speichern und Importieren. Beim Öffnen und Importieren von Dateien ist die Verwendung von so genannten »Wildcards« oder »Jokerzeichen« erlaubt – Platzhalter, die immer dann eingesetzt werden, wenn die exakte Schreibweise nicht bekannt ist. Der Stern steht für beliebig viele Zeichen, das Fragezeichen ersetzt genau einen Buchstaben.

Ein Beispiel: In einer Öffnen-Dialogbox geben Sie als Dateinamen die Zeichenfolge MA*.TXT ein. Jetzt zeigt die Dateiliste alle Dokumente, die mit diesen beiden Buchstaben beginnen, also etwa *MAURER.TXT* oder *MAIER.TXT*. Die Zeichenfolge M??ER.TXT zeigt *MAURER.TXT* nicht mehr, wohl aber *MEYER.TXT* oder *MAIER.TXT*.

Beim Speichern sind Jokerzeichen nicht erlaubt, der hier eingegebene Datei-name muss eindeutig sein.

Der Dateityp ist das zweite wichtige Kriterium. Normalerweise ist hier der Standard-Dateityp der aufgerufenen Applikation voreingestellt, bei Excel also etwa *Microsoft-Excel-Dateien (*.XL*)*. Durch Veränderungen am Datei-typ beim Öffnen importieren Sie Fremddaten, durch Verändern der Vorgabe beim Speichern erzeugen Sie Fremdformate.

Die erweiterte Suche

Die bisherigen Möglichkeiten setzten voraus, dass Sie zumindest annä-hernd wissen, wie eine bestimmte Datei ungefähr heißt. Was aber, wenn Sie aus einem länger zurückliegenden Zeitraum mehrere Dokumente her-ausfiltern wollen? Eine Möglichkeit ist die erweiterte Suche. Der Befehl *Extras* enthält dafür in der Öffnen-Dialogbox den Befehl *Suchen*.

Diese Volltextsuche ist – gezielt eingesetzt – ein wirkungsvolles Instru-ment. Je nach Zahl der Dokumente kann das aber einige Zeit in Anspruch nehmen.

 Wählen Sie die Schaltfläche Suchen, *um einmal eingegebene Suchkriterien zu spezifizieren. Die Schaltfläche* Wiederherstellen *löscht die zuvor definier-ten Suchkriterien.*

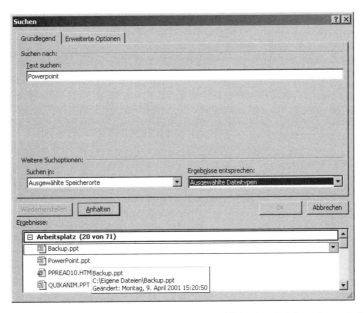

Bild 3.6: Die Dialogbox Suchen *enthält die gültigen Suchkriterien: bei* Grundlegend *die Volltext-suche und bei* Erweiterte Optionen *zusätzliche Filterkriterien.*

Die Voreinstellung im Listenfeld *Ergebnisse entsprechen* ist *Ausgewählte Dateitypen*. Das sind alle Dateitypen der Office-Anwendungen. Ansonsten ist die Dialogbox schnell erklärt. Im Eingabefeld *Suchen in* bestimmen Sie den Suchpfad. Nach einem Klick auf den Listenpfeil öffnet sich ein Explorerbaum mit Kontrollkästchen vor den Systemordnern und Laufwerken. Mit einem Klick auf ein Pluszeichen öffnen Sie die Dateiablage weiter: Ein markiertes Kontrollkästchen signalisiert, dass der Ordner in die Suche einbezogen ist.

 Sie können auch per Hand einen Ordner eintragen: Der Eintrag C:\Eigene Dateien *wird die Office-Anwendung veranlassen, auf dem Datenträger nach Ihren Dateien im angegebenen Ordner zu suchen.*

Nach einem Wechsel in das Register *Erweiterte Optionen* wird das Angebot für Filterkriterien breiter:

Mit der Schaltfläche *Hinzufügen* bestimmen Sie weitere Kriterien zur Suche. Der Ablauf wiederholt sich: Sie wählen aus dem Listenfeld *Eigenschaft* eine der aufgeführten Möglichkeiten aus – z. B. *Text oder Eigenschaft* für eine Volltextsuche. Das Listenfeld *Bedingung* liefert Ihnen dann die sinnvollen Kriterien für diese Eigenschaft, z. B. *enthält*. In das Eingabefeld *Wert* geben Sie das Suchkriterium ein. Mit der Auswahl einer der beiden Optionen *Und* bzw. *Oder* bestimmen Sie, wie mehrere Bedingungen miteinander zu verknüpfen sind.

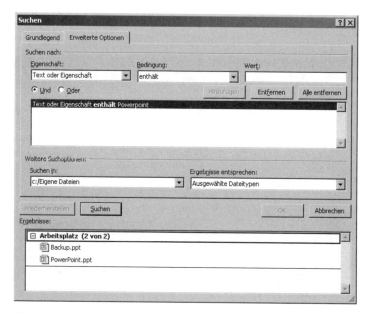

Bild 3.7: Mit genau bestimmten Suchkriterien sollte ein »verlorenes« Dokument schnell aufzufinden sein.

 Vergessen Sie nicht, vor Betätigung der Schaltfläche Suchen *die Kriterien zur Liste hinzuzufügen – das letzte eingegebene Kriterium wird sonst nicht berücksichtigt.*

Extras beim Speichern

Die Schaltfläche *Extras* in der Dateidialogbox zum Speichern der Dateien ermöglicht den Zugriff auf die Einstellungen zum Speichern der Dokumente. Dabei sprechen die Menüeinträge *Löschen* und *Umbenennen* für sich selbst.

→ Mit einem Klick auf *Zu Favoriten hinzufügen* erzeugen Sie eine Verknüpfung auf das aktuelle Dokument im Ordner *Favoriten*.

Der Ordner FAVORITEN ist ein Systemordner von Windows, auf den Sie in allen Anwendungen über das Menü bzw. die Dialogboxen zugreifen. Er eignet sich vorzüglich, um eine zentrale Dokumentenverwaltung zu realisieren.

→ In der Dialogbox *Weboptionen*, die Sie mit *Extras/Weboptionen* aktivieren, stellen Sie die Vorgaben für die Konvertierung in das HTML-Format ein. In fünf Registern sehen Sie die eingestellten Standards und greifen bei Bedarf durch Veränderung der Vorgaben ein.

→ Mit dem Menüeintrag *Eigenschaften* greifen Sie direkt auf die Dateieigenschaften zu. Nachträgliche Korrekturen an diesen Zusatzinformationen sind nach einem Klick auf diese Schaltfläche möglich.

→ Hinter dem Befehl *Extras/Speicheroptionen* verbirgt sich die Dialogbox *Speichern*. In dieser Dialogbox legen Sie das Verhalten der genutzten Office-Anwendung beim Speichern fest.

Die Befehle im Menü Extras *der Öffnen-Dialogboxen erklären sich von selbst: Löschen oder drucken Sie die Datei bzw. benennen Sie die Datei um.*

Dokumente öffnen

Beim Öffnen eines Dokuments werden Daten von einem permanenten Speichermedium – Diskette oder Festplatte – in den flüchtigen Arbeitsspeicher des Computers geladen. Nur Daten, die sich im Arbeitsspeicher befinden, lassen sich am Computer verarbeiten.

Der Aufruf dieser Funktion ist bei allen Applikationen identisch: Rufen Sie einfach den Befehl *Datei/Öffnen* auf, auch ein Klick auf das Symbol *Öffnen* aktiviert die Dateidialogbox. Hier brauchen Sie dann nur noch die Datei zu lokalisieren und die Schaltfläche *Öffnen* anzuklicken. Auch ein Doppelklick auf einen Dokumentnamen lädt diese Datei.

Wenn das zugehörige Programm noch nicht gestartet ist, führt der Windows-Explorer schneller zum Ziel: Ein Doppelklick auf eine Datei in einem Explorer-Fenster startet das zugeordnete Anwendungsprogramm automatisch mit der angeklickten Datei.

Was ist aber, wenn Sie eine Diskette mit einem DOS-Text – z.B. einer älteren Word-Version mit der Dateierweiterung TXT – erhalten und bearbeiten möchten? Dann findet ein Vorgang statt, der als *Importieren* bezeichnet wird. Beim Importieren muss zunächst der Dateityp im gleichnamigen Listenfeld ausgewählt werden, nur so erscheint die Datei überhaupt in der Dateiliste.

Zum Importieren sind Umwandlungsprogramme – so genannte »Filter« – erforderlich. Diese werden bei der Programminstallation übertragen und eingerichtet. Selbstverständlich lassen sich fehlende Filter bei Bedarf nachrüsten. Wie das geht, erfahren Sie im Anhang.

Bild 3.8: *Durch die Veränderung im Listenfeld* Dateityp *bietet die Dialogbox* Öffnen *nur noch Dateien im Rich Text Format an – identifizierbar an der Dateierweiterung RTF.*

Ein Dokument mit der Dialogbox öffnen

Nach dem Öffnen der Dialogbox sollten Sie im Normalfall die Datei in der Liste entdecken, markieren und mit der Schaltfläche *Öffnen* laden können.

 Um mehrere Dokumente gleichzeitig zu markieren – etwa um sie zu drucken, verwenden Sie die Maus in Kombination mit der Strg *-Taste. Klicken Sie die erste Datei an, halten Sie dann die* Strg *-Taste fest und klicken Sie danach die weiteren Dateien an.*

Daneben bietet Ihnen Word einige Tricks zum Öffnen der Datei, mit der Sie sich die weitere Arbeit erleichtern. Klicken Sie auf den Listenpfeil an der Schaltfläche *Öffnen*. Damit öffnen Sie ein Menü mit speziellen Befehlen zum Öffnen einer Datei.

→ *Öffnen*
Dieser Befehl öffnet die Datei ohne weitere Umstände und ist vermutlich nur der Vollständigkeit halber in diesem Menü noch einmal aufgeführt.

→ *Schreibgeschützt öffnen*
Verhindert, dass Sie die mit diesem Befehl geöffnete Datei versehentlich ändern. Word öffnet die Datei und versieht den Dateinamen in der Titelleiste mit dem Zusatz *Schreibgeschützt*. Ändern Sie die Datei und versuchen Sie danach, die Änderungen zu speichern, werden Sie noch einmal über den Schreibschutz informiert. Sie speichern die Änderungen über die Dialogbox *Speichern unter* als neues Dokument.

→ *Als Kopie öffnen*
Verhindert genauso, dass Sie die mit diesem Befehl geöffnete Datei versehentlich ändern. Word öffnet die Datei aber sofort mit einem neuen Namen: *Kopie von XXXX.doc*. Wenn Sie jetzt Änderungen speichern, wird dieser Name verwandt. Sie können ihn natürlich über die Dialogbox *Speichern unter* ändern.

→ *Im Browser öffnen*
Ist nur bei internetfähigen Dateien aktiviert: Öffnet die Datei mit dem Microsoft Internet Explorer.

→ *Öffnen und reparieren*
Öffnet die Datei und versucht, eventuell bei anderen Öffnungsversuchen avisierte Fehler zu beheben. Diese in Word 2002 erstmalig vorhandene Funktion dient der Datenrettung: Mitunter ist ein beschädigtes Dokument noch zu retten und wenigstens der Rohtext noch brauchbar.

Öffnen mit dem Aufgabenbereich

Der Aufgabenbereich *Neues Dokument* bietet zum Öffnen einer Datei einige Arbeitserleichterungen. Da dieser Bereich in der Standardeinstellung automatisch beim Start der Anwendung erscheint, lohnt sich ein Blick auf die dort vorhandenen Varianten.

→ Im oberen Bereich *XYZ öffnen* – wobei *XYZ* hier allgemein für den jeweiligen Dokumenttyp der Anwendung steht – steht eine Liste der vier zuletzt genutzten Dateien zur Verfügung.

→ Unter den zuletzt genutzten Dateien findet sich der Link *Weitere XYZ*, der die übliche Dateidialogbox zum Öffnen der Datei aktiviert.

→ Ebenfalls auf vorhandene Dateien greifen Sie mit *XYZ wählen* zu. Im Unterschied zum »normalen« Öffnen müssen Sie in der Dateidialogbox aber die Schaltfläche *Neu erstellen* betätigen. Mit diesem Verfahren sichern Sie das bereits vorhandene Dokument vor ungewollter Veränderung: Die Office-Anwendung erstellt eine Kopie des Originaldokuments und fordert bei Beendigung der Arbeit zum Speichern unter einem veränderten Namen auf.

3.2 Die Zwischenablage

Die Windows-Zwischenablage stellt eine leistungsfähige Schnittstelle dar, die Daten aufnehmen und an anderer Stelle im gleichen Programm oder sogar in anderen Programmen einfügen kann. Das grundsätzliche Arbeitsprinzip besteht darin, dass ein beliebiges Windows-Programm ausgewählte Daten in die Zwischenablage überträgt. Von hier aus fügen Sie diese Daten beliebig oft in die Ursprungs- oder Zielapplikation ein.

Eine erneute Übertragung von Daten in die Windows-Zwischenablage löscht den bisherigen Inhalt. Dabei betätigt sich die Zwischenablage auch als Übersetzer. Sie hält Daten zunächst im internen Datenformat der erzeugenden

Anwendung. Sollen diese Daten in ein anderes Programm eingefügt werden, findet automatisch eine Konvertierung in eine genormte Datenstruktur statt. So lassen sich Daten innerhalb von Applikationen mit allen Attributen übertragen, beim Export in Fremdapplikationen bilden Bitmap-, MetaDatei-(WMF) oder Textformat den kleinsten gemeinsamen Nenner.

 Der Inhalt der Zwischenablage kann mit dem Windows-Hilfsprogramm Zwischenablage *eingesehen und gespeichert werden.*

Alle Zwischenablage-Operationen werden im Menü *Bearbeiten* verwaltet.

→ Der Befehl *Bearbeiten/Ausschneiden* oder die Tastenkombination ⌂Strg⌂+⌂X⌂ übertragen die markierten Objekte – z.B. Texte, Datensätze oder Bilder – in die Zwischenablage und entfernen sie aus dem Ursprungsdokument.

→ *Bearbeiten/Kopieren* unterscheidet sich vom Ausschneiden nur dadurch, dass die markierten Objekte weiterhin im Ursprungsdokument verbleiben. Sie sind nach diesem Vorgang jedoch noch einmal in der Zwischenablage vorhanden. Das Tastenkürzel ist ⌂Strg⌂+⌂C⌂.

→ Mit *Bearbeiten/Einfügen* wird der Inhalt der Zwischenablage in die aktuelle Grafik eingefügt. Sie kann mit der Tastenkombination ⌂Strg⌂+⌂V⌂ aufgerufen werden.

 Die Tastenkombinationen ⌂Shift⌂+⌂Entf⌂, ⌂Strg⌂+⌂Einfg⌂ *und* ⌂Shift⌂ *+*⌂Einfg⌂ *der früheren Windows-Versionen funktionieren nach wie vor. Microsoft propagiert seit der Windows-Version 95 jedoch die Kürzel* ⌂Strg⌂+⌂X⌂, ⌂Strg⌂+⌂C⌂ *und* ⌂Strg⌂+⌂V⌂.

Einige Programme, zu denen auch die Office-Applikationen gehören, bieten zusätzlich den Befehl *Bearbeiten/Inhalte einfügen* an. Dieser Befehl öffnet eine Dialogbox, die Einfluss auf den Datentyp nimmt.

Ein Beispiel:

→ Markieren Sie eine Überschrift.

→ Rufen Sie *Bearbeiten/Kopieren* auf, um den markierten Text in die Zwischenablage zu übertragen.

→ Klicken Sie in eine freie Textzeile.

→ Rufen Sie *Bearbeiten/Inhalte einfügen* auf. Klicken Sie den Listeneintrag *Grafik* an.

→ Klicken Sie auf *OK*.

Jetzt erscheint der Text an der Position der Schreibmarke – aber versuchen Sie doch einmal, ihn zu verändern. Wenn er angeklickt wird, zeigt Word acht Objektmarkierungen an. Das Ziehen an diesen Markierungen bewirkt eine Veränderung der Textgröße und -positionierung. Der Text wird als Grafik behandelt.

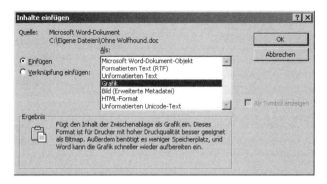

Bild 3.9: Die Dialogbox Inhalte einfügen *bietet Ihnen die verfügbaren Datentypen an.*

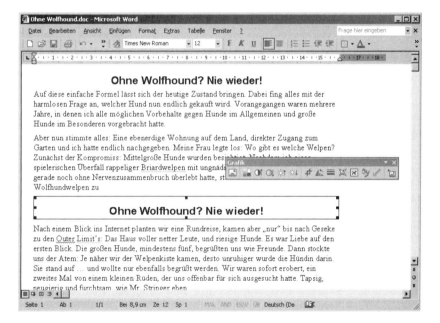

Bild 3.10: Oben der Ursprungstext, darunter die eingefügte Textgrafik.

Der Aufgabenbereich Zwischenablage

Die bisherigen Aussagen zur Zwischenablage waren nur die halbe Wahrheit. Vielleicht sind Sie beim Probieren schon selbst darauf gestoßen. Die Anwendungen von Office – Word inklusive – enthalten den Aufgabenbereich *Zwischenablage*, mit dem Sie die Funktionalität beim Kopieren und Ausschneiden erheblich verbessern. Sobald diese Symbolleiste eingeblendet ist, haben Sie nicht mehr nur einen Zwischenablageplatz, sondern 24.

Solange die Office-Zwischenablage aktiviert ist, füllt jedes Kopieren bzw. Ausschneiden einen der 24 Plätze. Ohne jede weitere Warnung verfährt die Office-Zwischenablage aber nach dem Fifo-Prinzip: Das zuerst in die Ablage gelangte Element wird gelöscht, um dem Element Platz zu machen, das neu abgelegt werden soll.

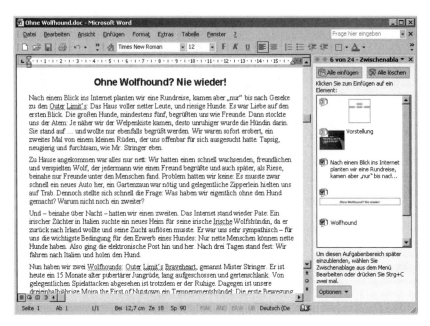

Bild 3.11: *Der Arbeitsbereich* Zwischenablage – *die Symbole und eine Miniaturvorschau bieten Anhaltspunkte zum gespeicherten Objekt.*

Die Verwendung des Aufgabenbereichs *Zwischenablage* ist leicht:

→ Zum Aktivieren wählen Sie den Befehl *Ansicht/Zwischenablage* oder benutzen zwei Mal hintereinander die Tastenkombination ⌂Strg⌂+⌂C⌂.

→ Setzen Sie den Mauszeiger über ein Zwischenablage-Symbol. Office zeigt rechts neben der Inhaltsvorschau einen Listenpfeil. Nach einem Klick darauf – oder mit der rechten Maustaste – zeigen sich die Befehle *Einfügen* und *Löschen*.

→ Klicken Sie doppelt auf ein Symbol im Arbeitsbereich *Zwischenablage*, um den dort abgelegten Inhalt im Dokument an der Position der Schreibmarke einzufügen.

→ Nutzen Sie die Schaltfläche *Alle Einfügen* im oberen Teil des Arbeitsbereichs *Zwischenablage*, um alle in der Ablage gesammelten Inhalte nacheinander an der Schreibmarke im Dokument einzufügen.

→ Mit Hilfe der Schaltfläche *Alle löschen* leeren Sie alle Ablagen.

3.3 Optionsschaltflächen

In Word und allen anderen Office-Kernanwendungen tauchen in bestimmten Situationen an Objekten kleine Schaltflächen mit Listenpfeil auf. Sie sind Ausdruck der neuen Microsoft-Strategie, dem Anwender Hilfestellung dort zu geben, wo sie nötig ist, und Auswahlmöglichkeiten zu bieten. Ein Beispiel für diese Strategie finden Sie bei Verwendung der Zwischenablage zum Einfügen eines Texts.

Bild 3.12: *Mit dem Symbol im Systray von Windows haben Sie die Einstellungen der Office-Zwischenablage im Griff: Sie erhalten nach einem Klick ein Menü zur Steuerung dieser Funktion.*

Unmittelbar nach dem Einfügen in Word z.B. erscheint an der eingefügten Stelle die erwähnte Schaltfläche, die in diesem Fall dem Symbol *Einfügen* entspricht und *Einfügen-Optionen* heißt. Durch einen Klick auf die Schaltfläche öffnet Word ein Menü, mit dem Sie die Art des Einfügens genauer bestimmen bzw. erkennen, wie Word das Objekt aus der Zwischenablage in das Dokument übernommen hat.

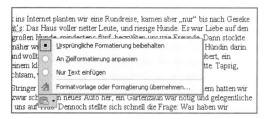

Bild 3.13: *Optionsschaltflächen an besonderen Dokumentstellen helfen, Optionen von automatischen Vorgängen zu bestimmen.*

Optionsschaltfläche Einfügen-Optionen

Bei allen Einfügeaktionen erscheint sofort nach dem Ausführen die Optionsschaltfläche *Einfügen-Optionen*. Dieser nützliche Helfer macht auf eine automatisch ausgeführte Handlung aufmerksam: Beim Einfügen des Texts hat Word eine Entscheidung getroffen, die Sie kontrollieren sollten.

Klicken Sie auf den Listenpfeil am Rand der Schaltfläche.

→ Eine der verfügbaren Optionen ist aktiviert: Diese Handlung hat Word beim Einfügen ausgeführt.

→ Die Option *Ursprüngliche Formatierung beibehalten* bewirkt, dass Word die Formatierung des Quelltexts am Ziel nicht verändert hat.

→ *An Zielformatierung anpassen* verwenden Sie, wenn anders formatierter Text am Ziel die Formatierung des umgebenden Texts annehmen soll.

→ *Nur Text einfügen* ist dann sinnvoll, wenn aufwendig formatierter Text, z.B. mit Hyperlinks, Tabellenformaten oder Indexeinträgen, an den umgebenden Text angepasst werden oder seine Formatierung verlieren soll. Bei dieser Option gehen alle Formatierungen verloren.

→ Der Befehl *Formatvorlage oder Formatierung übernehmen* blendet den Aufgabenbereich *Formatvorlagen und Formatierung* ein, aus dem Sie eine bereits vorhandene Formatvorlage entweder wählen oder bei dieser Gelegenheit erstellen.

→ Die automatisch aktivierte Funktion schalten Sie über *Extras/Optionen* im Register *Bearbeiten* aus bzw. wieder ein: Nutzen Sie das Kontrollkästchen *Optionsschaltflächen für »Einfügen« anzeigen.*

Die Optionsschaltfläche AutoKorrektur-Optionen

Im oberen Bereich des Registers *AutoKorrektur* der Dialogbox *AutoKorrektur* ist das Kontrollkästchen *Schaltflächen für AutoKorrektur-Optionen anzeigen* angeordnet. Es ist in der Standardeinstellung aktiviert. Dieses Kontrollkästchen bewirkt, dass Word bei allen automatischen Korrekturen die Schaltfläche zeigt, um Ihnen die Möglichkeit zur Einflussnahme zu geben.

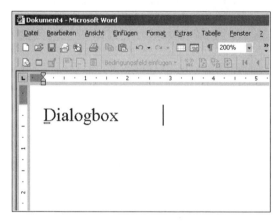

Bild 3.14: Wenn Sie mit dem Mauszeiger über einer »verdächtigen« Stelle verweilen, erscheint eine kleine blaue Markierung unterhalb des Worts, das Word automatisch verändert hat.

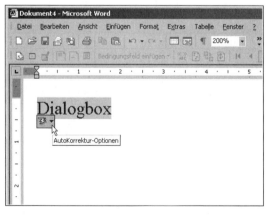

Bild 3.15: Um die Optionsschaltfläche AutoKorrektur-Optionen zu sehen, verharren Sie über dem Unterstrich.

Bild 3.16: *Mit dem Klick auf den Listenpfeil öffnen Sie das Befehlsmenü für den aktuellen Fall.*

Die im Menü erscheinenden Befehle sind von der jeweiligen Korrektur abhängig. Sie bieten aber meist die Möglichkeit, die Automatik zu verwerfen bzw. gänzlich auszuschalten. Außerdem haben Sie über ein solches Menü Zugriff auf die Steuerung der AutoKorrektur-Optionen.

3.4 Die OLE-Funktionen

Die Zusammenarbeit zwischen Einzelanwendungen wird zusätzlich durch OLE-Funktionen unterstützt (Object Linking And Embedding, zu Deutsch: Verknüpfen und Einbetten von Objekten). Mit den OLE-Funktionen lässt sich z.B. eine Grafik aus Excel in ein Word-Dokument einfügen. Steuerelemente des Ursprungsprogramms stehen in der Zielanwendung zur Verfügung und erlauben das Bearbeiten des eingebetteten Objekts.

OLE-Verbindungen (Object Linking and Embedding) stellen eine dynamische Verbindung zwischen Windows-Programmen dar. Dabei stellt ein Programm einem anderen neben den eigentlichen Daten auch Funktionen, z.B. zum Ausdruck, zur Verfügung. In diesem Zusammenhang tauchen auch die Begriffe »OLE-Server« und »OLE-Client« auf.

Der Begriff OLE-Server bezeichnet das Programm, aus dem die Daten einer OLE-Übertragung stammen. Mit OLE-Client wird das Programm bezeichnet, in das die Daten eingefügt wurden.

OLE-Objekte verknüpfen

Die Office-Programme sind in der Lage, sowohl verknüpfte als auch eingebettete Objekte zu verwalten. Merkmale von »verknüpften Objekten« sind:

→ Sie liegen als separate Datei auf der Festplatte oder Diskette vor.

→ Eine Kopie dieser Datei wird in das Office-Dokument übernommen.

→ Das Programm stellt fest, ob das Erstelldatum der Kopie ein anderes ist als das der verknüpften Grafik. In diesem Fall kann die verknüpfte Kopie durch die geänderte Version des Objekts (z.B. auf der Festplatte) automatisch oder manuell ersetzt werden.

Ein Beispiel dafür: Sie erstellen Formularvorlagen mit einer Grafik für ein Briefpapier, das ausschließlich auf einem Schwarzweißdrucker ausgegeben wird. Diese Grafik wird dann als Graustufenbild eingebunden. Jetzt kaufen Sie einen Farbdrucker und Sie möchten nun natürlich auch das Briefpapier farbig gestalten. Wenn das grafische Element in den Vorlagen verknüpft ist, reicht es aus, die Grafikdatei auf der Festplatte farbig anzulegen. Die Anpassung der Dokumente findet beim nächsten Laden statt.

OLE-Objekte einbetten

Das Einbetten von Objekten geht noch einen Schritt weiter als das Verknüpfen. Alle Programme, die das Einbetten von Objekten unterstützen, können beliebige Objekte untereinander austauschen, wenn genügend Arbeitsspeicher zum Ausführen aller benötigten Programme vorhanden ist.

Beim Einbetten von Objekten wird keine zusätzliche Datei auf einem Datenträger erzeugt. Vielmehr wird das Quellprogramm aufgerufen, das gewünschte Objekt erzeugt und anschließend zur Speicherung an das Zielprogramm übergeben. Bei jedem Bearbeitungswunsch wird nun ein Fenster mit dem Quellprogramm geöffnet, dort lässt sich dieses Objekt verändern. Auch bei anderen Operationen, wie zum Beispiel dem Drucken, wird auf Funktionen des Quellprogramms zurückgegriffen.

Um ein eingebettetes Objekt in einem Office-Programm zu bearbeiten, genügt es, dieses doppelt anzuklicken. Wenn Sie z.B. ein eingefügtes ClipArt doppelt anklicken, ändert sich der Bildschirmaufbau: Das erzeugende Programm – das Office-Zeichenmodul – wird aktiv, nimmt Änderungen vor und übergibt das Objekt anschließend zurück an das aufrufende Programm.

Wenn Sie beabsichtigen, Dokumente weiterzugeben, müssen Sie auf das Einbetten von Objekten verzichten, solange nicht sichergestellt ist, dass die Gegenstelle über die erzeugende und die Serverapplikation verfügt. Auch alle verknüpften Zusatzgrafiken müssen bei der Weitergabe berücksichtigt werden.

Die Einbetten-Funktion wird auch aktiv, wenn bestimmte Zusatzmodule zum Einsatz kommen. Wenn Sie WordArt aufrufen oder ein Präsentationsdiagramm einfügen: Die Zusatzmodule sind spezialisierte OLE-Server, die nur innerhalb eines anderen Programms lauffähig sind. Sie erzeugen selbst keine separaten Dateien, sondern speichern die Arbeitsergebnisse einfach innerhalb der Dokumente des aufrufenden Programms mit ab.

Einbetten oder Verknüpfen – das Vorgehen

OLE-Objekte lassen sich entweder mit Zwischenablageoperationen übertragen – *Bearbeiten/Inhalte einfügen* – oder direkt aus dem Programm aufrufen. Microsoft stellt verschiedene Funktionen zur Verfügung.

Mit dem Menüpunkt *Einfügen/Objekt* wird eine OLE-Verbindung aufgebaut, wenn das OLE-Objekt noch nicht erstellt ist oder bereits als separate Datei vorliegt. Das hier beschriebene Vorgehen gilt z.B. für ein Bitmap-Bild und wird auch an diesem Beispiel demonstriert.

→ Rufen Sie zunächst den Befehl *Einfügen/Objekt* auf.

→ Wählen Sie den Objekttyp *Bitmap*, entscheiden Sie sich für *Neu erstellen* und bestätigen Sie die Dialogbox.

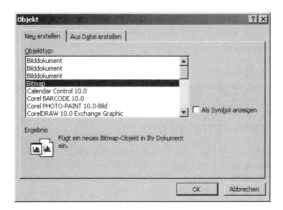

Bild 3.17: Mit der Dialogbox Objekt *sprechen Sie alle installierten OLE-Server gezielt an.*

 Das Register Aus Datei erstellen *ist in der Lage, bestehende Dateien entweder einzubetten oder zu verknüpfen. Für das Verknüpfen muss nur das
gleichnamige Kontrollfeld aktiviert sein.*

→ Jetzt können Sie ein Bild zeichnen: Die Auswahl von *Bitmap* führt
direkt in die für diesen Zweck registrierte Anwendung, meist Microsoft
Paint.

→ Klicken Sie neben den Objektrahmen in das Dokument.

 In anderen Fällen steht der Befehl Datei/Schliessen und zurück zu DokumentX *zur Verfügung. Dieser Befehl wird durch den Namen des aufrufenden
OLE-Clients ergänzt, im Beispiel ist es der des aktuellen Word-Dokuments.*

→ Um zu überprüfen, ob es sich dabei wirklich um ein eingebettetes
Objekt handelt, genügt das Kontextmenü. Ein rechter Mausklick auf
das Bild ruft es auf den Schirm. Der Eintrag *Bitmap-Objekt* bietet ein
Untermenü mit den Optionen *Bearbeiten, Öffnen* und *Konvertieren*.

Inhalte einfügen

Das Einfügen von Inhalten mit dem Menüpunkt *Bearbeiten/Inhalte einfügen* bezieht sich auf einen Datenaustausch mit anderen Programmen über
die Zwischenablage. Im Unterschied zum Befehl *Einfügen* kann hier z.B.
das Format des Grafikbestandteils gewählt werden. Weiterhin stellt dieser
Menüpunkt eine Möglichkeit zum Verknüpfen von Dateien zur Verfügung,
sofern es sich beim erzeugenden Programm um eine OLE-fähige Applikation handelt. Der Befehl kann nur gewählt werden, wenn der Zwischen-
ablageinhalt aus einem OLE-fähigen Ursprungsprogramm stammt. Nach
Aufruf der Funktion erscheint eine Dialogbox mit der Bezeichnung *Inhalte
einfügen*.

Im Listenfeld mit der Überschrift *Als* sind die verfügbaren Datenformate des aktuellen Zwischenablageinhalts aufgeführt. *Einfügen* bewirkt das Einfügen der Daten oder, wenn der oberste Eintrag mit Bezeichnung des erzeugenden Programms gewählt wird, das Einbetten des Objekts. *Verknüpfung* verknüpft das Objekt mit dem Dateinamen der Ursprungsdatei, sofern der OLE-Server diese Option unterstützt.

 Falls Sie die im OLE-Server verfügbaren Daten verknüpfen möchten, sollten Sie diese vor dem Kopieren in die Zwischenablage sichern, so dass Sie von Anfang an eine aktuelle Version übernehmen.

Verknüpfungen aktualisieren

Der Vorteil eines verknüpften Objekts ergibt sich daraus, dass der OLE-Client selbständig dafür sorgen kann, dass es ständig auf dem aktuellen Stand ist. Grundsätzlich wird die Verknüpfung beim Öffnen eines Dokuments automatisch aktualisiert, sofern dies nicht anders eingestellt wurde. So schalten Sie die automatische Verknüpfung um:

→ Rufen Sie *Bearbeiten/Verknüpfungen* auf. Dieser Befehl lässt sich nur dann anwählen, wenn die Datei ein verknüpftes Objekt enthält.

→ Klicken Sie auf das zu aktualisierende Objekt.

 Um mehrere verknüpfte Objekte zu markieren, halten Sie `Strg` *gedrückt und klicken Sie nacheinander auf die Objekte.*

→ Das Optionsfeld *Automatisches Update* aktualisiert die Verknüpfung ohne Ihr Zutun. *Manuelles Update* bewirkt, dass ein verknüpftes Objekt nur dann angepasst wird, wenn Sie auf *Jetzt aktualisieren* klicken.

 Verknüpfungen lassen sich beim Einfügen von Grafiken aus Dateien, beim Importieren mit der Zwischenablage oder auch mit Einfügen/Objekt *herstellen. Alle Routinen bieten entsprechende Kontrollfelder an.*

Schließlich tragen auch die Programmoptionen – sie öffnen sich mit *Extras/Optionen* – zum Verhalten der Objekte bei. Die Einstellung von Word verbirgt sich im Register *Drucken*.

3.5 Dateieigenschaften

Ein besonderes Thema beim Dateimanagement sind die Dateieigenschaften. Dieses Tool hat sich zu einer leistungsfähigen Dateiverwaltung gemausert, sofern es denn richtig eingesetzt wird. In allen Anwendungen finden Sie im Menü *Datei* den zugehörigen Befehl *Eigenschaften*. Unmittelbar nach dem Klick öffnet Word wie alle anderen Office-Anwendungen eine Dialogbox mit mehreren Registern:

→ Das Register *Allgemein* enthält die Betriebssysteminformationen zum Dateityp, den Speicherort und die Dateigröße sowie einige andere allgemeine Eigenschaften. Zu verändern ist hier nichts, dieses Register dient nur der Information. Trotzdem hat es seinen Nutzen.

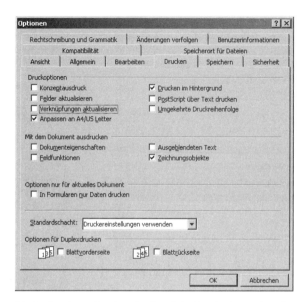

Bild 3.18: *Die Registerkarte* Drucken *in der Dialogbox* Optionen *legt fest, ob eine automatische Aktualisierung erfolgt.*

Einige der Angaben können mit der Maus markiert und in die Zwischenablage kopiert werden.

→ Das Register *Zusammenfassung* enthält alle Kategorien zur näheren Erläuterung Ihres Dokuments. Der Inhalt dieses Registers hängt davon ab, wann Sie die Eigenschaften aufrufen. In jedem Fall enthält es den Namen des Autors und der Firma, in der Form, wie beide bei der Installation angegeben wurden. Diese Einträge bearbeiten Sie beliebig. Erscheint die Dialogbox automatisch beim erstmaligen Speichern einer Datei, enthält das Eingabefeld *Titel* Informationen aus der ersten Zeile Ihres Dokuments oder die Vorgaben aus der zugehörigen Dokumentvorlage. Jedes der Eingabefelder können Sie nach Ihren Wünschen ausfüllen, Platz steht mit maximal 255 Zeichen je Eintrag ausreichend zur Verfügung. Aber wegen der geringen Anzeigefläche in Dialogboxen ist es nicht zu empfehlen, die gebotenen Möglichkeiten restlos auszuschöpfen. Am unteren Rand des Registers findet sich noch ein Kontrollkästchen mit der Möglichkeit, eine Vorschaugrafik zu speichern. Aktivieren Sie dieses Kontrollkästchen, speichert die Office-Anwendung eine stark verkleinerte Abbildung der ersten Dokumentseite. Diese Auswahl hat bei Word Einfluss auf das Register *Inhalt*.

Wenn Sie erstmalig mit Word arbeiten und die Dateieigenschaften zur Verwaltung Ihrer Dokumente nutzen wollen, bedarf es einiger Vorüberlegungen. Wenn die Ablagestruktur vorher etwa feststeht, können insbesondere die Eingabefelder Thema*,* Kategorie *und* Stichwörter *wertvolle Suchzeit einsparen.*

→ Das Register *Statistik* liefert einige Aussagen zum Dokument mit mehr oder weniger informativem Charakter. Einfluss haben Sie auf diese Angaben nur indirekt – durch Arbeit am Dokument.

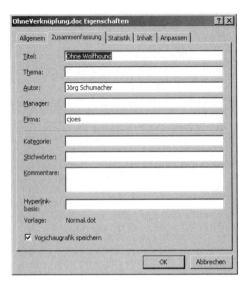

Bild 3.19: *Das Register* Zusammenfassung *der Dateieigenschaften dient der Verwaltung des Office-Dokuments – wie bei einem angehängten Informationszettel sind zusätzliche Informationen auf einen Blick verfügbar.*

Word analysiert in diesem Register zudem das Dokument. Die Angaben zur Statistik sind aktuell. Immer wenn Sie das Register öffnen, ermitteln diese Anwendungen die aktuellen Werte.

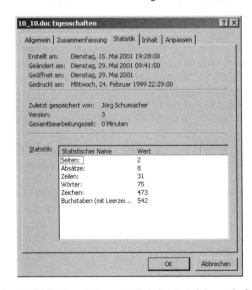

Bild 3.20: *Statistik eines Dokuments bei den Dateieigenschaften.*

→ Das Register *Inhalt* enthält den schon bekannten Titel. Erst nach dem Speichern der Vorschaugrafik übernimmt Word z.B. vorhandene Überschriften in das Register.

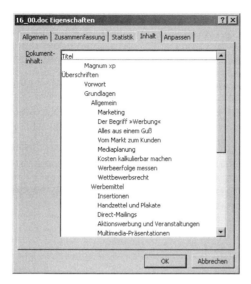

Bild 3.21: Umfangreiche Informationen zum Dokumentinhalt bei den Dateieigenschaften nach dem Speichern der Vorschaugrafik

→ Das Register *Anpassen* ermöglicht weitere Angaben zum Dokument. Hier können Sie vorgefertigten Kategorien Werte zuweisen oder eigene definieren. Nach den Inhalten dieser Kategorien kann ebenso gesucht werden.

Praxistipp: Wörter zählen

Besonders bei Textdokumenten ist es oft wichtig zu wissen, wie viele Zeichen ein Text enthält. Word unterstützt das Anliegen mit dem Befehl *Extras/Wörter zählen* und einer speziellen Symbolleiste.

→ Markieren Sie den gewünschten Text. Falls Sie auf eine Markierung verzichten, analysiert Word das gesamte Dokument.

→ Aktivieren Sie den Befehl *Extras/Wörter zählen*. Entscheiden Sie, ob Sie eventuell vorhandene Fuß- und Endnoten in die Statistik einbeziehen wollen.

Bild 3.22: Die Statistik zum gesamten Dokument.

→ Wenn Sie die Funktion *Wörter zählen* häufiger nutzen bzw. auf verschiedene Textteile anwenden möchten, dann lohnt sich der Einsatz der Symbolleiste, die Sie mit der Schaltfläche in der Dialogbox oder mit dem Befehl *Ansicht/Symbolleisten/Wörter zählen* aktivieren.

→ Sobald Sie die Markierung des Texts verändern, erscheint im Listenfeld der Symbolleiste eine Aufforderung zum erneuten Zählen. Sie lösen den Vorgang mit einem Klick auf die Schaltfläche *Neu zählen* in der Symbolleiste aus. Das Ergebnis erscheint im Listenfeld.

→ Wählen Sie im Listenfeld das gewünschte Zählverfahren. Während der weiteren Zählungen bleibt die gewählte Auswahl erhalten.

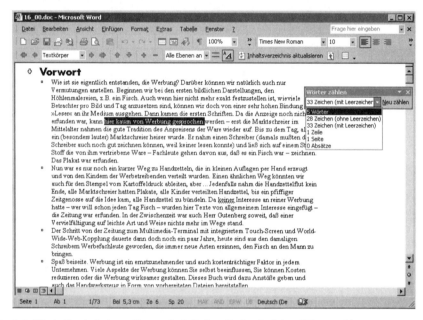

Bild 3.23: Detaillierte Ergebnisse zur Textstatistik liefert die Symbolleiste Wörter zählen.

4 Das Fehlermanagement

Menschen und Computer machen Fehler – gut, wenn das Anwendungsprogramm in der Lage ist, die Auswirkung solcher Fehler zu begrenzen. Dieses Kapitel informiert über die Funktionen, die eine bereits geleistete Arbeit vor Fehlbedienungen oder Programmabstürzen schützen.

4.1 Sicherheitsabfragen

Die erste und offensichtlichste Sicherheitsfunktion von Word sind die so genannten Sicherheitsabfragen. Jedes Mal, wenn Datenverlust droht, erscheint ein Fenster, das auf die möglichen Konsequenzen der gerade ausgelösten Aktion hinweist und zuvor noch einmal eine Bestätigung verlangt.

Bild 4.1: Ein gut gemeinter Warnhinweis, ehe Daten verloren sind: eine Sicherheitsabfrage.

Ein weiteres Beispiel: Sie versuchen, einen Text unter der Dateibezeichnung eines bereits existierenden Dokuments zu sichern. In so einem Fall fragt Word zunächst nach, ob Sie die bestehende Datei überschreiben und damit endgültig verlieren möchten. Dabei kommt in diesem Zusammenhang eine neue Funktion zum Tragen: Beim Speichern eines Dokuments unter einem bereits bestehenden Dateinamen bieten sich Ihnen weitere Optionen.

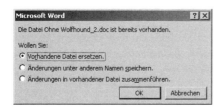

Bild 4.2: Beim Speichern einer Datei unter einem bestehenden Dateinamen haben Sie die Qual der Wahl.

→ Mit der Option *Vorhandene Datei ersetzen* tauschen Sie das bereits bestehende Dokument gegen den Inhalt aus dem Arbeitsspeicher aus: Der Name für die Dateiablage bleibt erhalten.

→ Die Option *Änderungen unter einem anderen Namen speichern* gibt Ihnen nach der Bestätigung die Chance, einen anderen Namen für den Inhalt aus dem Arbeitsspeicher zu bestimmen. Danach gibt es eine neue Datei, die eben gefährdete bleibt erhalten.

→ Die Option *Änderungen in vorhandener Datei Zusammenführen* vergleicht den Inhalt aus dem Arbeitsspeicher mit dem Inhalt der Datei auf dem Datenträger. Diese Auswahl ist natürlich nur sinnvoll, wenn es sich um Dokumente handelt, die aus Überarbeitungen hervorgegangen sind. In diesem Fall wird die bestehende Datei geöffnet und mit Überarbeitungsmarkierungen versehen. Eine Veränderung der Datei auf dem Datenträger erfolgt dabei nicht: Sie entscheiden erst später, ob die Veränderungen in die Datei eingepflegt oder verworfen werden.

4.2 Die Funktionen Bearbeiten und Rückgängig

Bei der Arbeit mit komplexen Programmen wie Word kommen auch Fehlbedienungen vor. Angenommen, Sie haben einen längeren Text markiert, um die Schriftart zu ändern. Dann drücken Sie versehentlich eine Buchstabentaste und statt des markierten Textes erscheint der Buchstabe. Bewahren Sie kühlen Kopf und nehmen Sie die Ersetzung einfach zurück:

→ Den zuletzt ausgeführten Befehl können Sie über *Bearbeiten/Rückgängig* oder die Tastenkombination $\boxed{\text{Strg}}$+$\boxed{\text{Z}}$ wieder zurücknehmen – dann erscheint der gelöschte Text wieder.

→ Auch das Symbol *Rückgängig* dient zum Widerrufen von Befehlen. Ein Klick auf dieses Symbol macht die letzte Aktion ungeschehen. Durch Anklicken des Listenpfeils daneben öffnet sich eine Liste mit den zuletzt ausgeführten Befehlen. Jeder einzelne der hier aufgelisteten Arbeitsschritte lässt sich damit zurücksetzen. Beim Rückgängigmachen einer bestimmten Aktion aus dieser Liste werden automatisch auch alle vorhergehenden Aktionen zurückgenommen.

Bild 4.3: Die Rückgängig-Liste zeigt, welche Bearbeitungsschritte zurückgenommen werden können.

→ Word bietet die Rücknahme Hunderter von Bearbeitungsschritten direkt aus dem Hauptspeicher. Die theoretische Anzahl der zurücknehmbaren Schritte ist größer, als der Benutzer praktisch überschauen kann.

→ Grundsätzlich lassen sich alle Eingaben, Text-, Zellen-, Zeilen- und Spaltenformatierungen sowie Lösch- und Einfügeoperationen, zurücknehmen. Bei Dateioperationen – Speichern oder Überschreiben von Vorversionen – versagen diese Routinen jedoch.

→ Die Funktion *Bearbeiten/Wiederherstellen* oder das Anklicken des Symbols *Wiederherstellen* kommen zum Einsatz, wenn Sie ausgeführte Rückgängig-Funktionen wieder zurücknehmen möchten. Mit dem

Menübefehl lässt sich die letzte Aktion noch einmal durchführen. Auch diese Funktion bietet alle Schritte in einer Liste an.

 Wenn Sie eine Vielzahl von Schritten zurücknehmen und anschließend schrittweise wieder herstellen, läuft die Dokumenterstellung wie in einem Trickfilm ab.

4.3 Automatische Sicherungen

Word legt spezielle Dateien an, die bei einem Programmabsturz zu einem definierten Dokumentzustand führen. Dieser in regelmäßigen Abständen angelegte Zwischenstand heißt im Office-Sprachgebrauch *AutoWiederherstellen-Info*. Beim normalen Beenden von Word werden diese Dateien kommentarlos gelöscht. Nach einem ungeplanten Programmende – Programm- oder Computerabsturz – und dem anschließenden Neustart der Anwendung erscheint ein Aufgabenbereich auf der rechten Seite des Arbeitsbildschirms.

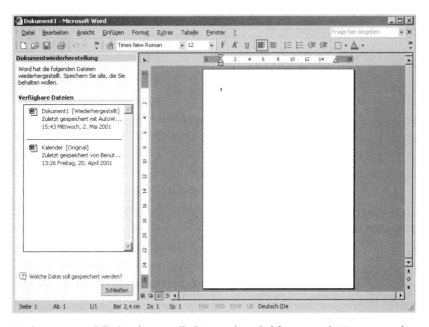

Bild 4.4: *Word erzeugt spezielle Dateien, um die Datenverluste bei Programmabstürzen zu verringern.*

Der Arbeitsbereich *Dokumentwiederherstellung* listet alle Dokumente auf, von denen es eine AutoWiederherstellen-Info gibt. Jeder Eintrag enthält eine Information, ob die gesicherten Dokumente von der gespeicherten Version abweichen. In diesem Fall entscheiden Sie, wie sie weiterverfahren: Das Menü hinter dem Pfeil am rechten Rand des Eintrags bietet die folgenden Befehle:

→ Der Befehl *Ansicht* öffnet das Dokument und bietet die Chance, die beim Absturz verlorenen Daten zu beurteilen.

→ Mit dem Befehl *Speichern unter* sichern Sie den automatisch abgelegten Dateizustand auf dem Datenträger für eine spätere Sichtung bzw. einen Dokumentvergleich (Word).

→ *Löschen* beseitigt die AutoWiederherstellen-Info.

Bild 4.5: Falls Sie das gerettete Dokument schließen, erinnert eine Dialogbox an den nötigen Speichervorgang.

Der zeitliche Abstand, in dem automatische Sicherungen erfolgen, wird in der Dialogbox Extras/Optionen *vorgegeben. Dort schalten Sie die Funktion auch ab: In der Standardeinstellung ist sie in allen Anwendungen auf 10 Minuten eingestellt. Welche Zeitdauer für Ihren Rechner günstig ist, hängt von der Arbeitsgeschwindigkeit des Rechners und davon ab, wie viele Daten Sie in der Reservezeit verlieren könnten.*

Zusätzlich zu diesen Wiederherstellungsdateien kann Word auch noch Sicherheitskopien erzeugen. Dabei bleibt der Stand des Dokuments vor der letzten Speicherung erhalten. Ist dieses Kontrollfeld in der Optionen-Dialogbox aktiviert, überschreibt Word die bisherige Datei beim Speichern nicht mehr, sondern benennt sie um: Sie erhält den Präfix *Sicherungskopie von* und die Dateierweiterung *WBK*. Diese Art der Dateiablage benötigt mehr Festplattenplatz als die einfachere Methode, erhöht aber die Sicherheit.

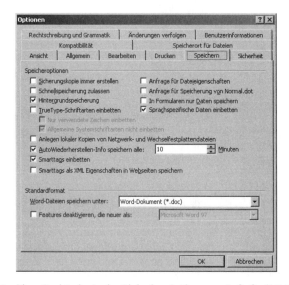

Bild 4.6: Diese Registerkarte der Dialogbox Optionen – *Aufruf mit* Extras/Optionen – *steuert alle Speicherungseinstellungen von Word.*

Damit die Sicherungskopie auch tatsächlich in der Dateiliste erscheint, müssen Sie den Dateityp beim Laden auf Alle Dateien *stellen. Wenn Sie die Sicherungskopien nicht mehr benötigen, sollten Sie sie löschen. Damit gewinnen Sie wertvollen Platz auf Ihrer Festplatte.*

4.4 Weitere Sicherungsmechanismen

Mit einem besonderen Befehl reagiert Microsoft auf mögliche Fehler in Systemdateien: Unter *?/Erkennen und Reparieren* finden Sie einen Befehl, der ein intaktes Office-System herstellen soll. Nach dem Aufruf erscheint zunächst eine Dialogbox *Erkennen und Reparieren.*

→ *Meine Verknüpfungen während der Überprüfung wiederherstellen* erhält die Verknüpfungen auf die Programme im Startmenü von Windows.

→ *Benutzerdefinierte Einstellungen verwerfen und Standardeinstellungen verwenden* setzen Sie ein, wenn Sie den Zustand des Programms wie nach der Installation benötigen, z.B. wenn persönliche Einstellungen oder andere individuellen Veränderungen beschädigt sind.

 Falls diese Reparatur misslingt, hilft nur noch eine Neuinstallation.

Bild 4.7: Erkennen und Reparieren *überprüft die Komponenten mit dem Setup-Programm und stellt beschädigte Dateien wieder her.*

Praxistipp: Word wiederherstellen

Mitunter kommt es vor, dass Word ins Stolpern gerät und mitten in der schönsten Arbeit nicht mehr reagiert. Wenn in diesem Fall weder Maus noch Tastatur reagieren, dann ist alles zu spät: Es hilft nur ein Neustart des Rechners in der Hoffnung, dass die Autowiederherstellen-Info zumindest die wichtigsten Daten gerettet hat.

In allen anderen Fällen hilft ein Officetool weiter: Mit *Start/Programme/ Microsoft Office Tools/Microsoft Office Anwendungswiederherstellung* starten Sie ein Tool, das eine nicht reagierende Anwendung abfangen und zumindest die nicht gespeicherten Daten retten soll, indem diese gespeichert werden.

Nach dem Start des Tools erhalten Sie eine Statusbox, in der Sie den Zustand des Programms erkennen.

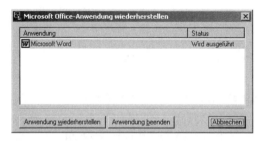

Bild 4.8: Keine Gefahr für die Daten: Word wird normal ausgeführt.

Bild 4.9: Wenn der Eintrag Anwendung antwortet nicht *erscheint, dann können Sie die nicht reagierende Anwendung entweder beenden oder wiederherstellen.*

 Das Ergebnis des Tools hängt vor allem vom aufgetretenen Fehler ab: Sie sollten die nachfolgenden Statusmeldungen genau verfolgen, um über die erfolgreich abgeschlossenen Handlungen informiert zu sein.

5 Anwenderunterstützung

Die moderne Anwenderunterstützung durch die Hilfefunktion zählt mit Sicherheit zu den Highlights von Word. In vielen Fällen bietet sie alle benötigten Informationen, um zum gewünschten Ergebnis zu gelangen. Dieses Kapitel zeigt, wie Sie die Hilfen von Word optimal einsetzen.

5.1 Allgemeines

Angesichts der gebotenen Funktionsvielfalt von Word ist es kaum verwunderlich, dass Sie nicht jede Funktion und jeden Befehl in allen Einzelheiten kennen. Während die täglichen Arbeiten leicht von der Hand gehen, treten bei seltener benutzten Funktionen Fragen auf. Genau an dieser Stelle setzt die Online-Hilfe von Word an – in verschiedenen Ebenen stehen Ihnen Hilfeinformationen zur Verfügung.

Je besser Sie sich mit der Bedienung der Hilfe auskennen, desto effizienter nutzen Sie die angebotenen Informationen und Sie gelangen ohne langes Suchen zum gewünschten Ergebnis.

Die Anwenderunterstützung der aktuellen Word-Version mit einfachen Hilfebildschirmen anderer Programme zu vergleichen, wäre unangemessen: Die Word-Hilfe folgt ausgeklügelten Konzepten und erlaubt es, auf unterschiedlichen Wegen zu den gewünschten Informationen zu gelangen. Microsoft spricht in diesem Zusammenhang von der IntelliSense-Technologie. Word wartet nicht mehr, bis der Anwender ratlos ist, sondern wird in bestimmten Situationen selbst aktiv.

5.2 Das Listenfeld in der Menüleiste

Auffällig, weil an einem ungewohnten Platz, präsentiert sich das Listenfeld *Frage eingeben* in der Menüleiste von Word. Eine dezent graue Aufforderung bietet der Text *Frage hier eingeben*. Genau das ist gewollt: Sobald während der Arbeit eine Frage auftaucht, sollen Sie eine Antwort erhalten. Der Weg zu einer Antwort ist einfach:

→ Klicken Sie in das Listenfeld: Die Schreibmarke erscheint im Eingabebereich.

→ Tragen Sie ein oder mehrere Stichwörter ein, mit denen Sie möglichst exakt das Problem umreißen. Fragewörter und Formulierungen sind nicht nötig, der eingegebene Text wird ohnehin vor der Suche analysiert und auf das Wesentliche reduziert.

→ Bestätigen Sie mit der Enter -Taste: Nach kurzer Zeit erscheint ein Fenster mit den Themen, die dem von Ihnen eingegebenen Bezug entsprechen.

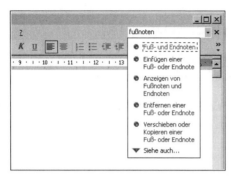

Bild 5.1: Nach Bestätigung der Suchbegriffe erscheint eine Themenliste.

→ Am unteren Ende der Themenliste erscheint der Eintrag *Siehe auch*. Mit einem Klick schalten Sie die Themenansicht um, weitere Themen erscheinen.

→ Klicken Sie auf einen Eintrag, um das Thema zu aktivieren. Das Anwendungsfenster wird verkleinert und die Hilfe der Applikation erscheint.

5.3 Die Online-Hilfe

Nachdem Sie ein Thema angeklickt haben, erscheint ein neues Fenster auf dem Bildschirm. In der Titelleiste sehen Sie die Bezeichnung der aufrufenden Anwendung. Ein Hilfetext erscheint, in dem Sie mit den Bildlaufleisten blättern und über aktivierte Hyperlinks zu anderen Themen wechseln.

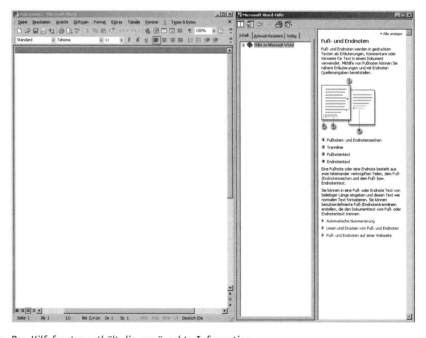

Bild 5.2: Das Hilfefenster enthält die gewünschte Information.

Im oberen Bereich des Hilfefensters gibt es sechs Schaltflächen. Die linke Schaltfläche dient der Anordnung des Hilfefensters: Ein Klick auf *Automatisch nebeneinander* ordnet das Anwendungsfenster und das Hilfefenster auf dem Desktop nebeneinander an. Die daraufhin an der gleichen Stelle erscheinende Schaltfläche *Nicht nebeneinander* beendet die Anordnung und lässt wieder überlappende Fenster zu.

Bild 5.3: *Die Schaltflächen zum Steuern der Hilfe*

Mit einem Klick auf die Schaltfläche *Drucken* können Sie ein komplettes Hilfethema ausdrucken. So lässt sich schnell ein eigenes Handbuch mit häufig genutzten Funktionen erstellen.

Mit der Schaltfläche *Einblenden* aktivieren Sie die komplette Hilfe, die in drei Register gegliedert ist:

→ Im ersten Register *Inhalt* sehen Sie eine Liste der verfügbaren Hilfethemen. Jedes Buchsymbol repräsentiert ein Hilfethema, das weitere Unterthemen und Hilfeseiten enthält. Markieren Sie das gewünschte Thema und klicken Sie auf das Pluszeichen vor dem Buch. Sie können auch auf einen Eintrag doppelklicken. In der Liste sehen Sie die enthaltenen Hilfeseiten und eventuell weitere Buchsymbole. Wählen Sie den gewünschten Eintrag aus, um im rechts angeordneten Hilfefenster Anweisungen zum Thema zu erhalten.

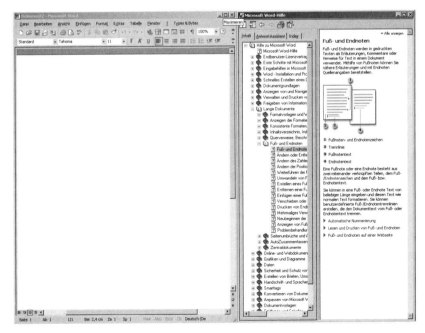

Bild 5.4: *Das Register* Content *bietet den schnellen Zugriff auf die Hilfedateien von Word. Die Inhalte zum markierten Thema zeigt die Hilfe im rechten Bereich des Fensters an.*

→ Das Register *Index* erlaubt eine Stichwortsuche in allen verfügbaren Hilfedateien. Diese Hilfe ist wie der alphabetische Index eines Buches aufgebaut. Geben Sie den gesuchten Begriff in das Eingabefeld ein. Die darunter befindliche Liste der Schlüsselwörter wird mit jedem eingegebenen Zeichen aktualisiert und zeigt die entsprechenden Suchbegriffe an. Klicken Sie auf *Suchen*, sobald das korrekte Schlüsselwort im Eingabefeld steht. Mit Hilfe der Maus oder den Richtungstasten wählen Sie den gewünschten Eintrag aus der Liste, um das entsprechende Hilfefenster zu sehen.

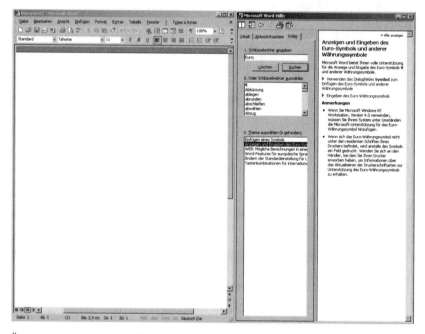

Bild 5.5: Über das Register Index *greifen Sie auf die Stichworteinträge in den Hilfedateien zu.*

→ Über die Steuerelemente des dritten Registers *Antwort-Assistent* führen Sie eine Volltextsuche innerhalb aller Hilfedateien der Anwendung durch. Nach einem Klick auf *Suchen* zeigt Ihnen die Hilfe alle Einträge an, in denen das Suchwort vorkommt. Wählen Sie ein Hilfethema aus, um den Eintrag zu öffnen. Das Verfahren ist mit dem Eingabefeld *Frage eingeben* identisch.

Ganz gleich, auf welchem Weg Sie die Hilfeseite zur Anzeige bringen: In allen Fällen sehen Sie die gewünschten Informationen im rechten Bereich des Hilfefensters. Je nachdem, welche Seite Sie geöffnet haben, sind dort einige Textpassagen farbig hervorgehoben. Über diese Hyperlinks verzweigen Sie zu weiterführenden Informationen bzw. Begriffserklärungen.

Im Hilfefenster besteht die Möglichkeit, nach einer Auswahl mit der Maus im rechten Anzeigebereich das gesamte Hilfethema oder Teile davon in eine Datei zu kopieren.

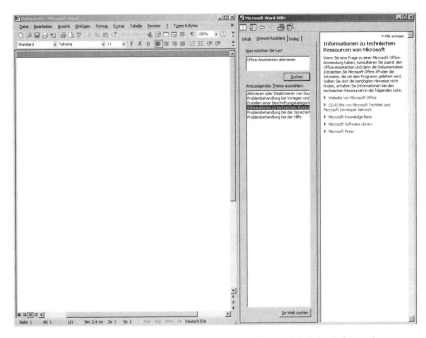

Bild 5.6: Nach Auswahl eines Themas präsentiert die Online-Hilfe ausführliche Informationen.

 Nutzen Sie die im Hilfetext hervorgehobenen Textpassagen, eingeordnete Symbolschaltflächen und die Symbole Vor *bzw.* Zurück, *um die Hilfe nach den gewünschten Informationen zu durchforsten. Die oft verfügbare Schaltfläche* alle anzeigen *öffnet alle im Text enthaltenen weiterführenden Informationen bzw. Begriffserklärungen.*

5.4 Der Office-Assistent

Der Office-Assistent meldet sich mitunter auch ungefragt zu Wort. Er verfügt über eine Reihe von Tipps, die entweder etwas mit den aktuellen Funktionen zu tun haben oder einfach Arbeitstechniken verbessern sollen.

Der *Office-Assistent* stellt eine Animation zur Entgegennahme der Fragen dar. Standardmäßig erscheint der Assistent mit dem Befehl *?/ Anwendung xyz Hilfe,* nach einem Druck auf die Funktionstaste F1 oder einem Klick auf die Schaltfläche mit dem Fragezeichen in der Standardsymbolleiste auf der Arbeitsfläche.

Der Office-Assistent arbeitet mit der IntelliSense-Technologie: Bedienhandlungen werden verfolgt und ausgewertet. Sobald Sie auf den Assistenten klicken, sehen Sie bereits einige Themenvorschläge, zu denen Ihnen der Assistent Hilfe anbietet.

 Mit einem Lämpchen weist der Office-Assistent darauf hin, dass er einen Tipp parat hat. Ein Klick auf dieses Lämpchen ruft den Tipp auf den Bildschirm.

Bild 5.7: *Der eingeblendete Assistent übernimmt die Funktion von Dialogboxen mit Sicherheitsabfragen und Warnhinweisen. Im Beispiel sehen Sie die Warnung vor dem Schließen einer ungesicherten Datei.*

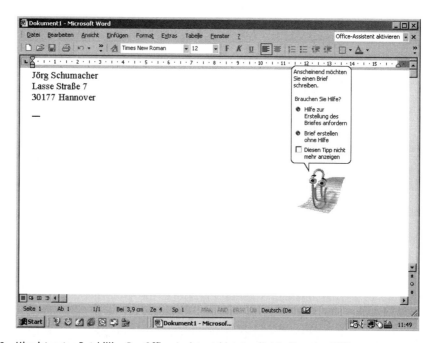

Bild 5.8: *Hier ist guter Rat billig: Der Office-Assistent bietet selbständig seine Hilfe an.*

Ein Klick auf einen dieser Einträge und der Assistent zeigt das entsprechende Thema an. Wenn Sie in der angebotenen Liste nicht fündig werden, geben Sie einfach eine Frage in das Eingabefeld ein, bevor Sie auf *Suchen* klicken. Der Assistent gerät in Bewegung, ist ein wenig beschäftigt und listet schließlich die gefundenen Themen auf. Sollten Sie mit den angebotenen Vorschlägen nicht zufrieden sein, formulieren Sie die Frage um und verwenden Sie dabei andere Stichwörter. Nutzen Sie die Pfeile *Siehe auch* und *Siehe vorherige*, um in der Liste zu blättern.

Auch wenn Sie Fragen im Assistenten ausformulieren können: Mit der Eingabe von Stichwörtern gelangen Sie schneller ans Ziel.

Wenn Sie den Office-Assistenten nicht mehr benötigen, blenden Sie ihn aus. Den Befehl *Office-Assistenten ausblenden* bzw. *Ausblenden* finden Sie im Hilfemenü und im Kontextmenü des Assistenten. Der Office-Assistent wird dann beim nächsten Aufruf wieder aktiviert und bleibt danach auf der Arbeitsfläche.

 Wenn Sie den Office-Assistenten wiederholt ausblenden, reagiert er »sauer«. Er stellt Ihnen dann die Frage, ob Sie ganz auf seine Hilfe verzichten möchten. Wählen Sie dann die Option Nur ausblenden, *wenn Sie nicht ganz auf diese Hilfefunktion verzichten wollen.*

Das Kontextmenü erlaubt einige Feineinstellungen zu diesem »Helferlein«. Sie öffnen es mit einem rechten Mausklick auf den aktiven Helfer.

Bild 5.9: Das Kontextmenü des Office-Assistenten bietet verschiedene Befehle, mit denen Sie die Arbeit des Assistenten einstellen.

→ Mit *Ausblenden* verbannen Sie den Assistenten in die Symbolleiste.

→ Selbst Leerlauf am Computer lässt sich mit dem Assistenten kurzzeitig überbrücken. Wiederholtes Klicken auf den Eintrag *Animation!* regt den Assistenten dazu an, sein Bewegungspotential zu demonstrieren.

→ Der Eintrag *Assistent auswählen* öffnet eine Dialogbox, in der Sie einen Ersatz für den Assistenten aussuchen.

→ Ein Klick auf *Optionen* öffnet eine Dialogbox, in der Sie das Ablaufverhalten des Assistenten einstellen.

 Sie müssen beim Anklicken des Assistenten genau zielen: Nur die zum Assistenten gehörenden Teile sind aktiviert. Dort, wo der Hintergrund zu sehen ist, lösen Sie andere Reaktionen mit dem Mausklick aus.

Optionen einstellen

Mit den Kontrollkästchen im Register *Optionen* der Dialogbox *Office-Assistent* legen Sie das Ablaufverhalten des Assistenten fest.

→ Deaktivieren Sie das Kontrollkästchen *Auf F1-Taste reagieren*, wenn Sie beim Betätigen der Taste F1 direkten Zugriff auf die Online-Hilfe haben möchten.

→ Um zu den verschiedenen Assistenten der Office-Programme Hilfe zu erhalten, aktivieren Sie das Kontrollkästchen *Hilfe zu Assistenten*.

→ Sobald das Kontrollkästchen *Warnmeldungen anzeigen* aktiviert ist, sehen Sie die Sicherheitsabfragen und Warnmeldungen der Anwendung im Office-Assistenten, sofern dieser eingeblendet ist.

→ *Verschieben, wenn im Weg* legt fest, dass der Assistent automatisch an eine andere Stelle der Arbeitsfläche wandert, sobald er im Weg erscheint.

→ *Hilfethemen erraten* aktiviert automatische Themenvorschläge.

→ *Sounds aktivieren* regelt, ob Sie ein Audiofeedback vom Assistenten erhalten.

→ Das Kontrollkästchen *Sowohl Produkt als auch Programmierhilfe (...)* legt fest, dass der Assistent beim Arbeiten in der Programmierumgebung auch Hilfethemen der allgemeinen Produkthilfe mit einbezieht.

Im Bereich *Tipps anzeigen* bestimmen Sie, ob und welche Tipps der Assistent zum besten geben soll.

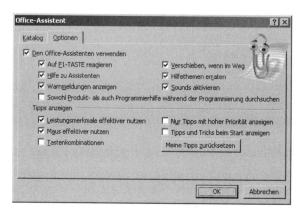

Bild 5.10: Im Register Optionen *nehmen Sie die Feineinstellung des Office-Assistenten vor.*

 Mit Hilfe des Kontrollkästchens den Office-Assistenten verwenden *deaktivieren Sie den Office-Assistenten vollständig.*

Figurenwahl

Um dem Assistenten ein anderes Aussehen zu verleihen, klicken Sie auf das Register *Katalog* oder im Kontextmenü des Assistenten auf *Assistent auswählen*. Neun verschiedene animierte Helfer warten auf ihren Einsatz. Mit den Schaltflächen *Weiter* und *Zurück* blättern Sie durch den Katalog. Bestätigen Sie mit *OK*, wenn Sie einen passenden Ersatz für die zappelige Büroklammer gefunden haben.

 Bei der ersten Auswahl eines anderen Assistenten ist es erforderlich, die Programm-CD einzulegen. Nach einem kurzen Kopiervorgang steht der neue Assistent zu Ihrer Verfügung.

Fragen an den Assistenten

Um eine Frage an den Assistenten zu stellen, klicken Sie in das Fenster des Office-Assistenten. Sie sehen eine Sprechblase, in der Sie eine Frage formulieren.

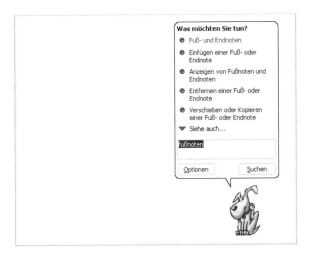

Bild 5.11: *Der Office-Assistent wartet auf Ihre Frage.*

Geben Sie Ihre Frage ein – dabei reicht es vollkommen aus, das passende Stichwort anzugeben. Nachdem Sie den fraglichen Begriff eingegeben haben, klicken Sie auf *Suchen*. Der Assistent durchsucht die Hilfedateien nach entsprechenden Themen und gibt Fundstellen als Vorschlag aus.

Wiederholen Sie den Vorgang, wenn der Office-Assistent Ihre Frage nicht verstanden hat oder zu viele Themen anbietet.

5.5 Schnelle Hilfe vor Ort

Bei der ersten Auseinandersetzung mit Word sind Sie vermutlich bereits auf die QuickInfo gestoßen: Sobald der Mauszeiger einen Moment lang über einer Symbolschaltfläche stehen bleibt, sehen Sie eine kurze Erklärung zum betreffenden Symbol. Die *Direkthilfe* von Word zeigt Ihnen zu allen sichtbaren Befehls- bzw. Symbolschaltflächen, Listenfeldern und Bildschirmelementen einen themenbezogenen Hilfetext an. Nach einem Klick auf den Menübefehl *?/Direkthilfe* wird an den Mauszeiger ein stilisiertes Fragezeichen angehängt.

Die Direkthilfe aktivieren Sie ebenso über die Tastenkombination Shift*+*F1*. Durch Drücken der* ESC*-Taste wird die Direkthilfe deaktiviert.*

Mit diesem Zeiger klicken Sie dann auf das fragliche Steuerelement. Word öffnet daraufhin ein Fenster mit allgemeinen Informationen zum angeklickten Element. Nachdem Sie das Hilfefenster geschlossen haben, erscheint der Mauszeiger wieder in seiner normalen Form.

In Dialogboxen steht Ihnen außerdem noch die rechte Maustaste zur Verfügung. Klicken Sie mit der rechten Maustaste auf ein Steuerelement der Dialogbox. Im angezeigten Kontextmenü klicken Sie auf den einzigen Eintrag *Direkthilfe*, um ein Hilfefenster mit der Erläuterung zu diesem Steuerelement anzuzeigen.

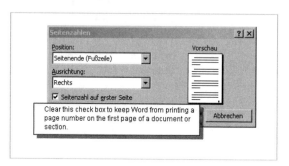

Bild 5.12: *Nach einem rechten Mausklick auf ein Steuerelement in einer Dialogbox und der Auswahl des Eintrags* Direkthilfe *erhalten Sie Kurzinformationen zur Funktion des angeklickten Elements.*

Durch einen Klick mit der rechten Maustaste in das anschließend angezeigte Textfenster der Direkthilfe öffnen Sie ein Kontextmenü mit zwei Einträgen:

→ *Kopieren*
Überträgt den Inhalt des Textfensters in die Zwischenablage von Windows. Alternativ setzen Sie die Tastenkombination Strg+C dafür ein. Danach fügen Sie den Hilfetext z.B. über *Bearbeiten/Einfügen* in ein Word-Dokument ein.

→ *Thema drucken*
Ein Klick auf diesen Eintrag gibt den angezeigten Hilfetext direkt auf dem angeschlossenen Standarddrucker aus.

6 Auf den Blickwinkel kommt es an

Word stellt Ihnen verschiedene Ansichten auf die Dokumente bereit. Damit haben Sie für jeden Zweck das richtige Arbeitsumfeld mit den geeigneten Werkzeugen. Dieses Kapitel erläutert die Unterschiede dieser Ansichten und die Einsatzgebiete.

Die grundsätzliche Struktur des Arbeitsbildschirms beeinflussen Sie über zwei Menüs: *Ansicht* und *Extras/Optionen*. Das geöffnete Menü *Ansicht* stellt Ihnen die folgenden Befehle zur Verfügung:

→ Normal

→ Weblayout

→ Seitenlayout

→ Gliederung

→ Ganzer Bildschirm

→ Zoom

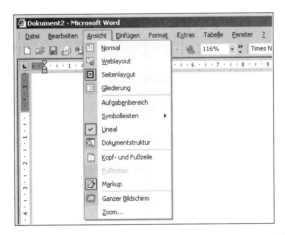

Bild 6.1: Das Menü Ansicht *mit den Befehlen für die unterschiedlichen Ansichtsmodi.*

Der Rahmen um das Symbol links neben dem Befehl *Seitenlayout* zeigt an, dass diese Ansicht aktiv ist. Sobald Sie einen anderen Befehl innerhalb des ersten Befehlsblocks wählen, wechselt die Hervorhebung automatisch zu diesem Befehl.

Symbole zur Umschaltung der Ansichten finden Sie auch in der horizontalen Bildlaufleiste: Ein Klick und Sie erhalten die gewünschte Ansicht. Lassen Sie den Mauszeiger auf einem dieser Symbole ruhen – ein QuickInfo informiert Sie darüber, für welche Ansicht das Symbol steht.

6.1 Die Normalansicht

Schnörkellos und ganz auf die Texteingabe spezialisiert erscheint die Normalansicht. Sie sollten Ihre Texte in der Normalansicht erstellen, vor allem dann, wenn Sie größere Textmengen eingegeben. Die Normalansicht unterstützt dieses Vorhaben durch schnellen Bildschirmaufbau.

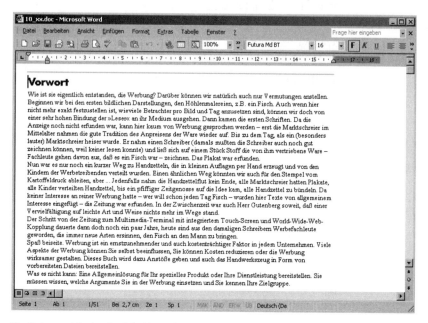

Bild 6.2: Ein Dokument in der Ansicht Normal

Die Normalansicht vereint folgende Eigenschaften:

→ Der Text wird fließend geschrieben: Wenn die Seite zu Ende ist, wird vom Programm automatisch eine gestrichelte Linie für den Seitenwechsel eingefügt.

→ Mehrspaltiger Text wird nur in einer Spalte wiedergegeben; es ist nur an den Umbruchzeichen ersichtlich, wo eine Spalte endet.

→ Kopf- und Fußzeilen sind nicht zu sehen.

→ Elemente in Positionsrahmen und Textfeldern erscheinen im normalen Textlauf.

Nicht druckbare Zeichen anzeigen

Gerade für Anfänger kann es sinnvoll sein, die nicht druckbaren Zeichen innerhalb des Dokuments zu anzuzeigen. Diese Formatierungszeichen aktivieren Sie durch einen Klick auf das Symbol ¶ *einblenden/ausblenden*. Es zeigt Ihnen auch die Zeichen am Bildschirm an, die sonst nicht sichtbar sind, darunter: Leerzeichen, Tabulatoren, bedingte Trennstriche, Zeilenschaltungen und Absatzmarken. Zwischen den Wörtern erscheint ein

Punkt – er stellt das Leerzeichen dar, am Ende jedes Absatzes sehen Sie die Absatzmarke in Form eines umgedrehten »P«.

Wenn Sie mit Formatvorlagen für Absätze arbeiten, aktivieren Sie mit dem Befehl Extras/Optionen *im Register* Ansicht *die Formatvorlagenanzeige, indem Sie eine von Null verschiedene Breite eingeben. Danach erscheint am linken Bildschirmrand der Normal- und der Gliederungsansicht ein Hinweis auf die dem Absatz zugeordnete Formatvorlage.*

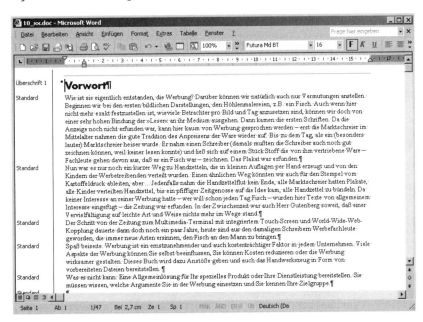

Bild 6.3: Dokument in Normalansicht und mit eingeblendeter Formatvorlagenanzeige.

Darstellungsgröße

Sie stoßen beim Arbeiten mit Word immer wieder auf das Problem, dass Sie entweder nur einen Teil Ihres Textes auf dem Schirm sehen oder der Text so klein ist, dass Sie zum Entziffern eine Lupe benötigen. Abhilfe schafft in diesem Fall nicht das Verändern der Schriftgröße, sondern die Veränderung der Darstellungsgröße.

Zum Anpassen der Darstellungsgröße nutzen Sie das Listenfeld *Zoom* in der Standard-Symbolleiste oder den gleichnamigen Befehl im Menü *Ansicht*.

Die von Word realisierten Ansichtsgrößen hängen von der Größe des Monitors und von der Auflösung der Grafikkarte ab. Die letzte Zoom-Stufe wird beim Speichern eines Dokuments mit abgelegt und beim nächsten Laden wiederhergestellt.

Sie sind nicht auf die vorgegebenen Zoom-Stufen festgelegt, sondern können eigene Ansichtsgrößen eingeben: Klicken Sie mit der Maus in das Eingabefeld der Zoom-Liste und geben Sie den gewünschten Wert (z.B. 85%) über die Tastatur ein – die Eingabe des Prozentzeichens ist nicht erforderlich.

Bild 6.4: *Hier das geöffnete Zoom-Listenfeld und ein Text in der Ansichtsgröße 150%*

Der Befehl *Ansicht/Zoom* öffnet die gleichnamige Dialogbox. In dieser Dialogbox stehen ähnliche Einstellungen zur Verfügung wie im beschriebenen Listenfeld.

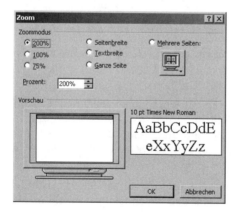

Bild 6.5: *Die Dialogbox* Zoom *lässt fast keine Wünsche bezüglich der Darstellung des Textes offen.*

Neben den definierten Zoom-Faktoren und der manuellen Zoom-Einstellung zoomen Sie bei Bedarf das Dokument in der Seitenlayoutansicht auf *Seitenbreite, Textbreite* oder auf die *Ganze Seite.* Auch das Darstellen mehrerer Seiten auf dem Bildschirm ist machbar.

→ *Seitenbreite*Diese Einstellung passt die Darstellung so an, dass der Überblick vom rechten zum linken Blattrand gegeben ist.

→ *Textbreite*Mit dieser Auswahl sehen Sie den gesamten Text, der leere Bereich zwischen Blattrand und den Seitenrändern ist ausgeblendet.

→ *Ganze Seite* Word verkleinert die Darstellung so, dass die gesamte Seite sichtbar ist. Im Gegensatz zur Seitenansicht ist aber die Eingabe von Zeichen möglich.

Die Dialogbox und das Listenfeld Zoom *stellen sich dynamisch auf die jeweils aktuelle Ansicht ein: Nicht in jeder Ansicht sind alle beschriebenen Einstellungen realisierbar.*

6.2 Das Seitenlayout

Mit dem Befehl *Ansicht/Seitenlayout* wechseln Sie in die Layoutansicht. In diesem Modus zeigt Word das Dokument so an, wie es gedruckt wird: Die Anzeige berücksichtigt z.B. Seitenwechsel und -ränder, Spalten und Kopf- bzw. Fußzeilen. Der Zeilenumbruch entspricht weitgehend dem Druckergebnis. Rahmenobjekte mit Texten oder Bildern erscheinen ebenfalls an der endgültigen Position. In dieser Ansicht nehmen Sie alle Gestaltungen vor, um die Wirkung auf den Ausdruck unmittelbar zu prüfen. Bei Bedarf verschieben Sie die Rahmenobjekte mit der Maus an eine neue Position oder verändern Sie die Größe.

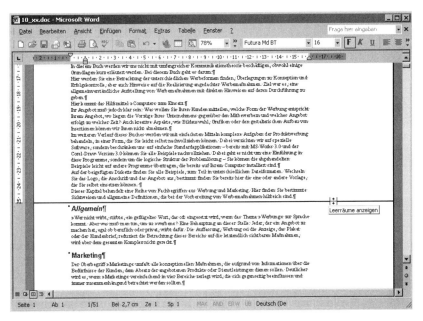

Bild 6.6: Die Ansicht Seitenlayout *entspricht dem Druckergebnis: Hier sind die Leerräume ausge-blendet.*

Wenn Sie beim Bildlauf in der Seitenlayoutansicht an das Ende einer Seite kommen, dann erscheinen dort üblicherweise der untere Seitenrand der vorherigen und der obere Seitenrand der nachfolgenden Seite. Sobald der Maus-

zeiger diese Stelle erreicht, erscheint das Symbol Leerräume ausblenden. *Nach einem Klick verschwinden die Blattgrenzen: Ein dicker schwarzer Strich informiert über die ausgeblendeten Leerbereiche. In diesem Fall erscheint die Anzeige* leerräume einblenden, *damit Sie die Ansicht rekonstruieren können.*

6.3 Das Weblayout

Beim Weblayout handelt es sich um eine Ansicht, die das Lesen und Bearbeiten von Online-Dokumenten optimiert. In dieser Ansicht zeigt Word das Dokument wie in einem Webbrowser. Ein eventuell vorhandener Hintergrund wird angezeigt. Zusätzlich sind die Bearbeitungswerkzeuge von Word aktiv. Diesen Ansichtsmodus verlassen Sie über das Menü *Ansicht* und die anschließende Auswahl einer anderen Darstellungsform.

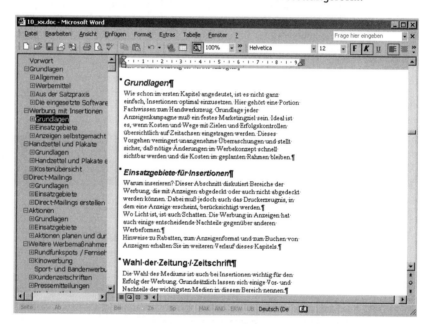

Bild 6.7: Ein Dokument in der Weblayoutansicht mit eingeschalteter Dokumentstruktur.

Unterstützt wird der Überblick über Online-Dokumente durch die Dokumentstruktur in einem separaten Fenster. Nach einem Klick auf die Schaltfläche *Dokumentstruktur* öffnet Word eine aktivierte Gliederung, wobei vorhandene Überschriften bzw. Hyperlinks herangezogen werden. Mit ihrer Hilfe bewegen Sie sich durch das Dokument. Sie brauchen nur im grau hinterlegten Bereich auf eine Überschrift zu klicken und die Schreibmarke springt an diese Stelle innerhalb des Dokuments. Mit einem erneuten Klick auf die Schaltfläche deaktivieren Sie die Anzeige der Dokumentstruktur.

Die Dokumentstruktur ist nicht nur beim Weblayout ein nützliches Werkzeug für den Überblick. Voraussetzung ist aber, dass Word die Struktur des Dokuments erkennen kann, z.B. anhand zugewiesener Formatvorlagen.

6.4 Die Gliederungsansicht

Lange Schriftstücke wie beispielsweise Studien- oder Hausarbeiten erfordern einen gut strukturierten Aufbau. Oft genug sind bei solchen Dokumenten nachträgliche Verschiebungen erforderlich. Dabei hilft die Gliederungsansicht. In diesem Modus blenden Sie beliebige Überschriftebenen und die dazugehörigen Textblöcke ein oder aus. Damit haben Sie ein wertvolles Hilfsmittel z.B. in der Konzeptionsphase eines Dokuments ebenso wie beim nachträglichen Strukturieren von Texten.

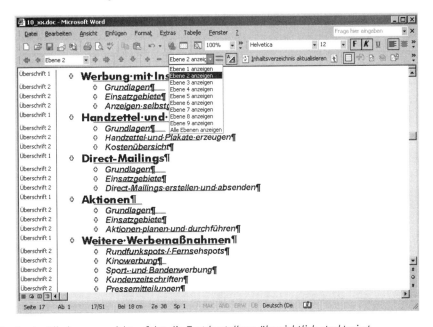

Bild 6.8: In der Gliederungsansicht erfolgt die Textdarstellung übersichtlich strukturiert.

In dieser Ansicht stellt Ihnen Word eine Symbolleiste zur Verfügung, die speziell für die Gliederung von Texten und Dokumenten bestimmt ist. Die Arbeit mit der Gliederungsansicht wird an einer späteren Stelle in diesem Buch erklärt.

Das Masterdokument

Bei großen Dokumenten ist es mitunter vorteilhaft, das Dokument in mehrere kleine Dokumente zu zerlegen und diese später in einer neuen Datei zusammenzuführen. Dieses Verfahren unterstützt ebenfalls die Gliederungsansicht mit Symbolen für das Masterdokument und die Unterdokumente.

Doch was sind Zentral- und Unterdokumente? Ein Masterdokument ist der »Ordner« für verschiedene Unterdokumente. Das vor Ihnen liegende Buch könnten Sie als Masterdokument, die enthaltenen Kapitel als Unterdokumente betrachten.

Sie fragen sich sicherlich: Warum überhaupt das Dokument in kleinere Dokumente unterteilen? Die Antwort: Der Umgang mit umfangreichen Dokumenten ist oft nicht gerade praktisch. Bei der Bearbeitung muss immer das gesamte Dokument geladen und im Speicher vorgehalten werden. Kleinere Dokumente erhöhen die Übersicht und die Arbeitsgeschwindigkeit. Aber ein Masterdokument ist nicht einfach die Summe der Unterdokumente. Es enthält lediglich Verweise auf diese Dokumente und alle übergreifenden Elemente wie z.B. Titelblatt, Inhaltsverzeichnis und Stichwortverzeichnis. Deshalb bleibt das Masterdokument relativ klein.

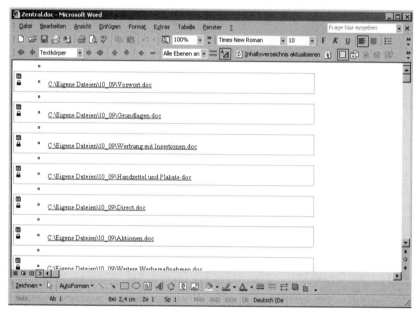

Bild 6.9: In der Ansicht Gliederung *verwalten Sie bei Bedarf auch mehrere Unterdokumente in einem Masterdokument.*

Wenn Sie ein – vorher in einem eigenen Verzeichnis gespeichertes – langes Dokument in separate Dateien aufteilen möchten, z.B. ein Buch mit mehreren Kapiteln, markieren Sie zuerst das gesamte Dokument und verwenden Sie dann das Symbol *Unterdokument erstellen* im rechten Bereich der Symbolleiste *Gliederung*. Sobald Sie ein Masterdokument mit Unterdokumenten nutzen, können mehrere Personen die Unterdokumente getrennt bearbeiten. Im Masterdokument erfolgt dann das Zusammenführen der jeweils aktuellen Arbeitsstände. Sie können Unterdokumente umbenennen, sperren, verbinden, teilen oder entfernen.

6.5 Die Ansicht Ganzer Bildschirm

In der Standardansicht erscheinen im Programmfenster von Word alle Steuerelemente wie Menü- und Symbolleisten. Mit der Option *Ansicht/ Ganzer Bildschirm* steht Ihnen dagegen die gesamte Fläche des Bildschirms für die Bearbeitung und Eingabe von Text zur Verfügung. Word blendet alle

Steuerelemente mit Ausnahme der Palette *Ganzer Bildschirm* aus. Außerdem wechselt Word automatisch in den Vollbild-Modus. Als neues Steuerelement erscheint die Symbolleiste *Ganzer Bildschirm*.

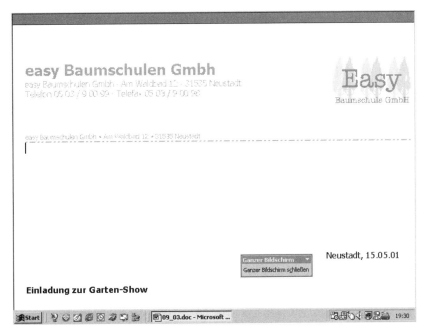

Bild 6.10: *Die Ansicht* Ganzer Bildschirm *stellt das Dokument auf dem gesamten Monitorbereich dar.*

Um kurzfristig auf die Befehle und Funktionen von Word zuzugreifen, bewegen Sie den Mauszeiger an den oberen Bildschirmrand. Word blendet die Menüleiste ein. Nachdem Sie einen Menübefehl aufgerufen haben, blendet Word die Menüleiste automatisch wieder aus.

Die Tasten F10 *und* Alt *blenden die Menüleiste ein. Mit den für die Befehle gültigen Tastenkombinationen* Alt + Kennbuchstabe *sprechen Sie die Menüs direkt an. Die Kennbuchstaben erkennen Sie an der Unterstreichung im Menüeintrag.*

Mit einem Klick auf die Schaltfläche *Ganzer Bildschirm schliessen* oder durch Drücken der Esc-Taste blendet Word die herkömmlichen Programmelemente wieder ein und kehrt zum letzten Ansichtsmodus zurück.

6.6 Die Seitenansicht

Die beste Druckvorschau erhalten Sie durch Wahl von *Datei/Seitenansicht* oder einen Klick auf das entsprechende Symbol. Die Seitenansicht zeigt ein Dokument so, wie es aus Ihrem Drucker kommen würde. Mit Hilfe besonderer Schaltflächen in der Symbolleiste *Seitenansicht* verändern Sie Darstellungsart bzw. -größe.

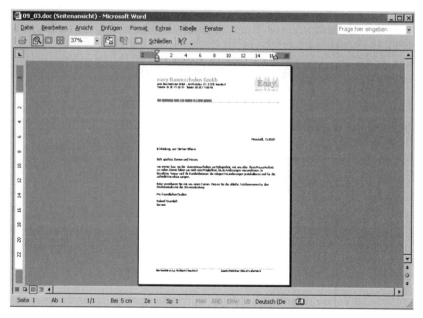

Bild 6.11: Die Seitenansicht ist als Druckvorschau zu nutzen. Word zeigt das Dokument unter Verwendung des zugewiesenen Druckers in einem Übersichtsbild.

 Durch Klicken mit dem Lupensymbol vergrößern bzw. verkleinern Sie die Ansicht.

6.7 Die Optionen für die Ansichten

Um die Grundeinstellungen für die Ansichten zu steuern, klicken Sie auf *Extras/Optionen*. In der angezeigten Dialogbox öffnen Sie das Register *Ansicht*. Die Dialogbox gliedert sich in mehrere Bereiche:

Im Bereich *Anzeigen* bestimmen Sie, welche Textelemente Sie ständig sehen möchten. Aktivieren Sie z.B. das Kontrollkästchen *QuickInfo,* wenn Sie mit Kommentaren arbeiten. Bei der Arbeit mit Feldern sollten Sie die Feldschattierung mit dem Eintrag *Immer* aktivieren.

 Felder sind besondere Stellen im Word-Dokument, deren Anzeige mit Hilfe von Feldfunktionen ermittelt wird. Ein Beispiel: Das Feld page *stellt im Text die aktuelle Seitenanzahl dar.*

Außerdem legen Sie unter dem Register *Ansicht* im Bereich *Anzeigen der Dialogbox Extras/Optionen* einige Besonderheiten für die Funktionsweise von Word fest.

→ Das Kontrollkästchen *Startaufgabenbereich* ist dafür verantwortlich, dass beim Start von Word der Aufgabenbereich *Neues Dokument* erscheint.

→ Das Kontrollkästchen *Smarttags* aktiviert die Anzeige der Smarttags.

→ Wenn Sie das Kontrollkästchen *Fenster in Taskleiste* deaktivieren, zeigt Word in der Windows-Taskleiste nicht mehr für jedes geöffnete Fenster eine Taskschaltfläche an. In diesem Fall erscheint auch bei mehreren geöffneten Fenstern nur eine einzige Taskschaltfläche. Das Umschalten zwischen Fenstern kann nur über das Menü *Fenster* erfolgen.

Im Bereich *Formatierungszeichen* aktivieren Sie die Kontrollkästchen der darzustellenden Zeichen.

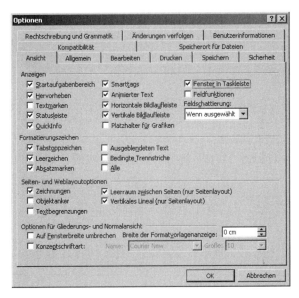

Bild 6.12: Welche der nicht druckbaren Formatierungszeichen Word ständig darstellen soll, bestimmen Sie in der Registerkarte Ansicht *der Dialogbox* Optionen.

Spezielle Einstellungen für die Layoutansichten bestimmen Sie im Bereich *Seiten- und Weblayout-Optionen*. Zusätzlich zu den üblichen Elementen aktivieren Sie in diesem Bereich die Ansicht der Objektanker und der Textbegrenzungen.

Im Bereich *Optionen für die Gliederungs- und Normalansicht* schalten Sie z.B. die Formatvorlagenanzeige ein und aktivieren mit den Kontrollkästchen *Auf Fensterbreite umbrechen* und *Konzeptschriftart* zwei spezielle Einstellungen für die Beschleunigung der Texteingabe.

Schnelle Erfolge

Das Schreiben von Briefen ist die klassische Aufgabe für ein Textverarbeitungsprogramm. Dieser Teil beschreibt einen Weg vom leeren Blatt zum fertigen, ausgedruckten Brief – eine ideale Übung, um mit den Grundfunktionen des Gestaltens eines Dokuments und des Platzierens von Text vertraut zu werden. Wenn Sie dabei eigene Daten verwenden, haben Sie nach wenigen Schritten eine individuelle Lösung.

2

7 Ein Brief entsteht

Briefe sind nach einem mehr oder minder einheitlichen Schema aufgebaut. Die Positionen von Anschrift und Empfängerangabe sind genauso festgelegt wie die Grußformel oder das Datumsformat.

Sinn und Zweck dieser Vereinheitlichung ist, dass Briefe, egal von welchem Absender, stets die erforderlichen Informationselemente enthalten und z.B. die Anschrift exakt im Ausschnitt eines Fensterbriefumschlags erscheint.

Ein so komfortables Programm wie Word bietet mehrere Varianten, um zu einer Briefvorlage zu gelangen. Bei der Planung des Beispiels stand im Vordergrund, typische Arbeitsweisen mit Word darzustellen.

7.1 Der DIN-Brief

Für die Festlegung von Standards ist das Deutsche Institut für Normung zuständig – kurz DIN. Bei allen Textarbeiten werden Sie sich, zumindest bei »offiziellen« Schreiben, an die allgemeinen Vorgaben halten. Grund genug, einen Brief nach DIN als Übungsbeispiel für die ersten Schritte mit Word zu verwenden.

Die DIN 5008 gibt die Abmessungen und Positionen der einzelnen Briefelemente vor. Diese Standards entsprechen unseren Sehgewohnheiten, aber auch den technischen Gegebenheiten bei der Weiterverarbeitung der Briefe.

Mittlerweile hat der Computer bzw. die Textverarbeitung mit dem Computer Einzug in das Normenwerk gehalten. Dabei wurden die alten Gradmaße, die sich auf den Schriftsatz und die Arbeit mit der Schreibmaschine bezogen, um Millimeterangaben ergänzt.

Die Briefvorlage soll im Wesentlichen den DIN-Anforderungen entsprechen. Die im folgenden verwendeten Maße sind der DIN 5008 entnommen.

Die wichtigsten Maße nach DIN 5008

Alle Angaben in Millimeter!

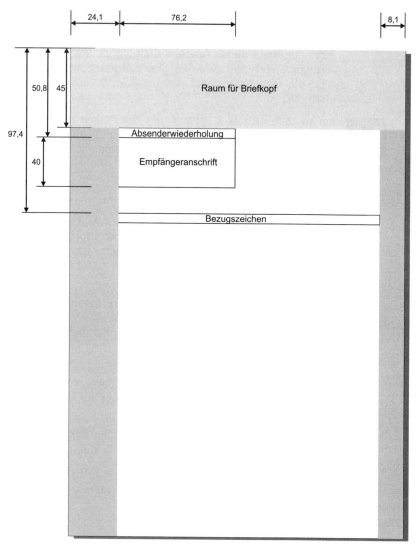

Bild 7.1: Ein Brieflayout nach DIN 5008. Hier finden Sie die Maßangaben der wichtigsten Textelemente und die entsprechenden Leerzeilen.

7.2 Die Briefvorlage erstellen

Nach diesem kurzen Vorspann geht es endgültig an die Arbeit. Zunächst erstellen Sie einen Musterbrief, den sie jederzeit an Ihre Anforderungen anpassen können. Zu Beginn bearbeiten Sie dieses Muster wie ein normales Textdokument, im Anschluss wird es als Dokumentvorlage gespeichert: Danach kann das Muster immer wieder als Grundlage für weitere Briefe dienen.

So kommen Sie zu Ihrer eigenen Briefvorlage: Setzen Sie Ihre eigenen Angaben statt der im Beispiel verwendeten Beispieldaten ein.

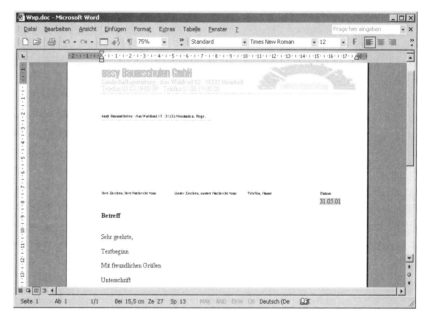

Bild 7.2: So wird das Ergebnis Ihrer Arbeit unter Verwendung der Beispieltexte aussehen.

Ein neues Dokument erstellen

Mit einem Klick auf die Symbolschaltfläche *Neu* in der Standard-Symbolleiste erzeugen Sie ein neues Dokument in Word . Es basiert auf der Dokumentvorlage *NORMAL.DOT*. Alternativ steht Ihnen natürlich auch der Menübefehl *Datei/Neu* zur Verfügung.

Die Bildschirmdarstellung anpassen

Für die weitere Arbeit sollten Sie einige Grundeinstellungen vornehmen:

→ Stellen Sie sicher, dass Sie sich in der Ansicht *Seitenlayout* befinden. Diese Ansicht lässt sich entweder über den Menübefehl *Ansicht/Seitenlayout* oder durch die entsprechende Symbolschaltfläche in der unteren waagerechten Bildlaufleiste aktivieren.

→ Vergewissern Sie sich, dass die Symbolschaltfläche ¶ *Einblenden/Ausblenden* aktiviert ist, um alle nicht druckbaren Formatierungszeichen anzuzeigen.

→ Öffnen Sie die Dialogbox *Zoom* über den Menübefehl *Ansicht/Zoom*. Klicken Sie im Bereich *Zoommodus* auf die Option *Seitenbreite*.

Wenn Word bei der späteren Texteingabe automatische Änderungen am Text vornimmt, dann können Sie mit dem Befehl Extras/AutoKorrektur im Register AutoFormat während Eingabe alle Kontrollkästchen deaktivieren.

→ Aktivieren Sie über den Befehl *Extras/Optionen* im Register *Ansicht* das Kontrollkästchen *Objektanker*.

→ Drücken Sie am Beginn des Dokuments einmal die [Enter]-Taste.

Die beiden Absatzmarken am Beginn des Briefs haben eine besondere Funktion. Die erste dient als Ankerpunkt für alle Objekte des Briefs, mit der anderen setzen Sie die Schreibmarke später an den Textbeginn.

Bild 7.3: So sieht das Dokument nach den Voreinstellungen aus.

Ein Absatz ist ein Textobjekt in Word. Der Begriff bezeichnet alle Zeichen nach einer Absatzmarke bis einschließlich der nächsten Absatzmarke. Eine Absatzmarke wird mit der [Enter]-Taste erzeugt.

Eine Seite einrichten

Die zu erstellende Vorlage soll nach der Fertigstellung folgende Funktionalität aufweisen: Die erste Seite des Briefs enthält den Absender mit den Standardangaben Adresse, Telefon, Bankverbindung usw. und ein Logo.

Ein Logo ist ein grafisches Element, das aus Schriftzügen oder kleinen Grafiken gebildet wird. Logos werden in der Regel als Firmenzeichen eingesetzt, wie z.B. das »Regenbogen-Logo« von Markt + Technik.

Für die Empfängeradresse und die Bezugszeile (Bezugszeichenzeile) sind die normgerechten Plätze vorgesehen.

Der Brief soll für Folgeseiten vorbereitet sein. Ein kleineres Logo und die Angabe der Seitenzahlen im Fußbereich vervollständigen die Folgeseiten. Bei den Seitenzahlen soll Word die Arbeit übernehmen und die Seitenzahlen automatisch ermitteln.

Zuerst legen Sie die Seitenmaße der Briefvorlage fest. Klicken Sie dazu auf den Menüpunkt *Datei/Seite einrichten*.

 Der Befehl Seite einrichten *befindet sich nach dem ersten Programmstart im erweiterten Teil der »intelligenten Kurzmenüs«. Sie müssen daher einen Moment warten, bis der Befehl im vollständigen Menü sichtbar ist. Im weiteren Verlauf wird darauf verzichtet, auf das Verhalten der Menüs zu verweisen.*

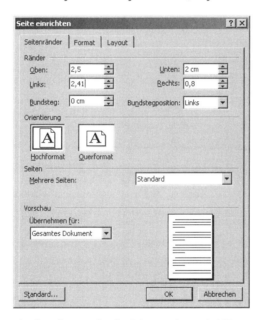

Bild 7.4: Die Einstellungen für die Seitenränder nach DIN.

Im Register *Format* bestimmen Sie die Größe und die Lage des Blatts.

→ Kontrollieren Sie, ob dort die Papiergröße *A4*, *Hochformat* eingestellt ist. Wenn nicht, müssen Sie diese Einstellung vornehmen.

→ Im Register *Seite einrichten* passen Sie die Werte für den rechten und den linken Seitenrand an. Nehmen Sie folgende Einstellungen vor:

  – Oben 2,5 cm

  – Unten 2 cm

– Links 2,41 cm

– Rechts 0,8 cm.

 Achten Sie darauf, dass Ihr Drucker die Blätter bis auf die Seitenränder bedrucken kann, sonst werden dort platzierte Textteile abgeschnitten. Korrigieren Sie in diesem Fall den rechten Seitenrand: Angaben über die Größe des bedruckbaren Bereichs Ihres Druckers entnehmen Sie Ihrem Druckerhandbuch.

Firmenangaben auf dem Briefpapier

Grundsätzlich gehören alle Firmenangaben auf den Briefbogen – aber nur einmal. Es ist nicht erforderlich, die Unternehmensdaten auf den Folgeseiten zu wiederholen. Dazu müssen Sie die Bereiche im Kopf bzw. Fuß der Seiten entsprechend anpassen:

Aktivieren Sie im Register *Layout* das Kontrollkästchen *Erste Seite anders*. Diese Einstellung gewährleistet, dass Kopf- und Fußzeilen der Folgeseiten anders als die erste Seite gestaltet werden.

Bild 7.5: Mit dem Kontrollkästchen Erste Seite anders *erzeugen Sie unterschiedliche Seitenbereiche für die erste bzw. die Folgeseiten.*

Mit einem Klick auf *OK* gelangen Sie zum aktuell geöffneten Dokument zurück; der neuen Datei werden die Seiteneinstellungen übergeben.

 Kopf- und Fußzeilen sind besondere Seitenbereiche, in denen Word für ausgewählte Seiten festgelegte Inhalte automatisch einfügt.

Unabhängig von Textänderungen: Textfelder

Im Beispiel sollen einige Bereiche des Briefbogens unverrückbar an ihrer Position bleiben, unabhängig davon, was an Text eingegeben wird:

Das Logo im Kopfbereich darf nicht verrutschen und den Brieftext nicht beeinflussen. Außerdem sollen das Adressfeld und die Absenderangabe im Fenster des Briefumschlags erscheinen, also an einer bestimmten Stelle platziert sein.

Diese Funktionen bieten die *Textfelder* in Word. Sie lassen sich frei auf dem Blatt und unabhängig vom Text verschieben sowie gesondert formatieren. Textfelder können sowohl Texte als auch Bilder aufnehmen. Damit sind sie eine wertvolle Unterstützung bei der Erstellung der Briefvorlage.

 Das Gestalten von Texten, z.B. die Verwendung einer kursiven Schrift, wird als Formatieren bezeichnet.

Textfelder erzeugen und einstellen

Zum Erstellen eines neuen Textfeldes dient der Menüpunkt *Einfügen/Textfeld*. Der Mauszeiger erscheint als kleines Kreuz, mit dem bei gedrückter linker Maustaste ein Rechteck aufgezogen wird. Es ist zunächst unwichtig, wo sich das Textfeld befindet und welche Abmessungen es hat. Die Position und Größe eines Textfeldes verändern Sie nachträglich einfach mit der Maus oder stellen Sie die Werte mit einer Dialogbox exakt ein. Beginnen Sie das Einfügen der für die Briefvorlage nötigen Textfelder mit dem Adressfenster.

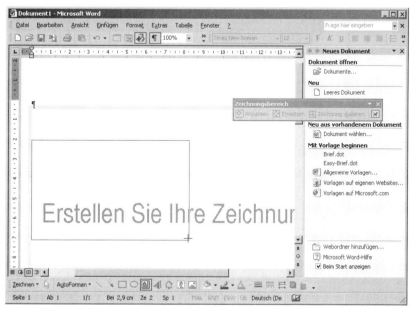

Bild 7.6: Das neue Textfeld wird ungefähr an der Position aufgezogen, an der Adressangaben erscheinen sollen.

Orientieren Sie sich beim Platzieren und Aufziehen des Textfelds an den Line-alen. Mitunter erscheint beim Einfügen eines Textfelds der Zeichnungsbe-reich: In diesem Fall können Sie dieses Hilfsmittel ignorieren.

Das Textfeld wird durch einen grau schraffierten Rahmen gekennzeichnet. In diesem blinkt die Schreibmarke.

 Für den Aufruf des Befehls Format/Textfeld *muss das Textfeld markiert sein. Dazu reicht es aus, die Schreibmarke mit einem Klick in das Textfeld zu set-zen.*

Die Dialogbox *Textfeld formatieren,* die Sie mit *Format/Textfeld* öffnen, bie-tet mehrere Register, in denen Sie die nötigen Einstellungen vornehmen.

→ *Farben und Linien*
Dieses Register kann ein Textfeld mit einer Umrandung oder einer Hin-tergrundfarbe bzw. Musterfüllung versehen. Für das Beispiel verwen-den Sie in allen Textfeldern die Einstellung *Keine Linie* im Listenfeld *Farbe.*

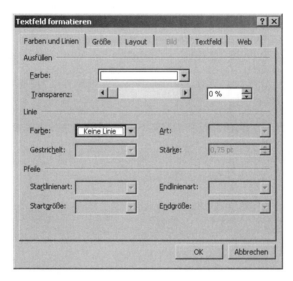

Bild 7.7: Mit dieser Einstellung entfernen Sie die Umrahmung des Adressfensters, die in Briefen nicht üblich ist.

→ *Grösse*
Word ermittelt die Abmessungen anhand der integrierten Objekte. Sie können aber auch eigene Werte in die Felder *Höhe* und *Breite* eingeben und damit die Ausdehnung numerisch exakt vorgeben. Veränderungen der absoluten Werte spiegeln sich in den prozentualen Angaben im Bereich *Skalieren* wieder und umgekehrt. Für das Adressfenster stellen Sie eine Höhe von 4 cm und eine Breite von 7,62 cm ein. Alle anderen Eintragungen lassen Sie unverändert.

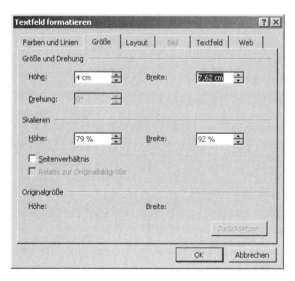

Bild 7.8: Die Einstellungen gewährleisten eine normgerechte Größe des Adressfensters.

→ *Layout*
Dieser Bereich verändert die Position und das Verhältnis des Rahmens zum umgebenden Text. Hier legen Sie fest, ob und wie der »normale« Text um das Textfeld herumfließen soll. Mit der Einstellung *Hinter den Text* verhindern Sie jeden Einfluss des Textfeldes auf den eigentlichen Brieftext. Wählen Sie bei allen Textfeldern dieses Beispiels die Einstellung *Hinter den Text*.

Lassen Sie sich von der Bezeichnung Seitenrand *nicht verwirren. Dieser Begriff bezieht sich immer auf den Rand des Texteingabebereichs und nicht etwa auf den Rand des Blatts. Dieser ist in Word immer mit dem Begriff* Seite *belegt.*

Die detaillierten Einstellungen nehmen Sie nach einem Klick auf *Weitere* vor.

Für das Adressfeld wählen Sie in der Dialogbox *Erweitertes Layout*, Register *Bildposition* die folgenden Einstellungen für die Seitenposition:

→ Horizontale absolute Position: *0 cm* rechts von *Seitenrand*.

→ Vertikale absolute Position: *5,08 cm* unterhalb der *Seite*.

Wenn Sie es nicht gar so genau wollen, reichen auch »glattere« Angaben wie z. B. 2,5 cm *bzw.* 5,1 cm. *Die »krummen« Werte entstanden bei der Umrechnung der früher üblichen Maße in das metrische System.*

Wichtig sind auch die beiden Kontrollkästchen Objekt mit Text verschieben *und* Verankern. *Beide müssen für das Beispiel deaktiviert bleiben, damit Textveränderungen keine Auswirkungen auf die anderen Gestaltungselemente haben.*

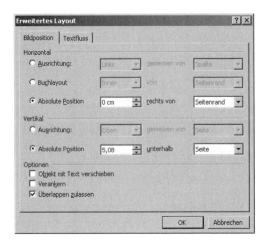

Bild 7.9: *Genaue Platzierung eines Textfeldes mit der Dialogbox – hier wird das Adressfeld milli-metergenau platziert.*

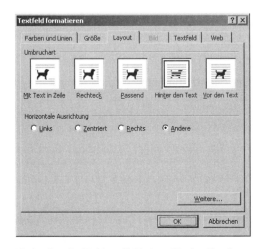

Bild 7.10: *Eindrucksvolle Wahlmöglichkeiten für den Textfluss um ein Feld – die Textfelder des Briefs sollen alle die Einstellung* Hinter den Text *erhalten.*

→ *Textfeld*
Auf dieser Registerkarte stellen Sie den Abstand zwischen Text und Rahmen ein. Da der Text in allen Textfeldern der Briefvorlage direkt am Rand beginnen soll, setzen Sie alle Werte in diesem Register auf den Wert *0*. Die Kontrollkästchen lassen Sie unverändert.

Damit ist das Textfeld für Anschriften im Brief platziert. Es bleibt noch ein Schritt, der ebenfalls mit allen anderen Textfeldern zu wiederholen ist. Bei einem linken Mausklick in das Textfeld erscheint ein kleiner Anker. Dieser Anker, der sich neben der zweiten Absatzmarke im Text befindet, soll mit der Maus verschoben werden. Fassen Sie also diesen Anker und verschieben Sie ihn bei gedrückter linker Maustaste nach oben.

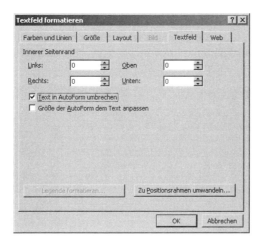

Bild 7.11: Mit dieser Einstellung ist gesichert, dass der Text direkt am Rand des Textfeldes erscheint.

Wenn er neben der ersten Absatzmarke platziert ist, lassen Sie die linke Maustaste los. Damit ist das Textfeld nun an die erste Absatzmarke im Text gebunden, was das Textfeld vor unbeabsichtigtem Löschen schützt.

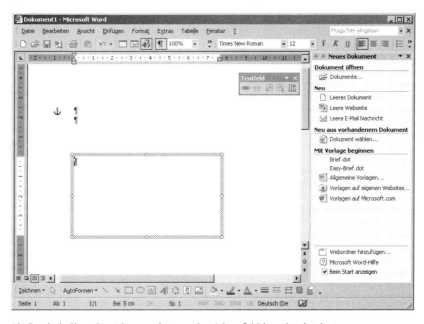

Bild 7.12: Als Ergebnis Ihrer Bemühungen ist nun das Adressfeld korrekt platziert.

Laut DIN muss das Adressfeld neun Zeilen aufnehmen können: Setzen Sie später bei vollem Bedarf dieser neun Zeilen die Schriftgröße im Adressfeld auf 11 pt.

Textfeld für die Absenderwiederholung

Am oberen Beginn des Adressfeldes wird die Adresse des Absenders noch einmal klein eingefügt. Beim Verwenden eines Fensterbriefumschlags sparen Sie dadurch die nachträgliche Angabe des Absenders.

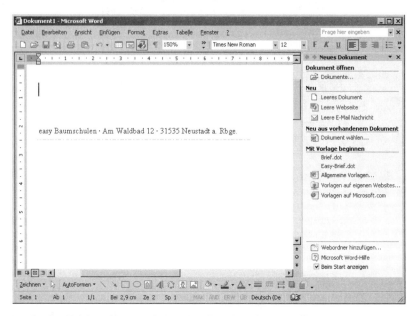

Bild 7.13: Das ist das Ziel der weiteren Arbeit – der Absender soll im Brieffenster sichtbar sein.

Wiederholen Sie das Einfügen eines Textfeldes wie beschrieben, wobei Sie in der Dialogbox folgende Maße in den Registern verwenden:

→ *Farben und Linien*
Verwenden Sie erneut die Einstellung *Keine Linie* im Listenfeld *Farbe*.

→ *Grösse*
Für Absenderwiederholung stellen Sie eine Höhe von *0,5 cm* und eine Breite von *7,62 cm* ein. Alle anderen Eintragungen lassen Sie unverändert.

→ *Layout*
Wählen Sie erneut die Einstellung *Hinter den Text*. Sie bestimmen nun eine absolute horizontale Seitenposition von *0 cm rechts vom Seitenrand* und eine vertikale Position von *4,5 cm*, bezogen auf den mit *Seite* bezeichneten Blattrand.

→ *Textfeld*
Da der Text an der unsichtbaren Grenze beginnen soll, setzen Sie alle Werte in diesem Register auf den Wert *0*.

Auch dieses Textfeld verankern Sie nachträglich mit der Maus am ersten Absatz, um das Textfeld vor unbeabsichtigtem Löschen zu schützen.

Um die Textfelder trotz des nun unsichtbaren Rahmens zu erkennen, aktivieren Sie unter Extras/Optionen *im Register* Ansicht *das Kontrollkästchen* Textbegrenzungen.

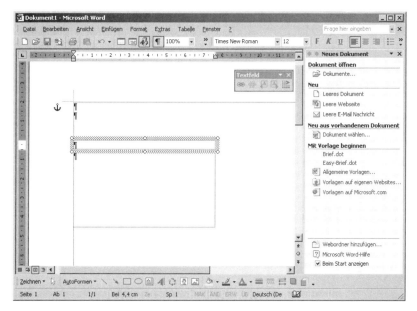

Bild 7.14: *Ein brauchbares Zwischenergebnis – die Textfelder sind für die Aufnahme des Textes vorbereitet.*

Die Absenderzeile gestalten

Verwenden Sie für die Absenderzeile den Text aus dem Beispiel oder geben Sie Ihre eigenen Adressdaten ein. Klicken Sie dazu mit der linken Maustaste in das Textfeld der Absenderzeile: Word markiert das angeklickte Textfeld und zeigt eine blinkende Schreibmarke.

Geben Sie zuerst den Namen gefolgt von zwei Leerzeichen, dann Straße und Hausnummer gefolgt von zwei Leerzeichen und abschließend Postleitzahl und Ort ein. Durch die jeweils zwei Leerzeichen soll eine optische Trennung erfolgen.

Die Schrift in der Formatvorlage *Standard* ist an dieser Stelle einfach zu groß. Klicken Sie dreimal kurz hintereinander in das Textfeld – Word markiert den Text der Absenderzeile. Öffnen Sie jetzt das Listenfeld *Schriftgrösse* in der Format-Symbolleiste und wählen Sie den Eintrag *8* aus. Die Schriftgröße der markierten Absenderzeile wird auf 8 Punkt verkleinert. Wenn Sie wollen, können Sie auch die Schriftart Ihren Bedürfnissen anpassen.

 Mit einem »Dreifachklick« markieren Sie ganze Absätze, im Beispiel also den Inhalt des gesamten Textfeldes.

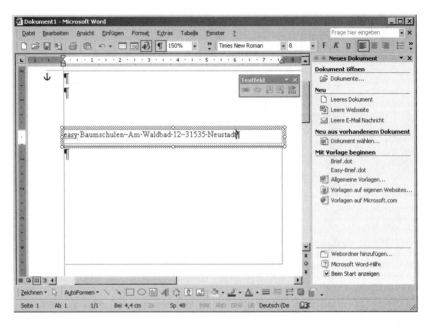

Bild 7.15: Nach der Formatierung der Schriftgröße passt die Absenderwiederholung in das Textfeld.

Setzen Sie die Schreibmarke zwischen die ersten beiden Leerzeichen in der Absenderwiederholung. Es muss kein Komma sein, um die einzelnen Adressbestandteile optisch zu trennen. Die Zeichentabelle, die Sie mit dem Befehl *Einfügen/Symbol* öffnen, bietet Alternativen.

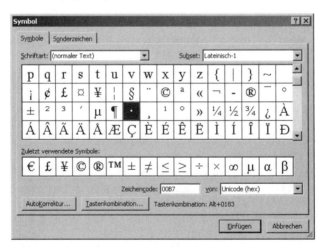

Bild 7.16: Dieser Punkt ist mit der Dialogbox *Symbol schnell als Trennzeichen in die Absenderangaben eingefügt.*

Selektieren Sie in dem Angebot das Zeichen Ihrer Wahl, klicken Sie auf *Einfügen*. Ziehen Sie bei Bedarf die Dialogbox *Symbol* an der Titelleiste aus dem Weg, damit Sie die Absenderwiederholung sehen. Klicken Sie an der

Dialogbox vorbei in das Textfeld: einmal, um das Dokument zu aktivieren, ein zweites Mal, um die Schreibmarke zwischen die hinteren zwei Leerzeichen zu setzen. Klicken Sie dann erneut auf *Einfügen* – beenden Sie die Arbeit mit der Dialogbox *Symbol* durch einen Klick auf *Schliessen*.

Schneller gelangen Sie mit der Tastatur ans Ziel: Halten Sie die Alt *-Taste gedrückt und geben Sie über den Ziffernblock nacheinander die Zahlenkombination* 0 *,* 1 *,* 8 *,* 3 *ein.*

Als Nächstes soll eine Linie unterhalb der Absenderzeile als optische Abgrenzung hinzugefügt werden. Die Schreibmarke muss dazu in der Absenderwiederholung blinken. Mit der Funktion *Format/Rahmen und Schattierung* erhalten Sie das gewünschte Ergebnis.

Falls der erste Versuch nicht klappt: In der Dialogbox Rahmen und Schattierung *entfernen Sie alle Voreinstellungen mit einem Klick auf* Ohne *im Bereich* Einstellung.

Im nächsten Schritt ist eine Linie unterhalb des Rahmens hinzuzufügen. Dies geschieht, indem Sie im Bereich *Vorschau* auf die Schaltfläche klicken, die unten eine Linie aufweist. Wenn Sie spezielle Wünsche haben, dann verwenden Sie eine andere Linienart und Farbe.

In dem Listenfeld *Übernehmen für* aktivieren Sie die Auswahl *Absatz*. Durch diese Einstellung wird eine Linie unterhalb der Absenderzeile gezeichnet, und zwar über die gesamte Breite des Textfeldes.

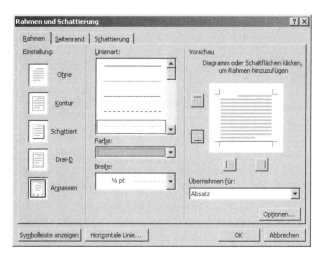

Bild 7.17: *So sollte die Dialogbox* Rahmen und Schattierung *aussehen, um eine Linie unter der Absenderzeile zu erhalten.*

Falls Sie wegen der eingeschalteten Textbegrenzungen die Linie nicht sehen, deaktivieren Sie unter Extras/Optionen *im Register* Ansicht *das Kontrollkästchen* Textbegrenzungen.

Einstellungen als Formatvorlage speichern

Die ganze Arbeit soll auch für spätere Anwendungen gespeichert werden. Word ermöglicht es Ihnen, spezielle Formatierungen als *Formatvorlage* zu speichern:

Teilen Sie Word nun mit, dass diese Absenderzeile eine spezielle Formatvorlage ist. Belassen Sie die Schreibmarke im Textfeld und aktivieren Sie das Listenfeld *Formatvorlage*. Geben Sie die Bezeichnung der Formatvorlage ein – z.B. *Absenderwiederholung* – und bestätigen Sie. Word hat nun alle besonderen Einstellungen für diese Zeile in der Formatvorlage gespeichert. Sie ist auch in anderen Dokumenten verwendbar.

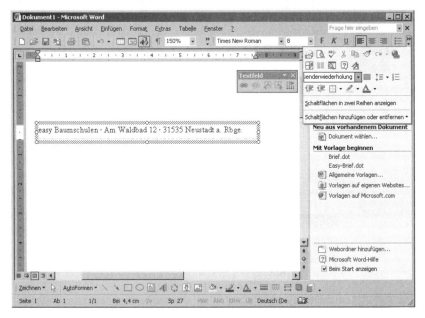

Bild 7.18: Die Formatierungen werden als Formatvorlage gespeichert.

 Alternativ können Sie mit Strg+Shift+S *die Dialogbox* Formatvorlage *öffnen und eine neue Formatvorlage erstellen. Auch der Arbeitsbereich* Formatvorlagen und Formatierung *bietet eine Schaltfläche für die Einrichtung einer neuen Formatvorlage.*

Die Bezugszeile

Im geschäftlichen Briefverkehr ist es immer sinnvoll, auf den bisherigen Schriftverkehr Bezug zu nehmen: Das geschieht in der Bezugszeichenzeile, kurz Bezugszeile. So genannte Leitwörter, z.B. »Ihr Zeichen/Unser Zeichen«, ordnen die Angaben.

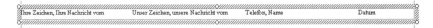

Bild 7.19: Die Bezugszeile mit den üblichen Leitwörtern

Sorgen Sie zunächst dafür, dass die Bezugszeile an den richtigen Platz kommt, indem Sie wieder ein Textfeld dafür einrichten.

Wiederholen Sie das Einfügen eines Textfeldes wie beschrieben, wobei Sie in der Dialogbox *Textfeld formatieren* nun folgende Maße in den Registern verwenden:

→ *Farben und Linien*
Auch für dieses Textfeld verwenden Sie die Einstellung *Keine Linie* im Listenfeld *Farbe*.

→ *Grösse*
Für die Bezugzeile stellen Sie eine Höhe von *0,5 cm* und eine Breite von *17,78 cm* ein. Alle anderen Eintragungen lassen Sie unverändert.

→ *Layout*
Wählen Sie auch hier die Einstellung *Hinter den Text*. Im Register *Bildposition* bestimmen Sie eine absolute horizontale Seitenposition von *0 cm* bezogen auf den Seitenrand und eine absolute vertikale Position von *9,74 cm*, bezogen auf den mit *Seite* bezeichneten Blattrand.

→ *Textfeld*
Da der Text unmittelbar am Rand des Textfeldes beginnen soll, setzen Sie alle Werte in diesem Register auf den Wert *0*.

Auch dieses Textfeld verankern Sie nachträglich mit der Maus am ersten Absatz, um es vor unbeabsichtigtem Löschen zu schützen.

Erfassen Sie nun den Text für die Bezugszeile:

Schreiben Sie Ihre Zeichen, Ihre Nachricht vom. Drücken Sie die ⌈Tab⌉-Taste. Schreiben Sie Unser Zeichen, unsere Nachricht vom. Drücken Sie wieder die ⌈Tab⌉-Taste. Schreiben Sie *Telefon, Name*. Drücken Sie erneut auf die ⌈Tab⌉-Taste und geben Sie *Datum* ein.

Anstelle des Wortes Datum *können Sie auch einen Ortsnamen verwenden.*

Nachdem Sie den gesamten Text eingegeben haben, markieren Sie den Absatz und setzen die Schriftgröße wie beschrieben auf 8 Punkt.

Zum Markieren des gesamten Absatzes innerhalb eines Textfeldes klicken Sie dreimal kurz hintereinander in das Textfeld.

7.3 Text mit Tabulatoren ausrichten

Tabstopps dienen zur Ausrichtung von Text. Aufzählungen, einfache Tabellen oder auch Preisangaben lassen sich mit Tabstopps exakt ausrichten. Im Beispiel soll damit die Bezugszeile genau ausgerichtet werden. Die entscheidende Vorarbeit haben Sie bereits geleistet: Anstelle von Leerzeichen haben Sie mit der ⌈Tab⌉-Taste Tabulatorzeichen in den Text eingefügt.

Beim Positionieren von Textelementen mit Leerzeichen können Sie nie sicher sein, dass die gewünschten Textzeilen tatsächlich exakt untereinander stehen. Üblicherweise wird heute mit proportionalen Schriften gearbeitet, bei denen die Buchstabenbreite unterschiedlich ausfällt.

Tabstopppositionen legen Sie im horizontalen Lineal mit der Maus fest. Im Beispiel verwenden Sie die Dialogbox, da damit Festlegungen exakt getroffen werden.

 Bei Absatzformatierungen – wie hier beim Festlegen der exakten Tabstopppositionen – ist es nicht notwendig, dass der gesamte Absatz markiert wird. Es genügt, dass sich die Schreibmarke in diesem Absatz befindet. Achten Sie also darauf, dass sich die Schreibmarke noch innerhalb der Bezugszeile befindet.

Sobald Sie den Befehl *Format/Tabstopp* aufgerufen haben, erscheint die Dialogbox *Tabstopps*.

Um einen neuen Tabulator festzulegen, geben Sie im Eingabefeld *Tabstopp-position* die gewünschte Position in Zentimetern an. Zunächst geben Sie im Eingabefeld *Tabstoppposition* den Wert *5,08 cm* ein.

 Nullpunkt der Tabstopppositionen ist der Seitenrand, nicht der Blattrand. Denken Sie daran, dass Sie beim Ermitteln von Tabstopppositionen mit dem Lineal den eingestellten Seitenrand berücksichtigen.

Um den neuen Tabstopp zu aktivieren, klicken Sie auf die Befehlsschaltfläche *Festlegen*. Nach der beschriebenen Methode legen Sie nacheinander mehrere Tabulatoren für die markierten Absätze fest. Wiederholen Sie also den Vorgang mit den Tabstopppositionen *10,16 cm* und *15,24 cm*. Bestätigen Sie die Eingaben mit einem Klick auf die Schaltfläche *OK*.

Bild 7.20: Die Dialogbox Tabstopps *mit den Eingaben für die Bezugszeile.*

 Da Sie die Eingaben für diesen Absatz – insbesondere die Tabstopppositionen – noch einmal benötigen, legen Sie auch für diesen Absatz eine Formatvorlage fest. Belassen Sie die Schreibmarke im Textfeld und aktivieren Sie mit Strg *+* Shift *+* S *das Listenfeld* Formatvorlage. *Geben Sie die Bezeich-*

nung der Formatvorlage ein, z.B. Bezugszeile, *und bestätigen Sie mit der* Enter *-Taste oder einem Klick im Text. Word hat nun alle besonderen Einstellungen für diese Zeile in dieser Formatvorlage untergebracht.*

7.4 Kopf- und Fußzeilen gestalten

Kopf- bzw. Fußzeilen enthalten üblicherweise Informationen, die nicht direkt zum Text eines Dokuments gehören, sondern diesen bezeichnen, nummerieren oder auch andere allgemeine Informationen enthalten. Zum Beispiel können Kopf- bzw. Fußzeilen neben der Firmenadresse oder der Privatadresse Seitennummern, Angaben zu den Bankverbindungen oder Hinweise zum Eintrag im Handelsregister enthalten. Auch das Hinzufügen der aktuellen Seitenzahl und der Gesamtseitenzahl ist z.B. bei Faxen, die direkt aus dem Computer verschickt werden, sinnvoll.

Kopf- bzw. Fußzeilen werden mit einer eigenen Symbolleiste nach Belieben gestaltet.

In der Ansicht Seitenlayout *sehen Sie die Kopf- bzw. Fußzeilen so, wie sie auch ausgedruckt werden. Alternativ können Sie Kopf- und Fußzeilen auch über den Befehl* Ansicht/Kopf- und Fusszeilen *aktivieren.*

Die Kopfzeile für die erste Seite

In den ersten Arbeitsschritten haben Sie mit der Aktivierung des Kontrollkästchens *erste Seite anders* im Register *Seitenlayout* der Dialogbox *Seite einrichten* festgelegt, dass sich die Kopf- und Fußzeilen der ersten Seite von den Kopf- und Fußzeilen der Folgeseiten unterscheiden sollen.

Falls Sie inzwischen die Dokumentansicht geändert haben, wechseln Sie zunächst in die Ansicht *Seitenlayout*. Rufen Sie mit *Ansicht/Kopf- und Fusszeile* den speziellen Bearbeitungsmodus für diese Elemente auf.

Daraufhin präsentiert ein gestrichelter Rahmen den Umfang der Kopf- und Fusszeile; der eigentliche Text wird abgeblendet. Word öffnet die Symbolleiste *Kopf- und Fusszeile* automatisch. Geben Sie nun den Text Ihrer Wahl ein. Soll es zum Üben schnell gehen, können Sie den Text der Abbildung wählen.

Der abgebildete Text der beiden ersten Absätze ist folgendermaßen eingegeben:

easy Leertaste Baumschulen Leertaste Gmbh Enter
Landschaftsgestaltung Leertaste Alt 0183 Leertaste AM Leertaste
Waldbad Leertaste 12 Leertaste Alt 0183
Leertaste 31535 Leertaste Neustadt Enter

Die Eingabe des dritten Absatzes erfolgt analog, jedoch betätigen Sie am Ende nicht die Enter -Taste.

Im Anschluss an die Eingabe markieren Sie den ersten Absatz und weisen über die Listenfelder *Schriftart* und *Schriftgrösse* eine spezielle Schriftart zu.

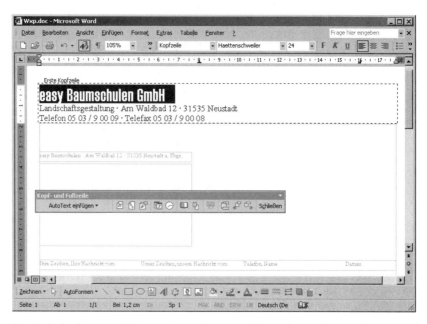

Bild 7.21: Die Kopfzeile der ersten Seite mit eingegebenem und formatiertem Text – mit etwas mehr Aufwand erreichen Sie noch mehr.

Abschließend soll die Schriftfarbe der Firmenbezeichnung geändert und in gleicher Art eine Rahmenlinie unter der Kopfzeile erscheinen.

Rufen Sie dazu bei markierter Firmenbezeichnung den Befehl *Format/ Zeichen* auf. Wählen Sie im Listenfeld *Schriftfarbe* eine Schriftfarbe und das Kontrollkästchen *Schattiert*.

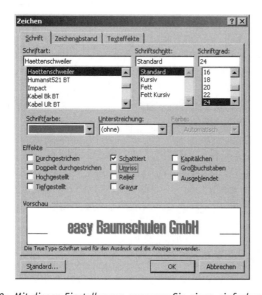

Bild 7.22: Mit diesen Einstellungen erzeugen Sie einen einfachen Texteffekt für den Firmennamen.

Die Rahmenlinie erzeugen Sie wie beschrieben, indem Sie die Schreibmarke zunächst in den letzten Absatz der Kopfzeile klicken und dann den Befehl *Format/Rahmen und Schattierung* aktivieren. Experimentieren Sie mit Linienart, Linienfarbe und Breite, bis Sie das gewünschte Ergebnis erhalten.

 Wenn Sie die Kopfzeile gestalten, beachten Sie, dass für den Briefkopf nur der nach DIN vorgesehene Bereich zur Verfügung steht.

Ein Grafikobjekt in die erste Kopfzeile einfügen

Ein Logo soll die Kopfzeile der Briefvorlage schmücken. Dazu ist ein Logo im Clip Organizer abgelegt – wie sich das mit den Mitteln von Word erstellen lässt, erfahren Sie im Kapitel 46, »WordArt«.

→ Aktivieren Sie den Aufgabenbereich *Clip Art einfügen*.

→ Tragen Sie das gewählte Schlüsselwort für das Logo in das Eingabefeld *Text suchen* ein.

→ Kontrollieren Sie die Einstellungen bei *Andere Suchoptionen*.

→ Klicken Sie auf *Suchen:* Das gesuchte Logo sollte in der Liste erscheinen.

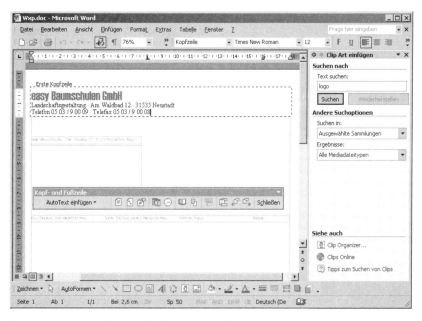

Bild 7.23: Im Aufgabenbereich Clip Art einfügen *suchen Sie bequem nach einem vorhandenen ClipArt.*

 Zum Üben können Sie natürlich jedes beliebige ClipArt wählen.

Setzen Sie die Schreibmarke in die Kopfzeile des zukünftigen Briefs und nutzen Sie dann den Befehl *Einfügen* aus dem Menü des ClipArts, um es in den Brief zu übertragen.

Unmittelbar nach dem Einfügen ist das Objekt etwas deplaziert. Verkleinern Sie mit der Maus das Objekt und schieben Sie es an den richtigen Platz.

→ Nach einem Klick in das Objekt und mit gehaltener linker Maustaste ist es schnell an den richtigen Platz verschoben. Verwenden Sie für kleinere Korrekturen die Pfeiltasten der Tastatur. Für kleinere Verschiebungen kombinieren Sie die Pfeiltasten mit der Strg-Taste.

→ Zum Verändern der Größe nutzen Sie die Markierungspunkte an der Begrenzung. Ziehen Sie an einem Eckpunkt, um das Objekt proportional zu verändern.

→ Mit dem Befehl *Format/Objekt* haben Sie wieder Zugriff auf die schon von den Textfeldern her bekannte Dialogbox. Wichtig ist die Einstellung *Hinter den Text* im gleichnamigen Register.

 Wenn Sie ein eigenes Logo in einer Bilddatei besitzen, verwenden Sie den Befehl Einfügen/Grafik/Aus Datei. *Word führt Sie in eine Dialogbox, in der Sie bequem nach dem eigenen Logo suchen und es anschließend öffnen. Die weiteren Arbeitsschritte entsprechen den beschriebenen.*

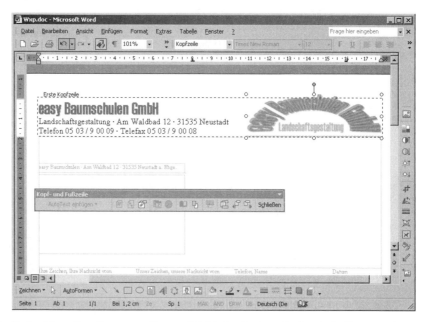

Bild 7.24: Nach einigen Korrekturen von Platz und Größe ist das Logo in der Kopfzeile angeordnet.

Schließen Sie die Ansicht der Kopf- und Fußzeilen mit einem Klick auf *Schliessen* der Symbolleiste *Kopf- und Fusszeile*.

Seitenumbruch

Word achtet bei der Aufnahme von Text normalerweise selbständig darauf, wie der Text auf die Seiten passt. Sobald die Textmenge den Platz einer Seite übersteigt, fügt Word automatisch einen Seitenumbruch ein. Danach sind auch die Kopf- und Fußzeilen der Folgeseiten aktiv. Dieser Zustand ist im neuen Dokument noch nicht erreicht.

Um die Kopf- und Fußzeilen der Folgeseiten zu gestalten, ist eine zweite Dokumentseite nötig. Um diese Folgeseite ohne weitere Texteingaben zu erzeugen, setzen Sie die Schreibmarke mit Strg+Ende an das vorläufige Dokumentende. Drücken Sie dann die Tastenkombination Alt+Enter. Mit dieser Tastenkombination erzeugen Sie einen manuellen Seitenumbruch. Ebenso funktioniert die Tastenkombination Strg+Enter.

Der manuelle Seitenumbruch ist nur für die Festlegung der Inhalte der Kopf- und Fußzeilen der Folgeseiten nötig – danach hat er seine Schuldigkeit getan und wird wieder entfernt.

Das Logo für die Folgeseiten

Es ist üblich, dass auch Folgeseiten von Briefen mit stilistischen Elementen ausgestattet sind. Die Informationen auf den Folgeseiten sind wesentlich sparsamer und nüchterner. Das Grafikobjekt der ersten Seite wird zumeist etwas kleiner wiederholt. Mit den in Word zur Verfügung stehenden Werkzeugen haben Sie das schnell erledigt.

Werfen Sie zuvor noch einen Blick auf die Symbolleiste *Kopf- und Fusszeile*. Die Symbolleiste enthält Symbolschaltflächen zum Wechseln innerhalb der vorhandenen Kopf- und Fußzeilen. Die Symbole der Symbolleiste offenbaren ihre Funktion, wenn Sie mit der Maus einen Moment über einer Symbolschaltfläche verharren. Es erscheint eine QuickInfo, die Sie über die Funktion informiert.

Der schnellste Weg, das Grafikobjekt von der ersten Seite auf die zweite Seite zu bekommen, führt über die Zwischenablage:

→ Rufen Sie mit dem Befehl *Ansicht/Kopf- und Fusszeilen* erneut den speziellen Bearbeitungsmodus für diese Elemente auf.

In der Ansicht Seitenlayout *können Sie mit der Maus in den Bereich einer Kopf- oder Fußzeile doppelklicken, um den Bearbeitungsmodus für Kopf- und Fußzeilen zu aktivieren.*

→ Klicken Sie mit der Maus auf das Grafikobjekt in der ersten Kopfzeile – Word zeigt die Markierungspunkte um die angeklickte Grafik.

→ Drücken Sie die Tastenkombination Strg+C, um das Grafikobjekt in die Zwischenablage zu übernehmen.

→ Wechseln Sie nun mit der Symbolschaltfläche *Nächste anzeigen* in der Symbolleiste *Kopf- und Fusszeile* in die Kopfzeile für die Folgeseiten.

→ Sobald die Schreibmarke in der Kopfzeile blinkt, fügen Sie das Grafik-objekt mit ⌜Strg⌟+⌜V⌟ in die Kopfzeile ein. Mit den bekannten Mitteln können Sie das Grafikobjekt verkleinern und ausrichten.

 Verwenden Sie die Option Rechts *im Register* Layout *der Dialogbox* Objekt formatieren, *um die Grafik exakt am rechten Seitenrand zu platzieren.*

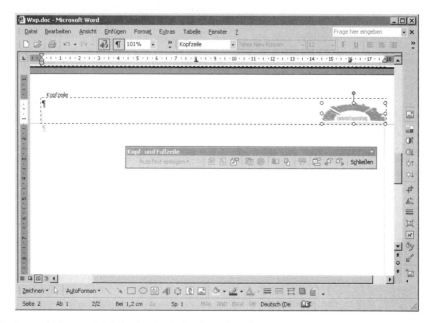

Bild 7.25: Das verkleinerte Objekt in der Kopfzeile der Folgeseite.

 Achten Sie darauf, dass Sie das Objekt in der Kopfzeile der Folgeseite voll-ständig im automatisch vorgesehenen Bereich unterbringen. Andernfalls könnten bei der gewählten Einstellung der Objekteigenschaften für den Text-fluss Überschneidungen zwischen dem Text der Folgeseiten und dem Logo auftreten.

Die Fußzeile für die Folgeseiten

Die Fußzeile soll, beginnend ab der zweiten Seite, automatisch die Seiten-nummerierung vornehmen. Word verwendet dazu so genannte »Felder«. Felder sind besondere Stellen im Dokument, an denen Word mit Hilfe von besonderen Anweisungen automatische Eintragungen vornimmt – wie z.B. Seitennummerierungen. Da die Seitennummerierung aber eine häufige Aufgabe in Kopf- oder Fußzeilen ist, gibt es dafür in der Symbolleiste *Kopf-und Fusszeile* die Schaltfläche *AutoText einfügen.* Als AutoText-Eintrag wird ein festgelegter Textteil bezeichnet, der sich automatisch in das Dokument einfügen lässt.

→ Wechseln Sie zunächst mit der Symbolschaltfläche *Zwischen Kopf- und Fusszeile wechseln* in die Fußzeile der Folgeseiten.

→ Öffnen Sie mit der Befehlsschaltfläche *AutoText einfügen* die Liste der verfügbaren AutoText-Einträge. Klicken Sie auf den Eintrag *Seite X von Y*. In dieser Form werden immer die aktuelle Seitennummer und die Gesamtzahl der Seiten angegeben. Nach dem Einfügen erscheint sofort `Seite 2 von 2` in der Fußzeile.

→ Damit die Seitenangabe nicht so verloren am linken Rand steht, wird sie mit einem Klick auf die Symbolschaltfläche *Zentriert* aus der Format-Symbolleiste in die Mitte geschoben.

Für das schnelle Zentrieren nutzen Sie die Tastenkombination `Strg`+`E`.

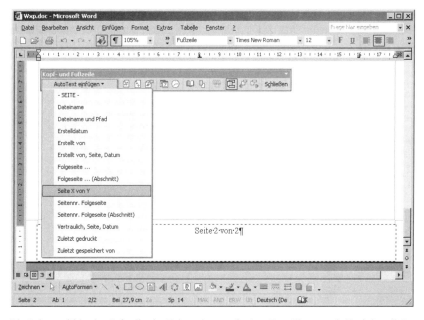

Bild 7.26: Die Seitenzahl in der Fußzeile der Folgeseiten – ein AutoText-Eintrag mit Funktionalität.

Die Fußzeile der ersten Seite

Diese Fußzeile enthält im geschäftlichen Briefverkehr die notwendigen Informationen für die Geschäftspartner. Wohlgeordnet sollen dort zumeist die Geschäftsadresse, die Telefonnummern und die Bankverbindung zu finden sein.

Dabei unterstützt Word Sie mit einem Tabelleneditor, der an Funktionalität fast nichts zu wünschen übrig lässt. Für die Fußzeile werden Sie im Beispiel eine Tabelle mit zwei Spalten einrichten und den Text dort eingeben.

→ Wechseln Sie zunächst mit der Symbolschaltfläche *Vorherige anzeigen* in die Fußzeile der ersten Seite.

Beim Arbeiten mit Tabellen haben Sie den Vorteil, dass Ihnen vielfältige Formatierungs- und Berechnungsmöglichkeiten zur Verfügung stehen. Word hilft Ihnen dabei in vielen Bereichen: Die Anpassung von Zellengrößen, Summenfunktionen oder eine einfache Anpassung der Tabellenspalten sind eine Selbstverständlichkeit.

→ Klicken Sie zum Erstellen auf das Symbol *Tabelle einfügen* in der Standard-Symbolleiste.

→ Word öffnet ein Fenster, in dem mehrere Quadrate neben- und untereinander dargestellt sind. Sie legen die gewünschte Größe Ihrer Tabelle einfach fest, indem Sie die Zahl der Zeilen und Spalten markieren. Ziehen Sie die Maus so weit nach rechts, dass zwei Quadrate nebeneinander gefärbt sind.

 Für mehrere Zeilen ziehen Sie die Maus so weit nach unten, bis Sie die gewünschte Zeilenzahl untereinander eingefärbt haben. Word erweitert die Tabelle automatisch beim Erreichen eines Rands. In der untersten Zeile wird jeweils die Größe der Tabelle angezeigt.

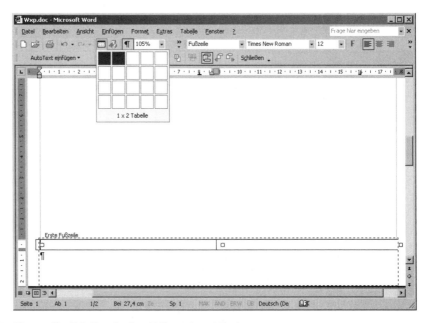

Bild 7.27: Die erstellte Tabelle mit einer Zeile und zwei Spalten

Nachdem Sie die Maustaste losgelassen haben, fügt Word die Tabelle an der Schreibmarke ein. In der ersten Zelle der Tabelle blinkt die Schreibmarke.

Navigieren und Texteingabe in Tabellen

Geben Sie jetzt die abgebildeten Texte in die einzelnen Tabellenfelder ein. Natürlich können Sie auch eigene Angaben verwenden. Wenn Sie innerhalb einer Tabellenzelle einen neuen Absatz erstellen wollen, betätigen Sie einfach die [Enter]-Taste. Sie springen jeweils zur nächsten Zelle, indem Sie [Tab] drücken. Mit [Shift]+[Tab] setzen Sie die Schreibmarke in die vorhergehende Tabellenzelle zurück.

Erste Fußzeile	
Bankverbindung: Gartenbank Neustadt Rb ge. BLZ 205 050 001 · Konto 987 654	Geschäftsführer: Heiko Grumlich HRB 08 15 · Amtsgericht Heide

Bild 7.28: So sieht die Tabelle in der Fußzeile nach der Texteingabe aus.

Tabelle umrahmen

Word versieht Tabellen zunächst automatisch mit einer dünnen durchgezogenen Linie. Diese Linie kann gelöscht oder anders formatiert werden. Dabei verhält sich jede Zelle unabhängig: Die zugewiesenen Tabellenlinien gelten für alle markierten Zellen. Die gewünschte Form im Beispiel sieht das Ausblenden der Zwischenlinien und den Erhalt der oberen Tabellenbegrenzung vor. Und so verändern Sie die Umrandung:

→ Zunächst markieren Sie mit *Tabelle/Markieren/Tabelle* die gesamte Tabelle.

→ Rufen Sie mit *Format/Rahmen und Schattierung* die gleichnamige Dialogbox auf. Öffnen Sie gegebenenfalls das Register *Rahmen*.

→ Klicken Sie im Register zunächst im linken Teil auf die Option *Ohne*, damit Word alle Linien um die Tabelle entfernt. Das Vorschaufenster im rechten Teil der Dialogbox zeigt nun eine symbolische Tabelle ohne Linien. Klicken Sie einmal kurz auf die Symbolschaltfläche, die für die obere Linie zuständig ist – Word aktualisiert sofort die Vorschau. Bestätigen Sie nun Ihre Eingaben mit einem Klick auf *OK*.

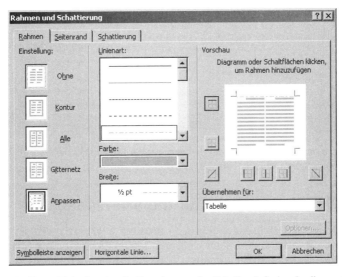

Bild 7.29: Mit dieser Dialogbox ist die Umrahmung der Tabelle einfach – in diesem Fall ist nur die obere Tabellenbegrenzung mit einer Linie versehen.

Das Ergebnis Ihrer Bemühungen ist noch nicht so richtig sichtbar. Schalten Sie mit *Tabelle/Gitternetzlinien ausblenden* die Hilfslinien aus, die Word im Tabelleneditor zur Orientierung einblendet.

Alle für die Arbeit in einer Tabelle notwendigen Befehle finden Sie im Menü Tabelle. Neben Text können Sie in den Zellen einer Tabelle auch andere Objekte, z.B. Grafiken, einfügen. Auch die veränderten Lineale sind eine Betrachtung wert: Im horizontalen Lineal lassen sich die Spaltenbreiten anpassen, während das vertikale Lineal manuelle Veränderungen an der Zellenhöhe erlaubt.

Nach Fertigstellung aller Inhalte schließen Sie die Ansicht der Kopf- und Fußzeilen mit einem Klick auf die Schaltfläche *Schliessen*. Wechseln Sie danach in die Normalansicht – keine Panik, das Ergebnis der mühevollen Arbeit ist nicht verschwunden. Word zeigt in dieser Ansicht weder die Inhalte der Kopf- und Fußzeilen noch die Inhalte der Textfelder. Dafür ist der Seitenumbruch sichtbar, der nun seine Aufgabe erfüllt hat. Klicken Sie auf den Seitenumbruch, um diesen zu markieren – ein anschließender Druck auf die Entf -Taste schickt ihn in die ewigen Jagdgründe.

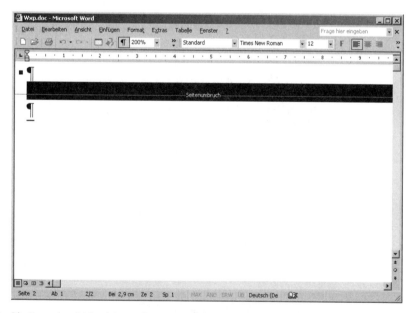

Bild 7.30: Die Normalansicht zeigt nur den »normalen« Text: zwei Absatzmarken und einen manuellen Seitenumbruch, den Sie mit der Entf -Taste aus dem Dokument entfernen.

7.5 Der Standardtext für die Briefvorlage

Nun stellt sich das eigentliche Problem aller Varianten für die Erstellung von Briefvorlagen. Nach mehreren festen Textteilen muss ja nun irgendwo die Eingabe des normalen Texts beginnen. Probieren Sie es aus: Die Schreibmarke für den normalen Text steht immer noch am Beginn des Texts. Trotz aller bisherigen Bemühungen, mit denen Sie den Adressaten schon im Adressfenster untergebracht haben, ist der normale Text noch nicht da, wo er hingehört. Mit einem »Trick« können Sie das aber schnell erledigen.

Aktivieren Sie die Seitenlayout-Ansicht und visieren Sie mit der Schreibmarke den freien Textbereich unter dem Eintrag *Ihre Zeichen* an. Word verändert die Schreibmarke in einen senkrechten Strich mit angehängten horizontalen Strichen: Die Funktion *Click and Type* ist aktiviert. Klicken Sie an dieser Stelle doppelt, damit Word die Schreibmarke genau unter die Zeile mit den Leitworten setzt.

 Die Verwendung der Bezeichnungen Click and Type *sowie* Klicken und Eingeben *meint in Word das Gleiche: Sie setzen die Schreibmarke mit einem Doppelklick in einen freien Dokumentbereich.*

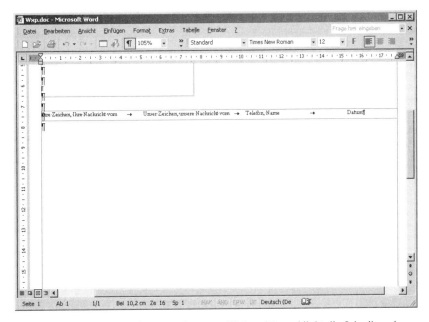

Bild 7.31: Leichter geht es kaum: Nach Verwendung von Click and Type *blinkt die Schreibmarke unter der Zeile mit den Leitworten.*

 Word überbrückt die Zwischenräume mit Leerabsätzen: Sie werden also die Unterkante der Bezugszeile sicher nicht genau erreichen: Gehen Sie mit Hilfe der Pfeiltasten einen Absatz höher und vergrößern Sie mit Strg *+* 9 *punktweise die Schriftgröße, bis der Absatz passt. Alternativ verwenden Sie* Strg *+* 8 *, um die Schriftgröße punktweise zu verringern.*

Mit einem einfachen Verfahren machen Sie nun die gesetzten Tabstopppositionen aus der Bezugszeile für diesen Absatz verfügbar:

→ Achten Sie darauf, dass die Schreibmarke den richtigen Absatz kennzeichnet.

→ Aktivieren Sie mit *Ansicht/Aufgabenbereich* die Anzeige des Aufgabenbereichs und schalten Sie in den Aufgabenbereich *Formatvorlagen und Formatierung* um.

→ Klicken Sie jetzt mit der Maus auf die Formatvorlage *Bezugszeile*.

→ Word weist sofort alle gespeicherten Einstellungen dem aktuell markierten Absatz zu – leider auch die kleinere Schriftart. Da sich das Beispiel aber gut eignet, um die Hierarchie der Formatvorlagen zu demonstrieren, sollten Sie jetzt aus der Not eine Tugend machen.

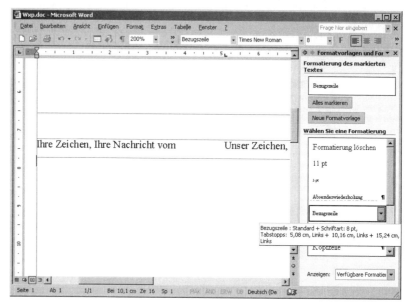

Bild 7.32: Zuweisung einer Formatvorlage an einen Absatz – hier, um die definierten Tabstoppositionen zu übertragen.

→ Markieren Sie zunächst den gesamten Absatz, indem Sie den Mauszeiger ganz nach links neben den Absatz führen. Die Spitze des Mauszeigers zeigt jetzt nach rechts oben. Dies ist das Zeichen, dass Sie die Markierungsspalte erreicht haben. Wenn Sie nun mit der linken Maustaste klicken, ist der Absatz markiert.

→ Setzen Sie die Schriftgröße auf die Größe 12 Punkt. Belassen Sie die Schreibmarke im Absatz und aktivieren Sie mit ⟨Strg⟩+⟨Shift⟩+⟨S⟩ das Listenfeld *Formatvorlage*. Im Aufgabenbereich erkennen Sie, dass Word automatisch die Formatvorlage *Bezugszeile + 12pt* erzeugt hat.

→ Geben Sie die Bezeichnung der Formatvorlage ein – z.B. *Bezugszeile2* – und bestätigen Sie mit der ⟨Enter⟩-Taste.

→ Wechseln Sie in den Aufgabenbereich *Formatierung anzeigen* und aktivieren Sie dort das Kontrollkästchen *Formatvorlagenquelle kennzeichnen*. Word zeigt nun im Aufgabenbereich, welche Formatierungen dem Absatz zugeordnet sind.

→ Klicken Sie auf den Link *Absatzformat:* Damit öffnen Sie die Dialogbox *Formatvorlage*. Dort ist die Formatvorlage *Bezugszeile2* ausgewählt. Mit einem Klick auf *Ändern* gelangen Sie in eine weitere Dialogbox, in der Sie nur eine Änderung vornehmen. Im Listenfeld *Formatvorlage für den nächsten Absatz* wählen Sie die Formatvorlage *Standard*.

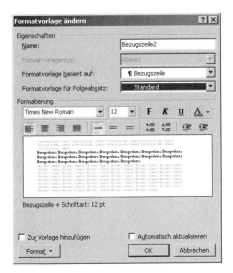

Bild 7.33: *Mit diesen Eintragungen legen Sie fest, dass alle von nun an mit der* Enter *-Taste erzeugten Absätze wieder die Standardeinstellungen haben.*

Mit einem Klick auf *OK* in der ersten und auf *übernehmen* in der zweiten Dialogbox schließen Sie die Eingaben ab. Mit diesen Einstellungen haben Sie eine Hierarchie von Formatvorlagen aufgebaut. Mehr Informationen dazu finden Sie im Kapitel 39.

Das aktuelle Datum per Feldfunktion einfügen

Es fehlt das Datum in der Bezugszeile – nichts einfacher als das:

→ Zunächst drücken Sie dreimal die Tab -Taste, um den Zwischenraum bis zur Position des Datums zu überbrücken. Dass Sie mit diesen Tabulatorzeichen sofort die richtige Stelle erreichen, ist der Beweis für die richtig gesetzten Tabstopppositionen.

→ Klicken Sie auf den Menübefehl *Einfügen/Datum und Uhrzeit*. Word öffnet die Dialogbox *Datum und Uhrzeit* mit einer Auswahl von 17 verschiedenen Datumsformaten. Wählen Sie gleich den ersten Eintrag aus der Liste und aktivieren Sie das Kontrollfeld *Automatisch aktualisieren* mit einem Mausklick.

→ Bestätigen Sie Ihre Eingaben mit *OK*. Das Datum erscheint an der vorgesehenen Position.

Wenn die Systemzeit des Computers nicht stimmt, erhalten Sie natürlich auch eine falsche Zeit- oder Datumsangabe. Zum Einstellen der Systemzeit klicken Sie in der Taskleiste von Windows doppelt auf die eingeblendete Uhrzeit.

Bild 7.34: *Mit der Dialogbox* Datum und Uhrzeit *fügen Sie Datums- und Zeitfelder in unterschiedlichen Formaten in den Text ein.*

Weitere Feldfunktionen stehen mit dem Befehl *Einfügen/Feld* zur Verfügung. Die Palette der Feldfunktionen ist reichhaltig: Hinter dem Begriff »Feld« verbergen sich Berechnungsfunktionen und interne Systemvariablen von Word. Das Einfügen eines Feldes überträgt dessen Inhalt – der durchaus von anderen Daten abhängen kann – in den Text. Manche Felder sind, solange sie keine Inhalte haben, unsichtbar, andere bringen ständig ein Ergebnis.

Nach Änderungen müssen die Felder neu berechnet werden. Word berechnet die meisten Felder je nach Voreinstellung beim Öffnen eines Dokuments, beim Wechseln in die Seitenansicht und vor dem Drucken.

 Um das Feldergebnis im Text manuell zu aktualisieren, können Sie die Schreibmarke darauf platzieren und F9 *drücken.*

Die Kontrolle der Feldfunktionen findet über einen besonderen Modus unter *Extras/Optionen* im Register *Ansicht* statt. Mit aktiviertem Kontrollfeld *Feldfunktionen* zeigt Word anstelle der Ergebnisse die Feldbeschreibungen in geschweiften Klammern an. Im Register *Drucken* kann das automatische Aktualisieren der Feldfunktionen ein- bzw. wieder ausgeschaltet (Standard) werden.

 Aktivieren Sie bei häufiger Arbeit mit Feldern über Extras/Optionen *im Register* Ansicht *die Feldschattierung, um die besonderen Textteile im Blick zu haben.*

Textkörper vorbereiten

Nach diesen ausführlichen Vorarbeiten bereiten Sie nun den Text vor, so dass Sie die spätere Texteingabe rationalisieren können. Mit den folgenden Arbeitsschritten bestimmen Sie den Platz der Betreffzeile, der Anrede und den Textbeginn.

→ Damit Sie für den folgenden Text den richtigen Ausgangspunkt haben, setzen Sie die Schreibmarke hinter das soeben eingefügte Datum. Da hinter dem Datum das Ende des Dokuments erreicht ist, führt auch die Tastenkombination `Strg`+`Ende` zu diesem Ergebnis.

→ Betätigen Sie die `Enter`-Taste zweimal.

→ Geben Sie das Wort Betreff ein – als Platzhalter für den später dort einzusetzenden Text. Drücken Sie dreimal die `Enter`-Taste.

→ Schreiben Sie jetzt zur späteren Erinnerung den Text Sehr geehrte, und drücken Sie danach die `Enter`-Taste zweimal.

→ Ebenfalls zur Erinnerung geben Sie das Wort Textbeginn ein und drücken erneut die `Enter`-Taste zweimal.

→ Geben Sie nun die Zeichenfolge mfg ein, gefolgt von zweimal `Enter`. Unglaublich, aber wahr – mit Hilfe der so genannten *AutoKorrektur* hat Word die Zeichen durch die Standardformulierung ersetzt. An der Position, an der die Schreibmarke jetzt steht, unterschreiben Sie später Ihren Brief. Als Platzhalter können Sie den Text *Unterschrift* eingeben – oder gleich Ihren Namen. Für weitere Texteingaben betätigen Sie noch einmal die `Enter`-Taste.

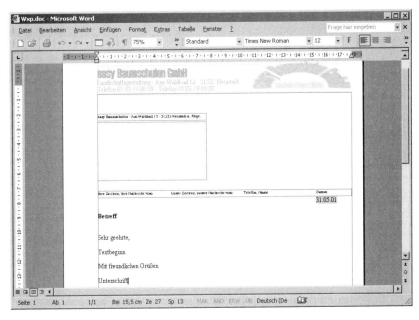

Bild 7.35: Die Briefvorlage nimmt Gestalt an – hier der aktuelle Arbeitsstand.

→ Markieren Sie den Absatz mit dem Wort Betreff. Weisen Sie dem Absatz mit einem Klick auf die Schaltfläche *Fett* oder über die Tastenkombination Strg+Shift+F eine fette Textauszeichnung zu.

Mit diesem Arbeitsschritt ist der Standardtext für die Dokumentvorlage erfasst.

8 Eine Briefvorlage erzeugen und verwenden

In Textverarbeitungsprogrammen lassen sich häufig genutzte Dokumente als Vorlage speichern und immer wieder verwenden. Das hat gleichzeitig den Effekt, dass diese Muster vor unbeabsichtigten Änderungen sicher sind. In diesem Kapitel wird ein Musterbrief als Vorlage gespeichert und anschließend beispielhaft eingesetzt, um ein neues Schreiben zu erstellen.

8.1 Den Brief als Dokumentvorlage speichern

Die Speicherung der Textdokumente erfolgt über das Menü Datei. Hier hält Word vier Befehle bereit: Speichern, Speichern unter, Version und Als Webseite speichern. Im Normalfall verwenden Sie einen der beiden ersten Befehle, um das Dokument dauerhaft auf dem Datenträger abzulegen.

→ Den Befehl *Speichern*, die Symbolschaltfläche *Speichern* oder die Tastenkombination `Strg`+`S` verwenden Sie, um das Textdokument unter dem bisherigen Dateinamen zu speichern. Dabei wird vorausgesetzt, dass Sie der Datei bereits zu einem anderen Zeitpunkt einen Namen gegeben haben.

→ Den Befehl *Datei/Speichern unter* verwenden Sie immer dann, wenn Ihre Datei noch keinen eigenen Namen hat, oder um die Datei (Brief) auf einem anderen Laufwerk, in einem anderen Ordner, unter einem anderen Namen oder in einem anderen Dateityp zu speichern. Alternativ setzen Sie den Befehl zum Vergleichen von Dokumenten ein.

Wenn Sie beim erstmaligen Speichern einer Datei den Befehl Speichern *benutzen, öffnet Word automatisch die Dialogbox* Speichern unter. *Im Feld* Dateiname *erscheint dann ein Vorschlag, der aus der ersten Zeile des Dokuments generiert wurde.*

Sobald Sie für die Speicherung des Dokuments erstmals den Befehl *Speichern* (oder auch *Speichern unter*) wählen, schlägt Ihnen das Programm zunächst einen Dateinamen vor.

Um das eben fertig gestellte Dokument als Dokumentvorlage zu speichern, müssen Sie einige Einstellungen in der Dialogbox anpassen.

→ Dazu wählen Sie im Listenfeld *Dateityp* den Eintrag *Dokumentvorlage (*.dot)*. Nach Auswahl dieses Eintrags schaltet Word automatisch zum Standard-Vorlagenordner um.

→ Überschreiben Sie nun den vorgegebenen Dateinamen mit einem Namen Ihrer Wahl – z.B. *brief* als Hinweis, dass es sich um den wichtigsten Musterbrief handelt.

Nach dem Speichern als Dokumentvorlage ist die Dokumentvorlage Brief.dot *noch geöffnet. Schließen Sie die Datei, um sie vor weiteren Veränderungen zu schützen.*

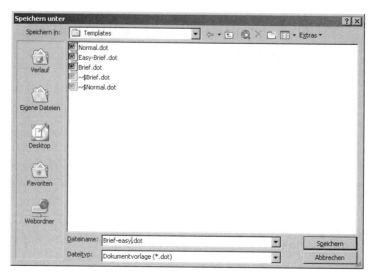

Bild 8.1: Der Musterbrief wird als Dokumentvorlage gespeichert. Danach steht er als Muster für neue Briefe bereit.

8.2 Die Dokumentvorlage verwenden

Die bisherige Arbeit diente nur einem Zweck – schnell einen konkreten Brief zu erzeugen, wenn es nötig ist, und die dafür nötigen Angaben aus einer Musterdatei zu nehmen. Wenn Sie den bisherigen Verlauf des Beispiels rekapitulieren, ist nur noch wenig für einen konkreten Brief zu tun: das Muster holen, die Adresse eingeben, in der Bezugszeichenzeile einige Eintragungen ergänzen und den konkreten Inhalt des Briefs schreiben.

Da die erstellte Vorlage einige wichtige Zeichen enthält, sollten Sie die Anzeige der nicht druckbaren Zeichen aktivieren. Klicken Sie dazu auf die Schaltfläche ¶ einblenden/ausblenden in der Standard-Symbolleiste.

Eine neue Datei mit der Briefvorlage

Um die eben erstellte Vorlage als Grundlage des konkreten Texts zu nutzen, wählen Sie den Befehl *Datei/Neu*.

→ Aktivieren Sie den Link *Allgemeine Vorlagen*.

→ Wählen Sie die Vorlage aus und bestätigen Sie die Dialogbox mit *OK*. Word erstellt ein neues Dokument auf der Grundlage der Dokumentvorlage. Das neue Dokument entspricht genau der zuvor erstellten Dokumentvorlage. Der Inhalt des Briefs und die Angaben zur Adresse bleiben Ihrer Phantasie überlassen.

Um den eigenen Text einzugeben, klicken Sie zunächst in das Adressfeld. Word setzt die Schreibmarke automatisch an die angeklickte Position.

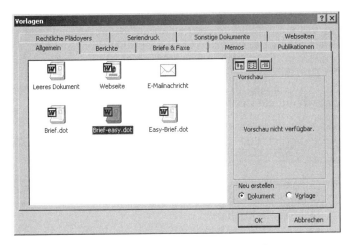

Bild 8.2: In der Dialogbox Vorlagen *erscheint jetzt die neue Vorlage.*

→ Nach DIN kann in der ersten Zeile des Adressfelds ein Zustellvermerk wie EINSCHREIBEN, gefolgt von einer Leerzeile, aufgenommen werden. Der Einfachheit halber überspringen Sie diesen Schritt, indem Sie die Enter -Taste betätigen.

→ Die nächsten Absätze enthalten die Anschrift; zwischen der Straßen-angabe und dem Ort befindet sich eine Leerzeile, die Sie wieder mit der Enter -Taste erzeugen. Ort und Postleitzahl werden markiert und mit Strg + Shift + F fett ausgezeichnet.

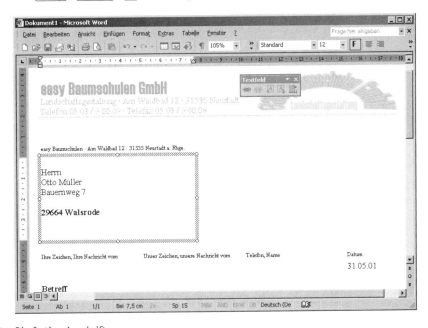

Bild 8.3: Die fertige Anschrift

Nach Fertigstellung der Anschrift setzen Sie bei Bedarf die Schreibmarke vor das erste Tabulatorzeichen in der Bezugszeichenzeile (Bezugszeile2). Geben Sie hier die nötigen Bezüge ein. Beachten Sie aber, dass die Tabulatorzeichen dieser Zeile schon vorhanden sind. Benutzen Sie deshalb nach der Eingabe bei *Ihre Zeichen* die [→]-Taste, um zur Eingabestelle *Unser Zeichen* zu gelangen. Das Datum müssen Sie sicher nicht ändern, da es automatisch auf das aktuelle Datum wechselt.

Wenn Sie diese Automatik nicht wünschen, dann markieren Sie das komplette Datum und lösen Sie die Feldaktion mit der Tastenkombination [Strg]+[Shift]+[F9] auf.

→ Doppelklicken Sie nun auf das Wort *Betreff* – das Wort wird markiert. Geben Sie den Betreff Ihres Briefs ein. Der Platzhalter wird dabei komplett überschrieben.

→ Ergänzen Sie nun die Anrede. Doppelklicken Sie dazu auf Textbeginn und geben Sie den Text des Briefs ein.

Word überschreibt Markierungen mit dem nächsten Zeichen: Deshalb ist das markierte Wort Textbeginn *sofort verschwunden, sobald Sie das erste Zeichen mit der Tastatur erzeugen.*

Texteingabe

Ein wesentlicher Unterschied zwischen der Arbeit mit der Schreibmaschine und Word ist der Fließtext. Bei der guten alten Schreibmaschine müssen Sie immer den Wagenrücklauf und die Zeilenschaltung betätigen, wenn der geschriebene Text sich dem Zeilenende nähert und Sie in der nächsten Zeile fortfahren wollen. Word ist intelligent genug, um zu erkennen, ob ein Wort noch in die Zeile passt oder nicht. Sobald ein Wort keinen Platz mehr in der Zeile hat, wird es automatisch in die nächste Zeile übernommen.

Word arbeitet mit Absätzen. Sie erzeugen über die [Enter]-Taste immer einen neuen Absatz. In diesem Sinne ist auch eine Leerzeile – z.B. zwischen zwei Absätzen – ein Absatz.

Am Ende eines Absatzes erkennen Sie die Absatzmarke (¶). Die Absatzmarke hat eine besondere Bedeutung für Word: Sie speichert alle Informationen für diesen Absatz. Wird diese Absatzmarke gelöscht, verliert der darauf folgende Absatz seine Formatierungen.

Word kennt aber auch einen Zeilenumbruch. Er wird mit [Shift]+[Enter] erzeugt. Am Zeilenende steht dann nicht die Absatzmarke, sondern ein abgeknickter Pfeil nach links. Dieser Zeilenumbruch beendet lediglich die aktuelle Zeile und der nachfolgende Text wird in der nächsten Zeile weitergeschrieben. Hierbei handelt es sich immer noch um denselben Absatz, so dass sich die Formatierungen für die abgetrennten Zeilen nicht ändern.

Tippfehler korrigieren

Für das Löschen von Zeichen stehen Ihnen zwei Tasten zur Verfügung: die Taste [Entf] im Sondertastenblock rechts auf Ihrer Tastatur und im oberen

Teil rechts die [Backspace]-Taste. Beide Tasten haben eine unterschiedliche Wirkung. Wollen Sie ein Zeichen löschen, das links von der Schreibmarke steht, dann benutzen Sie [Backspace]. Soll ein Zeichen rechts von der Schreibmarke gelöscht werden, verwenden Sie [Entf].

 Veränderungen der Groß- und Kleinschreibung nehmen Sie effektiv mit der Tastenkombination [Strg]+[F3] vor.

Schreibfehler aufgedeckt

Wird ein vermeintlicher Schreibfehler gefunden, dann erkennen Sie dies an der roten Wellenlinie unter dem entsprechenden Wort. Auch Eigennamen oder Begriffe, die nicht im Wörterbuch der Rechtschreibprüfung enthalten sind, kennzeichnet Word vorsichtshalber mit der roten Wellenlinie unterhalb des Wortes.

 Die rote Wellenlinie der Rechtschreibkennzeichnung kann manchmal recht störend sein. Diese Kennzeichnung lässt sich abschalten: Wählen Sie Extras/ Optionen *und öffnen Sie das Register* Rechtschreibung und Grammatik. *Aktivieren Sie das Kontrollkästchen* Rechtschreibfehler ausblenden, *um die Kennung auszublenden.*

Setzen Sie die Schreibmarke wieder auf das gekennzeichnete Wort und klicken Sie es mit der rechten Maustaste an. Es erscheint ein Kontextmenü mit einem Änderungsvorschlag im ersten Block – vorausgesetzt, Word hat einen Vorschlag. Ist die Änderung Ihrer Wahl dabei, dann übernehmen Sie das richtige Wort mit einem Mausklick auf den entsprechenden Eintrag.

 Wenn Word keinen Vorschlag bringt, klicken Sie in den Text, um das fehlerhafte Wort von Hand zu ändern.

Die roten Wellenlinien zeigen ihre Stärken erst bei der Korrektur. Setzen Sie die Schreibmarke auf das falsch geschriebene Wort und klicken Sie mit der rechten Maustaste: Es erscheint ein Kontextmenü. Falls Word einen Schreibfehler vermutet und ähnliche Begriffe kennt, erscheinen Änderungsvorschläge im ersten Block. Ein Klick auf den richtigen Begriff ersetzt den fehlerhaften Ausdruck.

 Nach der Korrektur eines Wortes springen Sie mit einem Doppelklick auf den Bereich Status der Rechtschreibung und Grammatikprüfung *sofort zum nächsten hervorgehobenen Wort. Außerdem öffnet Word nach dem Wechsel sofort das Kontextmenü zur Korrektur.*

Handelt es sich bei einem reklamierten Wort aber um ein richtig geschriebenes Wort, können Sie im Kontextmenü entweder

→ den Befehl *Alle ignorieren* wählen, dann wird das Wort sofort im weiteren Text als richtig anerkannt und die Wellenlinie verschwindet, oder

→ den Befehl *Hinzufügen zum Wörterbuch* wählen. In diesem Fall wird der Begriff einem speziellen Benutzer-Wörterbuch der in der Statuszeile angegebenen Sprache hinzugefügt; die Wellenlinie verschwindet dann ebenfalls.

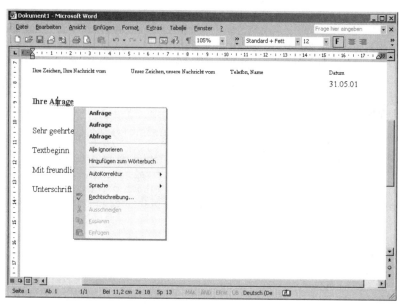

Bild 8.4: Mit dem Kontextmenü der Rechtschreibprüfung korrigieren Sie Fehler schneller als durch manuelle Veränderung.

Hinzufügen zum Wörterbuch ist vorteilhaft, wenn Sie diese Wörter öfter verwenden wollen – aufgenommene Wörter stehen auch in anderen Dokumenten bzw. in der Vorschlagsliste des Kontextmenüs zur Verfügung.

→ Falls Word das Wort nur deshalb als falsch wertet, weil die Sprache nicht korrekt ist, dann hilft die manuelle Umschaltung der Sprache weiter. Nutzen Sie dafür den Menübefehl *Sprache*.

Word ist international eingestellt: Im Hintergrund versucht eine Routine, die von Ihnen genutzte Sprache zu erkennen. Deshalb erscheint die Kennzeichnung der »falschen« Wörter erst nach einigen geschriebenen Zusammenhängen.

Rechtschreibprüfung mit der Dialogbox

Als Alternative zur manuellen Rechtschreibkontrolle bei der Dokumentkorrektur dient der Befehl *Extras/Rechtschreibung und Grammatik*. Mit der zugeordneten Dialogbox überprüfen Sie den Text gemeinsam mit Word in einem Durchgang. Die Prüfung beginnt an der Stelle, an der sich die Schreibmarke befindet, oder beschränkt sich auf einen markierten Textblock. Sie starten die Prüfung auch durch Betätigen der Taste [F7].

Die Funktionalität der Dialogbox entspricht im Wesentlichen dem Kontextmenü der von der Rechtschreib- und Grammatikprüfung hervorgehobenen Wörter. Einige Schaltflächen sind nur in dieser Dialogbox zugänglich:

→ Die Schaltfläche *Immer ändern* sorgt dafür, dass Word alle in diesem Dokument auftauchenden Vorkommen des Fehlers sofort ebenfalls korrigiert.

→ Mit der Schaltfläche *Nie ändern* weisen Sie Word an, den angezeigten Fehler während der gesamten Arbeitssitzung zu ignorieren.

Klicken Sie nur dann auf die Schaltflächen im rechten Teil der Dialogbox, wenn Sie sich von der Richtigkeit des im oberen Bereich hervorgehobenen Wortes überzeugt haben. Nutzen Sie im Zweifelsfall sofort die Schaltfläche Rückgängig.

8.3 Den Brief speichern und drucken

Egal, ob Sie jetzt den Befehl *Datei/Speichern* oder den Befehl *Datei/ Speichern unter* wählen, Sie landen in der Dialogbox *Speichern unter*. Sie hatten das Dokument ja vorher noch nicht gespeichert und so steht auch in der Titelleiste immer noch *DokumentX*. Achten Sie in der Dialogbox darauf, dass im Listenfeld *Dateityp* – so wie eigentlich üblich – der Eintrag *Word-Dokument (*.doc)* enthalten ist. Ändern Sie die Auswahl bei Notwendigkeit entsprechend. Für dieses Beispiel verwenden Sie den Ordner *Favoriten*.

Öffnen Sie als Erstes mit einem Klick auf das Symbol *Favoriten* im linken Teil der Dialogbox den Ordner *Favoriten*. Dieser Ordner ist normalerweise für Dokumente gedacht, die Sie als Anwender häufig benutzen. Damit brauchen Sie nicht erst verschiedene Ordner oder gar Laufwerke zu durchsuchen.

Der Ordner Favoriten *eignet sich vorzüglich, um mit geringem Aufwand die eigenen Dokumente zu verwalten. Schließlich kann man hier auch Verknüpfungen zu beliebigen anderen Ordnern anlegen. Damit lassen sich tief verschachtelte Netzwerkordner mit nur zwei Mausklicks aufrufen.*

Danach geben Sie den gewünschten Dateinamen in das Eingabefeld ein und bestätigen Ihre Eingaben mit einem Klick auf die Schaltfläche *Speichern*.

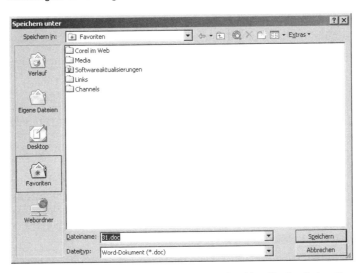

Bild 8.5: Mit einem Mausklick auf das zugehörige Symbol wählen Sie den Ordner Favoriten für die Ablage des ersten Briefs.

Das Dokument drucken

Nach erfolgreicher Texteingabe und -formatierung soll das Dokument auch ausgegeben werden – in der Regel ist ein Drucker das Ausgabegerät.

→ Die erste Möglichkeit besteht in der Verwendung der Symbolschaltfläche *Drucken*. In diesem Fall wird ein Exemplar des kompletten Dokuments sofort mit den Standardeinstellungen über den installierten Standarddrucker ausgedruckt.

→ Eine andere Variante ist komfortabler, was die Einstellmöglichkeiten angeht. Mit *Datei/Drucken* öffnen Sie die Dialogbox *Drucken*. Diese Dialogbox öffnen Sie ebenfalls mit der Tastenkombination ⌨Strg+⌨P.

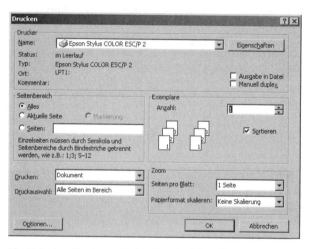

Bild 8.6: Die Dialogbox Drucken *mit den Standardeinstellungen*

In dieser Dialogbox werden Ihnen unterschiedliche Optionen zur Verfügung gestellt. Hier können Sie

→ einen der installierten Drucker auswählen und nach Anklicken der Schaltfläche *Eigenschaften* konfigurieren,

→ die Anzahl zu druckender Exemplare festlegen,

→ den Ausdruck auf bestimmte Seiten des Dokuments oder den Umfang der aktuellen Markierung beschränken oder

→ die Druckausgabe mehrerer Seiten auf ein Blatt zoomen.

Die Befehlsschaltfläche *Optionen* öffnet eine weitere Dialogbox, die auch die Bezeichnung *Drucken* aufweist. Hier stellen Sie nicht nur den aktuellen Druckvorgang ein, sondern passen die internen Druckoptionen an. Die Dialogbox *Drucken* legt z.B. fest, wie Datenfelder, Formulare oder auch Kommentare im Ausdruck erscheinen.

Sparen Sie Zeit und Papier. Kontrollieren Sie die Gestaltung Ihrer Dokumente vor dem Ausdruck zuerst in der Seitenansicht. Dazu genügt ein Klick auf das Symbol Seitenansicht *in der Standard-Symbolleiste.*

Word im Alltag

Word 2002 offeriert eine Vielzahl von Bearbeitungsfunktionen, mit denen Sie Textdokumente komfortabel erstellen und bearbeiten. Dieser Teil widmet sich den Funktionen, mit denen Sie in Word täglich zu tun haben.

9 Word starten und beenden

Word lässt sich – wie fast jedes Windows-Programm – auf unterschiedliche Arten aufrufen. Hier lernen Sie die wichtigsten Methoden kennen.

9.1 Word über die Task-Leiste starten

Die Task-Leiste von Windows ist der zentrale Ort, um Programme aller Art zu starten. Im *Startmenü* gibt es dazu generell zumindest zwei Möglichkeiten: den direkten Start über die Menüoption des Programms und den indirekten Start über ein bereits erstelltes Dokument.

Je nach installierten Programmen können die Menüs aber sehr unterschiedlich sein. Word macht es Ihnen jedoch einfach: Sie finden den Menüeintrag *Word* im Ordner *Programme*. Ein Klick darauf und Word startet durch, bis es sich mit einem leeren Blatt und blinkender Schreibmarke zur Texteingabe meldet. Da Sie ja gleich nach der Installation schon einmal neugierig waren, kennen Sie den Office-Assistenten schon.

Weitere Varianten sind ebenso schnell aufgezählt:

→ Sobald Sie Word nicht zum ersten Mal starten und bereits ein Dokument gespeichert haben, finden Sie dieses Dokument im Untermenü *Start/Dokumente*. Ein Klick auf diesen Eintrag startet Word unverzüglich und lädt direkt das angeklickte Dokument.

→ Ein Klick auf den Eintrag *Start/Neues Office-Dokument* öffnet die gleichnamige Dialogbox. Sie entspricht der Dialogbox *Vorlagen* aus Word, ist aber um Register für das Anlegen von Dokumenten anderer Office-Anwendungen ergänzt, sofern Sie andere Komponenten installiert haben. Wählen Sie dort eine Vorlage, z.B. *Leeres Dokument,* und klicken Sie auf *OK,* um Word mit einem Dokument auf Grundlage dieser Vorlage zu starten.

→ Ein Klick auf den Eintrag *Start/Office-Dokument öffnen* aktiviert die gleichnamige Dialogbox. Sie entspricht der Dialogbox *Neu* aus Word, die ebenso den Ordner EIGENE DATEIEN öffnet, um den Zugriff auf alle dort gespeicherten Dokumente zu ermöglichen. Klicken Sie dazu zuerst auf eines der aufgelisteten Dokumente, dann auf *Öffnen*. Word startet mit dem gewählten Dokument.

Die Standardeinstellung der Dialogbox Office-Dokument öffnen *zeigt automatisch alle Office-Dokumente, sofern z.B. ebenso Dokumente von Excel oder PowerPoint vorhanden sind. Setzen Sie bei Bedarf den Dateityp auf* Dokumente(*.doc).

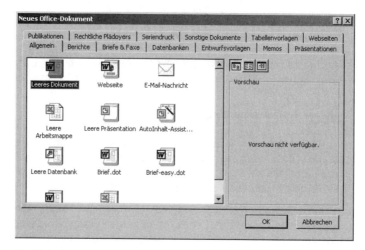

Bild 9.1: Die Dialogbox zum Erzeugen eines neuen Office-Dokuments: Sie erkennen die Word-Vorlagen am zugeordneten Symbol.

9.2 Word gezielt starten

Da Sie täglich mit Word arbeiten, wollen Sie sicher einige Methoden kennen lernen, um Word sofort zu starten – und nicht erst über Umwege. Viel eleganter ist es, Word über ein Symbol aus der Schnellstartleiste zu starten. Der Weg dazu ist schnell beschrieben.

Praxistipp: Schnellstart von Word

Die Versionen von Windows, die mit Office XP harmonieren, bieten die Schnellstartleiste für den Schnellstart von Anwendungen über einen einfachen Klick auf ein Programmsymbol. Was liegt näher, als dieses Feature ebenso für den Start von Word zu nutzen, z.B. mit dem letzten genutzten Dokument.

→ Klicken Sie mit der rechten Maustaste in einen freien Bereich der Schnellstartleiste.

→ Wählen Sie den Befehl *Öffnen* aus dem erscheinenden Kontextmenü.

→ Klicken Sie mit der rechten Maustaste in einen freien Bereich des Ordners – wählen Sie *Neu/Verknüpfung*.

→ Suchen Sie in der folgenden Dialogbox die Datei *Winword.exe* – stellen Sie die Verknüpfung fertig.

→ Öffnen Sie die Eigenschaften der Verknüpfung mit einem Klick auf den gleichnamigen Befehl im Kontextmenü des neuen Symbols.

→ Ergänzen Sie den Eintrag im Eingabefeld *Ziel* am Ende z.B. mit /mDatei1, damit startet Word automatisch mit dem Dokument, das an Platz 1 im Dateimenü angeordnet ist.

→ Bestätigen Sie die Eigenschafts-Dialogbox mit *OK*.

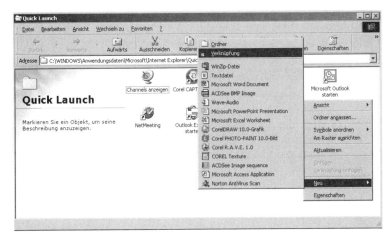

Bild 9.2: *Erzeugen Sie im geöffneten Ordner Quick Launch eine Verknüpfung zur Datei Winword.exe, um Word zu starten.*

→ Schließen Sie das Ordnerfenster *Quick Launch*. Danach steht das neue Symbol in der Schnellstartleiste für den Einsatz bereit.

 Sie dürfen nur einmal auf das Symbol in der Schnellstartleiste klicken, damit Sie Word auch wirklich nur einmal starten.

Schalter zum Konfigurieren des Programmstarts

Das vorangegangene Beispiel nutzte den Zusatz `/mDatei1`, um den Startvorgang von Word zu steuern. Durch die Angabe solcher Parameter verändern Sie das Startverhalten von Word. Um Word mit diesen Parametern zu starten, legen Sie z.B. wie beschrieben eine Verknüpfung zu Word an – die entsprechenden Parameter geben Sie dann in der Befehlszeile der Verknüpfung an.

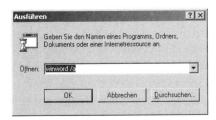

Bild 9.3: *Hier wurde in der Befehlszeile der Startparameter /a übergeben. Word startet damit in der Standardeinstellung.*

Klicken Sie dazu in Windows mit der rechten Maustaste auf das Verknüpfungssymbol für Word und wählen Sie im Kontextmenü den Eintrag *Eigenschaften*. Öffnen Sie anschließend das Register *Verknüpfung*. Fügen Sie am Ende des Pfads im Eingabefeld *Ziel* – normalerweise *C:\Programme\Microsoft Office\Office\Winword.exe* – einen so genannten Startschalter hinzu. Bestätigen Sie mit *Übernehmen* und mit *OK*.

Für einmalige Aktionen nutzen Sie die Dialogbox Start/Ausführen *von* Windows *mit den angegebenen Parametern nach dem Programmaufruf* Winword.

Folgende Startschalter sind verfügbar:

→ /a
Startet Word, ohne dass Add-Ins und Dokumentvorlagen – einschließlich der Dokumentvorlage NORMAL – geladen werden. Damit werden auch die Standardvorgaben von Word zurückgesetzt. Word präsentiert sich wie nach der Installation beim ersten Programmstart.

→ /m
Startet Word, ohne AutoExec-Makros auszuführen. Wenn Sie direkt nach dem Schalter einen Makronamen eingeben, wird dieses Makro beim Start von Word ausgeführt.

 Um die automatische Ausführung von Makros ohne Schalter zu verhindern, halten Sie beim Starten von Word die Shift*-Taste gedrückt. Falls Sie Word aus der Schnellstartleiste heraus starten, klicken Sie erst auf das Symbol, dann halten Sie die* Shift*-Taste.*

→ /mDatei1
Startet Word und öffnet die im Menü *Datei* von Word an Position 1 geführte Datei – also das zuletzt unter Word bearbeitete Dokument. Dabei verhindert der Schalter /m (auch ohne Nachsatz eines Makronamens), dass Word beim Start die automatischen Makros ausführt.

→ /n
Startet eine neue Instanz von Word ohne Leerdokument. Word startet sozusagen ein zweites Mal, so dass im Menü *Fenster* kein Hinweis auf die anderen geöffneten Dokumente erscheint.

→ /w
Startet eine neue Instanz von Word mit einem Leerdokument.

→ Ohne Parameter (Standard)
Öffnet ein neues Word-Fenster mit einem Leerdokument und nutzt dabei eine bereits aktive Instanz von Word. Word startet sozusagen nicht noch einmal, so dass über das Menü *Fenster* der Wechsel auf die anderen geöffneten Dokumente erfolgt.

→ /t
Wenn Sie diesem Schalter einen Dokumentennamen anhängen, öffnet Word dieses Dokument beim Start als Vorlage.

→ /l
Wenn Sie diesem Schalter den Namen eines angegebenen spezifischen Ordners für Add-Ins hinzufügen, startet Word mit den dort befindlichen Dateien. Es ist jedoch einfacher, das über den Befehl *Extras/ Vorlagen und Add-Ins* im Word-Menü selbst zu verwalten.

Word beim Rechnerstart

Falls Sie täglich mit Word arbeiten, können Sie als Alternative auch eine Verknüpfung zu Word im Ordner *Autostart* von Windows anlegen. Dadurch wird beim Start von Windows gleich die Textverarbeitung aufgerufen.

→ Wählen Sie dazu *Start/Einstellungen/Task-Leiste* und öffnen Sie das Register *Programme im Menü Start*.

→ Klicken Sie auf die Schaltfläche *Hinzufügen* und danach auf *Durchsuchen*.

→ Wählen Sie in der angezeigten Datei-Dialogbox die Datei *Winword.exe* aus und klicken Sie dann auf *Weiter*.

→ In der Dialogbox *Programmgruppe auswählen* markieren Sie *Autostart* in der Liste *Ordner, in dem die Verknüpfung erstellt werden soll* und klicken dann auf *Weiter*.

→ Jetzt müssen Sie noch einen Namen für die Verknüpfung eingeben oder die Vorgabe mit *Fertig stellen* bestätigen.

Diese Variante ist aber nur zu empfehlen, wenn Sie täglich mit Word arbeiten, da Sie sonst bei jedem Rechnerstart warten müssen, bis Word gestartet ist.

9.3 Word beenden

Word ist wie alle Anwendungen für Windows schnell beendet. Auch wenn es später noch ausführlich erläutert wird – es besteht keine Gefahr, dass Sie beim Beenden von Word Daten verlieren. Word fragt Sie bei jedem Programmende, ob die Sie die an Dokumenten vorgenommenen Änderungen speichern möchten.

Bild 9.4: Die Frage nach dem Speichern von Änderungen erscheint beim Schließen, wenn der aktuelle Arbeitsstand noch ungesichert ist.

→ Haben Sie das Dokument schon gespeichert und anschließend noch Änderungen vorgenommen, entscheiden Sie sich: Nur bei Auswahl von *Ja* werden die Änderungen gesichert.

→ Hat das Dokument noch keinen Namen, erscheint zwar die gleiche Meldung, die Schaltfläche *Ja* führt aber zur Dialogbox *Speichern unter* und gestattet die Vergabe eines Namens.

Der geläufige Begriff für das Beenden einer Anwendung lautet *Schliessen*. Sie müssen allerdings auf den Kontext achten, in dem dieser Begriff gebraucht wird. Er bezeichnet auch das Schließen eines Dokumentenfensters von Word, ohne Word selbst damit zu beenden.

Zum Beenden von Word haben Sie mehrere Möglichkeiten:

→ Benutzen Sie die Tastenkombination Alt + F4 . Merken Sie sich diese Kombination, Sie beendet alle Anwendungen unter Windows. Falls Sie in Word nur mit einem Dokument arbeiten, beendet diese Tastenkombination nicht nur das Dokument, sondern gleichzeitig die Arbeit mit Word selbst.

→ Wenn Sie die Maus zum Beenden benutzen, bietet Word alle Möglichkeiten für einen schnellen Zugriff – links oben in der Titelleiste das übliche Systemmenü unter dem Word-Symbol, rechts oben die als Kreuz realisierte Schaltfläche *Schliessen*.

 Am gebräuchlichsten ist wohl das Beenden der Arbeit über den Menübefehl Datei/Beenden. Es löst den gleichen Ablauf aus wie die bisher beschriebenen Methoden.

Word beiseite legen

Wenn Sie Ihre Arbeit mit Word nur kurzzeitig unterbrechen wollen, um eine andere Anwendung zu nutzen, müssen Sie Word nicht unbedingt beenden. Es reicht aus, wenn Sie Word in den Hintergrund legen und das Programmfenster minimieren.

 Unter Windows können mehrere Programme gleichzeitig geöffnet sein. In einem Programm wird aktuell gearbeitet, die anderen warten im Hintergrund.

Nutzen Sie dazu die Symbolschaltfläche *Minimieren* in der Titelleiste von Word oder das Kontextmenü des Eintrags *Microsoft Word* in der Task-Leiste.

Solange Word geladen ist, befinden sich die Schaltflächen der geöffneten Dokumente von *Microsoft Word* in der Task-Leiste: Ein Klick darauf reaktiviert Word mit dem gewählten Dokument oder holt es wieder in den Vordergrund.

 Über die Task-Leiste können Sie Word auch wieder in den Vordergrund zaubern, wenn eine andere Anwendung das Programmfenster von Word verdeckt.

10 Grundlegende Dateioperationen

Einer der grundlegenden Vorzüge eines Computers ist seine Fähigkeit, einmal gesicherte Daten beliebig oft zur Bearbeitung zur Verfügung zu stellen. Die Betonung liegt dabei auf »gesicherte«. Was hilft Ihnen der wohl formulierte Text, wenn er beim Ausschalten des Rechners verloren gegangen ist oder Sie ihn nach einem Neubeginn nicht wiederfinden können? Der Umgang mit Dokumenten und ihrer Ablage auf dem Datenträger ist das Thema dieses Kapitels.

10.1 Dokumente speichern

Dokumente – das ist der allgemeine Sprachgebrauch für Dateien, die Word erstellt – erzeugen Sie neu oder Sie bearbeiten existierendes Material. Diesen Neuzugang an Informationen müssen Sie dauerhaft auf einem Datenträger verwahren. Das Verfahren dazu ist das Speichern, ein Übertragen der im Arbeitsspeicher befindlichen Daten auf einen Datenträger. Der Arbeitsspeicher ist ein strombetriebenes Zwischenlager – ohne Strom keine Lagerung. Vor dem Verlassen von Word oder dem Ausschalten des Rechners müssen die Daten in Sicherheit gebracht werden, und zwar an einer Stelle, die auch ohne Strom die Informationen aufbewahrt. Und – Sie kennen das bestimmt aus eigener Erfahrung – wo etwas gelagert wird, muss Ordnung herrschen, damit Sie später alles wiederfinden. Die genannte Ordnung stellt man bei der Dateiablage durch den richtigen Umgang mit den Ablagehilfsmitteln her. Das sind Namen für die Dokumente und Plätze, so genannte Ordner, an denen sie abgelegt werden.

Komfortabel: die Dialogbox Speichern unter

Word bietet Ihnen nach dem Start ein leeres Dokument und lädt Sie förmlich dazu ein, Texte in diesem leeren Blatt einzugeben. Ein einziges Zeichen reicht aus, um Word im Hintergrund zur Aufmerksamkeit zu zwingen. Jetzt gibt es kein Verlassen des Programms mehr ohne die Frage, ob Sie die Änderungen speichern wollen. Gehen Sie es also an und beantworten Sie die Frage mit *Ja*. Word erkennt, dass Sie Ihre Datei das erste Mal auf dem Datenträger ablegen wollen, und blendet die Dialogbox *Speichern unter* ein.

Auch an dieser Stelle denkt Word mit: Es entnimmt Ihrem Dokument Text für einen Dateinamen – vorzugsweise den ersten Textteil bis zum ersten trennenden Zeichen. Diesen Vorschlag finden Sie im Listenfeld *Dateiname*. Überschreiben Sie ihn bei Bedarf mit einem selbst gewählten Namen.

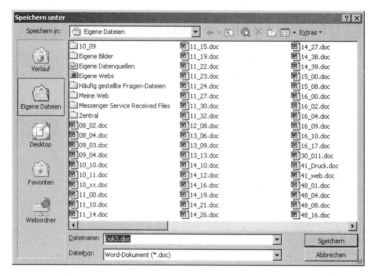

Bild 10.1: *Die Dialogbox* Speichern unter *für das Speichern von Dateien mit einem neuen Namen*

Änderungen erneut speichern

Wenn die Datei bereits benannt ist, macht es Ihnen Word leicht, Änderungen dieses Dokuments erneut zu speichern. Weil es schnell gehen soll, gibt es nun auch eine Reihe von Möglichkeiten, diesen Vorgang auszulösen:

→ Mit den Tastenkombinationen `Strg`+`S` oder `Shift`+`F12` geht es am einfachsten. Sie werden betätigt und Word speichert, wenn es eine Änderung in Ihrem Dokument bemerkt hat.

Das gilt auch für die folgenden Möglichkeiten. Auf ein Dokument ohne Änderungen angewandt, bleiben sie wirkungslos.

→ Das Diskettensymbol in der Symbolleiste *Standard* steht ebenfalls für den Befehl *Speichern*. Einmal klicken und Word sichert die aktuellen Änderungen.

→ Natürlich ist auch im Menü *Datei* der Befehl *Speichern* enthalten, aber Sie kennen nun so viele andere Möglichkeiten, dass Sie den umständlichen Weg über das Datei-Menü sicher selten nutzen werden.

Falls Sie mit mehreren Dokumenten gleichzeitig arbeiten und alle Änderungen in einem Schritt speichern wollen, öffnen Sie das Menü Datei *mit gehaltener* `Shift` *-Taste. Sie finden nun im Menü den Befehl* Alles Speichern.

Änderungen unter einem neuen Namen speichern

Häufig wird bei der Arbeit mit Texten auf bereits bestehende Musterdokumente zurückgegriffen, die dann geändert werden. In anderen Zusammenhängen kann es ebenso nötig sein, den neuen Dokumentinhalt zu speichern und das alte Dokument unverändert zu lassen. In Word wird diesem Anliegen mit der Dialogbox *Speichern unter* Rechnung getragen. Haben Sie also – wie später noch zu beschreiben – eine Datei geöffnet und diese anschließend geändert und wollen Sie nun die Änderungen unter einem anderen Namen speichern, wählen Sie die F12-Taste oder den Befehl *Datei/Speichern unter*.

In der schon bekannten Dialogbox wird als Standard der bisherige Dateiname vorgegeben, den Sie überschreiben oder ändern. Word hat den Dateinamen bereits markiert, so dass Sie den Namen direkt überschreiben.

Die Dateierweiterung DOC *hängt Word automatisch an. Geben Sie also die Dateinamen ohne Dateierweiterung an, sonst speichert Word mitunter die Datei unter der Bezeichnung* Name.doc.doc.

Um den bestehenden Namen zu verändern, setzen Sie vorher die Schreibmarke mit einem Klick an die entsprechende Stelle im Eingabefeld *Dateiname*.

Wenn Sie längere Dateinamen nur geringfügig variieren wollen, sollten Sie in den ersten Zeichen variieren. Damit ist die Unterscheidung auch in kleineren Dialogboxen zu sehen.

Wenn Sie den gleichen Namen verwenden wollen, müssen Sie vorher den Ordner wechseln. Sie können ein Dokument nicht zweimal am gleichen Ort mit demselben Namen speichern, es sei denn, Sie wollen die später noch zu beschreibenden Funktionen zum Vergleichen von Dokumenten nutzen.

Einfluss auf das Speichern nehmen

Theoretisch könnten Sie bis zum Programmende warten, um Änderungen zu sichern. Sie werden aber in der Praxis bald den Vorteil regelmäßiger (Zwischen-)Speicherungen schätzen lernen – spätestens nachdem Sie die Arbeit mehrerer Stunden durch einen Stromausfall oder andere unvorhergesehene Ereignisse verloren haben. Machen Sie es sich zur Gewohnheit, eine Datei möglichst schnell unter einem eigenen Namen zu speichern. Beim weiteren Arbeiten verwenden Sie dann die Tastenkombination Strg+S, um die aktuellen Änderungen auf dem Datenträger zu sichern.

Word bietet Ihnen jedoch noch weitere Sicherheitsmechanismen, um den Verlust wertvoller Arbeit zu verhindern. Wählen Sie dazu den Menübefehl *Extras/Optionen* und öffnen Sie dann das Register *Speichern*.

Die Mehrzahl der Einstellungen hat Auswirkungen auf die Datensicherheit. Die einzelnen Speicheroptionen haben folgende Bedeutung:

→ *Sicherungskopie immer erstellen*
Mit diesem Kontrollkästchen legen Sie fest, dass die vorhergehende Version des Dokuments (also der Stand bei der letzten Sicherung) erhalten bleibt. Word legt dann eine Kopie unter dem gleichen Dateinamen, aber mit der Endung *WBK* an. Falls die originale Datei Schaden nimmt, können Sie auf die Sicherungskopie zurückgreifen. Im Interesse der Datensicherheit sollten Sie diese Einstellung wählen.

→ *Schnellspeicherung zulassen*
Bei aktiviertem Kontrollkästchen hängt Word nur Änderungen und Ergänzungen an die bestehende Datei an. Den Geschwindigkeitsvorteil

»erkaufen« Sie mit deutlich größeren Dateien. Spätestens beim Speichern des endgültigen Dokuments sollten Sie eine Aktivierung dieses Kontrollkästchens zurücknehmen, um die Dateigröße zu minimieren.

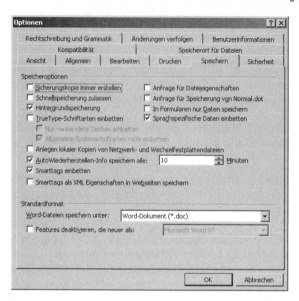

Bild 10.2: In der Dialogbox Speichern *legen Sie die Speicheroptionen für das Dokument fest.*

Schnellspeicherung *und* Sicherungskopie *schließen einander aus. Sie können deshalb immer nur eines der Kontrollkästchen aktivieren.*

→ *Hintergrundspeicherung*
Bei dieser Art der Speicherung können Sie während des Speichervorgangs weiterarbeiten. Andernfalls unterbricht Word die Dokumentbearbeitung und speichert exklusiv. Beim Speichern erscheint ein blinkendes Diskettensymbol in der Statuszeile.

→ *Anfrage für Dateieigenschaften*
Wenn dieses Kontrollkästchen aktiviert ist, fragt Word beim ersten Speichern in einer separaten Dialogbox nach zusätzlichen Informationen. Mit diesem Feature hinterlegen Sie wie auf einem Beipackzettel z.B. Titel, Thema, Autor und Bemerkungen zum aktuellen Dokument. Windows nutzt einige dieser Einträge für die QuickInfo, die im Explorer erscheint.

→ *Anfrage für Speicherung von Normal.dot*
Wenn Sie dieses Kontrollkästchen aktivieren, speichert Word Veränderungen an der *Normal.dot* erst nach vorheriger Bestätigung. Word speichert alle Änderungen ohne Rückfrage, falls dieses Kontrollkästchen nicht aktiviert ist.

→ *In Formularen nur Daten speichern*
Mit dieser Einstellung veranlassen Sie Word, nur die in ein Online-Formular eingegebenen Daten zu speichern. Die Daten werden im Format *Nur Text* abgelegt und stehen somit sofort für eine maschinelle Auswertung bereit.

→ *TrueType-Schriftarten einbetten*
Mit dieser Option integriert Word die verwendeten TrueType-Schriften in das Dokument. Dadurch kann diese Datei auch auf Rechnern gelesen und gedruckt werden, die nicht über diese Schriften verfügen.

- Bei zusätzlich aktiviertem Kontrollkästchen *Nur verwendete Zeichen einbetten* werden nur die in dem Dokument verwendeten Zeichen eingebettet.

- Das Kontrollkästchen *Allgemeine Systemschriftarten nicht einbetten* bezieht sich auf den Datenaustausch mit Windows-Rechnern. Es setzt die Systemschriften voraus: Beim Datenaustausch z.B. mit einem LINUX oder MAC-Rechner muss es deaktiviert werden.

Verwenden Sie die Einstellungen zum Einbetten der Schriften nur, wenn Sie das Dokument auf dem anderen Rechner nicht bearbeiten müssen. Die Schriftintegration deaktiviert einige Bearbeitungsfunktionen.

→ *AutoWiederherstellen-Info speichern*
Word legt automatisch in dem angegebenen Zeitintervall eine spezielle Kopie des Arbeitsstands auf der Festplatte ab. Die Zeitspanne kann zwischen einer und 120 Minuten dauern. Wenn ein außergewöhnliches Ereignis die Arbeit von Word abrupt beendet, sucht Word beim Neustart nach den *AutoWiederherstellen-Infos* und rekonstruiert daraus den Arbeitsstand.

→ *Word-Dateien speichern unter*
Das Listenfeld gibt Ihnen die Möglichkeit, das verwendete Standardformat zu verändern. Das ist besonders für den Datenaustausch interessant.

→ Die gravierendste Veränderung der Funktionalität von Word 2002 erzielen Sie mit der Deaktivierung des Kontrollkästchens *Features deaktivieren, die neuer als:*. Falls Sie z.B. die Möglichkeit vermissen, Tabellen in Tabellen einzufügen – hier finden Sie die Erklärung. Das aktivierte Kontrollkästchen sorgt dafür, dass Sie in Word wie mit der Vorgängerversion arbeiten. Erst ein deaktivierender Klick in das Kontrollkästchen eröffnet die gesamte Funktionalität von Word.

→ Nur für die englische Version von Bedeutung ist das Kontrollkästchen *Sprachspezifische Daten einbetten*. Es sorgt dafür, dass der diktierte Text der Spracheingabe z.B. zum erneuten Vorlesen bereitsteht.

→ Besonders für den Betrieb in Netzwerken interessant ist das Kontrollkästchen *Anlegen lokaler Kopien von Netzwerk- und Wechselfestplattendateien*. Bei aktiviertem Kontrollkästchen sichert Word die Dateien lokal und sorgt nach ausgefallener Netzwerkverbindung für den Abgleich.

Alle vorgenommenen Einstellungen übernehmen Sie mit der Schaltfläche *OK*.

In der Dialogbox können Sie im Register Speicherort für Dateien *auch den Speicherort bestimmen, den Word nach dem Start verwendet. Sie wählen dazu die Dateiart* Dokumente, *nutzen die Schaltfläche* Ändern *und stellen in der folgenden Dialogbox den Ordner Ihrer Wahl ein.*

10.2 Ein neues Dokument erstellen

Das erste neue Dokument hat Ihnen Word gleich nach dem Start angeboten – ein leeres Blatt für alle Fälle. Nun wollen Sie sicher nicht jedes Mal Word neu starten, wenn Sie ein neues Dokument benötigen. Um in Word die Arbeit mit einem neuen, leeren Dokument zu beginnen, gibt es viele andere Verfahren.

Die schnellste Variante ist die Verwendung der Symbolleiste. Dort befindet sich das Symbol *Neu*. Ein Klick und Sie haben ein neues, leeres Blatt zur Verfügung. Das gleiche Ergebnis erreichen Sie mit der Tastenkombination [Strg]+[N].

Natürlich gibt es auch im Menü einen Befehl zum Erstellen eines neuen Dokuments: Ein Klick auf den Menüeintrag *Datei/Neu* öffnet den Aufgabenbereich *Neues Dokument*.

→ Im oberen Teil haben Sie Zugriff auf die Dateidialogbox *Öffnen*, um ein bereits erstelltes Dokument zur Bearbeitung zu laden.

→ Der Bereich *Neu* bietet die Wahl für neue, leere Dokumente.

→ Der Bereich *Neu aus vorhandenem Dokument* öffnet nach dem Klick auf *Dokument wählen* ebenfalls die Dateidialogbox zum Öffnen. Im Gegensatz zum »normalen« Öffnen wird das Dokument aber automatisch als Kopie geladen, um es vor Veränderungen zu schützen.

→ Der Bereich *Mit Vorlage beginnen* regelt den Zugriff auf Musterdokumente, die Dokumentvorlagen. Eine Dokumentvorlage ist eine besondere Word-Datei, die als Muster verwendet wird. In solchen Dokumentvorlagen kann z.B. Text vorbereitet sein. Mit einem Klick auf *allgemeine Vorlagen* öffnen Sie die Dialogbox *Vorlagen*.

Im unteren Teil der Dialogbox treffen Sie die Wahl, ob Sie ein Dokument oder eine Vorlage erstellen wollen. Sie entscheiden sich für die Auswahl *Dokument*.

Sie sehen, dass verschiedene Kategorien von Vorlagen zur Verfügung stehen. Damit gestalten Sie immer wiederkehrende Arbeitsabläufe effektiver. Sie bestimmen, was für ein Dokument Sie erstellen wollen, indem Sie in der Dialogbox *Vorlagen* aus einem der Register eine Dokumentvorlage auswählen. Nun hat Word die Eigenschaft, dass Sie einem Dokument eine Dokumentvorlage zuordnen müssen. Wenn Sie sich also in dieser Dialogbox befinden, wählen Sie vorerst die Dokumentvorlage *Leeres Dokument*. Das ist eine allgemeine Vorlage, die auch von Word automatisch zugeordnet wird, wenn Sie über die Symbolleiste ein neues Dokument erstellen.

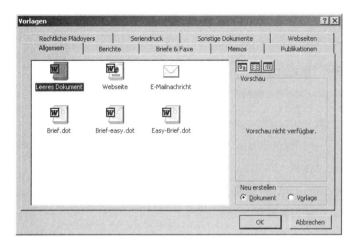

Bild 10.3: *Die Dialogbox* Vorlagen, *die nach einem Klick auf* Allgemeine Vorlagen *geöffnet wird.*

 Für diese allgemeine (Standard-)Vorlage verwendet Word den Dateinamen Normal.dot, *der auch angezeigt wird, wenn Sie die Dateieigenschaften des neuen Dokuments einsehen.*

Bevor Sie nun beim Speichern einen eigenen Namen vergeben, muss Word sich selbst behelfen, um das neue Dokument irgendwie von anderen Dokumenten zu unterscheiden. An die allgemeine Bezeichnung *Dokument* hängt Word einfach eine laufende Nummer, die bei jedem Neustart von Word wieder von vorn beginnt. Deshalb sehen Sie bei jedem Neustart von Word ein neues *Dokument1*. Die Titelleiste des aktiven Dokuments enthält den vorläufigen Namen. Zur Erinnerung: Diese Dokumente sind nicht auf Ihrem Datenträger verfügbar; dazu müssen sie erst gespeichert werden.

 Zum Lieferumfang von Word gehören so genannte Assistenten, die Ihnen die Arbeit bei Standardaufgaben erleichtern sollen. Sie erkennen diese Assistenten an der Dateierweiterung wiz *und einem Symbol mit Zauberstab. Sie führen Sie Schritt für Schritt zum Ergebnis. Auch Dokumentvorlagen mit der Dateierweiterung* dot *für Aufgaben wie Briefe und Faxe usw. sind vorhanden. Natürlich können Sie das jeweilige Ergebnis anschließend ändern.*

10.3 Ein Dokument holen

Eigentlich sollte es einfach sein, auf ein Dokument zuzugreifen, das Sie mittels *Speichern* auf dem Datenträger untergebracht haben. Eine Möglichkeit kennen Sie schon: die Auswahl eines Eintrags aus der Liste *Start/ Dokumente* von der Windows-Arbeitsoberfläche aus.

Falls Sie Word bereits geöffnet haben, stehen Ihnen die zuletzt bearbeiteten Dokumente auch im unteren Teil des Datei-Menüs zur Verfügung. Dort finden Sie eine Liste mit standardmäßig vier Einträgen.

Die Zahl der dort angezeigten Dateien beeinflussen Sie unter Extras/Optionen *im Register* Allgemein. *Variieren Sie die entsprechende Zahl zwischen eins und neun oder schalten Sie die Anzeige ganz aus.*

Ein Dokument mit der Dialogbox öffnen

Wenn das Dokument bis hierher immer noch nicht geöffnet ist, müssen Sie Word bemühen, Ihnen in der Dialogbox zu helfen. Um die Dialogbox *Öffnen* zu starten, gibt es mehrere Möglichkeiten:

→ den Menübefehl *Datei/Öffnen*

→ das Symbol *Öffnen* in der Symbolleiste

→ den Eintrag *Dokumente* im Aufgabenbereich *Neues Dokument*

→ die Tastenkombinationen Strg+O bzw. Strg+F12

Nach dem Öffnen der Dialogbox sollten Sie im Normalfall die Datei in der Liste entdecken, markieren und mit der Schaltfläche *Öffnen* laden können.

 Um mehrere Dokumente gleichzeitig zu markieren – etwa um sie zu drucken, verwenden Sie die Maus in Kombination mit der Strg*-Taste. Klicken Sie die erste Datei an, halten Sie die* Strg*-Taste fest und klicken Sie danach die weiteren Dateien an.*

Daneben bietet Ihnen Word einige Tricks zum Öffnen der Datei, mit denen Sie sich die weitere Arbeit schon erleichtern können. Klicken Sie mit der rechten Maustaste auf einen Eintrag in der Dateiliste, öffnet Word ein umfangreiches Kontextmenü.

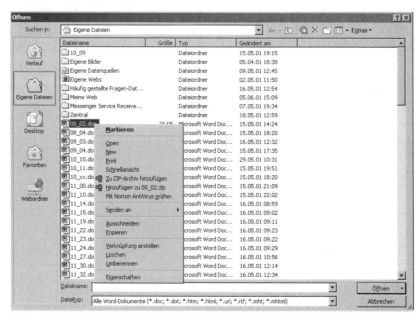

Bild 10.4: Wenn Sie mit der rechten Maustaste auf eine Datei klicken, öffnet sich ein umfangreiches Kontextmenü.

Auch hinter der Schaltfläche *Öffnen* verbirgt sich ein Menü, das Sie mit einem Klick auf den kleinen Pfeil am rechten Rand öffnen.

→ *Öffnen*
Dieser Befehl öffnet die Datei ohne weitere Umstände und ist vermutlich nur der Vollständigkeit halber in diesem Menü noch einmal aufgeführt.

→ *Schreibgeschützt öffnen*
Verhindert, dass Sie die mit diesem Befehl geöffnete Datei versehentlich ändern. Word öffnet die Datei und versieht den Dateinamen in der Titelleiste mit dem Zusatz *Schreibgeschützt*. Ändern Sie die Datei und versuchen Sie danach, die Änderungen zu speichern, werden Sie noch einmal über den Schreibschutz informiert. Sie speichern die Änderungen über die Dialogbox *Speichern unter* als neues Dokument.

→ *Als Kopie öffnen*
Verhindert genauso, dass Sie die mit diesem Befehl geöffnete Datei versehentlich ändern. Word öffnet die Datei aber sofort mit einem neuen Namen: *Kopie von XXXX.doc*. Wenn Sie jetzt Änderungen speichern, wird dieser Name verwandt. Sie können ihn natürlich über die Dialogbox *Speichern unter* ändern.

10.4 Ein Dokument drucken

Nach erfolgreicher Arbeit soll das Dokument auch ausgegeben werden – meist ist ein Drucker das Ausgabegerät. Je nach Art des installierten Druckers sind die Druckergebnisse und die entsprechenden Einstellmöglichkeiten verschieden, ganze Dialogboxen sind druckerspezifisch. Bevor es also an das Ausdrucken geht, müssen Sie klären, was und von wem es wie gedruckt werden soll.

Die schnellste Möglichkeit, ein Dokument zu drucken, besteht in der Verwendung des Symbols *Drucken* aus der Standard-Symbolleiste. In diesem Fall wird ein Exemplar des kompletten Dokuments sofort über den zentral installierten Standarddrucker ausgedruckt. Word verwendet dabei die Einstellungen in *Extras/Optionen* im Register *Drucken*. Das kann zu einigen Überraschungen führen, z.B. wenn Sie dort das Kontrollkästchen *Dokumenteigenschaften* aktiviert haben. Dann erscheint nach dem Drucken des Dokuments noch eine gesonderte Seite mit den Dokumenteigenschaften.

Sparen Sie Zeit und Papier. Kontrollieren Sie in der Seitenansicht die Gestaltung Ihrer Dokumente vor dem Ausdruck. Dazu genügt ein Klick auf das Symbol Seitenansicht *in der Standard-Symbolleiste. Auch die Kontrolle der Einstellungen im Register* Drucken *unter* Extras/Optionen *kann unnötigen Papierverbrauch verhindern.*

Das Drucken einrichten

Die zweite Variante ist komfortabler, weil sie detaillierte Einstellungen ermöglicht. Mit *Datei/Drucken* öffnet sich die Dialogbox *Drucken*. Diese Dialogbox erhalten Sie auch mit der Tastenkombination Strg+P. Als Alternative funktioniert die Kombination Strg+Shift+F12.

Prüfen Sie die getroffenen Einstellungen vor einem erneuten Druckvorgang; nicht alle Veränderungen werden beibehalten.

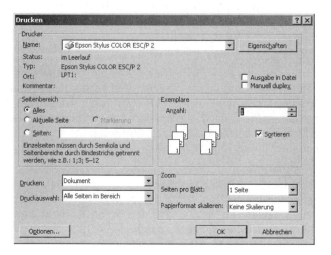

Bild 10.5: Die Dialogbox Drucken

→ Zunächst wählen Sie aus, womit das Dokument gedruckt werden soll. Wählen Sie dazu (wenn Sie mehr als einen Drucker installiert haben) aus der Liste der zur Verfügung stehenden Drucker einen aus.

→ Dem Auserwählten geben Sie mit der Schaltfläche *Eigenschaften* noch einige besondere Einstellungen mit auf den Weg. Meist sind diese Einstellungen schon mit der Erstinstallation des Druckers erledigt und bedürfen keiner besonderen Veränderung. Konkretere Ratschläge können hier nicht gegeben werden, denn Drucker sind Individualisten. Jeder Drucker liefert seine eigene Dialogbox mit den für ihn typischen Einstellungsmöglichkeiten – probieren Sie es aus. Auf jeden Fall müssen Sie Word mitteilen, welchen Drucker Sie benutzen. Alle Anzeigen in der Seitenansicht und in der Ansicht *Seitenlayout* werden genau nach diesem Drucker errechnet und angezeigt.

Zwei Dinge sind im oberen Teil noch interessant: das Kontrollkästchen *Ausgabe in Datei* und die Anzeige hinter *Ort*.

→ Ein leerer Bereich hinter *Ort* zeigt an, dass der Drucker installiert, aber nicht angeschlossen ist – Sie werden also kein Papier bedrucken können.

→ Sie haben aber die Möglichkeit, das Kontrollkästchen *Ausgabe in Datei* zu aktivieren. Dann wird Word nach Auslösen des Druckvorgangs die Druckausgabe vornehmen und die Daten aufbereitet in einer Datei ablegen. Diese Datei enthält alle nötigen Informationen für den Drucker, der z.B. in einem Copyshop oder bei einem Freund stehen kann. Dort wird die Datei direkt zum Drucker geleitet; eine Nachbearbeitung ist daher nicht möglich.

Das Kontrollkästchen Manuell duplex *bietet die Möglichkeit, erst die Vorderseiten und dann die Rückseiten zu bedrucken. Word regelt die Auswahl der Seiten selbständig und fordert nach dem ersten Arbeitsgang zum Wenden der Seiten auf. Sie sollten den Blättern vor dem zweiten Durchgang ein wenig Zeit zum Auskühlen geben.*

In der Praxis wird oft übersehen, dass Sie mit einem recht unscheinbaren Listenfeld auswählen können, was Sie drucken wollen. Das Listenfeld *Drucken* erlaubt Ihnen die Auswahl. Wenn Sie nicht – wie voreingestellt und üblich – das Dokument selbst drucken wollen, wählen Sie zwischen den *Dokumenteigenschaften*, den *Kommentaren*, den *Formatvorlagen*, den *Auto-Text-Einträgen* oder der *Tastenbelegung*. Word erzeugt selbständig die nötige Zusammenstellung der Informationen aus dem Dokument bzw. den Dokumentvorlagen.

Sie können immer nur eine dieser Möglichkeiten auswählen und drucken. Für den Druck einer anderen Auswahl rufen Sie die Dialogbox Drucken *erneut auf.*

Wenn Sie das Dokument drucken, widmet sich ein zweiter Bereich der Dialogbox dem zu druckenden Seitenbereich des Dokuments. Sie wollen sicher alle Seiten des Dokuments drucken und haben die Option *Alles* ausgewählt. Bei vorhandener Markierung im Dokument drucken Sie diese mit *Markierung*, die Seite, auf der sich die Schreibmarke befindet, mit *Aktuelle Seite*.

Word speichert die Einstellungen für den nächsten Druckvorgang nicht, Sie müssen sie jedes Mal wieder neu eingeben.

Richtig interessant wird es aber erst, wenn aus einem langen Dokument einzelne Seiten gedruckt werden sollen. In der Dialogbox selbst steht für alle Fälle schon der Hinweis, wie die zu druckenden Seiten angegeben werden sollen: *1; 3; 5-12*. Wenn Sie diesem Beispiel folgen und das Ganze so in das Eingabefeld *Seiten* schreiben, druckt Word erst die erste Seite, dann die dritte Seite und zum Abschluss alle Seiten von Seite 5 bis Seite 12.

Mit den Seitenangaben in diesem Eingabefeld legen Sie gleichzeitig die Druckfolge fest: Die Angabe 1;3;2;4 *im Eingabefeld* Seiten *erzeugt den Ausdruck genau in dieser Reihenfolge.*

Im Bereich *Exemplare* stellen Sie die Zahl der benötigten Kopien ein und ob die Kopien beim Ausdruck sortiert werden sollen. Das aktivierte Kontrollkästchen *Sortieren* sorgt dafür, dass Word mehrere vollständige Exemplare eines Dokuments nacheinander druckt. Das verlängert vor allem bei Laserdruckern den Druckvorgang, weil dort jede Seite erst vollständig erzeugt wird, bevor der Ausdruck erfolgt. Ob aber die Geschwindigkeitsvorteile beim Drucken selbst den Mehraufwand für das eigenhändige Sortieren der Seiten aufwiegen, sollte genau bedacht werden. Dieses nachträgliche Sortieren regeln Sie mit der Auswahl im unteren Listenfeld *Druckauswahl*: Wählen Sie z.B. erst *Ungerade Seiten*, dann *Gerade Seiten*; schon besteht die Möglichkeit, ein Papier von zweiseitig zu bedrucken.

Gedruckt wird stets nur das aktuelle Dokument. Wollen Sie mehrere Dateien gleichzeitig drucken, markieren Sie diese in der Dialogbox Öffnen *und wählen Sie im Kontextmenü – rechte Maustaste – den Befehl* Drucken. *Damit werden alle gewählten Dokumente nacheinander mit den Standardeinstellungen gedruckt.*

Booklets durch Druckzoom

Für den Ausdruck der Dokumentseiten auf dem Papier nutzen Sie den unteren Bereich der Dialogbox *Drucken*. Der Bereich *Zoom* nimmt auf den Ausdruck selbst Einfluss.

→ Mit dem Listenfeld *Seiten pro Blatt* bestimmen Sie, wie viele Seiten des Dokuments Word auf einem Blatt drucken soll. Der Ausdruck der Dokumentseiten erfolgt nebeneinander von links oben nach rechts unten. Damit erzeugen Sie auf einfache Weise Booklets mit bis zu 16 Dokumentseiten auf einem Blatt (Vorder- und Rückseite). Dazu müssen Sie die Verteilung der Seiten auf dem Blatt genau bedenken und die richtige Sortierung für den Druck der Vorder- bzw. der Rückseite in das Eingabefeld *Seiten* eintragen.

→ Das Eingabefeld *Papierformat skalieren* gestattet Verkleinerungen des gewählten Formats für den Ausdruck: So erzeugen Sie z.B. einen Probedruck eines DIN A3-Dokuments auf einem Blatt der Größe DIN A4.

Druckoptionen festlegen

Die Schaltfläche *Optionen* öffnet eine weitere Dialogbox, die mit dem Register *Drucken* aus *Extras/Optionen* identisch ist. Sie stellen hier weniger den aktuellen Druckvorgang ein, sondern passen die internen Druckoptionen an.

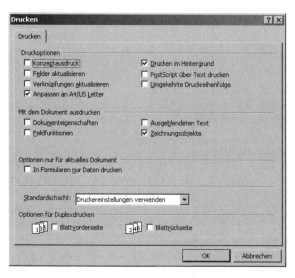

Bild 10.6: Die Dialogbox Drucken, *die Word nach einem Klick auf die Schaltfläche* Optionen *öffnet, hat mit der ersten nicht viel gemein. Hier legen Sie z.B. fest, wie Datenfelder, Formulare oder auch Kommentare im Ausdruck erscheinen.*

Im Bereich *Druckoptionen* bestimmen Sie Details für den Ausdruck. Diese Einstellungen gelten nach Bestätigung für alle weiteren Dokumente.

→ *Konzeptausdruck*
Eine Aktivierung dieses Kontrollkästchens bewirkt in jedem Fall eine Beschleunigung des Druckvorgangs. Es werden z.B. verschiedene Schriftarten außer Acht gelassen. Was sonst noch im Einzelnen passiert, hängt von der Interpretation durch den Drucker ab.

→ *Felder aktualisieren*
Alle Textstellen im Dokument, die über so genannte Felder automatisch Ergebnisse anzeigen, werden vor dem Ausdruck aktualisiert. Um unliebsamen Überraschungen vorzubeugen, sollten Sie dieses Kontrollkästchen nicht aktivieren. Bestimmte Anzeigen wie das aktuelle Datum oder Seitenzahlen, hinter denen sich auch Felder verbergen, werden sowieso aktualisiert.

→ *Verknüpfungen aktualisieren*
Betrifft mit dem Dokument verbundene Dateien. Word prüft bei Aktivierung vor dem Drucken, ob sich der Inhalt einer externen Datei geändert hat, und aktualisiert gegebenenfalls auch das Dokument vor dem Ausdruck.

→ *Anpassen auf A4/US Letter*
In einigen Ländern – z.B. den USA – wird das Papierformat *Letter* verwendet. Haben Sie als Papierformat *A4* eingestellt, aber das Dokument basiert auf dem Seitenformat *Letter,* dann behebt dieses Kontrollkästchen eventuelle Schwierigkeiten. Diese Einstellung wirkt sich nur auf den Ausdruck und nicht auf die Formatierung des Dokuments aus.

→ *Drucken im Hintergrund*
Druckt Dokumente im Hintergrund, so dass Sie während des Druckvorgangs weiter mit Word arbeiten können. Für das Drucken im Hintergrund wird aber zusätzlicher Systemspeicher benötigt, dementsprechend können einige Vorgänge verzögert ablaufen.

→ *PostScript über Text drucken*
Dieses Kontrollkästchen ist nur von Bedeutung, wenn Sie Dokumente aus Word für den Macintosh übernehmen.

→ *Umgekehrte Druckreihenfolge*
Wenn Ihr Drucker die Seiten nach dem Druck mit der bedruckten Fläche nach oben im Papierfach ablegt, verhindern Sie mit diesem Kontrollkästchen das nachträgliche Umsortieren.

Im Bereich *Mit dem Dokument ausdrucken* greifen Sie noch detaillierter in den Druckvorgang ein – zusätzlich zu den Einstellungen mit dem Befehl *Datei/Drucken*. Die hier durch Kontrollkästchen aktivierten Elemente, Dokumenteigenschaften oder Kommentare, werden dann auf jeweils eigenen Seiten grundsätzlich mit dem Dokument ausgedruckt. Verwenden Sie diese Varianten, wenn Sie Dokumente analysieren müssen oder der schnelle Druck im Vordergrund steht.

Nachdem Sie das Kontrollkästchen *Feldfunktionen* aktiviert haben, druckt Word diese statt der Ergebnisse – interessant besonders bei der Automatisierung von Büroabläufen. Einen wesentlich beschleunigten Druckverlauf erhalten Sie, wenn Sie das Kontrollkästchen *Zeichnungsobjekte* deaktivieren, da dann nur leere Rahmen als Platzhalter gedruckt werden.

 Im Listenfeld Standardschacht *stellen Sie ein, aus welchem Schacht der Drucker das Papier holt.*

10.5 Andere Dateitypen – Import und Export

Häufig werden Sie mit Freunden oder Kollegen Texte austauschen müssen – sei es, um sie nur zu lesen oder auch um sie zu verwenden. Auch wenn Word eine verbreitete Textverarbeitung ist, es gibt genügend Fälle, in denen sich die Anwendungsprogramme untereinander verstehen sollten, und zwar zunächst dann, wenn Sie selbst schon eine frühere Version von Microsoft Word hatten. Der Datenaustausch mit anderen Anwendungen ist wichtig – Word setzt dazu verschiedene Import- und Exportfilter ein.

 Um die Daten in ein anderes Dateiformat zu übertragen, greifen Anwendungsprogramme auf so genannte Filter zu.

→ *Exportieren* Sie mit der Dialogbox *Speichern unter* ein Dokument in ein anderes Dateiformat durch Auswahl eines anderen Dateityps. Beachten Sie aber, dass Besonderheiten von Word nicht in alle Dateitypen exportiert werden können und sich das Aussehen spezieller Dokumente dadurch stark ändern kann.

→ Mit dem Befehl *Als Webseite speichern* konvertieren Sie das fertige Word-Dokument in das HTML-Dateiformat.

→ *Importieren* Sie mit der Dialogbox *Öffnen* ein Dokument aus einem anderen Format durch Auswahl des Datentyps.

Bild 10.7: Um Textdokumente mit einem anderen Programm auszutauschen, stehen Ihnen im Listenfeld Dateityp *entsprechende Filter zur Verfügung.*

 Ist Ihnen der Dateityp der Ursprungsdatei nicht bekannt, wählen Sie den Dateityp Alle Dateien, *im Vertrauen darauf, dass Word den Typ richtig erkennt. Sicherheitshalber sollten Sie vor solchen Experimenten alle Dokumente speichern und sich vergewissern, dass unter* Extras/Optionen *im Register* Allgemein *das Kontrollkästchen* Konvertierung beim Öffnen bestätigen *aktiviert ist.*

Welche Dateitypen Sie auf Ihrem Rechner nach dem Öffnen des Listenfeldes vorfinden, haben Sie schon beim Installieren von Word entschieden. Wenn die Liste nur wenige Einträge enthält, müssen Sie das Installationsprogramm erneut ausführen und zusätzliche Konvertierungsprogramme installieren.

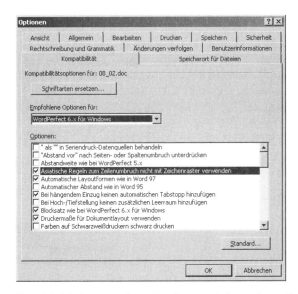

Bild 10.8: *Wenn Sie häufig mit anderen Dateitypen arbeiten müssen, finden Sie jede Menge Einstellungen für das beste Ergebnis unter* Extras/Optionen *im Register* Kompatibilität.

Mit den Einstellungen im Register Kompatibilität *nehmen Sie nur Einfluss auf die Anzeige der konvertierten Dokumente.*

Ein Word-Dokument als Webseite speichern

Fit fürs Internet: Mit diesen wenigen Worten wird korrekt beschrieben, dass Word den Umgang mit dem HTML-Format beherrscht. Das Dateiformat fürs Internet ist kein Fremdformat für Word, sondern Bestandteil des Programms. Damit sind auch Sie fit für das Internet. Erstellen oder bearbeiten Sie Dokumente für das Internet mit Word.

Hypertext Markup Language oder HTML ist eine Beschreibungssprache zum Kodieren oder Markieren eines Dokuments, so dass es im World Wide Web veröffentlicht werden kann. In HTML erstellte Dokumente enthalten Referenzgrafiken und Formatierungsmarken.

Der Befehl *Datei/Als Webseite speichern* wird benutzt, wenn Sie Word-Dokumente für die Ansicht in einem Web-Browser vorbereiten. Word überträgt die Datei dann in das HTML-Format. In der Dialogbox *Speichern unter* ist die Auswahl *Webseite (*.htm; *.html)* aktiviert. Das HTML-Dateiformat ist kein Fremdformat für Word, sondern wird wie ein »normales« Word-Format behandelt. Alle besonderen Merkmale von Word gehen auf das neue Format über. Diese Eigenschaft sorgt dafür, dass nach dem erneuten Öffnen des Dokuments im Dateiformat von Word die Weiterarbeit ohne Verluste erfolgen kann. Selbst solche speziellen Features wie Versionen und Kennwörter bleiben erhalten – allerdings mit Auswirkungen auf die Größe der erzeugten HTML-Datei.

Der umgekehrte Weg ist ebenfalls konfliktfrei möglich. Sollte das HTML-Dokument Codes enthalten, die nicht erkannt werden, bleiben diese Codes erhalten.

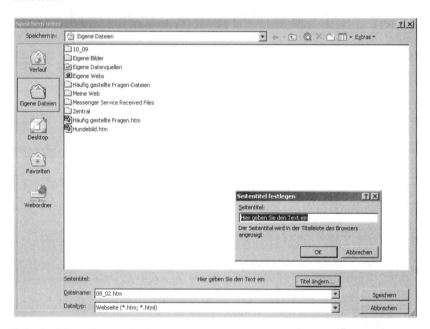

Bild 10.9: *Beim Speichern als Webseite bestimmen Sie über die Schaltfläche* Titel Ändern *den im Browser sichtbaren Seitentitel.*

11 Grundlegende Methoden

Texte schreiben und korrigieren, das ist die eigentliche Arbeit am Text. Dieses Kapitel vermittelt die grundlegenden Techniken für die Texteingabe und für das Bewegen im Text.

11.1 Klicken und Eingeben

Immer häufiger ist es nötig, Textobjekte an bestimmten Stellen zu platzieren. Mit den Fähigkeiten von Word ist es kein Problem, dem Programm die gewünschte Stelle mitzuteilen. Mit der üblicherweise bei der Installation aktivierten Funktion *Klicken und Eingeben* reicht ein Doppelklick, um die Schreibmarke an eine freie Stelle im Dokument zu platzieren.

Die Funktion Klicken und Eingeben *wird über ein Kontrollkästchen im Register* Bearbeiten *der Dialogbox gesteuert, die Sie mit* Extras/Optionen *aktivieren. Dort weisen Sie der Funktion auch die Formatvorlage zu, die für den erzeugten Absatz Verwendung findet.*

Einige Vorkehrungen für den Einsatz dieses Werkzeugs sind zu beachten:

→ Versichern Sie sich zunächst, dass Sie die Ansicht Weblayout oder Seitenlayout aktiviert haben.

→ Halten Sie dann den Mauszeiger über eine freie Stelle im Dokument. Mit einem Klick aktivieren Sie bei Bedarf den speziellen Mauszeiger für *Klicken und Eingeben*.

→ Überall dort, wo sich der Mauszeiger nicht zeigt, ist *Klicken und Eingeben* unmöglich. In allen anderen Fällen setzen Sie mit einem Doppelklick die Schreibmarke an die gewünschte Stelle. Danach steht es Ihnen frei, Text, Grafiken, Tabellen oder andere Objekte an der Schreibmarke in das Dokument einzufügen.

Wenn Sie an der ausgewählten Stelle nichts einfügen möchten, klicken Sie vor der Eingabe eines Zeichens an einer anderen blanken Dokumentstelle: Word versetzt daraufhin die Schreibmarke.

11.2 Text richtig eingeben

Nach dem Start von Word erhalten Sie ein leeres Dokument und können sofort mit der Texteingabe beginnen. Dazu benötigen Sie keinen Befehl, sondern Sie geben den Text über die Tastatur ein. Eingaben über die Tastatur erscheinen dort, wo die Schreibmarke blinkt – nicht zu verwechseln mit dem nicht blinkenden Mauszeiger, der im Texteingabebereich ebenfalls die Form eines senkrechten Strichs hat. Wie später noch beschrieben wird, kann die Schreibmarke nach der Texteingabe an jede Stelle des Dokuments bewegt werden.

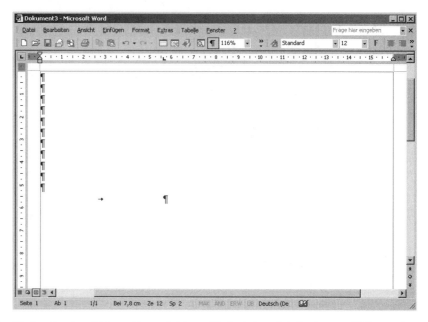

Bild 11.1: *Die Anzeige der nicht druckbaren Zeichen offenbart das »Geheimnis« von* Klicken und Eingeben: *Der Abstand bis zur erzeugten Schreibmarke entsteht durch leere Absätze und Tabulatorzeichen*

Stellen Sie sich den eingegebenen Text in Word wie eine »Perlenkette« vor. Jedes eingegebene Zeichen wird auf eine unsichtbare Schnur gefädelt und bei Bedarf in unterschiedlicher Form auf dem Bildschirm dargestellt. Für die Bildschirmanzeige und für das korrekte Drucken benötigt Word aber noch zusätzliche Informationen. Diese Informationen sind in so genannten *Formatierungszeichen* verborgen. Daraus ergeben sich zwei Schlussfolgerungen:

→ Erstens kann es bei der Arbeit mit Word sinnvoll sein, diese Zeichen sichtbar zu machen. Sie sind ja genauso Bestandteil der »Perlenkette«, können also gelöscht oder eingefügt werden. Für die Anzeige dieser besonderen Zeichen dient die Symbolschaltfläche ¶ *Einblenden/Ausblenden* in der Standard-Symbolleiste. Schneller geht es aber noch mit der Tastenkombination Strg+Shift++.

→ Zweitens sollte man wissen, dass Word zur Gestaltung der Anzeige oder des Drucks besondere Zeichen verwendet. Ein solches Zeichen, an der richtigen Stelle eingesetzt, kann schon bei der Eingabe des Texts die ansonsten mühselige Nacharbeit erleichtern. Außer der selbstverständlichen Groß- bzw. Kleinschreibung müssen bei der Texteingabe folgende besonderen Zeichen schon mit eingegeben werden: Zeilen-, Spalten- oder Seitenumbruch; Tabulatorzeichen für die Überbrückung von Abständen, Leerzeichen und Striche mit besonderen Funktionen sowie echte Sonderzeichen.

Zeichen für Zeichen – Fließtext

Der so genannte Fließtext offenbart einen wesentlichen Unterschied zwischen der Arbeit mit der Schreibmaschine bzw. dem Stift und Word. Bei der guten alten Schreibmaschine müssen Sie immer die Zeilenschaltung betätigen, wenn sich der geschriebene Text dem Zeilenende nähert und Sie in der nächsten Zeile fortfahren wollen. Beim Schreiben mit der Hand erkennen Sie, ob der Text in einer neuen Zeile fortgesetzt werden muss.

Word dagegen erkennt selbst, ob ein Wort noch in die Zeile passt oder nicht. Sobald das Wort keinen Platz mehr in der Zeile hat, wird es automatisch in die nächste Zeile übernommen. Diese Automatik sollten Sie nur dann verhindern, wenn es unbedingt notwendig ist. Das ist immer dann der Fall, wenn Sie selbst festlegen wollen, wann Sie beim Schreiben in eine neue Zeile wechseln wollen.

Der Unterschied ist gravierend:

→ Bei einem durch Word vorgenommenen fließenden Umbruch wird kein zusätzliches Zeichen in die »Perlenkette« eingefügt. Word kann den Umbruch in die nächste Zeile also in Abhängigkeit von Schriftart, Schriftgröße oder Seitenrand immer neu berechnen und Ihren Text an veränderte Bedingungen anpassen.

Der Wechsel von einer Zeile in eine andere Zeile wird als Zeilenumbruch bezeichnet.

→ Bei einem manuell erzwungenen Umbruch wird ein Umbruchzeichen, z.B. eine Absatzmarke, in die »Perlenkette« eingereiht. Dieses bleibt dort stehen, bis Sie es wieder entfernen.

Die Absatzmarken

Wenn Sie mit der ⌈Enter⌉-Taste einen Umbruch erzeugen und in die neue Zeile wechseln, haben Sie einen Absatz im Text erzeugt. In diesem Sinne stellt auch eine mit der ⌈Enter⌉-Taste erzeugte Leerzeile – z.B. zwischen zwei Absätzen – einen eigenen Absatz dar. Der Name soll andeuten, dass Sie mit diesem Verfahren Textteile voneinander absetzen.

Diese Absatzmarke hat eine besondere Bedeutung für Word, da in ihr sämtliche Formatinformationen für diesen Absatz gespeichert sind. Löschen Sie eine Absatzmarke, werden gleichzeitig auch alle Informationen über diesen Absatz gelöscht. Als Ersatz erhält der darauf folgende Absatz die Formatierungen des Absatzes, denn dessen Absatzmarke ist jetzt die gültige.

Word·arbeitet·u.a.·mit·Zeilenwechseln↵
Absatzmarken¶
¶

Bild 11.2: Die Absatzmarken (das gespiegelte »P«) zeigen an, dass Absätze aus Einzelzeilen, mehreren Zeilen oder aus einer Leerzeile bestehen.

Word kennt aber auch einen manuellen *Zeilenumbruch*. Er wird mit der Tastenkombination ⎡Shift⎤+⎡Enter⎤ erzeugt. Am Zeilenende steht in diesem Fall nicht die Absatzmarke, sondern ein abgeknickter Pfeil nach links. Dieser Zeilenumbruch beendet lediglich die aktuelle Zeile, der nachfolgende Text wird in der nächsten Zeile weitergeschrieben. Hierbei handelt es sich immer noch um denselben Absatz, so dass sich die Formatierungen für die abgetrennten Zeilen nicht ändern.

Bei der Arbeit mit langen Texten oder bei professioneller Anwendung von Word sollten Sie die Erzeugung von Abständen zwischen Absätzen durch leere Absätze vermeiden. Über andere Möglichkeiten für die Erzeugung von Absatz-Zwischenräumen informieren die Kapitel 13, »Absatzformatierung«, und Kapitel 39, »Dokumente effektiv gestalten«.

Schreibfehler finden

Wird von Word bei der Texteingabe ein vermeintlicher Schreibfehler gefunden, erkennen Sie das an der roten Wellenlinie unter dem entsprechenden Wort. Namen oder spezifische Wörter, die nicht im Wörterbuch der Rechtschreibprüfung enthalten sind, zeigt Ihnen das Programm vorsichtshalber als unkorrekt an. Es kennzeichnet sie durch die rote Wellenlinie unterhalb des Wortes.

Fähler·werden·hervorgehoben¶
¶

Bild 11.3: Rote Wellenlinien zeigen Text an, den Word für fehlerhaft hält.

Die rote Wellenlinie kann störend sein. Über Extras/Optionen/Rechtschreibung und Grammatik/Rechtschreibfehler ausblenden *schalten Sie diese Kennzeichnung ab. Einfacher ist ein Klick mit der rechten Maustaste auf das Symbol* Status der Rechtschreibprüfung *in der Statuszeile. Das Kontextmenü enthält den Befehl* Rechtschreibfehler ausblenden.

Korrekturen aus dem Hinterhalt

Außer der Rechtschreibprüfung spielt sich bei der Texteingabe noch einiges mehr im Hintergrund ab: Word überwacht Ihre Texteingaben und versucht zu erraten, wie es Ihnen behilflich sein kann. Zunächst analysiert Word die Sprache. Beginnen Sie nun mit der Texteingabe, so wechselt die Anzeige der Sprache in der Statuszeile je nach Sprache des eingegebenen Textes: Word identifiziert die Sprache automatisch anhand charakteristischer Merkmale.

Ist die Sprache identifiziert, greift Word ein: In einigen Fällen werden Sie vorsichtig unterstützt. Wenn Sie z.B. in einem Text beginnen, das Wort Donnerstag zu schreiben, hängt Ihnen Word nach den ersten vier Buchstaben hilfreich eine QuickInfo über den Text. Es hat in diesem Fall richtig angenommen, dass Sie das Wort Donnerstag schreiben wollen. Sie sind bei der Eingabe auf eine neue Funktion von Word gestoßen, das so genannte *AutoAusfüllen*. Wenn die QuickInfo über dem Wort erscheint, können Sie den Vorschlag mit der ⎡Enter⎤-Taste, der ⎡Tab⎤-Taste oder der Taste ⎡F3⎤

übernehmen. Schreiben Sie jedoch weiter, zieht Word den Vorschlag zurück. Diese Funktion wird im Kapitel 30, »Texte, die sich selbst ergänzen«, noch ausführlich beschrieben.

Bild 11.4: *Wie von Geisterhand: Word vermutet, was Sie schreiben wollen, und bietet Ihnen an, den Text automatisch zu vervollständigen.*

Ein zweiter Fall ist hilfreich, kann aber sehr hinterhältig sein. Wenn Sie bei der Texteingabe das Wörtchen befor schreiben, sollte es eigentlich mit einer roten Wellenlinie unterlegt werden, um Sie auf den Schreibfehler hinzuweisen. Sobald Sie aber die Leerstelle hinter dem Wort eingeben, ist es plötzlich durch das korrekte bevor ersetzt. Das ist die Funktion *Auto-Korrektur*, die typische Schreibfehler automatisch korrigiert. Auch sie wird später im Kapitel 31, »Tippfehler sind Vergangenheit«, beschrieben. Dabei stoßen Sie in jedem Fall auch auf die Optionsschaltfläche *AutoKorrektur-Optionen*, die Ihnen sofort nach dem Wirken von Word die Möglichkeit gibt, die Automatik zu korrigieren.

Und noch eine Autofunktion soll an dieser Stelle zumindest erwähnt werden. Die Funktion *AutoFormat* ersetzt, ebenfalls im Hintergrund, gewisse Formatierungen durch Voreinstellungen. Wenn Word zum Beispiel beim Schreiben von Anführungsstrichen statt der geraden Anführungszeichen typografische Anführungszeichen setzt, ist diese Funktion verantwortlich. Auch in diesem Fall erscheint die Optionsschaltfläche *AutoKorrektur-Optionen*, mit der Sie den Vorgang beeinflussen.

 Wenn Sie zu Beginn von diesen Automatismen eher verwirrt als unterstützt werden, schalten Sie die Funktionen einfach aus. Sie deaktivieren die Auto-funktionen mit Extras/AutoKorrektur-Optionen *in den zugehörigen Registern* AutoKorrektur, AutoFormat während der Eingabe *und* AutoText.

Abstände erzeugen – mit Tabulatoren

Tabstopps dienen zur Ausrichtung von Text. Aufzählungen, einfache Tabellen oder auch Preisangaben lassen sich mit Tabstopps exakt ausrichten. Ein Tabstopp erfordert immer zwei Arbeitsgänge – das Eingeben des Tabulatorzeichens mit der Tab-Taste und seine Ausrichtung. Es ist also schon bei der Eingabe von Vorteil, die Abstände vorab durch das Eingeben der notwendigen Tabulatorzeichen vorzubereiten.

 Aufgrund ihrer Bedeutung für die Ausrichtung von Text erfolgt die Behandlung der Tabstopps in einem eigenen Kapitel. Mehr erfahren Sie in Kapitel 14, »Mit Tabstopps ausrichten«.

Häufig wird versucht, eine Textausrichtung durch mehrere Leerzeichen zu erzeugen. Beim Positionieren von Textelementen mit Leerzeichen können Sie aber nie sicher sein, dass die gewünschten Textzeilen tatsächlich exakt untereinander stehen. Üblicherweise wird heute mit proportionalen Schriften gearbeitet, dementsprechend scheiden Leerzeichen als Option aus, um die Textzeilen untereinander auszurichten. Proportionalschriften sind Schriftarten, bei denen die Buchstabenbreite unterschiedlich ausfällt.

Word hat als Standard einige Positionen für Tabstopps vorbereitet, die natürlich nachträglich verändert werden können.

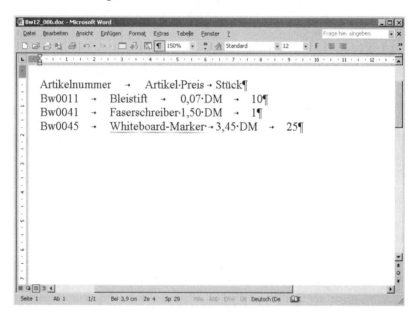

Bild 11.5: *Der Text ist durch das Schreiben der Tabulatorzeichen für eine spätere Gestaltung vorbereitet – vorerst ist vom Ergebnis noch wenig zu ahnen.*

Seitenumbruch jetzt

Der Fließtext bringt es mit sich: Word erkennt nicht nur, dass eine neue Zeile nötig ist, sondern auch die Notwendigkeit, eine neue Seite zu beginnen. Normalerweise bedarf es hierfür auch keines manuellen Eingreifens. In einigen Ausnahmefällen kann es aber nötig sein, Word zu einem Seitenumbruch zu zwingen. Ein manueller Seitenumbruch wird mit der Tastenkombination [Strg]+[Enter] erzeugt. Word zeigt dieses besondere Zeichen durch eine gepunktete Linie im Text an, sofern Sie sich in der Normalansicht befinden.

Ein manuell erzeugter Seitenumbruch lässt sich wie jedes andere Zeichen wieder entfernen.

11.3 Sonderzeichen in den Text einfügen

Bei der Texteingabe müssen Sie an bestimmten Stellen möglicherweise Zeichen eingeben, die auf der Tastatur nicht zu finden sind, so wie im vorliegenden Buch z.B. die Tastenkombinationen. Word kann Sonderzeichen über eine Dialogbox einfügen, in der Sie bequem das gewünschte Zeichen auswählen.

Mit dem Befehl *Einfügen/Symbol* haben Sie Zugriff auf diese Funktion. Die Dialogbox *Symbol* stellt alle verfügbaren Zeichen einer ausgewählten Schrift in einem Raster dar. Ein Klick auf ein Zeichen vergrößert dieses. Neben der voreingestellten Schriftart *Symbol* wählen Sie beliebige andere Zeichensätze im Listenfeld *Schriftart* auf. Die wohl bekanntesten Symbolschriften – *Wingdings* und *Zapf Dingbats* - erweitern die Anzahl der verfügbaren Zeichen erheblich.

 Die Symbolschrift Wingdings *gehört zum Lieferumfang von Windows und müsste auf Ihrem System vorhanden sein.*

→ Wählen Sie z.B. die Schriftart *Wingdings*. Suchen Sie ein Zeichen aus und klicken Sie anschließend auf die Schaltfläche *Einfügen*. Word überträgt das ausgewählte Zeichen an der aktuellen Position der Schreibmarke in den Text.

→ Wenn Sie mehrere Sonderzeichen nacheinander einfügen wollen – kein Problem. Klicken Sie an der Dialogbox vorbei wieder in den Text, setzen Sie die Schreibmarke an die gewünschte Stelle und wählen Sie wieder ein Sonderzeichen. Der Vorgang ist wiederholbar, bis Sie die Dialogbox schließen.

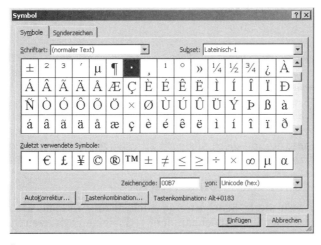

Bild 11.6: Über die Dialogbox Symbol *werden besondere Wünsche schnell erfüllt.*

 So eingefügte Sonderzeichen genießen unter Word einen besonderen Schutz. Wenn Sie nachträglich die Schriftart für den Absatz ändern, bleiben diese Zeichen verschont, wenn sie zu einer anderen Schriftart gehören. Sie können aber die Größe dieser Zeichen nachträglich durch Wahl der Schriftgröße beeinflussen.

11.4 Leerzeichen, Gedanken- und Bindestriche

Wörter setzen Sie mit Leerzeichen voneinander ab oder Sie trennen bzw. verbinden sie mit Strichen. Noch eine Besonderheit des Fließtexts muss deshalb erläutert werden. Word muss erkennen, wo eine Zeile automatisch umbrochen werden darf. Die Zeile wird umbrochen, wenn Word am Zeilenende auf einen Bindestrich oder ein Leerzeichen trifft. Wenn Sie also für bestimmte besondere Fälle nicht wollen, dass Word an diesen Stellen eine Trennung vornimmt, dann müssen Sie besondere Leerzeichen und Striche eingeben.

Geschützte Leerzeichen

Wenn Sie im fließenden Text eine Telefonnummer schreiben, z.B. 66 67 99, möchten Sie sicher nicht, dass Word diese Nummer wie drei getrennte Wörter behandelt und einen Teil davon in die nächste Zeile transportiert. Solche Fälle verhindern Sie mit einem geschützten Leerzeichen. Mit der Tastenkombination ⟨Strg⟩+⟨Shift⟩+⟨Leertaste⟩ teilen Sie Word mit, dass dieses Leerzeichen nicht trennt, sondern als Bestandteil eines Wortes zu verstehen ist.

66°67°99

Bild 11.7: Besondere Zeichen werden von Word durch Formatierungszeichen angezeigt, wenn die entsprechende Option gewünscht ist. Hier symbolisieren die kleinen Kreise geschützte Leerzeichen.

 Wenn Sie größere Abstände zwischen den Buchstaben eines Wortes haben wollen, Text also gesperrt schreiben, benutzen Sie bei der Texteingabe nicht die Leertaste, um diese Abstände zu erzeugen. Gesperrter Text ist eine Zeichenformatierung, die nach der Texteingabe ausgewählt werden kann.

Der gewöhnliche Bindestrich

Viel ist zu dieser Strichart eigentlich nicht zu sagen, Sie schreiben den gewöhnlichen Bindestrich mit der ⟨-⟩-Taste und benutzen ihn sicher regelmäßig zur Ergänzung, Verdeutlichung oder Aneinanderreihung von Wörtern: z.B. bei Be- und Aufstellung.

Vielleicht benutzen Sie ihn auch, um am Ende einer Zeile eine Silbentrennung vorzunehmen? Dieses Verfahren sollten Sie unterlassen. Word wird zwar am Zeilenende brav eine Silbentrennung an dieser Stelle vornehmen, was aber, wenn Sie noch ein Wort im Absatz ergänzen? Richtig, Word nimmt das Wort in die nächste Zeile mit und behält den nun überflüssigen Trennstrich bei.

Der bedingte Trennstrich

Der bedingte Trennstrich löst das geschilderte Problem. Word selbst fügt ihn bei Ausführung der automatischen Silbentrennung an den Trennstellen ein. Eingegeben wird der bedingte Trennstrich mit `Strg`+`-`, seine Anzeige ist abhängig von den gewählten Einstellungen. Wenn die Anzeige der nicht druckbaren Formatierungszeichen deaktiviert ist, ist der bedingte Trennstrich nur zu sehen, wenn er für die Silbentrennung benutzt wird. Damit ist seine Bedeutung schon genannt: *Bedingte Trennstriche* werden zur Silbentrennung herangezogen und erscheinen im Ausdruck des Dokuments, wenn das Wort in die Trennzone am Ende der Zeile hinein reicht. Wird das Wort nicht getrennt, wird der Strich nicht gedruckt.

Der geschützte Bindestrich

Word wird einen Bindestrich bei Bedarf immer für den Zeilenumbruch nutzen, es sei denn, Sie verhindern dies. Wenn Sie also verhindern wollen, dass *Herr Oskar Hungrig-Nimmersatt* ausgerechnet zwischen den Teilen seines Nachnamens getrennt wird, geben Sie mit der Tastenkombination `Strg`+`Shift`+`-` den geschützten Bindestrich anstelle des normalen ein.

Der Gedankenstrich

Im Text des Buches taucht der Gedankenstrich häufig auf – z.B. jetzt, um ein Satzstück einzuschieben. Schreiben Sie ihn mit `Strg`+`-` (auf dem numerischen Tastaturblock). Beachten Sie aber, dass dieser Strich von Word wie ein normaler Trennstrich behandelt wird. Wollen Sie diesen Strich schützen, müssen Sie ihn mit zwei geschützten Leerzeichen flankieren.

Der lange Gedankenstrich

Der lange Gedankenstrich wird z.B. bei Preisauszeichnungen ohne Nullen verwendet (140,- DM) und mit `Alt`+`Strg`+`-` (auf dem numerischen Tastaturblock) geschrieben.

Vermeiden Sie diese Schreibweise, wenn Sie die Funktionen von Word für Berechnungen nutzen möchten. Zeichenkombinationen in der Form 140,- DM erkennt Word nicht als Zahl.

Sonderzeichen

In der Dialogbox *Symbol* steht Ihnen das Register *Sonderzeichen* zur Verfügung, um die eben beschriebenen Leerzeichen oder Striche auch ohne Kenntnis der Tastenkombinationen einzufügen. In der Spalte *Tastenkombination* finden Sie die zugehörigen Tastenkombinationen. Auf zwei weitere Möglichkeiten sei an dieser Stelle noch verwiesen:

→ Mit der Schaltfläche *AutoKorrektur* legen Sie eine Zeichenkombination fest, die beim Schreiben automatisch durch das Sonderzeichen ersetzt wird.

→ Mit der Schaltfläche *Tastenkombination* bestimmen Sie, welche Tastenkombination für das Einfügen der Zeichen verwendet wird. Sollten Sie dabei eine Tastenkombination wählen, die bereits vergeben ist, macht Word darauf aufmerksam. Die von Ihnen gewählte Auswahl wird von Word exklusiv behandelt.

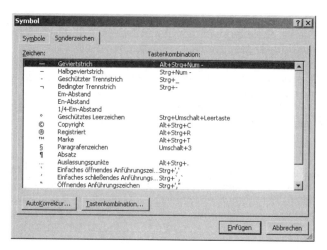

Bild 11.8: *Die Dialogbox* Symbol *enthält im Register* Sonderzeichen *einige wichtige Zeichen für den Sofortgebrauch und die notwendigen Tastenkombinationen.*

11.5 Die Schreibmarke im Text bewegen

Maus und Tastatur sind die Werkzeuge, mit denen Sie die Schreibmarke im Text bewegen und für die nächsten Zeichen versetzen. Bei längeren Texten ist es jedoch aufwendig, in kurzen Schritten durch den Text zu wandern. Es ist daher sinnvoll, die Palette der Methoden zur schnellen Bewegung im Text zu kennen, um bei Bedarf die jeweils schnellste Methode zu verwenden.

Die Schreibmarke zeichenweise bewegen

Das Verfahren, die Schreibmarke zeichenweise zu bewegen, ist Ihnen bekannt: Mit den Richtungstasten →, ←, ↑ und ↓ bewegen Sie die Schreibmarke zeichenweise nach links und rechts bzw. zeilenweise von oben nach unten. Wenn die gewünschte Position zu sehen ist, ist die Schreibmarke mit der Maus ebenso schnell gesetzt: Mauszeiger über die gewünschte Position gesetzt, einmal geklickt – schon ist die Schreibmarke an der neuen Position.

Mit der Tastatur im Text bewegen

Sobald das Dokument eine gewisse Länge erreicht hat, ist es auch für Mausliebhaber von Vorteil, die Schreibmarke mit der Tastatur schnell im Text zu bewegen. Beim Schreiben nutzen Sie ja sowieso die Tastatur; eine Tastenkombination ist dann schneller ausgeführt als ein Griff nach der Maus. Im Folgenden sehen Sie eine Übersicht der wichtigsten Tastenkombinationen:

Tastenkombination	Wirkung
Strg + →	Bewegt die Schreibmarke um ein Wort nach rechts.
Strg + ←	Bewegt die Schreibmarke um ein Wort nach links.
Strg + ↑	Bewegt die Schreibmarke um einen Absatz nach oben.
Strg + ↓	Bewegt die Schreibmarke um einen Absatz nach unten.
Pos1	Bewegt die Schreibmarke zum Anfang einer Zeile.
Ende	Bewegt die Schreibmarke zum Ende einer Zeile.
Strg + Pos1	Bewegt die Schreibmarke zum Anfang des Dokuments.
Strg + Ende	Bewegt die Schreibmarke zum Ende des Dokuments.
Strg + Alt + Bild ↑	Bewegt die Schreibmarke zum oberen Rand des Fensters.
Strg + Alt + ↓	Bewegt die Schreibmarke zum unteren Rand des Fensters.

Tabelle 11.1: Tastenkombinationen zum Bewegen im Text.

Es lohnt sich, die Tastenkombination zum schnellen Bewegen im Text einige Zeit griffbereit zu haben, um sich die Kombinationen bei der Arbeit am Text schnell einzuprägen.

Schnelle Bildbewegung mit der Maus

Die Bildbewegung mit der Maus erfolgt über die Bildlaufleisten. Mit Hilfe dieser Leisten können Sie den Bildschirminhalt nach links und rechts bzw. oben und unten bewegen, sofern der geschriebene Text über den Bildschirmrand hinausreicht. In diesem Zusammenhang soll ausdrücklich hervorgehoben werden, dass die Schreibmarke nicht versetzt wird, wenn Sie den Bildschirminhalt mit der Maus über die Bildlaufleisten bewegen. Sie müssen die Schreibmarke stets durch Klicken mit der Maus auf die gewünschte Stelle nachführen.

Mit dem Befehl Extras/Optionen *können Sie im Register* Ansicht *bei Bedarf die Bildlaufleisten ein- bzw. ausschalten.*

Gezielt bewegt mit dem Menü

Bisher ging es um das Versetzen der Schreibmarke innerhalb einer überschaubaren Einheit – beispielsweise fensterweit. Es ist unter Word aber auch möglich, ein bestimmtes Textelement oder einen bestimmten Ort gezielt anzuspringen. Das erfolgt mit der Tastenkombination Strg + G, der Taste F5 oder mit dem Befehl *Bearbeiten/Gehe zu.*

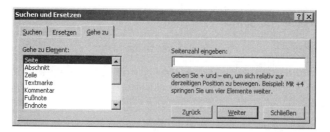

Bild 11.9: *Die Dialogbox* Suchen und Ersetzen *enthält das Register* Gehe zu *zum gezielten Versetzen der Schreibmarke an ausgewählte Stellen oder Textelemente.*

Das Register *Gehe zu* erfordert die Auswahl eines Elements. Voreingestellt ist das Element *Seite*. Geben Sie in einem längeren Dokument dort z.B. die Zahl 5 ein, setzt Word nach Betätigung der Schaltfläche *Gehe zu* die Schreibmarke an den Anfang der gewünschten Seite.

11.6 Markierungsvarianten

Bevor Sie den geschriebenen Text gestalten, kopieren, löschen oder verschieben, also vor jeder Bearbeitung, müssen Sie ihn markieren. Der Umfang der Markierung kann aus einem oder mehreren Zeichen bestehen, aus einem oder mehreren Wörtern, Zeilen, ganzen Sätzen, ganzen Absätzen bis hin zu einem gesamten Dokument.

Markiert werden kann mit der Maus oder mit der Tastatur. Word hebt den markierten Textabschnitt durch Farbumkehr hervor – im Normalfall also durch eine schwarze Farbe.

Mit einem Mausklick außerhalb des markierten Bereichs oder mittels einer der Richtungstasten heben Sie die Markierung wieder auf.

 Word hat eine mögliche Falle voreingestellt. Haben Sie einen Textteil markiert, wird er durch jede Zeichentaste überschrieben, d.h. durch das geschriebene Zeichen ersetzt. Wenn Ihnen diese Panne häufiger passieren sollte, können Sie mit dem Befehl Extras/Optionen *im Register* Bearbeiten *das Kontrollkästchen* Eingabe ersetzt Auswahl *deaktivieren.*

Gewünschter Effekt	Mausaktion
Ein oder mehrere Zeichen markieren	Am ersten zu markierenden Zeichen die linke Maustaste drücken und über den Text ziehen.
Wort markieren	Doppelklick auf das Wort.
Mehrere Wörter markieren	In das erste Wort klicken, danach die Taste ⎡Shift⎦ gedrückt halten und das letzte zu markierende Wort klicken.

Tabelle 11.2: Markieren mit der Maus

Gewünschter Effekt	Mausaktion
Zeile markieren	Mit dem Mauszeiger so weit links vor die Zeile gehen, bis der Pfeil nach rechts oben zeigt. Er steht dann in der noch zu beschreibenden Markierungsspalte. Einmal klicken markiert eine Zeile. Um mehrere Zeilen zu markieren, linke Maustaste festhalten und nach unten oder oben ziehen.
Absatz markieren	Den Mauszeiger links vor den Absatz bewegen, bis er nach rechts oben zeigt, dann doppelklicken.
Satz markieren	Halten Sie ⌑Strg⌑ gedrückt und klicken Sie in den gewünschten Satz. Der Satz wird dann einschließlich des Punkts markiert.
Gesamten Text markieren	Mit dem Mauszeiger nach links so weit vor den Text bewegen, bis der Mauszeiger nach rechts oben zeigt. Halten Sie ⌑Strg⌑ gedrückt und klicken Sie einmal.
Tabellenspalte markieren	⌑Alt⌑ gedrückt halten und auf die Tabellenspalte klicken.

Tabelle 11.2: Markieren mit der Maus (Forts.)

Die Markierungsspalte ist der leere Bereich des Texteingabebereichs links neben dem Seitenrand. Sie ist nur daran zu erkennen, dass die Spitze des Mauszeigers nach rechts oben kippt. Ein Dreifachklick in die Markierungsspalte markiert den gesamten Text.

Über Tastenkombinationen markieren Sie Textteile ebenfalls recht komfortabel. Alle bereits genannten Tastenkombinationen zum Bewegen der Schreibmarke im Text lassen sich mit der ⌑Shift⌑-Taste kombinieren und so zur Markierung verwenden.

Gewünschter Effekt	Aktion
Text markieren mit der Schreibmarke	Halten Sie ⌑Shift⌑ gedrückt und bewegen Sie die Schreibmarke mit den Richtungstasten nach rechts oder links.
Wortweise markieren	Schreibmarke an den Wortanfang setzen, dann ⌑Strg⌑+⌑Shift⌑ gedrückt halten und die Richtungstasten nach rechts oder links bewegen.
Absatzweise markieren	Setzen Sie die Schreibmarke an den Absatzanfang (⌑Strg⌑+⌑↑⌑/⌑↓⌑). Bewegen Sie die Schreibmarke mit gedrückter Tastenkombination ⌑Strg⌑+⌑Shift⌑ nach unten oder oben.
Ganzen Text markieren	⌑Strg⌑+⌑A⌑

Tabelle 11.3: Markieren mit der Tastatur

Sie können eine mit der Maus begonnene Markierung bei Bedarf auch mit der Tastatur »nachbessern«. Drücken Sie dazu zuerst die [Shift]*-Taste und halten Sie diese Taste gedrückt. Danach erweitern oder verkleinern Sie mit den Richtungstasten die Markierung. Die* [Shift]*-Taste darf aber nicht losgelassen werden, denn sonst würde die Markierung sofort aufgehoben.*

Markieren im Erweiterungsmodus

Wenn Ihnen das Festhalten der [Shift]-Taste bei Markierungsoperationen zu umständlich erscheint, können Sie über die Funktionstaste [F8] oder einen Doppelklick auf das grau unterlegte Feld *ERW* in der Statuszeile den Erweiterungsmodus einschalten. Nun können Sie mit den Richtungstasten oder den anderen Richtungstasten die Markierung erweitern oder verkleinern. Die [Esc]-Taste oder ein erneuter Doppelklick schaltet den Modus wieder aus.

Wenn die Schreibmarke in einem Wort steht, können Sie die [F8]*-Taste auch mehrmals verwenden. Zunächst wird das Wort markiert, dann der Satz, dann der Absatz und als Krönung der gesamte Text. Mit der Tastenkombination* [Shift]+[F8] *wird die Markierung umgekehrt wieder verkleinert.*

Senkrechte Blöcke markieren

Ein Bonbon für verschiedene Aufgabenstellungen bei der Textbearbeitung ist der so genannte Spaltenmodus. Das ist eine besondere Markierung, die sich um den Zeilenverlauf nicht kümmert. Hilfreich ist dieser Modus immer dann, wenn Sie eine Spalte markieren müssen, die nicht Bestandteil einer Word-Tabelle ist.

→ Mit der Maus aktivieren Sie den Modus, wenn Sie die [Alt]-Taste drücken und mit gedrückter linker Maustaste über den Text ziehen. Loslassen der Maustaste belässt die Markierung, hebt den Modus aber auf.

→ Mit der Tastatur leiten Sie den Spaltenmodus mit [Shift]+[Strg]+[F8] ein. In der Statuszeile erscheint die Information *SP*. Ausgehend von der Schreibmarke wird die Markierung nun mit den Richtungstasten oder einem Mausklick am anderen Endpunkt der gewünschten Markierung erweitert. Die [Esc]-Taste, ein Doppelklick auf *SP* oder eine erneute Tastenkombination [Shift]+[Strg]+[F8] schaltet den Modus wieder aus.

Nutzen Sie diese Funktion auch zum Löschen: Die [Entf]*-Taste entfernt alle von der Markierung komplett erfassten Zeichen.*

11.7 Texte löschen, einfügen und überschreiben

Auch der beste Schreiber ist sich nie ganz sicher, ob sich nicht doch ein Schreibfehler eingeschlichen hat. Also muss jeder Text zumindest auf Fehler durchgesehen oder sogar überarbeitet werden. Zur Korrektur Ihres Texts haben Sie zwei Möglichkeiten: Sie können zunächst die Texteingabe abschließen, Ihren Text speichern und danach den Text komplett korrigieren. Kleinere, sofort bemerkte Tippfehler können Sie natürlich auch sofort korrigieren.

Zeichen und Texte löschen

Für das Löschen von Zeichen stehen Ihnen zwei Tasten zur Verfügung: die Taste `Entf` im Sondertastenblock rechts auf Ihrer Tastatur und die `Backspace`-Taste. Beide Tasten haben eine unterschiedliche Wirkung:

→ `Backspace`
   Löscht das Zeichen links von der Schreibmarke.

→ `Entf`
   Löscht das Zeichen rechts von der Schreibmarke.

Einen größeren Textabschnitt löschen Sie, wenn Sie zuvor eine Markierung erstellt haben. Mit den Tasten `Backspace` und `Entf` löschen Sie den aktuell markierten Text.

Auch mit der `Strg`-Taste vergrößern Sie den zu löschenden Bereich. Setzen Sie dazu die Schreibmarke an eine beliebige Stelle in einem Wort.

→ `Strg`+`Backspace`
   Löscht alle Zeichen links der Schreibmarke bis zum Wortanfang.

→ `Strg`+`Entf`
   Löscht das Zeichen rechts der Schreibmarke bis zum Ende des Wortes.

Etwas anders sieht das Ergebnis aus, wenn Sie die Schreibmarke an den Anfang bzw. das Ende eines Wortes setzen.

→ `Strg`+`Backspace`
   Löscht alle Zeichen links der Schreibmarke bis zum nächsten Leerzeichen.

→ `Strg`+`Entf`
   Löscht alle Zeichen rechts der Schreibmarke bis zum Anfang des folgenden Wortes.

Einfügen oder Überschreiben

Tippfehler entstehen aber nicht nur dadurch, dass Sie ein oder mehrere Zeichen zuviel schreiben, schnell ist auch einmal ein Zeichen vergessen oder falsch gesetzt. Hier zeigt sich die wahre Bedeutung des Fließtexts in Word: Sie fügen vergessene Zeichen nachträglich in Ihren Text ein oder Sie ersetzen falsch geschriebene Zeichen durch die richtigen.

Word stellt Ihnen für das Korrekturverfahren zwei unterschiedliche Möglichkeiten zur Verfügung: den Einfügen-Modus und den Überschreib-Modus. Voreingestellt in Word ist der Einfügen-Modus: Wo auch immer Sie die Schreibmarke zur Korrektur setzen, jedes neue Zeichen verschafft sich Platz und drängt die nachfolgenden Zeichen um einen Platz nach rechts.

Bevor Sie jedes Mal den Korrekturmodus ändern, können Sie ein Zeichen natürlich auch erst löschen und an seiner Stelle das neue Zeichen einfügen.

Etwas anspruchsvoller ist der Überschreib-Modus: Befindet sich die Schreibmarke unmittelbar vor der Absatzmarke, ist kein Unterschied zum Einfügen-Modus zu erkennen. Jedes andere Zeichen aber wird von den mit der Tastatur erzeugten neuen Zeichen ersetzt.

Sie aktivieren den Überschreib-Modus mit einem Doppelklick auf das grau unterlegte Feld mit den Buchstaben *ÜB* in der Statuszeile des Programm-fensters von Word. Ein erneuter Doppelklick auf das nunmehr verstärkte Feld der Statuszeile schaltet den Modus wieder aus. Auch mit dem Befehl *Extras/Optionen* lässt sich über das Kontrollkästchen *Überschreibmodus* im Register *Bearbeiten* der Modus an- bzw. abschalten.

Beachten Sie, dass auch ein versehentlicher Druck auf die ⌈Einfg⌉*-Taste den Überschreibmodus aktiviert. Kontrollieren Sie deshalb bei »rätselhaftem« Verhalten von Word die Statuszeile.*

Texte überschreiben

Wenn Sie einen bestehenden Textteil durch einen etwa ähnlich langen Text austauschen wollen, können Sie vorher den Überschreib-Modus akti-vieren. Da nun jedes über die Tastatur eingegebene Zeichen das jeweils nächste Zeichen des vorhandenen Texts ersetzt, können Sie die Länge des ersetzten Texts kontrollieren. Dieses Verfahren bietet sich immer dann an, wenn der Text durch die Korrektur nicht seine Länge verändern soll.

Text nachträglich einfügen

Wenn Sie an irgendeiner Stelle des Texts noch etwas ergänzen wollen, set-zen Sie die Schreibmarke an die gewünschte Stelle. Vergewissern Sie sich noch einmal, dass der Überschreibmodus deaktiviert ist, und beginnen Sie mit der Texteingabe. Der vorhandene Text wird nach rechts verschoben.

11.8 Kopieren, Ausschneiden, Einfügen und Verschieben

Gerade haben Sie einen Satz geschrieben, da fällt Ihnen auf, dass er an einer anderen Stelle Ihres Texts viel besser platziert wäre. Was nun – hier löschen und dort neu schreiben? Bei der Arbeit mit Papier und Stift bliebe Ihnen nur die Wahl, eine Schere zur Hand zu nehmen, den Text auszu-schneiden und an der neuen Stelle einzukleben.

Auch Word kennt diese Arbeitsweise – allerdings etwas eleganter. Sie gehört zu den grundlegenden Methoden der Arbeit mit einem Textverar-beitungsprogramm. Dazu haben Sie – wie in allen Windows-Anwendungen – Zugriff auf die so genannte »Zwischenablage«. In der Zwischenablage können Windows-Anwendungen Daten zwischenlagern, um sie später an anderer Stelle zu verwenden. Üblicherweise gelten dafür die folgenden Begriffe und Tastenkombinationen.

→ *Kopieren*
Übernimmt ein zuvor ausgewähltes Element in die Zwischenablage (Tastenkombination `Strg`+`C`; daneben können Sie auch die Tastenkombination `Strg`+`Einfg` verwenden).

→ *Ausschneiden*
Entfernt ein zuvor ausgewähltes Element und übernimmt es in die Zwischenablage (Tastenkombination `Strg`+`X` bzw. `Shift`+`Entf`).

→ *Einfügen*
Holt den Inhalt der Zwischenablage und fügt ihn an der Schreibmarke ein (Tastenkombination `Strg`+`Y`, alternativ `Shift`+`Einfg`).

Der Inhalt verbleibt üblicherweise so lange in der Zwischenablage, bis Sie neue Daten in die Zwischenablage stellen. Dadurch können Sie Textpassagen mehrfach in das Dokument einfügen.

Wenn Sie größere Datenmengen oder Grafiken in der Zwischenablage aufbewahrt haben, erinnert Word Sie bei Programmende daran und fragt vorsichtshalber nach, ob Sie den Inhalt der Zwischenablage auch anderen Programmen zugänglich machen wollen.

Die Symbolleiste verwenden

Für die Arbeit mit der Zwischenablage bietet Word in der Standard-Symbolleiste drei Symbole an. Dabei steht die Schere für das Ausschneiden von Text, die beiden überlappenden Blätter für das Kopieren und das Klemmbrett für das Einfügen. Die Aktivierung dieser Symbole gibt Aufschluss über die Arbeitssituation. Die Symbole *Ausschneiden* und *Kopieren* sind – wie die zugehörigen Befehle im Menü *Bearbeiten* übrigens auch – nur aktiviert, wenn Sie Text markiert haben. Sobald das Symbol *Einfügen* aktiviert ist, ist die Zwischenablage nicht leer.

Grundsätzliches

Word setzt bei allen folgenden Funktionen natürlich voraus, dass Sie einen Textteil markiert haben.

→ Danach kann es losgehen. Eine Möglichkeit besteht darin, den markierten Text einfach mit `Entf` zu löschen; er wäre aus dem Text entfernt und von Word (fast) vergessen. Die Zwischenablage hat mit diesem Vorgang nichts zu tun. Ihr Inhalt ändert sich nur, wenn ihr neuer Inhalt zum Aufbewahren übergeben wird, mit *Ausschneiden* oder mit *Kopieren*.

→ Im Gegensatz dazu wird mit dem Befehl *Ausschneiden* der Text zwar auch aus dem Text entfernt, aber nicht vergessen. Er wird mit allen Einzelheiten in die Zwischenablage befördert und harrt dort der Dinge, die passieren sollen. Sinnvoll wäre es jetzt, ihn an einer geeigneten Stelle wieder einzufügen. Dieser Vorgang lässt sich so oft mit diesem Text wiederholen, bis Sie der Zwischenablage einen neuen Inhalt geben.

→ Mit dem Befehl *Kopieren* wird der markierte Textteil in die Zwischenablage kopiert, ohne aus dem Text entfernt zu werden. Er steht nun zum Einfügen an anderer Stelle zur Verfügung. Durch den Befehl *Einfügen* wird die Zwischenablage nicht geleert; der Vorgang kann also wiederholt werden.

Bei aktiviertem Aufgabenbereich Zwischenablage *splittet Word die Windows-Zwischenablage in 24 Einzelplätze: Beachten Sie das in diesem Fall spezielle Verhalten von Word bei den beschriebenen Funktionen.*

Verschieben und Kopieren mit der Maus – Drag&Drop

Die Bezeichnung *Drag&Drop* bedeutet *Ziehen und Fallenlassen*. Sie charakterisiert die beim Verschieben oder Kopieren von Textteilen mit Hilfe der Maus durchzuführenden Arbeiten treffend und prägnant. Das *Verschieben* ist eine Kombination von Ausschneiden und Einfügen in einem Arbeitsgang, das *Kopieren* erklärt sich selbst.

→ Um Text zu verschieben, markieren Sie z.B. die im Beispiel an der falschen Stelle stehende Überschrift – am einfachsten mit einem Mausklick in der Markierungsspalte. Danach setzen Sie den Mauszeiger an eine beliebige Stelle der Markierung und drücken die linke Maustaste. Unterhalb des Mauszeigers erscheint ein punktiertes Rechteck, oberhalb des Mauszeigers ein punktierter senkrechter Strich. In der Statuszeile erscheint gleichzeitig die Frage *Wohin verschieben?*. Ziehen Sie jetzt die Maus so weit nach oben, bis sich der senkrechte Strich vor dem ersten Satz befindet. Nun lassen Sie die Maus los, die Überschrift steht jetzt an der richtigen Stelle.

→ Kopieren mit Drag&Drop läuft analog ab, aber mit einem gravierenden Unterschied: Mit der [Strg]-Taste schalten Sie in den Kopiermodus um. Wann Sie beginnen, die [Strg]-Taste zu halten, bleibt Ihnen überlassen, sie muss nur beim »Fallenlassen« gedrückt sein. Im Unterschied zum Verschieben erhält der Mauszeiger beim Kopieren ein zusätzliches Pluszeichen: Die Statuszeile fragt: *Wohin kopieren?*.

Beide Vorgänge können Sie durch einfaches Drücken der [Esc]-*Taste abbrechen.*

Da die Zwischenablage von Windows zentral verwaltet wird, können die beschriebenen Funktionen in Word natürlich auch zwischen verschiedenen Word-Dokumenten benutzt werden: Ziehen Sie Textteile einfach mit der Maus in ein anderes (sichtbares) Dokumentfenster. Das kann ein anderes Dokument, aber auch ein Fenster mit einem anderen Ausschnitt des gleichen Dokuments sein.

Die Zwischenablage umgehen

Der Inhalt der Zwischenablage wird durch Drag&Drop mit der Maus nicht angetastet, auch nicht, wenn der Aufgabenbereich *Zwischenablage* aktiv ist. Eine andere Variante, die ebenfalls den Inhalt der Zwischenablage nicht verändert, stellt Word mit der Funktionstaste [F2] zur Verfügung.

Um dieses Verfahren anzuwenden, markieren Sie wie gewohnt einen Textteil. Die Betätigung der Funktionstaste [F2] lässt in der Statuszeile die schon bekannte Frage erscheinen: *Wohin verschieben?*. Diese Stelle müssen Sie Word nun zeigen. Dabei können Sie sich Zeit für Korrekturen lassen. Verwenden Sie die Richtungstasten oder zeigen Sie mit der Maus an die Einfügestelle. Der Vorgang wird durch die $\boxed{\text{Enter}}$-Taste abgeschlossen – oder mit der $\boxed{\text{Esc}}$-Taste vorher abgebrochen.

Das Kopieren ohne Nutzung der Zwischenablage erfolgt in Kombination mit einer anderen Taste. Das *Kopieren* aktivieren Sie mit der Tastenkombination $\boxed{\text{Shift}}$+$\boxed{\text{F2}}$.

11.9 Persönliche Bearbeitungseinstellungen

Haben Sie Schwierigkeiten mit der Mausbedienung, weil unbeabsichtigtes Drag&Drop Ihren Text wiederholt in ein Puzzle verwandelt? Schalten Sie die Funktion vorübergehend ab.

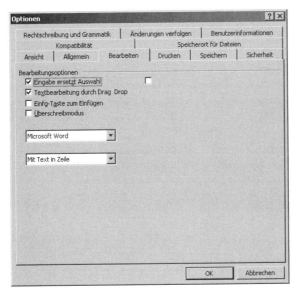

Bild 11.10: *Mit dem Register* Bearbeiten *aus der Dialogbox* Optionen *beeinflussen Sie wichtige Einstellungen für die Bearbeitungsfunktionen.*

Der Menübefehl *Extras/Optionen* stellt im Register *Bearbeiten* einige wichtige Einstellungen für das Bearbeiten zur Verfügung.

→ *Eingabe ersetzt Auswahl*
Entfernt markierten Text, wenn Sie ein Zeichen eingeben. Wenn Sie dieses Kontrollkästchen deaktivieren, fügt Word neu eingegebenen Text vor dem markierten Text ein, ohne ihn zu löschen.

→ *Textbearbeitung durch Drag & Drop*
Verschiebt oder kopiert markierten Text durch Ziehen mit der Maus. Wenn Sie das Kontrollkästchen deaktivieren, ist diese Funktion ausgeschaltet. Sie können dann durch Ziehen mit der Maus über den Text die Markierung erweitern.

→ *Zum Einfügen EINFG-TASTE verwenden*
Verwendet die `Einfg`-Taste, um den Inhalt der Zwischenablage in ein Dokument einzufügen. Wenn dieses Kontrollkästchen aktiviert ist, können Sie die `Einfg`-Taste nicht mehr zum Ein- bzw. Ausschalten des Überschreibmodus benutzen.

→ *Überschreibmodus*
Dieses Kontrollkästchen schaltet ebenfalls den Überschreibmodus ein bzw. aus.

Die restlichen Einstellungsmöglichkeiten dieses Registers werden im Kapitel 27, »Word personalisieren«, erklärt.

12 Zeichenformatierungen

Der Begriff *Zeichenformatierung* beschreibt die Veränderungen einzelner Zeichen durch die entsprechenden Word-Funktionen. Diese Funktionen sind Thema dieses Kapitels.

12.1 Texte gestalten: Formatieren

Die Gestaltung eines Texts dient in erster Linie seiner besseren Lesbarkeit und der optischen Schwerpunktsetzung. Die Formatierung von Text erfolgt zur Hervorhebung ganz bestimmter Textpassagen. Ein wirkungsvolles Element ist dabei die Arbeit mit Zeichenformaten. Zeichenformate weisen Sie mit der Dialogbox *Zeichen* zu – Sie öffnen sie mit dem Befehl *Format/ Zeichen* bzw. mit der Tastenkombination Strg+D – oder durch die Symbole der Format-Symbolleiste.

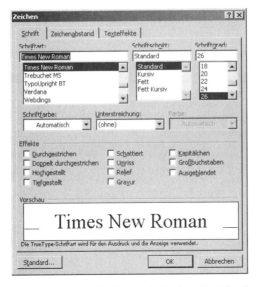

Bild 12.1: Die Dialogbox Zeichen *bietet im Register* Schrift *alle möglichen Zeichenformatierungen.*

Zeichenformatierungen werden immer exakt auf den markierten Bereich angewandt. Es ist zu empfehlen, bei der Formatierung generell auch die nicht druckbaren Zeichen mit der Symbolschaltfläche Einblenden/Ausblenden *der Standard-Symbolleiste anzeigen zu lassen.*

Wann formatieren?

Zumindest einmal sollten Sie sich bei der Arbeit mit Word grundsätzlich die Frage beantworten, wann Sie Formatierungen im Text vornehmen wollen. Word bietet drei Möglichkeiten: die direkte Formatierung während der Texteingabe, die direkte Formatierung nach der Texteingabe und die Formatierung mit so genannten Formatvorlagen.

→ Vorteil einer nachträglichen Formatierung ist, dass alle Gedanken an das spätere Aussehen eines Texts auf einen späteren Zeitpunkt verlegt werden. Allerdings muss dann der Text nach der Texteingabe noch einmal vollständig überarbeitet werden.

→ Bei der Formatierung während der Eingabe, die durch die Bereitstellung von Tastenkombinationen zur Formatierung von Word unterstützt wird, werden Sonderformatierungen bereits beim Schreiben mit eingeschaltet und nach Beendigung des besonderen Textteils wieder ausgeschaltet.

Word hält für dieses Verfahren auch die Funktion AutoFormat *während der Eingabe bereit.*

→ Eines sollten Sie aber in Zusammenhang mit der dritten genannten Möglichkeit – der Verwendung von Formatvorlagen – beachten. Dieses Verfahren zur Formatierung ist so angelegt, dass Sie sich entweder für eine direkte Formatierung während bzw. nach der Texteingabe oder für die indirekte Formatierung mit Hilfe von Formatvorlagen entscheiden müssen.

12.2 Gestaltung mit der Symbolleiste Formatierung

Word stellt Ihnen für die Formatierung von Zeichen schon in der Format-Symbolleiste eine Auswahl zur Verfügung. Über die dort angeordneten Symbolschaltflächen ist die Zeichenformatierung mit einem Klick erledigt.

Word bietet drei Werkzeuge für das schnelle Formatieren über die Symbolleiste an: die Symbolschaltflächen *Fett*, *Kursiv* und *Unterstrichen*.

→ Um ein einzelnes Wort z.B. *Fett* auszuzeichnen, markieren Sie das Wort zunächst mit einem Doppelklick.

→ Anschließend klicken Sie in der Format-Symbolleiste auf die Schaltfläche *Fett*. In ähnlicher Weise verfahren Sie mit Wörtern oder Textteilen, die Sie kursiv oder unterstrichen darstellen wollen. Die Hervorhebungen sind auch miteinander kombinierbar.

Die Symbolschaltflächen funktionieren wie Schalter: Eine eingedrückte Symbolschaltfläche *Fett* zeigt z.B. an, dass sich die Schreibmarke in einem fett ausgezeichneten Textteil befindet. Um eine unerwünschte Auszeichnung wieder zurückzunehmen, markieren Sie diesen Text erneut und klicken das eingedrückte Symbol in der Format-Symbolleiste noch einmal an.

Um alle Textauszeichnungen aus der Markierung zu entfernen, drücken Sie die Tastenkombination Strg+Leertaste. *In gleicher Weise funktioniert auch die Tastenkombination* Strg+Shift+Z.

Bild 12.2: Nach einer Markierung wurden die Symbolschaltflächen für die schnelle Formatierung der Wörter benutzt.

Hervorhebungen

Mit den so genannten Hervorhebungen realisiert Word das farbige Herausheben von Textteilen. Word stellt den Markierstift in der Symbolleiste *Formatierung* und der Symbolleiste *Überarbeiten* bereit.

→ Um einen Textabschnitt hervorzuheben, klicken Sie auf die Symbolschaltfläche und halten den Mauszeiger über den Text. Der Mauszeiger verwandelt sich in einen Stift.

→ Ziehen Sie nun den symbolisierten Stift mit gehaltener linker Maustaste über den hervorzuhebenden Text. Nach Freigabe der Taste erscheint der Text in der gewählten Farbe hervorgehoben.

Word bietet Ihnen mehrere Farben zur Auswahl an, wenn Sie auf den Listenpfeil rechts neben dem Symbol klicken – jede Auswahl wird als Voreinstellung für die nächsten Arbeitsschritte genommen.

Word druckt die Hervorhebungen mit. Wenn Sie diesen Effekt nicht wünschen, deaktivieren Sie das Kontrollkästchen Hervorhebung *mit dem Befehl* Extras/Optionen *im Register* Ansicht. *Beachten Sie, dass Word bei einem Klick auf die Symbolschaltfläche* Hervorhebung *das Kontrollkästchen selbständig wieder aktiviert.*

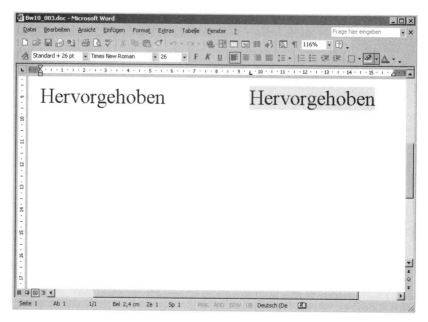

Bild 12.3: Mit dem elektronischen Marker heben Sie ausgewählte Textpassagen farbig hervor.

Mit Schriftarten gestalten

In Word stehen Ihnen alle unter Windows installierten Schriften zur Verfügung. Sie können in Ihrem Text die zur Verfügung gestellten Schriften beliebig nach Wunsch und Geschmack mischen. Auch für fette und kursive Schriften werden spezielle Schriftarten eingesetzt, die demzufolge auch separat installiert sein müssen. Das Verfahren zur Installation neuer Schriften finden Sie im Anhang. Die anderen Attribute werden generiert, also von Word selbständig aus den vorliegenden Schriftinformationen entwickelt.

→ Markieren Sie den gewünschten Textteil und öffnen Sie in der Symbolleiste *Format* das Listenfeld *Schriftart*.

→ Klicken Sie auf die gewünschte Schriftart, um sie dem markierten Textteil zuzuweisen. Word realisiert die Einträge der Schriftarten mit den zugehörigen Zeichen. Durch diese Schriftartenvorschau erhalten Sie einen ersten Eindruck von der zugewiesenen Schrift.

Falls sich Ihr Rechner bei der Anzeige der Schriftartenvorschau zu viel Zeit lässt, deaktivieren Sie dieses Feature über Extras/Anpassen *im Register* Optionen *mit dem Kontrollkästchen* Schriftartennamen in Schriftart *anzeigen.*

Mit der Tastenkombination Strg+Shift+A *und anschließender Betätigung der* ↓*-Taste können Sie die Liste ebenfalls aktivieren: Zunächst erscheinen die zuletzt zugewiesenen Schriftarten (maximal zehn), danach die Schriftarten in alphabetischer Reihenfolge. Wenn Sie den Namen der Schriftart kennen, können Sie ihn in das Listenfeld auch hineinschreiben.*

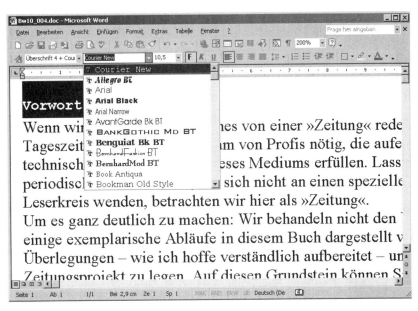

Bild 12.4: Dem markierten Textteil wurde eine andere Schriftart – Courier New – über das Listenfeld Schriftart zugewiesen.

Probleme mit Schriften

Sie können immer nur die Schriften verwenden, die auf Ihrem Rechner wirklich vorhanden sind. Was aber, wenn Sie per Datenaustausch eine Datei erhalten, die unbekannte Schriftarten enthält? Word regelt die Sache im Hintergrund: Es analysiert die Schrift und legt eine Schriftart zur Ersetzung fest. Damit werden dann auf Ihrem Rechner die Bildschirmdarstellung und der Ausdruck erledigt. Welche Schriftart Word ausgewählt hat, können Sie kontrollieren: Der Befehl *Extras/Optionen* liefert im Register *Kompatibilität* mit der Schaltfläche *Schriftarten Ersetzen* die nötigen Informationen.

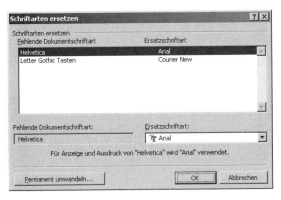

Bild 12.5: Die Dialogbox zeigt, dass im Dokument Schriftarten verwendet werden, die auf dem aktuellen Rechner nicht installiert sind.

185

Das Anzeigefenster zeigt die fehlenden Schriftarten und die zugeteilte *Ersatzschriftart*. In der Dialogbox könnten Sie diese Ersatzschriftart ändern.

→ Klicken Sie auf eine der im Anzeigefenster angegebenen Schriften und wählen Sie aus dem Listenfeld *Ersatz-Schriftart* eine der auf Ihrem Rechner installierten Schriften aus.

→ Ein Klick auf die Schaltfläche *OK* übernimmt die getroffenen Einstellungen für den Ausdruck und die Anzeige auf Ihrem Rechner. Sie können das Dokument normal bearbeiten und auch an den Absender zurückgeben – er wird nicht merken, dass Sie die Schrift nicht zur Verfügung hatten.

Anders sieht es aus, wenn Sie in der Dialogbox *Schriftarten ersetzen* die Schaltfläche *Permanent umwandeln* gewählt haben. In diesem Fall wird die Originalschriftart im Dokument durch die Ersatz-Schriftart ersetzt. Der Absender müsste auf seinem Rechner den Vorgang wiederholen, um die Originalschrift wieder einzusetzen.

Wenn Sie selbst eine Datei zum Ausdruck weitergeben und damit rechnen müssen, dass die von Ihnen verwendete Schrift auf dem anderen Rechner nicht vorhanden ist, können Sie beim Speichern des Dokuments die Schriftarten komplett oder nur mit den verwendeten Zeichen in das Dokument integrieren.

Mit Schriftgrößen gestalten

Für die Mehrzahl der Schriften ist auch die Schriftgröße nahezu beliebig veränderbar. Diese Aussage gilt für die von Windows und Word verwendeten TrueType-Schriften uneingeschränkt. Die Schriftgröße wird in Punkt angegeben – ein Punkt misst 0,376 Millimeter –, der zugehörige Schriftgrad ohne Zusatz. Das Listenfeld *Schriftgrad* in der Format-Symbolleiste kann Werte zwischen Null und 1638 annehmen. Schriftgrade unter fünf sind nicht mehr lesbar, andere Schriftgrade erfordern größere Papierformate als A4.

Sie ändern die Schriftgröße über die Format-Symbolleiste.

→ Markieren Sie den gewünschten Textteil und öffnen Sie in der Format-Symbolleiste das Listenfeld *Schriftgrösse* mit der Maus.

→ Wählen Sie die gewünschte Schriftgröße, um sie dem markierten Textteil zuzuweisen.

Mit der Tastenkombination [Strg]+[Shift]+[P] und anschließender Betätigung der [↓]-Taste können Sie die Liste ebenfalls aktivieren: Zunächst erscheint die aktuell zugewiesene Schriftgröße, danach die Schriftgrößen in aufsteigender Folge. Alle Größen – auch in der Liste nicht enthaltene – geben Sie in dieses Feld auch direkt ein.

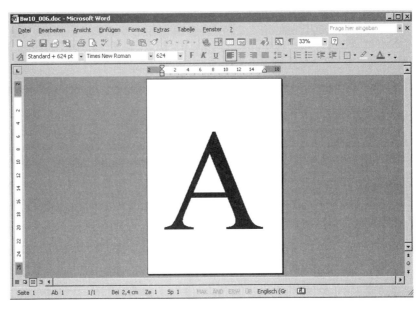

Bild 12.6: Mit Schriftgrößen um 600 Punkt füllen Einzelbuchstaben ganze A4-Blätter aus.

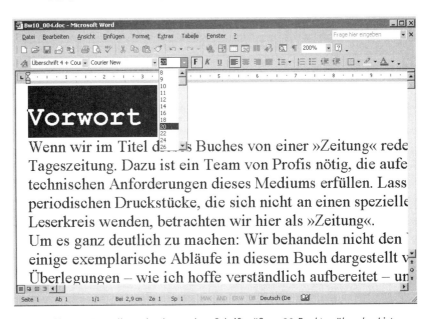

Bild 12.7: Dem markierten Textteil wurde eine andere Schriftgröße – 20 Punkt – über das Listen-feld Schriftgrösse *zugewiesen.*

Um die Schriftart für die aktuelle Markierung schrittweise zu ändern, stehen Ihnen weitere Tastenkombinationen zur Verfügung:

→ $\boxed{\text{Strg}}$+$\boxed{<}$ verkleinert die Schriftgröße auf den nächsten ganzzahligen Wert; aus 10,5 Punkt wird 10 Punkt.

→ $\boxed{\text{Strg}}$+$\boxed{\text{Shift}}$+$\boxed{<}$ vergrößert die Schrift auf den nächsten ganzzahligen Wert; aus 10,5 Punkt wird 11 Punkt.

→ $\boxed{\text{Strg}}$+$\boxed{8}$ verkleinert die Schriftgröße um einen Punkt; aus 10,5 Punkt wird 9,5 Punkt.

→ $\boxed{\text{Strg}}$+$\boxed{9}$ vergrößert die Schrift um einen Punkt; aus 10,5 Punkt wird 11,5 Punkt.

12.3 Die Dialogbox Zeichen

Der Befehl *Format/Zeichen* öffnet die Dialogbox *Zeichen* mit den Registern *Schrift*, *Abstand* und *Animation*. Die Gestaltung von markiertem Text dauert in der Dialogbox zwar länger als mit der Symbolleiste, dafür enthält die Dialogbox aber alle verfügbaren Möglichkeiten zur Zeichenformatierung.

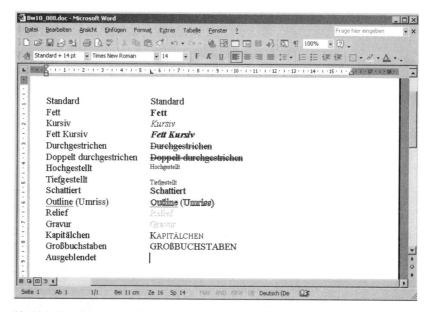

Bild 12.8: *Die Dialogbox* Zeichen *stellt im Register* Schrift *eine sehr große Auswahl an Schrifteffekten zur Verfügung – hier ein Schriftbeispiel der Varianten.*

Die Handlungsfolge ist wie beschrieben: Text markieren, Dialogbox aufrufen, eine oder mehrere Einstellungen vornehmen, bestätigen, fertig. Dabei haben Sie vor der Bestätigung die Kontrolle: Das Anzeigefenster *Vorschau* in der Dialogbox zeigt Ihnen vorab einen Ausschnitt des markierten Texts mit der getroffenen Auswahl.

Schriftart, Schriftschnitt und Schriftgrad

Die Listenfelder *Schriftart*, *Schriftschnitt* und *Schriftgrad* des Registers *Schrift* entsprechen den Formatierungen, die auch über die entsprechenden Symbolschaltflächen erreicht werden. Der wesentliche Unterschied dazu besteht nur darin, dass nach Bestätigung der Auswahl in der Dialogbox die Gestaltungen gleichzeitig auf den Text übertragen werden. Auch wenn Sie das Register wechseln, die Formatierungen werden erst durch die Schaltfläche *OK* auf den markierten Text übertragen.

 Als Schriftschnitt bezeichnet man jeweils ein Attribut einer Schrift wie z.B. normal, fett, kursiv oder condensed.

Unterstreichungen

Zu den besonderen Effekten für Zeichen gehört die Hervorhebung durch Striche. Im Schnellverfahren können Sie zwei Arten über Kontrollkästchen wählen: *Durchgestrichen* und *Doppelt durchgestrichen*. Diese Formatierung ist sicher nur in besonderen Fällen sinnvoll.

Viel häufiger anzutreffen sind die Unterstreichungen, die Sie aus dem gleichnamigen Listenfeld aus 17 Möglichkeiten auswählen. Word weist die in diesem Listenfeld gewählte Strichart dem Vorschaubild zu, so dass Sie einen ersten Eindruck von der Wirkung erhalten.

 Bei Auswahl der Unterstreichung Nur Wörter *erzeugt Word einen einfachen Unterstrich, der sich nicht über Leerräume erstreckt.*

Bild 12.9: Unterstreichungen dienen der optischen Aufwertung von Text.

Falls das Listenfeld Farbe *auch nach Auswahl einer Unterstreichung inaktiv bleibt, müssen Sie unter* Extras/Optionen *im Register* Speichern *die Kompatibilität zu Word 97 ausschalten. Damit verzichten Sie aber gleichzeitig auf die vollständige Konvertierbarkeit des Dokuments in das Dateiformat der Vorgängerversion.*

Besondere Effekte

Die Mehrzahl der im Gruppenfeld *Effekte* aktivierbaren Kontrollkästchen erklärt sich schon bei der Aktivierung durch die Vorschau von selbst. Nur einige bedürfen an dieser Stelle einiger erklärender Worte:

→ *Hochgestellt*
Setzt die markierten Zeichen bei gleichzeitiger Verkleinerung an eine Standardposition über der Zeile. Verwenden Sie dieses Format, wenn Sie auf schnellem Weg Potenzen schreiben wollen.

→ *Tiefgestellt*
Hat eine ähnliche Wirkung. Um den Text in Originalgröße über bzw. unter die Zeile zu setzen, verwenden Sie das Register *Abstand* aus der gleichen Dialogbox.

→ *Kapitälchen*
Verwendet für die Zeichen nur Großbuchstaben, der Unterschied zwischen Groß- und Kleinschreibung bleibt aber durch unterschiedliche Buchstabenhöhen erhalten.

→ *Grossbuchstaben*
Verwendet für die Zeichen nur Blockbuchstaben in gleicher Größe – auch Versalien genannt. Bei beiden Effekten bleibt aber die Originalschreibweise im Hintergrund erhalten und kann daher durch Rücknahme der Formatierung wiederhergestellt werden.

Für die schnelle Umwandlung der Groß-/Kleinschreibung können Sie auch die Tastenkombination Shift+F3 *benutzen. Mehrmaliges Betätigen der Tastenkombination wechselt die Darstellung der markierten Texte umlaufend zwischen folgenden Schreibweisen: Beispiel – BEISPIEL – beispiel. Achten Sie aber auf »ß«, es wird umlaufend durch »ss« ersetzt.*

Ausgeblendete Zeichen

Diese Zeichenformatierung ist eine weitere Besonderheit von Word. Durch Zuweisung dieser Formatierung können Sie Zeichen verbergen und ihren Ausdruck verhindern. Die Zeichen werden mit der Symbolschaltfläche ¶ *Einblenden/Ausblenden* aus der Standard-Symbolleiste angezeigt oder verborgen. Ausgeblendete Zeichen werden mit einer fein punktierten Linie hervorgehoben.

Mit dem Befehl *Extras/Optionen* beeinflussen Sie im Register *Drucken* die Behandlung ausgeblendeten Texts. Haben Sie das Kontrollkästchen *Verborgenen Text (mit dem Dokument ausdrucken)* aktiviert, wird verborgener Text wie normaler Text ausgedruckt – ohne die punktierte Linie. Andernfalls wird der Text nicht gedruckt, wobei Word in diesem Fall auch keine Lücken lässt.

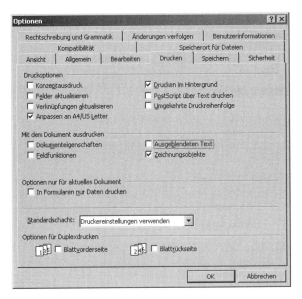

Bild 12.10: Mit dem Kontrollkästchen Ausgeblendeten Text *im Register* Drucken *der Dialogbox* Optionen *entscheiden Sie, ob verborgener Text im Ausdruck erscheinen soll.*

Farbige Buchstaben im Text

Eine weitere Form der Hervorhebung stellen farbige Buchstaben dar. Die Dialogbox *Zeichen* verwaltet nicht nur unterschiedlichste Formatattribute, sondern legt die Schriftfarbe fest. Wählen Sie dazu in der Dialogbox das Listenfeld *Farbe*. Word bietet Ihnen in der Liste viele Einstellungen zur Auswahl an – mehr als bei einem Regenbogen. Ein Klick und die Buchstaben Ihres zuvor markierten Texts sind farbig ausgezeichnet. Alternativ können Sie auf das Symbol *Schriftfarbe* in der Symbolleiste *Format* zurückgreifen.

Eine farbige Hervorhebung ist nur für Web-Dokumente oder dort interessant, wo ein Farbdrucker zur Verfügung steht. Ein Schwarzweißdrucker wandelt die ausgewählte Farbe bei der Ausgabe in eine Graustufe um.

Animierte Texte

Eine neue Funktion von Word verbirgt sich im Register *Texteffekte* der Dialogbox *Zeichen*. Hier weisen Sie Spezialeffekte zu, die ausschließlich in der Bildschirmdarstellung wirksam sind. Damit sind sie überall dort von Interesse, wo Dokumente als Dateien weitergegeben werden. Senden Sie Ihren Freunden blinkende Glückwünsche übers Internet oder gestalten Sie Webseiten mit diesen Effekten.

Beachten Sie aber, dass Sie Markierungen immer nur eine Animation zuweisen können. Verständlicherweise sind diese Effekte bei der Druckwiedergabe selbst mit einem Farbdrucker nicht als solche zu erkennen.

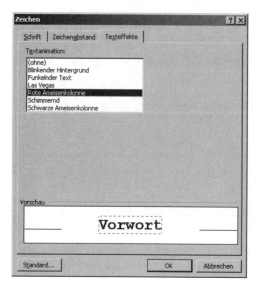

Bild 12.11: Eine besondere Form der Hervorhebung für die Bildschirmdarstellung verbirgt sich im Register Texteffekte der Dialogbox Zeichen.

Abstände zwischen Buchstaben erzeugen

Abstände zwischen Buchstaben oder Skalierungen setzen Sie ein, um Text innerhalb vorgegebener Grenzen zu platzieren. Mit dem Befehl *Format/ Zeichen* haben Sie im Register *Zeichenabstand* die Möglichkeit, gezielt auf Zeichenabstände Einfluss zu nehmen:

→ *Skalieren*
Unter Beibehaltung der Schriftgröße werden die Buchstabenbreiten auf ein Maß gedehnt oder gestaucht, das in diesem Listenfeld ausgewählt oder zwischen 1% und 600% per Hand eingetragen werden kann.

→ *Laufweite*
Vergrößert oder verkleinert den Abstand zwischen Zeichen entsprechend der von Ihnen im Feld *um* eingegebenen Maßangabe. Wählen Sie zwischen *Erweitert* und *Schmal*.

→ *Position*
Stellt markierten Text in Bezug auf die Grundlinie höher oder tiefer. Geben Sie das gewünschte Maß in das Feld *um* ein und wählen Sie zwischen *Höherstellen* und *Tieferstellen*.

→ *Unterschneidung ab*
Um Zeichen ab einer bestimmten Größe automatisch zu unterschneiden, aktivieren Sie das Kontrollkästchen und geben dann im Feld *Punkt* die erforderliche Punktgröße ein.

→ Mit *Unterschneidung* werden je nach Schriftart Abstände zwischen bestimmten Buchstaben angepasst und optische Lücken ausgeglichen. Mit den Optionen *Erweitert* oder *Schmal* wird der Abstand zwischen allen Buchstaben um den gleichen Betrag geändert.

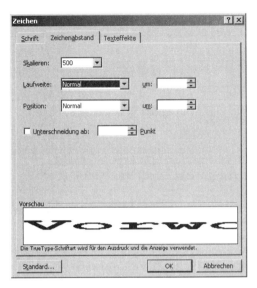

Bild 12.12: Ein Textteil soll auf 500% skaliert werden, die Buchstaben werden stark gedehnt.

Schneller formatieren mit Tastenkombinationen

Gerade bei den Zeichenformatierungen während der Texteingabe kann es die Arbeit wesentlich beeinflussen, wenn Tastenkombinationen benutzt werden. Entsprechend groß ist auch die von Word bereitgestellte Vielfalt:

Tastenkombination	Wirkung
Strg + D	Öffnet die Dialogbox *Zeichen*.
Strg + Shift + F	Zeichnet markierten Text *fett* aus.
Strg + Shift + K	Zeichnet markierten Text *kursiv* aus.
Strg + Shift + U	Zeichnet markierten Text *unterstrichen* aus.
Strg + Shift + D	Zeichnet markierten Text *doppelt unterstrichen* aus.
Strg + Shift + W	Unterstreicht markierten Text *wortweise*.
Strg + Shift + Q	Erzeugt Kapitälchen.
Strg + Shift + H	Erzeugt verborgenen Text.
Strg + Shift + G	Großbuchstaben unter (unsichtbarer) Beibehaltung der Groß-/Kleinschreibung.
Strg + +	Zeichen verkleinert und hochgestellt.

Tabelle 12.1: Tastenkombinationen zum schnellen Formatieren

Tastenkombination	Wirkung
Strg + #	Zeichen verkleinert und tiefgestellt.
Strg + 9	Schriftgröße des markierten Texts um einen Punkt vergrößern.
Strg + 8	Schriftgröße des markierten Texts um einen Punkt verringern.
Strg + Shift + B	Setzt den markierten Text in die Schriftart *Symbol*.

Tabelle 12.1: Tastenkombinationen zum schnellen Formatieren (Forts.)

 Einige der angegebenen Tastenkombinationen funktionieren als Ein/Aus-Schalter. So können die entsprechenden Formatierungen auch mit den Tastenkombinationen zurückgenommen werden.

Praxistipp: Standardschrift verändern

Beim Erzeugen eines neuen Dokuments wird immer die voreingestellte Standardschriftart für das Dokument verwendet. Die aktuelle Schriftart und Schriftgröße für markierten Text werden Ihnen in der Symbolleiste *Format* angezeigt.

Die Schriftart soll nun für das gesamte Dokument verändern werden – in die Schriftart *Arial* und die Schriftgröße *10*. Zu diesem Zweck müssen Sie das gesamte Dokument markieren. Durch die Markierung zeigen Sie Word an, welcher Textbereich verändert werden soll. Am schnellsten geht dies, indem Sie die Tastenkombination Strg + A verwenden oder den Befehl *Bearbeiten/Alles markieren* aufrufen.

→ Die Schriftart *Arial* stellen Sie ein, indem Sie das Listenfeld *Schriftart* in der Symbolleiste *Format* anklicken und dann mit den Richtungstasten nach oben blättern, bis der Schriftname *Arial* blau hinterlegt ist.

→ Um die hinterlegte Schrift zu übernehmen, bestätigen Sie die Auswahl mit der Enter -Taste. Auch mit der Maus können Sie die Schriftart verändern. Benutzen Sie zum Blättern die Bildlaufleiste im Listenfeld. Mit einem Mausklick wird jetzt die gewünschte Schriftart auf die aktuelle Markierung übertragen.

 Schneller gelangen Sie zum Ziel, wenn Sie den Anfangsbuchstaben der gewählten Schriftart in das Listenfeld eingeben und die Taste ↓ drücken. Die Anzeige springt dann zum ersten Listeneintrag mit dem gewählten Anfangsbuchstaben.

Die Schriftgröße setzen Sie – analog zur Schriftart – im Listenfeld *Schriftgrösse* auf *10 pt*.

 Dieses Verfahren sollten Sie nicht anwenden, wenn das Dokument stellenweise bereits andere Schriftarten bzw. -größen aufweist. Diese Formatierungen gehen dabei verloren.

Die eben getroffene Auswahl gilt nur für das aktuelle Dokument. Wenn Sie später ein neues Dokument erzeugen, müssten Sie diese Einstellungen wiederholen. Wenn Sie dauerhaft *Arial 10 pt* als Standardschrift für alle neuen Dokumente festlegen wollen, müssen Sie wie folgt vorgehen:

→ Öffnen Sie das Menü *Format* und aktivieren Sie den Befehl *Zeichen*. Die Dialogbox *Zeichen* wird geöffnet.

→ Im Register *Schrift* im linken oberen Auswahlfeld blättern Sie zur Schriftart *Arial*, im rechten oberen Auswahlfeld markieren Sie den Schriftgrad 12. Danach klicken Sie auf die Schaltfläche *Standard*.

→ Wenn Sie die jetzt erscheinende Abfrage mit *Ja* bestätigen, gelten die Einstellungen ab sofort für alle neuen Texte in der Standardvorlage.

Wenn Sie weitere Änderungen an Ihrer Standardvorlage vornehmen wollen, empfiehlt es sich, die Dokumentvorlage selbst zu öffnen. Näheres zum Umgang mit Dokumentvorlagen finden Sie im Kapitel 40, »Die Dokumentvorlagen«.

13 Absatzformatierung

Absatzformatierungen wirken sich – anders als Zeichenformate – auf komplette Absätze aus. Sie eignen sich, um Textpassagen (z.B. Überschriften) hervorzuheben und den Text durch besondere Ausrichtungen oder Einrückungen zu gliedern. Das folgende Kapitel gibt einen Überblick über die vorhandenen Varianten.

13.1 Die horizontale Ausrichtung

Der geschriebene Text wird bei der Eingabe zwischen die Ränder des Texteingabebereichs gesetzt. Vorgabe ist ein einfacher Fließtext, der am linken Rand beginnt und am rechten Rand automatisch umbrochen wird. Dadurch entsteht ein Textbild, das einen glatten linken und einen unruhigen rechten Rand aufweist – der Absatz ist linksbündig ausgerichtet. Bei der horizontalen Absatzausrichtung haben Sie die Wahl zwischen linksbündiger, zentrierter oder rechtsbündiger Ausrichtung sowie so genanntem Blocksatz.

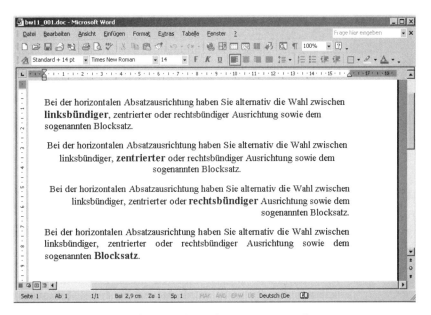

Bild 13.1: Absatzausrichtungen im Dokument, eine Variante zur Textgestaltung

Der Blocksatz nimmt dabei eine besondere Stellung ein, weil Word versucht, links und rechts einen glatten Rand zu erreichen. Dies funktioniert, indem die Abstände zwischen den Wörtern gleichmäßig ausgedehnt werden. Im ungünstigsten Fall entstehen dabei große Lücken im Text, die Sie durch Anwendung der Silbentrennung verringern (siehe Kapitel 25).

Wenn Sie bei eingestelltem Blocksatz einen manuellen Zeilenumbruch mit Shift+Enter *erzeugen, rutscht der Text unter Umständen unschön auseinander. Das können Sie unterbinden, indem Sie vor dem manuellen Zeilenumbruch ein Tabulatorzeichen mit der* Tab*-Taste einfügen.*

Methoden zur Absatzausrichtung

Da die Ausrichtung von Textpassagen eine häufig gebrauchte Formatierung der Textbearbeitung ist – z.B. zur Zentrierung von Überschriften in einem Text –, finden sich in der Symbolleiste *Formatierung* die entsprechenden Symbole. Rechts neben den schon beschriebenen Symbolen für die Zeichenformatierung sind sie angeordnet: die Symbole *Linksbündig*, *Rechtsbündig*, *Zentriert* und *Blocksatz*. Diese Symbole funktionieren auch als Anzeige: Befindet sich die Schreibmarke in einem linksbündig formatierten Absatz, erscheint das zugehörige Symbol niedergedrückt.

Um die Ausrichtung von Textpassagen zu ändern, markieren Sie zunächst den oder die zugehörigen Absätze. Klicken Sie anschließend auf die gewünschte Symbolschaltfläche – ihre Gestaltung offenbart den Zweck.

 Zur Formatierung eines einzelnen Absatzes reicht es aus, wenn die Schreibmarke im Absatz blinkt.

Auf gleiche Weise funktionieren auch die Tastenkombinationen für die Absatzausrichtung:

Strg+L	Absatzausrichtung *linksbündig*
Strg+E	Absatzausrichtung *zentriert*
Strg+R	Absatzausrichtung *rechtsbündig*
Strg+B	*Blocksatz*

 Absatzausrichtungen können Sie auch in einem Arbeitsgang mit anderen Absatzformatierungen über den Befehl Format/Absatz *vornehmen. Die Dialogbox* Absatz *stellt dafür das Listenfeld* Ausrichtung *zur Verfügung.*

13.2 Einzüge – Absätze einrücken

Wenn ein Absatz nicht wie üblich zwischen dem linken und dem rechten Seitenrand stehen soll, wird ihm ein Einzug zugeordnet. Absatzeinzüge sind also nichts anderes als Verschiebungen des linken oder rechten Seitenrands, bezogen auf einen Absatz. Solche Einzüge heben Absätze hervor, insbesondere Schlussfolgerungen oder – in Zusammenhang mit anderen Methoden – Aufzählungen und Nummerierungen.

Einzüge mit Symbolschaltflächen

Aufgrund der Gewohnheit, von links nach rechts zu schreiben, wird entsprechend besonders häufig eine Textpassage vom linken Rand weg in Richtung Seitenmitte geschoben.

Mit den Symbolschaltflächen *Einzug verkleinern* bzw. *Einzug vergrössern* in der Format-Symbolleiste bietet Ihnen Word die Möglichkeit, Einzüge von Absätzen korrekt und schnell vorzunehmen. Word orientiert sich hier an den schon erwähnten Standardtabstopps, die alle 1,25 Zentimeter vorsorglich in den Absatz integriert sind.

→ Ein Klick auf die Symbolschaltfläche *Einzug vergrössern* versetzt den gesamten markierten Absatz um 1,25 Zentimeter nach rechts. Jeder weitere Klick auf die Schaltfläche vergrößert den Einzug weiter um dieses Maß.

→ Um den so vergrößerten Einzug wieder schrittweise zurückzunehmen, verwenden Sie die Symbolschaltfläche *Einzug verkleinern*.

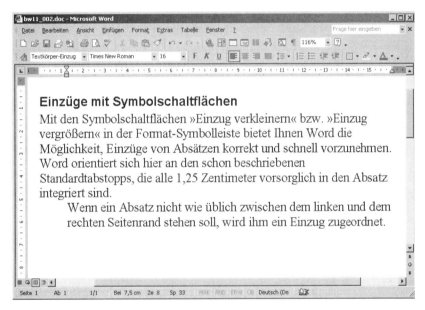

Bild 13.2: Der untere Absatz ist unter Verwendung der Symbolschaltfläche Einzug vergrössern *um eine Standardtabstoppweite eingezogen.*

Vorteil der beschriebenen Methode ist, dass sie mit wenigen Arbeitsschritten zum Erfolg führt, nachteilig wirkt sich ihre Bindung an die eingestellten Standardtabstopps aus.

Statt der beschriebenen Symbolschaltflächen können Sie auch die Tastatur verwenden. Die Tastenkombination Strg+M *vergrößert den Einzug um eine Tabstoppweite,* Strg+Shift+M *verkleinert ihn.*

Automatische Einzüge

In dem Bemühen, Ihnen als Anwender die Arbeit so weit wie möglich zu erleichtern und Sie vor zusätzlicher Arbeit zu bewahren, hat Word eine bisher von Ihnen vielleicht noch völlig unbemerkte Funktion integriert. Wenn Sie einen Absatz mit der Tab-Taste beginnen wollen, mischt sich Word ein: Das Tabulatorzeichen wird durch einen Einzug ersetzt. Damit korrigiert Word automatisch eine fehlerhafte Arbeitsweise. Ein Tabulatorzeichen am Anfang eines Absatzes ist nur selten sinnvoll. Meist müssen Sie die Tabulatoren bei der Formatierung des Texts mühselig entfernen.

 Sofort nach dem Einzug des Absatzes macht Word mit der Optionsschaltfläche AutoKorrektur-Optionen *auf die erfolgte Einmischung aufmerksam.*

Um diese Funktion zu steuern, klicken Sie auf den Menübefehl *Extras/ AutoKorrektur-Optionen* und öffnen das Register *AutoFormat während der Eingabe*. Mit einem Klick in das Kontrollkästchen *Setzt den linken und Erstzeileneinzug für Tabstopps und die Rücktaste* schalten Sie den automatischen Absatzeinzug ein bzw. aus. Alternativ verwenden Sie nach erfolgter Korrektur den Befehl *Automatischen Einzug bei Tabstopp und Rücktaste beenden* im Menü der Optionsschaltfläche *AutoKorrektur-Optionen*.

Dabei ist die Wirkung dieser Funktion unterschiedlich, je nachdem, wann Sie die Tab-Taste betätigen:

→ Am Beginn eines Absatzes wird nur die erste Zeile des Absatzes eingezogen. Es entsteht so ein Erstzeileneinzug um die Standardtabstoppweite.

→ Drücken Sie die Tab-Taste am Anfang der zweiten oder einer der folgenden Zeilen des Absatzes, zieht Word den gesamten Absatz ein.

 Um alle automatischen Absatzeinzüge zurückzusetzen, drücken Sie die Backspace*-Taste vor der ersten Zeile.*

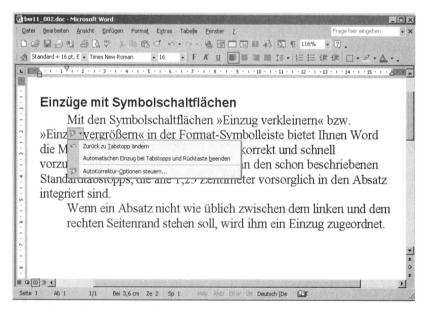

Bild 13.3: Automatischer Einzug mit der (Tab)-Taste. Die Wirkung hängt von der Position ab, an der Sie die (Tab)-Taste drücken.

Um trotz aktivierter Funktion ein Tabulatorzeichen einzufügen, verwenden Sie die Tastenkombination Strg+Tab. *Diese Tastenkombination funktioniert immer dann, wenn der* Tab*-Taste eine besondere Funktion zugeordnet ist, z.B. in Tabellen oder in der Gliederungsansicht.*

Einzüge mit dem Lineal verändern

Das horizontale Lineal ist ein vielseitiges Werkzeug zum genauen Platzieren von Text. Auch für die Veränderung von Einzügen auf der linken und rechten Seite lässt es sich einsetzen.

 Sollte das Lineal in Ihrer Bildschirmansicht fehlen, können Sie es mit dem Befehl Ansicht/Lineal *aktivieren. Wenn dieser Befehl deaktiviert ist, wechseln Sie zur Textansicht* Seitenlayout.

Dazu befinden sich auf der linken und rechte Seite des Lineals so genannte *Einzugsmarken*, die sich mit der Maus verschieben lassen. Bereits bei den beschriebenen Methoden zum Einziehen von Absätzen hatte sich die Einstellung dieser Marken verändert.

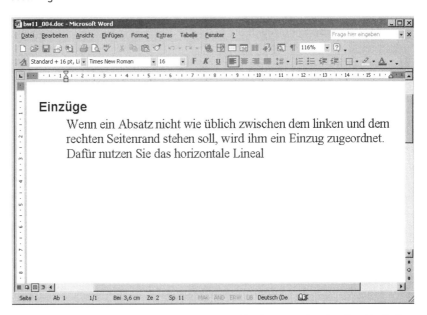

Bild 13.4: Der Textabsatz hat einen linken Einzug erhalten, die Einzugsmarken im Lineal befinden sich an einer neuen Stelle.

Bild 13.5: Wenn Sie bei der Arbeit mit dem Lineal zusätzlich die (Alt)-Taste halten, verändert sich die Anzeige des Lineals und Word zeigt Ihnen die genauen Abstandsangaben zu den Seitenrändern in Zentimetern an.

Beachten Sie bei den folgenden Arbeitsschritten, dass der Schieber auf der linken Seite des Lineals aus drei Teilen besteht:

→ Die obere Einzugsmarke *Erstzeileneinzug* beeinflusst ausschließlich das Verhalten der ersten Zeile eines Absatzes. Sie kann separat bewegt werden.

→ Die untere Einzugsmarke *Hängender Einzug* beeinflusst das Verhalten der zweiten bis letzten Zeile eines Absatzes. Auch diese Einzugsmarke lässt sich separat bewegen.

→ Der darunter angeordnete Schieber *Linker Einzug* beeinflusst den gesamten Absatz. Beim Verschieben bewegt Word beide Einzugsmarken mit.

Word zeigt Ihnen die Bezeichnung der einzelnen Einzugsmarken in einer QuickInfo an, wenn Sie den Mauszeiger auf das entsprechende Steuerelement im Lineal setzen.

Einzug links mit dem Lineal verändern

Setzen Sie zunächst als Markierung die Schreibmarke in den gewünschten Absatz. Bewegen Sie dann die Maus auf den linken Schieber im Lineal über das untere Kästchen – es erscheint die QuickInfo *Linker Einzug*. Drücken Sie die linke Maustaste. Verschieben Sie das Kästchen mit gedrückt gehaltener Maustaste nach rechts bis zur gewünschten Position. Im Word-Fenster folgt eine punktierte Linie der Mausposition, um Ihnen die Orientierung zu erleichtern. Nach dem Loslassen der Maustaste setzt Word den neuen Einzug.

Einzug rechts mit dem Lineal verändern

Wenn Sie einen Absatz rechts vom Seitenrand wegziehen, erreichen Sie, dass der Text vor dem üblichen Seitenrand umbrochen wird. Natürlich ist auch der umgekehrte Fall denkbar. Die Einzugsmarke auf der rechten Seite des Lineals ist nur einteilig. Setzen Sie die Schreibmarke in den Absatz oder markieren Sie die Absätze, die einen rechten Einzug erhalten sollen.

Wenn Sie die Einzugsmarke auf der rechten Seite des Lineals nicht finden, stellen Sie mit dem Befehl Ansicht/Zoom *die Bildschirmansicht auf* Seitenbreite.

Zeigen Sie auf die Einzugsmarke auf der rechten Seite des Lineals: Die QuickInfo *Rechter Einzug* erscheint. Ziehen Sie die Einzugsmarke mit gedrückter linker Maustaste an die gewünschte Position. Wenn Sie die Maustaste loslassen, wird der Absatz eingezogen.

Nachträgliche Änderungen des Einzugs sind jederzeit möglich – ziehen Sie das Kästchen Linker Einzug *bzw. die Einzugsmarke* Rechter Einzug *wie beschrieben an die gewünschte neue Stelle.*

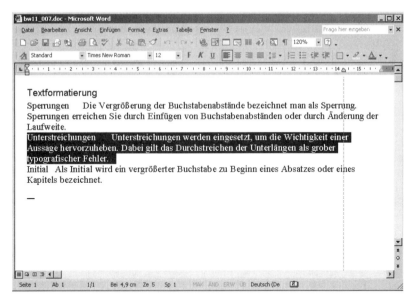

Bild 13.6: Der mittlere Absatz wird mit dem Lineal auf der rechten Seite eingezogen.

Spezielle Techniken

Für die Steuerung des Lineals befindet sich auf der rechten Seite eine Symbolschaltfläche, die in erster Linie für die Tabstopps zuständig ist. Weitere Klicks auf die Symbolschaltfläche im Lineal offenbaren zusätzliche Schaltflächen für die Linealsteuerung: Mit den Symbolen *Erstzeileneinzug* und *Hängender Einzug* stellen Sie Absatzeinzüge ein.

→ Wählen Sie das Symbol *Hängender Einzug* und klicken Sie an die gewünschte Position im Lineal, um einen hängenden Einzug zu erzeugen.

→ Wählen Sie das Symbol *Erstzeileneinzug* und klicken Sie an die gewünschte Position im Lineal, um einen besonderen Einzug für die erste Zeile zu erzeugen.

Bild 13.7: Das Word-Lineal mit verschobenen linken und rechten Einzügen – links sehen Sie das Symbol Hängender Einzug *sichtbar.*

Praxistipp: Einzüge mit dem Lineal

Einzüge von Absätzen sind ein wirkungsvolles Mittel, um Texte optisch aufzubereiten. Eine ausgewogene Kombination der Mittel ist dabei anzuraten. Das folgende Beispiel kombiniert rechte und linke Einzüge unter Verwendung des Lineals.

→ Die Überschrift soll links eingezogen werden. Markieren Sie dazu die Überschrift und setzen Sie den Mauszeiger auf das Kästchen *Linker Einzug*. Halten Sie die linke Maustaste gedrückt und ziehen Sie das Kästchen zwischen die Zahlen *2* und *3* im linken grauen Teil des Lineals.

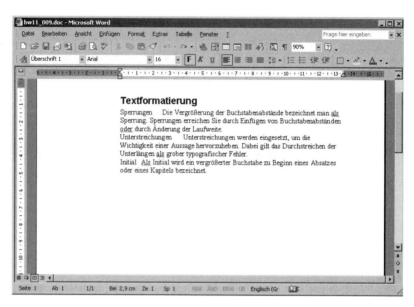

Bild 13.8: Auf diesem Text basiert das Beispiel: Der linke Seitenrand steht auf 5,08 cm.

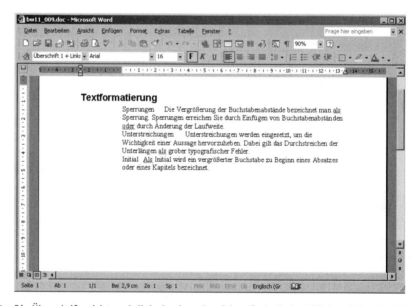

Bild 13.9: Die Überschrift reicht nach links in einen Bereich außerhalb des üblichen Seitenbereichs.

→ Der erste, mit Sperrungen beginnende Absatz ist unverändert.

→ Der zweite Absatz, der mit Unterstreichungen beginnt, soll links hängend und rechts eingezogen werden, jeweils um einen Zentimeter. Dazu ziehen Sie das Kästchen *Hängender Einzug* auf die Linealteilung *1* im linken, weißen Bereich des Lineals.

→ Wiederholen Sie diesen Arbeitsschritt und ziehen Sie die Einzugsmarke *Rechter Einzug* etwa auf die Linealteilung *12,5*.

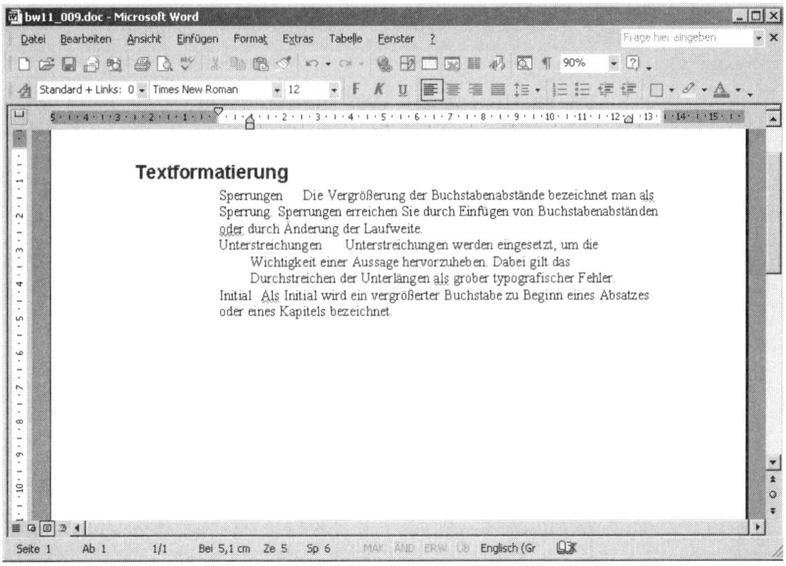

Bild 13.10: *Der zweite Absatz ist links hängend und rechts um einen Zentimeter zur Mitte hin einge-zogen.*

→ Schließen Sie die Arbeit am Beispiel ab, indem Sie den dritten Absatz um jeweils zwei Zentimeter auf der linken und der rechten Seite zur Mitte hin einziehen.

Natürlich ist die gewählte Gestaltung nur ein Beispiel zur Veranschau-lichung – eine sparsamere Anwendung der Einzüge wäre aus optischen Gründen viel vorteilhafter.

Wenn bei der Arbeit mit der Maus die Einzugsmarken im Lineal verschwun-den sind, dann setzen Sie mit der Tastenkombination Strg + Q *den mar-kierten Absatz wieder auf die Standardeinstellung zurück. Beachten Sie aber, dass damit auch alle anderen Änderungen an diesem Absatz zurückgesetzt werden.*

Variationen mit der ersten Zeile

Die erste Zeile eines Absatzes verdient besondere Beachtung und soll häu-fig gegenüber dem restlichen Text hervorgehoben werden. Dieses Verfah-ren kommt z.B. bei längeren Dokumenten zum Einsatz, um den Text zu strukturieren. Unterschieden wird dabei zwischen dem so genannten *Erst-zeileneinzug* und dem *hängenden Einzug*. Für beide Varianten finden Sie die entsprechenden Einzugsmarken im Lineal.

Um einen Erstzeileneinzug zu erzeugen, markieren Sie zunächst den gewünschten Absatz. Setzen Sie den Mauszeiger über die obere Einzugs-marke *Erstzeileneinzug* im linken Teil des Lineals. Ziehen Sie die Marke mit gedrückter linker Maustaste an die neue Position.

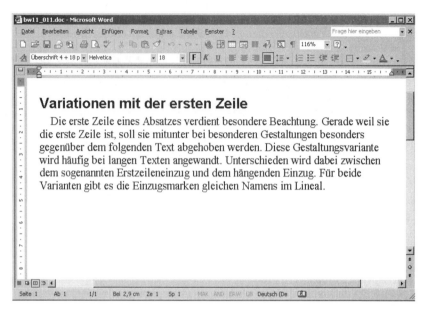

Bild 13.11: Die erste Zeile ist gegenüber den übrigen Zeilen des Absatzes ein Stück nach rechts versetzt – die Einzugsmarke Erstzeileneinzug *beeinflusst nur den Einzug dieser Zeile.*

→ Wenn Sie nur den Erstzeileneinzug einsetzen, ist die erste Zeile nach links oder rechts eingezogen. Der restliche Absatz steht nach wie vor am Seitenrand.

→ Wenn dagegen die erste Zeile ihre normale Position behalten soll, während die restlichen Zeilen des Absatzes verschoben werden, wählt man die Option *Hängender Einzug*. Diese Formatierung erstellen Sie mit der Einzugsmarke *Hängender Einzug* im linken Teil des Lineals.

Um die schon erwähnten Standardtabstopps auch bei der Erzeugung hängender Einzüge anzuwenden, können Sie die Tastenkombination Strg+T verwenden. Damit richten Sie den hängenden Einzug jeweils um eine Standardtabstoppweite nach rechts aus. Ebenso können Sie den so erzeugten hängenden Einzug mit Strg+Shift+T schrittweise zurücksetzen.

Der Erstzeileneinzug und der hängende Einzug lassen sich auch kombinieren: Verschieben Sie einfach das Kästchen Linker Einzug. *Der gesamte Absatz wird eingezogen. Die Einzugsmarken* Erstzeileneinzug *und* Hängender Einzug *behalten ihre Position zueinander.*

Praxistipp: Hängende Einzüge anwenden

Das folgende Beispiel zeigt eine typische Anwendung für den hängenden Einzug. Hier sollen die ersten Wörter im Absatz gegenüber dem folgenden Text hervorgehoben werden.

→ Fügen Sie jeweils nach dem ersten Wort des Absatzes mit der Tab-Taste ein Tabulatorzeichen ein. Achten Sie darauf, dass unmittelbar nach dem Tabulatorzeichen das nächste Wort folgt – ein Leerzeichen zwischen dem Tabulatorzeichen und dem Wort würde die genaue Ausrichtung untereinander verhindern.

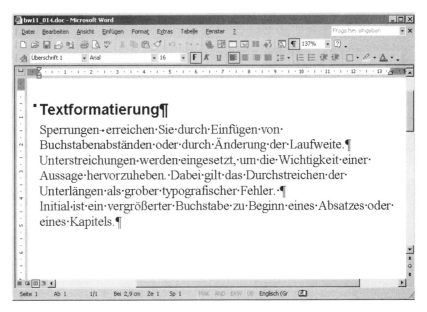

Bild 13.12: Der Rohtext ist durch das Einfügen der Tabulatorzeichen vorbereitet, der hängende Einzug kann eingerichtet werden.

→ Markieren Sie die drei Absätze.

→ Ziehen Sie die Einzugsmarke *Hängender Einzug* bei gedrückter linker Maustaste nach rechts an die gewünschte Position.

→ Lassen Sie die Maustaste los, um den Vorgang abzuschließen.

 Der optische Eindruck dieser Einzugsart lässt sich noch verstärken, wenn Sie die Zeichen der jeweils ersten Wörter des Absatzes noch besonders auszeichnen – z.B. durch die Zuweisung des Zeichenformats Fett.

Absatzformatierungen mit der Dialogbox

Die bisher beschriebenen Absatzformate erzeugen Sie gleichermaßen numerisch exakt. In Word sind alle Absatzformate in einer einzigen Dialogbox zusammengefasst, die Sie mit dem Menübefehl *Format/Absatz* aufrufen. So wenden Sie in einem Arbeitsgang mehrere Formatierungen an und richten diese wesentlich genauer ein, als dies mit der Maus und dem Lineal möglich wäre.

→ Das Listenfeld *Ausrichtung* enthält die vier möglichen Absatzausrichtungen – *Links*, *Zentriert*, *Rechts* und *Block*.

→ Das Listenfeld *Gliederungsebene* weist eine hierarchische Ebene innerhalb einer Gliederung zu. Nach dem Zuweisen von Gliederungsebenen können Sie z.B. das Dokument in der Gliederungsansicht bearbeiten.

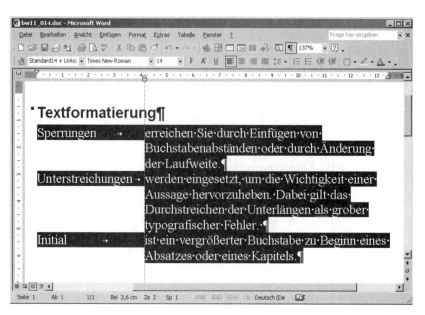

Bild 13.13: Mit einer einzigen Mausaktion verpassen Sie allen markierten Absätzen einen hängenden Einzug.

→ Im Bereich *Einzug* finden Sie vier Listenfelder, mit denen Sie die Absatzeinzüge festlegen. Im Unterschied zur Arbeit mit dem Lineal oder mit Tastenkombinationen sind Sie hier nicht an die voreingestellten Standardtabstoppweiten gebunden. Geben Sie die gewünschten Positionen einfach in die Eingabefelder ein. Alternativ verwenden Sie die Pfeile, um in den vorgegebenen Schritten zu blättern. Die Maßeinheit »cm« ergänzt Word automatisch.

Um die angezeigte Standardmaßeinheit einzustellen, klicken Sie auf Extras/ Optionen. *Öffnen Sie das Register* Allgemein. *Wählen Sie im Listenfeld* Masseinheit *die Einheit aus, die Word standardmäßig verwenden soll.*

Im Listenfeld *Sondereinzug* finden Sie die Einträge *Erste Zeile* und *Hängend* für die beschriebenen Funktionen im Umgang mit der ersten Zeile. Das Listenfeld ist mit der Auswahl *(ohne)* vorbelegt, d.h. alle Einstellungen gelten für den gesamten Absatz. Wenn Sie hier eine Auswahl treffen, können Sie im Eingabefeld *um* den Einzug millimetergenau einrichten.

Nachdem Sie alle Eingaben vorgenommen haben, müssen Sie die Dialogbox mit einem Klick auf die Schaltfläche *OK* schließen, um die Formatierung auf die markierten Absätze zu übertragen.

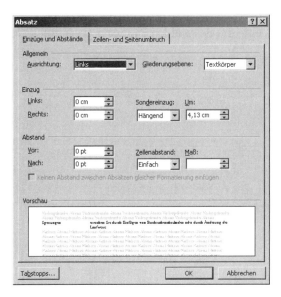

Bild 13.14: Der hängende Einzug aus dem beschriebenen Beispiel – mit der Dialogbox Absatz *einge-stellt.*

13.3 Vertikale Abstände

Zu einer vollständigen Textgestaltung gehört auch, dass inhaltlich unter-schiedliche Textpassagen optisch voneinander abgesetzt sind. Üblicher-weise erledigen Sie das wohl mit der Zeilenschaltung, um eine Leerzeile zu erzeugen. Word hält für vertikale Abstände aber professionellere Lösungen bereit – den Zeilenabstand innerhalb eines Absatzes und Abstände zwi-schen Absätzen.

Der Zeilenabstand

Als Zeilenabstand wird in Word der Abstand zwischen den einzelnen Zeilen innerhalb eines Absatzes bezeichnet. Der Zeilenabstand umfasst dabei die Schriftgröße in der Zeile und zuzüglich ein Abstand zur Unterkante der Buchstaben der darüber stehenden Zeile. Word verwendet für den Zeilen-abstand einen Wert von 120% der Schriftgröße. Dabei ist die Schriftgröße Ihnen überlassen: Werden innerhalb einer Zeile einzelne Zeichen größer formatiert als der Rest, orientiert sich Word an den größten Buchstaben. Der Zeilenabstand wird auf das entsprechende Maß vergrößert, um zu ver-hindern, dass die größeren Buchstaben in die Zeile darüber hineinragen. Durch diese Automatik müssen Sie nur selten in den Zeilenabstand eingrei-fen.

Wenn Sie für einen genauen Drucksatz nichts irgendeiner Automatik über-lassen wollen oder dürfen, legen Sie den Zeilenabstand manuell fest. Um den Zeilenabstand markierter Absätze zu ändern, rufen Sie mit einem Klick auf *Format/Absatz* die Dialogbox *Absatz* auf. Im Listenfeld *Zeilenabstand* wählen Sie den gewünschten Zeilenabstand – z.B. *Doppelt* – aus. Nachdem

Sie Ihre Eingaben mit einem Klick auf *OK* bestätigt haben, stellt Word den Zeilenabstand ein – im Beispiel auf 240% der gewählten Schriftgröße.

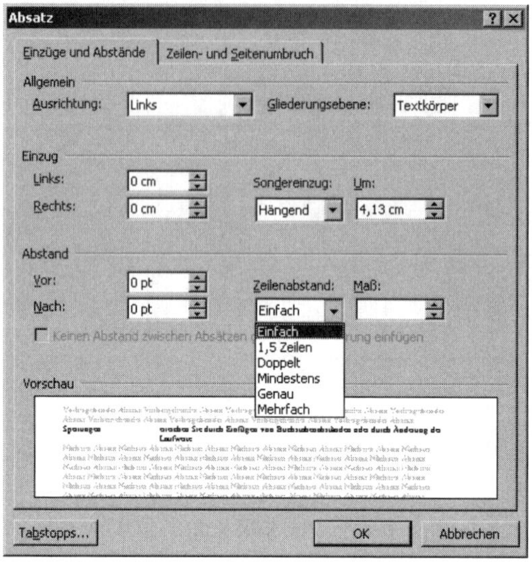

Bild 13.15: *Die Dialogbox* Absatz *enthält die Möglichkeit, Zeilenabstände aus einem Listenfeld auszuwählen und mit einem Maß genau zu bestimmen.*

Das Listenfeld *Zeilenabstand* bietet Ihnen eine Auswahl von sechs Einstellungen, von denen drei – *Mindestens*, *Genau* und *Mehrfach* – im Eingabefeld *Mass* mit einer Maßangabe kombiniert werden.

→ *Einfach* ist der von Word verwendete Standardwert von 120% der Schriftgröße des größten Buchstabens innerhalb einer Zeile. Verwenden Sie innerhalb einer Zeile einen größeren Buchstaben, wird diese Zeile automatisch nach oben und unten von den übrigen Zeilen abgerückt. Nicht betroffene Zeilen des Absatzes bleiben unverändert.

→ Die Auswahlen *1,5 Zeilen* und *Doppelt* nehmen den eineinhalbfachen bzw. doppelten automatischen Zeilenabstand als Grundlage für die Einstellung des Zeilenabstands.

→ Über die Einstellung *Mindestens* wird verhindert, dass der Zeilenabstand einen bestimmten Wert unterschreitet. Dieser Wert wird unter *Mass* in der Maßeinheit *Punkt* vorgegeben. Ist das größte Zeichen der Zeile größer als dieses Maß, wird der Zeilenabstand automatisch angepasst.

→ Die Auswahl *Mehrfach* nimmt ebenfalls den automatischen Zeilenabstand als Grundlage. Sie haben jedoch die Möglichkeit, im Listenfeld *Mass* eine Zahl zwischen 0,06 und 132 Zeilen einzugeben.

→ *Genau* legt den Zeilenabstand eines Absatzes unabhängig von der Schriftgröße fest. Der im Eingabefeld *Mass* eingetragene Zeilenabstand wird weder unter- noch überschritten. Zeichen, die größer sind als dieser Abstand, werden erbarmungslos abgeschnitten.

Für die schnelle Veränderung der Zeilenabstände stehen Tastenkombinationen zur Verfügung. `Strg`+`1` *setzt den einfachen,* `Strg`+`5` *den einein-halbfachen und* `Strg`+`2` *den doppelten Zeilenabstand.*

Abstände durch Leerabsätze

Ein Leerabsatz ist ein mit der `Enter`-Taste erzeugter Absatz, der aber kein weiteres Zeichen enthält. Diese Vorgehensweise ist der Arbeit mit der Schreibmaschine entlehnt und das schnellste Verfahren, um einen Zwischenraum zwischen zwei Absätzen zu schaffen. Um einen solchen leeren Absatz zwischen zwei Absätzen zu erzeugen, drücken Sie am Ende des vorhergehenden Absatzes zweimal die `Enter`-Taste. Das erste Mal erzeugt das Absatzende, das zweite Mal den leeren Absatz. Danach setzen Sie die Texteingabe fort.

Solange Sie keine besonderen Anforderungen an Ihre Dokumente stellen, ist dieses Verfahren in Ordnung. Es hat aber auch einige Nachteile:

→ Sie verzichten zunächst einmal auf jede Möglichkeit, die Abstände zwischen den Absätzen genau einzustellen. Es befindet sich immer ein leerer Absatz zwischen zwei »Textabsätzen«, zwischen die der Abstand eigentlich gehört.

→ Der zweite Nachteil ergibt sich aus der Gleichbehandlung aller Absätze durch Word. Es wird z.B. nicht unterschieden, ob vor einer Absatzmarke noch Text steht oder nicht. Im schlimmsten Fall wird Word also den Seitenumbruch rein zufällig nach einem Textabsatz vornehmen, der leere Absatz steht also am Beginn der nächsten Zeile und erzeugt so eine unschöne Lücke.

→ Der dritte Nachteil entsteht, wenn das Dokument unwesentlich länger als eine Druckseite ist, Sie den Text aber auf einer Seite unterbringen wollen. Der einfachste Weg, die Abstände zwischen den Absätzen zu verringern, ist Ihnen durch die leeren Absätze verbaut. Natürlich lässt sich mit den Mitteln von Word auch schnell den leeren Absätzen eine geringere Schriftgröße zuweisen. Da es aber elegantere Methoden gibt, ist der damit verbundene Arbeitsaufwand eigentlich nicht vertretbar.

→ Der vierte Nachteil macht sich bei der Verwendung von Formatvorlagen bemerkbar, wie im Kapitel 39, »Dokumente effektiv gestalten«, beschrieben.

Wie Sie leere Absätze schnell aus längeren Dokumenten entfernen, erfahren Sie anhand eines Beispiels im Kapitel 24, »Suchen und Ersetzen«.

Abstände zwischen Absätzen flexibel gestalten

Dieses Verfahren ist die professionellere Alternative zu den oben beschriebenen leeren Absätzen und verhindert die beschriebenen Nachteile. Weisen Sie mit der Dialogbox *Absatz* den Absätzen exakte Zwischenräume nach oben oder unten zu.

Um einem oder mehreren markierten Absätzen verschiedene Abstandseinstellungen zuzuweisen, aktivieren Sie mit *Format/Absatz* die Dialogbox *Absatz*. Tragen Sie im Register *Einzüge und Abstände* bei *Vor* bzw. *Nach* die gewünschten Abstände ein. Die Standardmaßeinheit in diesen Feldern ist *Punkt*, andere Maßeinheiten – z.B. Zentimeter – werden akzeptiert, aber in *Punkt* umgerechnet. Mit den Richtungstasten neben den Eingabefeldern stellen Sie den gewünschten Abstand ebenso ein. Die Schaltfläche *OK* beendet den Vorgang.

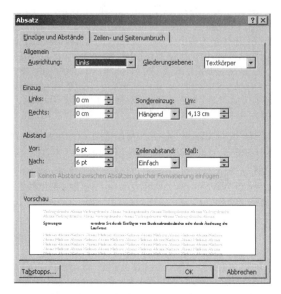

Bild 13.16: Den markierten Absätzen wird in der Dialogbox Absatz *in einem Arbeitsgang ein Abstand davor und danach zugeordnet.*

 Beachten Sie, dass sich der Abstand nach einem Absatz mit dem Abstand vor dem folgenden Absatz zu einem Zwischenraum addiert. Die ist besonders von Bedeutung, wenn Sie allen Absätzen solche Abstände zuordnen. Um Absätze um 12 Punkt von den vorherigen Absätzen abzurücken, können Sie die Tastenkombination Strg*+*0 *verwenden.*

13.4 Zeilen- und Seitenumbruch steuern

Absätzen dienen der Gliederung von Texten. Zusammenhängende Inhalte stehen in der Regel innerhalb eines Absatzes. Dieser logische Zusammenhang soll im späteren Ausdruck unabhängig von der Länge des Textes erhalten bleiben. Ein eigenes Register *Zeilen- und Seitenumbruch* in der Dialogbox *Absatz* unterstützt Sie bei der entsprechenden Formatierung Ihres Textes. Diese Einstellungen beeinflussen neben dem Ausdruck auch die Anzeige des Dokuments im Seitenlayout und in der Seitenansicht:

Das als Standard aktivierte Kontrollkästchen *Absatzkontrolle* steuert das Verhalten von Absätzen am Beginn oder Ende einer Seite. Bei aktivierter Absatzkontrolle wird ausgeschlossen, dass die letzte Zeile eines Absatzes allein am Anfang einer Seite steht und so genannte »Hurenkinder« entstehen. Automatisch übernimmt Word deshalb mindestens noch eine weitere Zeile des Absatzes mit auf die neue Seite.

Auch der umgekehrte Fall, dass nur die erste Zeile eines Absatzes am Ende einer Seite steht, wird von Word automatisch abgefangen – diesen Fehler bezeichnet man auch als »Schusterjungen«. In diesem Fall erzeugt Word einen Seitenumbruch und beginnt den Absatz erst auf der neuen Seite.

Beachten Sie bei der Kontrolle des Textflusses, dass Word alle Einstellungen im Listenfeld Abstand nach *als zum Absatz gehörig betrachtet und daher einen Seitenumbruch auch dann vornimmt, wenn nur dieser Abstand nicht mehr auf die vorhergehende Seite passt.*

Durch Aktivieren des Kontrollkästchens *Zeilen nicht trennen* verhindern Sie, dass Word einen Seitenumbruch innerhalb eines Absatzes vornimmt. Absätze mit dieser Einstellung werden nach Möglichkeit vollständig auf einer Seite gedruckt.

Absätze, die zu lang für eine Seite sind, werden trotz Absatzkontrolle oder der Einstellung Zeilen nicht trennen *auf die folgende Seite umbrochen.*

Zwei Einstellungen in diesem Register sind besonders für Überschriften von Bedeutung: die Kontrollkästchen *Absätze nicht trennen* und *Seitenumbruch oberhalb.*

→ *Absätze nicht trennen*
Verhindert einen Seitenumbruch zwischen einem markierten und dem darauf folgenden Absatz. Aktivieren Sie dieses Kontrollkästchen, wenn Sie eine Überschrift an den folgenden Absatz koppeln wollen. Dadurch treffen Sie Vorsorge dagegen, dass eine Überschrift am Ende einer Seite steht und der zugehörige Text erst auf der nächsten Seite beginnt.

→ *Seitenumbruch oberhalb*
Fügt vor dem markierten Absatz einen manuellen Seitenumbruch ein. Verwenden Sie dieses Kontrollkästchen, um z.B. mit einer Überschrift oder einer Tabelle eine neue Seite zu beginnen.

13.5 Kontrolle der Formate

Den einzelnen Absätzen lassen sich zahlreiche Formatierungen zuweisen. Einen guten Eindruck davon, was ein Absatz alles so mit sich »herumschleppt«, gibt Ihnen der Aufgabenbereich *Formatierung anzeigen.*

Aktivieren Sie den Befehl *?/Direkthilfe* oder benutzen Sie die Tastenkombination [Shift]+[F1]. Markieren Sie mit einem Klick den Absatz, über den Sie Informationen einholen wollen. In dem sich öffnenden Aufgabenbereich werden alle zugewiesenen Formatierungen angezeigt.

Die Einstellungen lassen sich auch über die Dialogbox *Absatz* kontrollieren. Formatierungen, die Sie z.B. mit Hilfe des Lineals oder durch verschiedene Tastenkombinationen vorgenommen haben, übernimmt Word als Einstellungen in die entsprechenden Felder der Dialogbox. Sobald Sie also einen Absatz markieren und die Dialogbox aufrufen, sehen Sie die vorgenommenen Einstellungen in den zugehörigen Listenfeldern.

Bild 13.17: *Das Register* Zeilen- und Seitenumbruch *in der Dialogbox* Absatz. *Die gewählte Einstellung beginnt mit dem Absatz auf einer neuen Seite.*

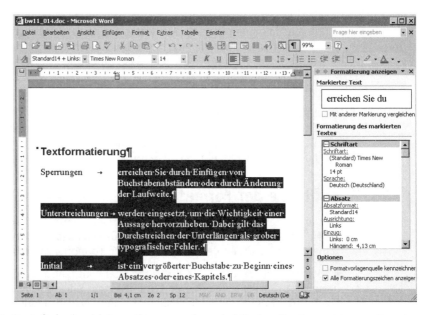

Bild 13.18: *Im Aufgabenbereich* Formatierung anzeigen *sind die dem Absatz zugewiesenen Formate zu sehen.*

 Wenn mehrere Absätze markiert sind, dann erscheinen in den Listenfeldern nur Formatierungen, die bei allen markierten Absätzen gleich sind. Unterschiedlich eingestellte Listenfelder bleiben leer.

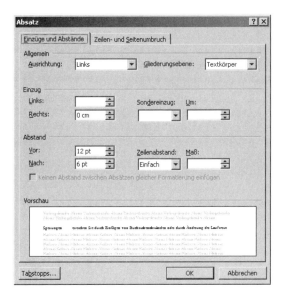

Bild 13.19: Hier wurden mehrere unterschiedlich formatierte Absätze markiert – einige Listenfelder sind leer geblieben.

14 Textpassagen mit Tabstopps ausrichten

Tabulatorzeichen sind horizontale Abstandhalter zur exakten Ausrichtung von Textelementen. Word kennt unterschiedliche Arten von Tabulatoren und kann diese interaktiv oder numerisch festlegen. Wie das funktioniert, erfahren Sie in diesem Kapitel.

Unterschiedliche Tabstopps

Um es vorweg ganz deutlich zu sagen: Die Arbeit mit Tabstopps besteht aus mehreren Arbeitsschritten. Sie müssen mit der [Tab]-Taste ein Tabulatorzeichen an der zu überbrückenden Stelle eingeben, die Art des Tabulators auswählen und die »Länge« des Tabulatorzeichens festlegen. Für neu eingegebene Tabulatorzeichen sind in Word zunächst die Standardtabstoppweiten voreingestellt. Die mit der [Tab]-Taste erzeugten Zeichen – kleine Pfeile mit der Spitze nach rechts – richten sich zunächst an diesen vordefinierten Positionen aus.

Bild 14.1: *In der Dialogbox* Tabstopps *ändern Sie bei Bedarf die voreingestellten Standardtabstopps – wählen Sie im gleichnamigen Eingabefeld einen anderen Abstand.*

Um die Standardtabstoppweiten zu verändern, nehmen Sie mit dem Befehl *Format/Tabstopp* in der Dialogbox *Tabstopps* eine entsprechende Eintragung vor. Mit diesem Verfahren ändern Sie aber nur die Einstellungen für das aktuelle Dokument. Dauerhafte Änderungen müssten Sie in die Dokumentvorlagen übernehmen, was später beschrieben wird.

Bild 14.2: *Abbildung 14.2:Im horizontalen Lineal sind die Standardtabstopps durch kleine senkrechte Markierungsstriche unterhalb der Linealteilung zu erkennen.*

Falls Sie in Word ein Dokument öffnen, in dem andere Standardtabstopps festgelegt sind, bleiben diese Einstellungen erhalten.

Natürlich können Sie für ein Schnellverfahren den Text mit den Standardtabstopps ausrichten – mehrere Tabulatorzeichen hintereinander führen auch zum Ziel. Viel wirkungsvoller ist aber die Arbeit mit individuell gesetzten Tabstopps, zumal es davon auch noch mehrere Varianten gibt. Dabei reicht es dann auch aus, je nach gewünschter Position nur ein Tabulatorzeichen zu verwenden und dieses millimetergenau zu positionieren. Außerdem unterstützt Word dieses Verfahren durch die Bereitstellung unterschiedlicher Tabstopparten.

Bild 14.3: *Lineal mit den fünf Tabstopparten* – Tabstopp links, Tabstopp zentriert, Tabstopp rechts, Tabstopp dezimal *und* Tabstopp Vertikale Linie. *Ganz links im Lineal befindet sich die Symbolschaltfläche zur Wahl des Tabstopps.*

Die unterschiedlichen Arten von Tabstopps helfen bei der Ausrichtung von Text an Tabstopppositionen.

→ Der *Tabstopp links* wird von Word als Standard verwendet. Wenn Sie mit der Symbolschaltfläche ganz links im horizontalen Lineal keine Veränderung vorgenommen haben, ist der Tabstopp links eingestellt. Die festgelegte Tabstoppposition ist dann die linke Begrenzung für den folgenden Text.

→ Der *Tabstopp zentriert* lässt den Text links bzw. rechts von der Tabstoppposition gleichmäßig erscheinen. Die Tabstoppposition bildet sozusagen eine individuelle Mittellinie, um die herum der Text gleichmäßig verteilt wird.

→ Der *Tabstopp rechts* sorgt dafür, dass die Tabstoppposition den rechten Rand des Texts bildet.

→ Der *Tabstopp dezimal* ist für Zahlen gedacht, die am Dezimalzeichen untereinander ausgerichtet werden sollen, im deutschen Sprachraum ist das üblicherweise ein Komma.

→ Der *Tabstopp Vertikale Linie* nimmt keinen Einfluss auf die Textausrichtung. Damit erzeugen Sie eine dünne, senkrechte Linie, die Sie z.B. zur optischen Trennung von ausgerichteten Texten einsetzen.

Jeder Klick auf die Symbolschaltfläche *Tabstopp* ändert die Auswahl der Tabstoppart – die gerade ausgewählte Tabstoppart wird dann als Symbol angezeigt.

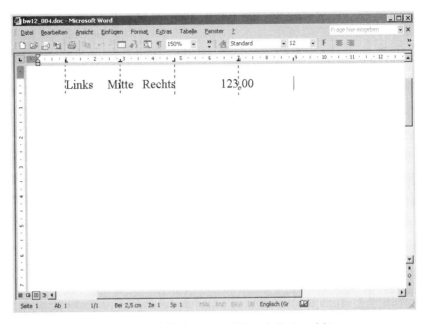

Bild 14.4: Verschiedene Tabstopparten und die daraus resultierende Textausrichtung.

Absätze und Tabstopps

Tabulatoren sind Absatzformate. Sie gehören zu den in der Absatzmarke enthaltenen Informationen und können auf andere Absätze übertragen werden. In der Dialogbox *Absatz* befindet sich deshalb auch eine Schaltfläche *Tabstopps*, mit der Sie die gleiche Dialogbox *Tabstopp* aufrufen, wie mit dem Befehl *Format/Tabstopps*.

Egal, wie Sie einen Tabstopp setzen, er gilt für den gesamten Absatz, der gerade markiert ist bzw. in dem sich gerade die Schreibmarke befindet. Wenn mehrere Absätze markiert sind, legen Sie die Tabstopppositionen für alle markierten Absätze fest.

Es ist auch unwichtig, in welcher Reihenfolge Sie vorgehen. Sie können erst die Tabstopppositionen festlegen und danach die Tabulatorzeichen in den Text einfügen oder umgekehrt. Wichtig ist nur, dass Sie *beides* tun – eine gesetzte Tabstoppposition ist nur dann von Bedeutung, wenn es im gleichen Absatz ein Tabulatorzeichen gibt, das sich daran ausrichtet.

Wenn Sie einem Absatz den ersten individuellen Tabstopp zuordnen, löscht Word alle davor stehenden Standardtabstopps; dahinter sind sie jedoch noch vorhanden.

Ob und wo Sie in einem Absatz individuelle Tabstopps gesetzt haben – ein Blick auf das Lineal verrät es. Setzen Sie den Mauszeiger in den fraglichen Absatz, um die vorhandenen Tabstopps anzuzeigen.

Tabstopps mit der Maus setzen

Tabstopps werden am schnellsten mit der Maus in das Lineal gesetzt. Die Genauigkeit ist dabei im Normalfall auf die Maßeinteilung des Lineals begrenzt. In definierten Schritten lassen sich die Tabulatoren setzen.

→ Durch Markierung bestimmen Sie zunächst die Absätze, für die Tabstopppositionen festgelegt werden sollen.

→ Wählen Sie danach die Art des Tabstopps durch Klicken auf die Symbolschaltfläche *Tabstopp* im Lineal. Wenn die Symbolschaltfläche die gewünschte Tabstoppart anzeigt, ist sie ausgewählt.

→ Zielen Sie anschließend mit der Maus in den unteren Teil des Lineals, auf die graue Unterkante oder unwesentlich höher in das Lineal.

→ Wenn Sie die Maustaste drücken, erscheint der gewünschte Tabstopp im Lineal. Solange Sie jetzt die Maustaste halten, können Sie den Tabstopp noch nach links oder rechts verschieben. Wenn Sie während dieses Vorgangs zusätzlich die Alt-Taste niederdrücken, lassen sich noch genauere Ergebnisse mit der Maus erzielen. Die Genauigkeit wird dadurch wesentlich verfeinert.

Die genauesten Positionen bestimmen Sie, indem Sie vor dem Setzen der Positionen die Ansicht mit Ansicht/Zoom *vergrößern. In Kombination mit der gehaltenen* Alt*-Taste können so Positionen mit einer Genauigkeit von unter einem Millimeter erreicht werden.*

→ Wenn Sie sich jetzt noch entscheiden, doch keine Tabstoppposition festzulegen, ist das kein Problem. Solange Sie die Maustaste noch gedrückt halten, ist der Vorgang nicht abgeschlossen. Sie können den Tabstopp einfach nach unten aus dem Lineal herausziehen und die Taste loslassen. Nur wenn Sie die Maustaste nach einem Klick im Lineal loslassen, wird wirklich ein Tabstopp in der ausgewählten Art gesetzt.

Tabstopppositionen mit der Maus korrigieren

So viel Mühe Sie sich auch beim Setzen einer Tabstoppposition geben, nur selten sitzen die Tabstopps sofort korrekt. Häufig merken Sie erst beim letzten in einen Absatz gesetzten Tabstopp, dass alle anderen ein wenig angepasst werden müssen. Kein Problem: Fassen Sie den gewünschten Tabstopp mit der Maus und verschieben Sie ihn mit gehaltener linker Maustaste im Lineal nach rechts oder links. Wenn Sie die Maustaste loslassen, wird der Tabstopp an die neue Position gesetzt.

Sie müssen den Tabstopp, der verschoben werden soll, genau mit der Maus treffen – jeder Klick in das Lineal, der nicht auf einen vorhandenen Tabstopp trifft, setzt einen neuen Tabulator an der angeklickten Stelle.

Überflüssige Tabstopps sind schnell beseitigt: Klicken Sie auf den überflüssigen Tabstopp und ziehen Sie ihn mit gehaltener linker Maustaste nach unten aus dem Lineal heraus. Nach dem Loslassen der Maustaste ist der Tabstopp aus dem Lineal verschwunden.

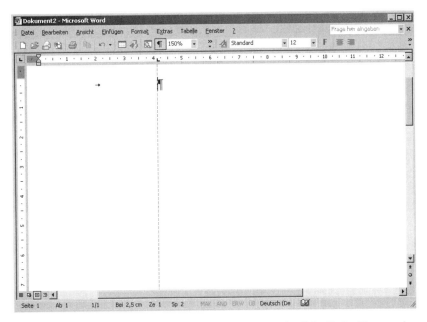

Bild 14.5: *Ein* Tabstopp links *wird gesetzt – die gestrichelte Linie verdeutlicht die Position, an der sich der Text später ausrichtet.*

Auch zur Korrektur von Tabstopps ist es notwendig, alle gewünschten Absätze vorher zu markieren. Word hat sich nicht gemerkt, wenn Sie die Tabstopps vorher in einem Arbeitsgang für mehrere Absätze gleichzeitig gesetzt hatten. Wenn nach der Markierung mehrerer Absätze einer der Tabstopps im Lineal grau erscheint, dann ist er in einem der markierten Absätze nicht vorhanden.

Wenn Sie die Art des Tabstopps nachträglich korrigieren wollen, wird das interaktive Verfahren mit der Maus etwas unhandlich: Zunächst muss der falsche Tabstopp aus dem Lineal gelöscht, die Art mit der Symbolschaltfläche neu gewählt und ein neuer Tabstopp an die vorherige Stelle gesetzt werden. Eine komfortable Alternative bietet Ihnen hier die Dialogbox Tabstopps, *die mit einem Doppelklick auf eine Tabulatorposition geöffnet wird.*

Praxistipp: Tabstopps auswählen und setzen

Auch wenn Word andere Möglichkeiten bietet, die Erstellung von Tabellen unter Verwendung von Tabstopps ist auch heute nicht ohne Bedeutung. Das folgende Beispiel demonstriert die Überlegungen zur Auswahl der richtigen Art der Tabstopps und das Setzen mit Maus und Lineal.

→ Sie benötigen einen Plan, um das weitere Vorgehen effektiv zu gestalten. Das Dokument enthält eine vierspaltige Tabelle. Die Tabstopps können für alle Absätze gleichzeitig gesetzt werden – also markieren Sie im nächsten Schritt alle Absätze.

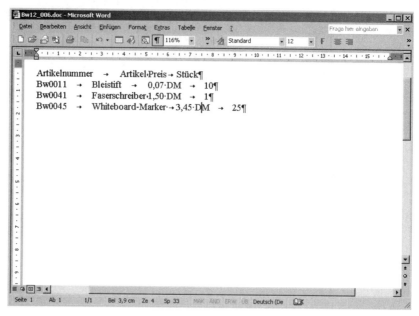

Bild 14.6: Der Rohtext enthält bereits die Tabulatorzeichen; sie müssen nur noch durch Auswahl der Tabstoppart und Festlegung der Tabstopppositionen ausgerichtet werden.

→ Es müssen drei Tabstopps gewählt und gesetzt werden, die erste Spalte kann links am Seitenrand ausgerichtet bleiben.

– Die Spalte *Artikel* bietet sich vielleicht für das Ausprobieren eines *Tabstopp zentriert* an.

– Die Spalte *Preis* kann einen *Tabstopp dezimal* ebenso gut gebrauchen.

– Nur die Spalte *Stück* ist eine noch genauere Überlegung wert. Eigentlich könnte hier ein dezimaler Tabstopp zum Einsatz kommen, weil in dieser Spalte Zahlen mit Komma ausgerichtet werden sollen. Andererseits bildet diese Spalte den rechten Rand der Tabelle. Sie entscheiden sich deshalb für einen *Tabstopp rechts* und setzen ihn auf den rechten Rand der Seite.

→ Markieren Sie nun alle Absätze des Dokuments.

→ Wählen Sie für den ersten Tabstopp mit der Symbolschaltfläche *Tabstopp* einen *Tabstopp zentriert* aus.

→ Als Position für diesen Tabstopp wählen Sie nun nach Augenschein eine günstige aus – z.B. bei etwa fünf Zentimetern.

→ Wiederholen Sie das Verfahren für die dritte Spalte, wobei Sie einen *Tabstopp dezimal* wählen und bei 8,5 cm setzen. Das sollte keine Schwierigkeiten bereiten.

→ Wählen Sie nun einen *Tabstopp rechts* aus.

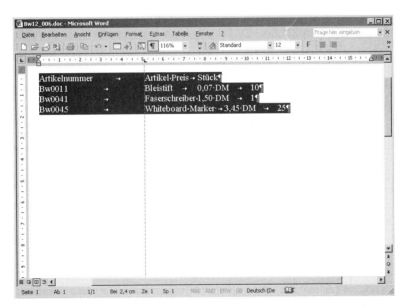

Bild 14.7: Der erste Tabstopp ist gewählt und gesetzt – schon nimmt die Tabelle etwas Gestalt an.

→ Versuchen Sie, den Tabstopp genau über die Einzugsmarke *Rechter Einzug* zu setzen. Sie werden feststellen, dass genau diese Marke Sie daran hindert, den Tabstopp dorthin zu setzen. Um dieses Problem zu lösen, setzen Sie den Tabstopp vorübergehend auf eine Position in unmittelbarer Nähe – z.B. etwa bei 15,5 cm. Nun kommt der Trick: Ziehen Sie den Tabstopp mit der Maus nach rechts über die Einzugsmarke.

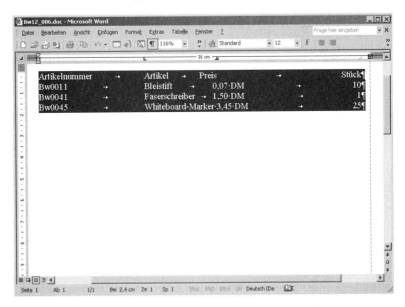

Bild 14.8: Nachträglich wird der Tabstopp auf die Position des rechten Seitenrands gezogen.

Das Ergebnis stellt Sie sicher nicht ganz zufrieden, denn ein paar Formatierungen könnte die Tabelle noch vertragen. Vielleicht sollten Sie die Tabstopps doch noch ein wenig hin und her schieben.

 Erst wenn die Werte zufriedenstellend ausgerichtet sind, sollten Sie die Überschrift gesondert behandeln: Setzen Sie die Schreibmarke in die erste Zeile und korrigieren Sie dann die Tabstopppositionen.

Tabstopps mit der Dialogbox setzen

Eine genaue Variante zum Definieren von Tabulatoren bietet der Befehl *Format/Tabstopp*. Sobald Sie den Befehl aufgerufen haben, erscheint die Dialogbox *Tabstopps*.

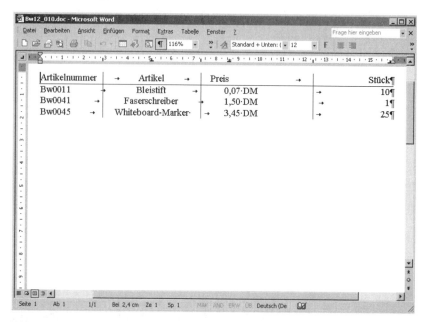

Bild 14.9: Die Dialogbox Tabstopps *liefert genaue Informationen: Hier sehen Sie das Ergebnis des beschriebenen Beispiels.*

Sie legen in dieser Dialogbox Tabstopps fest, indem Sie zunächst im Eingabefeld *Tabstoppposition* die Position als Zentimeterangabe eingeben.

 Ausgangspunkt der Tabstoppposition ist der für die Seite festgelegte Abstand vom Seitenrand. Wenn Sie also eine Tabstoppposition vom Blattrand aus ermittelt haben, müssen Sie bei der Festlegung den Seitenrand berücksichtigen, um den korrekten Wert zu erzielen.

→ Im Bereich *Ausrichtung* legen Sie die Art des Tabulators fest: *Links, Zentriert, Rechts, Dezimal* oder *Vertikale Linie.* Dieser besondere Tabstopp ist der einzige, für den Sie kein Tabulatorzeichen in den Text einfügen müssen.

→ Wenn Sie mit der Schaltfläche *Festlegen* einen solchen Tabstopp in das Dokument einfügen, erscheint im Dokument ein dünner vertikaler

Strich. Wenn Sie sorgfältig darauf geachtet haben, dass nur die mit Tabulatorzeichen überbrückten Zwischenräume einen solchen Tabstopp erhalten haben und alle Absätze markiert hatten, haben Sie nun eine recht ansehnliche Tabelle. Noch ein Strich unter die erste Zeile und Sie sind mit den einfachsten Mitteln ans Ziel gelangt.

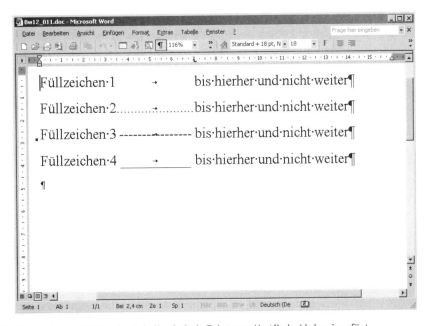

Bild 14.10: Die vertikalen Striche der Tabelle sind als Tabstopps Vertikale Linie *eingefügt.*

Die vertikalen Linien erzeugen Sie gleichfalls über das Lineal, wenn Sie vor dem Festlegen der Position die Tabstoppart Leiste-Tabstopp *wählen.*

→ Um den neuen Tabstopp zu aktivieren, klicken Sie auf die Schaltfläche *Festlegen.* Auf diese Art und Weise haben Sie auch die Möglichkeit, nacheinander mehrere Tabulatoren für die markierten Absätze zu definieren.

→ Mit Hilfe der Schaltflächen *Löschen* bzw. *Alle löschen* können Sie gesetzte Tabstopps einzeln oder im Paket wieder aufheben.

→ Um in der Dialogbox eine Position zu ändern, wird erst die alte Position gelöscht und danach die neue hinzugefügt.

→ Damit Ihre Änderungen aktiviert werden, müssen Sie die Dialogbox mit der Schaltfläche *OK* schließen.

Tabstopps über die Dialogbox korrigieren

Auch beim Korrigieren vorhandener Tabstopps leistet die Dialogbox *Tabstopps* gute Dienste. Mit einem Doppelklick auf einen Tabulator im Lineal wird sie geöffnet.

Es ist nicht ganz einfach, den Tabulator genau zu treffen. Bewegen Sie den Mauszeiger zunächst auf den Tabulator und warten Sie, bis die QuickInfo erscheint, bevor Sie den Tabulator doppelt anklicken.

Der angeklickte Tabulator erscheint im Eingabefeld *Tabstoppposition* und kann sofort geändert werden. Um z.B. die Art des Tabulators schnell anzupassen, klicken Sie auf eine Option im Bereich *Ausrichtung*. Mit einem Klick auf *Festlegen* und *OK* werden die aktuellen Einstellungen übernommen und Word schließt die Dialogbox.

Füllzeichen verwenden

Unter dem Begriff *Füllzeichen* bietet Word verschiedene Optionen an, um den durch den Tabstopp entstehenden Leerraum zu füllen. Diese Funktion finden Sie z.B. bei Inhaltsangaben, wenn Kapiteltitel und Seitenzahl durch eine Leitlinie verbunden werden.

Bild 14.11: Unterschiedliche Füllzeichen überbrücken den durch Tabstopps erzeugten freien Raum.

→ Wenn Sie einem Tabstopp nachträglich ein Füllzeichen zuordnen wollen, markieren Sie wie gewohnt die gewünschten Absätze.

→ Rufen Sie mit dem Befehl *Format/Tabstopp* die Dialogbox *Tabstopps* auf.

→ Markieren Sie im Anzeigefenster *Tabstoppposition* den gewünschten Tabstopp.

→ Wählen Sie anschließend eines der drei Füllzeichen aus.

→ Mit der Schaltfläche *Festlegen* wird das Füllzeichen dem Tabstopp zugeordnet.

 Um ein Füllzeichen zu entfernen, wählen Sie nach dem beschriebenen Verfahren die Fülloption Ohne, bestätigen mit Festlegen und OK und schon ist das Füllzeichen entfernt. Änderungen des Füllzeichens funktionieren analog.

15 Textobjekte optisch aufwerten

Bei langen Texten ist es hilfreich, Textpassagen zu gliedern, Nummerierungen oder Aufzählungen zu verwenden oder mit Rahmen, Schattierungen oder Initialen Blickfänge zu erzeugen. Dieses Anliegen lässt sich mit Word schnell erledigen.

15.1 Absätze nummerieren

Durch Nummerierung von Textpassagen mit mehreren Absätzen entsteht eine Liste. Ein Mittel dafür ist mit den Methoden der Absatzformatierung schon gegeben. Um nachträglich mehrere Absätze zu nummerieren, müssten Sie nur die erste Zeile eines Absatzes mit der Nummer, einem Trennzeichen – Klammer oder Punkt z.B. – und einem Tabulatorzeichen ausstatten. Formatieren Sie anschließend noch die gewünschten Absätze mit einem hängenden Einzug und Sie erhalten schon eine nummerierte Liste.

Stellen Sie sich nun vor, Sie müssenüssten nachträglich die Reihenfolge der Absätze und damit die Nummerierung per Hand ändern. Da Sie es aber mit einer professionellen Textverarbeitung zu tun haben, müssen Sie sich gar nicht so viel Mühe machen – Word kann Ihnen einen Großteil der Arbeit abnehmen. Prinzipiell unterscheiden sich zwei Arbeitsmethoden, die Nummerierung während der Texteingabe und die Nummerierung bei nachträglicher Formatierung des Texts. Word hilft Ihnen in beiden Fällen.

Für das Speichern und spätere Zuweisen spezieller Nummerierungsformate bietet Word die Formatvorlagen vom Typ Liste. *Diese nehmen die Nummerierungsattribute auf und sind mit anderen Formatvorlagen, z.B. den Überschriften kombinierbar.*

Begriffsklärung

Etwas zur Begriffsabgrenzung vorweg: In Word werden die Begriffe *Nummerierung, Aufzählung* und *Gliederung* voneinander abgegrenzt, obwohl letztendlich dieselben Methoden dahinterstecken und alles mit derselben Dialogbox erledigt wird. Alle Absätze mit einer vorangestellten Zahl sind nummeriert, bei Überschriften wird das aber zusätzlich mit dem Begriff *Gliederung* belegt, insbesondere, wenn Gliederungsebenen im Spiel sind. Stehen vor Absätzen andere Zeichen, so sind das im Sprachgebrauch von Word *Aufzählungen.*

Während der Texteingabe nummerieren

Sie wollen Absätze hintereinander mit einer laufenden Nummer versehen. Dazu beginnen Sie Ihren Text mit einer Zahl und einem Punkt dahinter. Weil Sie später einen hängenden Einzug formatieren wollen, fügen Sie mit der ⌞Tab⌟-Taste ein Tabulatorzeichen ein und beginnen Ihren Text. Am Ende des Absatzes betätigen Sie die ⌞Enter⌟-Taste. Schon ist es passiert: Am Anfang der neuen Zeile steht automatisch die nächste Nummer, gefolgt von einem Tabulatorzeichen, das Sie nicht selbst erzeugt haben.

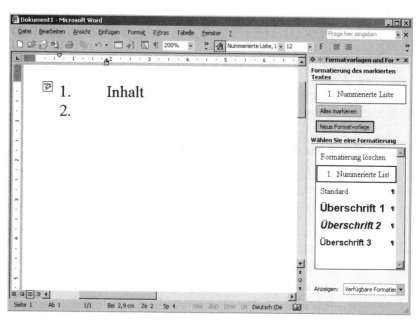

Bild 15.1: Automatisch entstandene Nummerierung während der Texteingabe durch AutoFormat

Nach dem ersten Schreck sollten Sie eigentlich zufrieden sein, der Text sieht so aus, wie Sie es wollten: Der Absatz hat einen hängenden Einzug und ist nummeriert. Außerdem wurde ihm automatisch die Formatvorlage *Nummerierte Liste* zugewiesen: Der Aufgabenbereich *Formatvorlagen und Formatierung* beweist es.

Anstelle des Tabulatorzeichens nach der Nummer reicht auch ein Leerzeichen aus, wenn Sie einen Punkt nach der Nummer geschrieben haben. Fehlt der Punkt, ist das Tabulatorzeichen notwendig, um den beschriebenen Effekt zu erzielen.

Word hat – wie in anderen Fällen auch – dafür eine Funktion aktiviert. Sie heißt *AutoFormat während der Eingabe* und sorgt dafür, dass bestimmte Formatierungen schon während der Eingabe von Text automatisch im Sinne von Word und zu Ihrer Unterstützung vorgenommen werden. Diese Funktion wird normalerweise bei der Installation automatisch aktiviert. Dafür steht mit dem Befehl *Extras/AutoKorrektur-Optionen* die Dialogbox *AutoKorrektur* mit dem Register *AutoFormat während der Eingabe* bereit. Mit dem dort befindlichen Kontrollkästchen *Automatische Nummerierung* wird sie für diesen speziellen Fall an- bzw. ausgeschaltet.

Um die automatische Nummerierung während der Texteingabe zu beenden, brauchen Sie am Ende des letzten zu nummerierenden Absatzes nur die [Enter]-Taste zweimal nacheinander zu betätigen. Dadurch entsteht zwar zunächst ein leerer Absatz, aber der ist ja schnell entfernt.

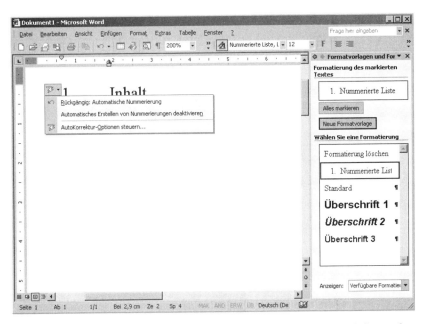

Bild 15.2: Mit der Optionsschaltfläche AutoKorrektur-Optionen nehmen Sie direkten Einfluss auf die Arbeit der AutoKorrektur.

 Nummerierungen und Aufzählungen sind eigenständige Textelemente. Sie können nicht wie andere Textelemente markiert und bearbeitet werden.

Nachträglich nummerieren mit der Symbolschaltfläche

Wenn Sie die Texteingabe vollendet haben und erst anschließend daran gehen, den Text durch die Nummerierung einer Textpassage aus mehreren Absätzen optisch aufzuwerten, kann es sehr schnell gehen. Markieren Sie in diesem Fall alle Absätze, die nummeriert werden sollen.

→ In der Format-Symbolleiste finden Sie die Symbolschaltfläche *Nummerierung*, die in ihrem Bild drei nummerierte Absätze nachbildet. Ein Klick darauf nummeriert die markierten Absätze.

→ Die Symbolschaltfläche funktioniert als Schalter: Wenn ein Absatz schon eine Nummer hat, erscheint die Symbolschaltfläche niedergedrückt. Ein erneuter Klick auf diese Schaltfläche entfernt die Nummerierung vor den markierten Absätzen.

 Wenn Sie die automatische Nummerierung deaktiviert haben, schreiben Sie bei der Texteingabe zunächst den ersten Absatz und nummerieren ihn mit der Symbolschaltfläche. Danach erhält jeder neue Absatz eine fortlaufende Nummerierung, bis Sie den Vorgang durch eine zweimalige Betätigung der Enter *-Taste abbrechen.*

Eigenschaften von Nummerierungen

Es gibt einige Besonderheiten bei den Nummerierungen, die Sie zu Ihrem Vorteil nutzen können.

→ Leere Absätze werden nachträglich nicht nummeriert. Wenn Sie also zwischen Ihren Absätzen durch Betätigung der Enter-Taste Abstand geschaffen haben, haben diese leeren Absätze in diesem Fall keine negativen Auswirkungen.

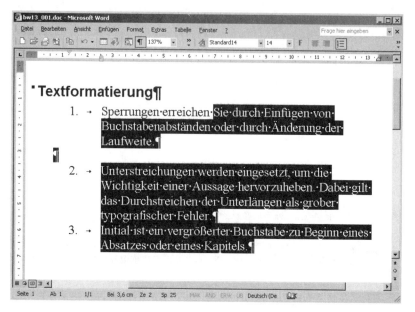

Bild 15.3: Mit der Symbolschaltfläche Nummerierung *wird nachträglich eine Textpassage numme- riert, leere Absätze bleiben dabei unberücksichtigt.*

→ Nummerierungen werden fortgesetzt, wenn Sie am Ende des letzten nummerierten Absatzes vor der Absatzmarke die Enter-Taste drü- cken.

→ Nummerierungen beginnen neu, wenn Sie an einer anderen Stelle des Dokuments einen Absatz markieren und mit der Symbolschaltfläche die Nummerierung einschalten.

→ Nummerierungen werden ergänzt, wenn Sie nachträglich zwischen den bereits nummerierten Absätzen einen neuen Absatz einfügen. Setzen Sie dazu die Schreibmarke an das Ende des Absatzes vor den neuen Text und betätigen Sie die Enter-Taste. Der neu eingefügte Absatz erhält die fortlaufende Nummer, die nächsten Absätze werden neu nummeriert.

Da die Nummerierung in einem besonderen Textbereich steht, können Sie die Schreibmarke nicht vor die Nummer setzen, um einen Absatz mit der Enter-Taste einzufügen. Sie fügen aber einen Absatz ein, wenn Sie die Schreibmarke unmittelbar vor das erste Zeichen des Absatzes setzen.

→ Nummerierungen werden aktualisiert, wenn Sie nummerierte Absätze gegeneinander austauschen. Wenn Sie also mit den üblichen Verfahren einen Absatz an einer Stelle der nummerierten Textpassage ausschneiden und an anderer Stelle wieder einfügen, wird die Nummerierung geändert.

→ Nummerierungen können unterbrochen werden, wenn Sie nummerierte Absätze markieren und mit der Symbolschaltfläche die Nummerierung ausschalten.

→ Wenn Sie auf ein Nummerierungszeichen klicken, werden die Nummerierungen durch eine graue Feldschattierung hervorgehoben. Mit einem Doppelklick auf die Markierung öffnen Sie die Dialogbox *Nummerierung und Aufzählungszeichen*.

Nummerierungen mit der Dialogbox

Auch wenn mit den aufgezeigten Methoden im Schnellverfahren schon viel zu erledigen ist, das eigentliche Werkzeug zur Arbeit mit Nummerierungen ist die Dialogbox *Nummerierung und Aufzählungszeichen*. Sie wird mit dem Befehl *Format/Nummerierung und Aufzählungszeichen* aufgerufen.

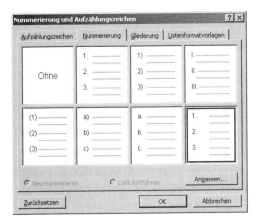

Bild 15.4: *Die Dialogbox* Nummerierung und Aufzählungszeichen *stellt im Register* Nummerierung *einen Katalog für unterschiedliche Nummerierungen zur Verfügung.*

Sie erreichen die Dialogbox auch über das Kontextmenü eines beliebigen Absatzes.

Die Dialogbox enthält einen Katalog von verschiedenen Vorlagen für Nummerierungen, den Sie einfach anwenden oder modifizieren.

Um eine Vorlage zu nutzen, klicken Sie darauf und bestätigen Ihre Auswahl mit der Schaltfläche *OK*. Das gewählte Nummerierungsformat wird sofort auf die vorher markierten Absätze übertragen. Die Optionsschaltfläche *AutoKorrektur-Optionen* bietet die Möglichkeit, über das Menü die Nummerierung an dieser Stelle neu zu beginnen und die Dialogbox *Nummerierung und Aufzählungszeichen* aufzurufen.

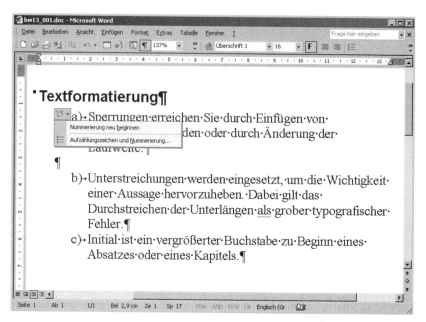

Bild 15.5: Eine andere Nummerierungsart wurde mit der Dialogbox Nummerierung und Aufzähllungszeichen *zugewiesen.*

Wenn Sie die Dialogbox öffnen, während sich die Markierung in einem nummerierten Absatz befindet, hebt Word die aktuell gewählte Nummerierungsvorlage durch eine Umrahmung hervor. Zusätzlich gibt die dort angezeigte Nummer Aufschluss über die Nummer des markierten Absatzes: Die zugehörige Nummer steht an erster Stelle der Vorschaubilder.

Um die Nummerierung markierter Absätze zu entfernen, klicken Sie auf die Auswahl Ohne; *nach einem* OK *ist die Nummerierung entfernt. Auf analoge Art wählen Sie auch eine andere Nummerierungsvariante.*

Nummerierungen anpassen

In der Dialogbox *Nummerierung und Aufzählungszeichen* können Sie Nummerierungen selbst gestalten; nahezu jeder Teil der Nummerierung ist veränderbar. Wenn Ihnen die vorgegebenen Varianten nicht ausreichen – hier finden Sie ein breites Betätigungsfeld zum Ausprobieren verschiedener Varianten.

→ Im Register *Nummerierung* finden Sie dafür die Schaltfläche *Anpassen*. Ein Klick auf diese Schaltfläche öffnet die Dialogbox *Nummerierung anpassen*. Genau das tun Sie, um die in der vorhergehenden Dialogbox ausgewählte Vorgabe nach allen Regeln der Kunst anzupassen. Nur hiermit haben Sie die Möglichkeit, den Nummernbereich im Text zu beeinflussen. Beim Verändern der Einstellungen sind Sie auf keine langen Erklärungen angewiesen; ein Vorschaufenster zeigt sofort die Auswirkung vorgenommener Änderungen.

Bild 15.6: Im Vorschaufenster der Dialogbox Nummerierung anpassen *ist jede Änderung sofort zu sehen.*

→ Im Eingabefeld *Zahlenformat* bestimmen Sie, was als Nummerierung verwendet wird.

→ Der grau unterlegte Teil diese Eingabefeldes wird mit dem darunter befindlichen Listenfeld *Zahlenformatvorlage* ausgewählt – wenn Sie diesen Teil z.B. entfernen, zeigt das Listenfeld darunter die Auswahl *Ohne*, was auch eine Möglichkeit wäre, Nummerierungen zu entfernen.

→ Nach diesem grauen Teil folgen die Trennzeichen – Punkt, Klammer oder anderes. Auch die Eingabe von Text ist hier möglich.

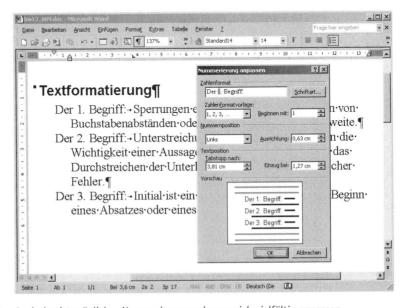

Bild 15.7: Auch das ist möglich – Nummerierungen lassen sich vielfältig anpassen.

→ Wenn Sie eine andere Schriftart wählen wollen, dann klicken Sie auf die Schaltfläche *Schriftart*. Die so bezeichnete Schaltfläche führt zur schon bekannten Dialogbox *Zeichen*. Alles, was dort einstellbar ist, können Sie auch auf Nummerierungen übertragen. Probieren Sie doch mal animierte Nummerierungen, es geht tatsächlich, genau wie hoch- oder tiefgestellte Nummern.

Die so eingestellte Zeichenformatierung bezieht sich nur auf die Nummerierung und auf die Zeichen danach, nicht auf den Text des Absatzes.

→ Das Eingabefeld *Beginnen mit* dient dazu, die Nummerierung mit einer anderen Startnummer zu versehen.

→ Mit den Eingabefeldern der Bereiche *Nummernposition* und *Textposition* haben Sie die Möglichkeit, die horizontale Stellung der Nummern und des nachfolgenden Textes zu steuern. Orientieren Sie sich dabei am Vorschaufenster, insbesondere, um den Freiraum zwischen der Nummer und dem Absatztext zu regulieren.

Exkurs Listenformatvorlagen

Mit den vorgenommenen Änderungen an einer der vorbereiteten Nummernvorlagen wird das Original ersetzt. Word speichert die Änderungen und stellt sie Ihnen in einem anderen Dokument wieder zur Verfügung. Wenn Sie jedoch die Nummerierungsform Ihrer Wahl gefunden haben, sollten Sie diese in einer Listenformatvorlage verewigen.

Dazu aktivieren Sie – bei markiertem Beispielabsatz – das Register *Listenformatvorlagen*. Wenn Sie in diesem Register auf die Schaltfläche *Hinzufügen* klicken, erscheint die Dialogbox *Neue Formatvorlage*. Über die Arbeit mit Formatvorlagen informiert Sie das Kapitel 39, »Dokumente effektiv gestalten«.

Nach den vorgenommen Änderungen an der Nummerierungsvorlage sind die Schaltflächen und Optionsfelder in der Dialogbox *Nummerierung und Aufzählungszeichen* aktiviert.

→ Die Schaltfläche *Zurücksetzen* setzt alle Änderungen aus benutzerdefinierten Nummerierungsformaten auf die Vorgabe des Katalogs zurück. Das ist vor allem deshalb günstig, weil Sie sonst bei intensiver Änderungsarbeit nur noch benutzerdefinierte Nummerierungsformate in der Dialogbox sehen und sich vermutlich nicht gemerkt haben, wie die Standardeinstellungen aussahen.

→ Soll die Liste wieder von vorn beginnen, wählen Sie die Option *Neu nummerieren*, sonst natürlich *Liste fortführen*.

Mit der ersten Option *Neu nummerieren* könnten Sie sogar innerhalb einer bestehenden Nummerierung von vorn beginnen, eine entsprechende Markierung vorausgesetzt. Wenn Sie jedoch die Startnummer bereits nummerierter Absätze ändern wollen, müssen Sie alle markieren, sonst erzeugen Sie eine Extranummerierung für die nur zufällig markierten Absätze.

15.2 Absätze mit Aufzählungszeichen versehen

Aufzählungszeichen kommen zum Einsatz, wenn Sie zwar eine Liste erstellen, diese aber nicht nummerieren wollen. Sie verwenden deshalb zum Hervorheben des Texts keine Nummern, sondern Blickfangpunkte. Dabei können Sie die Punkte frei wählen, wie gleich beschrieben wird.

Wie bei den Nummerierungen lassen sich auch Aufzählungen während oder nach der Texteingabe einfügen. Um die Aufzählung zu erstellen bzw. zu gestalten, stehen Ihnen ebenfalls eine Symbolschaltfläche und eine Dialogbox zur Verfügung. Kurz gesagt, es ist im Grunde nur wenig anders.

Word hat auch für Aufzählungen während der Eingabe eine Funktion aktiviert. Im Register *AutoFormat während der Eingabe* des Befehls *Extras/AutoKorrektur-Optionen* gibt es das Kontrollkästchen *Automatische Aufzählung*. Wenn es aktiviert ist, wird z.B. ein mit einem Sternchen und einer Leertaste begonnener Absatz nach Betätigung der `Enter`-Taste automatisch in einen Absatz mit einem Blickfangpunkt umgewandelt.

Selbstverständlich gibt es auch eine Symbolschaltfläche *Aufzählungszeichen*. Ihre Funktion ist nun schnell beschrieben:

→ Markieren Sie alle Absätze, die Blickfangpunkte erhalten sollen.

→ In der Format-Symbolleiste finden Sie die Symbolschaltfläche *Aufzählungszeichen,* die in ihrem Bild drei Absätze mit Aufzählungszeichen nachbildet. Ein Klick darauf versieht die markierten Absätze mit Blickfangpunkten.

Die Symbolschaltfläche funktioniert als Schalter: Wenn ein Absatz schon ein Aufzählungszeichen hat, erscheint die Symbolschaltfläche niedergedrückt. Ein erneuter Klick auf diese Schaltfläche entfernt die Aufzählungszeichen vor den markierten Absätzen.

Wenn Sie die automatische Aufzählung deaktiviert haben, können Sie bei der Texteingabe zunächst den ersten Absatz schreiben und dann die Symbolschaltfläche nutzen. Danach erhält jeder neue Absatz ein Aufzählungszeichen, bis Sie den Vorgang durch zweimaliges Drücken der `Enter`*-Taste abbrechen.*

Aufzählungen über die Dialogbox

Das Werkzeug zur Arbeit mit Aufzählungen ist die Dialogbox *Nummerierung und Aufzählungszeichen*. Sie wird mit dem Befehl *Format/Nummerierung und Aufzählungszeichen* aufgerufen. Bei Bedarf müssen Sie das Register *Aufzählungszeichen* auswählen.

Die Dialogbox enthält einen Katalog von Aufzählungszeichen, den Sie sofort anwenden oder durch die Auswahl anderer Blickfangpunkte modifizieren.

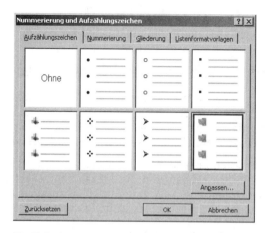

Bild 15.8: Die Dialogbox Nummerierung und Aufzählungszeichen *stellt im Register* Aufzählungszeichen *einen Katalog für unterschiedliche Aufzählungen zur Verfügung.*

→ Um ein Aufzählungszeichen zu nutzen, klicken Sie darauf und bestätigen Ihre Auswahl mit der Schaltfläche *OK*. Das gewählte Aufzählungszeichen wird sofort vor die vorher markierten Absätze gesetzt.

→ Rufen Sie die Dialogbox auf, während sich die Markierung in Absätzen
mit Aufzählungen befindet; dann ist in der Dialogbox die aktuell
gewählte Vorlage durch eine Umrahmung hervorgehoben.

*Um die Aufzählungszeichen vor markierten Absätzen zu entfernen, wählen
Sie die Auswahl* Ohne; *nach einem* OK *sind die Aufzählungszeichen entfernt.
Auf analoge Art wählen Sie auch ein anderes Aufzählungszeichen.*

Aufzählungen mit Symbolen

Die Dialogbox *Nummerierung und Aufzählungszeichen* enthält ebenfalls
eine Schaltfläche zum Anpassen der Aufzählung. Mit der Dialogbox *Aufzählung anpassen* gestalten Sie Aufzählungen selbst, vor allem durch Auswahl
eines anderen Blickfangpunkts. Zunächst haben Sie die Wahl zwischen
vorgegebenen Zeichen.

Das Besondere an dieser Dialogbox ist aber, dass Sie über die Schaltfläche
Zeichen die Dialogbox *Symbol* aufrufen, um ein beliebiges Sonderzeichen
als Blickfangpunkt zu verwenden.

Wenn Sie außerdem das Zeichen noch besonders formatieren wollen, die
Schaltfläche *Schriftart* führt zur Dialogbox *Zeichen*. Hier ist vieles einstellbar, aber nur weniges sinnvoll. Die gewählte Zeichenformatierung bezieht
sich nur auf die Aufzählungszeichen, nicht auf den Text des Absatzes
danach. Verändern Sie deshalb über diesen Weg die Schriftgröße und die
Schriftfarbe.

Mit den Eingabefeldern der Bereiche *Zeichenposition* und *Textposition*
haben Sie die Möglichkeit, die horizontale Stellung der Aufzählungszeichen und des nachfolgenden Textes zu steuern.

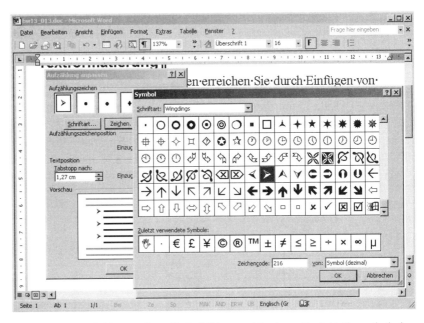

Bild 15.9: *Die Auswahl an Blickfangpunkten für Aufzählungen ist sehr groß, steht Ihnen doch der gesamte Vorrat an Sonderzeichen zur Verfügung*

Orientieren Sie sich dabei am Vorschaufenster, insbesondere, um den Freiraum zwischen dem Aufzählungszeichen und dem Absatztext zu regulieren. Achten Sie besonders auf die Kombination der beiden Einstellungen. Die Zeichenposition kann die Aufzählungszeichen links einziehen, die Textposition ist für den hängenden Einzug des Absatztexts zuständig.

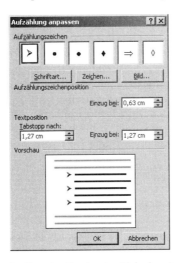

Bild 15.10: *Im Vorschaufenster der Dialogbox* Aufzählungen anpassen *kontrollieren Sie vorgenommene Änderungen.*

Die Symbolschaltflächen Nummerierung und Aufzählungszeichen der Standard-Symbolleiste verwenden immer die zuletzt genutzte Einstellung als Vorgabe, auch wenn Sie mit der Bearbeitung zwischen mehreren Dokumenten wechseln.

Aufzählungen mit grafischen Elementen

Falls Ihnen die in der Dialogbox *Sonderzeichen* enthaltenen Bullets noch nicht reichen, können Sie ebenso auf Grafiken zugreifen. Diese Form ist selbstverständlich für Webdokumente bestens geeignet.

Klicken Sie dazu auf die Schaltfläche *Bild* in der Dialogbox *Aufzählung anpassen*. Word aktiviert die Variante *Bildaufzählungszeichen* des Clip Organizers.

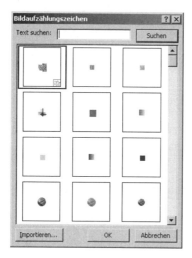

Bild 15.11: *Mit der Dialogbox fügen Sie auf bequeme Weise grafische Bildaufzählungspunkte in den Text ein.*

In der Dialogbox *Bildaufzählungszeichen* wählen Sie eines der aufgeführten Zeichen: Nutzen Sie die Bildlaufleiste. Sobald Sie ein passables Zeichen gefunden haben, klicken Sie darauf. Word aktiviert eine Palette mit Symbolen, die ihre Funktion in einer QuickInfo offenbaren. Das Symbol *Clip einfügen* an der Spitze der Palette sorgt für die Beendigung der Dialogbox und fügt das Bildaufzählungszeichen vor dem Text ein.

 Clips als Bildaufzählungszeichen offenbaren ihren Zweck erst im Zusammenhang mit dem Weblayout – in »normalem« Text wirken sie deplaziert.

15.3 Gegliederte Listen

In vielen Schriftstücken muss mit so genannten hierarchischen Nummerierungen gearbeitet werden, deren zugeordnete Texte zudem noch unterschiedliche Einzüge aufweisen. Ein typisches Beispiel sind Verträge oder Gesetzestexte, die zu abgegrenzten Themen in Unterpunkten nähere Erläuterungen enthalten – es sind also verschiedene Gliederungsebenen im Dokument vorhanden. Genau hier liegt das Problem. Um Word zu veranlassen, eine Liste zu gliedern, müssen diese Ebenen für Word erkennbar sein.

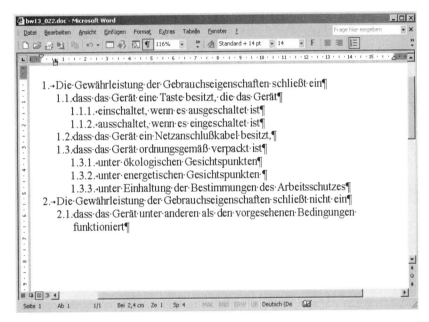

Bild 15.12: Nur ein hierarchisch gegliedertes Dokument kann Word automatisch mit Gliederungsnummern versehen.

Gliederungsebenen in Word

Prinzipiell ist Word in der Lage, neun verschiedene Gliederungsebenen zuzüglich eines normalen Textbereichs zu unterscheiden. Das ist weit mehr, als in den meisten Fällen nötig ist. Vollständig als gegliederte Liste nummeriert, würde allein die Nummerierung neun Ziffern zuzüglich der Trennzeichen ausmachen. Das ist dann wohl keine optische Aufwertung von Textpassagen mehr.

Um Word die Gliederungsebenen bekannt zu geben, gibt es verschiedene Möglichkeiten. Die im Folgenden beschriebene Methode ist eher eine Schnellvariante mit einfachen Mitteln. Im ersten Beispiel nutzen Sie die Dialogbox *Nummerierung und Aufzählungszeichen*, um damit lediglich eine aufgepeppte Variante einer Nummerierung zu erstellen.

Als Alternative könnten Sie mit der schon beschriebenen Dialogbox *Absatz* ausgewählten Absätzen eine hierarchische Ebene zuweisen. Voreingestellt ist die Ebene *Textkörper*, d. h., jeder Absatz wird zunächst als normaler Text behandelt.

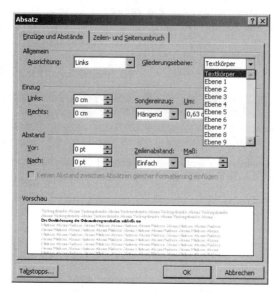

Bild 15.13: Mit dem Listenfeld Gliederungsebene *weisen Sie einem markierten Absatz mit der Dialogbox eine Gliederungsebene zu.*

Die professionelle Variante zur Arbeit mit Gliederungen ist aber die Verwendung der Formatvorlagen – *Überschrift 1, Überschrift 2, Überschrift 3* usw. oder eigens von Ihnen festgelegte Bezeichnungen.

Wenn Sie häufig mit gegliederten Dokumenten arbeiten müssen, sollten Sie sich dem Kapitel 43, »Umfangreiche Dokumente«, genauer widmen.

Listen automatisch gliedern

Genauso wie andere Nummerierungen können Sie einfache gegliederte Listen bereits während der Texteingabe erstellen. Dafür nutzen Sie die Symbolschaltflächen *Einzug vergrössern* bzw. *Einzug verkleinern* der Symbolleiste *Formatierung*. Hintergrund für diese vielleicht unvermutete Funktion der Symbolschaltflächen ist, dass Word jeden eingezogenen Absatz automatisch als niederwertig betrachtet, wenn der Einzug das Maß von 1,25 cm erreicht oder überschreitet. Bei Einziehen mit den Symbolschaltflächen wird dieses Maß erreicht, da hier die Standardtabstoppweite von 1,25 cm zugrunde liegt.

→ Beginnen Sie mit der Texteingabe. Bevor Sie den Absatz mit der [Enter]-Taste einfügen, entscheiden Sie sich für eine Nummer vor dem Absatz, z.B. »1.«, gefolgt von Leerzeichen oder Tabulatorzeichen. Nach der [Enter]-Taste wird der folgende Absatz automatisch mit »2.« nummeriert – vorausgesetzt natürlich, Sie haben die AutoFormat-Funktion nicht zwischenzeitlich deaktiviert.

→ Um diesen Absatz eine oder mehrere Ebenen hinunterzustufen, klicken Sie auf die Symbolschaltfläche *Einzug vergrössern*. Die Nummerierung wird entsprechend angepasst.

→ Wenn Sie am Ende des Absatzes wieder die $\boxed{\text{Enter}}$-Taste drücken, fügt Word einen neuen Absatz auf der gleichen Ebene ein. Sie arbeiten so lange auf der gleichen Ebene, bis Sie mit den Symbolschaltflächen den Absatz weiter herab- oder wieder heraufstufen.

Alternativ verwenden Sie auch das bei Nummerierungen beschriebene Verfahren und wählen die Symbolschaltfläche *Nummerierung* für den Beginn des Vorgangs.

 Word kontrolliert nicht, ob die gewählte Gliederung sinnvoll ist. Sie können nach der ersten Ebene sofort in die neunte Ebene wechseln – sofern Sie die Symbolschaltfläche nur oft genug betätigen. Sie können auch in Ebene drei beginnen – geben Sie z.B. »3.7.5.« ein, gefolgt von einem Tabulatorzeichen, nummeriert Word stur nach unten mit »3.7.6.« weiter.

Gegliederte Listen über die Dialogbox

Für die differenzierte Arbeit mit gegliederten Listen ist die Dialogbox *Nummerierung und Aufzählungszeichen* zuständig. Klicken Sie dazu auf den Menübefehl *Format/Nummerierung und Aufzählungszeichen* und öffnen Sie das Register *Gliederung*.

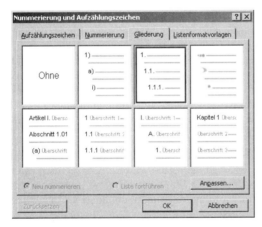

Bild 15.14: Die Dialogbox Nummerierung und Aufzählungszeichen *enthält im Register* Gliederung *einen Katalog mit unterschiedlichen Gliederungen.*

In der Dialogbox steht Ihnen ein Katalog mit verschiedenen Vorlagen für die Gliederung zur Auswahl. Diese Vorlagen wenden Sie entweder sofort an oder Sie verändern sie nach Ihren Vorstellungen.

 Gegliederte Listen müssen nicht nummeriert sein. Wenn Sie nach Auswahl der rechten oberen Option die Schaltfläche Anpassen *wählen, können Sie den Ebenen unterschiedliche Blickfangpunkte zuordnen.*

→ Um eine Vorlage anzuwenden, klicken Sie auf die Vorschau und bestätigen Ihre Auswahl mit der Schaltfläche *OK*.

Wenn Sie die Dialogbox aufrufen, während sich die Schreibmarke in Absätzen mit einer Gliederungsnummerierung befindet, hebt Word die aktuell gewählte Vorlage durch eine Umrahmung hervor.

Gliederungsnummerierungen anpassen

In der Dialogbox *Gliederung anpassen* gestalten Sie die Gliederungsnummerierung selbst. Im Vergleich zu ähnlichen Dialogboxen der anderen Register weist sie einige Besonderheiten auf.

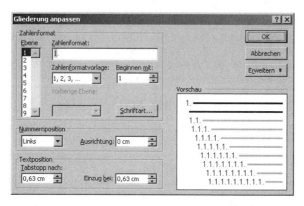

Bild 15.15: Mit der Dialogbox Gliederung anpassen *bearbeiten Sie jede Gliederungsebene einzeln.*

Zunächst fällt ins Auge, dass an der linken Seite die neun möglichen Gliederungsebenen zur Auswahl stehen. Sobald Sie dort auf eine andere als die *Ebene 1* klicken, ändert Word die Vorschau: Die gewählte Ebene wird hervorgehoben und in den Eingabefeldern der Dialogbox erscheinen nun ausschließlich die Einstellungen dieser Ebene. Dadurch lässt sich jede der Ebenen gesondert formatieren.

Wie im Kapitel 15.1, »Absätze nummerieren«, bereits beschrieben, finden Sie die Eingabefelder *Zahlenformat*, *Zahlenformat*, *Beginnen mit* und die Schaltfläche *Schriftart*. Die Bereiche *Nummernposition* und *Textposition* sind bei Gliederungsnummerierungen genauso anzuwenden wie bei den Nummerierungen auch – aber eben für jede Ebene extra.

Neu ist das Listenfeld *Vorherige Ebene*, das nur bei der obersten Gliederungsebene nicht aktiviert ist. Damit Word die Nummer aus einer übergeordneten Ebene in die Gliederungsnummerierung aufnimmt, klicken Sie auf die entsprechende Ebene, deren Nummer Sie einfügen möchten. Diese Möglichkeit sollten Sie aber vorsichtig anwenden; die erzielten Ergebnisse entsprechen nicht immer den Erwartungen.

Die zusätzliche Schaltfläche *Erweitern* birgt an dieser Stelle das Geheimnis der Gliederungsnummerierungen. Sie können z.B. jeder Gliederungsebene mit dem Listenfeld *Verbinden mit Vorlage* eine beliebige Formatvorlage zuweisen oder die automatische Nummerierung Ihrer Textüberschriften beeinflussen.

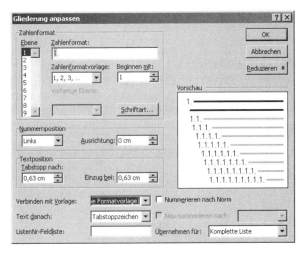

Bild 15.16: *Die erweitere Dialogbox* Gliederung anpassen *führt direkt zur Arbeit mit Formatvorlagen. Für einfache gegliederte Listen ist diese Dialogbox überdimensioniert.*

15.4 Rahmen und Schattierungen

Optische Aufwertung von Textpassagen durch Rahmen und Schattierungen – dieses Thema erlangt so richtige Bedeutung erst im Zeitalter der Farbdrucker, der Bildschirmpräsentationen und der Webseiten für das Internet. Wenn Sie z.B. ein Word-Dokument in eine Bildschirmpräsentation einbeziehen, eignen sich Rahmen oder farbige Schattierungen im Text als Blickfang für die Zuschauer.

Mit Word können Sie nicht nur einzelnen oder mehreren markierten Absätzen einen Rahmen oder eine Schattierung zuweisen, in der vorliegenden Version ist das auch für Teile von Absätzen möglich.

Bei eingezogenen Absätzen werden auch die Rahmen mit eingezogen. Wenn Sie also mehrere Absätze gleichzeitig umrahmen wollen, achten Sie vorher auf gleiche Einzüge.

Rahmen und Schattierungen lassen sich kombinieren. Word speichert diese Informationen in der Absatzmarke. Weisen Sie also einem Absatz Rahmen und Schattierungen zu, wird die ⎡Enter⎤-Taste diese auch auf die folgenden Absätze übernehmen.

Schnell einrahmen

Für die Arbeit mit Rahmen und Schattierungen stehen Symbolleisten und Symbolschaltflächen zur Verfügung. Die schnellste Variante zum Zuweisen eines Rahmens zu markierten Absätzen ist die Symbolschaltfläche in der Format-Symbolleiste, die zunächst den Namen *Rahmenlinie aussen* trägt.

→ Markieren Sie den gewünschten Absatz. Bei einem einzelnen Absatz reicht es aus, die Schreibmarke in den Absatz zu setzen.

→ Klicken Sie auf die Symbolschaltfläche *Rahmenlinie aussen*, der Absatz ist mit einer Standardlinie umrahmt.

Wenn Sie mehrere Umrahmungen hintereinander beabsichtigen, können Sie mit dem Listenpfeil rechts neben der Symbolschaltfläche ein Symbolmenü aufklappen, das sich durch Ziehen mit der Maus auch zu einer frei verschiebbaren Palette *Rahmen* herausziehen lässt. In Abhängigkeit von der Markierung sind aktive Symbole hervorgehoben, deren Bedeutung sich mit einem Klick darauf oder durch die QuickInfo schnell erschließt.

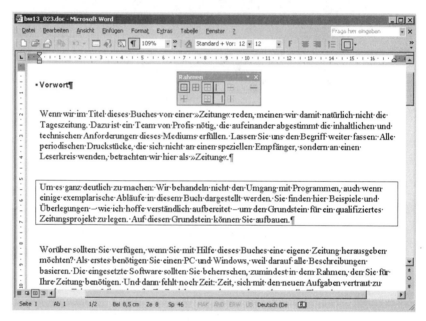

Bild 15.17: Mit der Symbolschaltfläche oder der Palette Rahmen *ist ein Absatz in Windeseile umrahmt.*

Praxistipp: Rahmen um einen Absatz über die Symbolleiste

Mit dem Befehl *Ansicht/Symbolleisten* können Sie die Symbolleiste *Tabellen und Rahmen* aufblenden und als Werkzeug verwenden. Das gleiche Ergebnis erreichen Sie aber schneller, wenn Sie die Symbolschaltfläche *Tabellen und Rahmen* in der Standard-Symbolleiste anklicken.

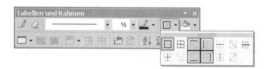

Bild 15.18: Die Symbolleiste Tabellen und Rahmen *enthält die Werkzeuge für Rahmen und Schattierungen.*

In dieser Symbolleiste sind auch die Werkzeuge für die Gestaltung von Tabellen enthalten, die ohne eingefügte Tabelle natürlich nicht aktiviert sind. Für die Rahmengestaltung stehen Ihnen die Listenfelder *Linienart* und *Linienstärke* sowie je eine Symbolschaltfläche für Rahmenfarbe bzw. Rahmenlinie zur Verfügung.

→ Setzen Sie die Schreibmarke in den gewünschten Absatz.

→ Aktivieren Sie die Symbolleiste *Tabellen und Rahmen*.

Word geht davon aus, dass Sie eine Tabelle zeichnen wollen, und aktiviert die zugehörige Symbolschaltfläche automatisch. Deaktivieren Sie diese Voreinstellung mit der Esc *-Taste. Außerdem wird von Word die Ansicht Seitenlayout aktiviert, wenn Sie eine andere Dokumentansicht gewählt haben.*

→ Wählen Sie im Listenfeld *Linienart* eine Linie aus, die Ihren Absatz umrahmen soll. Sie haben die Wahl aus einer Liste von 22 Linienarten. Entscheiden Sie sich z.B. für die doppelte Linie.

→ Wählen Sie aus dem Listenfeld *Linienstärke* die gewünschte Stärke, z.B. *3 pt*. Word hat die Liste nach Wahl der Linienart auf doppelte Linien umgestellt, um Ihnen einen Eindruck zu vermitteln, wie die Linienstärke erscheint.

→ Klicken Sie auf die Symbolschaltfläche *Rahmenfarbe* und wählen Sie aus der Palette eine Farbe, z.B. Violett, für den Rahmen aus.

→ Klicken Sie auf den kleinen Pfeil rechts neben der Symbolschaltfläche *Rahmenlinie*. Es erscheint die Rahmenlinien-Palette, aus der Sie *Rahmenlinie aussen* wählen, um den Absatz auf allen Seiten zu umrahmen. Ein Klick auf die Symbolschaltfläche ordnet den Rahmen zu.

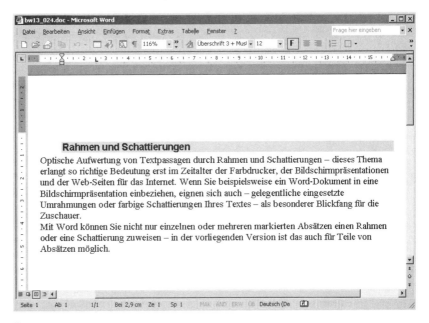

Bild 15.19: Überschrift mit Schattierung.

Die ausgewählten Einstellungen bleiben in den Listenfeldern und auf den Symbolschaltflächen erhalten, bis sie wieder geändert werden. Diese Einstellung ist auch der Symbolschaltfläche Rahmen *in der Format-Symbolleiste hinterlegt. Sie können also gleichartige Rahmen nacheinander um verschiedene Markierungen setzen.*

Wollen Sie die Palette *Tabellen und Rahmen* nutzen, um Absätze an ausgewählten Rändern zu umrahmen, wählen Sie zunächst die Schaltfläche *Rahmenlinie aussen* und deaktivieren Sie anschließend, z.B. mit der Symbolschaltfläche *Rahmenlinie unten,* den unteren Rand des Rahmens. Alternativ klicken Sie dafür die einzelnen Rahmenlinien nacheinander an.

Bei mehreren markierten Absätzen zieht Word zunächst mit *Rahmenlinie aussen* einen einzigen Rahmen um alle markierten Absätze. Wählen Sie zusätzlich *Rahmenlinie innen*, wenn jeder einzelne Absatz umrahmt werden soll.

Beachten Sie die im Beispiel gewählte Reihenfolge, wenn Sie Änderungen mit der Symbolleiste vornehmen. Wählen Sie zuletzt die Symbolschaltfläche Rahmenlinie, *denn diese weist der Markierung den Rahmen zu.*

Schattierungen mit der Symbolleiste

Schattierungen sind für den Bereich zuständig, den ein Rahmen um einen oder mehrere Absätze zieht. Rahmen und Schattierungen sind kombinierbar. Wollen Sie nur eine Schattierung, weisen Sie der Markierung keine Rahmenlinie zu. Nach der Markierung klicken Sie auf die Symbolschaltfläche *Schattierungsfarbe* und wählen aus der sich öffnenden Palette eine Farbe aus.

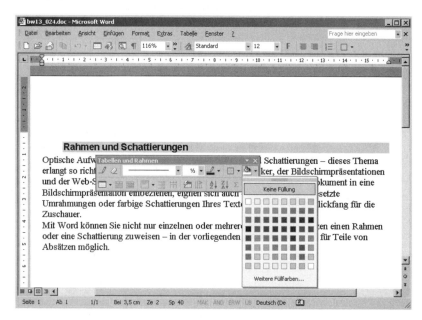

Bild 15.20: Schattierung um einen Absatz mit Hilfe der Symbolschaltfläche Schattierungsfarbe *und der zugehörigen Farben-Palette.*

Rahmen und Schattierungen lassen sich auch einzelnen Wörtern zuordnen – eine vorherige Markierung reicht aus.

Rahmen und Schattierungen über die Dialogbox

Gegenüber der Verwendung der Symbolleiste *Tabellen und Rahmen* hat die Anwendung der Dialogbox den Vorteil, dass die zur Verfügung stehende Auswahl an Rahmen und Schattierungen wesentlich größer ist. So können Sie z.B. mit dreidimensionalen oder Transparenzeffekten arbeiten.

Nach der Markierung der Textpassage aktivieren Sie die Dialogbox mit dem Befehl *Format/Rahmen und Schattierung*. Damit haben Sie die Möglichkeit, eine Textpassage komplett zu umrahmen oder eine benutzerdefinierte Anpassung für Teile oder den gesamten Rahmen vorzunehmen.

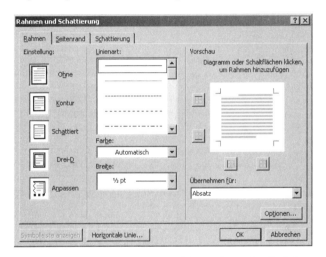

Bild 15.21: Das Register Rahmen *enthält zusätzliche Optionen für die Rahmengestaltung sowie ein Vorschaufenster für die Übersicht.*

Das Register *Rahmen* bietet zunächst verschiedene Einstellungen für die Rahmenart und Rahmenlinien, die jeweils die Einstellung im Listenfeld *Übernehmen für* und die Einstellungen für Linienart, Farbe und Breite sowie die Einstellungen im Register *Schattierung* berücksichtigen.

Mit den Symbolschaltflächen im Bereich Vorschau *vorgenommene Veränderungen aktivieren automatisch die Einstellung* Anpassen. *Damit können Sie Teile des Rahmens ein- oder ausblenden.*

→ *Ohne*
Entfernt einen eventuell eingestellten Rahmen um die markierte Textpassage.

→ *Kontur*
Erstellt einen kompletten Rahmen um die markierte Textpassage.

→ *Schattiert*
Ergänzt einen kompletten Rahmen mit einem vordefinierten Schatten.

→ *Drei-D*
Ergänzt einen kompletten Rahmen mit einem vordefinierten 3-D-Rahmenformat.

→ *Anpassen*
Schaltfläche für alle anderen Varianten: Sobald Sie Veränderungen an den Vorgaben vornehmen, ist diese Einstellung automatisch aktiviert.

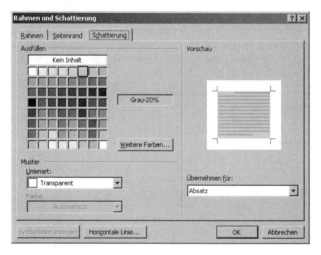

Bild 15.22: Einfluss auf die Schattierung einer Textpassage nehmen Sie mit dem Register Schattierung.

Abstände zum Text einstellen

Der Abstand zwischen der Textpassage und dem Text lässt sich mit mehreren Methoden beeinflussen.

Um den Abstand zu verändern, können Sie die Maus verwenden.

→ Zeigen Sie mit dem Mauszeiger auf den Rahmen. Je nach gewählter Rahmenlinie wird sich der Mauszeiger in einen horizontalen oder vertikalen Doppelpfeil verwandeln.

→ Ziehen Sie den Mauszeiger mit gehaltener linker Maustaste und vergrößern Sie so den Abstand zwischen Text und Rahmen. Word wird Ihnen die Grenzen der Bewegung mitteilen.

Genauer und differenzierter ist die Möglichkeit, den Abstand zwischen Text und Rahmenlinien mit der Dialogbox *Rahmen und Schattierung* festzulegen. Klicken Sie auf die Schaltfläche *Optionen*, um die Dialogbox zu öffnen.

Bild 15.23: Stellen Sie in der Dialogbox Rahmen und Schattierungsoptionen *die Abstände der Rahmenlinien zur Textpassage ein.*

Genaue Einstellungen des Textrahmens auf den definierten Seitenrand sind nur mit einem Trick möglich, denn Word setzt Rahmen immer um einen fest-stehenden Text, also über die Ränder hinaus. Mit ein wenig Übung können Sie aber bei Bedarf rechte bzw. linke Absatzeinzüge mit den Abständen zwischen Text und Rahmen verrechnen. Wenn Sie dann noch die gewählte Rahmenstärke einbeziehen wollen, ginge es »Punkt-genau«.

15.5 Ein Initial einfügen

Eine besondere Form der optischen Aufwertung von Textpassagen steht Ihnen mit den so genannten Initialen zur Verfügung. Erinnern Sie sich noch an Ihre Märchenbücher oder an alte Bücher, in denen am Textbeginn immer ein großer reich verzierter Buchstabe stand. Word macht es wieder möglich – stellen Sie an den Anfang ausgewählter Absätze ein Initial. Werkzeug dafür ist die Dialogbox *Initial*, die Sie mit dem Befehl *Format/ Initial* öffnen.

Mit einem erneuten Aufruf der Dialogbox – z.B. über das Kontextmenü des Initials – sind nachträgliche Änderungen möglich; die Auswahl Ohne *in einem Text mit Initial wird Letzteres wieder entfernen.*

→ Setzen Sie die Schreibmarke irgendwo in den Absatz – wenn Sie danach mit *Format/Initial* die Dialogbox aufrufen, weiß Word von allein, dass Sie den ersten Buchstaben des Absatzes meinen.

→ Entscheiden Sie sich nur noch zwischen den beiden verfügbaren Positionen – *Im Text* macht im Absatz Platz für das Initial, *Am Rand* setzt es vor den Absatz.

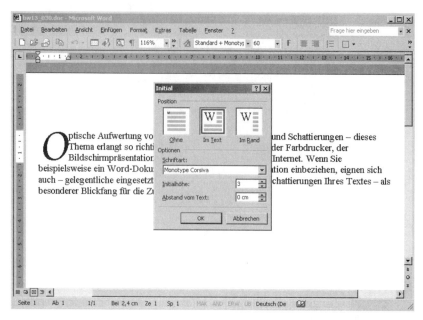

Bild 15.24: Mit der Dialogbox Initial *einfach und schnell zum Initial als Beginn von Absätzen*

→ Wählen Sie bei Bedarf noch eine spezielle Schriftart, legen Sie die Höhe des Initials in Zeilen fest und variieren Sie den Abstand zum Text.

→ Die Schaltfläche *OK* fügt das Initial ein.

Nutzen Sie zum Korrigieren eines Initials immer die Dialogbox! Sobald Sie den Positionsrahmen oder den Buchstaben des Initials manuell verändern, verliert das Element seine Initial-Eigenschaft.

15.6 Ganze Seiten einrahmen

Bei erfreulichen oder auch bei traurigen Ereignissen kann ein Rahmen die gesamte Seite einrahmen, um so den Anlass zu betonen. Wie das mit Word geht, zeigt ein Beispiel.

Seitenrahmen über die Dialogbox

Die Dialogbox *Rahmen und Schattierung* für die Gestaltung von Textpassagen haben Sie bereits genutzt. Dort wurden mit den Registern *Rahmen* und *Schattierung* Absätze umrahmt oder schattiert. Die gleiche Dialogbox benötigen Sie, wenn eine gesamte Seite umrahmt werden soll.

Rahmen und Schattierung lassen sich miteinander kombinieren, um Absätzen einen Rahmen und eine Schattierung zu geben. Das Register *Seitenrand* steht jedoch für sich allein. Sie können also einer Seite keine Schattierung zuweisen. Sonst sind aber die Regeln im Umgang mit der Dialogbox z.B. aus dem Register *Rahmen* bekannt.

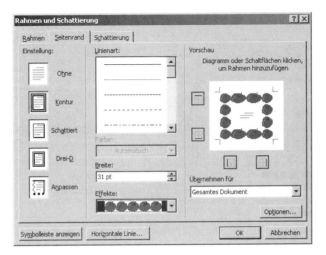

Bild 15.25: *Die Dialogbox* Rahmen und Schattierungen *enthält im Register* Seitenrand *die Werkzeuge für die Umrahmung einer ganzen Seite.*

Eine nette Spielerei bietet sich Ihnen zusätzlich: Das Listenfeld *Effekte* liefert jede Menge Seitenrahmen in unterschiedlicher Qualität, Farbe und Breite.

 Wenn Sie mit der Auswahl von Effekten herumprobieren, achten Sie genau auf die Vorschau. Einige dieser Rahmen sind sehr breit, sie haben also Auswirkungen auf das Layout der Seite. Kontrollieren Sie deshalb mit der Schaltfläche Optionen *die dort im Bereich* Seitenrand *eingestellten Werte.*

Im Bereich *Seitenrand* der Dialogbox *Rahmen- und Schattierungsoptionen* bestimmen Sie die Position des Seitenrahmens.

→ Wenn im Listenfeld *Gemessen von* die Einstellung *Text* gewählt ist, geben Sie dort den gewünschten Abstand zwischen dem inneren Rand des Seitenrahmens und jedem Seitenrand an.

→ Bei der Einstellung *Seitenrand* stehen dort die Maße zwischen dem äußeren Rand des Seitenrahmens und jedem Blattrand.

Die Standardeinstellungen für *Seitenrand* variieren für jedes Rahmenformat. Sie sollen aber den Rahmen so anordnen, dass er den größtmöglichen Abstand vom Seitenrand hat, ohne bereits im nicht druckbaren Blattbereich zu liegen.

Praxistipp: Urkunde mit Seitenrahmen

Als Grundlage zum Ausprobieren können Sie das folgende Beispiel nutzen. Eine Urkunde ist ein typisches Objekt für gestaltete Seitenrahmen.

→ Aktivieren Sie mit dem Befehl *Format/Rahmen und Schattierung* die gleichnamige Dialogbox und wählen Sie das Register *Seitenrand*.

→ Legen Sie dort die Einstellungen für den Seitenrahmen fest – z.B. die Einstellung *Kontur* und die Breite *1 pt*.

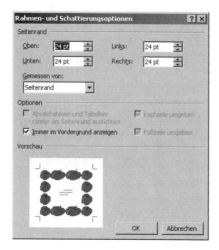

Bild 15.26: Die Einstellungen in der Dialogbox Rahmen- und Schattierungsoptionen *regeln den Seitenbereich, den der Seitenrahmen umgibt.*

→ Wählen Sie die Schaltfläche *Optionen* und stellen Sie dort im Listenfeld *Gemessen von* zunächst die Auswahl *Text* ein. Deaktivieren Sie die Kontrollkästchen *Kopfzeile umgeben* und *Fusszeile umgeben*.

→ Bestätigen Sie beide Dialogboxen nacheinander mit der Schaltfläche *OK*.

Bild 15.27: So sieht das Ergebnis aus.

16 Dokumentseiten einrichten

Wesentlichen Einfluss auf das Aussehen des Dokuments haben Größe und Ausrichtung der Seite. Lesen Sie, wie Seitenränder festgelegt, Formate bestimmt und die Druckausgabe geregelt wird.

16.1 Seitenränder festlegen

Die Festlegung der Seitenränder erfolgt mit dem Befehl *Datei/Seite einrichten*. Sie gelangen damit in eine Dialogbox, über deren Register Sie die Einstellungen für die komplette Seite und ihren Ausdruck treffen.

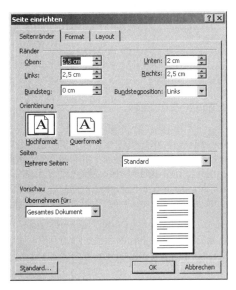

Bild 16.1: Die Dialogbox Seite einrichten *bietet im Register* Seitenränder *Einstellungen für den nutzbaren Seitenbereich.*

Setzen Sie im Register *Seitenränder* z.B. den Seitenrand *links* und *rechts* auf *2,5 cm*, den oberen Rand auf *1 cm* und den unteren auf *2 cm*. Die Änderungen nehmen Sie durch Klicken auf die Pfeile rechts neben den Randangaben oder direkte Werteingabe mit der Tastatur vor.

Jeder Drucker benötigt einen mehr oder weniger breiten Papierrand zum Papiertransport. Dieser kann nicht bedruckt werden. Die eingestellten Seitenränder müssen etwas größer als diese Druckerränder ausfallen. Andernfalls werden dort platzierte Textteile abgeschnitten. Die nicht bedruckbaren Seitenränder Ihres Druckers entnehmen Sie dem Druckerhandbuch.

Die in dieser Dialogbox vorgenommenen Veränderungen gelten zunächst ausschließlich für das aktuelle Dokument. Wenn alle später auf der Grundlage der aktuell genutzten Vorlage erstellten Dokumente die soeben festgelegten Ränder aufweisen sollen, definieren Sie diese Randeinteilung als Standard. Dafür genügt ein Klick auf die gleichnamige Schaltfläche.

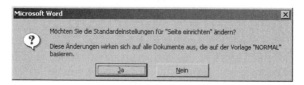

Bild 16.2: *Wenn Sie die Nachfrage von Word bestätigen, wirken sich alle in der Dialogbox* Seite einrichten *getroffenen Vorgaben auf die zukünftigen Dokumente unter Verwendung der Vorlage aus.*

Die Layout-Ansicht ermöglicht über die Lineale eine schnelle Anpassung der Seitenränder: Ziehen mit der Maus am schmalen Übergang von Grau nach Weiß bewegt die Seitenränder für das ganze Dokument. Diese Technik funktioniert im horizontalen, aber auch im vertikalen Lineal. Wenn Sie dabei die Alt *-Taste festhalten, zeigt das Lineal beim Verschieben sogar die resultierenden Abstandsmaße an.*

Bei der Textgestaltung für Broschüren oder Bücher kann es sinnvoll sein, die Randeinstellungen für linke und rechte Seiten zu spiegeln. Dies geschieht automatisch, wenn Sie die Einstellung *Gegenüberliegende Seiten* im Listenfeld *Mehrere Seiten* aktivieren.

Um zusätzlich noch Platz für den Buchbinder zu lassen, der Ihre Dokumente zu einem Buch zusammenstellt, stellen Sie einen so genannten Bundsteg ein. Die Breite des Bundstegs legen Sie im zugehörigen Eingabefeld fest. Diese Auswahl ist bei aktivierter Einstellung *Gegenüberliegende Seiten* automatisch mit der Option *Links* gekoppelt. Sobald Sie andere Einstellungen wählen, zeigt Word die anderen Varianten automatisch.

Die Option Gegenüberliegende Seiten *ist auch sinnvoll, wenn Blätter doppelseitig bedruckt werden müssen und somit für ein korrektes Erscheinungsbild unterschiedliche Randeinstellungen erforderlich sind.*

In der Kombination mit der Ausrichtung *Querformat* birgt auch die Einstellung *Zwei Seiten pro Blatt* interessante Varianten für den Ausdruck. Word skaliert in diesem Fall ursprünglich im Hochformat angeordnete A4-Seiten im Ausdruck so, dass zwei Seiten dieser Größe nebeneinander auf ein querformatiges A4-Blatt passen. Damit haben Sie im Handumdrehen eine eigene Broschüre in der Hand.

Beachten Sie beim Ausdruck für Broschüren, dass ungerade Seiten stets auf der rechten Papierseite erscheinen müssen. Fügen Sie deshalb eine leere »erste« Seite am Dokumentbeginn ein und beginnen Sie die Seitennummerierung mit Null. Mit diesen Einstellungen sollte eine korrekte Broschüre gelingen.

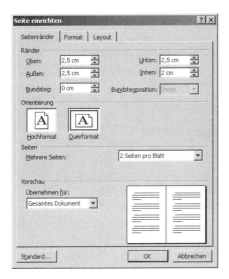

Bild 16.3: Eine interessante Variante für den Dokumentendruck: zwei Seiten pro Blatt, kombiniert mit Querformat

16.2 Papierformat und -zufuhr

Wenn Sie in der Dialogbox *Seite einrichten* das Register *Format* aktivieren, haben Sie zunächst die Möglichkeit, unter Beibehaltung der eingestellten Papiergröße die Papierausrichtung zu wählen.

Mit dem Listenfeld *Papierformat* legen Sie das Format der Druckseite fest. Voreingestellt ist das Format A4, wenn Sie den Listenpfeil anklicken, sehen Sie weitere vordefinierte Seitenformate. Die Einstellung *Benutzerdefiniert* gibt Ihnen die Möglichkeit, durch Festlegung von Breite und Höhe der Seite auch eigene Papierformate zu erzeugen.

Achten Sie bei den Papierformaten darauf, nur solche Formate zu benutzen, die Ihr Drucker auch verarbeiten kann.

Über den Bereich *Zufuhr* wird geregelt, aus welchen Schächten der Drucker jeweils die erste Seite und die weiteren Seiten für den Druck des Dokuments entnimmt. Voraussetzung ist natürlich, dass der Drucker mehrere Schächte oder Kassetten für die Papierzufuhr hat. Dann stehen Ihnen die Möglichkeiten zur Wahl, die der Drucker zur Auswahl unterschiedlicher Papierkassetten bietet.

Wenn Sie viele Briefe schreiben, kann sich die Anschaffung eines Druckers mit mehreren Papierschächten schnell amortisieren. Auf die Dauer wird das ständige Wechseln von vorgedrucktem Briefpapier und leeren Folgeseiten nicht nur lästig, sondern verhindert auch den reibungslosen und unkomplizierten Ausdruck Ihrer mehrseitigen Dokumente.

Auch eine gesonderte Kassette für die Zufuhr von Briefumschlägen kann die Effektivität Ihrer Arbeit nachhaltig steigern.

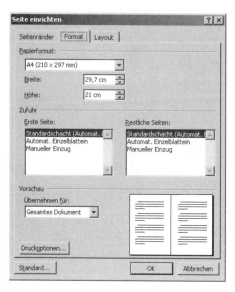

Bild 16.4: *Das Register* Format *ermöglicht die Auswahl der Papiergröße, der Ausrichtung und der Papierzufuhr.*

16.3 Das Seitenlayout

Über die Registerkarte *Layout* nehmen Sie Einstellungen für Abschnittsbeginn, Kopf- und Fußzeilen, die vertikale Textausrichtung und die eventuelle Zeilennummer vor. Ein Abschnitt ist ein Teil des Dokuments, mit eigenen Einstellungen für Ränder, Kopf- und Fußzeilen, Seitennummern. Für die Aufteilung des Dokuments in Abschnitte sind Abschnittsumbrüche einzufügen.

Je nachdem, was Sie bei der Option *Abschnittsbeginn* wählen, beginnt der nächste Abschnitt mit Beginn der nächsten Seite oder Spalte, der nächsten geraden oder der nächsten ungeraden Seite.

Mit der Einstellung *Dokument ab hier* im Listenfeld *Übernehmen für* fügt Word den gewünschten und eingestellten Abschnitt in das Dokument an der Schreibmarke ein. Mit der zugehörigen Einstellung im Listenfeld *Abschnittsbeginn* und *Gesamtes Dokument* bei *Übernehmen für* legen Sie z.B. in einem Dokument ohne weitere Abschnitte fest, dass der Text erst auf einer geraden Seite beginnt.

Im Bereich *Kopf- und Fusszeilen* stellen Sie ein, ob sich die Kopf- und Fußzeilen bei geraden und ungeraden Seitennummern unterscheiden. Dies ist immer dann wichtig, wenn Sie gegenüberliegende Seiten drucken. Unterschiedliche Einstellungen zu Kopf- und Fußzeilen finden Sie oft in Büchern: In der Kopfzeile auf der linken Seite steht die Kapitelüberschrift, auf der rechten das Unterkapitel.

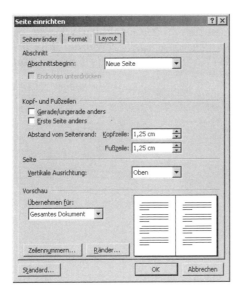

Bild 16.5: Die Registerkarte Layout *regelt die besonders wichtigen Einstellungen für die Kopf- und Fußzeilen.*

Das Kontrollfeld *Erste Seite anders* gibt Ihnen die Möglichkeit, auf der ersten Seite des Dokuments eine andere oder auch keine Kopf- bzw. Fußzeile festzulegen. Diese Option finden Sie oft bei Broschüren: Die erste Seite ist als Deckblatt ausgeführt und enthält keine Kopf- oder Fußzeile, im Innenteil sind diese Elemente dann zu finden.

 Wenn Sie das Dokument in Abschnitte unterteilt haben, legen Sie im Register Seitenlayout die Einstellungen für die Kopf- und Fußzeilen der Abschnitte fest: Jeder Abschnitt kann eine eigene Folge von Kopf- und Fußzeilen erhalten.

Das Listenfeld *Vertikale Ausrichtung* legt fest, wie Word den Text zwischen dem oberen und unteren Rand ausrichtet:

→ *Oben*: Richtet die oberste Zeile am oberen Seitenrand aus.

→ *Zentriert*: Zentriert die Absätze zwischen oberem und unterem Seitenrand.

→ *Blocksatz*: Vergrößert den Zeilenabstand zwischen Absätzen so, dass die oberste Zeile am oberen Seitenrand, die unterste Zeile am unteren Seitenrand ausgerichtet ist.

Zeilen nummerieren

Über die Schaltfläche *Zeilennummern* öffnen Sie eine weitere Dialogbox. In dieser Dialogbox bestimmen Sie Optionen für eine Zeilennummerierung der Abschnitte bzw. des Dokuments. Diese besondere Einstellung wird immer dann benötigt, wenn Positionen im Text über die Nummer der Zeile angesprochen werden sollen. Die Zeilennummern sind im Seitenlayout und in der Seitenansicht zu sehen.

Es ist nicht nötig, diese Option einzuschalten, um alle Zeilen in Ihrem Dokument zu zählen. Schauen Sie mit dem Befehl Datei/Eigenschaften *im Register* Statistik *nach; dort steht die aktuelle Zeilenzahl Ihres Dokuments. Auch mit dem Befehl* Extras/Wörter zählen *ist die Dokumentstatistik schneller ermittelt.*

Bild 16.6: Bei Bedarf sind vielfältige Einstellungen für die Zeilennummerierung möglich.

Klicken Sie auf die Schaltfläche *Zeilennummern*, um die Festlegungen für die Zeilennummern zu treffen. Dabei sind mit den Listenfeldern einige interessante Einstellungen möglich:

→ Durch *Beginnen bei* bestimmen Sie die Startzahl der Zeilennummerierung.

→ Mit der Einstellung *Auto* im Eingabefeld *Abstand zum Text*, die nur selten geändert werden muss, beträgt der Abstand der Nummern zum Text etwa sieben Millimeter. Achten Sie bei Verwendung der Zeilennummerierung aber darauf, dass insbesondere bei der Arbeit mit Spalten genügend Platz zwischen den Spalten für die Nummern bleibt.

→ Das *Zählintervall* gibt an, ob alle Nummern oder z.B. nur jede zehnte erscheinen soll.

→ Mit den Optionen im Bereich *Nummerierung* legen Sie fest, wie die Nummerierung erfolgen soll.

Wenn Sie genug von den Zeilennummern haben, deaktivieren Sie das Kontrollkästchen *Zeilennummern hinzufügen* – geänderte Einstellungen werden nicht zurückgesetzt, sondern nur deaktiviert, so dass nach einer erneuten Aktivierung die gleichen Einstellungen verfügbar sind.

 Mit dem Befehl Format/Absatz *können Sie im Register* Zeilen- und Seitenumbruch *markierte Absätze durch Aktivierung des Kontrollkästchens* Zeilennummern unterdrücken *von der Nummerierung ausschließen. Word wird diese so gekennzeichneten Absätze beim Zählen der Zeilen einfach ignorieren und danach weiterzählen, als gäbe es die Zeilen dieser Absätze nicht.*

Dokumente mit unterschiedlichen Seiteneinstellungen

Achten Sie bei allen Einstellungen in der Dialogbox darauf, was im Listenfeld *Übernehmen für* eingestellt ist. Nur dann, wenn dort *Gesamtes Dokument* ausgewählt ist, gelten die Einstellungen für alle Seiten des Dokuments. Wenn die Einstellung *Dokument ab hier* ausgewählt ist, übernimmt Word die Einstellungen ab der aktuellen Position der Schreibmarke. Sobald Sie einen Bereich des Dokuments markiert haben, erscheint im Listenfeld *Übernehmen für* der Eintrag *Markierten Text*. Wählen Sie diesen Eintrag, um die neuen Einstellungen nur auf die aktuelle Markierung anzuwenden.

Die letztgenannten Einstellungen bedeuten, dass Word in das Dokument Abschnittsumbrüche einfügt und die Einstellungen der Textabschnitte davor und danach unverändert lässt. Das können Sie bewusst einsetzen, um z.B. zwischendurch die Ausrichtung einer Seite für ein darin enthaltenes Diagramm zu ändern.

17 Kopf- und Fußzeilen

Eine häufige Aufgabe ist das Wiederholen von Textelementen auf den Seiten eines Dokuments, z. B. Seitenzahlen oder Firmenlogos. Word löst dieses Problem durch Kopfzeilen am oberen und Fußzeilen am unteren Seitenrand.

17.1 Der Bereich für Kopf- und Fußzeilen

Die Bezeichnung für Kopf- und Fußzeilen stammt schon aus der Anfangszeit der Textverarbeitung mit dem Computer. In diesen alten Zeiten mussten solche besonderen Elemente ganz am Anfang eines Dokuments eingerichtet werden. Der eigentliche Textbereich des Dokuments folgte danach. Mit diesem Verfahren haben die heutigen Kopf- und Fußzeilen nur noch wenig gemein: den Namen und die Tatsache, dass sie immer noch in einem eigenständigen Textbereich stehen, vor allem anderen aber die herausragende Eigenschaft, dass sie bei Bedarf automatisch auf allen neuen Seiten wiederholt werden können.

Der Kopf- und Fußzeilenbereich ist nur sichtbar, wenn Sie Word zwingen, den Text wie gedruckt darzustellen – in der Ansicht *Seitenlayout* und in der *Seitenansicht*.

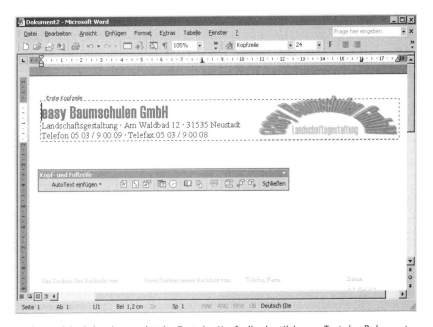

Bild 17.1: In der Ansicht Seitenlayout *ist der Text der Kopfzeile deutlich vom Text des Dokuments abgehoben; er steht in einem eigenen Bereich.*

Um die Begrenzungen der Textbereiche in der Ansicht Seitenlayout *zu sehen, müssen Sie zunächst diese Ansicht aktivieren und mit dem Befehl* Extras/ Optionen *im Register* Ansicht *das Kontrollkästchen* Textbegrenzungen *aktivieren.*

Den Kopf- und Fußzeilenbereich aktivieren

In der Ansicht *Seitenlayout* können Sie auf den grauen Text im Kopf- und Fußzeilenbereich doppelklicken – Word öffnet den Bereich zur Bearbeitung. Das funktioniert aber nur, wenn vorher bereits Text in den Kopf- oder Fußzeilenbereich eingetragen war.

In allen Ansichten öffnen Sie den Kopf- oder Fußzeilenbereich mit dem Befehl *Ansicht/Kopf- und Fusszeile*. Word schaltet dann selbständig in die Ansicht *Seitenlayout* und nach dem Ende der Arbeit mit Kopf- und Fußzeilen in die ursprüngliche Ansicht zurück.

Die Größe des Bereichs einstellen

Die Ausmaße des Kopf- oder Fußzeilenbereichs und die Position auf der Seite im Verhältnis zum Text legen Sie schnell fest. Da es sich um eigene Seitenbereiche handelt, ist der Befehl zum Einrichten der Seite auch für die Anordnung der Kopf- oder Fußzeile zuständig.

→ Mit dem Befehl *Datei/Seite einrichten* öffnen Sie die Dialogbox *Seite einrichten* und wählen dort das Register *Seitenränder*.

→ Im Bereich *Abstand vom Seitenrand* bestimmen Sie, wie viel Platz die Kopf- und Fußzeilen außerhalb des üblichen Texts einnehmen dürfen. Der Standardeintrag beträgt für Kopf- und Fußzeilenbereich jeweils *1,25 cm*. Wollen Sie das nicht, tragen Sie den gewünschten Abstand zwischen dem Papierrand und dem oberen Rand der Kopfzeile bzw. dem unteren Rand der Fußzeile ein.

→ Nach Bestätigung mit *OK* ist der Bereich eingestellt.

In der Ansicht *Seiten-Layout* ist dieser Abstand auch über das vertikale Lineal einstellbar, wenn sich die Schreibmarke in der Kopf- oder Fußzeile befindet.

Die Breite des Kopf- oder Fußzeilenbereichs lässt sich nicht über eigene Randeinstellungen korrigieren; dafür werden die Eintragungen für den linken bzw. rechten Seitenrand übernommen. Wenn Sie die Kopf- oder Fußzeile nicht an den Seitenrändern ausrichten wollen, nutzen Sie rechte bzw. linke Einzüge für die Absätze der Kopf- oder Fußzeile.

Die Größe des Bereichs nach unten (Kopfzeile) oder oben (Fußzeile) stellt sich automatisch nach dem Eintrag von Text ein. Von Word wird immer genügend Platz bereitgestellt, um die in diesen Bereichen untergebrachten Elemente anzuzeigen. Dabei wird im Normalfall der übrige Text nach unten bzw. oben vom Kopf- oder Fußzeilenbereich weggeschoben.

Im Register Layout *der Dialogbox* Seite einrichten *können Sie in die Eingabefelder für den oberen und den unteren Seitenrand auch negative Werte einstellen – z. B.* Seitenrand oben: -2,5 cm.

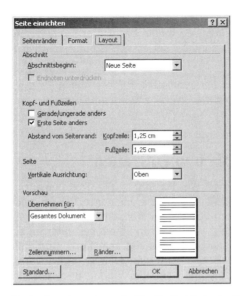

Bild 17.2: Im Register Layout *regeln Sie die Abstände der Kopf- und Fußzeilen vom Seitenrand.*

Damit erreichen Sie, dass der Text Ihres Dokuments auf jeden Fall bei 2,5 cm vom oberen Rand entfernt beginnt, egal, wie weit sich die Kopfzeile ausdehnt. Im Konfliktfall setzt Word die Texte einfach übereinander. Damit sind bei Bedarf nette Texteffekte zu realisieren.

Arbeit im Kopf- und Fußzeilenmodus

Beim Aktivieren der Kopf- und Fußzeilenbereiche hat Ihnen Word eine Symbolleiste für die Arbeit im Kopf- und Fußzeilenmodus bereitgestellt, die nur von Word selbst beim Umschalten in diesen Modus eingeblendet werden kann.

Bild 17.3: Symbolleiste Kopf- und Fusszeile *mit ihren speziellen Funktionen ausschließlich für die Arbeit im Kopf- und Fußzeilenmodus.*

Für die Bearbeitung der Kopf- und Fußzeilen stehen folgende Symbolschaltflächen zur Verfügung:

→ *Seite einrichten*
Dieses Symbol ruft die Dialogbox *Seite einrichten* auf. Damit sind schnelle Korrekturen an den dortigen Einstellungen möglich.

→ *Dokumenttext anzeigen/ausblenden*
Verwenden Sie diese Schaltfläche, um während der Arbeit am Kopf- oder Fußzeilentext nicht vom restlichen, nunmehr grauen Textblock gestört zu werden.

→ *Zwischen Kopf- und Fusszeile wechseln*
Mit dieser Schaltfläche springen Sie aus der Kopf- in die Fußzeile oder zurück. Das ist besonders bei stark gezoomten Ansichten sehr hilfreich.

Mit der QuickInfo über der Symbolschaltfläche haben Sie die Bedeutung der in dieser Symbolleiste etwas schwer erkennbaren Symbole schnell erlernt.

17.2 Inhalte für Kopf- und Fußzeilen

Kopf- und Fußzeilen in Word können alle Textelemente aufnehmen – mehrere Absätze, Tabellen, grafische Elemente, Felder und das alles mit den dafür vorhandenen Formatierungen. Alles, was Sie in eine Kopf- oder Fußzeile einfügen, steht von da an in einem gesonderten Textbereich und wird auf anderen Seiten wiederholt. Da aber Kopf- und Fußzeilen nur die Elemente enthalten sollen, die auf mehreren Seiten wiederholt werden sollen, beschränkt sich ihr Inhalt bei aller Vielfalt doch immer auf eine überschaubare Menge von Elementen.

Normaler Text

Normalen Text in Kopf- oder Fußzeilen einzufügen, ist eine Standardanforderung, die an Word gestellt wird. Dazu zählen z.B. Überschriften, zusätzliche Informationen zum Text oder auch die Firmenbezeichnung in einem Prospekt. In allen Fällen soll der Text auf allen Seiten des Dokuments erscheinen. Dazu aktivieren Sie den Kopf- und Fußzeilenmodus und geben den Text zunächst in die Kopfzeile wie gewohnt an der Schreibmarke ein. Wie sonst auch erzeugen Sie mit der ⌈Enter⌉-Taste neue Absätze.

In der Kopf- oder Fußzeile stehen Ihnen die gleichen Zeichen- und Absatzformate wie im normalen Textbereich zur Verfügung – Ihren Gestaltungswünschen sind also keine Grenzen gesetzt. Selbst Einzüge und Tabstopps legen Sie für Kopf- und Fußzeilen fest: Für die Arbeit mit Einzügen und Tabstopps nutzen Sie wie bisher das Lineal.

Bild 17.4: Das Lineal in Kopf- oder Fußzeile: Als Standard sind diese Tabstopps voreingestellt.

Wechseln Sie bei Bedarf mit der Symbolschaltfläche der Symbolleiste *Kopf-und Fusszeile* in die Fußzeile – oder blättern Sie mit der vertikalen Bildlaufleiste, bis Sie die Fußzeile erreicht haben. Geben Sie auch dort Text ein. Der Vorgang wird mit der Symbolschaltfläche *Schliessen* beendet.

Word verwendet in Kopf- und Fußzeilen spezielle Formatvorlagen, die Sie nutzen oder ändern können. Auch alle anderen im Kapitel 39, »Dokumente effektiv gestalten«, beschriebenen Techniken sind für Kopf- und Fußzeilen anwendbar.

Besondere Elemente über Symbolschaltflächen einfügen

Typische Elemente in Kopf- und Fußzeilen sind Seitennummern und Angaben von Datum und Uhrzeit. Word stellt Ihnen dazu eigene Schaltflächen in der Symbolleiste *Kopf- und Fusszeile* zur Verfügung, über die Sie diese Informationen bequem einfügen können. Die Schaltflächen der Symbolleiste *Kopf- und Fusszeile* im Einzelnen:

→ *Seitenzahl einfügen*
Fügt die aktuelle Seitennummer ein.

→ *Anzahl der* (Dokument-)*Seiten einfügen*
Mit dieser Schaltfläche erhalten Sie die Gesamtzahl der Dokumentseiten.

→ *Seitenzahlen formatieren*
Bietet Zugriff auf die Dialogbox *Seitenzahlenformat,* in der Sie die Art der Nummerierung bestimmen.

→ *Datum einfügen*
Ein Klick auf diese Schaltfläche überträgt das aktuelle Systemdatum an die gewünschte Position.

→ *Uhrzeit einfügen*
Fügt die aktuelle Uhrzeit an der gewünschten Position ein.

Um die entsprechenden Elemente in Kopf- oder Fußzeile aufzunehmen, setzen Sie die Schreibmarke an die gewünschte Einfügeposition, klicken auf die Schaltfläche Ihrer Wahl – fertig.

Word fügt diese Elemente als Feld ein. Dadurch lassen sich diese Informationen aktualisieren: Das eingefügte Datum ist nach jedem Speichern oder Drucken auf dem aktuellen Stand und auch die Seitenzahlen werden angepasst. Lesen Sie über Feldfunktionen im Kapitel 33, »Mit Feldern arbeiten«.

Haben Sie den Kopf- oder Fußzeilentext markiert, können Sie die Ansicht der Feldfunktionen mit der Tastenkombination `Shift`+`F9` *ein- oder ausschalten. Sie können auch andere Feldfunktionen in Kopf- und Fußzeilen verwenden.*

Besondere Elemente mit AutoText einfügen

Für die Mehrzahl aller häufig notwendigen Einträge in Kopf- und Fußzeilen stellt Ihnen Word mit der Schaltfläche *AutoText einfügen* eine wesentliche Hilfe zur Verfügung. Damit wählen Sie häufig benötigte Einträge bequem aus. Die später noch beschriebene Funktion *AutoText* haben Sie bei der Arbeit in Kopf- und Fußzeilen vielleicht schon bemerkt. Während im normalen Text das Wörtchen *Seite* in deutschem oder *Page* in englischem Text keinerlei Reaktion bei Word auslöst, ist das im Kopf- und Fußzeilenmodus anders. Word will Sie sofort bei Ihrer Arbeit unterstützen. Nach den ersten vier Buchstaben von *Seite* bietet Word an, den Eintrag *Seite X von Y* für Sie vorzunehmen.

Wenn Sie mit dem AutoText-Vorschlag von Word einverstanden sind, übernehmen Sie ihn mit der `Tab` oder der `Enter`-Taste. Falls Sie den

Vorschlag nicht annehmen wollen, schreiben Sie ungerührt weiter. Natürlich können Sie die Stelle selbst bestimmen, an der Sie die Einträge vornehmen wollen.

→ Schreiben Sie den gewünschten Text inklusive der nötigen Tabulatorzeichen.

→ Setzen Sie die Schreibmarke an die gewünschte Stelle.

→ Klicken Sie auf die Schaltfläche *AutoText einfügen*. Damit klappen Sie ein Menü auf, aus dem Sie den gewünschten Eintrag auswählen können.

→ Ein Klick auf den Befehl fügt den Eintrag an der Schreibmarke in Ihre Kopf- oder Fußzeile ein.

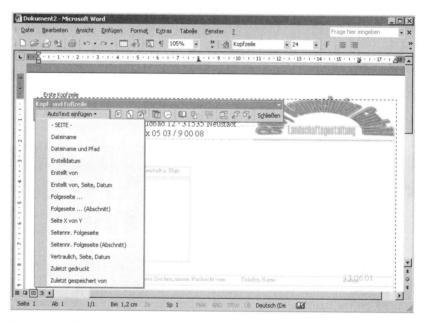

Bild 17.5: Die sofort verfügbaren AutoText-Einträge im Menü der Schaltfläche AutoText einfügen erledigen auf einfache Weise verschiedene Standardaufgaben für Kopf- und Fußzeile.

Die mit den Symbolschaltflächen oder mit den Befehlen aus dem Menü der Listenschaltfläche AutoText einfügen *erzeugten Einträge können Sie nicht einfach mit der* Backspace *-Taste oder der* Entf *-Taste löschen. Ein Doppelklick auf die Elemente setzt die Markierung so, dass danach das Löschen mit der* Entf *-Taste möglich ist.*

Grafische Elemente

Ein besonderer Nutzen von Kopf- und Fußzeilen besteht darin, beliebige grafische Elemente auf den Dokumentseiten einzufügen. Ganz egal, ob es sich dabei um ein Firmenlogo, einen dekorativen Rahmen um den Text oder um eine Grafik als Wasserzeichen handelt. Mit geringem Aufwand fügen Sie Grafiken in die Kopf- oder Fußzeile ein und machen diese Elemente damit auf allen Dokumentseiten verfügbar. Da Kopf- und Fußzeile eigenständige Bereiche sind, wird der eigentliche Text von der Grafik nicht beeinflusst. Dabei sind Sie nicht auf die Ober- oder Unterkante der Seite beschränkt: Die Elemente lassen sich an eine beliebige Stelle auf der Seite verschieben, bleiben aber weiterhin an Kopf- bzw. Fußzeile gebunden.

17.3 Die automatische Seitennummerierung

Automatische Seitennummerierungen sind immer wieder bei der Arbeit mit längeren Texten nötig: Die Seiten müssen nummeriert sein, um nach dem Druck den Überblick zu behalten. Word bietet dafür verschiedene Verfahren an. Die Arbeit mit den Schaltflächen der Symbolleiste *Kopf- und Fusszeile* haben Sie im letzten Kapitel kennen gelernt. Einiges muss jedoch noch ergänzt werden.

Seitennummern schnell einfügen

Kurz vor dem Ausdruck eines Dokuments ist Ihnen aufgefallen, dass die Seitennummerierung fehlt und für die Arbeit mit besonders schönen Kopf- und Fußzeilen nicht viel Zeit bleibt bzw. außer einer schnellen Seitennummerierung nichts weiter nötig ist. Sie brauchen sich an dieser Stelle keine Gedanken über die Arbeit mit Kopf- und Fußzeilen zu machen: Word hält für diesen Fall eine schnelle Variante bereit. Klicken Sie auf den Menübefehl *Einfügen/Seitenzahlen*. Word öffnet eine Dialogbox, die Ihnen sofort weiterhilft.

Bild 17.6: Die Dialogbox Seitenzahlen *hilft bei der schnellen Seitennummerierung.*

Mit einem Klick auf *OK* setzt Word ohne lange Umschweife auf jeder Seite die Seitenzahl an den rechten Rand der Fußzeile.

Wenn Sie vor dem Aufruf der Dialogbox die Ansicht der Kopf- und Fußzeilen aktivieren und die Schreibmarke entsprechend platzieren, dann richtet Word die Dialogbox automatisch auf das damit ausgewählte Element aus.

Neben diesen Schnellverfahren bietet Ihnen die Dialogbox *Seitenzahlen* in den Listenfeldern *Position* und *Ausrichtung* noch weitere Möglichkeiten: Entscheiden Sie sich zwischen Kopf- oder Fußzeile, deaktivieren Sie das Kontrollkästchen *Auf erster Seite* oder wählen Sie eine zentrierte Ausrichtung für die Seitenzahl.

Nach einem Klick auf die Schaltfläche *Format* öffnet Word die Dialogbox *Seitenzahlen-Format*. Hier nehmen Sie auch noch Einfluss auf die Gestaltung der Seitenzahlen. Für eine schnelle Lösung gehen diese Funktionen beinahe schon zu weit.

Verwenden Sie die automatische Seitennummerierung nur, wenn keine weiteren Bearbeitungen der Kopf- oder Fußzeile nötig sind. Word fügt die Seitenzahlen in einem Positionsrahmen ein; das erschwert die nachträgliche Bearbeitung.

Formate von Seitenzahlen ändern

Immer dann, wenn Sie eine besondere Gestaltung der Seitenzahlen benötigen, müssen Sie das vorgegebene Seitenzahlenformat manuell anpassen. Eine entsprechende Funktion ist im Kopf- und Fußzeilenmodus von Word bereits vorgesehen. Die entsprechende Schaltfläche in der Symbolleiste *Kopf- und Fusszeile* heißt *Seitenzahlen formatieren* und öffnet die Dialogbox *Seitenzahlenformat*.

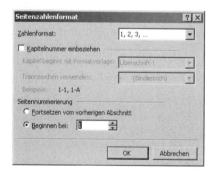

Bild 17.7: Mit der Dialogbox Seitenzahlenformat *haben Sie die Wahl zwischen Zahlenformaten. Hier beziehen Sie auch die Nummerierungen der Überschriften Ihres Texts mit in die Seitenzahl ein.*

Nach dem Aufruf der Dialogbox *Seitenzahlenformat* stehen Ihnen folgende Funktionen zur Verfügung:

→ Ändern Sie das Zahlenformat der Seitenzahlen. Im Listenfeld *Zahlenformat* haben Sie die Wahl zwischen sechs verschiedenen Varianten. Zur Auswahl stehen z. B. noch römische Zahlen und Buchstaben.

→ Im Bereich *Seitennummerierung* legen Sie den Startwert für die Seitenzahlen fest. Aktivieren Sie die Option *Beginnen mit*, um einen eigenen Startwert einzugeben.

Mit diesen Einstellungen können Sie auch innerhalb eines Dokuments neu mit dem Zählen beginnen, vorausgesetzt, Sie haben es in Abschnitte unterteilt.

→ Die Option *Fortsetzen vom vorherigen Abschnitt* gewährleistet eine durchgängige Zählung der Seitenzahlen, auch wenn Sie mehrere Abschnitte in das Dokument einsetzen.

→ Wenn Sie Ihren Textteilen die Formatvorlagen für Überschriften zuge-wiesen und automatisch nummeriert haben, können Sie das Kontroll-kästchen *Kapitelnummer einbeziehen* aktivieren. Über das Listenfeld *Kapitel beginnt mit Formatvorlage* müssen Sie jetzt die Formatvorlage der Überschrift auswählen, aus der Word die Nummerierung übernehmen soll. Die Nummerierung der letzten Überschrift wird dann nach einem Trennzeichen an die Seitenzahl angehängt. Bei diesem Verfahren müssen Sie natürlich auch mit der Seitenzählung in jedem Kapitel neu beginnen.

Welche Seitennummerierung in Ihren Dokumenten nötig ist, kann sehr unterschiedlich sein. Mit Hilfe der von Word bereitgestellten Felder sollte aber jedes noch so verzwickte Nummerierungsproblem zu lösen sein, ohne dass Sie die Seiten von Hand nummerieren müssen. So könnten Sie z.B. die Kapitelüberschrift selbst mit einem Referenzfeld in die Kopf- oder Fußzeile mit einbeziehen.

17.4 Mehrere Kopf- oder Fußzeilen im Dokument

Mit Hilfe des Registers *Seitenlayout* der Dialogbox *Seite einrichten* und mit Abschnittsumbrüchen (siehe Kapitel 18, »Dokumente in Abschnitte teilen«) ordnen Sie in langen Dokumenten den Seiten des Dokuments in bestimmten Fällen unterschiedliche Kopf- und Fußzeilen zu.

Die Arbeit mit unterschiedlichen Kopf- und Fußzeilen für verschiedene Seiten erfordert einen Plan und viel Aufmerksamkeit. Überlegen Sie zunächst genau, welche Variante für das Dokument nötig ist.

→ Ein Brief erfordert zumeist unterschiedliche Kopf- und Fußzeilen für die erste und alle folgenden Seiten.

→ Ein längerer Text, der nicht beidseitig gedruckt wird, benötigt vielleicht zusätzlich in jedem Kapitel noch eigene Kopf- oder Fußzeilen.

→ Wenn Ihr Text als Buch gedruckt werden soll, müssen sogar noch die Kopf- oder Fußzeilen für rechte und linke Seiten angepasst werden.

Schnell entsteht so ein Geflecht von Kopf- und Fußzeilen, das beherrscht werden muss.

Beginnen Sie erst nach der Fertigstellung von Texten mit der Einrichtung von komplizierten Kopf- und Fußzeilen. Achten Sie darauf, dass Sie im beschriebenen Register keines der beiden genannten Kontrollkästchen wieder deaktivieren. Word vergisst in diesem Fall automatisch die Inhalte dieser besonderen Bereiche. Sichern Sie sich vor dem Verlust komplizierter Kopf- oder Fußzeileninhalte, indem Sie z.B. AutoText-Einträge für die Kopf- oder Fußzeilen erstellen, die bei Bedarf wieder eingefügt werden.

Kopf- und Fußzeilen für die erste Seite extra

Nach der Aktivierung des Kontrollkästchens *Erste Seite anders* haben Sie für die erste Seite einen Extrabereich für Kopf- und Fußzeilen erzeugt. Wenn Sie die Kopfzeile der ersten Seite bearbeiten wollen, muss sich die Schreibmarke auch auf dieser Seite befinden. Analoges gilt für die Folgeseiten.

 Damit Sie nicht die Orientierung verlieren, trägt Word in den linken oberen Bereich einer Kopf- oder Fußzeile eine Bezeichnung ein – z.B. 1. Kopfzeile auf der ersten Seite *oder* Kopfzeile auf den Folgeseiten.

Kopf- und Fußzeilen für gerade und ungerade Seiten

Meist sollen sich die Kopf- und Fußzeilen auf den Seiten mit gerader Seitenzahl von den anderen nur dadurch unterscheiden, dass der Inhalt gespiegelt ist. Trotzdem benötigt Word die Möglichkeit, für jeden Seitentyp einen Extrabereich für Kopf- und Fußzeilen anzulegen. Das erledigen Sie mit der Aktivierung des Kontrollkästchens *Gerade/ungerade anders*.

 Wie Sie Kopf- und Fußzeilen abschnittsbezogen einrichten, lesen Sie in Kapitel 18, »Dokumente in Abschnitte teilen«.

Kopf- und Fußzeilen entfernen

Um Kopf- und Fußzeilen wieder zu entfernen, müssen Sie die Inhalte aus den Kopf- oder Fußzeilenbereichen löschen. Deaktivieren Sie zunächst die Kontrollkästchen für die Kopf- und Fußzeilen im Register *Seitenlayout*. Wenn Sie nun auf der ersten Seite Ihres Dokuments den Inhalt der Kopf- und Fußzeilen komplett löschen, sind auch keine Kopf- und Fußzeilen mehr vorhanden.

 Wenn Sie eine Dokumentvorlage mit vorbereiteten Kopf- und Fußzeilen für mehr als eine Seite erzeugen wollen, erzeugen Sie mit der Tastenkombination Strg + Enter *einen Seitenumbruch, um die Kopf- und Fußzeilen vorbereiten zu können. Danach löschen Sie den Umbruch – Word merkt sich die Inhalte der Kopf- und Fußzeilen für die Folgeseiten trotzdem.*

18 Mit Dokumentabschnitten arbeiten

Ein Abschnitt ist ein Teil des Dokuments, der eigene Einstellungen für Ränder, Kopf- und Fußzeilen, Seitennummern usw. aufweisen kann. Dieses Kapitel zeigt, wie Sie Abschnitte in Word definieren und welche Aufgaben Sie damit lösen.

Der Abschnittsumbruch

Word-Dokumente lassen sich in beliebig viele Abschnitte aufteilen. Gründe dafür können vielseitig sein: Abschnittsbezogene Seitenzahlen, Kopf- und Fußzeilen oder Seitenlayouts zur vielseitigen Gestaltung langer Dokumente oder die abschnittsbezogene Verwaltung von Dokumentinformationen. Die Palette der Gestaltungsvarianten von Word erweitert sich durch die Arbeit mit Abschnitten erheblich.

Um ein Dokument in Abschnitte aufzuteilen, müssen Sie so genannte Abschnittsumbrüche per Hand einfügen. Word kann ja nicht wissen, wo Sie mit einer vom bisherigen Textverlauf abweichenden Einstellung beginnen wollen.

Abschnittsumbrüche sind besondere Zeichen im Text, die nur in der Ansicht *Normal* zu sehen sind. In den anderen Ansichten sehen Sie Abschnitte durch die besondere Formatierung oder dann, wenn Sie mit *Extras/Optionen* im Register *Ansicht* oder der Symbolschaltfläche *Einblenden/Ausblenden* der Standard-Symbolleiste die Ansicht nicht druckbarer Formatierungszeichen aktivieren.

Abschnittsumbrüche speichern die für den Abschnitt speziell vorgenommenen Einstellungen wie Absatzmarken für ihre Absätze. Außerdem zeigt die Statusleiste an, in welchem Abschnitt sich die Schreibmarke gerade befindet. Wenn das Dokument keinen Abschnittsumbruch enthält, zeigt die Statusleiste immer Ab 1 *an.*

Wenn Sie einen Abschnittsumbruch einfügen wollen, müssen Sie zunächst die Schreibmarke geschickt setzen. Schließen Sie immer einen Absatz erst mit Enter ab, bevor Sie einen Abschnittsumbruch einfügen. Damit steht die Schreibmarke vor dem nächsten Absatz: ein idealer Platz für einen Abschnittsumbruch.

Bei der Arbeit mit Abschnitten ist es unerheblich, wann Sie die Abschnittsumbrüche in das Dokument einfügen und wann Sie die Formatierungen zuweisen. Die Eigenschaften fertig formatierter Abschnitte können Sie immer wieder bei der Texteingabe verwenden, wenn Sie den Abschnittsumbruch in der Ansicht Normal *markieren und als AutoText-Eintrag definieren.*

Die Art des Umbruchs wählen

Nachdem Sie sich für die Stelle entschieden haben, sollten Sie zunächst überlegen, warum Sie einen Abschnitt einfügen. Sie müssen beim Einfügen des Umbruchs entscheiden, wo die erste Seite des neuen Abschnitts beginnen und der gleichzeitig damit erzeugte vorhergehende Abschnitt enden soll.

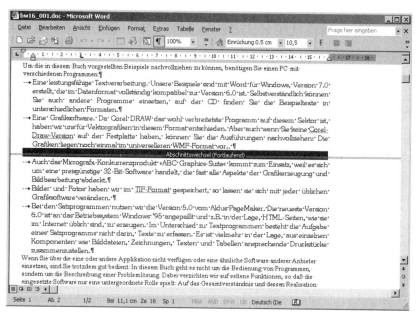

Bild 18.1: In der Normalansicht und in der Statusleiste zu erkennen: Ein Abschnittsumbruch wurde eingefügt.

Es gibt folgende Optionen für einen Abschnittsumbruch:

→ *Nächste Seite*
Der eingefügte Abschnittsumbruch bricht gleichzeitig die Seite um, so dass der nächste Abschnitt am Anfang einer neuen Seite steht. Verwenden Sie diesen Umbruch z.B., um in einem Dokument das Seitenformat zu wechseln.

Wenn Sie nach einem solchen Umbruch wieder im normalen Text weiterarbeiten wollen, müssen Sie nach diesem Abschnitt wieder einen Umbruch einfügen.

→ *Fortlaufend*
Fügt einen Abschnittsumbruch ein, der den nächsten Abschnitt ohne Seitenumbruch anschließt. Verwendung findet dieser Umbruch vor allem dann, wenn vorübergehend mehrspaltiger Text benötigt wird.

→ *Gerade Seite/Ungerade Seite*
Fügt einen Abschnittsumbruch ein und setzt den neuen Abschnitt so, dass er auf der nächste Seite mit gerader bzw. ungerader Seitenzahl beginnt. Falls nötig, lässt Word die nächste Seite leer. Diese Optionen finden vor allem dann Anwendung, wenn die Kapitel eines Buchs generell auf den linken (geraden) oder rechten (ungeraden) Seiten beginnen sollen.

Nachdem Sie diese Vorüberlegungen abgeschlossen haben, wählen Sie den Befehl *Einfügen/Manueller Umbruch*.

Bild 18.2: Mit der Dialogbox Manueller Umbruch *wählen Sie die Art des Abschnittsumbruchs und fügen ihn durch Bestätigung mit* OK *in das Dokument ein.*

Mit dem Einfügen des Umbruchs über die Dialogbox haben Sie noch keinerlei Sonderregelungen für den Abschnitt festgelegt. Deshalb hat das Einfügen außer dem Umbruch selbst noch keinerlei Auswirkungen auf das Dokument. Sie können aber, nachdem Sie noch einen weiteren Abschnittsumbruch als Abschnittsende eingefügt haben, mit der Gestaltung des neuen Abschnitts beginnen.

Ein Abschnittsumbruch ist schnell gelöscht: Markieren Sie ihn in der Ansicht Normal *und drücken Sie die* Entf *-Taste. Mit der* Backspace *-Taste lassen sich Abschnittsumbrüche nicht löschen.*

Einen Abschnitt einrichten

Für die wichtigsten Formatierungen ist die schon bekannte Dialogbox *Seite einrichten* mit dem Register *Seitenlayout* zuständig.

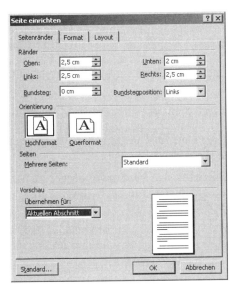

Bild 18.3: Wenn im Listenfeld Anwenden auf *der Eintrag* Aktuellen Abschnitt *gewählt ist, gelten die Einstellungen nur für den aktuellen Abschnitt.*

Sobald sich die Schreibmarke in einem »echten« Abschnitt befindet, enthalten auch andere Word-Funktionen Bezüge auf Abschnittsformatierungen.

Einen Abschnittsumbruch suchen

Um einen Abschnittsumbruch in langen Dokumenten zu finden oder z.B. die korrekte Seitennummerierung in den Abschnitten zu kontrollieren, können Sie Abschnittsumbrüche auch von Word suchen lassen. Nutzen Sie einfach das Navigationstool. Word setzt damit die Schreibmarke immer vor das erste Zeichen eines neuen Abschnitts und wenn nur ein Abschnitt vorhanden ist, an den Beginn des Dokuments.

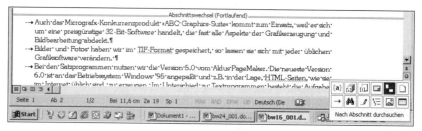

Bild 18.4: Das Navigationstool hilft Ihnen in jeder Ansicht, den Beginn der Abschnitte zu finden.

Abschnittsbezogene Kopf- und Fußzeilen

Sie können jedem Abschnitt eigene Inhalte für Kopf- und Fußzeilen zuordnen. Dieses Verfahren ist nur bei sehr langen und kompliziert strukturierten Dokumenten anzuraten, da der Aufwand erheblich ist.

Beim Erzeugen der Abschnitte hat Word vorgesorgt und entsprechende Bereiche für abschnittsbezogene Kopf- und Fußzeilen geschaffen. Wenn Sie *Ansicht/Kopf- und Fusszeile* wählen, wird je nach Stellung der Schreibmarke nun genau die betreffende Kopf- oder Fußzeile beschrieben: z.B. *Ungerade Kopfzeile – Abschnitt 1* auf der linken Seite der Bereichsmarkierung.

Sobald Sie außerdem noch mehr als einen Abschnitt erzeugt haben, findet sich rechts der Eintrag *Wie vorherige*. Damit sorgt Word dafür, dass alle Kopf- und Fußzeilen in allen Abschnitten ohne Ihr Eingreifen zunächst den gleichen Inhalt hätten.

Um den Kopf- und Fußzeilen der Abschnitte abschnittsbezogene Inhalte zuzuordnen, arbeiten Sie sich von vorn nach hinten durch das Dokument – erst alle Kopf- und dann alle Fußzeilen.

→ Wechseln Sie zunächst in die Ansicht *Seitenlayout* und bewegen Sie die Schreibmarke mit ⌜Strg⌝+⌜Pos1⌝ ganz an den Anfang des Dokuments.

→ Wechseln Sie mit *Ansicht/Kopf- und Fusszeile* in den Kopf- und Fußzeilenmodus.

→ Geben Sie den Inhalt für die erste Kopfzeile ein.

→ Mit der Symbolschaltfläche *Zum nächsten Abschnitt springen* der Symbolleiste *Kopf- und Fusszeile* wechseln Sie zur nächsten Kopfzeile.

→ Wenn die Kopfzeile bereits einen Inhalt hat, erscheint die Symbolschaltfläche *Wie vorherige* niedergedrückt. Wollen Sie den Inhalt übernehmen, belassen Sie diese Einstellung. Andernfalls deaktivieren Sie die genannte Schaltfläche und nehmen den neuen Eintrag vor.

→ Wenn die Kopfzeile keinen Inhalt hat, ist eine Inhaltseingabe erforderlich.

→ Nach der Eingabe springen Sie in die nächste Kopfzeile und verfahren wie beschrieben bis zur letzten möglichen Kopfzeilenart.

Achten Sie darauf, dass Sie bei nachträglichen Änderungen in diesem Gefüge immer zunächst in der nachfolgenden Kopfzeile die Option Wie vorherige *deaktivieren, damit nicht alle Änderungen automatisch in die folgenden Abschnitte übernommen werden.*

19 Mit Spalten gestalten

Vor allem bei der Gestaltung von Dokumenten im Zeitungsstil werden Sie den Spaltensatz benutzen. Sie schreiben einen Text und verwandeln ihn anschließend in eine professionell gesetzte Zeitung. Word unterstützt Sie dabei mit leistungsfähigen Funktionen.

Der Spaltensatz

Der Spaltensatz in Word hängt eng mit den Abschnitten im Dokument zusammen. Bei normalen Dokumenten handelt es sich um Dokumente mit nur einem Abschnitt. Deshalb gelten die aktuellen Einstellungen für den Spaltensatz zu Beginn automatisch für das gesamte Dokument. Alle Dokumente sind auch zunächst immer einspaltig, bis Sie daran etwas ändern.

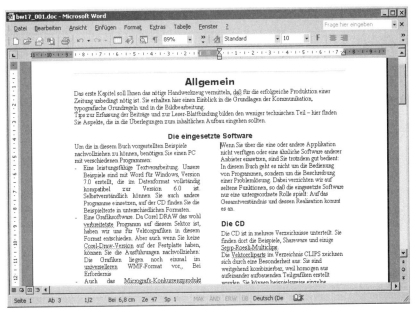

Bild 19.1: Zweispaltiges Dokument in der Ansicht Seitenlayout – *für den ersten Teil und die Überschrift sind eigene Abschnitte nötig.*

Beim Einfügen von Spalten in einen bereits formatierten Text wechselt Word in die Ansicht *Seitenlayout* und stellt den Text in der eingestellten Spaltenanzahl dar. Wenn Sie zu einem späteren Zeitpunkt Spalteneinstellungen bearbeiten wollen, sollten Sie diese Ansicht wählen.

Für das Einfügen von Spalten stellt Word eine Symbolschaltfläche und eine Dialogbox zur Verfügung. Feinarbeiten an Spalten erfordern die Anwendung der Dialogbox.

Um die Spaltenbegrenzung anzuzeigen, müssen Sie mit Extras/Optionen *im Register* Ansicht *das Kontrollkästchen* Textbegrenzungen *aktivieren.*

Einfügen von Spalten über die Symbolschaltfläche

Die schnelle Einrichtung von Spalten in Standardform erledigen Sie mit der zugehörigen Symbolschaltfläche. Um in einen Abschnitt des Dokuments Spalten einzufügen, klicken Sie die Schreibmarke in den gewünschten Abschnitt.

Klicken Sie in der Standard-Symbolleiste auf das Symbol *Spalten*. Word öffnet einen Vorschaubereich. Hier können Sie mit der Maus markieren, in wie vielen Spalten Sie das Dokument darstellen wollen. Halten Sie dazu die linke Maustaste gedrückt und ziehen Sie die Maus in den aufgeklappten Teil. Bewegen Sie den Mauszeiger nach rechts, bis die gewünschte Anzahl von Spalten markiert ist. Unten im Vorschaubereich wird Ihnen die aktuelle Spaltenanzahl angezeigt. Sobald Sie die linke Maustaste loslassen, übernehmen Sie die Auswahl in das Dokument. Word schaltet zur Ansicht *Seitenlayout* um und beginnt mit der Formatierung des Dokuments.

Um das Einfügen von Spalten abzubrechen, ziehen Sie den Mauszeiger nach oben oder links aus dem Vorschaubereich. Unten im Vorschaubereich erscheint dann Abbrechen *anstelle der Spaltenzahl.*

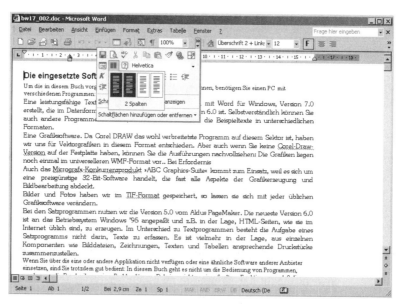

Bild 19.2: Mit der Symbolschaltfläche Spalten *wird das Dokument nach dieser Auswahl zweispaltig formatiert.*

Die getroffene Auswahl lässt sich mit dieser Symbolschaltfläche auch nachträglich verändern. Für die weitere Bearbeitung der Spalten können Sie nach dem Einfügen der Spalten das horizontale Lineal benutzen.

Spalten über die Dialogbox

Der Aufruf der für das Einfügen und die Feineinstellung von Spalten zuständigen Dialogbox erfolgt mit dem Befehl *Format/Spalten*. Außer zum Einfügen dient sie vor allem zum Einstellen der Spaltenbreite und des Abstands zwischen zwei Spalten.

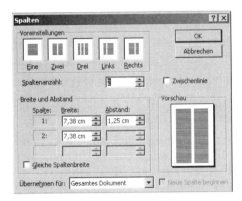

Bild 19.3: Die Dialogbox Spalten *ermöglicht die Feineinstellung des Spaltensatzes.*

Dabei bietet die Dialogbox folgende Einstellmöglichkeiten, deren Wirkung Sie im Bereich *Vorschau* beurteilen:

→ *Voreinstellungen*
Treffen Sie die Wahl zwischen gleichmäßig breiten Spalten mit den Einstellungen *Zwei* und *Drei* oder eine Kombination einer breiten mit einer schmalen Spalte *Links* bzw. *Rechts*. Die Einstellung *Eine* entfernt mehrspaltige Einstellungen im ausgewählten Textabschnitt.

→ *Spaltenanzahl*
Stellen Sie hier die gewünschte Spaltenanzahl ein. Word achtet darauf, dass die maximal mögliche Spaltenanzahl, die vom Seitenformat abhängt, nicht überschritten wird.

→ *Breite und Abstand*
Erlaubt Ihnen individuelle Einstellungen für Spaltenbreite und Abstand zwischen den Spalten. Wenn Sie das Kontrollkästchen *Gleiche Spaltenbreite* deaktivieren, beeinflussen Sie jede Spalte separat.

→ *Zwischenlinie*
Mit diesem Kontrollkästchen ziehen Sie als optische Trennung zwischen den Spalten eine dünne Linie.

→ *Übernehmen für*
Das Listenfeld enthält je nach Situation unterschiedliche Einträge. Die Auswahl *Dokument ab hier* fügt an der Schreibmarke einen Abschnittsumbruch *Fortlaufend* ein. Damit wird der Text ab der aktuellen Position der Schreibmarke in Spalten formatiert. Das in diesem Fall ebenfalls wählbare Kontrollkästchen *Neue Spalte beginnen* fügt bei Aktivierung einen Abschnittsumbruch *Neue Seite* ein, so dass der Text ab der Schreibmarke in Spalten auf der neuen Seite beginnt.

Spaltensatz stellt an die optische Gestaltung einige Anforderungen. Wählen Sie deshalb eine kleinere Schriftart als in normalen Texten, verwenden Sie Blocksatz und eine aufwendige Silbentrennung, wenn Sie perfekte Optik anstreben.

Unterschiedliche Spaltenzahlen im Text mischen

Es ist möglich, unterschiedliche Spaltenzahlen im Text zu mischen. Wenn Sie z.B. zunächst einspaltige, dann zweispaltige und anschließend dreispaltige Textabschnitte wünschen, so lässt sich das recht einfach realisieren:

→ Markieren Sie den vollständigen Text, den Sie verändern wollen.

→ Wählen Sie für den Textteil mit der Dialogbox oder der Symbolschaltfläche die gewünschte Spalteneinstellung aus.

→ Das Bestätigen mit *OK* oder ein Klick auf die Auswahl überträgt die Spaltenanzahl in Ihren Textteil. Da der Spaltensatz aber mit Abschnitten zusammenhängt, nimmt Ihnen Word bei diesem Verfahren einige Arbeit ab. Vor und nach dem markierten Text fügt Word je einen Abschnittsumbruch *Fortlaufend* ein.

 Für eine bessere Optik sollten Sie zwischen Abschnitten mit unterschiedlicher Spaltenanzahl einen größeren Abstand wählen. Fügen Sie dazu einen zusätzlichen leeren Absatz vor dem nötigen Abschnittsumbruch ein. Diesem leeren Absatz können Sie den gewünschten Abstand nach zuweisen.

Mehrspaltige Dokumente

Der Text Ihres Dokuments fließt automatisch in die Spalten. Er beginnt, die erste Spalte von oben nach unten zu füllen. Ist das Ende der ersten Spalte erreicht, erfolgt der Übergang zur zweiten usw. Um auf die Anordnung des Texts Einfluss zu nehmen, wählen Sie mit dem Befehl *Einfügen/ Manueller Umbruch* in der gleichnamigen Dialogbox einen manuellen Spaltenumbruch aus. Nach Bestätigung der Dialogbox fügt Word den Umbruch in das Dokument ein.

Schneller ist die Verwendung der Tastenkombination `Strg`+`Shift`+ `Enter`. Der manuelle Spaltenumbruch ist als eigenes Zeichen eingefügt und bei eingeschalteten nicht druckbaren Formatierungszeichen in allen Ansichten an einer eng gepunkteten Linie mit dem Eintrag *Spaltenumbruch* erkennbar. Ein Spaltenumbruch bewirkt, dass der Text danach in der nächsten Spalte beginnt.

 Vermeiden Sie bei der Arbeit mit Spalten Abstände oberhalb *von Absätzen, da sich diese auch auf den Beginn des Texts am oberen Spaltenrand auswirken.*

Praxistipp: zweispaltiger Text

Im folgenden Beispiel erstellen Sie einen zweispaltigen Text mit einer einspaltigen Überschrift. Für eine »richtige« Zeitung nutzen Sie nach dem beschriebenen Verfahren zusätzlich zum Spaltensatz die Möglichkeit, Grafiken zu platzieren und den Text um die Grafik fließen zu lassen.

→ Setzen Sie die Schreibmarke vor den Beginn des ersten Absatzes nach der Überschrift. Mit der Tastenkombination [Strg]+[Shift]+[Ende] markieren Sie den gesamten Text bis zum Ende. Durch die gewählte Markierung bleibt die Überschrift von den Einstellungen unbeeinflusst.

→ Wählen Sie nun *Format/Spalten*. Klicken Sie auf die Auswahl *Zwei* und aktivieren Sie das Kontrollkästchen *Zwischenlinie*.

→ Wählen Sie den Eintrag *Dokument ab Hier* und bestätigen Sie Ihre Auswahl mit *OK*.

Weitere Korrekturen verbessern die Optik:

→ Markieren Sie den gesamten Text mit [Strg]+[A].

→ Wählen Sie den Befehl *Extras/Sprache/Silbentrennung*. Aktivieren Sie in der erscheinenden Dialogbox das Kontrollkästchen *Automatische Silbentrennung*.

→ Aktivieren Sie die Ausrichtung *Blocksatz*.

→ Zentrieren Sie die Überschrift, um sie optisch aufzuwerten.

 Probleme gibt es bei dieser Methode mit dem Ende des Texts, wenn er auf der letzten Seite nur in der linken Spalte steht. Um den Text auf beide Spalten zu verteilen, fügen Sie vor der letzten Absatzmarke noch einen Abschnittsumbruch Fortlaufend ein.

20 Mehr Übersicht mit Tabellen

Word bietet einen Tabelleneditor, der den Umgang mit Tabellen komfortabel regelt. Dieses Kapitel beschreibt die Grundsätze des Einfügens einer Tabelle, der Texteingabe und der Arbeit in der Tabelle.

20.1 Tabellen in Word

Mit Tabellen werden die Daten in einer besonderen Form aufbereitet. Mit Hilfe von vertikalen Spalten und horizontalen Zeilen in einem Gittergerüst richten Sie den Platz für die Daten in Zellen ein. In den Zellen befindet sich also der eigentliche Tabelleninhalt. Um die Zellen zu identifizieren, werden Koordinaten verwendet. Z1S1 meint z.B. die Zelle in der ersten Zeile und in der ersten Spalte, also in der linken oberen Ecke der Tabelle.

Zellen können Zahlen, Grafiken oder Text enthalten. Der Text kann innerhalb einer Zelle aus mehreren Absätzen bestehen, die sogar alle Gestaltungsmöglichkeiten für Absätze annehmen können.

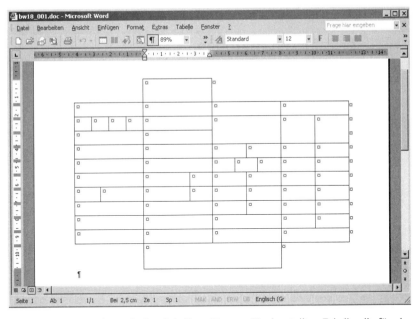

Bild 20.1: *Leeres Gittergerüst einer mit dem Tabelleneditor von Word erstellten Tabelle, die für ein Formular Verwendung finden könnte.*

Die Abbildung offenbart einige Besonderheiten der Tabellen.

→ Zunächst ist es offensichtlich, dass Word nicht an rechteckige Tabellenstrukturen gebunden ist. Tabellen lassen sich in beliebiger Form zeichnen – mehr dazu später.

→ Jede Zelle hat am Ende anstelle der Absatzmarke ein besonderes Zeichen, das Zellenendezeichen. Es vertritt die Absatzmarke und nimmt die Informationen über die Zelle auf. Es kann aber nur gemeinsam mit der Zelle und ihrem Inhalt entfernt werden.

→ Sobald Sie mit dem Mauszeiger über die Tabelle fahren, aktiviert Word zwei Anfasser: Über der linken oberen Ecke der Tabelle erscheint ein Anfasser, mit dem Sie die Tabelle in bestehender Größe auf dem Blatt verschieben. Unter der rechten unteren Ecke erscheint ein Anfasser für Größenänderungen.

Die Tabellenzellen sind nach dem Einfügen zunächst umrahmt von einer dünnen Linie, die auch gedruckt wird, wie die Seitenansicht in diesem Fall offenbart. Zellen müssen aber nicht umrahmt sein. Zu Ihrer Unterstützung bei der Arbeit mit Tabellen lassen sich in diesem Fall so genannte Gitternetzlinien einblenden. Die Gitternetzlinien sind nur optische Hilfslinien. Sie werden nicht gedruckt.

Die Anzeige der Zellenendezeichen wird wie die der Absatzmarken über die Symbolschaltfläche Einblenden/Ausblenden geregelt. Für die Anzeige der Gitternetzlinien gibt es einen eigenen Befehl: Tabelle/Gitternetzlinien ein(aus)blenden.

20.2 Tabellen einfügen

Zum Einfügen einer Tabelle steht Ihnen eine große Auswahl zur Verfügung. Erstellen Sie Tabellen schnell und schnörkellos mit der Symbolschaltfläche, gehen Sie differenzierter vor mit dem Befehl *Tabelle/Zellen einfügen/Tabelle* oder zeichnen Sie die Tabelle. Beispiele sollen die verschiedenen Wege aufzeigen, eine Tabelle zu erstellen, und die Funktionen darstellen, die Sie dabei einsetzen.

Die Arbeit mit Tabellen hat den Vorteil, dass Sie vielfältige Formatierungs- und Berechnungsmöglichkeiten haben. Word hilft Ihnen dabei in vielen Bereichen: Die Anpassung von Tabelle und Zellengrößen, Summenfunktionen oder eine einfache Anpassung der Tabellenspalten sind eine Selbstverständlichkeit.

Ein Beispiel: Eine Tabelle über die Symbolschaltfläche einfügen

Die Symbolschaltfläche *Tabelle einfügen* der Standard-Symbolleiste bietet eine schnelle Methode zum Einfügen einer Tabelle, die nur die notwendigsten Funktionen realisiert. Eine so eingefügte Tabelle kann aber als Ausgangspunkt für weitere Verbesserungen dienen. Das Beispiel zeigt die Erzeugung einer Tabelle mit vier Spalten und acht Zeilen.

→ Setzen Sie die Schreibmarke an die Stelle, die den Anfang Ihrer Tabelle darstellen soll.

→ Klicken Sie auf die Symbolschaltfläche *Tabelle einfügen* der Standard-Symbolleiste. Word öffnet eine Box, in der Sie die Zahl der Spalten und Zeilen mit der Maus wählen. Solange Sie die Vorgabe der Box von fünf

Spalten und vier Zeilen nicht überschreiten, benötigen Sie nur einen Klick nach dem Zeigen auf die gewünschte Auswahl.

→ Um die Box für die gewünschten acht Zeilen nach unten zu erweitern, klicken Sie in eine Zelle und ziehen die Maus mit gehaltener linker Maustaste, bis die gewünschte Zeilenzahl erreicht ist.

→ Lassen Sie die Maustaste los. Word fügt die Tabelle sofort ein.

 Der Vorgang kann mit der Esc *-Taste unterbrochen werden. Wenn sich jedoch erst hinterher herausstellt, dass die Anzahl von Zeilen bzw. Spalten nicht ausreicht, können Sie jederzeit Korrekturen vornehmen.*

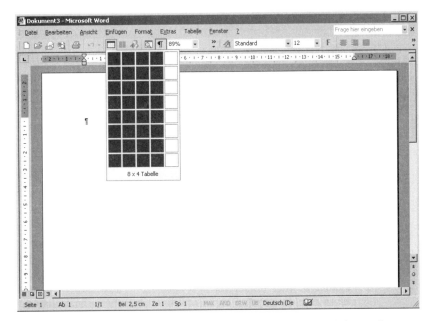

Bild 20.2: Schnell und elegant – fügen Sie mit der Symbolschaltfläche Tabelle einfügen *die gewünschte Tabelle ein.*

Tabellen mit der Dialogbox einfügen

Mit dem Menübefehl *Tabelle/Zellen einfügen/Tabelle* nehmen Sie eine Tabelle in das Dokument auf. Nach dem Aufruf erscheint eine Dialogbox, in der Sie die Anzahl der erwünschten Zeilen und Spalten angeben sowie die Breite der Spalten festlegen.

Word bietet noch einige weitere Funktionen, mit denen Sie das Erscheinungsbild der neuen Tabelle beeinflussen. Im Bereich *Einstellungen für optimale Breite* steuern Sie die beim Erstellen genutzte Breite der Tabellenzellen.

→ Standardmäßig steht die Spaltenbreite auf *Auto*, d.h. Word passt die Breite der Tabelle automatisch an den verfügbaren Platz auf der Seite an und verteilt die Spalten gleichmäßig.

Bild 20.3: In dieser Dialogbox legen Sie die Eigenschaften der einzufügenden Tabelle fest.

→ Die Option *Optimale Breite: Inhalt* verändert die Spaltenbreiten so, dass für die Texteinträge ausreichend Platz zur Verfügung steht.

→ Interessant für die Verwendung im Weblayout ist die Einstellung *Optimale Breite: Fenster*. Mit dieser Variante sorgen Sie dafür, dass sich die Tabelle automatisch dem verfügbaren Platz anpasst, wenn sich die Fenstergröße ändert.

Mit dem Kontrollkästchen Als Standard für alle neuen Tabellen verwenden sorgen Sie dafür, dass die in der Dialogbox festgelegten Einstellungen nach Bestätigung Grundlage aller weiteren Tabellen werden.

Tabellen mit AutoFormat einfügen

Nach einem Klick auf die Schaltfläche *AutoFormat* in der Dialogbox *Tabelle einfügen* öffnet Word die Dialogbox *Tabelle AutoFormat*. In der Dialogbox haben Sie die Wahl zwischen einer großen Anzahl vorgefertigter Tabellenformate. Außerdem stehen einige Optionen bezüglich der Formatübernahme in Ihre Tabelle zur Auswahl. Nutzen Sie diese Optionen, wenn Sie bereits bestehende Formatierungen erhalten möchten. Der Bereich *Vorschau* vermittelt einen Ausblick auf das fertige Ergebnis.

→ Wählen Sie aus dem Listenfeld *Tabellenformatvorlagen* eines der vorbereiteten Formate aus – z.B. *Tabelle Aktuell*. Sie können sich die Wirkung im Bereich *Vorschau* betrachten.

→ Variieren Sie die Vorgaben mit Hilfe der Kontrollkästchen im Bereich *Sonderformate übernehmen*. Auch diese Auswahl zeigt sich in der Vorschau.

→ Bestätigen Sie beide Dialogboxen mit *OK*, Word fügt die Tabelle Ihrer Wahl ein.

→ Kontrollieren Sie nach dem Einfügen der Tabelle den Aufgabenbereich *Formatvorlagen und Formatierung*: Die Gestaltung der Tabelle erfolgt über Tabellenformatvorlagen.

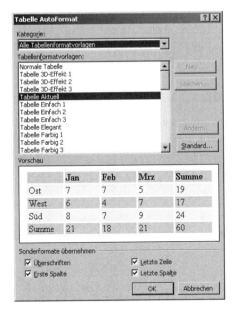

Bild 20.4: *Mit Hilfe von Tabellenformatvorlagen ist die Tabelle im Handumdrehen ansprechend gestaltet.*

 Einzelheiten zur Arbeit mit Formatvorlagen finden Sie in Kapitel 39, »Dokumente effektiv gestalten«.

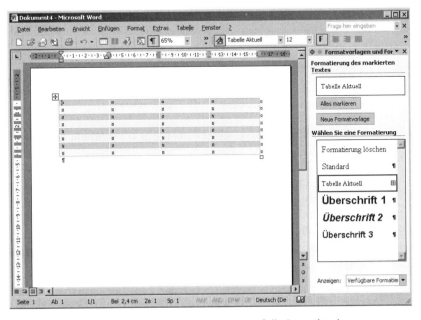

Bild 20.5: *Die mit* AutoFormat *eingefügte leere Tabelle wartet auf die Dateneingabe.*

Der Befehl Tabelle/AutoFormat für Tabellen *führt Sie nachträglich ebenfalls in die beschriebene Dialogbox. Wenn Sie diese Funktion auf eine teilweise formatierte Tabelle mit Inhalten anwenden, verwerfen Sie damit bestehende Formatierungen.*

20.3 Tabellen zeichnen

Sie werden an dieser Word-Funktion Ihre Freude haben; sie ist aus dem Leben gegriffen wie kaum eine andere Funktion von Word. Nehmen Sie einen Stift in die Hand und zeichnen Sie eine Tabelle ohne Einschränkungen, entfernen Sie überflüssige Linien durch Radieren – und alles in Sekundenschnelle. Dieses Verfahren hat den Vorteil, dass Sie unregelmäßige Tabellen schnell und einfach erstellen.

Word hält für diese Funktion in der Symbolleiste *Standard* ein Symbol bereit, das den Zeichenmodus und gleichzeitig die Symbolleiste *Tabellen und Rahmen* aktiviert.

 Sie können die Symbolleiste Tabellen und Rahmen *ebenso über* Ansicht/ Symbolleisten/Tabellen und Rahmen *einblenden. Alternativ aktivieren Sie den Zeichenmodus mit dem Befehl* Tabelle/Tabelle zeichnen.

Die Symbolleiste *Tabellen und Rahmen* enthält verschiedene Symbole, die Sie beim Zeichnen Ihrer Tabelle unterstützen. Sie können aus Listenfeldern die Art der zu zeichnenden Linien, deren Stärke, verschiedene Rahmenarten und -farben und Schattierungen auswählen. Dazu kommen noch diverse Funktionen, welche die Zellen und deren Inhalte betreffen. Ganz links in der Symbolleiste befinden sich Symbole zum Zeichnen und Löschen von Linien, aus denen sich Ihre Tabelle zusammensetzt.

Bild 20.6: Die Symbolleiste Tabellen und Rahmen *bietet alle wichtigen Funktionen in Form von Schaltflächen, Listenfeldern oder Funktionspaletten.*

Um eine Tabelle durch Zeichnen neu zu erstellen, sind nur wenige Schritte nötig:

→ Aktivieren Sie die Funktion zum Zeichnen einer Tabelle mit dem Befehl *Tabelle/Tabelle zeichnen*. Word schaltet bei Bedarf in die Ansicht *Seitenlayout* um und aktiviert die Symbolleiste *Tabellen und Rahmen*. Dort ist die Symbolschaltfläche *Tabelle zeichnen* niedergehalten, der Mauszeiger ist in einen Stift verwandelt.

→ Ziehen Sie mit gedrückter linker Maustaste einen rechteckigen Rahmen als Umrahmung Ihrer neuen Tabelle.

→ Ziehen Sie in das Gerüst mit dem Zeichenstift horizontale oder vertikale Striche als Begrenzung gewünschter Zeilen oder Spalten.

→ Beenden Sie die Zeichenfunktion durch einen Klick neben die Tabelle.

Wenn Sie Spalten- oder Zeilenlinien zeichnen, dehnt sich die Linie immer automatisch bis zu den nächsten Linien aus und füllt so selbständig die Lücken.

Praxistipp: Tabelle zeichnen

Der folgende Arbeitsablauf schildert das Vorgehen beim Zeichnen einer Tabelle:

→ Mit der Symbolschaltfläche *Tabelle zeichnen* schalten Sie den Zeichenmodus für Tabellen ein bzw. aus. Der Mauszeiger verwandelt sich in einen stilisierten Bleistift. Gleichzeitig ändert sich die Ansicht Ihres Dokuments. Word wechselt beim Zeichnen einer Tabelle automatisch in die Ansicht *Seitenlayout*.

 Stellen Sie vor dem Zeichnen der Tabelle den Zoom auf Textbreite, *um den verfügbaren Platz zu überschauen.*

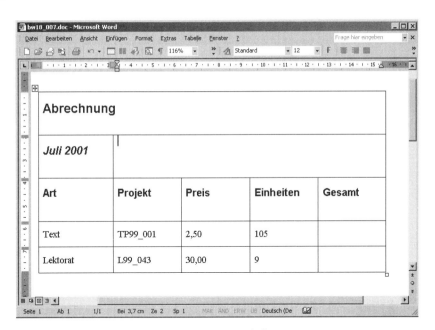

Bild 20.7: Das Ergebnis vorweggenommen: die gezeichnete Tabelle

→ Beim Zeichnen einer Tabelle beginnen Sie immer mit der äußeren Begrenzung. Durch Ziehen der Maus mit gedrückter linker Maustaste erscheint ein Rahmen. Lassen Sie die Maustaste einfach los, sobald der Rahmen die gewünschte Größe erreicht hat. Dieser bildet die Grundlage Ihrer Tabelle.

 Word aktiviert im Zeichenmodus für Tabellen dünne Linien in den Linealen, mit denen Sie Position und Größe der Tabelle kontrollieren.

→ Nach dem Rahmen fügen Sie Linien in den vorliegenden Kasten ein, um der Tabelle Gestalt zu verleihen. Setzen Sie mit dem Mauszeiger an der Stelle am Rahmen der Tabelle an, wo die Linie beginnen soll, und ziehen Sie die Maus mit gedrückter Maustaste horizontal bzw. vertikal in die entsprechende Richtung. Entlang der gezogenen Strecke taucht eine gestrichelte Linie auf, die anzeigt, wo die Linie verlaufen wird. Beim Loslassen der Maustaste wird die Linie erzeugt. Erstellen Sie auf diese Weise die Überschriftenzeile Ihrer Tabelle.

→ Fahren Sie nun genauso fort, bis die Tabelle das gewünschte Aussehen hat. Dabei sollten Sie geplant vorgehen, um Nachbearbeitungen möglichst gering zu halten: Wenn Sie Zeilen oder Spalten mit gleicher Höhe bzw. Breite einfügen wollen, nutzen Sie sofort nach entsprechender Markierung die Funktionen zum Verteilen im Menü *Tabelle/ AutoAnpassen* oder die Symbolschaltflächen in der Symbolleiste *Tabellen und Rahmen*.

→ Falls Sie überflüssige Linien entfernen müssen: Nach einem Klick auf den Radiergummi entfernen Sie die Linien, indem Sie mit gehaltener linker Maustaste »radieren«.

Nach Beendigung des Zeichenmodus erscheinen an der Tabelle zwei kleine Symbole.

→ Über der linken oberen Ecke der Tabelle befindet sich ein Anfasser, mit dem Sie die Tabelle bei unveränderter Größe auf dem Blatt verschieben. Klicken Sie dazu auf den Anfasser und bewegen Sie dann die Maus mit gehaltener linker Maustaste. Nach Freigabe der Maustaste ist die Tabelle neu platziert.

→ Unter der rechten unteren Ecke erscheint ein Anfasser für Größenänderungen. Klicken Sie für die Veränderung der Größe auf den Anfasser und bewegen Sie dann die Maus mit gehaltener linker Maustaste. Nach Freigabe der Maustaste ist die Tabelle in der Größe geändert – bestehende Größenverhältnisse passt Word proportional an.

Fügen Sie nun die Inhalte in die Zellen der Tabelle ein. Klicken Sie in eine beliebige Zelle, um mit der Eingabe zu beginnen. Nutzen Sie Formatierungen für die Gestaltung.

Um vor einer eingefügten Tabelle eine Zeile zum Schreiben zu erzeugen, schiebe Sie die Tabelle nach unten. Bei vielen Tabellen führt auch der Befehl Tabelle/Tabelle teilen *zum Erfolg, wenn die Schreibmarke in der ersten Tabellenzelle steht.*

20.4 Text in die Tabelle eingeben

Die Grundregeln für die Texteingabe sind Ihnen geläufig. Tabellen sind aber etwas Besonderes, so dass es auch bei der Texteingabe einige Eigenarten zu beachten gilt.

→ Für die Eingabe von Text in eine Tabelle klicken Sie in die leere Zelle. Die Schreibmarke springt automatisch vor das Zellenendezeichen.

Geben Sie den Text ein. Word bricht den Text am Zellenende um und dehnt die Zeile auf das notwendige Maß.

→ Wenn Sie in eine andere Zelle der gleichen Zeile Text eingeben wollen, klicken Sie mit der Maus in die Zelle und nutzen Sie die ⌷Tab⌷-Taste oder die ⌷→⌷-Taste. Die Schreibmarke springt dann vor das jeweils nächste Zellenendezeichen.

→ Um Zelleninhalte auszuschneiden, zu kopieren oder einzufügen, verwenden Sie die bekannten Symbole oder Menübefehle. Achten Sie jedoch darauf, dass Sie Inhalte ohne die Zellenendezeichen markieren, da Word sonst die gesamte Zelle ausschneiden, kopieren oder einfügen will und nicht nur ihren Inhalt. Das kann zu Konflikten führen.

In Tabellen bewegen

Die Texteingabe lässt sich mit Hilfe einiger Tastenkombinationen wesentlich effektiver gestalten. Dabei haben einige Tasten in Tabellen andere Funktionen als gewohnt:

→ Die ⌷Tab⌷-Taste fügt in Tabellen kein Tabulatorzeichen ein, sie setzt die Schreibmarke um eine Zelle nach rechts. Um die Bewegung mit der ⌷Tab⌷-Taste umzukehren, wird sie mit der ⌷Shift⌷-Taste kombiniert.

Um in einer Tabelle ein Tabulatorzeichen zu schreiben, müssen Sie die Tastenkombination ⌷Strg⌷+⌷Tab⌷ verwenden.

→ Wenn sich die Schreibmarke bereits in der letzten Zelle einer Tabelle befindet, wird mit der ⌷Tab⌷-Taste eine neue Zeile an die Tabelle gehängt, die genauso formatiert ist wie die jetzt vorletzte Tabellenzeile.

→ Drücken Sie in einer Tabellenzelle die Tastenkombination ⌷Strg⌷+⌷Shift⌷+⌷Enter⌷ (sonst: manuellen Spaltenumbruch einfügen), wird vor der aktuellen Zeile ein normaler Absatz eingefügt. Dadurch wird die Tabelle geteilt.

Andere zweckmäßige Tastenkombinationen sind:

→ ⌷Alt⌷+⌷Pos1⌷ Von der aktuellen Zelle zum Zeilenanfang.

→ ⌷Alt⌷+⌷Ende⌷ Von der aktuellen Zelle zum Zeilenende.

→ ⌷Alt⌷+⌷Bild ↑⌷ Von der aktuellen Zelle zum Spaltenanfang.

→ ⌷Alt⌷+⌷Bild ↓⌷ Von der aktuellen Zelle zum Spaltenende.

Wenn Sie die Eingabe in die Tabelle beendet haben, setzen Sie die Schreibmarke vor das Absatzendezeichen unterhalb der Tabelle. Dort geben Sie dann wieder »normalen« Text ein.

Praxistipp: Datenmasken zur Texteingabe verwenden

Meist haben Tabellen eine klare Aufgabe: Sie sollen Daten strukturiert aufnehmen und für weitere Aufgaben zur Verfügung stellen. Aber schon bei der reinen Eingabe von Text in eine Tabelle gelangen Sie schneller ans Ziel, wenn Sie die Datenmaske als Hilfsmittel einsetzen. Diese Funktion erfordert nur wenig Vorbereitung:

→ Erstellen Sie die Tabelle und fügen Sie in jede Spalte der ersten Zeile die Spaltenüberschriften ein. Achten Sie darauf, dass sich die Schreibmarke in der Tabelle befindet.

→ Um danach die Datenmaske zu nutzen, blenden Sie mit dem Befehl *Ansicht/Symbolleisten/Datenbank* die Datenbank-Symbolleiste ein. Ganz links in dieser Symbolleiste befindet sich die Symbolschaltfläche *Datenmaske*. Ein Klick darauf blendet die Eingabemaske ein.

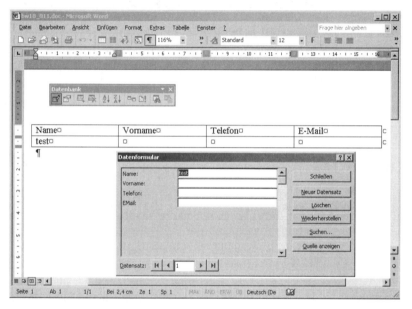

Bild 20.8: Mit der Schaltfläche Neuer Datensatz *können Sie neue Daten in eine Tabellenzeile eingeben, die Word sogar selbst erstellt.*

Die mit der Datenmaske neu eingegebenen Zeilen werden erst sichtbar, wenn Sie die Eingabe neuer Datensätze mit einem Klick auf die Schaltfläche OK *beenden.*

20.5 Tabellen in Tabellen

In speziellen Tabellen ist es günstiger, in eine Zelle eine weitere Tabelle einzufügen, als die Zelle mit vielen Linien zu untergliedern. Dieses Verfahren hat außerdem den Vorteil, dass die integrierte Tabelle als Ganzes leicht aus der Tabelle entfernt und an anderer Stelle eingefügt werden kann.

→ Setzen Sie dazu die Schreibmarke in die gewünschte Zelle.

→ Wählen Sie den Befehl *Tabelle/Zellen einfügen/Tabelle* – Word öffnet die bereits beschriebene Dialogbox zum Einfügen der Tabelle.

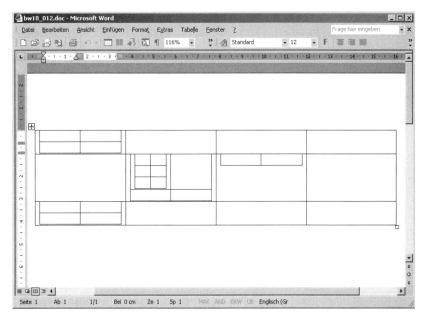

Bild 20.9: Tabellen in Tabellen – durch das mehrfache Einfügen von Tabellen in Tabellenzellen entstehen bei Bedarf komplizierte Strukturen.

Wenn der Befehl nicht verfügbar ist, ist der Kompatibilitätsmodus zu Word 97 eingeschaltet. Deaktivieren Sie diese Funktion mit dem Befehl Extras/Optionen *im Register* Speichern.

21 Text und Tabellen

Tabellen sind besondere Elemente in einem Word-Dokument. Die Beziehungen von Tabellen zum enthaltenen und zum umgebenden Text sind vielfältig. Lesen Sie in diesem Kapitel, wie Sie das Verhältnis beeinflussen.

21.1 Vorhandenen Text in Tabellen umwandeln

Tabellen haben Funktionen, die mit normalem Text nur schwer oder gar nicht zu realisieren sind – zum Beispiel Umrahmungen oder die Formatvorlagen für Tabellen. Für die Aufbereitung von Daten für das Internet sind Tabellen deutlich zu favorisieren.

Manchmal bietet es sich sogar an, einen Text in eine Tabelle zu zwängen und mit den Tabellenfunktionen zu bearbeiten. In der Tabelle lässt sich der Text sortieren; Sie können Spalten tauschen, löschen oder hinzufügen. Nach der Bearbeitung verwandeln Sie den Text dann wieder in das Ursprungsformat zurück.

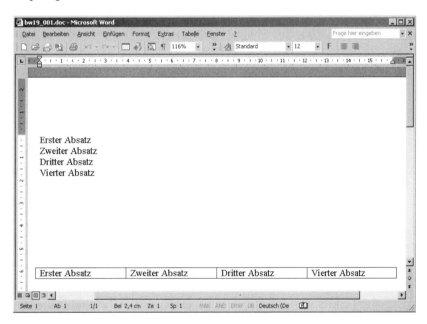

Bild 21.1: Ein Beispiel – oben der Text, unten die daraus erstellte Tabelle

Um Text in eine Tabelle umzuwandeln, muss der Text nur wenige Voraussetzungen erfüllen. Zum einen muss alles, was hinterher in eine Tabellenzeile soll, am Ende eine Absatzmarke aufweisen. Zum anderen muss der Text mit einem Zeichen versehen sein, das Word als Trennzeichen interpretieren kann. Das sind standardmäßig Tabstopps und Semikola. Jedes andere Zeichen können Sie gleichfalls nutzen, es darf nur nicht zufällig auch an anderer Stelle im Text vorkommen. Die Umwandlung von Text in Tabellen beginnt in Word immer damit, dass Sie den umzuwandelnden Text markieren.

Über die Symbolschaltfläche umwandeln

Markieren Sie den Text, der in eine Tabelle umgewandelt werden soll, und klicken Sie auf die Symbolschaltfläche *Tabelle einfügen* in der Standard-Symbolleiste. Word erkennt anhand der Markierung Ihre Absicht und wandelt den Text um. Es ist nur nicht ganz klar, ob Word Ihre Wünsche richtig errät und die automatisch erzeugte Tabelle Ihren Wünschen entspricht.

Praxistipp: Über die Dialogbox umwandeln

Dieses Verfahren ist eindeutig die bessere Variante, um Text in eine Tabelle umzuwandeln. Sie können Word korrigieren, wenn die Tabelle nicht die korrekte Spaltenanzahl aufweist oder Word ein falsches Trennzeichen aufnimmt. Außerdem haben Sie sofort die Möglichkeit, die Tabelle mit der Dialogbox *AutoFormat für Tabellen* zu gestalten.

→ Markieren Sie alle Textabsätze, die Sie in eine Tabelle verwandeln wollen.

→ Mit dem Befehl *Tabelle/Umwandeln/Text in Tabelle* rufen Sie die Dialogbox auf.

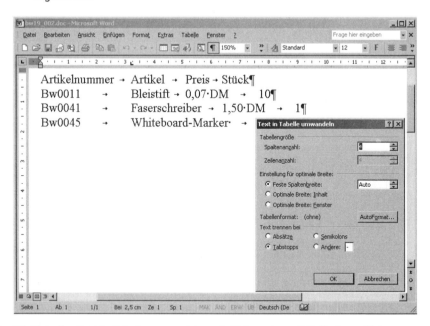

Bild 21.2: Die Dialogbox Text in Tabelle umwandeln *enthält im unteren Teil die Auswahl der Trennzeichen.*

→ Kontrollieren Sie die Vorgaben von Word für Spaltenanzahl und Trennzeichen – nehmen Sie bei Bedarf Veränderungen vor.

→ Bestimmen Sie über die Schaltfläche *AutoFormat* das Aussehen für die Tabelle.

→ Bestätigen Sie die Umwandlung mit *OK*.

Artikelnummer	Artikel	Preis	Stück
Bw0011	Bleistift	0,07 DM	10
Bw0041	Faserschreiber	1,50 DM	1
Bw0045	Whiteboard-Marker	3,45 DM	25

Bild 21.3: Erfolg nach wenigen Arbeitsschritten, aus dem Text wird eine gestaltete Tabelle.

21.2 Tabellen in normalen Text umwandeln

Für die Verwendung von Daten kann es notwendig sein, die Daten aus den Tabellen in eine einfachere Form zu bringen, z.B. um sie in einem anderen Anwendungsprogramm zu nutzen. Dazu müssen Sie die Daten strukturiert aus der Tabelle herauslösen. Word kann Ihnen diese Arbeit abnehmen.

 Wenn Sie geschachtelte Tabellen zurück in Text konvertieren, sollten Sie geplant vorgehen. Überlegen Sie zunächst, ob Sie die eingefügten Tabellen ausschneiden und separat konvertieren. Andernfalls nutzen Sie das Kontrollkästchen Geschachtelte Tabellen umwandeln *in der Dialogbox* Tabelle in Text umwandeln. *Das tatsächliche Verfahren ist von der Struktur der Tabelle abhängig – probieren Sie das günstigste Verfahren aus.*

Die Word-Funktion und die Arbeitsschritte sind schnell beschrieben. Entscheiden Sie zunächst, welcher Teil der Tabelle in Text verwandelt werden soll:

→ Üblicherweise wandelt Word die gesamte Tabelle um, wenn die Schreibmarke in einer Tabelle steht oder nur einige Zellen markiert sind.

 Die ganze Tabelle markieren Sie mit Tabelle/Markieren/Tabelle .

→ Wollen Sie nur eine oder mehrere Zeilen in Text umwandeln, müssen Sie diese mit der Maus markieren.

→ Etwas aufwendiger ist es nur, wenn Sie ausgewählte Zellbereiche oder Spalten verwandeln wollen. Dazu kopieren Sie die markierten Zellen an eine andere Position, so dass eine eigenständige Tabelle entsteht.

 Der Befehl Tabelle/Umwandeln/Tabelle in Text *lässt sich nur dann aktivieren, wenn die Tabelle korrekt markiert ist.*

Bild 21.4: In der Dialogbox Tabelle in Text umwandeln *bestimmen Sie die Trennzeichen für die strukturierte Darstellung des Tabelleninhalts nach der Umwandlung*

Wenn Sie die Option *Absatzmarken* wählen, setzt Word die Inhalte der einzelnen Zellen durch zusätzliche Absatzmarken voneinander ab. Als Ergebnis stehen die Zellinhalte als laufender Text untereinander: zuerst der Inhalt der Zelle links oben, dann die Inhalte der weiteren Zellen der ersten Zeile, dann von links beginnend die Inhalte der zweiten Zeile usw.

Jede andere Option ersetzt die Trennung zwischen den Zellen durch das gewählte Zeichen, die ursprünglichen Tabellenzeilen erhalten am Ende eine Absatzmarke, so dass jede vorherige Tabellenzeile einen Absatz bildet.

Befinden sich Absatzmarken in den Zellen selbst, ist das Ergebnis auszuprobieren. Sie sollten aber Tabellen mit unterschiedlicher Absatzanzahl in Zellen nur nach gründlicher Überlegung wieder in Text verwandeln.

Praxistipp: Tabelle in Text umwandeln

Nachfolgend erhalten Sie eine Übersicht über die notwendigen Arbeitsschritte.

→ Ausgangspunkt für die Umwandlung ist eine Tabelle mit enthaltenen Elementen. Besondere Anforderungen an die Tabelle gibt es keine: Word wandelt auch gezeichnete, unregelmäßige Tabellen in Text um.

→ Setzen Sie die Schreibmarke mit einem Klick in die Tabelle.

→ Mit dem Befehl *Tabelle/Umwandeln/Tabelle in Text* gelangen Sie in die zuständige Dialogbox *Tabelle in Text umwandeln*.

→ In der Dialogbox wählen Sie das gewünschte Trennzeichen durch Klicken auf eine Option.

→ Bestätigen Sie die Dialogbox mit *OK*. Word setzt Ihr Vorhaben in die Tat um. Spaltenbreite, Zeilenhöhe, Rahmen, Schattierungen oder andere spezielle Tabellenformate werden blitzschnell vergessen – übrig bleibt nur der Text mit seinen Auszeichnungen.

Artikelnummer → Artikel	→	Preis	→	Stück¶
Bw0011 →	Bleistift →	0,07·DM	→	10¶
Bw0041 →	Faserschreiber →	1,50·DM	→	1¶
Bw0045 →	Whiteboard-Marker· →	3,45·DM	→	25¶

Bild 21.5: Word hat die Tabelle in normalen Text umgewandelt – sogar Tabstopps für den Überblick sind gesetzt.

Wenn Ihnen das Ergebnis nicht gefällt, machen Sie es mit Bearbeiten/Rück-*gängig,* [Strg]+[Z] *oder* [Alt]+[Backspace] *sofort ungeschehen, damit die Originaltabelle wiederhergestellt wird. Wiederholen Sie den Vorgang erst, nachdem Sie eine andere Markierung vorgenommen oder die Tabelle überarbeitet haben.*

21.3 Tabellen in Text einbetten

Da Sie mit den Werkzeugen von Word die Größe der Tabelle verändern und die Tabelle beliebig auf dem Blatt anordnen können, ist auch das Verhältnis der Tabelle zum umgebenden Text von Interesse. Word bietet Ihnen eine Dialogbox für die Veränderung der Tabelleneigenschaften. Diese Dialogbox aktivieren Sie mit dem Befehl *Tabelle/Tabelleneigenschaften*, der nur dann aktiviert ist, wenn die Schreibmarke in der zughörigen Tabelle steht.

Bild 21.6: Die Dialogbox Tabelleneigenschaften *bietet im Register* Tabelle *den Zugriff auf die globalen Eigenschaften der Tabelle.*

Im Register *Tabelle* richten Sie die globalen Eigenschaften der Tabelle ein. Sie bestimmen Ausrichtung, Textfluss, Position und weitere Optionen, die für die gesamte Tabelle gelten.

→ Im Bereich *Grösse* regeln Sie mit dem Kontrollkästchen die Breite der Tabelle. Aktivieren Sie das Kontrollkästchen *Bevorzugte Breite*, um eine feste Breite für die Tabelle zu bestimmen. Interessant ist die Auswahl von *Prozent* im Listenfeld *Masseinheit*. Damit legen Sie eine relative Breite der Tabelle in Bezug auf die Seitenbreite fest.

In der Weblayoutansicht bezieht sich die Festlegung einer bevorzugten Breite in Prozent auf die Bildschirmbreite.

→ Im Bereich *Ausrichtung* korrigieren Sie den Platz der Tabelle und orientieren sie an den Standardbegrenzungen *Links, Zentriert* oder *Rechts*.

→ Je nach Auswahl im Bereich *Ausrichtung* verändert sich die Darstellung der Optionen *Ohne* bzw. *Umgebend* im Bereich *Textfluss*. Die Vorschau vermittelt einen Eindruck der späteren Darstellung im Dokument.

Sobald Sie die Option Ohne *im Bereich Textfluss auswählen, verändern Sie die Möglichkeiten für die Tabelle: Die Schaltfläche* Positionierung *wird deaktiviert.*

Mit einem Klick auf *Positionierung* öffnen Sie die Dialogbox *Tabellenposition*. Mit den Einstellungen dieser Dialogbox ergänzen bzw. korrigieren Sie die Einstellungen für die Ausrichtung der Tabelle.

Bild 21.7: Mit den Elementen der Dialogbox Tabellenposition *platzieren Sie die Tabelle millimetergenau.*

Für die genaue Festlegung der Tabellenposition stehen Ihnen die Eingabefelder *Position* in den Bereichen *Horizontal* und *Vertikal* zur Verfügung. Wählen Sie den Bezug jeweils im Bereich *Gemessen von*, legen Sie dann die Position fest.

Beide Dialogbox-Elemente für die Position sind Eingabefelder: Tragen Sie den Wert als Zentimeterangabe ein oder wählen Sie einen Eintrag aus der Liste.

Interessant sind auch die Varianten im Bereich *Abstand vom umgebenden Text*. Mit den Werten in den Eingabefeldern steuern Sie das Verhalten des Textes in Bezug auf die Tabelle. Während der Text links und rechts mit einer Vorgabe von Word von der Tabelle abgerückt wird, bestimmen Sie die Abstände zum Text oben und unten selbst.

Bei aktiviertem Kontrollkästchen Mit Text verschieben *wechselt die Tabelle die Seite, wenn sich der zugehörige Text auf die nächste Seite verschiebt. Das aktive Kontrollkästchen sorgt dafür, dass sich die Tabelle im Dokument verschiebt, wenn Sie den Platz der umgebenden Absätze verändern.*

Weitere Eigenschaften der Tabelle legen Sie nach einem Klick auf die Schaltfläche *Optionen* fest. In der Dialogbox *Tabellenoptionen* regeln Sie den Abstand der Inhalte von den Zellbegrenzungen und den zulässigen Abstand zwischen Zellen der Tabelle.

Deaktivieren Sie das Kontrollkästchen *Automatische Grössenänderung zulassen,* um die Größe der Tabelle einzufrieren. Falls Sie mehr Text in eine Zelle eingeben, als dort Platz hat, behält Word trotzdem die Zellgröße bei. Sie müssen in diesem Fall den Text an die Zellgröße anpassen.

Bild 21.8: Die Dialogbox Tabellenoptionen *regelt das Verhalten des Texts in der Tabelle.*

 Wenn Sie im Bereich Optionen *der Dialogbox* Tabellenposition *das Kontrollkästchen* Überlappen zulassen *aktivieren, beeinflussen Sie ausschließlich die Anzeige im Webbrowser. Bei aktiviertem Kontrollkästchen gestatten Sie, dass sich die Tabelle mit Texten oder Grafiken überlappt, wenn der verfügbare Platz das erfordert.*

22 Tabellen bearbeiten und gestalten

Schon beim Einfügen hatten Sie die Möglichkeit, über das Aussehen einer Tabelle zu entscheiden. Es stehen aber viele Varianten zur individuellen Tabellengestaltung zur Verfügung – welche es sind und wie sie sich einrichten lassen, lesen Sie hier.

Markieren in Tabellen

Prinzipiell gibt es beim Markieren von Teilen der Tabelle kaum Unterschiede zum normalen Markieren – nur sind die markierten Elemente differenzierter, da Word unterscheiden muss, ob Sie Teile der Tabelle oder nur den Inhalt von Tabellenzellen meinen.

Für das Markieren mit der Tastatur gelten folgende Tastenkombinationen:

→ `Shift`+`→` bzw. `Shift`+`←`
Markiert erst den Text der Zelle, dann eine Zelle nach der anderen nach links bzw. rechts.

→ `Shift`+`↑` bzw. `Shift`+`↓`
Markiert eine Zelle nach der anderen nach unten bzw. oben.

→ `Alt`+`Shift`+`Pos1`
Markiert von der aktuellen Zelle zum Zeilenanfang.

→ `Alt`+`Shift`+`Ende`
Markiert von der aktuellen Zelle zum Zeilenende.

→ `Alt`+`Shift`+`Bild↓`
Markiert von der aktuellen Zelle zum Spaltenende.

→ `Alt`+`Shift`+`Bild↑`
Markiert von der aktuellen Zelle zum Spaltenanfang.

Für ganze Spalten, ganze Zeilen und für die ganze Tabelle gibt es Befehle im Menü Tabelle/Markieren. *Insbesondere der Befehl* Tabelle/Markieren/ Tabelle *ist sehr zu empfehlen, wenn wirklich nicht mehr, aber auch nicht weniger als eine ganze Tabelle markiert werden soll.*

Einfach ist auch das Markieren mit der Maus:

→ Eine ganze Zeile markieren Sie wie eine normale Textzeile. Sie setzen den Mauszeiger in die Markierungsspalte unmittelbar links neben der Tabelle; der Mauszeiger kippt seine Spitze nach rechts. Ein Klick mit der linken Maustaste und die Zeile ist markiert.

→ Um mehrere Zeilen zu markieren, wiederholen Sie das beschriebene Verfahren bei gedrückter `Shift`-Taste.

Um nicht zusammenhängende Tabellenbereiche zu markieren, benutzen Sie die `Strg`*-Taste.*

→ Eine ganze Spalte markieren Sie mit etwas mehr Fingerspitzengefühl: Bewegen Sie den Mauszeiger von oberhalb der Tabelle vorsichtig nach unten; es erscheint ein etwas dickerer schwarzer Pfeil mit der Spitze nach unten. Wenn Sie jetzt klicken, ist die Spalte markiert. Wenn Sie mit gehaltener linker Maustaste über die Spalten ziehen, markieren Sie mehrere.

→ Ist Ihnen das zu kompliziert? Dann markieren Sie Spalten mit der linken Maustaste, wenn Sie nach der Markierung einer Spalte bei weiteren Mausklicks gleichzeitig die `Shift`-Taste gedrückt halten.

→ Für spezielle Formatierungen benötigen Sie komplett markierte Einzelzellen. Word unterstützt Sie auch dabei: Wenn Sie den Mauszeiger von links in eine Tabellenzelle bewegen, erscheint ein etwas dickerer schwarzer Pfeil mit der Spitze nach rechts oben. Wenn Sie jetzt klicken, ist die Zelle komplett markiert. Wenn Sie mit gehaltener linker Maustaste über Zellen ziehen, markieren Sie mehrere. Auch in diesem Fall funktioniert der Trick: Sie erweitern die Markierung mit der linken Maustaste, wenn Sie nach Markierung einer Zelle bei weiteren Mausklicks gleichzeitig die `Shift`-Taste gedrückt halten.

Bleibt nur die Frage, was Sie bei Bedarf eigentlich markieren sollen. Wie Sie bereits wissen, ist Word da manchmal eher pingelig. Wenn Sie die Schreibmarke nur einfach in eine Zelle der Tabelle setzen, betreffen Änderungen immer den gesamten Bereich. Wählen Sie z. B. also eine andere Zeilenhöhe für die Tabellenzeile aus, ändert Word die Höhe aller Zeilen der Tabelle.

Zellen zusammenführen und teilen

Mit *Tabelle/Tabelle zeichnen* sind richtig komplizierte Tabellen möglich. Was aber tun, wenn schon Text in den Zellen steht und die Sache doch noch verändert werden soll. Zugegeben, ein wenig Risiko ist schon dabei, aber vertrauen Sie Word. Vielleicht ist nicht gleich im ersten Versuch alles korrekt, aber mit ein bisschen Hilfe Ihrerseits ist schnell ein gutes Ergebnis erreicht. Verbinden Sie mehrere Zellen zu einer einzigen, wenn der Inhalt zusammengehört.

Markieren Sie dazu die Zellen und wählen Sie *Tabelle/Zellen Verbinden*. Word erledigt kommentarlos den Rest. Die Inhalte der zuvor getrennten Zellen sind in der ursprünglichen Reihenfolge in einer Zelle zusammengeführt.

Sie können auch das Radierwerkzeug aus der Symbolleiste Tabellen und Rahmen *nutzen, um durch Entfernen der Linien Zellen zusammenzuführen.*

Für das gegenteilige Anliegen benötigen Sie den Befehl *Tabelle/Zellen teilen*. Sie können jede Zelle in eine von Ihnen gewünschte Zahl von Zellen aufteilen.

Bild 22.1: Die Dialogbox Zellen teilen *ist eine leistungsfähige Funktion, mit der Sie die Struktur ganzer Tabellen verändern.*

 Das Kontrollkästchen Zellen vor dem Teilen zusammenführen *hilft Ihnen z.B., aus einer Tabelle mit drei Spalten und drei Zeilen nachträglich eine Tabelle mit vier Spalten und vier Zeilen zu machen.*

Tabellenteile verschieben oder kopieren

Word unterscheidet in Tabellen zwischen den Tabellenelementen selbst und ihren Inhalten. Wenn Sie Zellen verschieben oder kopieren wollen, wird das besonders deutlich.

→ Haben Sie nur den Inhalt einer Zelle markiert, gibt es keine Probleme, da es sich um normalen Text handelt.

→ Markieren Sie dagegen eine ganze oder mehrere Zellen, sind Tabellenelemente und Inhalte markiert. Das Verschieben oder Kopieren bezieht sich also auf beide Elemente. Deshalb wird der zuvor markierte Teil im Text als Tabelle an der gewünschten Stelle eingefügt.

→ Problematisch ist das Einfügen eines markierten Tabellenteils in eine bestehende Tabelle: Hier überschreibt Word die schon vorhandenen Zellinhalte. Wenn Sie das nicht wollen, müssen Sie vorher durch Einfügen von Zellen Platz schaffen.

 Wenn Sie ganze Zeilen oder Spalten markiert haben, gibt es keinerlei Probleme, da Word dann automatisch vor der Schreibmarke den entsprechenden Platz schafft.

Zeilen und Spalten einfügen

Alle Tabellenelemente fügen Sie bei Bedarf im Nachhinein ein. Zeilen und Spalten lassen sich am schnellsten behandeln. Word kann diese Elemente auch einfügen, ohne dass Sie die Schreibmarke in einer Zelle positionieren.

 Auch Tabellenzellen haben ein Kontextmenü. Dort finden Sie unter anderem immer die Befehle zum Einfügen von Tabellenteilen. Wenn Sie genau bestimmen möchten, wo die neuen Elemente erscheinen, verwenden Sie die Befehle des Untermenüs Tabelle/Einfügen.

Es geht aber schneller, wenn Sie Word vorher durch Markieren mitteilen, was eingefügt oder gelöscht werden soll: Zellen, Zeilen oder Spalten der Tabelle. Dann haben sich die Werkzeuge an die Aufgabe angepasst. Die Symbolschaltfläche für Tabellen in der Standard-Symbolleiste hat ihre Funktion auf Spalten bzw. Zeilen einfügen umgestellt.

Neue Elemente werden immer vor der aktuellen Markierung eingefügt. Word übernimmt dabei die Formate der Markierung für die eingefügten Teile. Neue Elemente sind immer leer.

 Steuern Sie das Einfügen durch die Markierung: Wenn Sie z.B. vor dem Einfügen drei Spalten markieren, fügt Word drei Spalten ein.

Zellen einfügen

Wenn Sie Zellen einfügen, müssen sich die anderen Zellen verschieben. Markieren Sie eine Zelle und nutzen Sie die nun mit der Funktion *Zellen einfügen* ausgestattete Symbolschaltfläche *Tabelle*.

Bild 22.2: *Mit der Dialogbox* Zellen einfügen *entscheiden Sie, wohin die vorhandenen Zellen Platz machen sollen.*

Die Wirkung der Auswahl ist gewöhnungsbedürftig.

→ Wenn Sie die Option *Zellen nach rechts verschieben* wählen, wird eine Zelle eingefügt und der Rest nach rechts verschoben. Die Tabelle erhält rechts eine Ausbuchtung.

→ Wählen Sie die Option *Zellen nach unten verschieben*, wird eine Zelle eingefügt und gleichzeitig unten eine ganze leere Zeile, in die sich die hinausgeschobene Zelle einordnet.

 Wenn Sie verhindern wollen, dass eingefügte Zellen die Tabellenstruktur zerstören, dann verwenden Sie doch einfach das Verfahren zum Teilen einer Zelle. Dabei bleiben die äußeren Grenzen der Tabelle erhalten.

Tabellenteile löschen

Kompliziert wird das Löschen von Tabellenteilen dadurch, dass Word auf zwei Dinge eingerichtet ist: Sie können nur den Text löschen oder aber Tabellenelemente einschließlich des enthaltenen Texts.

Deshalb funktioniert die `Entf`-Taste auch wie gewohnt. Selbst wenn Sie mehrere Zellen inklusive Inhalt markiert haben, löschen Sie damit nur die Inhalte, die Tabellenstruktur bleibt bestehen. Das Löschen von Tabellenteilen ist aber trotzdem möglich:

→ Markieren Sie die zu entfernenden Tabellenelemente.

→ Wählen Sie aus dem Kontextmenü oder aus dem Menü *Tabelle/Löschen* den gewünschten Befehl. Sie haben die Wahl, die markierten Zellen, Zeilen bzw. Spalten oder die gesamte Tabelle zu löschen.

Bild 22.3: *Beim Löschen einzelner Zellen innerhalb einer Tabelle müssen Sie in der Dialogbox* Zellen löschen *entscheiden, was mit den übrigen Zellen passieren soll.*

Zeilenhöhe oder Spaltenbreite ändern

Werkzeuge für die Änderung der beim Einfügen der Tabelle vordefinierten Zeilenhöhe oder Spaltenbreite sind der Menübefehl *Tabelle/Tabelleneigenschaften*, die Maus allein oder die Verwendung von horizontalem und vertikalem Lineal.

→ Die Zeilenhöhe können Sie immer nur für ganze Zeilen ändern. Wenn Sie die Schreibmarke in eine Zelle der gewünschten Zeile setzen und die Zeilenhöhe verändern, ändert sich nur die Höhe dieser Zeile. Haben Sie vorher mehrere Zellen oder Zeilen untereinander markiert, ändern Sie die Höhe aller Zeilen gleichzeitig.

→ Spalten sind etwas variabler, hier können Sie auch die Breite einer einzelnen Zelle ändern. Deshalb müssen Sie vor der Änderung der Spaltenbreite immer genau die Markierung setzen. Um die Breite einer ganzen Spalte zu verändern, müssen Sie auch die ganze Spalte markiert haben oder die Schreibmarke ohne Markierung in eine Zelle setzen.

Bild 22.4: *Das horizontale Lineal enthält Trennlinien für die einzelnen Spalten, mit denen die Spaltenbreite verändert werden kann, vorausgesetzt, die Schreibmarke befindet sich in einer Tabelle.*

Um die Breite ganzer Spalten mit der Maus zu regulieren, sind nur wenige Arbeitsschritte nötig.

→ Setzen Sie die Schreibmarke irgendwo in die Tabelle, ohne zu markieren.

→ Zeigen Sie mit der Maus auf die rechte Markierung der Spalte im Lineal. Der Mauszeiger ändert seine Form in einen horizontalen Doppelpfeil.

→ Ziehen Sie diesen Regler in die gewünschte Richtung und verändern Sie so die Spaltenbreite.

Word hat beim Verändern der Spaltenbreite die Gesamtbreite der Tabelle nicht geändert, sondern die Spalte rechts neben der veränderten Spalte entsprechend verkleinert.

Unter Zuhilfenahme von Tasten können Sie den Vorgang variieren.

→ Bei gedrückter ⎡Strg⎤-Taste verändern alle Spalten rechts neben der veränderten Spalte ihre Breite, die Tabellenbreite ändert sich nicht.

→ Bei gedrückter ⎡Shift⎤-Taste behalten alle Spalten rechts neben der veränderten Spalte ihre Breite, die Tabellenbreite ändert sich je nach Richtung der Größenänderung.

Auch innerhalb der Tabelle ist die Maus zum Verschieben der Trennlinien aktiviert, wenn Sie die Maus über eine Trennlinie halten. Verschieben Sie mit gedrückter Maustaste die Linie in die gewünschte Richtung. Wichtig ist, dass Sie vorher wunschgemäß markieren.

Spaltenbreite mit der Dialogbox ändern

Eine Dialogbox bietet die Möglichkeit zur exakten Arbeit mit der Spaltenbreite. Beachten Sie auch hier, dass bei Markierung von Zellen innerhalb der Tabelle nur die Breite dieser Zellen verändert wird. Innerhalb der Dialogbox können Sie das aber noch beeinflussen. Sie aktivieren die Elemente für die Spalteneinstellung mit dem Befehl *Tabelle/Tabelleneigenschaften*.

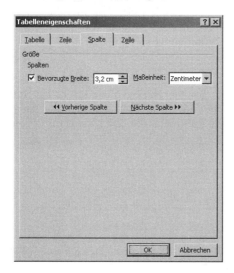

Bild 22.5: Die Dialogbox Tabelleneigenschaften *gestattet im Register* Spalte *die Feineinstellung der Spaltenbreite.*

Beachten Sie, dass unter *Grösse* mitunter eine weitere Angabe steht: eine Zahl als Nummer der markierten Spalte oder eine »von-bis«-Angabe bei mehreren markierten Spalten. Bei der Einstellung *Spalten X-Y* nehmen Sie auf alle angegebenen Spalten Einfluss.

Eine Betätigung der Schaltflächen *Vorherige Spalte* bzw. *Nächste Spalte* lässt die Einstellung aller Spalten in einem Arbeitsgang zu, zerstört aber die eben beschriebene Einstellung.

Mit dem Befehl Tabelle/AutoAnpassen/AutoAnpassen Inhalt *erreichen Sie, dass die Breite der Spalte optimal an den Spaltentext angepasst wird. Maß der Dinge ist dann die Zelle mit dem breitesten Inhalt.*

Die Zeilenhöhe über die Dialogbox festlegen

Mit dem Register *Zeile* der Dialogbox *Tabelleneigenschaften* können Sie immer nur die Höhe der gesamten Zeilen einstellen, da Sie die Höhe einer einzelnen Zelle nicht ändern können. Entscheiden Sie sich vor Aufruf der Dialogbox nur, ob Sie mehrere Zeilen gleichzeitig bearbeiten wollen, und nehmen Sie eine entsprechende Markierung vor.

Beachten Sie, dass unter *Grösse* mitunter eine weitere Angabe steht: eine Zahl als Nummer der markierten Zeile oder eine »von-bis«-Angabe bei mehreren markierten Zeilen. Mit der Einstellung *Zeilen X-Y* nehmen Sie auf alle angegebenen Zeilen Einfluss.

Das Listenfeld *Höhe definieren* bietet Ihnen die Auswahl, wie sich die Zeilenhöhe bei Texteingabe verhalten darf:

→ Die Voreinstellung *Mindestens* setzt eine untere Grenze. Geben Sie in das daneben stehende Eingabefeld ein Maß ein. Auch wenn wenig oder kein Text in einer Zeile steht, wird dieses Maß nicht unterschritten. Die Zeilenhöhe wird aber angepasst, wenn der Inhalt mehr Platz benötigt. Je länger der Text, desto größer die Zeilenhöhe. Tabellen, die Sie gezeichnet haben, verwenden diese Voreinstellung.

→ Die Einstellung *Genau* ist immer dann zu wählen, wenn eine Zeile genau so hoch sein soll wie im Eingabefeld *Bei* angegeben. Verwenden Sie diese Auswahl z. B. für die Einrichtung von Formularen.

→ Mit dem Kontrollkästchen *Zeilenwechsel auf Seiten zulassen* bestimmen Sie, ob Word den automatischen Seitenumbruch quer durch diese Tabellenzeile(n) vornehmen darf.

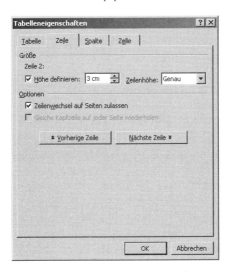

Bild 22.6: Das Register Zeile der Dialogbox Tabelleneigenschaften *lässt genau definierte Zeilenhöhen zu.*

Wenn Sie mehrere Tabellenteile in einem bestimmten Bereich gleichmäßig verteilen wollen, markieren Sie die gewünschten Elemente und nutzen die Befehle Tabelle/AutoAnpassen/Spalten gleichmässig verteilen *oder* Tabelle/AutoAnpassen/Zeilen gleichmässig verteilen. *Die entsprechenden Symbolschaltflächen finden Sie auch in der Symbolleiste* Tabellen und Rahmen.

Die Tabelle formatieren

Die Variante, mit AutoFormat zu arbeiten, ist Ihnen schon bekannt. Auch den Umgang mit Rahmen und Schattierungen haben Sie bereits kennen gelernt. Allerdings sind bei der Formatierung von Tabellen einige Besonderheiten zu beachten.

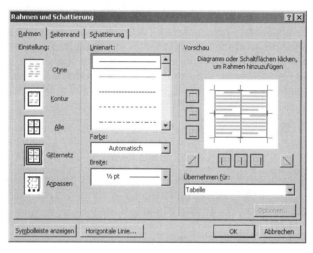

Bild 22.7: Die nur bei Tabellen mögliche Einstellung Gitternetz *erlaubt es, markierten Tabellenteilen innere und äußere Rahmenlinien zuzuordnen.*

In der Dialogbox *Rahmen und Schattierung* können Sie Rahmenlinien für den markierten Teil oder die Auswahl im Listenfeld *übernehmen für* gezielt beeinflussen. So könnten Sie jeder Linie der Tabelle eine eigene Stärke oder Farbe zuordnen.

 Mit den Symbolschaltflächen neben der Vorschau schalten Sie Linien für die zugeordneten Zellbegrenzungen ein bzw. aus. Mit den zusätzlichen Schaltflächen der unteren Reihe aktivieren Sie schräge Durchstreichungen der markierten Tabellenzellen.

Überschriften in Tabellen

Wenn eine Tabelle länger als eine Seite ist, taucht ein Problem auf. Die Tabellenteile auf den Folgeseiten haben keine Spaltenüberschriften. Die Möglichkeit, nun manuell einen Seitenumbruch einzufügen und die Spaltenüberschriften auch auf die neue Seite zu kopieren, ist reichlich unbequem.

Word hält für dieses Problem eine elegantere Lösung bereit:

→ Markieren Sie in der Tabelle alle Zeilen, die in einem solchen Fall wiederholt werden sollen.

→ Aktivieren Sie den Befehl *Tabelle/Überschriftenzeilen wiederholen*. Dieser Befehl ist nur aktivierbar, wenn Sie zuvor eine Markierung erstellt haben oder wenn die Schreibmarke in der ersten Tabellenzeile steht.

Wenn diese Menüoption eingeschaltet ist, werden die Spaltenüberschriften bei einem von Word vorgenommenen Seitenumbruch übernommen. Die von Word auf den Folgeseiten erzeugten Wiederholungszeilen können Sie nicht bearbeiten oder markieren: Korrekturen an den Originalzeilen überträgt Word automatisch.

Die gleiche Wirkung erzielen Sie mit dem Kontrollkästchen Gleiche Kopfzeile auf jeder Seite wiederholen *im Register* Zeile *der Dialogbox* Tabelleneigenschaften. *Markieren Sie die gewünschten Tabellenzeilen und aktivieren Sie für diese Zeile das genannte Kontrollkästchen. Word wiederholt dann automatisch diese Zeile als Tabellenkopf, wenn die Tabelle auf die nächste Seite umbricht.*

Text in Tabellen formatieren

Der Inhalt einer Zelle ist normaler Text und kann wie dieser formatiert werden. Sie kennen bereits eine Vielzahl von Möglichkeiten der Zeichen- und Absatzformatierung. In Tabellen hält Word noch einige Besonderheiten bereit.

Für die Ausrichtung des Textes in der Zelle bietet Word zahlreiche Möglichkeiten. Klicken Sie auf den Befehl *Zellausrichtung* aus dem Kontextmenü der Tabellenzellen. Er enthält eine Palette. Damit setzen Sie den Text innerhalb der markierten Zellen an die obere bzw. untere Zellbegrenzung oder Sie richten ihn in der Zellmitte aus. Außerdem bestimmen Sie, wie der Text in den Tabellenzellen ausgerichtet wird.

Mit Word können Sie für spezielle Anwendungen den Text in der Zelle drehen. Die Schaltfläche *Textrichtung ändern* der Symbolleiste *Tabellen und Rahmen* dreht den Text bei jedem Klick um 90° weiter.

Um die Einstellung über eine Dialogbox vorzunehmen, klicken Sie auf den Befehl *Absatzrichtung* im Kontextmenü der Tabellenzelle.

Die Ausrichtung von Text in Tabellen kann auch mit Tabulatorzeichen erfolgen, die Sie mit Strg+Tab *erzeugen. Setzen können Sie die Tabstopps mit den bekannten Verfahren. Für die Ausrichtung von Spalten mit dem Tabstopp* Dezimal *markieren Sie einfach die Spalte und setzen den Tabstopp* Dezimal *durch Klicken in das Lineal. Sie müssen in diesem Fall kein zusätzliches Tabulatorzeichen vor die Zahlen schreiben.*

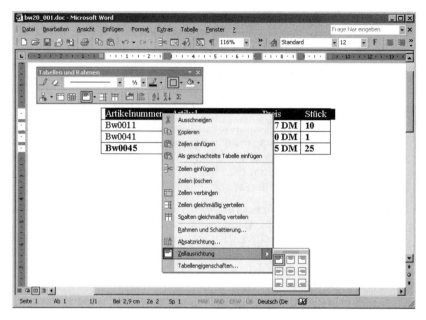

Bild 22.8: *Kontextmenü und Symbolleiste* Tabellen und Rahmen *enthalten zusätzliche Möglichkeiten zur Textformatierung in Tabellen.*

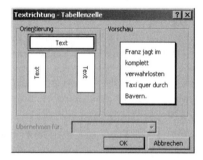

Bild 22.9: *Die Dialogbox* Textrichtung-Tabellenzelle *bestimmt die Textrichtung, so wie sie im Vorschaubereich angezeigt wird.*

23 Nützliche Funktionen in Tabellen

Tabellen haben nicht nur eine optische Aufgabe, sie sind auch Arbeitsmittel für einige Word-Funktionen. Wie Sie Tabellen sortieren, in Tabellen rechnen oder sogar Formeln verwenden – diese nützlichen Funktionen sind Thema dieses Kapitels.

23.1 Text in Tabellen sortieren

Tabellen in Word sortieren Sie auf einfache Weise mit dem Befehl *Tabelle/ Sortieren*. Die Dialogbox *Sortieren* regelt die Sortieroptionen für die Tabelle. Von Vorteil sind dabei die Grundeinstellungen von Word für diesen Vorgang: Ohne Ihr Eingreifen wird immer die gesamte Tabelle sortiert. Es können aber nur Tabellen sortiert werden, deren Inhalte (Datensätze) jeweils eine Zeile bilden. Word räumt Ihnen die Möglichkeit ein, die erste Zeile der Tabelle als Überschrift vom Sortiervorgang auszunehmen. Damit können Sie bei Bedarf verhindern, dass Word die erste Zeile mit sortiert. Vorteilhaft ist es, wenn dabei in der ersten Tabellenzeile nur einzelne Wörter enthalten sind.

Mit dieser Funktion sortieren Sie auch andere Listen, die nicht in Tabellenform vorliegen. Die Sortierung einfacher Absätze ist ebenso möglich wie die Sortierung von tabellenähnlichen Listen, die Trennzeichen enthalten.

In der Dialogbox können Sie drei hierarchisch wirkende Sortierschlüssel angeben und entscheiden, ob *aufsteigend* oder *absteigend* sortiert wird. Mit diesen hierarchischen Sortierkriterien ist sichergestellt, dass auch eine Sortierung ähnlicher Datensätze stattfindet. Ein Beispiel: Sie sortieren eine Kundendatenbank nach Name (1. Sortierschlüssel) und Umsatz (2. Sortierschlüssel). Dann werden alle Kunden namens »Müller« innerhalb der Tabelle nach ihren Umsätzen sortiert.

Mit der Schaltfläche *Optionen* können Sie bei Tabellen angeben, ob beim Sortieren von Text die Groß-/Kleinschreibung Berücksichtigung finden soll und in welcher Sprache sortiert wird.

Bild 23.1: Ein Blick in die Dialogbox Sortieroptionen *beweist, dass die Funktion auch bei Listen Verwendung finden könnte.*

Wenn Sie nur eine oder mehrere Spalten der Tabelle markiert haben, wird zum einen die linke der markierten Spalten als erster Sortierschlüssel ausgewählt, zum anderen können Sie über die Schaltfläche Optionen *festlegen, dass nur die markierte Spalte sortiert werden soll. Mit der Markierung einzelner Zeilen haben Sie die Möglichkeit, nur Teile der Tabelle zu sortieren.*

Praxistipp: Tabelle sortieren

Im Beispiel soll eine Dateiliste mit Dateiname, Dateityp, Größe, Erstelldatum und Erstelluhrzeit nach dem Erstelldatum so sortiert werden, dass die Liste mit der als Letztes erstellten Datei beginnt. Die Dateinamen sollen bei gleichem Erstelldatum alphabetisch sortiert werden. Sollte der Dateiname mehrfach auftauchen, entscheidet die Erweiterung. Durch diese Vorgaben müssen die Sortierschlüssel exakt gewählt werden.

→ Setzen Sie die Schreibmarke in die zu sortierende Tabelle.

→ Wählen Sie den Befehl *Tabelle/Sortieren*. Word markiert sofort die gesamte Tabelle.

→ Legen Sie im Bereich *Liste enthält* fest, dass die Tabelle als erste Zeile eine Spaltenüberschrift enthält. Word setzt automatisch die Einträge aus den Spaltenköpfen in die Listenfelder der Sortierschlüssel ein.

→ Um die Liste nach dem Erstelldatum zu sortieren, wählen Sie im Bereich *1. Sortierschlüssel* den Eintrag *Datum* und die Option *Absteigend*. An den Eintragungen der Spalte erkennt Word den Typ der Daten: Datum.

→ Im Bereich *2. Sortierschlüssel* wählen Sie *Dateiname*, im Bereich *Typ* stellen Sie *Text* ein. Die Option *Aufsteigend* gewährleistet, dass die alphabetische Sortierung von A nach Z erfolgt.

→ Im Bereich *3. Sortierschlüssel* stellen Sie *Dateityp* und *Aufsteigend* ein.

→ Bestätigen Sie die Dialogbox mit *OK*.

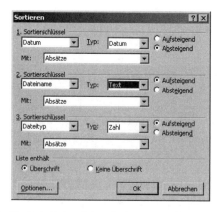

Bild 23.2: Die Dateiliste wird nach den vorgegebenen Kriterien sortiert.

Die Wirkung der Sortierschlüssel ist nur in den Zeilen zu erkennen, die mit dem gleichen Eintrag beim Dateinamen beginnen. Sie sind untereinander bei gleichem Erstelldatum und gleichem Dateinamen nach der Erweiterung sortiert. Hier wurde also die Einstellung für den dritten Sortierschlüssel wirksam.

Mit der beschriebenen Funktion sortieren Sie auch normalen Text. Markieren Sie dazu die Textteile, rufen Sie mit dem Befehl Tabelle/Sortieren *die beschriebene Dialogbox auf, die dann die Bezeichnung* Text sortieren *hat, und wenden Sie das Beschriebene analog an. Beachten Sie dabei besonders die Schaltfläche* Optionen. *Damit können Sie Absätze oder Tabellen mit Tabstopps sortieren.*

23.2 Rechnen in Tabellen

Häufig stehen Sie gerade bei der Arbeit mit Tabellen vor dem Problem, Spalten in einer Zelle summieren oder in Rechnungen die Mehrwertsteuer ausweisen zu müssen. Word ist nun zwar nicht der Spezialist für Berechnungen, für diese Aufgaben aber ist alles an Werkzeugen vorhanden. Word beherrscht sämtliche Grundrechenarten und bietet für Tabellen darüber hinaus noch Funktionen wie `Minimum`, `Maximum` oder `Mittelwert` an.

Die Verwendung der Rechenfunktionen in Word ist vor allem zu empfehlen, wenn Sie einmal erstellte Dokumente als Muster für wiederkehrende Aufgaben erstellen, z.B. Rechnungsformulare. Dann lohnt sich auch der Aufwand, der mit der Formeleingabe doch verbunden ist.

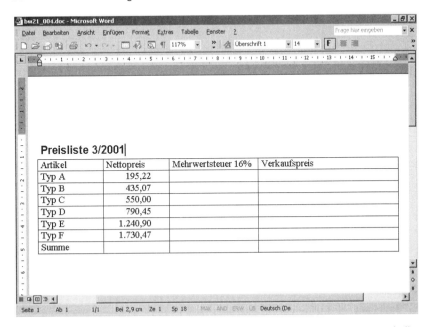

Bild 23.3: Eine lösbare Aufgabe für Word – die Tabelle soll so ausgefüllt werden, dass nur noch die Zahlen in der zweiten Spalte verändert werden müssen, um das Ergebnis zur Verfügung zu haben.

→ Um z.B. eine Spalte einer Tabelle zu addieren, schaffen Sie zunächst durch die Tabellengestaltung einen Platz für die Summen.

→ Klicken Sie mit der Maus in die Zelle, die das Ergebnis aufnehmen soll.

→ Klicken Sie auf die Schaltfläche *AutoSumme* in der Symbolleiste *Tabellen und Rahmen*.

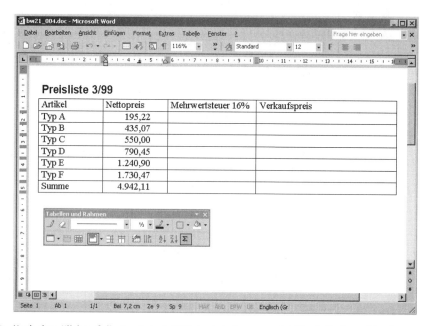

Bild 23.4: Nach dem Klick auf die Symbolschaltfläche AutoSumme *setzt Word die Formel in die Zelle ein und berechnet das Ergebnis.*

Die Ergebnisanzeige

Word hat nun etwa das Ergebnis nicht als Zahl eingesetzt, sondern als so genanntes Feld. Felder sind besondere Stellen im Text, an denen Word auf der Grundlage von »unsichtbaren« Vorgaben – der Feldfunktionen – etwas automatisch im Text anzeigt. Das kann auch das Ergebnis einer Berechnung sein.

Wenn jetzt in der Tabelle kryptische Ausdrücke in geschweiften Klammern anstelle der Zahl erscheinen, dann sehen Sie die Feldfunktion, nicht die Ergebnisanzeige. Zur Ergebnisanzeige nutzen Sie den Befehl *Feldfunktionen ein/aus* aus dem Kontextmenü der Anzeige.

Um die Formel zu analysieren und zu bearbeiten, verwenden Sie den Befehl *Feld Bearbeiten*. Word öffnet die Dialogbox *Feld*, in der Sie bei den erweiterten Feldoptionen Zugriff auf die Formel erhalten.

Schneller geht es mit den Tasten. Die Tastenkombination Alt+F9 *schaltet für das gesamte Dokument die Anzeige der Feldfunktionen ein oder aus, die Tastenkombination* Shift+F9 *erledigt das für markierte Felder.*

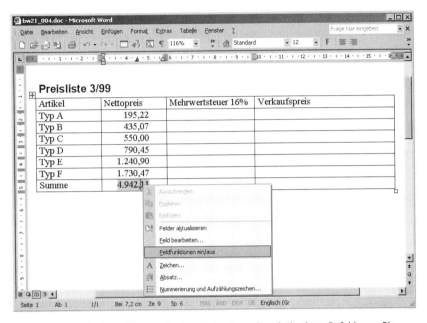

Bild 23.5: *Das Kontextmenü eines Feldes mit eingefügter Formel enthält einen Befehl zum Ein- bzw. Ausschalten der Feldfunktionen.*

Mehr zum Umgang mit Feldern lesen Sie im Kapitel 33, »Mit Feldern arbeiten«. Wichtig ist an dieser Stelle noch eine Sache: Word handelt in Zusammenhang mit Feldern immer nur auf Anweisung. Wenn Sie jetzt eine der Zahlen in der Spalte ändern, bleibt das Ergebnis zunächst unverändert.

→ Um das zu ändern, setzen Sie die Maus auf die Zelle mit dem Ergebnis.

→ Wählen Sie mit einem Klick der rechten Maustaste das Kontextmenü.

→ Durch Wahl des Befehls *Felder aktualisieren* wird das Ergebnis an die neuen Vorgaben angepasst.

Zeilenweise addieren

Word kann auch Zeilen nach dem gleichen Prinzip addieren. Beachten Sie, dass Word immer von der Ergebniszelle die nebenstehenden Zellen prüft und in das Ergebnis mit einbezieht, bis in einer Zelle kein Inhalt ist, die Zelle Text enthält oder das Ende der Tabelle erreicht ist. Je nach Gestaltung der Tabelle trägt Word als Voreinstellung in das Eingabefeld z.B. =Sum(Links) bzw. =Sum(Left) ein.

Das Verhalten von Word im Umgang mit Feldern ist in einigen Fällen von der installierten Variante abhängig. In der Installationsvariante mit Languagepack arbeitete Word zum Zeitpunkt der Drucklegung mit englischen Feldnamen und englischen Parametern, also z.B. =Sum(Left). *Andere Versionen nutzten englische Feldnamen und deutsche Parameter, also* =Sum(Links). *Prüfen Sie deshalb anhand von Beispielen, in welcher Syntax Word die Funktionen erzeugt.*

Formeln selbst erstellen

Sie können auch Zahlen addieren oder über die Dialogbox mit Formeln bearbeiten, die sich nicht in nebeneinander stehenden Zellen befinden. Dazu verwenden Sie anstelle der Zahlen die Zellbezüge. Die Spalten einer Tabelle werden dazu von links nach rechts mit Buchstaben bezeichnet, die Zeilen von oben nach unten mit Zahlen. Die Angabe C2 gibt also den Bezug auf die Zelle der dritten Spalte und der zweiten Zeile an. So kann Word jede Zelle genau identifizieren.

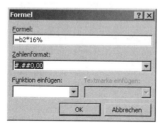

Bild 23.6: Einfache Formel in der Dialogbox – der Inhalt der Zelle B2 wird mit 16% multipliziert.

 Um Zahlenwerte mit Komma in Tabellenspalten exakt untereinander auszurichten, markieren Sie die Spalte mit den Zahlenwerten. Dann wählen Sie im Lineal einen dezimalen Tabstopp und klicken in das Lineal, um die Position des Kommas zu bestimmen.

Praxistipp: Formeln zum Rechnen in Tabellen

Das Beispiel soll eine Preisliste so erstellen, dass ausgehend von den Nettopreisen die Mehrwertsteuer und damit der Verkaufspreis berechnet werden.

→ Setzen Sie die Schreibmarke in die Zelle *C2*.

→ Klicken Sie auf den Befehl *Tabelle/Formel*.

→ Die Vorgabe von Word können Sie belassen. Da links nur eine Zelle mit einer Zahl steht, wird bei der Summenbildung über die Formel nur diese Zahl genommen.

→ Setzen Sie die Schreibmarke hinter die Formel und ergänzen Sie die Formel mit * 16%.

 Mit Hilfe des Listenfelds Zahlenformat *nehmen Sie Einfluss auf das Erscheinungsbild der berechneten Werte. Weisen Sie eines der definierten Formate zu. Außerdem sollten Sie für alle Zahlenzellen einen dezimalen Tabstopp setzen. Auf den Vorschlag von Word, DM als Währungsformat zu verwenden, sollten Sie in der Übergangszeit auf den Euro verzichten.*

→ Bestätigen Sie die Dialogbox mit *OK*.

 Wenn Sie den Eintrag belassen, können Sie die Formel auch durch Kopieren in die Zellen darunter übernehmen. Felder mit konkreten Zellbezügen werden in Word beim Kopieren nicht aktualisiert. Wenn Sie Zellbezüge in den Formeln verwenden, müssen Sie jedes Feld per Hand mit einer Formel versehen.

→ Setzen Sie die Schreibmarke nun in die Zelle *D2*.

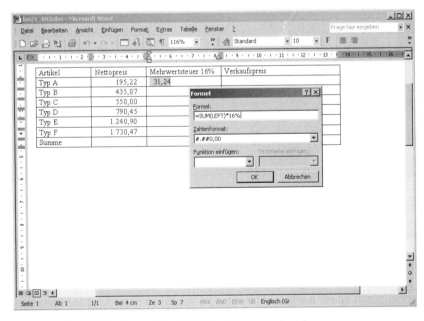

Artikel	Nettopreis	Mehrwertsteuer 16%	Verkaufspreis
Typ A	195,22	31,24	
Typ B	435,07		
Typ C	550,00		
Typ D	790,45		
Typ E	1.240,90		
Typ F	1.730,47		
Summe			

Bild 23.7: Hier sehen Sie die Tabelle, auf die sich die Ausführungen beziehen.

→ Klicken Sie auf den Befehl *Tabelle/Formel*. Bestätigen Sie die Dialogbox mit *OK*, da der automatisch eingefügte Eintrag zur Summenbildung links der Aufgabenstellung entspricht.

→ Kopieren Sie nun die Formeln in die darunter liegenden Zellen.

→ Die Formeln sind kopiert, aber nicht aktualisiert. Um alle Formeln auf einmal anzupassen, markieren Sie mit *Tabelle/Markieren/Tabelle* alle Zellen der Tabelle. Mit der Funktionstaste F9 aktualisieren Sie alle Felder.

Wenn Sie mit dem Befehl Extras/Optionen *im Register* Ansicht *im Listenfeld* Feldschattierung *die Einstellung* Immer *wählen, werden Felder im Word-Text grundsätzlich in der Anzeige – nicht im Ausdruck – grau unterlegt.*

24 Suchen und Ersetzen

Das Suchen und Ersetzen von Wörtern gehört zum Standardrepertoire einer Textverarbeitung. Damit können Sie Wörter, aber auch Formatierungen blitzschnell finden und gegebenenfalls austauschen.

24.1 Objekte mit dem Navigationstool suchen

Ständig am Rand des Word-Fensters verfügbar ist das Navigationstool. Es ist immer bereit, Ihnen bei der Suche in langen Dokumenten behilflich zu sein. Mit der Symbolschaltfläche *Nach Objekt durchsuchen* erreichen Sie eine Auswahlbox, aus der Sie das gewünschte Objekt durch Klicken mit der Maus auswählen.

Sie können die Auswahlbox für die Objekte auch mit der Tastenkombination Alt + Strg + Pos1 *aktivieren, anschließend die Auswahl mit den Richtungstasten vornehmen und mit der* Enter *-Taste bestätigen.*

Auf diese Weise lassen sich Dokumente nach folgenden Elementen durchsuchen:

→ Felder

→ Endnoten

→ Fußnoten

→ Kommentare

→ Abschnitte

→ Seiten

→ Überschriften

→ Bearbeitungen

→ Grafiken

→ Tabellen

Wenn Sie eines dieser Elemente eingestellt haben, bringen Sie die Tastenkombinationen Strg + Bild ↑ bzw. Strg + Bild ↓ zum jeweils vorhergehenden bzw. nachfolgenden Element.

Die Auswahl *Nach Bearbeitung durchsuchen* funktioniert wie die schon beschriebene Tastenkombination Shift + F5 ; Sie wechselt zwischen den letzten drei Positionen der Schreibmarke. Zur Verwendung der Auswahl *Gehe zu* lesen Sie Kapitel 42, »Textmarken«.

Haben Sie eine Einstellung getroffen, dann muss nicht noch einmal die Auswahlbox oder die Dialogbox *Suchen und ersetzen* aktiviert werden. Die Symbolschaltflächen *Vorheriges Objekt* bzw. *Nächstes Objekt* im Navigationstool verwenden die letzte Einstellung bis zur nächsten Änderung.

24.2 Grundsätzliches zum Suchen und Ersetzen

In der Auswahlbox des Navigationstools finden Sie die Auswahl *Suchen*, ein Fernglas. Ein Klick darauf aktiviert die Dialogbox *Suchen und Ersetzen*. Daran wird schon der enge Zusammenhang zwischen den Befehlen *Bearbeiten/Suchen* und *Bearbeiten/Ersetzen* deutlich. Auch während eines Vorgangs können die Funktionen bei Bedarf umgeschaltet werden. *Suchen* Sie Text, wählen Sie zwischendurch schnell mal *Ersetzen* und schalten Sie zum *Suchen* zurück – das Ersetzen von Text ist nichts anderes als eine Erweiterung des Suchens nach Text – logisch, denn Sie können ja nichts ersetzen, was Sie nicht zuvor gefunden haben. Die Grundregeln für die Angabe von *Suchtext* und *Ersatztext* sind sehr ähnlich. Die Erläuterungen für das Suchen lassen sich also sinngemäß auf das Ersetzen übertragen.

Die Eingabefelder für den zu suchenden bzw. zu ersetzenden Text können jeweils 255 Zeichen aufnehmen.

 Wenn Sie einen Text im Dokument durch einen anderen ersetzen wollen, der länger ist als die möglichen 255 Zeichen, dann können Sie den Ersatztext auch aus der Zwischenablage übernehmen. In das Eingabefeld Ersetzen nach *setzen Sie dann aus der Auswahl der Schaltfläche* Sonstiges *den Eintrag* Inhalt der Zwischenablage.

Der Suchbereich

Standardmäßig durchsucht Word nach der Aufforderung zum Suchen das gesamte Dokument ab der aktuellen Position der Schreibmarke nach unten bis zum Ende des Dokuments und sofort anschließend vom Beginn des Dokuments bis zur Schreibmarke. Haben Sie jedoch einen Textbereich markiert, wird nur der markierte Bereich erfasst. Word fragt nach dem Durchsuchen des Bereichs höflich, ob der Rest des Dokuments auch noch durchsucht werden soll.

Bild 24.1: *Das gesuchte Wort ist im zuvor markierten Bereich nicht mehr zu finden – vielleicht wollen Sie jetzt auch noch den Rest des Texts durchsuchen?*

 Wenn Sie wirklich nur den markierten Text durchsuchen möchten, dann sollten Sie das Kontrollkästchen Gefundene Elemente markieren in *aktivieren und die Einstellung* Aktuelle Auswahl *vornehmen.*

Der Suchablauf

Zunächst wählen Sie den Suchbereich und rufen mit dem Befehl *Bearbeiten/Suchen* oder der Tastenkombination $\boxed{\text{Strg}}$+$\boxed{\text{F}}$ die Dialogbox *Suchen und Ersetzen* auf.

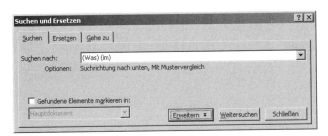

Bild 24.2: *Die Dialogbox* Suchen und Ersetzen *nimmt im Eingabefeld* Suchen nach *den Suchtext auf.*

Übernehmen Sie längere Suchtexte vor Aufruf der Dialogbox mit Strg+C *in die Zwischenablage. Sie können mit* Strg+V *den Inhalt der Zwischen-ablage in das Eingabefeld einfügen. Achten Sie beim Kopieren aber darauf, dass Sie keine Sonderzeichen mit erfassen.*

→ Geben Sie in das Eingabefeld *Suchen nach* den Suchtext ein.

→ Wenn Sie die Dialogbox *Suchen und Ersetzen* mit der Schaltfläche *Erweitern* um einige Einstellungsmöglichkeiten bereichern, können Sie auch dort eine Auswahl treffen. Diese Möglichkeiten werden im weiteren Verlauf des Kapitels beschrieben.

→ Beginnen Sie den Suchvorgang mit der Schaltfläche *Weitersuchen*. Word markiert den gefundenen Text – oder informiert über den Misserfolg. Die Dialogbox *Suchen und Ersetzen* bleibt aufgeblendet.

→ Sie können durch erneutes Klicken auf die Schaltfläche weitersuchen lassen. Eleganter ist es aber, nach dem ersten Sucherfolg die Dialogbox mit der Schaltfläche *Abbrechen* zu beenden und anschließend das Navigationstool zu nutzen.

Wenn Sie im Text neben der Dialogbox etwas anderes korrigieren wollen, können Sie auch mit der Maus in den Text wechseln und dort Korrekturen vornehmen. Nach Abschluss Ihrer Arbeit am Text lässt sich der Suchvorgang mit der Schaltfläche Weitersuchen *jederzeit fortsetzen. Beachten Sie aber, dass Word in diesem Fall die Schreibmarke als neuen Beginn der Suche nimmt.*

Suchen nach besonderen Zeichen

Mit der Dialogbox *Suchen und Ersetzen* durchsuchen Sie den Text bequem nach Formatierungszeichen wie Absatzmarken oder Tabulatorzeichen. Word macht es Ihnen einfach, indem Sie aus einer Liste wählen können, welche Sonderzeichen Sie suchen wollen. Andererseits stellt Ihnen Word auch für das Eingabefeld *Ersetzen durch* eine Auswahl bereit, die sich von der ersten deutlich unterscheidet. Sie ist kürzer, da einige besondere Zeichen nicht als Zeichen zum Ersetzen verwendet werden können. Sie finden die mögliche Auswahl, wenn Sie die Schreibmarke zunächst in eines der Eingabefelder setzen und anschließend – nach Betätigung der Schaltfläche *Erweitern* – mit der Schaltfläche *Sonstiges* die Liste aufklappen.

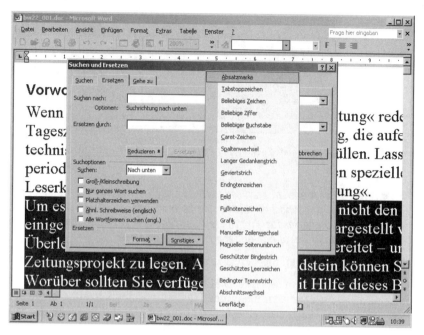

Bild 24.3: Lang ist die Liste der Sonderzeichen, die Sie suchen können. Hier soll zunächst nach einer Absatzmarke gesucht werden.

Word wird nach Auswahl aus der Liste anstelle der Beschreibung ein Zeichen in Kombination mit einem Caret-Zeichen (^) in das Eingabefeld *Suchen nach* setzen.

Natürlich müssen Sie häufig genutzte Kombinationen nicht immer wieder über dieses Menü eingeben. Sie finden das Caret-Zeichen auf der Tastatur. Beachten Sie jedoch, dass dieses Zeichen erst nach Betätigung der Leertaste *oder einer Zeichentaste erscheint.*

Die meisten der Sonderzeichen, nach denen Sie suchen können, sind Ihnen bekannt. Einiges bedarf aber noch einer Erklärung:

Eine »Leerfläche« schließt eine beliebige Anzahl und Kombination von normalen und geschützten Leerzeichen, Tabstoppzeichen und Absatzmarken ein. Als einzelnes Suchzeichen eingegeben, findet es also jedes Leerzeichen. In der Kombination mit anderen Zeichen ist es aber nützlich.

Platzhalter für einen Buchstaben, eine Ziffer oder ein beliebiges Zeichen stehen immer nur für ein einzelnes dieser Zeichen.

Die Mehrzahl der Sonderzeichen lassen sich mit normalem Text oder untereinander beliebig kombinieren. Damit erstellen Sie exakte Suchmuster, mit denen Sie wirklich nur das finden, was Sie ausdrücklich wollen. Je präziser Sie die Suchkriterien wählen, desto schneller und effektiver werden Sie mit der Suchfunktion arbeiten.

Suchen nach Text beeinflussen

Die Einstellungen im unteren Teil der Dialogbox *Suchen und Ersetzen* sind bei normalem Text mitentscheidend für den Sucherfolg. Erweitern Sie die Dialogbox *Suchen und Ersetzen* mit der Schaltfläche *Erweitern*:

→ Mit dem Kontrollkästchen *Gross-/Kleinschreibung* erzwingen Sie, dass Word nur solchen Text findet, der in der Schreibweise genau übereinstimmt. Andernfalls findet Word die Zeichenfolge in allen Kombinationen aus Groß- und Kleinschreibung.

→ Aktivieren Sie das Kontrollkästchen *Nur ganzes Wort suchen*, beschränkt Word die Suche auf zusammenhängende Zeichenfolgen, denen ein Leerzeichen oder ein Satzzeichen folgt – Wörter eben. Das Kontrollkästchen blendet sich sofort aus, wenn Sie beim Suchtext ein solches Zeichen eingeben. Andernfalls wird die Zeichenfolge inmitten von Wörtern gefunden.

→ Interessant ist das Kontrollkästchen *Ähnliche Schreibweise*. Damit findet Word alle Vorkommen des Suchtextes, die nur gering von der Schreibweise abweichen. Allerdings war dieses Feature zum Zeitpunkt der Drucklegung ausschließlich für Englisch verfügbar.

→ *Alle Wortformen suchen* aktiviert ebenfalls eine besondere Suchvariante: Word findet auch deklinierte Abweichungen, sofern sie im Wörterbuch bekannt sind. Dieses Feature war zum Zeitpunkt der Drucklegung ausschließlich für Englisch verfügbar.

Im Listenfeld *Suchen* können Sie – was sonst – die Suchrichtung bestimmen. Dahinter steckt aber noch ein bisschen mehr.

→ Bei Auswahl von *Nach unten* oder *Nach oben* geht es von der Schreibmarke im markierten Textteil oder im Gesamtdokument bis ans obere bzw. untere Ende. Die Beantwortung einer Zwischenfrage beendet die Suche oder setzt sie für den Rest des Dokuments fort.

→ Bei Auswahl von *Gesamt* wird immer der gesamte Text von der Schreibmarke bis zur Schreibmarke durchsucht.

Word kann beim Suchen sehr pingelig sein. Sollte das Suchergebnis negativ ausfallen, obwohl es nach Ihrer Meinung ein positives Ergebnis hätte geben müssen – kontrollieren Sie Ihren Suchtext auf Schreibfehler oder Leerzeichen davor und/oder dahinter.

24.3 Ersetzen

Das Ersetzen ist lediglich eine Erweiterung der Suchfunktion. Sie können jederzeit zwischen dem Register *Suchen* und dem Register *Ersetzen* hin und her schalten, solange die Dialogbox *Suchen und Ersetzen* sichtbar ist.

→ Wählen Sie mit einem Klick das Register *Ersetzen*.

→ Geben Sie den Suchtext wie beschrieben ein. In das Eingabefeld *Ersetzen durch* schreiben Sie einen Ersatz für den gesuchten Text.

→ Nehmen Sie mit den für den Suchtext gültigen Kontrollkästchen eventuelle Einstellungen vor.

Wenn Sie Suchtext angeben, im Eingabefeld jedoch keinen Ersatztext, dann wird der Suchtext durch »nichts« ersetzt, also als Text entfernt.

Sie haben nun zwei Varianten, um den Ersetzen-Vorgang auszulösen.

→ Die Schaltfläche *Weitersuchen* löst wie gewohnt den Suchvorgang aus. Ist Word fündig geworden (die Textstelle wird markiert), entscheiden Sie:

- Erneutes Betätigen der Schaltfläche *Weitersuchen* überspringt die gefundene Textstelle ohne Ersetzung durch den Ersatztext.

- Betätigen Sie dagegen die Schaltfläche *Ersetzen*, wird der gefundene Text durch den Suchtext ausgetauscht und Word markiert die nächste Fundstelle.

- Der Ablauf ist jederzeit mit *Abbrechen* zu beenden, vorgenommene Ersetzungen werden jedoch nicht rückgängig gemacht.

→ Ersetzen im Schnellverfahren ermöglicht die Schaltfläche *Alle Ersetzen*. Word tauscht automatisch und ohne jede weitere Kontrollmöglichkeit den Text an allen Fundstellen im Dokument aus.

Bild 24.4: *Der Text im Dokument wurde mit* Alle ersetzen *im gesamten Dokument ausgetauscht – stolz meldet Word das Ergebnis.*

Kontrollieren Sie unmittelbar nach *Alle ersetzen* den Erfolg Ihrer Aktion. Mit [Strg]+[Z] ließe sich das Ganze unmittelbar danach noch auf einen Schlag rückgängig machen. Effektiver bei längeren Texten ist es jedoch, für die ersten Fundstellen mit bestätigtem Ersetzen zu arbeiten. Wenn Sie sich dann davon überzeugt haben, dass Word wirklich nur das Gewünschte findet, können Sie immer noch die Schaltfläche *Alle ersetzen* wählen – und mit großer Wahrscheinlichkeit Erfolg haben.

Suchen und Ersetzen mit Format

In jedem Text gibt es Textteile, die besonders ausgezeichnet sind. Wollen Sie diese Textstellen auffinden, können Sie das mit der Schaltfläche *Format* tun, die den Zugang zu den unterschiedlichen Möglichkeiten regelt. Gründe für das Suchen nach solchen formatierten Textteilen ist zumeist die Beseitigung dieser Formate oder das Ersetzen der Formatierungen durch andere.

Alternativ zur beschriebenen Funktion können Sie für diese Aufgaben auch den Aufgabenbereich Formatvorlagen und Formatierung verwenden, mit dem Sie im Gegensatz zur Dialogbox Suchen und Ersetzen *alle Vorkommen gleichzeitig markieren können.*

Wenn Sie Text mit Formatierung suchen, gehen Sie wie folgt vor:

→ Geben Sie im Register *Suchen* den Suchtext in das Eingabefeld ein.

→ Erweitern Sie die Dialogbox *Suchen und Ersetzen* und klicken Sie auf die Schaltfläche *Format* – es öffnet sich eine Auswahl.

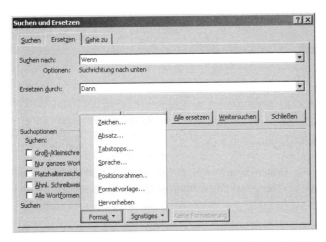

Bild 24.5: Die Befehle für die einzelnen Formate, nach denen Sie suchen können.

Wenn Sie einen der Befehle wählen, erscheinen die bereits bekannten Dialogboxen. Sie weisen jedoch eine Besonderheit auf. Wählen Sie z.B. die Formatierung *Zeichen*, erscheint die Dialogbox *Zeichen suchen*. In ihr ist aber keine Auswahl getroffen. Alle Eingabefelder sind leer, alle Kontrollkästchen enthalten gerasterte Häkchen. Sie sind also weder aktiviert noch ausgeschaltet – sie sind inaktiv. Ähnliches gilt auch für andere Dialogboxen.

→ Um eine Formatierung zu aktivieren, nehmen Sie in den Listenfeldern Einstellungen vor.

→ Ein Klick auf ein Kontrollkästchen wird es zunächst ausdrücklich aktivieren, dann deaktivieren. Mit deaktivierten Kontrollkästchen suchen Sie nach Formatierungen, die nicht vorhanden sein sollen – z.B. nach kursiven, aber nicht fett ausgezeichneten Texten.

→ Haben Sie Formatierungen ausgewählt und in den Dialogboxen bestätigt, erscheinen diese im Klartext unter dem Eingabefeld. Wenn es notwendig ist, können Sie auch mehrere Formatierungen miteinander kombinieren. Word findet nach Bestätigung der Schaltfläche *Weitersuchen* tatsächlich nur den Suchtext mit den gewählten Einstellungen, andere Vorkommen im Text werden ignoriert.

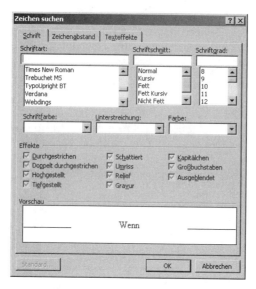

Bild 24.6: Die Dialogbox Zeichen suchen *erscheint zunächst ohne jede Voreinstellung.*

 Wenn Sie keinen Suchtext eingeben, markiert Word beim Suchen nacheinander alle Textteile mit den eingestellten Formatierungen.

→ Nehmen Sie zum Ersetzen die Texteinträge in das Eingabefeld *Ersetzen durch* vor. Oft wählen Sie anschließend ebenfalls ein Format aus. Wenn Sie nicht ausdrücklich ein Format angeben, wird Word nur den Text ersetzen, die Formatierungen der gefundenen Textteile jedoch belassen. Andernfalls ersetzt Word sowohl den Text als auch die Formatierung.

→ Bestätigen Sie die Dialogbox z.B. mit *Alle ersetzen*, der Ersetzen-Vorgang läuft wie beschrieben.

 Wesentliche Erleichterungen beim Ersetzen in Zusammenhang mit Formatierungen bieten sich, wenn Sie mit dem zugehörigen Befehl der Schaltfläche Sonstiges *den Eintrag* Suchtext *wählen und den ursprünglichen Text im Eingabefeld* Ersetzen durch *nicht erneut eintragen. Das vermeidet Schreibfehler.*

Formatierungen ersetzen oder aufheben

Wenn Sie in keines der Eingabefelder einen Eintrag vornehmen, aber jeweils eine andere Formatierung, werden ausschließlich die Formatierungen ersetzt. Um z.B. einen beliebigen fett ausgezeichneten Text durch die Auszeichnung *Kursiv* zu ergänzen, wählen Sie zunächst die erweiterte Dialogbox *Suchen und Ersetzen* und aktivieren das Register *Ersetzen*.

→ Setzen Sie die Schreibmarke in das Eingabefeld *Suchen nach*.

→ Wählen Sie über die Schaltfläche *Format* die Dialogbox *Zeichen suchen*.

→ Aktivieren Sie im Listenfeld *Schriftschnitt* die Auszeichnung *Fett* und betätigen Sie die Dialogbox mit *OK*.

→ Setzen Sie die Schreibmarke nun in das Eingabefeld *Ersetzen durch*.

→ Wiederholen Sie die beschriebenen Schritte, aktivieren Sie jedoch die Auszeichnung *Fett Kursiv*.

Wenn Sie keinen Suchtext angeben, jedoch Formate und außerdem Ersatztext, ersetzt Word alle gefundenen Textteile im gesuchten Format durch den Ersatztext.

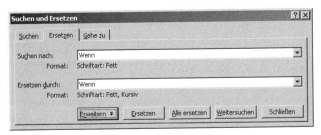

Bild 24.7: *Eingestellte Formate erscheinen in der Dialogbox* Suchen und Ersetzen *jeweils unter den Eingabefeldern im Klartext.*

Um nach diesen Vorgängen wieder nur normalen Text ohne Formatierung zu suchen, müssen Sie mit der Schaltfläche Keine Formatierung *in der erweiterten Dialogbox die Suche nach Formaten ausschalten.*

Praxistipp: Leere Absätze in einem Dokument entfernen

In bestimmten Situationen – z.B. bei der Arbeit mit Formatvorlagen – sind die durch leere Absätze erzeugten Leerzeilen hinderlich. Im Beispiel entfernen Sie diese leeren Absätze aus einem Dokument.

→ Aktivieren Sie – z.B. mit ⌈Strg⌉+⌈H⌉ – die Dialogbox *Suchen und Ersetzen*.

→ Setzen Sie die Schreibmarke in das Eingabefeld *Suchen nach*.

→ Öffnen Sie den unteren Teil der Dialogbox mit einem Klick auf *Erweitern*.

→ Wählen Sie über die Schaltfläche *Sonstiges* den Eintrag *Absatzmarke* und wiederholen Sie den Vorgang noch einmal. Im Eingabefeld steht nun zweimal das zugehörige Stellvertreterzeichen.

→ Setzen Sie die Schreibmarke in das Eingabefeld *Ersetzen durch*.

→ Wählen Sie über die Schaltfläche *Sonstiges* den Eintrag *Absatzmarke*. Im Eingabefeld steht der Code für die Absatzmarke.

→ Ein Klick auf die Schaltfläche *Alle ersetzen* schließt den Vorgang erfolgreich ab.

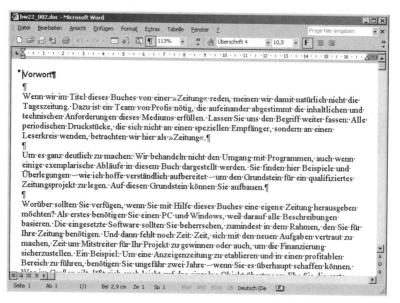

Bild 24.8: Die Leerabsätze im Dokument folgen immer direkt auf eine Absatzmarke – aufgrund dieser Besonderheit sind sie leicht zu entfernen.

Die Eingabefelder der Dialogbox Suchen und Ersetzen *sind als Listenfelder angelegt. Sie haben – solange Sie Word nicht zwischenzeitlich beendet hatten – jederzeit erneut Zugriff auf bereits erfolgte Vorgänge. Die Listenfelder hängen nicht zusammen, so dass Sie einen beliebigen Suchtext aus der Liste mit einem beliebigen Eintrag aus der Liste der Ersatztexte kombinieren können.*

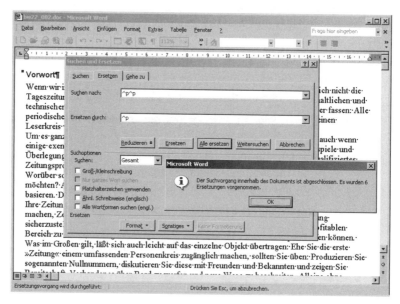

Bild 24.9: Alle Leerabsätze wurden entfernt – Word meldet Vollzug.

24.4 Platzhalterzeichen verwenden

Sehr vorteilhaft in langen Dokumenten ist das so genannte Suchen mit Platzhalterzeichen. Das Verfahren erscheint auf den ersten Blick etwas schwierig. Zunächst müssen Sie in der erweiterten Dialogbox *Suchen und Ersetzen* das Kontrollkästchen *Platzhalterzeichen verwenden* aktivieren. Wie geht es dann aber weiter? Der Suchvorgang nach diesem Verfahren wird über so genannte Platzhalterzeichen geregelt. Eines davon ist das Zeichen ?. Verwenden Sie es innerhalb des Suchtexts, um ein Zeichen an beliebiger Stelle zu vertreten – der Eintrag Me?er als Suchtext eingegeben, findet im Text die Textstellen »Meier« und »Meyer«, aber auch die ungewollten »Meter«.

Dieses Verfahren lässt sich aber unter Verwendung anderer Platzhalterzeichen so verfeinern, dass wirklich nur noch der von Ihnen gewünschte Treffer erfolgt. Längere Erklärungen sind hier nicht nötig, da Sie durch Probieren vermutlich schneller ans Ziel gelangen. Beim Austesten sollten Sie einige Dinge beachten:

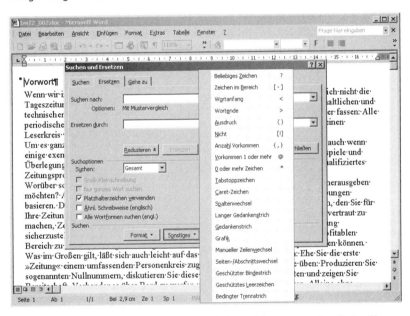

Bild 24.10: Nach Aktivierung des Kontrollkästchens Platzhalterzeichen verwenden *finden Sie neue Suchmöglichkeiten in der Auswahl unter* Sonstiges.

Nach Aktivierung des Kontrollkästchens Platzhalterzeichen verwenden *erscheint unter dem Eingabefeld* Suchen in *die Ergänzung* Mit Mustervergleich.

→ Beim Suchen mit Platzhalterzeichen wird die Groß-/Kleinschreibung automatisch berücksichtigt, wie im Suchtext angegeben. Lediglich die Schreibweise an der Stelle der Stellvertreterzeichen ist nicht bestimmt – »MeYer« und »Meyer« werden beide gefunden.

→ Ist die Verwendung der Platzhalterzeichen eingeschaltet, erwartet Word *mindestens* ein Stellvertreterzeichen im Suchtext.

→ Sie können Klammern verwenden, um Suchkriterien sowie Text zu gruppieren und die Reihenfolge der Auswertung festzulegen. Eine Suche nach <(ver)*(ren)> liefert z.B. verlieren und verfahren. Das Beispiel zeigt ebenfalls, dass Stellvertreterzeichen kombiniert werden können. Das Beispiel heißt für Word übersetzt: Suche nach einem Text, der am Wortanfang die Zeichenfolge »ver«, am Wortende die Zeichenfolge »ren« und beliebigen Text dazwischen enthält.

→ Wenn Sie nach einem Stellvertreterzeichen als Zeichen suchen möchten, geben Sie vor dem Zeichen einen umgekehrten Schrägstrich (\) ein. Möchten Sie also nach dem Fragezeichen suchen, geben Sie »\?« als Suchtext ein.

→ Die Operatoren gelten mit einer Ausnahme nur für den Suchtext. Mit dem Operator »\«, gefolgt von einer Zahl, können Sie Teile des Suchtexts vertauschen. Wenn Sie z.B. im Feld *Suchen nach* den Ausdruck »(so) (nicht)« und im Feld *Ersetzen durch* das Stellvertreterzeichen »\2 \1« eingeben, wird der Textteil *so nicht* durch *nicht so* ersetzt. Wichtig ist in diesem Fall das Leerzeichen zwischen den Bestandteilen im Eingabefeld *Ersetzen durch*.

25 Word ohne Ländergrenzen

Jeder Text ist nichts anderes als eine sinnvolle Kombination von Zeichen. In jeder Sprache gibt es typische Kombinationen dieser Zeichen, wobei andere Kombinationen falsch sind. Mit diesen Fakten gefüttert, ist Word in der Lage, Ihnen bei der Überprüfung der Texte zu helfen. Wie und unter welchen Bedingungen, beschreibt dieses Kapitel.

25.1 Automatische Spracherkennung

Wenn Sie mit dem Ausland korrespondieren, werden Sie die Sprachfunktionen von Word zu schätzen wissen. Word kann auch die Rechtschreibung anderer Sprachen prüfen. Und, Sie müssen Word nicht einmal mitteilen, in welcher Sprache Sie mit Text umgehen. Wenn Sie ein neues Dokument erstellen und in der Statusleiste die eingestellte Sprache kontrollieren, zeigt Word zunächst die in der Formatvorlage *Standard* festgelegte Spracheinstellung. Das ist, je nach Installation, entweder Deutsch, Englisch oder seltener eine andere Sprache. Beginnen Sie mit der Texteingabe, so wechselt die Anzeige je nach Sprache des eingegebenen Textes: Word identifiziert die Sprache automatisch anhand charakteristischer Merkmale.

Um den Standard zu überprüfen, mit dem Word an die Arbeit geht, wählen Sie den Befehl *Extras/Sprache/Sprache bestimmen*.

Bild 25.1: Mit der Dialogbox Sprache *wählen Sie die Sprache für einen markierten Textteil aus.*

In der Dialogbox *Sprache* fallen sofort einige Besonderheiten auf:

→ Im Bereich *Ausgewählten Text markieren als* listet Word eine ganze Reihe von Sprachen auf, die verfügbar sind. Im oberen Teil stehen die Sprachen, die Sie im aktuellen Dokument bestimmt haben.

→ Im unteren Teil des Bereichs *Ausgewählten Text markieren als* stehen alle Sprachen, die Word unterstützt. Die Sprachen, für die Rechtschreib- und Grammatikfunktionen verfügbar sind, sind mit dem ABC-Symbol der Rechtschreibprüfung hervorgehoben.

→ Deaktivieren Sie das Kontrollkästchen *Sprache automatisch erkennen*, wenn Word die Sprache nicht automatisch erkennen soll. Damit deaktivieren Sie aber ebenso die Verwendung der Wörterbücher für den Text, der von der Standardsprache abweicht.

→ Klicken Sie auf die Schaltfläche *Standard,* um eine im Listenfeld *Ausge-wählten Text markieren als* angeklickte Sprache als Standardsprache in die Formatvorlage *Standard* der globalen Dokumentvorlage zu integrieren.

→ Mit einem aktivierenden Klick in das Kontrollkästchen *Rechtschreibung und Grammatik nicht prüfen* schließen Sie den zuvor markierten Text von der Sprachprüfung aus.

Klicken Sie doppelt auf die Sprachanzeige in der Statusleiste, wenn Sie die Einstellungen verändern oder kontrollieren möchten.

Mit der Sprachwahl bestimmen Sie gleichzeitig, welche Wörterbücher für die Silbentrennung, die Rechtschreibprüfung, den Thesaurus und die Grammatikprüfung Verwendung finden. Die Auswahl in der Dialogbox können Sie noch für beliebige Sprachen treffen, ob Englisch oder Schwedisch – Word zuckt mit keiner Schaltfläche.

Für die Arbeit mit unterschiedlichen Sprachen benötigt man so genannte Wörterbücher – diese müssen bei der Installation von Word mit auf Ihren Computer übertragen worden sein. Falls ein Wörterbuch fehlt, meldet Word einen Fehler beim Durchführen der Rechtschreibprüfung.

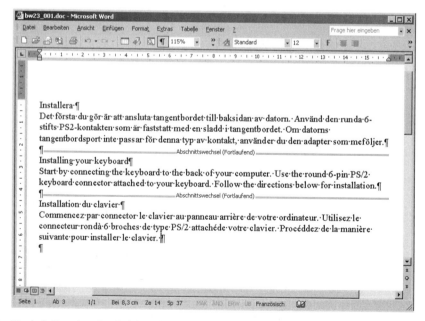

Bild 25.2: Word als Sprachgenie: drei Sprachen in einem Text sind korrekt erkannt

Die Arbeit mit mehrsprachigen Texten

Wenn Sie innerhalb Ihrer Dokumente mit mehreren Sprachen arbeiten, sind nur wenige Dinge zu beachten.

→ Word erkennt die andere Sprache an charakteristischen Merkmalen und reagiert entsprechend. Für nicht durch Wörterbücher unterstützte Sprachen ignoriert Word den Text, d.h., er wird von der automatischen Prüfung ausgeschlossen. Nur selten müssen Sie mit dem Befehl *Extras/ Sprache/Sprache bestimmen* das fremdsprachliche Wörterbuch aktivieren.

→ Wenn Sie häufig mit anderen Sprachen arbeiten, lohnt sich trotzdem das Erstellen von Format- oder Dokumentvorlagen.

→ Mit der Schaltfläche *Standard* können Sie die mit dem Befehl *Extras/ Sprache/Sprache bestimmen* gewählte Sprache anstelle von Deutsch in der Dokumentvorlage als Standardsprache bestimmen.

Wenn das Microsoft Multilanguage Pack zum Installationsumfang Ihrer Wordversion gehört, können Sie bei Bedarf z.B. englische Menüführung und Hilfetexte für Word aktivieren.

Übersetzen

Ein weiterer Ausdruck der Internationalität ist die Tatsache, dass Word – zumindest für einzelne Wörter – über eine Übersetzungsfunktion verfügt. Sie ist komfortabel in einem eigenen Aufgabenbereich angesiedelt, den Sie mit dem Befehl *Extras/Sprache/Übersetzen* einblenden. Gedacht ist Sie vor allem, um bei vorhandenen Sprachkenntnissen auf der Suche nach fehlenden Ausdrücken zu helfen.

→ Im Bereich *Was übersetzen?* Tragen Sie entweder im Eingabefeld *Text* das zu übersetzende Wort ein oder Sie wählen die Option *Aktuelle Auswahl*, sofern ein Wort im Text markiert ist.

→ Im zweiten Schritt wählen Sie aus dem Listenfeld *Wörterbuch* die Richtung der Übersetzung: Sie klappen das Listenfeld auf und klicken auf die gewünschte Auswahl. Eine QuickInfo erleichtert die Übersicht, falls der Platz für die Anzeige des Eintrags nicht lang genug ist.

→ Klicken Sie auf *Ausführen*, um Word zur Suche nach dem Pendant zu veranlassen.

→ Abschließend durchforsten Sie die Liste *Ergebnisse* und markieren das gewünschte Wort: Word setzt die Übersetzung anstelle der Markierung in das Dokument ein.

Die Schaltfläche ausführen *bei Übersetzung via Web, die für die Übersetzung ganzer Texte zuständig ist, führt auf (nicht kostenfreie) Internet-Seiten, die entweder eine computergestützte Textübersetzung oder eine (nicht kostenfreie) Übersetzung per Dolmetscher vermitteln.*

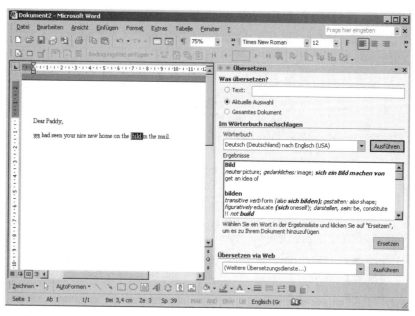

Bild 25.3: Die Übersetzungsfunktion von Word

25.2 Die automatische Rechtschreibprüfung

Beim ersten Start von Word ist die automatische Rechtschreibprüfung aktiviert. Jedes Wort, das von Word nicht als richtig erkannt wird, wird mit einer roten Wellenlinie unterlegt. Am Anfang eines Textes wird Ihnen das vielleicht gar nicht auffallen. Word benötigt zunächst einen Moment, um die Sprache sicher zu identifizieren. Die von Word verwendeten Wörterbücher und Korrekturfunktionen sind von hoher Qualität. Word markiert aber alle Wörter, die es nicht kennt. Deshalb kann es zu Anfang auch vorkommen, dass selbst richtig geschriebene Wörter von Word markiert werden. Da Sie Word die Wörter nach und nach beibringen können, ist dieser Effekt jedoch von vorübergehender Natur.

Etwas anderes ist weitaus problematischer: Durch einen Tippfehler machen Sie aus »Suchen« das Wort »Sachen«. Word denkt gar nicht daran, das als Fehler zu markieren, warum auch, das Wort selbst ist ja richtig geschrieben. Word kann ja nicht lesen und den Zusammenhang des Textes verstehen, es kann wie jedes Anwendungsprogramm nur etwas vergleichen. In diesem Fall sucht Word Ihre Zeichenfolgen in einer Liste und vergleicht. Findet es einen Eintrag, der mit der Schreibweise übereinstimmt, ist alles in Ordnung, andernfalls wird unterstrichen.

Interessant für Nutzer, die rote Wellenlinien (Rechtschreibfehler) und grüne Wellenlinien (Grammatikfehler) in gleicher Weise sehen: Im Lieferumfang von Word finden Sie die Datei Support.dot, mit deren Hilfe Sie die Farbe der Markierungen verändern.

Die automatische Rechtschreibprüfung abschalten

Die aktivierte automatische Rechtschreibprüfung können Sie in der Status-leiste erkennen. Ein aufgeschlagenes Buch zeigt ihre Aktivität an. Meist hat das Buch ein rotes Kreuz – ein Zeichen dafür, dass Word irgendeine Stelle im Text für fehlerhaft hält. Den selteneren Fall, dass Word einen Text als fehlerfrei anerkennt, symbolisiert ein rotes Häkchen. Um die eventuell störenden Wellenlinien aus Ihrem Text zu entfernen, haben Sie zwei Möglichkeiten:

→ Sie können die automatische Rechtschreibprüfung generell deaktivie-ren, indem Sie mit *Extras/Optionen* im Register *Rechtschreibung und Grammatik* das erste Kontrollkästchen *Rechtschreibung während der Eingabe überprüfen* deaktivieren. Im Gegensatz zum Kontrollkästchen darunter wird die automatische Rechtschreibprüfung damit ausge-schaltet – oder wieder eingeschaltet, wenn Sie dies später wünschen.

→ Ein aktiviertes Kontrollkästchen *Rechtschreibfehler ausblenden* sorgt lediglich dafür, dass die roten Linien nicht angezeigt werden, ohne jedoch die Funktion selbst abzuschalten. Es findet also immer noch eine Kontrolle statt, die Ergebnisse sind nur nicht zu sehen.

Bild 25.4: Im Register Rechtschreibung und Grammatik *der Dialogbox* Optionen *nehmen Sie Einfluss auf die Arbeit der Rechtschreibprüfung.*

Für das Ausblenden der Kennzeichnung können Sie auch den Befehl im Kon-textmenü der automatischen Rechtschreibprüfung nutzen. Klicken Sie dazu mit der rechten Maustaste in das aufgeschlagene Buch.

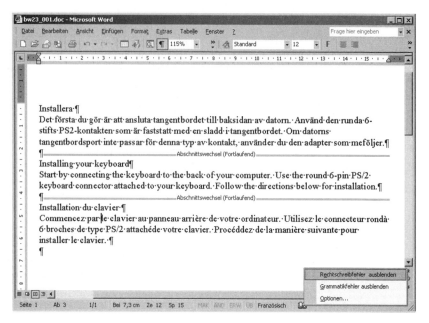

Bild 25.5: Das Kontextmenü der automatischen Rechtschreibprüfung enthält wichtige Befehle – mit diesem Befehl blenden Sie die roten Linien aus.

Das Kontextmenü enthält außer der Möglichkeit zum Aus- bzw. Einblenden der Kennzeichnung noch einen Direktzugriff auf die Dialogbox *Rechtschreibung und Grammatik*, mit der Sie wie beschrieben die automatische Rechtschreibprüfung gänzlich ausschalten können.

 Schalten Sie die Funktion aus, wenn sie sich auf die Arbeitsgeschwindigkeit Ihres Rechners negativ auswirkt.

25.3 Gezielte Korrekturen

Wie Sie schon wissen, arbeitet Word im Hintergrund mit einer AutoKorrektur offensichtlicher Tippfehler. Diese Funktion wird im Kapitel 31, »Auto-Korrektur – Tippfehler sind Vergangenheit«, beschrieben und soll hier deshalb unberücksichtigt bleiben. Sie selbst können die Rechtschreibprüfung in zwei Varianten nutzen: unter Verwendung der von Word rot markierten Wörter oder durch den Aufruf der Funktion mit dem Befehl *Extras/Rechtschreibung und Grammatik*, der eine Dialogbox zur Arbeit aufruft.

Kontextsensitive Kontrolle

Für irgendetwas müssen die roten Linien im Text ja gut sein. Mit dieser Überlegung liegen Sie goldrichtig. Es sind tatsächlich nicht nur optische Blickfänger, an denen Sie die möglichen Fehler erkennen, Sie können diese Kennzeichnung auch gezielt zur Korrektur nutzen.

Klicken Sie mit der rechten Maustaste auf ein mit roter Linie gekennzeichnetes Wort – ein Kontextmenü erscheint. Word bietet Ihnen im Kontextmenü die Möglichkeit, die Wörter schnell zu korrigieren, und versucht außerdem, Ihnen nach Kräften zu helfen.

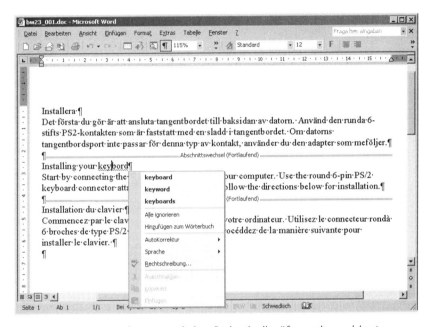

Bild 25.6: *Kontextmenü eines von der automatischen Rechtschreibprüfung gekennzeichneten Wortes.*

Je nach Wort sind die Reaktionen von Word im Kontextmenü unterschiedlich. Der Aufbau des Menüs und einige Einträge sind immer gleich.

Im oberen Teil des Menüs bemüht sich Word nach Kräften, Ihnen eine Alternative für das eingegebene Wort anzubieten.

→   Im einfachsten Fall bietet Ihnen Word im Kontextmenü nur einen Korrekturvorschlag an – den richtigen.

→   Andernfalls können Sie aus mehreren Vorschlägen wählen, vielleicht ist der richtige dabei.

→   Um einen Vorschlag zu übernehmen und das Wort entsprechend zu korrigieren, klicken Sie darauf. Word korrigiert nach Wunsch und blendet die rote Kennzeichnung aus.

→   Entspricht keiner der Vorschläge Ihren Vorstellungen, wechseln Sie in die Dialogbox *Rechtschreibung* oder nehmen Sie die Korrektur per Hand vor.

In einigen Fällen kapituliert Word jedoch und setzt in den oberen Teil des Menüs den Eintrag *(keine Rechtschreibvorschläge)*. In diesem Fall können Sie das Wort nur von Hand korrigieren, wenn Sie es ändern müssen: Klicken Sie wieder in den Text und nehmen Sie die Änderung vor.

Im unteren Teil des Kontextmenüs lassen Sie Word lernen:

→ Der Befehl *Alle ignorieren* weist Word an, in diesem Dokument das Wort ab sofort an allen Stellen zu ignorieren. Bestätigen Sie diesen Befehl, wird das Wort in eine für dieses Dokument erstellte Liste von Wörtern aufgenommen, die nicht mehr als falsch betrachtet werden. Die rote Kennzeichnung wird entfernt.

→ Mit einem Klick auf *Hinzufügen zum Wörterbuch* lernt Word dieses Wort in der vorgegebenen Schreibweise. Die Kennzeichnung wird entfernt, Word wird dieses Wort nicht mehr als falsch kennzeichnen.

→ Der Befehl *Sprache* führt in ein Untermenü, das die von Ihnen während der Arbeitssitzung mit Word bereits genutzten Sprachen auflistet. Die von Word für das Wort genutzte Sprache hat ein Häkchen. Korrigieren Sie diese Auswahl, falls Word die Sprache falsch bestimmt haben sollte.

→ *Rechtschreibung* führt auf direktem Weg zur komplett durch die Dialogbox gesteuerten Rechtschreibprüfung von der Wortposition an.

→ *AutoKorrektur* bietet Ihnen die Chance, einen der im oberen Teil des Kontextmenüs aufgeführten Vorschläge in die AutoKorrektur-Liste aufzunehmen.

 Um von einem gekennzeichneten Wort zum nächsten zu springen, doppelklicken Sie auf das Symbol Status der Rechtschreibung- und Grammatikprüfung *in der Symbolleiste.*

Über die Dialogbox korrigieren

Schnell ist die Dialogbox für die Prüfung von Rechtschreibung und Grammatik mit der Funktionstaste $\boxed{F7}$ gestartet. Nutzen Sie diese Dialogbox zur Korrektur des Dokuments, sie hat vielfältige Möglichkeiten. Die Rechtschreibprüfung beginnt bei Aufruf der Dialogbox immer an der Schreibmarke und endet nach einem kompletten Durchlauf durch das Dokument auch wieder dort. Ist ein Text markiert, wird nur der markierte Text überprüft.

Alternativen zum Start der Dialogbox sind die Symbolschaltfläche *Rechtschreibung und Grammatik* in der Standard-Symbolleiste, der Befehl *Extras/Rechtschreibung und Grammatik* oder der Befehl *Rechtschreibung* aus dem beschriebenen Kontextmenü.

 Ist das Dokument oder der markierte Textteil nach Ansicht von Word fehlerfrei, erscheint nur eine Meldung, dass die Fehlersuche ohne Treffer abgeschlossen wurde.

Word springt automatisch zum ersten unbekannten Wort und blendet die Dialogbox *Rechtschreibung und Grammatik* ein. Die Titelzeile der Box zeigt die verwendete Sprache. Nach Betätigung einer Schaltfläche in der Dialogbox wird das jeweils nächste unbekannte Wort angezeigt. Außerdem wird die Schaltfläche *Rückgängig* aktiv, mit der Sie den letzten Befehl innerhalb der Dialogbox widerrufen und zur vorherigen Textstelle zurückkehren.

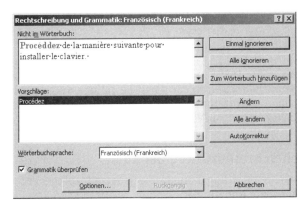

Bild 25.7: Die Dialogbox Rechtschreibung und Grammatik *stellt übersichtlich die Schaltzentrale der Rechtschreibprüfung dar*

→ Im Bereich *Nicht im Wörterbuch* wird das unbekannte Wort rot hervorgehoben und durch Einblenden des Zusammenhangs näher erläutert. Außerdem ist die Fundstelle neben der Dialogbox im normalen Text zu erkennen – ziehen Sie eventuell die Dialogbox ein wenig zur Seite. Im Eingabebereich nehmen Sie die Korrekturen am Text vor, die Sie mit der Schaltfläche *Ändern* bestätigen.

Auch Wortwiederholungen wertet Word als Fehler. Zum Entfernen einer solchen Wortwiederholung klicken Sie die in diesem Fall vorhandene Schaltfläche Löschen *an.*

→ Im Listenfeld *Vorschläge* bietet Word für das hervorgehobene Wort Korrekturvorschläge an – je nach Einstellung für die Rechtschreibprüfung. Sie wählen aus der Liste der Vorschläge einen Eintrag aus und bestätigen ihn durch *Ändern*.

→ Die Schaltfläche *Einmal ignorieren* wählen Sie, wenn das Wort nicht korrigiert werden soll. Word ignoriert diese Fundstelle ab sofort, nicht aber weitere Vorkommen im Text.

→ Mit der Schaltfläche *Alle Ignorieren* sorgen Sie dafür, dass das Wort in diesem Dokument nicht mehr gekennzeichnet wird. Word übernimmt dieses und andere so bestätigte Wörter in eine interne Wortliste, die für jedes Dokument extra angelegt und bei der Rechtschreibprüfung herangezogen wird.

→ Falls Word einen Vorschlag gemacht hat oder Sie selbst ein Wort im Listenfeld *Nicht im Wörterbuch* korrigiert haben, wird die Schaltfläche *Alle ändern* aktiv. Damit weisen Sie Word an, das Wort jetzt und ab der Schreibmarke an allen weiteren Vorkommen innerhalb dieses Dokuments selbst zu ändern. Seien Sie also vorsichtig mit dieser Schaltfläche.

Sie können auch neben der Dialogbox noch Korrekturen vornehmen, indem Sie einfach in den Text klicken. Mit der Schaltfläche Weiter *setzen Sie dann Ihre Korrekturen mit der Dialogbox fort.*

Wie schon im Kontextmenü, so fügt auch in diesem Fall die Schaltfläche *Zum Wörterbuch hinzufügen* das damit bestätigte Wort einem – später noch beschriebenen – Wörterbuch zu. Von nun an haben Sie dieses Wort immer in allen Dokumenten zur Verfügung, wenn Sie das gleiche Wörterbuch verwenden.

Die Rechtschreibprüfung beenden

Die Rechtschreibprüfung können Sie jederzeit abbrechen. Alle bis dahin vorgenommenen Änderungen werden behalten, der Rest des Dokuments bleibt jedoch unkorrigiert. Zum Abbrechen vor der ersten Änderung gibt es die Schaltfläche *Abbrechen*, die sich danach in *Schliessen* umbenennt.

Bild 25.8: Die Rechtschreibprüfung zeigt das Ende ihrer Arbeit selbst an.

 Änderungen im Text, nicht Änderungen an den Wörterbüchern, können Sie nach dem Ende der Rechtschreibprüfung mit dem Befehl Bearbeiten/Rückgängig *schrittweise wieder zurücksetzen.*

25.4 Vorgaben einstellen

Mit dem schon erwähnten Befehl *Extras/Optionen* stellen Sie im Register *Rechtschreibung und Grammatik* im oberen Bereich *Rechtschreibung* einige Vorgaben ein. Damit regulieren Sie den Ablauf und die Geschwindigkeit der Rechtschreibprüfung.

→ Die beiden ersten Kontrollkästchen zum Aktivieren der Rechtschreibprüfung während der Eingabe und zum Ausblenden der Kennzeichnung kennen Sie bereits.

→ Mit dem Kontrollkästchen *Immer Korrekturvorschläge unterbreiten* stellen Sie für die Dialogbox *Rechtschreibung und Grammatik* ein, ob in das Listenfeld *Vorschläge* etwas eingetragen wird – mit dem Kontrollkästchen *Vorschläge nur aus Hauptwörterbuch* werden Benutzerwörterbücher beim Suchen nach Alternativen außen vor gelassen. Eine Deaktivierung beider Kontrollkästchen kann auf langsameren Rechnern die Geschwindigkeit erhöhen, schränkt den Komfort der Rechtschreibprüfung jedoch beträchtlich ein.

→ Mit aktivierten Kontrollkästchen im unteren Teil schließen Sie bestimmte Wörter von der Rechtschreibprüfung aus, solche in Großbuchstaben, mit enthaltenen Zahlen und gegebenenfalls auch Internet- bzw. Dateiadressen.

→ Mit dem Kontrollkästchen *Neue deutsche Rechtschreibung* weisen Sie Word an, für die Prüfung der Rechtschreibung die neuen Schreibweisen als richtig und die alten als falsch zu deklarieren.

→ Die Schaltfläche *Dokument erneut prüfen* setzt die interne Wortliste der zu ignorierenden Wörter, die bei einer Rechtschreibprüfung angelegt wird, wieder zurück und beginnt die Rechtschreibprüfung so, als wäre es für das Dokument das erste Mal. Word wird Sie bei Betätigung dieser Schaltfläche daran erinnern.

Mit dem Befehl Extras/Sprache/Sprache bestimmen *können Sie markierten Textteilen bei Bedarf eine andere Sprache – und damit ein anderes Wörterbuch – zuweisen oder gänzlich von der Rechtschreibprüfung ausschließen.*

25.5 Mit den Wörterbüchern arbeiten

Word »lernt« mit jeder Rechtschreibprüfung neue Wörter hinzu, die es in ein Wörterbuch aufnimmt.

Die Schaltfläche *Benutzerwörterbücher* im Register *Rechtschreibung und Grammatik* liefert den Zugang zu diesen Wörterbüchern – die Dialogbox *Benutzerwörterbücher*. Das bereits erwähnte Hauptwörterbuch bleibt Ihnen verschlossen, es kann nicht verändert werden. Das sichert Ihnen – positiv ausgedrückt – ein intaktes Hauptwörterbuch, das immer die Einstellungen wie bei der Installation von Word aufweist.

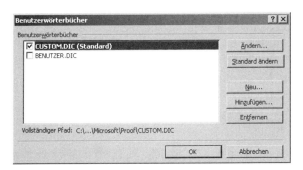

Bild 25.9: Die Dialogbox Benutzerwörterbücher *zeigt vorhandene und aktive Wörterbücher an – das Benutzerwörterbuch ist von Word selbständig angelegt.*

In der Dialogbox können Sie Benutzerwörterbücher aktivieren, erstellen, ändern oder löschen – was immer auch nötig ist. Der Vorteil eigener Wörterbücher ist, dass Sie für jeden Zweck fachspezifische Wörterbücher erstellen und dann in der Dialogbox entscheiden, welche Wörterbücher zur Rechtschreibprüfung herangezogen werden.

Praxistipp: ein neues Wörterbuch erstellen

Bevor Sie ein Benutzerwörterbuch für einen bestimmten Zweck aktivieren, müssen Sie es selbst anlegen.

→ Wählen Sie dazu den Befehl *Extras/Optionen*.

→ Öffnen Sie das Register *Rechtschreibung und Grammatik* und klicken Sie auf die Schaltfläche *Wörterbücher*.

→ In der Dialogbox *Benutzerwörterbücher* klicken Sie auf *Neu*.

→ Word öffnet die Dialogbox *Benutzerwörterbücher erstellen*. Hier benennen Sie Ihr Wörterbuch im Listenfeld *Dateiname*. Mit einem Klick auf *OK* wird das neue Wörterbuch angelegt und die Dialogbox geschlossen.

Danach steht das Wörterbuch für die Aufnahme der neuen Wörter zur Verfügung. Deaktivieren Sie aber dazu das Kontrollkästchen vor den anderen aktivierten Wörterbüchern.

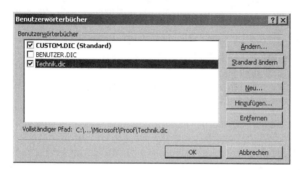

Bild 25.10: *Das neue Wörterbuch steht für die Aufnahme neuer Begriffe bereit.*

Ein Wörterbuch bearbeiten

Es kann von Zeit zu Zeit sehr nützlich sein, die eigenen Wörterbücher nach den darin enthaltenen Wörtern durchzusehen. Es ist nicht ausgeschlossen, dass sich dort nach einiger Zeit eine Menge Datenschrott angesammelt hat.

→ Wählen Sie in der Dialogbox *Benutzerwörterbücher* das gewünschte Wörterbuch und dann die Schaltfläche *Ändern*.

→ Word öffnet das Benutzerwörterbuch in einer speziellen Dialogbox zur Bearbeitung.

→ Bearbeiten Sie das Wörterbuch: Markieren Sie das gewünschte Wort und ändern Sie es im Eingabefeld *Wort*. Nicht mehr benötigte Einträge entfernen Sie mit der Schaltfläche *Löschen*.

→ Schließen Sie die Dialogbox.

25.6 Die Grammatikprüfung

Sie wissen selbst, wie schwer die Grammatik der deutschen Sprache ist – umso höher werden Sie vielleicht die Leistung der Programmierung werten, so etwas überhaupt auf die Beine gebracht zu haben. Die Grammatikprüfung nimmt dabei nicht wie die Rechtschreibprüfung etwa eigenmächtige Änderungen vor, aber mit Hinweisen und Tipps wartet sie schon auf.

So international wie Word daherkommt, sind auch Grammatikprüfungen für andere Sprachen verfügbar. Prüfen Sie den Umfang Ihrer Word-Version.

Die Grammatikprüfung aktivieren

Sie können die Grammatikprüfung während der Eingabe aktivieren oder im Anschluss gemeinsam mit der Rechtschreibprüfung durchführen. Eine alleinige Grammatikprüfung ohne gleichzeitige Rechtschreibprüfung ist jedoch nicht möglich.

Bild 25.11: *Im unteren Teil des Registers* Rechtschreibung und Grammatik *beeinflussen Sie die Grammatikprüfung.*

Wenn Sie die Grammatikprüfung während der Eingabe aktiviert haben, werden verdächtige Stellen durch eine grüne Wellenlinie unterlegt. Was der Grammatikprüfung verdächtig erscheinen soll, können Sie in einer Dialogbox festlegen, die Sie mit der Schaltfläche *Einstellungen* aus dem Register heraus erreichen. (Siehe Bild 25.12)

Genau wie bei der Rechtschreibprüfung können Sie mit dem Kontextmenü nun eine Korrektur dieser Stellen vornehmen.

→ Im oberen Teil des Menüs steht der Korrekturvorschlag.

→ Mit *Einmal ignorieren* übergehen Sie den aktuellen Fundort.

→ *Grammatik* öffnet die Dialogbox *Grammatik*, die erweiterte Varianten bietet, z. B. das Umschalten der Sprache.

Erwarten Sie aber nicht zu viel; trotz der erstaunlichen Qualität der Grammatikprüfung findet Word nicht alle Fehler. Einige der Erklärungen sind in bestimmten Zusammenhängen auch mal etwas verwirrend.

Nutzen Sie den Befehl Informationen zu diesem Satz, *wenn Sie vom Office-Assistenten eine Erläuterung der Grammatikregeln samt sinnvollen Beispielen wünschen.*

Die Lesbarkeitsstatistik

Wenn Sie im Register *Rechtschreibung und Grammatik* das entsprechende Kontrollkästchen aktiviert haben, blendet Word am Ende der Rechtschreib- und Grammatikprüfung mit Hilfe verschiedener Verfahren ermittelte Informationen zum Schwierigkeitsgrad des Dokuments ein. Die Bewertung erfolgt anhand der durchschnittlichen Anzahl von Silben pro Wort sowie der Wörter pro Satz.

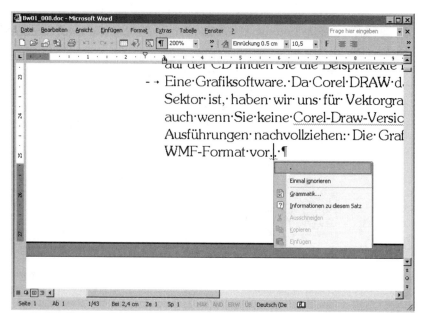

Bild 25.12: Kontextmenü eines Grammatikfehlers: Hier stehen zwei Punkte hintereinander am Satzende.

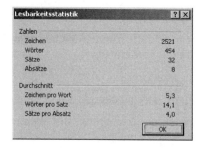

Bild 25.13: Lesbarkeitsstatistik der Grammatikprüfung

25.7 Die Silbentrennung

Word führt am Ende einer Zeile einen selbständigen Zeilenumbruch durch. Je nach gewählter Absatzformatierung entstehen bei linksbündiger Ausrichtung stark flatternde Ränder. Wenn Sie dieses Problem durch einen Blocksatz lösen wollen, haben Sie zwar glatte Ränder auf beiden Seiten, jedoch führt der Blocksatz hin und wieder zu großen Lücken im Text, da Word die regelmäßigen Ränder durch Dehnung der Wortzwischenräume erzeugt. Es bleibt Ihnen zur Verbesserung der Optik nur eines, Sie müssen die Wörter selbst trennen oder Word damit beauftragen.

Sie können die Silbentrennung schon bei der Texteingabe oder bei den nachträglichen Korrekturen selbst vornehmen und auf jede Funktion von Word für die Silbentrennung verzichten. Fügen Sie an den Textstellen, an

denen Sie es für nötig halten, zur Trennung mit Strg + - einen bedingten Trennstrich in das Wort ein. Das Wort wird nun dort getrennt, natürlich nur, wenn es am rechten Seitenrand steht. Bedingte Trennstriche
gehören zu den nicht druckbaren Formatierungszeichen; sie werden nur
auf dem Bildschirm sichtbar, wenn die entsprechende Anzeige aktiviert ist.
Ist diese Ansicht nicht eingestellt, tauchen sie auf dem Bildschirm nur auf,
wenn es nötig wird – am Zeilenende als Trennzeichen. Gedruckt werden sie
ebenfalls nur am Zeilenende.

Die automatische Silbentrennung

Die einfachste und schnellste Variante ist, die Silbentrennung Word zu
überlassen. Die in Word integrierte automatische Silbentrennung funktioniert recht gut. Haben Sie die automatische Silbentrennung für ein Dokument aktiviert, überprüft Word bei jeder Eingabe von Text die Silbentrennung und führt sie sofort durch.

So schalten Sie die automatische Silbentrennung ein:

→ Wählen Sie den Befehl *Extras/Sprache/Silbentrennung*.

→ Aktivieren Sie das Kontrollkästchen *Automatische Silbentrennung*.

→ Nehmen Sie Änderungen in der Dialogbox vor, die Sie mit *OK* bestätigen.

Bild 25.14: In der Dialogbox Silbentrennung *wird die automatische Silbentrennung mit einigen*
Einstellungen aktiviert.

In der Dialogbox *Silbentrennung* nehmen Sie einige wichtige Voreinstellungen vor:

→ Mit dem Kontrollkästchen *Wörter in Grossbuchstaben trennen* schließen
  Sie solche Wörter von der Silbentrennung aus. Bei der automatischen
  Silbentrennung ist die Deaktivierung dieses Kontrollkästchens zu emp-
  fehlen.

→ Im Listenfeld *Silbentrennzone* bestimmen Sie für linksbündig angeordnete Absätze die Entfernung vom rechten Rand, innerhalb derer die
  Wörter getrennt werden. Word trennt Wörter, die diese Silbentrennzone überschreiten. Eine schmale Trennzone erhöht die Anzahl der
  getrennten Wörter, gleicht den rechten Rand aber besser aus als die
  Einstellung eines größeren Werts.

→ Im Listenfeld *Aufeinanderfolgende Trennstriche* können Sie festlegen,
  wie viele aufeinander folgende Zeilen nacheinander am Ende einen
  Trennstrich haben dürfen. Die Voreinstellung erlaubt eine unbegrenzte
  Anzahl solcher Zeilen.

→ Nach Aktivierung des Kontrollkästchens *Automatische Silbentrennung* und Bestätigung der Dialogbox beginnt Word sofort im Hintergrund mit der automatischen Silbentrennung.

Ergebnis der automatischen Silbentrennung

Die von Word erzeugte Fehlerquote bei der automatischen Silbentrennung ist gering, Word arbeitet jedoch nicht fehlerfrei. Das Programm kann nur nach formalen Gesichtspunkten trennen. Dabei tauchen Trennfehler relativ selten auf, unschöne Trennstellen sind wesentlich häufiger. Daher werden Sie nicht daran vorbeikommen, den Text auf korrekte Trennung zu kontrollieren.

 Schalten Sie zur Überprüfung der automatischen Silbentrennung die Ansicht der nicht druckbaren Formatierungszeichen ein.

Um ein Wort an einer anderen als der von Word auserkorenen Stelle zu trennen, fügen Sie an einer Trennstelle vor dem automatischen Trennstrich im Wort einen bedingten Trennstrich ein. Nachdem Sie die Schreibmarke kurzzeitig in einen anderen Absatz gesetzt hatten, um Word die Möglichkeit zum automatischen Trennen zu geben, entfernen Sie den automatischen Trennstrich.

Um ein Wort gänzlich von der automatischen Trennung auszuschließen, können Sie es nur mit dem Befehl *Extras/Sprache/Sprache bestimmen* und der Auswahl *Rechtschreibung und Grammatik nicht prüfen* von jeder Überprüfung ausschließen. Das verhindert auch eine Rechtschreibprüfung, hilft allerdings bei der Silbentrennung ungemein.

Bild 25.15: In der Dialogbox Sprache *können Sie einzelne Wörter von jeder Überprüfung ausschließen. Damit wird das Wort auch nicht mehr automatisch getrennt.*

 Um die Trennung von Wörtern an Bindestrichen zu verhindern, ersetzen Sie den normalen Bindestrich durch den mit Strg+Shift+- *erzeugten geschützten Bindestrich. Dann wird ein zum Wort gehörender Bindestrich als ebensolcher betrachtet und nie als Trennstrich verwendet.*

Absätze von der automatischen Silbentrennung ausschließen

Word trennt bei eingestellter Automatik gnadenlos alles, was in die Silbentrennzone gelangt – auch Überschriften. Zumindest dieses Problem ist aber ohne größere Schwierigkeiten zu beheben.

→ Markieren Sie den oder die Absätze, die Sie von der automatischen Silbentrennung ausschließen wollen.

→ Mit dem Befehl *Format/Absatz* aktivieren Sie im Register *Zeilen- und Seitenumbruch* der Dialogbox *Absatz* das Kontrollkästchen *Keine Silbentrennung*.

→ Bestätigen Sie die Dialogbox mit *OK*.

Damit sind die Absätze von der automatischen Silbentrennung ausgeschlossen und können nun bei Bedarf von Hand getrennt werden.

 Integrieren Sie diese Einstellung in die Formatvorlagen für Überschriften oder andere besondere Absätze.

Die unterstützte Silbentrennung

Die nun beschriebene Art der Silbentrennung ist eine Kombination aus der von Word bereitgestellten Automatik und einer von Hand erstellten Trennung. Wählen Sie diese Variante, um Word die Silbentrennung nicht allein zu überlassen. Sie können diese Methode auf einen ganzen Text oder nur auf einen markierten Textteil anwenden.

 Mit der beschriebenen Methode fügen Sie in ausgewählte Wörter lediglich bedingte Trennstriche ein. Ändern Sie danach den Text, müssen Sie die Trennung zumindest für die betroffenen Absätze wiederholen, da Word nunmehr nicht automatisch arbeitet.

→ Markieren Sie einen Textteil, bevor Sie mit dem Befehl *Extras/Sprache/Silbentrennung* die Dialogbox *Silbentrennung* aktivieren.

→ Deaktivieren Sie in der Dialogbox das Kontrollkästchen *Automatische Silbentrennung*.

→ Nehmen Sie noch andere Einstellungen in der Dialogbox vor, wie sie schon beschrieben wurden.

→ Betätigen Sie die Schaltfläche *Manuell*.

Word schaltet nun bei Bedarf in die Ansicht *Seitenlayout* um und beginnt, Ihnen in der Dialogbox *Manuelle Silbentrennung* die Wörter zu präsentieren, die es gern trennen würde.

Bild 25.16: Word möchte das Wort trennen und bittet mit der Dialogbox Manuelle Silbentrennung *um Bestätigung.*

Im Eingabefeld *Trennvorschlag* bietet Word Ihnen z.B. das Wort *behandeln* zur Bearbeitung an. Die Schreibmarke blinkt an der von Word bevorzugten Stelle, ein senkrechter grauer Strich rechts davon zeigt die Stelle an, bis zu der das Wort noch in die Zeile passt.

Um einen eigenen Trennvorschlag zu machen, setzen Sie die Schreibmarke mit der Maus oder den Richtungstasten an die gewünschte Stelle. Sie beenden die Dialogbox *Manuelle Trennung* mit *Ja*, *Nein* oder *Abbrechen*:

→ *Abbrechen* beendet die manuelle Silbentrennung, ohne den letzten Vorschlag zu übernehmen. Alle bis dahin vorgenommenen Trennungen bleiben jedoch erhalten.

→ Mit der Schaltfläche *Ja* weisen Sie Word an, die Trennung an der im Eingabefeld eingestellten Schreibmarke vorzunehmen. Word nimmt dann die Trennung vor und bietet das nächste Wort zur Trennung an.

→ Mit der Schaltfläche *Nein* weisen Sie Word an, keine Trennung des Wortes vorzunehmen. Word bietet sofort das nächste Wort zur Trennung an.

Wiederholen Sie den beschriebenen Vorgang, bis Word Ihnen durch eine Meldung des Office-Assistenten oder eine Dialogbox das Ende der Silbentrennung anzeigt.

 Wenn Sie wissen wollen, wie Word ein Wort trennen würde, können Sie auch ein einzelnes Wort markieren und dann die Schaltfläche Manuell *in der Dialogbox* Silbentrennung *betätigen. Unabhängig von der Stellung des Wortes zeigt Word nun seine Trennvorschläge an. Mit der Schaltfläche* Ja *fügen Sie in diesem Fall einen bedingten Trennstrich in das Wort ein.*

25.8 Der Thesaurus liefert Ersatzwörter

Wenn Sie beim Lesen eines eigenen Dokuments plötzlich feststellen, dass sich einige Wörter ständig wiederholen, dann suchen Sie einen Ersatz dafür. Der Thesaurus bietet in vielen Fällen Synonyme an und kann diese auch gleich anstelle des Ursprungsworts in den Text einfügen.

Der Thesaurus ist ein Hilfsprogramm, das für Wörter so genannte Synonyme findet. Synonyme sind sinnverwandte Wörter. Damit hilft der Thesaurus genau beim beschriebenen Problem – er findet ein Ersatzwort für Wörter im Text, die in Ihren Augen zu häufig darin vorkommen. Sie müssen den Thesaurus aber dazu auffordern.

Der Aufruf des Thesaurus erfolgt über den Befehl *Extras/Sprache/Thesaurus* oder mit der Tastenkombination `Shift`+`F7`.

Um den Thesaurus einzusetzen, sind z.B. folgende Schritte möglich:

→ Markieren Sie ein Wort im Text – setzen Sie dazu einfach den Mauszeiger in das Wort, z.B. in das Wort *Zeitung*.

→ Rufen Sie mit `Shift`+`F7` den Thesaurus auf.

→ Im Listenfeld *Bedeutungen* setzen Sie nun die Maus auf eine Erklärung, die Ihren Vorstellungen nahe kommt.

→ Wählen Sie auf der rechten Seite der Dialogbox das Wort aus, mit dem Sie das markierte Wort im Text ersetzen wollen, z.B. *Anzeiger*.

→ Ein Klick auf die Schaltfläche *Ersetzen* fügt *Anzeiger* anstelle von *Zeitung* in den Text ein.

Bevor Sie das Wort ersetzen, können Sie im Eingabefeld Ersetzen durch Synonym *manuelle Änderungen vornehmen, z.B. um das Wort an die Textumgebung anzupassen.*

Bild 25.17: Die Dialogbox Thesaurus: Deutsch (Deutschland) *enthält Synonyme – hier für das Wort Zeitung.*

Hatten Sie kein Wort markiert, öffnet der Thesaurus nach ⟨Shift⟩+⟨F7⟩ die Dialogbox mit leeren Eingabefeldern. Geben Sie dann das Wort ein und wählen Sie die Schaltfläche *Nachschlagen*. Haben Sie ein Wort in der Dialogbox ausgewählt, das Ihren Vorstellungen entspricht, setzen Sie es mit der Schaltfläche *Einfügen* an der Schreibmarke ein oder beenden Sie den Thesaurus mit *Abbrechen*.

Wenn sich der Thesaurus mit Pluralbegriffen etwas schwer tut, sollten Sie die Singularversion der gesuchten Begriffe zum Nachschlagen verwenden.

Wenn Sie während des Schreibens den Weg über die Dialogbox *Thesaurus* scheuen, Word bietet noch eine weitere Variante an: Klicken Sie mit der rechten Maustaste auf das Wort, für das Sie eine Entsprechung suchen. Im Kontextmenü des Wortes finden Sie den Befehl *Synonyme*. Sobald Sie den Befehl öffnen, zeigt Word in einem Untermenü die verfügbaren Synonyme – ein Klick darauf ersetzt das Wort.

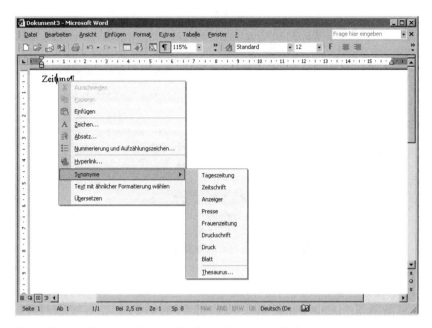

Bild 25.18: Nutzen Sie das Kontextmenü, um schnell ein Synonym zu finden.

26 Rechnen im Text

Word ist in der Lage, markierte Textteile mit mathematischen Funktionen auszuwerten. Wenn Sie nicht mehr selbst rechnen möchten, sollten Sie sich dieses Kapitel ansehen.

Ein Beispiel: einen Befehl in Menü und Symbolleiste aufnehmen

Für die schnelle Berechnung von mathematischen Ausdrücken in Markierungen bietet Word einen Befehl, der nicht im Menü untergebracht oder durch eine Tastenkombination aktivierbar ist. Das Beispiel zeigt die Aufnahme des Befehls *Extras/Berechnen* in das Menü sowie die Zuweisung der Tastenkombination Alt+F2 zur Aktivierung. Die Arbeitsweise lässt sich auf andere Befehle analog übertragen.

→ Öffnen Sie mit dem Befehl *Extras/Anpassen* die Dialogbox *Anpassen*.

→ Klicken Sie auf das Register *Befehle*.

→ Wählen Sie die Kategorie *Extras* und im Listenfeld *Befehle* den Befehl *Extras Berechnen*.

Bild 26.1: Die Dialogbox Anpassen *mit dem gewählten Befehl.*

→ Betätigen Sie die Schaltfläche *Tastatur*. Im Listenfeld *Kategorien* wählen Sie die Kategorie *Alle Befehle*, im Listenfeld *Befehle* suchen Sie den Befehl *Extras Berechnen*.

→ Setzen Sie nun die Schreibmarke in das Eingabefeld *Neue Tastenkombination drücken* und betätigen Sie die Tastenkombination Alt+F2; sie wird in das Eingabefeld übernommen. Gleichzeitig erhalten Sie eine Information, dass diese Tastenkombination bisher noch nicht vergeben ist.

→ Bestätigen Sie die Auswahl mit der Schaltfläche *Zuordnen*.

→ Klicken Sie auf *Schliessen*, wenn Sie nicht gleich noch andere Befehle zuordnen möchten. Word kehrt zur Dialogbox *Anpassen* zurück.

 Wenn Sie die Bezeichnung im Menü ändern wollen, können Sie das mit der Schaltfläche Auswahl ändern *tun.*

→ Ziehen Sie nun den Befehl aus dem *Bereich Befehle* mit gehaltener linker Maustaste in das Menü *Tabelle* unter den dort vorhandenen Befehl *Formel*, der ebenfalls für das Rechnen im Text Verwendung finden kann. Wenn Sie die Maustaste loslassen, ordnet sich der Befehl im Menü ein.

→ Sie können die Dialogbox auch gleich nutzen, um den Befehl als Symbolschaltfläche in der Standard-Symbolleiste abzulegen. Ziehen Sie ihn dazu mit der Maus über die Standard-Symbolleiste. Lassen Sie die Maustaste an der gewünschten Stelle los, die Symbolschaltfläche *Extras berechnen* ordnet sich ein.

→ Beenden Sie die Arbeit mit der Dialogbox durch die Schaltfläche *Schliessen*.

 Einen Menüeintrag können Sie entfernen, wenn Sie den Befehl Extras/ Anpassen *wählen und dann den unerwünschten Menüeintrag aus dem Menü herausziehen.*

→ Wenn Sie zu einer anderen Symbolleiste eine Symbolschaltfläche hinzufügen wollen, müssen Sie diese vorher im Register *Symbolleisten* aktivieren. Mit der Schaltfläche *Neu* können Sie eine eigene Symbolleiste erstellen.

→ Um eine Symbolschaltfläche zu entfernen, wählen Sie *Extras/Anpassen*. In diesem Modus erfassen Sie die Symbolschaltfläche mit der Maus und ziehen sie aus der Leiste.

Berechnen

Der neu gewonnene Befehl wertet Markierungen mathematisch aus und zeigt das Ergebnis seiner Berechnung in der Statusleiste an. Gleichzeitig stellt er das Ergebnis der Berechnung in der Zwischenablage zur Verfügung, so dass Sie es mit den bekannten Methoden an einer beliebigen Stelle einfügen können.

→ Schreiben Sie in das Dokument z.B. den mathematischen Ausdruck 1234*16%.

→ Markieren Sie den Ausdruck und betätigen Sie die Tastenkombination $\boxed{\text{Alt}}$+$\boxed{\text{F2}}$ – vorausgesetzt, Sie haben das Beispiel nachvollzogen.

→ Word zeigt das Ergebnis der Berechnung 197,44 in der Statusleiste an und legt es in der Zwischenablage ab.

→ Setzen Sie die Schreibmarke an eine beliebige Stelle des Dokuments und fügen Sie das Ergebnis ein. Effektiv arbeiten Sie auch, wenn Sie die bestehende Markierung mit dem Ergebnis der Berechnung überschreiben.

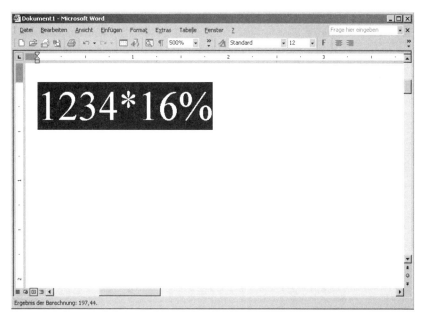

Bild 26.2: Eine schnelle Berechnung

 Bedenken Sie, dass durch dieses Verfahren der Inhalt der Windows-Zwischen-ablage überschrieben wird. Im Aufgabenbereich Zwischenablage *taucht das Ergebnis dagegen nicht auf.*

Praxistipp: Textspalten schnell summieren

Der Befehl eignet sich besonders gut zum Addieren von Textspalten, die nicht in einer Tabelle stehen, wie Sie im folgenden Beispiel nachvollziehen können. Die Beispieldatei enthält für Demonstrationszwecke eine Tabelle, die mit Tabstopps ausgerichtet ist, um gleichzeitig mit dem Berechnen das Markieren eines Spaltenbereichs zu demonstrieren.

→ Setzen Sie die Schreibmarke unter die Zahl 1.730,47 in der vorletzten Zeile.

→ Drücken Sie die Alt-Taste, um für die Markierung mit der Maus den Spaltenmodus einzuschalten. Ziehen Sie die Markierung mit der Maus so, dass alle Zahlen erfasst sind, und betätigen Sie die Tastenkombina-tion Alt+F2 – vorausgesetzt, Sie haben das Beispiel nachvollzogen.

→ Word zeigt das Ergebnis der Berechnung 4.942,11 in der Statusleiste an und legt es in der Zwischenablage ab.

→ Setzen Sie die Schreibmarke unter die Zahlen und fügen Sie das Ergeb-nis z.B. mit Strg+V ein.

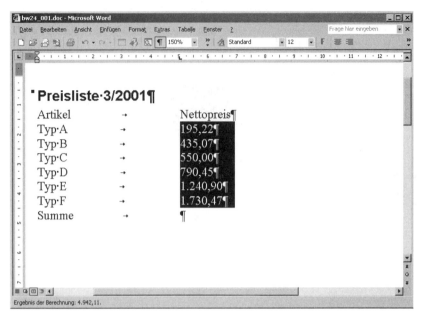

Bild 26.3: Die Zahlen sind im Spaltenmodus markiert und die Berechnung ist vorgenommen – das Ergebnis steht in der Statusleiste.

Für Berechnungen im Text steht Ihnen auch der Befehl Tabelle/Formel *zur Verfügung, der aber erst bei Verwendung von Textmarken richtig Sinn ergibt. Lesen Sie deshalb das Kapitel 42, »Textmarken«.*

Word intern

Neben den grundlegenden Werkzeugen finden Sie in Word eine Reihe von Tools und Einstellungen für weiterführende Aufgabenstellungen. In diesem Teil finden Sie Hilfen für die individuelle Anpassung von Word, Teamfunktionen, Hilfen für umfangreiche Dokumente und Grundlegendes zur Arbeit mit Makros und dem Internet.

27 Word personalisieren

Ob Sie die Dateiablage ändern, die Angaben zu Ihrer Person korrigieren oder die Ansichten von Word anpassen wollen: Auf die meisten Programmeigenschaften können Sie Einfluss nehmen und durch optimale Voreinstellungen Zeit sparen.

27.1 Allgemeine Einstellungen von Word

Um auf die allgemeinen Einstellungen von Word Einfluss zu nehmen, wählen Sie den Befehl *Extras/Optionen* und klicken auf das Register *Allgemein*.

In diesem Register der Dialogbox *Optionen* legen Sie das Verhalten von Word in Funktionen fest, die das gesamte Programm betreffen. Mit allgemeinen Einstellungen beeinflussen Sie z.B. das Erscheinungsbild und die Reaktion ausgeführter Funktionen.

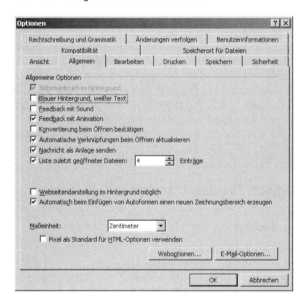

Bild 27.1: Das Register Allgemein *zum Einrichten einiger Grundeinstellungen von Word*

Grundeinstellungen

Für das Menü *Datei* legen Sie mit dem Kontrollkästchen *Liste zuletzt geöffneter Dateien* fest, ob dort ein Schnellstart von Dokumenten möglich sein soll. Sobald Sie das Kontrollkästchen aktiviert und im Listenfeld *Einträge* eine Zahl zwischen eins und neun eingestellt haben, zeigt Word die Namen der zuletzt geöffneten Dokumente im unteren Bereich des Datei-Menüs an. Ein Klick auf einen dieser Einträge öffnet das angegebene Dokument sofort ohne langes Suchen. Die Liste wird während einer Arbeitssitzung mit Word ständig aktualisiert, so dass die zuletzt geöffnete Datei immer an erster Stelle steht.

Schneller als mit der Maus kommen Sie über die Tastatur zum Ziel: Geben Sie `Alt`+`D` *ein, um das Datei-Menü zu öffnen. Vor den Einträgen der zuletzt geöffneten Dokumente stehen Ziffern – durch die Eingabe einer dieser Ziffern wird das angegebene Dokument ebenfalls geladen. So lädt* `Alt`+`D`, `2` *das zweite Dokument in der Liste.*

Mit dem Listenfeld *Masseinheit* im unteren Teil des Registers stellen Sie die von Word verwendete Maßeinheit ein. Diese Einstellung gilt für die Anzeigen in Linealen und für die Maßeinheiten in Dialogboxen. Wenn Sie z.B. die Maßeinheit *Zentimeter* als Standard verwenden, zeigt Word im Lineal die Teilung in Zentimetern; auch die Festlegung von Tabstopps erfolgt dann in dieser Maßeinheit.

Zur Auswahl stehen die Maßeinheiten *Zentimeter, Millimeter, Zoll, Punkt* und *Pica.*

Mit dem Kontrollkästchen Pixel als Standard für HTML-Optionen verwenden *setzen Sie in allen Dialogboxen die verwendete Standardmaßeinheit auf Pixel.*

Ebenfalls von entscheidender Bedeutung für die Funktionalität von Word ist das Kontrollkästchen *Automatisch beim Einfügen von AutoFormen einen neuen Zeichnungsbereich erstellen.* Wenn Sie dieses Kontrollkästchen deaktivieren, dann steht in den Dokumenten zunächst jede AutoForm einschließlich der Textfelder für sich. Sie erzeugen den Zusammenhang zwischen den Formen später durch Gruppieren. Alternativ erzeugt Word beim Einfügen einer AutoForm automatisch zunächst einen Container für mehrere Zeichnungselemente, den Zeichnungsbereich. Alle AutoFormen finden darin ihren Platz. Welches der Verfahren Sie bevorzugen, müssen Sie in der Praxis selbst herausfinden.

Einstellungen für den Umgang mit Dokumenten

Einige Einstellungen im Register *Allgemein* weisen Word an, wie unter bestimmten Bedingungen mit Dokumenten umzugehen ist.

→ *Seitenumbruch im Hintergrund*
   Mit der Aktivierung dieses Kontrollkästchens legen Sie fest, dass Word die Seiten eines Dokuments während der Bearbeitung im Hintergrund automatisch neu umbricht. In den Ansichten *Seitenlayout* und *Weblayout* kann dieses Kontrollkästchen nicht deaktiviert werden.

Deaktivieren Sie das Kontrollkästchen nur, wenn der Seitenumbruch im Hintergrund negativen Einfluss auf die Arbeitsgeschwindigkeit Ihres Rechners hat.

→ *Automatische Verknüpfungen beim Öffnen aktualisieren*
   Wenn Sie in Ihrem Dokument Inhalte aus anderen Dateien einbezogen haben, können Sie mit der Aktivierung dieses Kontrollkästchens festlegen, dass Word bei jedem Öffnen eines Dokuments automatisch alle Informationen aus den anderen Dateien aktualisiert.

→ *Nachricht als Anlage senden*
Mit diesem Kontrollkästchen legen Sie die Behandlung des aktuell geöffneten Dokuments beim Versenden einer E-Mail über *Datei/Senden an* fest. Deaktivieren Sie dieses Kontrollkästchen, wenn der Inhalt des aktuellen Dokuments als E-Mail gesendet und nicht als Anlage hinzugefügt werden soll.

→ *Konvertierung beim Öffnen bestätigen*
Falls Sie häufiger mit Dokumenten arbeiten, die mit anderen Anwendungen erstellt wurden, ist eine Aktivierung dieses Kontrollkästchens empfehlenswert. Beim Öffnen einer Datei mit einem anderen Dateiformat muss ein Konvertierungsprogramm ausgeführt werden. Bei deaktiviertem Kontrollkästchen wählt Word automatisch ein Konvertierungsprogramm aus und öffnet das Dokument. Diese Automatik kann aber in Einzelfällen zu Programmabstürzen führen. Aktivieren Sie dieses Kontrollkästchen, um das von Word zum Öffnen einer Datei verwendete Konvertierungsprogramm zu kontrollieren, auszuwählen oder den Vorgang abzubrechen.

Bild 27.2: Mit der Dialogbox Datei konvertieren *fragt Word beim Öffnen einer Datei mit einem anderen Dateityp vorsichtshalber nach, wenn das Kontrollkästchen* Konvertierungen beim Öffnen bestätigen *aktiviert ist.*

Einstellungen für Individualisten

Einige im Register *Allgemein* mögliche Einstellungen sind als Ergänzung der normalen Funktionen zu sehen. Mit anderen erweitern Sie die multimedialen Fähigkeiten von Word.

→ Vermutlich für solche Veteranen der Textverarbeitung wie die Autoren gedacht, die sich aus historischen Gründen an eine andere Farbeinstellung ihres Textverarbeitungsprogramms erinnern, ist das Kontrollkästchen *Blauer Hintergrund, weisser Text*. Aktivieren Sie dieses Kontrollkästchen, zeigt sich der Text weiß auf blauem Hintergrund.

→ Falls Ihnen Word zu lautlos ans Werk geht, können Sie mit einem Klick auf das Kontrollkästchen *Feedback mit Sound* verschiedene Klänge aktivieren. So wird z.B. beim Verschieben, Kopieren, Einfügen oder beim Löschen von Text ein Signalton ausgegeben. Voraussetzung dafür ist allerdings, dass Sie die Office-Klänge auf Ihrem System installiert haben und über eine Sound-Karte verfügen.

Um den Signalton eines Ereignisses zu ändern, öffnen Sie mit Start/Einstellungen/Systemsteuerung *die Dialogbox* Akustische Signale *und nehmen unter* Microsoft Office *die entsprechenden Änderungen vor.*

→ Mit aktiviertem Kontrollkästchen *Feedback mit Animation* wird die Benutzeroberfläche ein wenig gefälliger. So veranlassen Sie Word z.B. dazu, einige Fenster und Menüs in einer fließenden Bewegung zu öffnen.

Wenn Sie Word als Bestandteil von Office benutzen, haben die Einstellungen für Feedback mit Sound *und* Feedback mit Animation *Auswirkungen auf alle Office-Anwendungen.*

27.2 Die Textansichten einstellen

Regiezentrale für die Einstellung der Textansichten ist das Register *Ansicht* der Dialogbox *Optionen*. Das Register ist in Bereiche für unterschiedliche Ansichten geteilt. Die Mehrzahl der Einstellungsmöglichkeiten ist jedoch für alle Ansichtsarten gleich.

Einstellungen in allen Ansichten

Falls Sie Kommentare eingegeben haben oder Änderungen anderer Bearbeiter in Ihrem Dokument enthalten sind, dann können Sie sich diese Kommentare oder Änderungen in gelben Feldern auf dem Bildschirm anzeigen lassen. Sie müssen dazu das Kontrollkästchen *QuickInfo* aktivieren. Wenn Sie danach mit der Maus über eine kommentierte Textstelle streichen, erscheint die QuickInfo.

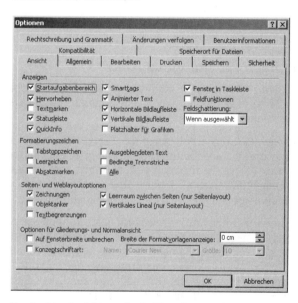

Bild 27.3: Das Register Ansicht *regelt die Einstellungen des Word-Arbeitsbildschirms.*

→ Farbige Hervorhebungen, die Sie mit der Schaltfläche *Hervorheben* erzeugt haben, sehen Sie nur, wenn Sie das Kontrollkästchen *Hervorhebung* aktiviert haben.

→ Soll Word die Textmarken innerhalb Ihres Dokuments anzeigen, so aktivieren Sie dafür das Kontrollkästchen *Textmarken*. Dann werden Textmarken im Dokument in eckigen Klammern angezeigt, jedoch nicht gedruckt.

→ Mit dem Kontrollkästchen *Feldfunktionen* und dem Listenfeld *Feldschattierung* beeinflussen Sie die Anzeige der Feldfunktionen in Ihrem Dokument. Mit dem Kontrollkästchen schalten Sie zwischen dem Ergebnis und der Feldfunktion selbst um.

Lassen Sie das Kontrollkästchen Feldfunktionen *deaktiviert. Um Feldfunktionen anstelle von Felderergebnissen anzuzeigen, gibt es z.B. die Tastenkombination* [Alt]+[F9], *mit der Sie das Gleiche erreichen.*

→ Nützlich ist das Listenfeld *Feldschattierung*. Mit der empfehlenswerten Einstellung *Immer* werden die Feldfunktionen im Text auch bei Anzeige der Ergebnisse im Text grau unterlegt. Das macht Sie auf einfache Weise auf diese besonderen Stellen im Text aufmerksam. Selbstverständlich werden auch diese Markierungen nicht mit ausgedruckt.

→ Mit den Kontrollkästchen im Bereich *Formatierungszeichen* wählen Sie die nichtdruckbaren Zeichen aus, die Sie ständig auf dem Bildschirm sehen wollen. So können Sie z.B. erreichen, dass Word stets die Absatzmarken anzeigt.

→ Im oberen Bereich des Registers können Sie mit den entsprechenden Kontrollkästchen bei Bedarf einzelne Fensterelemente ausblenden. Für die Anzeige der Statusleiste sowie der Bildlaufleisten finden Sie hier die entsprechenden Kontrollkästchen.

Die Ansicht der Lineale steuern Sie differenzierter: Das horizontale Lineal ist mit dem Befehl Ansicht/Lineal *direkt zu beeinflussen. Das nur im Seitenlayout sichtbare vertikale Lineal steuern Sie über das Kontrollkästchen* Vertikales Lineal (Nur Seitenlayout).

Außerdem legen Sie auf dem Register *Ansicht* im Bereich *Anzeigen* der Dialogbox *Extras/Optionen* einige Besonderheiten für die Funktionsweise von Word fest.

→ Das Kontrollkästchen *Startaufgabenbereich* ist dafür verantwortlich, dass beim Start von Word der Aufgabenbereich *Neues Dokument* erscheint.

→ Das Kontrollkästchen *Smarttags* aktiviert die Anzeige der Smarttags.

→ Wenn Sie das Kontrollkästchen *Fenster in Taskleiste* deaktivieren, verliert Word die Eigenschaft, in der Windows-Taskleiste für jedes geöffnete Fenster eine Taskschaltfläche zu zeigen. In diesem Fall erscheint auch bei mehreren geöffneten Fenstern nur eine einzige Taskschaltfläche. Das Umschalten zwischen Fenstern kann nur über das Menü *Fenster* erfolgen.

Besondere Einstellungen für Gliederungs- und Normalansicht

Gliederungs- und Normalansicht dienen vor allem zur schnellen Arbeit an Dokumenten. In beiden Ansichten wird also zumeist wenig Wert auf die Gestaltung der Dokumente, sondern mehr auf Texteingabe oder die Arbeit mit Gliederungen gelegt. Deshalb ist in beiden Ansichten eine besondere Schrift wählbar, die sogenannte *Konzeptschriftart*. Eine Aktivierung des Kontrollkästchens *Konzeptschriftart* zeigt den Text in der angegebenen Schrift, die meisten Zeichenformatierungen unterstrichen bzw. fett an und Grafiken als leere Felder.

 Aktivieren Sie das Kontrollkästchen Konzeptschriftart, *um bei der Arbeit mit umfangreichen Dokumenten die Bildschirmanzeige zu beschleunigen.*

Eine weitere Besonderheit für die Normal- und die Gliederungsansicht ist die Möglichkeit, die verwendeten Formatvorlagen anzeigen zu lassen. Solange Sie natürlich nicht mit Formatvorlagen arbeiten, ist in dieser Spalte nur die Formatvorlage *Standard* zu sehen.

Auf Fensterbreite umbrechen sorgt dafür, dass der Text über der gesamten Breite des Arbeitsbereichs dargestellt wird – unabhängig von den aktuellen Einstellungen für die Seitenränder.

 Aktivieren Sie das Kontrollkästchen Auf Fensterbreite umbrechen, *wenn Sie Fließtext eingeben. Dann haben Sie auch bei heraufgesetztem Zoom ständig den zuletzt eingegebenen Text im Blick, ohne die Bildlaufleiste bemühen zu müssen.*

Besondere Einstellungen für die Ansichten Seiten- und Weblayout

Die Ansichten Seiten- und Weblayout sind die Textansichten, in denen der Text mit den besonderen Gestaltungsmerkmalen angezeigt wird. Damit erscheint der Text so, wie er als Seite im Internet oder wie er gedruckt aussehen würde. Deshalb können für beide Ansichten im Register *Ansicht* der Dialogbox *Optionen* spezielle Einstellungen vorgenommen werden.

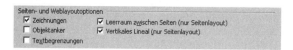

Bild 27.4: Dieser Teil des Registers enthält für die Ansichten Seiten- *und* Weblayout *besondere Einstellungsmöglichkeiten.*

→ Mit dem Kontrollkästchen *Zeichnungen* regeln Sie die Anzeige von Objekten, die mit den Zeichenhilfsmitteln von Word erstellt wurden. Um Zeichnungen auszublenden, deaktivieren Sie dieses Kontrollkästchen. Gleichzeitig können Sie durch Aktivieren des Kontrollkästchens *Platzhalter für Grafiken* einen leeren Rahmen anzeigen lassen. Sie beschleunigen damit den Bildlauf sowie die Anzeige eines Dokuments mit vielen Zeichnungen bzw. Grafiken. Diese Einstellung hat keinen Einfluss auf den Druck der Zeichnungen mit dem Dokument.

→ *Objektanker (Verankerungspunkte)* sind nicht druckbare Zeichen und weisen darauf hin, dass ein Objekt einem bestimmten Absatz zugeordnet ist. Verankerungspunkte sind auch bei aktiviertem Kontrollkästchen nur dann zu sehen, wenn das zugehörige Objekt markiert ist.

→ Um die Lage des Texts oder besonderer Gestaltungselemente zu den Seitenrändern und den Textspalten besser beurteilen zu können, aktivieren Sie mit dem Kontrollkästchen *Textbegrenzungen* gepunktete Linien um Seitenränder, Textspalten und Objekte.

 Wenn Sie mit mehreren Dokumenten gleichzeitig arbeiten, gelten die Einstellungen nur für das aktive Fenster. Deshalb können Sie z.B. im ersten Dokument die Formatvorlagenanzeige aktivieren, während Sie im zweiten Dokument ohne diese Anzeige arbeiten.

27.3 Bearbeitungsfunktionen einstellen

Mit dem Befehl *Extras/Optionen* haben Sie im Register *Bearbeiten* die Möglichkeit, Einfluss auf die Bearbeitungsfunktionen zu nehmen und die Textbearbeitung Ihren Bedürfnissen anzupassen. Einige der Einstellungen in diesem Register beeinflussen das Verhalten von Word bei den Bearbeitungsfunktionen stark und haben so großen Einfluss auf die Arbeit.

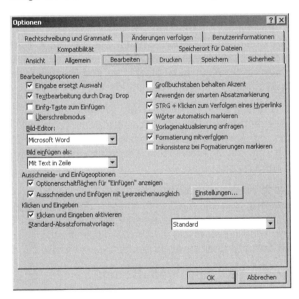

Bild 27.5: Die Standardeinstellung des Registers Bearbeiten.

Bearbeitungsoptionen

Einige wichtige Bearbeitungsfunktionen sind im Bereich der Bearbeitungsoptionen angesiedelt.

→ *Eingabe ersetzt Auswahl*
Wenn dieses Kontrollkästchen aktiviert ist (Standard), werden markierte Textteile automatisch überschrieben, sobald Sie ein neues Zeichen eingeben. Im anderen Fall, bei deaktiviertem Kontrollkästchen, fügt Word den neu eingegebenen Text vor der aktuellen Markierung ein.

→ *Textbearbeitung durch Drag&Drop*
Deaktivieren Sie dieses Kontrollkästchen, um das Verschieben und Kopieren per Drag&Drop auszuschalten.

→ *Einfg-taste zum Einfügen*
Mit dieser Einstellung kürzen Sie das Einfügen von Zwischenablage-Inhalten ab: Bei aktiviertem Kontrollkästchen reicht es aus, die ⌈Einfg⌋-Taste zu benutzen, um den Inhalt der Zwischenablage in das Dokument zu übernehmen.

→ *Überschreibmodus*
Das Kontrollkästchen zum Wechseln zwischen Überschreib- und Einfügemodus ist mit der Standardfunktion der ⌈Einfg⌋-Taste identisch.

→ *Grossbuchstaben behalten Akzent*
Für Texte, denen Sie das Sprachformat *Französisch* zugewiesen haben, stellt Word eine Rechtschreibprüfung zur Verfügung, die mit Akzenten für Großbuchstaben umzugehen versteht. Aktivieren Sie diese Funktion bei Bedarf; sie hat wirklich nur in diesem Zusammenhang eine Bedeutung.

→ *Wörter automatisch markieren*
Mit diesem Kontrollkästchen stellen Sie ein, dass Word automatisch ganze Wörter sowie das nachstehende Leerzeichen markieren soll, wenn Sie mit der Maus beim Markieren von Textteilen am Beginn oder Ende nur einen Teil des Wortes markieren.

→ *STRG + Klicken zum Verfolgen eines Hyperlinks* sorgt dafür, dass Sie beim Bearbeiten von Worddokumenten beim Klicken auf einen Hyperlink die ⌈Strg⌋-Taste drücken müssen. Ein einfacher Klick dient zur Bearbeitung. Bei deaktiviertem Kontrollkästchen kehren Sie das Verhalten um.

Wenn Sie Word als Bestandteil von Office erworben haben, können Sie im Listenfeld Bildeditor aus der Liste ein anderes Programm wählen, das Word zum Bearbeiten von Pixelgrafiken verwenden soll – den Microsoft Photo Editor. Auch wenn Sie noch ein anderes Programm zum Bearbeiten hätten, eine andere Auswahl über dieses Listenfeld lässt Microsoft nicht zu.

Ausschneide- und Einfügeoptionen

Der Bereich ist von zwei Kontrollkästchen geprägt und bietet eine Schaltfläche für Feineinstellungen.

→ *Ausschneiden und Einfügen mit Leerzeichenausgleich*
Auch beim Ausschneiden und Einfügen von Text unterstützt Sie Word. Das bei der Installation von Word automatisch aktivierte Kontrollkästchen entfernt beim Löschen von Text überflüssige Leerzeichen bzw.

ergänzt beim Einfügen aus der Zwischenablage den Text mit den notwendigen Leerzeichen. Damit ist gewährleistet, dass Wortabstände auch nach dem Einfügen oder Ausschneiden erhalten bleiben. Das gleiche Kontrollkästchen verhindert aber auch, dass Sie den Inhalt der Zwischenablage an ein Wort als Teil des Wortes anhängen können – es wird ein Leerzeichen dazwischen gesetzt. Dabei bietet die nebenstehende Schaltfläche *Einstellungen* die Wahl, weitere Details zu regeln.

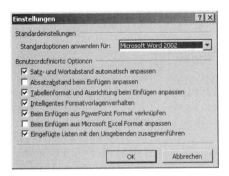

Bild 27.6: *Beim Ausschneiden und Einfügen mit Leerzeichenausgleich lassen sich weitere Details bestimmen.*

→ Mit dem Kontrollkästchen *Optionenschaltfläche für »Einfügen« anzeigen* können Sie das Erscheinen der Optionenschaltfläche bei Zwischenablage-Operationen ausschalten.

Vorgaben für Formatvorlagen

Bei den Bearbeitungsoptionen finden Sie wichtige Vorgaben für das Verhalten von Word im Umgang mit Formatvorlagen.

→ *Anwendung der smarten Absatzmarkierung*
Diese Option bestimmt, ob beim Markieren eines ganzen Absatzes die Absatzmarke integriert wird oder nicht. Diese Einstellung ist vor allem für das Übertragen bzw. Entfernen der in der Absatzmarke enthaltenen Formatierungen von Bedeutung.

→ *Vorlagenaktualisierung anfragen*
Das deaktivierte Kontrollkästchen verhindert, dass Word beim manuellen Verändern einer Formatvorlage und nachfolgender erneuter Zuweisung an den selben Absatz mit einer Dialogbox nachfragt, ob die Änderungen für alle Formatvorlagen übernommen oder für den aktuellen Absatz verworfen werden.

→ *Formatierung mitverfolgen*
Diese Option erlaubt dem Programm, Veränderungen zu analysieren und für die erneute Verwendung zu speichern.

→ *Inkonsistenz bei Formatierungen markieren*
Word erzeugt eine blaue Wellenlinie unter den Textpassagen, die direkt formatiert sind, d.h. in ihrer Formatierung vom Standard der Formatvorlage abweichen.

27.4 Weitere Einstellungsmöglichkeiten

Eine Reihe weiterer Register der Dialogbox *Optionen* stellen nützliche Funktionen für die individuelle Einstellung von Word zur Verfügung. Die Voreinstellungen für den Benutzer und die Gestaltung der Dateiablage erleichtern die tägliche Arbeit mit Word beträchtlich.

 Einstellungen der in diesem Kapitel nicht erwähnten Register sind im Kontext der zugehörigen Funktionen beschrieben.

Die Benutzerinformationen

Mit dem Befehl *Extras/Optionen* teilen Sie Word im Register *Benutzerinformationen* mit, welche Grundeinstellungen es in den Funktionen verwenden soll, in denen es auf den Word-Benutzer zurückgreift. Ändern Sie hier die Angaben, wird das nächste neue Dokument bei den Angaben zum Autor in den Datei-Eigenschaften den Eintrag aus diesem Register holen. Außerdem wird der Name auf Briefen und Umschlägen, zum Verfolgen von Änderungen und zum Kennzeichnen der in ein Dokument eingefügten Anmerkungen verwendet.

Die im gleichnamigen Eingabefeld eingetragenen Initialen werden für Kommentarzeichen sowie für verschiedene vordefinierte Brief- und Memoelemente verwendet. Im Eingabefeld *Adresse* geben Sie die Adresse ein, die als Absenderadresse für Umschläge und Briefe verwendet wird.

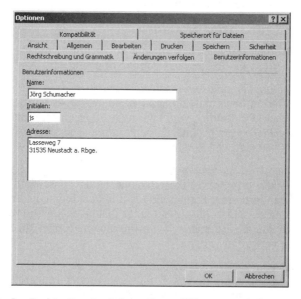

Bild 27.7: Das Register Benutzerinformationen *hilft, automatische Vorgänge in Word mit den nötigen Informationen auszurüsten.*

Die Dateiablage festlegen

Word verwendet seit der Installation auf Ihrem Rechner einige Standard-ordner, um Dokumente zu speichern oder für besondere Einstellungen. Als Standard ist z.B. festgelegt, dass die Dokumente im Ordner *C:\Eigene Dateien* abgelegt werden. Deshalb wird Ihnen dieser Ordner auch beim erst-maligen Aufruf von Word in der Dialogbox *Öffnen* angezeigt.

Nach dem Aufruf der Dialogbox *Optionen* mit dem Befehl *Extras/Optionen* haben Sie im Register *Speicherort für Dateien* Zugriff auf diese Einstellun-gen.

Unter *Dateityp* werden der standardmäßige Speicherort sowie der Suchpfad für Dokumente, Vorlagen und andere Elemente aufgelistet, die in Word erstellt oder verwendet werden. Um einen neuen Standardspeicherort fest-zulegen, klicken Sie zunächst auf das zu ändernde Element und dann auf die Schaltfläche *ändern*.

Praxistipp: Die Dateiablage ändern

Gerade für die Arbeit mit eigenen Dokumentvorlagen kann es vorteilhaft sein, diese in einem Bereich unterzubringen, der standardmäßig von einer Datensicherung erfasst wird. Die mitgelieferten Dokumentvorlagen von Word können Sie jederzeit bei Datenverlust von der Word-CD reaktivieren. Eigene Vorlagen könnten jedoch verloren gehen.

Innerhalb von Netzwerken können Arbeitsgruppen-Ordner festgelegt sein. In diesem Fall könnten Sie dort auch den Ordner für Arbeitsgruppen-Vorlagen einrichten. Den Zugriff darauf richten Sie dann von jedem PC des Netzwerks auf die nun beschriebene Weise ein.

Um z.B. den Ordner *C:\Eigene Dateien* als Ordner für Arbeitsgruppen-Vorla-gen einzurichten, sind folgende Schritte nötig:

→ Rufen Sie mit dem Befehl *Extras/Optionen* die Dialogbox *Optionen* auf, und aktivieren Sie mit einem Mausklick das Register *Speicherort für Dateien.*

→ Klicken Sie im Feld *Dateiart* auf den Eintrag *Arbeitsgruppen-Vorlagen*. Normalerweise ist der Fensterbereich rechts neben dem Eintrag leer, als Zeichen, dass noch kein Ordner dafür festgelegt ist.

→ Klicken Sie auf die Schaltfläche *Ändern*. Word öffnet die Dialogbox *Speicherort ändern*, in der Sie mit den üblichen Methoden den gewünschten Ordner auswählen. Gegebenenfalls müssen Sie dazu auch das Laufwerk wechseln. Klicken Sie auf die große Schaltfläche *Eigene Dateien*. Damit wählen Sie den Ordner EIGENE DATEIEN auf dem Lauf-werk C: aus.

→ Eine Bestätigung der Dialogbox *Speicherort Ändern* mit der Schaltflä-che *OK* trägt den gewünschten Ordner in die Spalte *Speicherort* ein.

→ Beenden Sie die Einstellungen im Register *Dateiablage* mit der Schalt-fläche *Schliessen*.

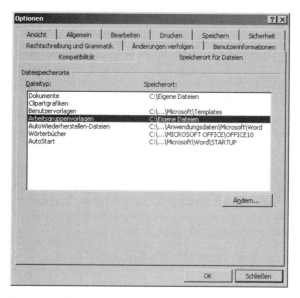

Bild 27.8: Der gewünschte Ordner ist gewählt.

Einstellungen für die Kompatibilität

Haben Sie schon einmal die Arbeit an einem Dokument auf einem Rechner begonnen und auf einem anderen fortgesetzt? Wenn ja, dann ist Ihnen das Problem bekannt: Obwohl die gleiche Version von Word installiert ist, ändert sich das Layout des Dokuments. Noch stärkere Veränderungen ergeben sich, wenn Sie das Dokument in ein anderes Anwendungsprogramm übernehmen müssen. Word bietet jedoch die Unterstützung, um das Layout in beiden Fällen beizubehalten.

Dabei ist in Word eine Eigenschaft hilfreich. Im Vergleich zu anderen Versionen basiert das Layout des Dokuments nicht mehr auf den vom Druckertreiber abhängigen Maßen. Basis für das Dokumentlayout sind in Word die verwendeten Schriften.

Auf diese und andere Funktionen haben Sie mit dem Befehl *Extras/Optionen* im Register *Kompatibilität* Zugriff.

Um für ein Dokument Kompatibilitätseinstellungen vorzunehmen, klicken Sie im Listenfeld *Empfohlene Optionen für* auf das Textverarbeitungsprogramm, für das Sie Anzeigeoptionen festlegen möchten. Um eigene Einstellungen zu definieren, enthält die Liste den Eintrag *Benutzerdefiniert*, auf den Word automatisch umschaltet, sobald Sie eines der Kontrollkästchen anders einstellen. Die Schaltfläche *Standard* speichert die aktuellen Einstellungen in der Liste *Optionen* als neue Standardeinstellung der Kompatibilitätsoptionen für die dem Dokument zugrunde liegende Vorlage.

Beachten Sie aber, dass es sich in diesem Register nicht um wirkliche Änderungen am Dokument-Layout handelt, sondern nur um Einstellungen, die die Ansicht des Dokuments auf Ihrem Rechner beeinflussen.

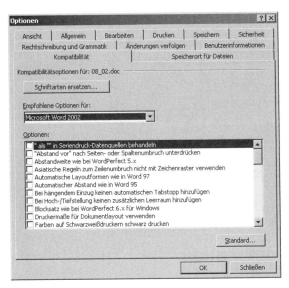

Bild 27.9: Mit dem Register Kompatibilität *nehmen Sie nur Einstellungen für die Ansicht des Dokuments vor. Diese Änderungen am Layout werden nicht gespeichert.*

Wirkungsweise und Handhabung der Schaltfläche Schriftartenersetzung *sind im Kapitel 12, »Zeichenformatierungen«, beschrieben.*

27.5 Personalisierte Symbolleisten und Menüs

Word »sortiert« die Programmfunktionen thematisch in verschiedenen Symbolleisten oder Menüs. Trotzdem ist es nur eine Vermutung, dass die Befehle so angeordnet sind, wie Sie das für Ihre tägliche Arbeit brauchen. Deshalb können Sie alle Befehle und Funktionen von Word, aber auch selbst erstellte Makros oder Add-ons, beliebig in die Symbolleisten und Menüs einbinden.

Wichtige Grundfunktionen für personalisierte Symbolleisten und Menüs regeln Sie mit dem Befehl *Extras/Anpassen* im Register *Optionen:*

→ Wenn sich Word beim Programmstart mit Standard- und Formatsymbolleiste nebeneinander zeigt, deaktivieren Sie das Kontrollkästchen *Standard- und Formatsymbolleiste teilen sich eine Zeile.*

→ Das unruhige Verhalten der Menüs schalten Sie mit den beiden Kontrollkästchen *Menüs immr vollständig anzeigen* bzw. *Nach kurzer Verzögerung vollständige Menüs anzeigen* aus.

→ Mit einem Klick auf die Schaltfläche *Zurücksetzen* verwerfen Sie die von Word vorgenommenen Veränderungen an Menüs und Symbolleisten. Damit stellen Sie die Standardbefehle in Menüs und Symbolleisten wieder her. Ausgenommen davon sind die im Folgenden beschriebenen expliziten Veränderungen.

Bild 27.10: *Grundsätzliche* Funktionen *der personalisierten Menüs und Symbolleisten regeln Sie mit der Dialogbox* Anpassen.

Symbolleisten und Menüs

Zwischen Symbolleisten und Menüs besteht ein enger Zusammenhang. Dies zeigt sich auch im Umgang. Funktional gibt es keine Trennung zwischen Symbolschaltflächen und Menübefehlen: Jede Programmfunktion unter Word hat einen Namen und kann als Symbolschaltfläche in einer Symbolleiste oder mit einer Bezeichnung in einem Menü erscheinen.

Durch diese Ähnlichkeit nehmen Sie Symbolschaltflächen in die Menüstruktur auf und können die Hauptmenüeinträge jederzeit als eigenes Symbol ablegen.

Halten Sie dazu die ⟨Alt⟩-Taste gedrückt, klicken Sie auf eine Symbolschaltfläche, und halten Sie die linke Maustaste gedrückt. Ein kleines Rechteck erscheint an der Spitze des Mauszeigers. Jetzt können Sie das Symbol einfach verschieben: an eine andere Stelle in der Symbolleiste, in eine andere Symbolleiste oder sogar in ein beliebiges Menü.

Ebenso können Sie mit den Einträgen aus dem Hauptmenü von Word verfahren. Wenn Sie zuvor eine neue Symbolleiste erstellt haben, ziehen Sie das Hauptmenü über die neue Symbolleiste und legen es dort ab.

Kombinieren Sie den beschriebenen Vorgang mit der ⟨Strg⟩*-Taste, um die Elemente zu kopieren.*

Symbolleisten

Nach der Installation von Word sind die Symbolleisten *Standard* und *Formatierung* im Programmfenster von Word eingeblendet. Weitere Symbolleisten stehen auf Abruf bereit. Beim Aufruf einiger Programmfunktionen blendet Word die zugeordneten Symbolleisten automatisch ein: So erscheint z.B. sofort nach dem Aufruf des Befehls *Tabelle/Tabelle zeichnen* die Symbolleiste *Tabellen und Rahmen.*

Alle Symbolleisten können Sie jedoch jederzeit anzeigen lassen, wenn sie gebraucht werden. Eine Variante dafür ist der Befehl *Ansicht/Symbolleisten*.

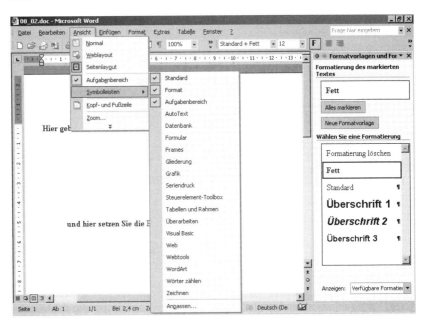

Bild 27.11: *Das Menü* Ansicht/Symbolleisten *enthält auch Informationen: Eingeblendete Symbolleisten sind mit einem Häkchen versehen.*

Sie können dieses Menü auch erhalten, wenn Sie im Bereich der Symbolleisten mit der rechten Maustaste klicken. Es erscheint dann als Kontextmenü.

Dreh- und Angelpunkt der Arbeit mit Symbolleisten und Menüs ist jedoch die Dialogbox *Anpassen*. Sie können die Dialogbox aufrufen, wenn Sie den Befehl *Extras/Anpassen* wählen.

Im Register *Symbolleisten* zeigt Ihnen Word im gleichnamigen Listenfeld alle verfügbaren Symbolleisten. Hier erscheinen sowohl die Symbolleisten von Word als auch die von Ihnen selbst erstellten. Mit einem Klick in das Kontrollkästchen vor der jeweiligen Symbolleiste schalten Sie die Anzeige ein bzw. aus.

Die im Register *Symbolleisten* enthaltenen Schaltflächen haben folgende Bedeutung:

→ Die Schaltfläche *Neu* öffnet die Dialogbox *Neue Symbolleiste*. Hier geben Sie die Bezeichnung und den Gültigkeitsbereich einer benutzerdefinierten Symbolleiste vor.

→ Ein Klick auf die Schaltfläche *Umbenennen* öffnet die Dialogbox *Symbolleiste umbenennen*. Damit benennen Sie benutzerdefinierte Symbolleisten um.

Bild 27.12: Die Dialogbox Anpassen *ist die Regiezentrale zum Anpassen von Symbolleisten, Menüs und Tastenkombinationen.*

→ Die Schaltfläche *Löschen* dient zum Löschen einer benutzerdefinierten Symbolleiste, die jedoch erst nach Bestätigung einer Sicherheitsabfrage erfolgt.

→ Die Schaltfläche *Zurücksetzen* nimmt alle an einer vorher im Listenfeld *Symbolleisten* markierten Leiste vorgenommenen Änderungen zurück und stellt die Standardeinstellungen der Symbolleiste nach der Installation von Word wieder her.

Symbolleisten positionieren

Eine Symbolleiste ist nicht an einen festen Platz oder an eine feste Form gebunden. Zunächst können Sie mit der Maus die Position einer Symbolleiste ändern. Setzen Sie dazu den Mauszeiger auf die senkrechten Linien am linken Rand einer Symbolleiste oder auf einen der senkrechten Trennstriche innerhalb einer Symbolleiste. Drücken Sie die linke Maustaste. Nun ziehen Sie die Symbolleiste mit gedrückter Maustaste an eine beliebige Position des Bildschirms. Sobald Sie die Maustaste loslassen, legt Word die Symbolleiste an der neuen Position ab.

Die Symbolleiste erscheint jetzt als Palette auf der Arbeitsfläche.

→ Ein Klick auf die X-Schaltfläche blendet die Symbolleiste aus.

→ Durch Ziehen an den Rändern können Sie die Größe anpassen. Natürlich kann eine Symbolleiste insgesamt nur so klein werden, dass alle Symbolschaltflächen noch Platz finden.

→ Mit einem Klick auf den kleinen Pfeil links neben dem Namen der Symbolpalette öffnen Sie ein Menü mit Befehlen, unter anderem mit dem Befehl *Schaltflächen hinzufügen oder entfernen.*

Ein Doppelklick auf die Titelleiste einer Symbolleiste in Palettendarstellung setzt die Symbolleiste an die ursprüngliche Position zurück.

Sie bringen Symbolleisten mit einem einfachen Trick auch am Rand des Word-Fensters unter. Ziehen Sie dazu eine Symbolleiste in Richtung des gewählten Randes, bis sich ein schmaler horizontaler oder vertikaler Rahmen zeigt. Wenn Sie die Maustaste jetzt loslassen, wird die Symbolleiste am Rand »angedockt«. Beachten Sie dabei aber, dass Listenfelder bei der Anordnung an den senkrechten Rändern automatisch in Symbolschaltflächen umgewandelt werden.

Paletten in Symbolleisten verwandeln

Einige Symbolleisten enthalten Symbolpaletten. Ein Beispiel ist die Symbolleiste *Zeichnen* mit der Palette *AutoFormen*. Diese Paletten öffnen Sie entweder mit einem Klick auf die zugehörige Schaltfläche oder auf den Listenpfeil rechts daneben. Ein dünner grauer Balken im oberen Bereich der Palette zeigt an, dass Sie die Palette frei platzieren können. Bewegen Sie dazu den Mauszeiger auf den Balken, bis Word ihn blau hervorhebt. Wenn Sie jetzt mit der Maus diesen Balken erfassen und bewegen, reißen Sie die Palette von der Symbolleiste ab. Nach dem Loslassen der Maustaste wird die Palette als eigenständige Symbolleiste im Arbeitsbereich abgelegt.

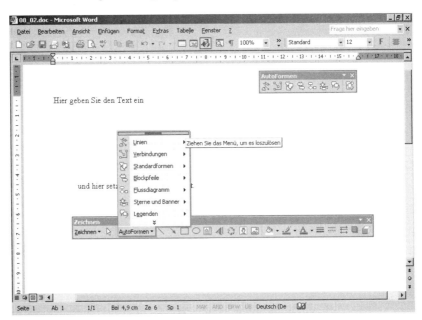

Bild 27.13: Hier wurde die Palette AutoFormen *aus der Symbolleiste* Zeichnen *herausgezogen und als eigenständige Symbolleiste abgelegt.*

Auch aus einigen Menüs, z.B. aus dem Menü *Zeichnen* der gleichnamigen Symbolleiste, können Sie einzelne Untermenüs als Symbolleiste herausziehen. Sie sind ebenfalls an einem dünnen grauen Balken im oberen Teil des

Menüs zu erkennen. Wenn Sie mit der Maus diesen Balken erfassen und aus dem Menü heraus bewegen, legt Word das Untermenü als Symbolleiste auf der Arbeitsfläche ab.

Schaltflächen hinzufügen oder entfernen

Für die Standardsymbolleisten bietet Word einen besonderen Service. Sie können über einen integrierten Mechanismus die sichtbaren Symbole steuern. Klicken Sie dazu auf den kleinen Listenpfeil am rechten Rand der Symbolleiste. Damit aktivieren Sie den Menübefehl *Schaltflächen hinzufügen oder entfernen*. Ein weiterer Klick öffnet eine Menüpalette, auf der Sie die gewünschten Schaltflächen aktivieren oder ausschalten.

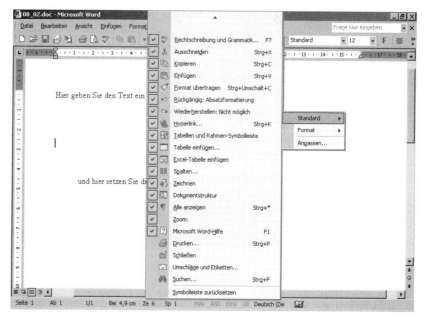

Bild 27.14: Das Symbolmenü der Symbolleiste Standard – *wählen Sie die gewünschten Schaltflächen.*

 Ein Klick auf Symbolleiste zurücksetzen *entfernt alle Veränderungen aus der gewählten Leiste.*

Symbolleisten und Menübefehle anpassen

Um Symbolleisten oder Menübefehle mit der Maus anzupassen, gibt es zwei unterschiedliche Wege. Beide führen jedoch schnell zum gleichen Ziel:

Öffnen Sie mit dem Befehl *Extras/Anpassen* die Dialogbox *Anpassen*. Word aktiviert den Anpassen-Modus. Wenn Sie jetzt auf eine Symbolschaltfläche oder einen Menüeintrag klicken und die linke Maustaste gedrückt halten, erscheint ein grauer Rahmen um das angeklickte Element. Word hängt ein kleines Rechteck an den Mauszeiger an. Ziehen Sie das angeklickte Element bei gedrückter Maustaste an die neue Position. Word zeigt die Einfügeposition durch einen waagrechten oder senkrechten Strich an.

Ein Beispiel für die Integration eines Befehls in eine Symbolleiste und ein Menü finden Sie im Kapitel 26, »Rechnen im Text«.

Schnellere Ergebnisse erreichen Sie mit Tastenkombinationen, die Sie mit der gedrückten linken Maustaste kombinieren:

→ Wenn Sie zusätzlich zur Maustaste die ⟨Alt⟩-Taste halten, verschieben Sie auch ohne Dialogbox alle Elemente in Symbolleisten in eine andere Symbolleiste oder ein beliebiges Menü.

→ Wenn Sie zusätzlich zur Maustaste die Tastenkombination ⟨Strg⟩+⟨Alt⟩ verwenden, werden Elemente kopiert.

Manipulationen an Menübefehlen sind nur mit der Dialogbox Anpassen möglich.

Weitere Manipulationen

Manchmal kann es sinnvoll sein, die Beschreibung von Menübefehlen oder die verwendeten Symbole zu ändern. Word lässt auch das zu.

→ Rufen Sie mit dem Befehl *Extras/Anpassen* die Dialogbox *Anpassen* auf.

→ Falls Sie eine Symbolleiste verändern wollen, die noch nicht angezeigt wird, klicken Sie in das Kontrollkästchen vor dem entsprechenden Eintrag, um die Symbolleiste zu aktivieren.

→ Klicken Sie nun mit der rechten Maustaste auf den Befehl, den Sie modifizieren möchten, egal, ob er sich in einer Symbolleiste oder in einem Menü befindet. Das geöffnete Menü stellt Ihnen nun eine Reihe von Möglichkeiten zur Verfügung.

Mit der Schaltfläche Beschreibung *im Register* Befehle *aktivieren Sie ein Hilfefenster, das einen Hilfetext zum gewählten Befehl zeigt.*

Das aktivierte Menü erlaubt die folgenden Manipulationen an der zuvor festgelegten Symbolschaltfläche oder dem gewählten Menübefehl:

→ Mit dem Befehl *Zurücksetzen* verwerfen Sie vorgenommene Änderungen am gewählten Element. Word setzt dann das entsprechende Element auf den Zustand nach der Installation zurück.

→ Mit einem Klick auf *Löschen* entfernen Sie den Menüeintrag oder die Symbolschaltfläche.

→ Benutzen Sie das Eingabefeld *Name,* um den im Menü oder in der QuickInfo angezeigten Namen anzupassen. Achten Sie dabei auf kurze und prägnante Eingaben.

Der im Eingabefeld eingegebene Name kann vor einem beliebigen Buchstaben das Zeichen »&« enthalten. Diese Eingabe legt fest, dass im Menüeintrag der diesem Zeichen folgende Buchstabe unterstrichen erscheint und als Shortcut funktioniert.

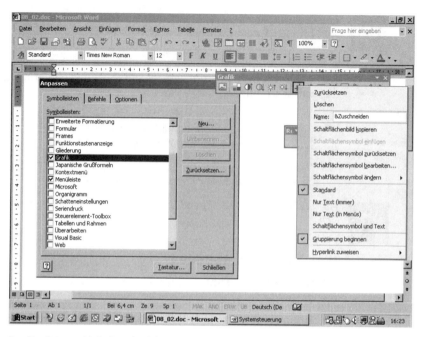

Bild 27.15: *Das Menü* Auswahl ändern *bezieht sich immer auf das zuvor gewählte Element. Hier ist die Symbolschaltfläche* Zuschneiden *der Grafik-Symbolleiste gewählt.*

→ Mit den Befehlen im Menübereich *Schaltflächen* beeinflussen Sie das Aussehen der Symbolschaltflächen, wie es an anderer Stelle beschrieben wird.

→ Mit den Befehlen *Standard, Nur Text (immer)*, *Nur Text (in Menüs)* und *Schaltflächensymbol und Text* nehmen Sie Einfluss auf das Erscheinungsbild des gewählten Elements in Menüs oder Symbolleisten. Die Varianten können Sie bei Bedarf schneller ausprobieren als lesen, sie erklären sich selbst.

→ Mit dem Befehl *Gruppierung beginnen* setzen Sie eine Linie zu den anderen Elementen – links daneben in einer Symbolleiste und darüber in einem Menü.

Ein Symbol verändern

Wenn Sie nach Aufruf der Dialogbox *Anpassen* und anschließender Auswahl einer Symbolschaltfläche das Kontextmenü aktivieren, bestimmen Sie das Aussehen der Schaltfläche. Im Menübereich für Schaltflächen finden Sie die notwendigen Werkzeuge vor. Der einfachste Weg besteht zunächst darin, aus einer Palette ausgewählter Symbole ein anderes zu wählen und damit das Symbol auszutauschen. Wählen Sie dazu den Befehl *Schaltflächensymbol ändern*. Klicken Sie dazu auf ein Symbol Ihrer Wahl, die Veränderung wird sichtbar.

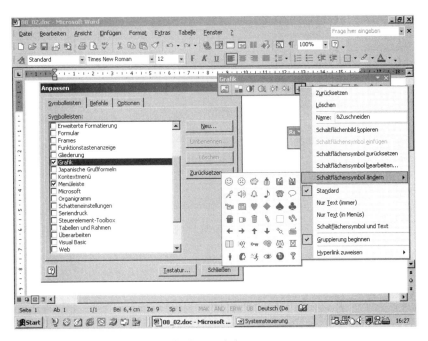

Bild 27.16: Auswahlpalette zusätzlicher Schaltflächensymbole

Um ein anderes Symbol zu verwenden, wählen Sie z.B. folgende Arbeitsschritte:

→ Klicken Sie zunächst auf ein beliebiges Symbol einer Symbolleiste, das Sie auch an anderer Stelle verwenden oder als Grundlage für eine Bearbeitung verwenden wollen.

→ Klicken Sie auf die Schaltfläche *Auswahl ändern* und wählen Sie den Befehl *Schaltflächensymbol kopieren*.

→ Wählen Sie das Element einer Symbolleiste aus, das diese Schaltfläche ebenfalls erhalten soll.

→ Klicken Sie auf die Schaltfläche *Auswahl ändern* und wählen Sie den Befehl *Schaltfläche einfügen*. Das markierte Symbol wird mit dem Symbol überschrieben, das Sie vorher kopiert hatten.

Mit dem Befehl *Auswahl ändern/Schaltflächensymbol bearbeiten* haben Sie Zugriff auf einen Schaltflächen-Editor, mit dem Sie das Schaltflächensymbol nach Ihren Vorstellungen bearbeiten.

Praxistipp: Eine neue Symbolleiste

Nutzen Sie die Möglichkeit, bei Bedarf für wiederkehrende Aufgaben eigene Symbolleisten zusammenzustellen.

→ Mit dem Befehl *Extras/Anpassen* rufen Sie zunächst die Dialogbox *Anpassen* auf.

→ Aktivieren Sie bei Bedarf das Register *Symbolleisten*.

Bild 27.17: Schaltflächen-Editor *zur Bearbeitung von Schaltflächensymbolen*

→ Klicken Sie auf die Schaltfläche *Neu*.

Bild 27.18: In der Dialogbox Neue Symbolleiste *vergeben Sie einen Namen für Ihre Symbolleiste.*

→ Überschreiben Sie im Listenfeld *Name der Symbolleiste* die Vorgabe mit einem Namen Ihrer Wahl.

→ Im Listenfeld *Symbolleiste verfügbar machen in* legen Sie fest, wo die neue Symbolleiste verfügbar sein soll. Mit der Auswahl NORMAL.DOT steht Ihnen das neue Element in allen Dokumenten zur Verfügung. Falls Sie ein Dokument oder eine Dokumentvorlage geöffnet haben, können Sie den Gültigkeitsbereich auch einschränken. Wählen Sie den gewünschten Eintrag aus dem Listenfeld aus. Die neue Symbolleiste wird jetzt nur angezeigt, wenn Sie das entsprechende Dokument oder die Dokumentvorlage geöffnet haben.

Um eine Symbolleiste oder ein Menü nur in bestimmten Zusammenhängen verfügbar zu machen, ordnen Sie diese den speziellen Dokumentvorlagen zu.

→ Nach Bestätigung der Dialogbox *Neue Symbolleiste* mit der Schaltfläche *OK* wird die neue Symbolleiste auf dem Bildschirm platziert. Die Symbolleiste enthält noch keine Befehle.

→ Wechseln Sie in das Register *Befehle*. Wählen Sie nun aus den Kategorien die gewünschten Befehle aus, und ziehen Sie diese nacheinander in die zunächst noch leere Symbolleiste.

→ Mit *Auswahl ändern/Gruppierung beginnen* können Sie Ihre Symbolleiste gliedern.

→ Wählen Sie *Auswahl ändern/Schaltflächensymbol ändern*, um Befehlen ohne Schaltflächensymbol ein Symbol zuzuordnen.

→ Bestätigen Sie Ihre Eingaben mit einem Klick auf die Schaltfläche *Schliessen*.

Eine so erstellte Symbolleiste hat nur einen Unterschied zu den von Word mitgelieferten Symbolleisten: Die selbst erstellten Symbolleisten können Sie jederzeit löschen. Wählen Sie dazu *Extras/Anpassen* und öffnen Sie das Register *Symbolleisten*. Markieren Sie die zu entfernende Symbolleiste und klicken Sie auf die Schaltfläche *Löschen*.

Um die Größe eines Listenfeldes in einer Symbolleiste anzupassen, wählen Sie zunächst den Befehl Extras/Anpassen *und klicken dann auf das Listenfeld, so dass es schwarz gerahmt erscheint. Wenn Sie den Mauszeiger anschließend über einen Rand ziehen, nimmt er die Form eines Doppelpfeils an. Nutzen Sie diesen Mauszeiger wie gewohnt zur Größenänderung.*

Ein neues Menü

Eigene Menüs erleichtern in speziellen Dokumentvorlagen die Arbeit, wenn Sie die nötigen Befehle konzentrieren. Um ein eigenes Menü zusammenzustellen, sind analoge Schritte nötig.

→ Mit dem Befehl *Extras/Anpassen* rufen Sie zunächst die Dialogbox *Anpassen* auf.

→ Aktivieren Sie bei Bedarf das Register *Befehle*.

→ Klicken Sie im Listenfeld *Kategorien* auf den Eintrag *Neues Menü*, der sich ganz am Ende der Listeneinträge befindet.

→ Ziehen Sie den Eintrag aus dem Bereich *Befehle* mit der Maus an die gewünschte Stelle der Menüleiste.

→ Analog zu den Vorgängen bei Symbolleisten benennen Sie nun das Menü und füllen es mit Befehlen.

Mit den beschriebenen Verfahren integrieren Sie auch Formatvorlagen, Auto-Text-Einträge, Schriftarten und eigene Makros in Symbolleisten oder Menüs.

Kontextmenüs anpassen

Kontextmenüs werden immer dann angezeigt, wenn Sie mit der rechten Maustaste auf ein festgelegtes Bildschirmelement klicken. Auch diese Menüs passen Sie auf Wunsch individuell an.

→ Mit dem Befehl *Extras/Anpassen* aktivieren Sie zunächst die Dialogbox *Anpassen*.

→ Aktivieren Sie das Register *Symbolleisten*.

→ Aktivieren Sie im Listenfeld *Symbolleisten* das Kontrollkästchen vor der Auswahl *Kontextmenü*.

→ Word blendet nun eine nur in diesem Zusammenhang verfügbare Symbolleiste ein, die Kontextmenü-Symbolleiste. Sie enthält für die drei Bereiche *Text*, *Tabelle* und *Zeichnen* die verfügbaren Kontextmenüs.

→ Suchen Sie aus der zur Verfügung stehenden Auswahl das gewünschte Kontextmenü heraus.

→ Ziehen Sie nun wie beschrieben aus dem Register *Befehle* die gewünschten Befehle in das Kontextmenü. Auch alle anderen bereits beschriebenen Möglichkeiten stehen Ihnen dafür zur Bearbeitung zur Verfügung.

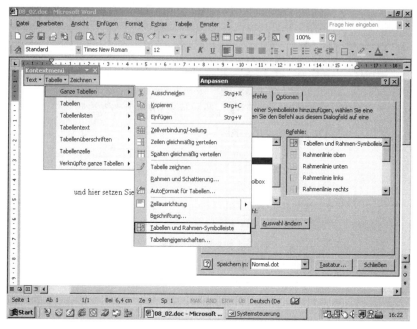

Bild 27.19: Ein Kontextmenü wird ergänzt – hier ist es das Kontextmenü Ganze Tabellen *aus der Liste* Tabelle.

Änderungen rückgängig machen

Vielleicht ist es Ihnen ja schon aufgefallen, dass Sie Änderungen an Menüs und Symbolleisten nicht mit dem Befehl *Bearbeiten/Rückgängig* wieder zurücknehmen können. Es gibt aber eine andere Möglichkeit:

→ Mit dem Befehl *Extras/Anpassen* rufen Sie zunächst die Dialogbox *Anpassen* auf.

→ Aktivieren Sie das Register *Symbolleisten*.

→ Wenn Sie im Listenfeld *Symbolleisten* einen Eintrag wählen, entfernen Sie alle daran vorgenommenen Änderungen mit der Schaltfläche *Zurücksetzen* wieder. Da in diesem Listenfeld auch die Auswahl *Menüleiste* und *Kontextmenü* enthalten sind, können diese ebenfalls so zurückgesetzt werden.

Bild 27.20: *Word fragt sicherheitshalber noch einmal nach, bevor Symbolleisten zurückgesetzt werden – mit* OK *ist die Entscheidung endgültig.*

Schnellverfahren zur Menüerweiterung

Mit dem eigens dafür vorhandenen Modus zur Menüerweiterung können Sie Befehle im Menü unterbringen, die sonst nur über Symbolleisten oder Tastenkombinationen verfügbar sind. Word wählt zwar die Stelle für den Menübefehl selbst aus, aber das lässt sich verschmerzen. Word nimmt nämlich die im Listenfeld *Kategorien* der Dialogbox *Anpassen* enthaltene Zuordnung als Richtlinie. Wenn jedoch der Standard-Menüeintrag für einen Befehl nicht verfügbar ist, bleibt Ihnen nur noch übrig, den gewünschten Befehl manuell anzupassen.

→ Um einen Befehl mit dem Schnellverfahren mit der Maus ins Menü zu integrieren, aktivieren Sie den Modus zur Menüerweiterung mit Strg + Alt + 6 .

→ Der Mauszeiger wandelt sich in ein fettes Pluszeichen.

→ Klicken Sie auf eine Symbolschaltfläche Ihrer Wahl. Wenn Word einen Platz dafür findet, wird der zugeordnete Befehl in ein Menü eingeordnet.

Wenn Sie den Vorgang ohne Änderung an Menüs abbrechen wollen: Die Esc *-Taste schaltet auch diesen Modus aus, der ohnehin nur für eine Aktion gilt.*

Befehle, die nicht über Symbolschaltflächen verfügbar sind, ordnen Sie über ihre Tastenkombination in das Menü ein. Aktivieren Sie den Modus zur Menüerweiterung mit Strg + Alt + 6 . Drücken Sie unabhängig vom veränderten Mauszeiger die dem gewünschten Befehl zugeordnete Tastenkombination, z. B. Strg + Shift + F für *Fett*. Sie sehen zunächst nichts, der Befehl *Fett* steht jedoch zur Verfügung (siehe Bild 27.21).

Weitere optische Feinheiten

Auch das Erscheinungsbild aller Symbolleisten und Menüs können Sie ändern. Letztlich hat ja auch ein Register in der bisher besprochenen Dialogbox *Anpassen* noch kaum Erwähnung gefunden: das Register *Optionen*.

→ Mit dem Kontrollkästchen *Grosse Symbole* werden alle Symbolschaltflächen vergrößert. Diese Möglichkeit sollten Sie jedoch nur nutzen, wenn Sie über einen sehr großen Bildschirm verfügen.

→ Nach dem Aktivieren des Kontrollkästchens *QuickInfo auf Symbolleisten anzeigen* wird Ihnen eine kurze Information über die Funktion einer Schaltfläche angezeigt, wenn Sie mit dem Mauszeiger auf einer Symbolschaltfläche verharren; eine sehr nützliche Einrichtung.

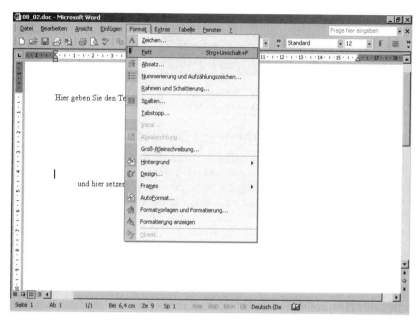

Bild 27.21: *Im Schnellverfahren in das Menü integriert – der Befehl* Fett *hat sich eingeordnet.*

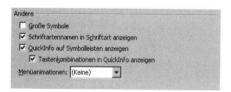

Bild 27.22: *Im Bereich* andere *des Registers* Optionen *ändern Sie das Aussehen aller Symbolleisten und Menüs auf einmal.*

→ Wenn diese QuickInfo zusätzlich auch noch eine alternativ wirkende Tastenkombination zur Auslösung des Befehls anzeigen soll, aktivieren Sie das Kontrollkästchen *Tastenkombinationen in QuickInfo anzeigen*.

Wenn Sie Spaß an animierten Menüs haben, können Sie durch Auswahl aus dem Listenfeld *Menüanimationen* die Menüs entfalten oder abrollen. Mit der Auswahl *abwechselnd* können Sie sich überraschen lassen, was das Menü tut.

Wenn Sie noch andere Office-Anwendungen als Word verwenden, haben die Einstellungen in diesem Register Auswirkungen auf alle anderen Anwendungen von Office .

27.6 Individuelle Tastenbelegungen

Mit den sogenannten Shortcuts, Tastenkombinationen zum Auslösen von Word-Befehlen, erleichtern Sie sich die Arbeit mit Word stark. Wenn Sie bei der Texteingabe sind, dann haben Sie die Finger über der Tastatur. Jeder Befehl, der erst einen Griff zur Maus erfordert, unterbricht die fließende Arbeit. Also gibt es die Möglichkeit, Befehle über die Tastatur zu aktivieren – und diese Befehle selbst zu bestimmen.

Shortcuts – Tastenkombinationen

Die stiefmütterliche Behandlung dieser immer vorhandenen schnellen Tastenfolgen zeigt es: Sie werden auch in der vorliegenden Version von Word nur aus historischen Gründen mitgezogen. Zur Erinnerung: Jeder Befehl im Menü ist über seinen Shortcut zu erreichen:

→ Drücken Sie einmal die $\boxed{\text{Alt}}$-Taste. Word aktiviert die Menüleiste.

→ Der Kennbuchstabe aktiviert das Menü, z.B. $\boxed{\text{D}}$ für das Datei-Menü.

→ Der nächste Buchstabe wählt einen Menüeintrag aus und schließt die Aktion ab, z.B. $\boxed{\text{B}}$ zum Beenden von Word.

Beachten Sie die unterschiedliche Handhabung. Shortcuts können nacheinander betätigt werden – bei Tastenkombinationen werden die zuerst angegebenen Tasten gehalten, erst die letzte der Tasten löst den Vorgang aus.

Befehle mit Tastenkombinationen verknüpfen

Da die Auswahl normaler Shortcuts offensichtlich geringer ist als die in Word verfügbaren Befehle, haben die meisten Befehle bereits eine Tastenkombination zugewiesen, im bereits verwendeten Beispiel *Datei/Beenden* die Tastenkombination $\boxed{\text{Alt}}$+$\boxed{\text{F4}}$. Sie wissen es längst: Die Tastenkombinationen werden in den Menüs hinter den Menübefehlen angezeigt.

Um Befehlen oder anderen Word-Aktionen eine eigene Tastenkombination zuzuweisen, können Sie mit dem Befehl *Extras/Anpassen* die Dialogbox *Anpassen* aufrufen und dort die Schaltfläche *Tastatur*. Die erscheinende Dialogbox *Tastatur anpassen* ist Dreh- und Angelpunkt für die Zuweisung von Tastenkombinationen.

Ist die Dialogbox aufgeblendet, ist das Verfahren überschaubar. Das Beispiel zeigt die Zuordnung der Tastenkombination $\boxed{\text{Strg}}$+$\boxed{\text{Alt}}$+$\boxed{\text{Shift}}$ +$\boxed{\text{F12}}$ zum Befehl *Datei/Alles Speichern*, der zum einen keine Tastenkombination hat und außerdem nur verfügbar wird, wenn Sie vor dem Aufklappen des Datei-Menüs die $\boxed{\text{Shift}}$-Taste gedrückt halten.

→ Markieren Sie im Listenfeld *Kategorien* die gewünschte Kategorie, hier also *Datei*.

→ Wählen Sie im rechten Listenfeld den Befehl *Datei Alles Speichern*. Der Bereich *Beschreibung* enthält eine kurze Schilderung der später mit der Tastenkombination ausgelösten Handlung.

→ Im Listenfeld *Aktuelle Tasten* können Sie erkennen, dass diesem Befehl aktuell keine Tastenkombination zugewiesen ist.

→ Setzen Sie die Schreibmarke in das Eingabefeld *Neue Tastenkombinationen*. Solange die Schreibmarke in diesem Feld steht, wird Word jede gedrückte Taste in dieses Feld im Klartext eintragen.

→ Sie halten nun die Tasten `Strg`+`Alt`+`Shift` gleichzeitig nieder und tippen auf die Funktionstaste `F12`. Word trägt die Tastenkombination in das Eingabefeld ein und teilt in diesem Fall gleichzeitig mit, dass diese Tastenkombination derzeit keinem anderen Befehl zugeordnet ist.

Bild 27.23: Die Tastenkombination ist ausgewählt und nicht anderweitig in Gebrauch – ein recht seltener Zustand.

→ Mit der Schaltfläche *Zuordnen* erhält der Befehl die gewünschte Tastenkombination zugeordnet.

→ Die Schaltfläche *Schliessen* beendet die Zuweisung der Tastenkombination.

Besonderheiten bei der Zuweisung

So einfach, wie sich der Vorgang zunächst darstellt, ist er letzten Endes doch nicht. Sie müssen einige Fallen und Tücken beachten:

→ Wenn im Bereich *Derzeit zugewiesen an* ein Eintrag zu sehen ist und Sie trotzdem die Schaltfläche *Zuordnen* wählen, überschreiben Sie damit die Standardeinstellungen.

→ Bevor Sie einem Befehl eine neue Tastenkombination zuweisen, sollten Sie die bisherige Tastenkombination im Listenfeld *Aktuelle Tastenkombinationen* markieren und mit der gleichnamigen Schaltfläche entfernen. Andernfalls sind beide oder mehrere Tastenkombinationen gültig.

→ Kombinationen aus der `Alt`-Taste und den unterstrichenen Buchstaben in Menübefehlen (Shortcuts) werden nicht angezeigt.

→ Wenn Sie durch die Anzeige von Word angeregt sind, doch eine andere Tastenkombination zuzuweisen, um die vorherige nicht zu überschreiben, müssen Sie das Eingabefeld *Neue Tastenkombination* zunächst mit der `Backspace`-Taste leeren.

→ Mit der Dialogbox entscheiden Sie, wo Sie die Tastenkombinationen zur Verfügung haben möchten. Das Listenfeld *Speichern in* erlaubt Ihnen eine gewisse Auswahl, je nach geöffneten Dokumenten. Anzuraten ist die Speicherung der Tastenkombinationen in der globalen Vorlage, um sie in allen Dokumenten zur Verfügung zu stellen.

Als Tasten stehen die Tasten `Strg`, `Alt` und `Shift` zur Verfügung, die Sie untereinander kombinieren können. Damit ergeben sich in Kombination z.B. mit der Funktionstaste `F12` folgende Varianten:

→ `Strg`+`F12`;

→ `Strg`+`Shift`+`F12`;

→ `Strg`+`Shift`+`Alt`+`F12`;

→ `Strg`+`Alt`+`F12`;

→ `Shift`+`Alt`+`F12`;

→ `Alt`+`F12`;

→ `Shift`+`F12`.

Haben Sie in Windows bereits Tastenkombinationen für den Start von Anwendungen vergeben, erhalten diese den Vorrang vor den Tastenkombinationen innerhalb einer Anwendung. Das merken Sie aber spätestens, wenn Sie im Eingabefeld versuchen, eine solche Tastenkombination einzugeben. Die Anwendung startet ohne Verzug.

Tastenkombinationen verwalten

Wenn Sie mit Tastenkombinationen arbeiten, die Sie selbst vergeben haben, können Sie in keinem Buch nachschlagen, welche Sie wofür benutzen. Um dem abzuhelfen, lassen Sie sich die Tastenkombinationen ausdrucken. Öffnen Sie dazu mit dem Befehl *Datei/Drucken* die Dialogbox *Drucken* und wählen Sie aus dem Listenfeld *Drucken* den Eintrag *Tastenbelegung*.

Präfixtasten

Die Auswahl an Tastenkombinationen, die für die Zuweisung zur Verfügung stehen, ist in Word relativ gering. Kombinationen mit der `Alt`-Taste sind meist vergeben. Sie müssen Buchstabentasten in Verbindung mit Tastenkombinationen wie `Strg`+`Shift`, `Strg`+`Shift`+`Alt` oder `Strg`+`Alt` benutzen, um überhaupt auf von Word nicht genutzte Tastenkombinationen zu stoßen. Außerdem erfordern einige Tastenkombinationen bei der Bedienung etwas Fingerfertigkeit. Als Alternative und Ausweg greifen Sie auf sogenannte Präfixtasten zurück, die Word zur Verfügung stellt.

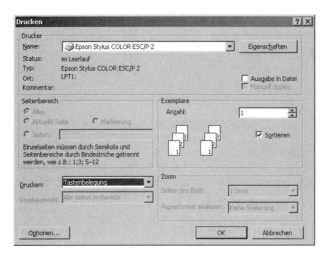

Bild 27.24: Aktivieren Sie diese Einstellung in der Dialogbox Drucken, *um die Tastenkombinationen auszudrucken.*

Präfixtasten schalten Word in eine Warteposition – erst die nächste gedrückte Taste löst den Vorgang aus, die Präfixtasten können Sie dabei loslassen.

Definierte Präfixtasten sind die Tastenkombinationen Strg + , (Komma) und Shift + Strg + . (Punkt). Sie klicken nach Aufruf der Dialogbox *Tastatur anpassen* in das Listenfeld *Neuen Tastenkombination drücken* und betätigen zunächst eine der Präfix-Tastenkombinationen. Word warnt Sie, dass diese Tastenkombination bereits für eine Präfixtaste vergeben ist. Das ist die Aufforderung, eine weitere Taste zu drücken. Sie wird der Präfix-Tastenkombination nachgestellt.

Die Verwendung der Präfixtasten hat den Vorteil, dass Sie die vorbereitenden Präfixtasten loslassen können, bevor Sie die zugeordnete Auslösetaste betätigen. Bei Bedarf können Sie mit Strg + Shift + Buchstabe *und nachfolgendem Buchstaben weitere Präfix-Tastenkombinationen definieren.*

Eine Tastenkombination schnell zuweisen

Um ganz schnell einem über das Menü oder eine eingeblendete Symbolleiste zugänglichen Befehl eine Tastenkombination zuzuweisen, können Sie auch folgende Variante wählen:

→ Geben Sie die Tastenkombination Alt + Strg + + (vom Nummerntastenblock) ein. Achten Sie darauf, das + vom Nummerntastenblock zu verwenden. Der Mauszeiger verwandelt sich, je nach Qualität Ihrer Augen oder Ihrer möglichen Brille, in ein Quadrat mit Ösen oder etwas Ähnliches.

→ Mit diesem gewandelten Mauszeiger klicken Sie auf ein sichtbares Symbol oder einen aktivierten Menübefehl.

→ Es öffnet sich sofort die Dialogbox *Tastatur anpassen* mit dem gerade angeklickten Befehl. Ohne viel Aufwand legen Sie nun die Tastenkombination fest.

→ Mit einem Klick auf *Zuordnen* und einem Klick auf *Schliessen* ist die Tastenkombination zugewiesen und steht zur Anwendung im Hintergrund bereit.

Bild 27.25: Zuweisung im Schnellverfahren – die Tastenkombination Alt *+* Strg *+* + *(vom Nummerntastenblock) und ein Mausklick zur Auswahl liefern den Befehl pur.*

28 AutoFormat – Word gestaltet automatisch

Word nimmt Ihnen auf Wunsch beim Formatieren Ihres Textes eine Menge Arbeit ab. Lassen Sie das Dokument von Word automatisch gestalten. Welche Möglichkeiten Word bei der automatischen Formatierung während der Eingabe oder danach bietet, Vorteile und Grenzen dieser Funktion – nach diesem Kapitel wissen Sie mehr.

Mit Word 2002 hat eine neue Philosophie Einzug gehalten: Der Anwender wird bei automatisch ablaufenden Prozessen informiert. Diese Aufgabe übernehmen die Optionsschaltflächen: Für AutoFormat und alle anderen Funktionen der AutoKorrektur ist die Optionsschaltfläche *AutoKorrektur-Optionen* zuständig. Immer dann, wenn Word sich in die Gestaltung Ihres Dokuments einmischt, erscheint die Optionsschaltfläche, um Ihnen die Möglichkeit zur Kontrolle zu geben. Im weiteren Verlauf dieses und der folgenden Kapitel wird diese Funktion an den entsprechenden Stellen erwähnt.

28.1 AutoFormat während der Eingabe

Mit AutoFormat während der Eingabe beeinflussen Sie schon bei der Texteingabe die Gestaltung Ihres Dokuments. Wenn Sie die Möglichkeiten von AutoFormat kennen, steuern Sie durch Eingabe besonderer Zeichen den Ablauf der Texteingabe. Word unterstützt Sie dann mit automatischen Formatierungen. Steuerzentrale der Einstellungen für *AutoFormat* bei der Texteingabe ist die Dialogbox *AutoKorrektur* mit dem Register *AutoFormat während der Eingabe*. Sie aktivieren die Dialogbox mit dem Befehl *Extras/ AutoKorrektur-Optionen/AutoKorrektur*.

Ersetzungen bei der Texteingabe

Der Bereich *Während der Eingabe ersetzen* im oberen Teil des Registers *AutoFormat während der Eingabe* enthält Kontrollkästchen, mit denen Sie das automatische Ersetzen von Zeichen aktivieren.

Die Kontrollkästchen dieses Bereichs haben folgende Bedeutung:

→ Bei Aktivierung des oberen Kontrollkästchens werden die üblichen geraden Anführungszeichen, die am Beginn und am Ende der Anführung jeweils oben stehen, automatisch ersetzt. Die dafür verwendeten typographischen Anführungszeichen stehen danach am Beginn der Anführung unten und am Ende der Anführung oben. Dieses Kontrollkästchen hat Auswirkungen auf einfache (') und auf doppelte (") Anführungszeichen.

→ Das aktivierte Kontrollkästchen *Englische Ordnungszahlen hochstellen* macht aus der Eingabe von »1st« sofort die englische Schreibweise »1·«.

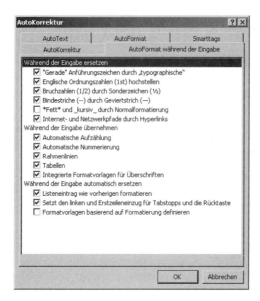

Bild 28.1: *Das Register* AutoFormat während der Eingabe *enthält eine Vielzahl von Möglichkeiten, während der Texteingabe Unterstützung anzufordern.*

→ Wenn Word die Eingaben »1/2«, »1/4« und »3/4« automatisch durch die entsprechenden Sonderzeichen »½«, »¼« und »¾« ersetzen soll, müssen Sie das Kontrollkästchen *Bruchzahlen durch Sonderzeichen* aktivieren. Beachten Sie aber, dass z.B. die Eingabe »1/6« keinen Bruch liefert, da dafür kein Sonderzeichen existiert.

→ Mit der Aktivierung des Kontrollkästchens *Bindestriche durch Geviert-strich* ersetzt Word zwei Bindestriche (--) durch einen Gedankenstrich (-).

 Bestimmte Zeichen – z.B. (c), (r) und (tm) – sind als besondere Einträge in der Liste der AutoKorrektur-Einträge enthalten und werden deshalb durch die Symbole »©«, »®« und »™« ersetzt.

→ Das Kontrollkästchen **Fett* und _Kursiv_ durch Normalformatierung* ist wohl eine Verbeugung vor den Veteranen der Textverarbeitung. Das aktivierte Kontrollkästchen bewirkt, dass ein durch Sternchen einge-schlossener Text fett und ein durch Unterstriche eingeschlossener Text nicht etwa unterstrichen, sondern kursiv ausgezeichnet wird.

→ Ein wahres Bonbon in diesem Register ist das Kontrollkästchen *Inter-net- und Netzwerkpfade durch Hyperlinks ersetzen.* Eine Aktivierung dieses Kontrollkästchens formatiert Internet- und Netzwerkpfade als Hyperlink-Felder, so dass Sie durch Klicken auf den Hyperlink direkt zum gewünschten Element gelangen.

Formatierungen während der Eingabe

Der Bereich *Während der Eingabe Ersetzen* im mittleren Teil des Registers *AutoFormat während der Eingabe* enthält Kontrollkästchen, mit denen Sie Reaktionen von Word auf eine besondere Form der Eingabe aktivieren.

→ Bei aktiviertem Kontrollkästchen *Integrierte Formatvorlagen für Überschriften* weist Word einem Absatz, den Sie unmittelbar nach der Texteingabe mit zwei [Enter]-Tasten abschließen, die Formatvorlage *Überschrift1* zu. Word erklärt einen solchen Absatz also zur Überschrift und schluckt gleichzeitig eine der eingegebenen Absatzmarken. Word tut dies aber nur bei einzeiligen Absätzen und auch nur dann, wenn es eine Überschrift vermuten kann. So werden z.B. niemals zwei Absätze nacheinander mit dieser Funktion in den Rang einer Überschrift erhoben.

→ Bei aktiviertem Kontrollkästchen *Rahmenlinien* reagiert Word auf die Eingabe von Bindestrichen, Unterstrichen oder Gleichheitszeichen mit Unterstreichungen. Wenn Sie also einen Absatz beendet haben, anschließend in der nächsten Zeile mindestens drei der genannten Zeichen ohne Leerzeichen hintereinander schreiben und mit der [Enter]-Taste abschließen, wird Word den Absatz unterstreichen.

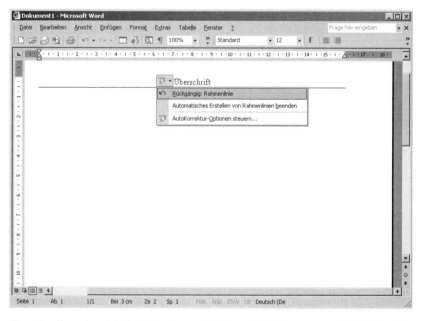

Bild 28.2: Eine schnelle und praktische Variante, um Absätze optisch abzugrenzen, liefert das aktivierte Kontrollkästchen Rahmenlinien.

Exkurs **AutoKorrektur-Optionen steuern**

Das Beispiel der automatischen Rahmenlinie zeigt sehr schön, wie das neue Konzept der Anwenderinformation arbeitet.

Sofort nach dem Ausführen der automatischen Korrektur erscheint die Optionsschaltfläche *AutoKorrektur-Optionen*. Im Beispiel enthält sie – ebenfalls typische – Befehle:

→ Der erste Befehl macht die eben erfolgte automatische Korrektur rückgängig.

→ Ein weiterer Befehl hilft dabei, die Automatik sofort und für immer abzuschalten, ohne dass dafür die Dialogbox *AutoKorrektur-Optionen* bemüht werden muss.

→ Für die erneute Aktivierung der Funktion oder für die Kontrolle der Einstellungen müssen Sie dann die Dialogbox *AutoKorrektur-Optionen* aktivieren. Wenn Sie das sofort mit dem Befehl *AutoKorrektur-Optionen* aus dem Befehlsmenü der Optionsschaltfläche tun, aktiviert Word sofort das Register, das für die zugehörigen Funktionen zuständig ist.

→ Eine weitere automatische Formatierung lösen Sie aus, wenn Sie das Kontrollkästchen *Tabellen* aktiviert haben. Mit der Eingabe +--+------ ----+ Enter erzeugen Sie eine Tabelle mit zwei Spalten, deren zweite nun breiter ist als die erste, da zwischen dem zweiten und dem dritten Pluszeichen mehr Bindestriche geschrieben wurden.

→ Bei aktiviertem Kontrollkästchen *Automatische Aufzählung* reagiert Word auf die Texteingabe besonderer Zeichen am Absatzbeginn, denen Leerzeichen bzw. Tabulatorzeichen und Text folgen. Betätigen Sie nach einer solchen Texteingabe die Enter -Taste, wird die automatische Aufzählungsfunktion gestartet. Sie beenden diese Funktion wieder, wenn Sie die Enter -Taste zweimal betätigen oder mit der Backspace -Taste den letzten leeren Listeneintrag löschen.

→ In ähnlicher Weise reagiert Word auf die Eingabe von Zeichen, die es als Nummerierungszeichen anwenden kann. Haben Sie das Kontrollkästchen *Automatische Nummerierung* aktiviert, werden bestimmte Zeichen am Zeilenbeginn, denen ein Punkt bzw. eine Klammer und dann ein Tabulatorzeichen bzw. ein Leerzeichen folgen, als Beginn einer automatischen Nummerierung gewertet. Sie beenden auch diese Funktion automatisch: Drücken Sie die Enter -Taste zweimal, oder löschen Sie mit der Backspace -Taste den letzten leeren Listeneintrag.

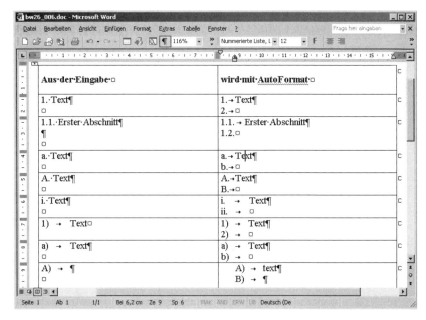

Bild 28.3: Groß ist die Palette der Zeichen, die eine automatische Nummerierung auslöst.

Weitere Ersetzungen währen der Eingabe

Der Bereich im unteren Teil des Registers *AutoFormat während der Eingabe* enthält Kontrollkästchen, mit denen Sie automatische Formatierungen aktivieren.

→ Mit dem Kontrollkästchen *Listeneintrag wie vorherigen formatieren* übertragen Sie besondere Gestaltungsmittel, die Sie auf nummerierte Listen oder Listen mit Aufzählungszeichen angewandt haben, automatisch auf das nächste Listenelement.

→ Mit Aktivierung des Kontrollkästchens *Formatvorlagen basierend auf Formatierung definieren* erzeugen Sie automatisch neue Formatvorlagen auf der Basis von Absätzen, deren Formatierung Sie verändern.

28.2 Dokumente nachträglich automatisch formatieren

Die nachträgliche Anwendung von AutoFormat gestaltet einen vorhandenen Text automatisch neu. Dabei müssen Sie wissen, dass Word auf einige Regeln im Text achtet. Die nachträgliche Verwendung von AutoFormat erfordert, dass Sie schon bei der Eingabe des Texts genau diese Regeln einhalten. Das aber macht den Einsatz von AutoFormat nach der Eingabe des Texts zumindest fragwürdig. Wenn Sie den Text für AutoFormat vorbereiten müssen, dass AutoFormat ihn korrekt formatieren kann, dann können Sie ihn ja schließlich auch gleich selbst korrekt formatieren. Ein nicht vorbereiteter Text wird von AutoFormat gar nicht oder zumindest nicht nach Ihren Wünschen formatiert.

Auch wenn der Text mit einiger Mühe auf das automatische Formatieren vorbereitet wurde, das Ergebnis ist jedoch nicht immer befriedigend.

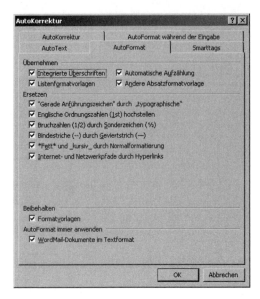

Bild 28.4: *Mit dem Register* AutoFormat *regeln Sie die automatische Formatierung eines Texts nach der Texteingabe.*

Die nachträgliche Gestaltung eines Texts umfasst zwei unterschiedliche Funktionen:

→ Zum einen werden den Textabsätzen automatisch Formatvorlagen zugewiesen. Mehr Informationen für die Arbeit mit Formatvorlagen erhalten Sie im Kapitel 39, »Das Dokument schnell gestalten«.

→ Zum anderen werden bestimmte Textbestandteile – je nach gewählter Einstellung – umformatiert.

Die Art und Weise, wie Word bei der Anwendung von AutoFormat nach der Texteingabe vorgeht, bestimmen Sie im Register *AutoFormat* der Dialogbox *AutoKorrektur*. Zugriff auf dieses Register haben Sie mit *Extras/AutoKorrektur-Optionen/AutoKorrektur*. Einen weiteren Zugang haben Sie mit der Schaltfläche *Optionen* der Dialogbox *AutoFormat*, die mit dem Befehl *Format/AutoFormat* aktiviert wird.

Die Einstellungen für AutoFormat nach der Texteingabe

Eine Vielzahl von Kontrollkästchen hat Einfluss auf den Ablauf der automatischen Formatierung. Dabei wird Word durch die Aktivierung von Kontrollkästchen im Bereich *Übernehmen* angewiesen, für Textelemente Formatvorlagen zuzuweisen. Word wird dafür besondere Elemente als Kennzeichen interpretieren – z.B. unterschiedliche Schriftgrößen für die Erkennung von Überschriften. Word erkennt Listen an Nummerierungen oder Aufzählungszeichen und formatiert diese Textpassagen entsprechend, wenn Sie vorher das jeweils zuständige Kontrollkästchen aktivieren.

Von besonderem Interesse ist auch noch das Kontrollkästchen *Andere Absatzformatvorlage*. Ist es aktiviert, wird Word auch besonderen Absätzen eine Formatvorlage zuweisen.

 Wenn Sie selbst im Text schon mit Formatvorlagen gearbeitet haben, sollten Sie in jedem Fall das Kontrollkästchen Formatvorlagen *im Bereich* Beibehalten *aktivieren. Word ersetzt sonst Ihre Festlegungen nach eigenen Vorstellungen.*

Der Bereich *Ersetzen* auf dem Register *AutoFormat* ist mit dem entsprechenden Bereich im schon beschriebenen Register *AutoFormat während der Eingabe* identisch. Der Unterschied liegt nur im Zeitpunkt der Anwendung: direkt bei der Texteingabe oder erst nachträglich.

 Nur für WordMail-Nachrichten von Bedeutung ist das Kontrollkästchen WordMail-Dokumente im Textformat. *Bei aktiviertem Kontrollkästchen werden WordMail-Nachrichten im Nur-Text-Format beim Öffnen automatisch nach den Regeln der AutoKorrektur formatiert. Dieses Kontrollkästchen bezieht sich nur darauf und hat sonst keinen Einfluss.*

AutoFormat durchführen

Mit dem Befehl *Format/AutoFormat* starten Sie den Vorgang. Vermutlich benötigen Sie mehrere Versuche, bis Sie die nötigen Einstellungen finden, um das Dokument wunschgemäß zu gestalten. Eine durchgeführte automatische Formatierung Ihres Dokuments können Sie selbstverständlich wieder rückgängig machen, es empfiehlt sich aber trotzdem, das Dokument vorher zu speichern.

→ Markieren Sie den Textteil Ihres Dokuments, den Sie mit AutoFormat bearbeiten wollen. Ohne Markierung bezieht sich der Vorgang immer auf das gesamte Dokument.

→ Starten Sie AutoFormat mit dem Befehl FORMAT/AUTOFORMAT.

Bild 28.5: *Die Dialogbox* AutoFormat. *Mit der Schaltfläche* Optionen *gelangen Sie zum Register* AutoFormat, *um dort gegebenenfalls die Voreinstellung zu ändern.*

→ Folgen Sie der freundlichen Aufforderung im unteren Teil der Dialogbox. Wählen Sie den Dokumenttyp aus, um den Formatierungsprozess zu optimieren – für ein allgemeines Dokument, einen Brief oder eine WordMail-Nachricht.

→ Entscheiden Sie sich durch Wahl der entsprechenden Option, ob Sie Word die Arbeit überlassen oder ob Sie Word kontrollieren wollen. Die Option *AutoFormat mit Anzeige der Änderungen* lässt eine solche Kontrolle zu.

→ Bestätigen Sie die Dialogbox mit *OK*. Word beginnt unverzüglich mit der Arbeit.

Interaktives AutoFormat

Wenn Sie die Option *AutoFormat mit Anzeige der Änderungen* aktivieren, bietet Ihnen Word an, die durchgeführte Formatierung zu kontrollieren.

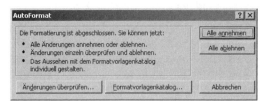

Bild 28.6: *Word hat seine Arbeit beendet und bietet mit dieser Dialogbox an, die Änderungen zu prüfen.*

Mit den Schaltflächen *Alle ablehnen* oder *Alle annehmen* können Sie immer noch den Vorgang der Autoformatierung abschließen, ohne auch nur einen Blick auf die vorgenommenen Änderungen zu werfen. Sinnvoller ist aber in diesem Zusammenhang wohl ein Klick auf die Schaltfläche *Änderungen überprüfen* – obwohl Word zunächst auch etwas zu bemerken hat.

Word hat das Dokument mit einigen Änderungsmarkierungen ausgestattet:

→ Blaue Absatzmarken zeigen an, dass Word diesem Absatz eine Formatvorlage zugewiesen hat.

→ Rote Absatzmarken werden nach Bestätigung gelöscht – durchgestrichene Zeichen ebenfalls.

→ Unterstrichene Zeichen werden von Word nach Bestätigung dem Dokument hinzugefügt.

 Mit der Schaltfläche Markierungen ausblenden *sehen Sie den Text so, wie er nach Bestätigung der Änderungsvorschläge aussehen würde.*

Mit der Schaltfläche *Suchen* bewegen Sie sich von Änderung zu Änderung durch den Text. Mit einem Klick auf die Schaltfläche (Weiter)*Suchen* nehmen Sie die Änderung an, ein Klick auf *Ablehnen* weist die Änderung zurück. Um Ihnen diese Entscheidung zu erleichtern, informiert Word Sie in der Dialogbox bei jeder gefundenen Änderung mit einigen Stichpunkten über den vorgeschlagenen Änderungswunsch. Wenn Sie dieses demokratische Verfahren bis zur letzten Änderung durchstehen, teilt Ihnen Word das Ende mit.

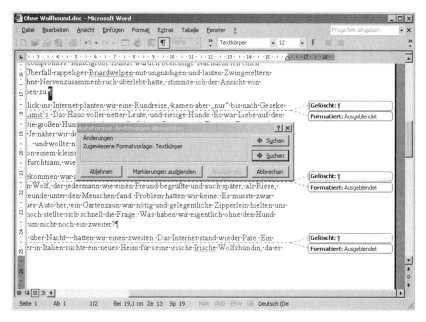

Bild 28.7: *Nach einem Klick auf die Schaltfläche* Suchen *akzeptieren Sie die vorgenommenen Änderungen einzeln oder lehnen den Vorschlag von Word ab.*

Wenn Sie die Überprüfung abgeschlossen haben, müssen Sie noch in der Dialogbox *AutoFormat* auf die Schaltfläche *Alle annehmen* klicken. Daraufhin nimmt Word alle nicht abgelehnten Änderungen in das Dokument auf, entfernt die Korrekturmarkierungen und schließt die Funktion AutoFormat ab.

Der Formatvorlagen-Katalog

Nach der Durchführung von AutoFormat enthält das Dokument nun Formatvorlagen. Deshalb können Sie in der Dialogbox *AutoFormat* die Schaltfläche *Formatvorlagenkatalog* wählen, um das Aussehen Ihres Dokuments noch weiter zu beeinflussen.

Links in der Dialogbox finden Sie im Listenfeld *Vorlage* alle zur Verfügung stehenden Muster. Ein Klick auf einen dort befindlichen Eintrag übernimmt die dort gespeicherten Standards in das Dokument. Im Vorschaufenster verfolgen Sie, wie sich das Dokument verändert – wenn Sie die Option *Dokument* im Bereich *Vorschau* gewählt haben.

Haben Sie ein Muster gefunden, dessen Auswirkung auf das Dokument Ihren Vorstellungen am besten entspricht, bestätigen Sie die Dialogbox mit *OK*.

Über den Umgang mit diesen Mustern – den Dokumentvorlagen – informiert Sie das Kapitel 40, »Die Dokumentvorlagen«.

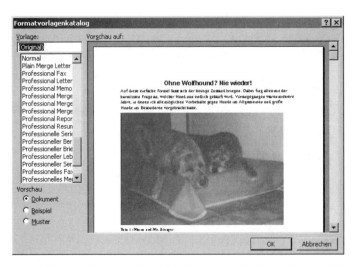

Bild 28.8: Mit der Dialogbox Formatvorlagenkatalog *ändern Sie das Dokument blitzartig.*

29 AutoText – Texteingabe leicht gemacht

Greifen Sie bei wiederkehrenden Texten auf gespeicherte Textpassagen zurück und verkürzen Sie so den Eingabeaufwand. Mit der Funktion Auto-Text fügen Sie Textbausteine ein und verwalten sie effektiv.

29.1 AutoText und Textbausteine

Einmal abgespeicherte Textpassagen lassen sich mit der Funktion *AutoText* auf Tastendruck wieder in ein Dokument einfügen. Mit AutoText entheben Sie sich der Last, ständig wiederkehrende Textstellen immer wieder neu einzugeben. Paradebeispiel dafür sind z.B. die Anrede, der Briefkopf oder die Grußfloskel beim Schreiben von Briefen. Aber auch im täglichen Praxis-einsatz finden sich Beispiele: Komplizierte Produktbezeichnungen oder der eigene Firmenname sind mit der Funktion *AutoText* schnell eingefügt.

In verschiedenen Textverarbeitungsprogrammen sind namentlich abgelegte Textpassagen meist unter dem Begriff Textbausteine *zu finden. In Word hei-ßen diese Bausteine* AutoText-Einträge.

Die AutoText-Funktion kann jedoch mehr, als nur Textpassagen beliebiger Länge festhalten. Sie ist ebenso in der Lage, Formatierungen, Druckfor-mate, Tabellenauszeichnungen, Grafiken, AutoFormen und anderes aufzu-nehmen und über ein Kürzel in den Text einzufügen.

Praxistipp: AutoText-Einträge erstellen

Am Beispiel einer Grußfloskel legen Sie einen AutoText an. Solche Stan-dards lohnen den Aufwand, da sie häufig geschrieben werden.

Die normale Floskel Mit freundlichen Grüssen *ist bereits mit dem Kürzel* mfg_ *in der AutoKorrektur-Liste verfügbar.*

→ Zu diesem Zweck geben Sie den folgenden Text in ein leeres Dokument ein, z.B. `Hargo Hunger`[Enter]`Geschäftsführer`[Enter].

→ Sie markieren anschließend den eingegebenen Text und rufen den Befehl *Einfügen/AutoText/Neu* auf. Dieser Befehl ist immer nur dann verfügbar, wenn Sie zuvor Textobjekte markieren. Word blendet die Dialogbox *AutoText erstellen* auf.

Das Untermenü von Einfügen/AutoText *ist eine herauslösbare Palette. Zie-hen Sie dieses Menü bei häufiger Verwendung am grauen Balken aus dem Menü auf die Arbeitsfläche, um es in die Symbolleiste* AutoText *zu verwan-deln.*

Anstelle des Menübefehls ist der Aufruf der Dialogbox AutoText erstellen *auch mit der Tastenkombination* [Alt]+[F3] *möglich.*

Bild 29.1: Die Dialogbox AutoText *erstellen*

→ Im Eingabefeld *Name für AutoText-Eintrag* schlägt Ihnen das Programm den Anfang des markierten Texts vor. Diesen sollten Sie durch eine möglichst kurze und trotzdem eindeutige Bezeichnung ersetzen. Wählen Sie hierfür z.B. das Kürzel mfghh.

→ Nachdem Sie die Eingabe mit *Hinzufügen* bestätigt und die Dialogbox mit *OK* verlassen haben, steht der AutoText-Eintrag in allen Dokumenten, die auf der Dokumentvorlage NORMAL.DOT basieren, zur Verfügung.

Mit diesem Verfahren übernehmen Sie beliebige Textelemente in einen AutoText-Eintrag. Natürlich ist es auch möglich, innerhalb eines normalen Texts die Festlegung zu treffen.

Damit diese Methode eine tatsächliche Zeitersparnis bringt, muss das verwendete Kürzel eine gewisse Prägnanz aufweisen und kurz genug sein.

AutoText-Einträge verwenden

Sobald Sie einen AutoText-Eintrag festgelegt haben, ist er verfügbar. Um einen AutoText-Eintrag zu verwenden, reichen wenige Handgriffe aus:

→ Geben Sie an der gewünschten Stelle das Kürzel mfghh ein.

→ Drücken Sie unmittelbar nach Eingabe des Kürzels die Funktionstaste [F3]. Word fügt den Inhalt des AutoText-Eintrags ein und löscht dabei das Kürzel.

Für den gerade geschilderten Weg ist Voraussetzung, dass Sie die Kürzel für AutoText-Einträge im Kopf haben.

Wenn das nicht der Fall ist, verwenden Sie einen anderen Weg, um den AutoText-Eintrag einzufügen:

→ Setzen Sie die Schreibmarke an die Stelle, an der AutoText eingefügt werden soll.

→ Wählen Sie den Befehl *Einfügen/AutoText/AutoText*. Word öffnet die Dialogbox *AutoKorrektur* mit aktivem Register *AutoText*.

→ Suchen Sie aus der Auswahlliste den gewünschten Eintrag. Im Vorschaufenster der Dialogbox wird der Text des Eintrags dargestellt, soweit die Fenstergröße ausreicht.

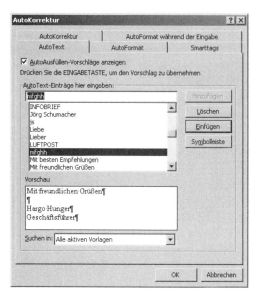

Bild 29.2: *Der Eintrag* mfghh *in der Liste der Dialogbox* AutoKorrektur, *Register* AutoText

→ Klicken Sie nach Auswahl auf die Schaltfläche *Einfügen*. Word schließt die Dialogbox und fügt den AutoText-Eintrag an der aktuellen Position der Schreibmarke im Text ein.

Mit der Veränderung der Auswahl im Listenfeld Suchen in *bringen Sie den AutoText-Eintrag auch in einer anderen Dokumentvorlage unter. Öffnen Sie vorher ein Dokument mit einer anderen Vorlage, die Sie dann bei* Suchen in *aktivieren. Danach wählen Sie* Hinzufügen, *um den AutoText-Eintrag in der anderen Vorlage zu speichern.*

Eine weitere Variante zum Einfügen eines AutoText-Eintrags erschließt sich über das Menü. Bei der Erstellung eines AutoText-Eintrags prüft Word die dem Text zugewiesene Formatvorlage. Sie haben bei der Vergabe des AutoText-Eintrags mfghh sicher keine andere Formatvorlage als die automatisch von Word verwendete Formatvorlage *Standard* benutzt. Deshalb hat Word nach Festlegung des Kürzels den neuen AutoText-Eintrag unter dieser Rubrik untergebracht. Der im Beispiel verwendete Eintrag ist nun mit dem Befehl *Einfügen/AutoText/Standard/mfghh* auch über das Menü verfügbar.

Das Menü ist von der Dokumentvorlage abhängig, die bei Suchen in der Dialogbox AutoKorrektur *eingestellt ist.*

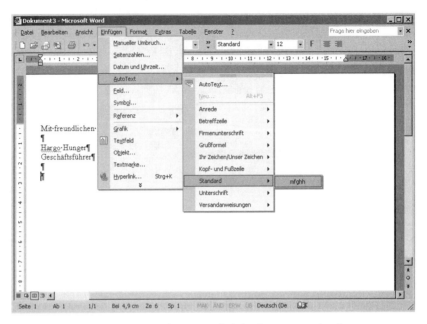

Bild 29.3: Der neue AutoText-Eintrag mfghh *ist automatisch im Menü untergebracht.*

29.2 AutoText-Einträge im Lieferumfang

Offensichtlich als Anregung gedacht sind die im Lieferumfang von Word enthaltenen AutoText-Einträge, ein buntes Sammelsurium an wichtigen und unwichtigen Einträgen. Einsehen können Sie diese Standards mit der schon beschriebenen Dialogbox, die Sie mit *Einfügen/AutoText/AutoText* aktivieren.

Wenn Sie häufig mit AutoText-Einträgen arbeiten, sollten Sie die AutoText-Symbolleiste einblenden. Verwenden Sie dazu den Befehl Ansicht/Symbolleisten/AutoText, *oder ziehen Sie das Untermenü von* Einfügen/AutoText *mit der Maus als Symbolleiste heraus.*

Um einen solchen Standardeintrag zu nutzen, wählen Sie ihn aus der Liste aus und fügen ihn mit der Schaltfläche *Einfügen* an der Position der Schreibmarke im Text ein.

Auch im Untermenü von *Einfügen/AutoText* sind die Kategorien enthalten, in denen die vorhandenen AutoText-Einträge gruppiert sind. Klicken Sie zum Einfügen mit der Maus auf einen Eintrag – z.B. den Eintrag *Sehr geehrte Damen und Herren* in der Kategorie *Anrede.*

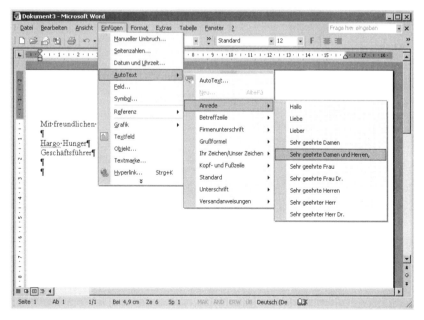

Bild 29.4: Standardeintrag im Untermenü von Einfügen/AutoText.

29.3 AutoText-Einträge neu definieren oder löschen

Gerade im Zusammenhang mit nützlichen oder weniger nützlichen Auto-Text-Einträgen taucht die Frage auf, wie Sie einen AutoText-Eintrag verändern oder ganz entfernen.

Um einen vorhandenen AutoText-Eintrag neu zu definieren:

→ Markieren Sie das Textelement, das den bisherigen AutoText-Eintrag ersetzen soll.

→ Klicken Sie auf den Befehl *Einfügen/AutoText/AutoText*. Aktivieren Sie das Register *AutoText*.

→ Wählen Sie aus der Liste den bisherigen Eintrag aus. Word blendet im Vorschaufenster die bisherige Festlegung ein.

→ Klicken Sie danach auf die Schaltfläche *Hinzufügen*. Word reagiert an dieser Stelle mit einer Sicherheitsabfrage, da der Eintrag schon vorhanden ist.

→ Bestätigen Sie die Abfrage mit der Schaltfläche *Ja*. Damit ist der bisherige Eintrag überschrieben.

Um einen vorhandenen AutoText-Eintrag zu löschen:

→ Klicken Sie auf den Befehl *Einfügen/AutoText/AutoText*. Aktivieren Sie das Register *AutoText*.

→ Wählen Sie aus der Liste den gewünschten Eintrag aus. Word blendet im Vorschaufenster den zugeordneten Text ein.

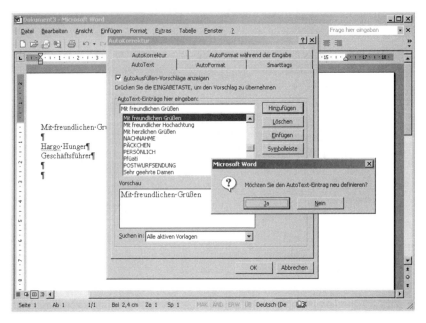

Bild 29.5: *Sicherheitsabfrage von Word beim erneuten Festlegen eines bereits vorhandenen Auto-Text-Eintrags.*

→ Klicken Sie danach auf die Schaltfläche *Löschen*. Word entfernt den Eintrag kommentarlos aus der Liste. Der Vorgang ist nicht rückgängig zu machen.

→ Mit einem Klick auf *OK* beenden Sie den Vorgang.

29.4 Eine Liste der AutoTexte drucken

Damit Sie bei Ihren AutoTexten nicht die Übersicht verlieren, empfiehlt es sich, von Zeit zu Zeit eine Liste der AutoTexte auszudrucken. Dies erreichen Sie über *Datei/Drucken*. Im oberen Listenfeld *Drucken* wählen Sie *AutoText-Einträge*. Nach Bestätigung der Dialogbox mit *OK* erhalten Sie eine komplette Liste der vorhandenen AutoTexte. Sie ist geordnet, enthält die Kürzel sowie die Inhalte der AutoText-Einträge mit den enthaltenen besonderen Formatierungen.

Aktivieren Sie bei Bedarf im Bereich Zoom *den mehrseitigen Ausdruck pro Blatt, um eine verkleinerte Liste zu erhalten.*

Verwenden Sie in Dokumentenvorlagen die Feldfunktion AutoText, *wenn Sie AutoText-Einträge häufiger verändern.*

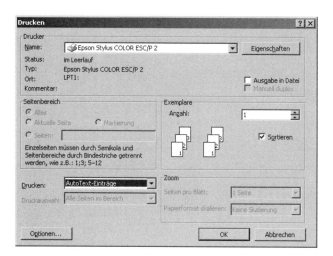

Bild 29.6: *Mit dieser Einstellung in der Dialogbox* Drucken *gibt Word die vorhandenen AutoText-Einträge auf dem Drucker aus.*

30 Texte, die sich selbst ergänzen

Wie von Geisterhand erscheinen manchmal während der Texteingabe kleine Fensterchen mit Eingabeaufforderung über den Texten. Word macht Ihnen damit einen Vorschlag, wie Sie das angefangene Wort vervollständigen können. In diesem Kapitel erfahren Sie, wie Sie die Funktion AutoAusfüllen einsetzen, um die Texteingabe zu beschleunigen.

Aktivierung der Funktion AutoAusfüllen

Wenn Sie Word das erste Mal starten, ist die Funktion eingeschaltet. Das bedeutet, dass Ihnen Word bei der Eingabe bestimmter Textelemente unter die Arme greifen will. Diese Funktion erleichtert die Texteingabe auf besonders bequeme Art, vor allem, weil sie sich immer wieder selbst in Erinnerung bringt. Verantwortlich für die Aktivierung der Funktion ist eine Einstellung im Register *AutoText* der Dialogbox *AutoKorrektur*. Diese Tatsache weist nachdrücklich darauf hin, dass die Funktion *AutoAusfüllen* nur eine Besonderheit der schon beschriebenen Funktion *AutoText* ist.

→ Führen Sie den Befehl *Extras/AutoKorrektur-Optionen/AutoKorrektur* aus, und wählen Sie in der erscheinenden Dialogbox *AutoKorrektur* das Register *AutoText* mit einem Mausklick aus. Alternativ könnten Sie auch den Befehl *Einfügen/AutoText/AutoText* ausführen, er erzielt auch dieses Ergebnis.

→ Aktivieren Sie bei Bedarf das Kontrollkästchen *AutoAusfüllen-Vorschläge anzeigen*. Damit schalten Sie die Funktion *AutoAusfüllen* ein.

→ Bestätigen Sie die Änderung in der Dialogbox mit *OK*.

Bild 30.1: *Im oberen Teil des Registers schalten Sie mit dem Kontrollkästchen die Funktion* Auto-Ausfüllen *ein- oder aus.*

Da Sie die Funktion AutoAusfüllen genau wie die Funktion AutoText vor dem Einsatz explizit bestätigen, erscheint keine Optionsschaltfläche AutoKorrektur-Optionen.

Die Anwendung von AutoAusfüllen

Bei aktivierter Funktion *AutoAusfüllen* überprüft Word die Eingaben in das Dokument. Stößt Word dabei auf einen Eintrag, für den ein Kürzel in der Liste der AutoText-Einträge vorliegt, wird ein Vorschlag aktiviert. Word schlägt ein Wort oder einen Ausdruck ausgehend von den ersten vier eingegebenen Buchstaben eines Elements vor – z.B. bei Datumsangaben oder AutoText-Kürzeln.

Wenn der Vorschlag über der Schreibmarke erscheint, drücken Sie die Enter-Taste, die Funktionstaste F3 oder die Tab-Taste, um den Vorschlag anzunehmen. Wenn Sie an dem Vorschlag nicht interessiert sind oder ihn übersehen, dann lehnen Sie den Vorschlag durch weitere Texteingabe ab.

 Einige der mit Word gelieferten AutoText-Einträge können diese QuickInfo auslösen, andere nicht, da sie sich erst nach unzähligen Buchstaben voneinander unterscheiden.

Um die Funktion auszuprobieren, geben Sie z.B. den Text *Mit besten Empfehlungen* am Beginn einer Zeile ein.

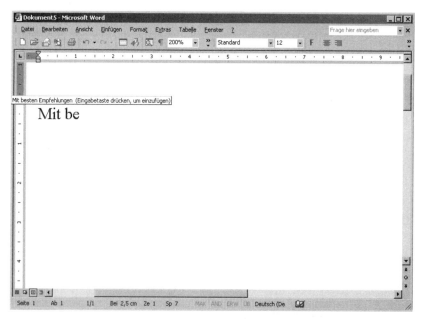

Bild 30.2: Die Funktion AutoAusfüllen *macht einen Vorschlag – Sie entscheiden über die Verwendung.*

Word reagiert spät, und zwar nicht auf das vierte Zeichen, sondern erst einige Zeichen später. Das hängt damit zusammen, dass es noch weitere

AutoText-Einträge gibt, die mit der gleichen Buchstabenkombination beginnen. Word zeigt also nur dann einen Tipp, wenn es Ihren Text eindeutig interpretieren kann. Dabei ist die von Ihnen gewählte Form der Groß- bzw. Kleinschreibung für den Vorschlag von Word unerheblich.

AutoText und AutoAusfüllen

Wenn Sie mit dem im vorhergehenden Kapitel beschriebenen Verfahren einen AutoText-Eintrag festlegen, dann wird dieser auch als Eintrag für die Funktion *AutoAusfüllen* interpretiert, vorausgesetzt, das gewählte Kürzel hat mindestens vier Zeichen. Aber auch aus bereits definierten AutoText-Einträgen erstellen Sie nachträglich noch einen Eintrag für AutoAusfüllen.

→ Setzen Sie die Schreibmarke an eine freie Stelle im Text – an das Ende oder in ein neues, leeres Dokument.

→ Geben Sie das Kürzel ein, und drücken Sie dann die Funktionstaste F3. Das Kürzel wird durch Text ersetzt.

→ Sie markieren anschließend den Text und rufen den Befehl *Einfügen/ AutoText/AutoText* auf.

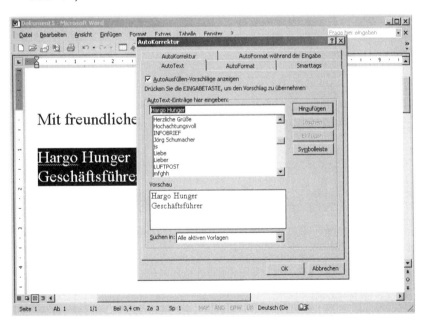

Bild 30.3: Word bietet automatisch einen längeren Text als AutoText-Eintrag an, der mit den ersten Wörtern Ihres Texts übereinstimmt.

→ Bestätigen Sie die Vorgabe mit *Hinzufügen und* verlassen Sie die Dialogbox mit *OK*. Der AutoText-Eintrag steht in allen Dokumenten zur Verfügung, die auf der Dokumentvorlage NORMAL.DOT basieren.

Bedenken Sie, dass Sie den Eintrag nun über zwei Wege in das Dokument einfügen können:

→ Wenn Sie an der Schreibmarke das gewohnte Kürzel einfügen und unmittelbar danach die Funktionstaste [F3] betätigen, fügt Word anhand des Kürzels den damit verbundenen Text in das Dokument ein. Hier wirkt die Funktion AutoText.

→ Schreiben Sie an einer beliebigen Stelle des Texts wie im abgebildeten Beispiel die Wörter *Hargo Hunger*, findet Word den Eintrag für die Funktion *AutoAusfüllen* und blendet über dem Wort die QuickInfo mit dem Textvorschlag ein – falls Sie das Beispiel selbst nachvollzogen haben.

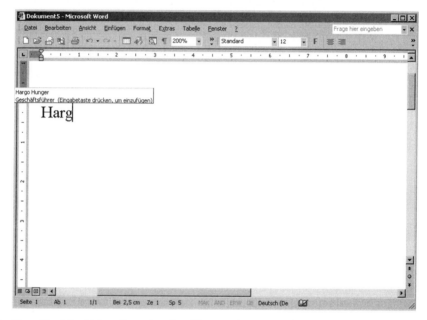

Bild 30.4: Wenn Sie sich nicht an Ihren AutoText-Eintrag erinnern, Word hat die Alternative gelernt – AutoAusfüllen ist aktiv.

31 AutoKorrektur – Tippfehler sind Vergangenheit

Buchstabendreher, doppelte Großbuchstaben am Wortanfang oder auch doppelt bzw. zusätzlich angeschlagene Tasten dürften zu den häufigsten Fehlerarten zählen. Die Funktion *AutoKorrektur* von Word kann diese lästigen Fehler gleich bei der Eingabe automatisch korrigieren und Ihren Aufwand für die Überarbeitung des Dokuments reduzieren.

31.1 Der Text korrigiert sich selbst?

Word ist in der Lage, den Text bereits bei der Eingabe zu überprüfen. Jedes nicht bekannte Wort wird sofort mit einer Wellenlinie unterstrichen. Jeder Fehler kann damit leicht lokalisiert und korrigiert werden. Was liegt näher, als Word gleich bei dieser ohnehin zu erledigenden Arbeit einen Teil der Korrekturarbeit erledigen zu lassen? Dies geschieht mit der Funktion *AutoKorrektur.*

Noch vor der Rechtschreibprüfung, die gleich nach Fertigstellung der Eingabe eines Wortes beginnt, geht Word eine Liste definierter Fehler durch. Trifft es dabei auf einen Eintrag, wird das Wort automatisch korrigiert, vorausgesetzt, die »Ausrutscher« wurden im Programm irgendwann einmal definiert und die Funktion *AutoKorrektur* ist eingeschaltet. Typische Buchstabendreher wie *mti* werden unbemerkt in das richtige Wort *mit* korrigiert. Dahinter steckt die AutoKorrektur. Sie ist nach der Installation von Word automatisch aktiviert, vermutlich, um Sie ganz sacht an diese wirklich brauchbare Funktion heranzuführen. Kombiniert mit der Funktion ist die Optionsschaltfläche *AutoKorrektur-Optionen,* die für jeden einzelnen Fall die eventuell nötige Unterstützung bietet.

Achten Sie bei Bedarf darauf, dass Word die richtige Sprache erkannt hat.

Dabei sind die Möglichkeiten der AutoKorrektur noch nicht mit den einfachen Buchstabendrehern oder typischen Schreibfehlern erschöpft. Auch wenn Word eine umfangreiche Liste mitbringt, sie ist erweiterbar – nicht nur durch Ihre typischen Fehler. Die Funktion AutoKorrektur setzen Sie noch für andere Zwecke ein, die mit Fehlern gar nichts zu tun haben. Lassen Sie Word doch einfach das Kürzel *mk* durch Ihre Bankverbindung mit Bankleitzahl und Kontonummer ersetzen, Sonderzeichen einfügen, Text mit besonderen Formatierungen, anstelle von so daß für die neue deutsche Rechtschreibung so dass – Ihnen fällt bei dieser Beschreibung sicher eine Reihe weiterer Möglichkeiten ein.

Wenn die AutoKorrektur auf Ihrem Rechner nicht aktiviert sein sollte, schalten Sie diese Funktion mit dem Befehl Extras/AutoKorrektur-Optionen/AutoKorrektur *im Register* AutoKorrektur *der gleichnamigen Dialogbox mit dem Kontrollkästchen* Während der Eingabe ersetzen *ein – oder auch aus.*

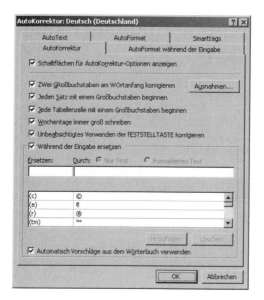

Bild 31.1: Das Register AutoKorrektur *in der gleichnamigen Dialogbox mit einem typischen Teil der Korrekturliste*

Funktionen im Register AutoKorrektur

Grundsätzlich müssen Sie die Eingabe eines Wortes für Word erkennbar beendet haben, bevor eine automatische Korrektur erfolgt. Die Schreibmarke muss den Wortbereich verlassen haben, der durch eine `Leertaste`, ein Satzzeichen oder ein Sonderzeichen beendet wird. Dann erst wird korrigiert.

Damit werden wohl auch einige Besonderheiten deutlich, die Sie im oberen Teil der Dialogbox *AutoKorrektur* regeln.

→ *ZWei GRossbuchstaben am WOrtanfang korrigieren*
Mit aktiviertem Kontrollkästchen reagiert Word auf einen häufigen Fehler. Word wandelt von zwei aufeinanderfolgenden Buchstaben am Wortanfang den zweiten Buchstaben in einen Kleinbuchstaben um. In 99% aller Fälle ist das korrekt – aber *EMail* ist eine mögliche Ausnahme, die sicher nicht korrigiert werden soll, wenn der Text nicht von Geschirr, sondern von Kommunikation handelt.

→ *Jeden Satz mit einem Grossbuchstaben beginnen*
Dieses Kontrollkästchen ist ebenso problematisch wie das erste. Ist es aktiviert, beginnt Word nach einem Punkt im Text automatisch mit einem Großbuchstaben. Bei Abkürzungen, wie »z.B.« oder »u.a.« sind Ausnahmen definiert, die mit der Schaltfläche *Ausnahmen* verwaltet werden.

→ *Wochentage immer gross schreiben*
Mit diesem Kontrollkästchen sorgen Sie dafür, dass Wochentage und Bezüge darauf immer mit einem Großbuchstaben beginnen.

→ *Unbeabsichtigtes Verwenden der Feststelltaste korrigieren*
Es passiert schon, dass der Schreiber statt der `Shift`-Taste die
`CapsLock`-Taste erwischt. Bei aktiviertem Kontrollkästchen darf
Word den Fehler selbst ausmerzen und gleichzeitig die `CapsLock`-
Taste lösen.

→ *Während der Eingabe ersetzen*
Mit der Aktivierung des Kontrollkästchens legen Sie fest, ob die Auto-
Korrektur unter Anwendung der darunter befindlichen Zuweisungsta-
belle durchgeführt werden darf oder nicht.

→ *Ersetzen/Durch*
Die Eingabefelder nehmen das Kürzel bzw. den Ersatztext auf.

→ *Nur Text/Formatierten Text*
Über die Auswahl mit den Optionen über dem Eingabefeld *Durch* können Sie bestimmen, ob der korrigierte Text mit oder ohne Formatierung ausgetauscht werden soll. Diese Optionen sind nur verfügbar,
wenn im Eingabefeld *Durch* formatierter Text enthalten ist. Bei Auswahl *Nur Text* wird der eingefügte Text die Formatierung seiner neuen
Textumgebung annehmen. Im anderen Fall behält er die Formatierung,
die er bei Festlegung des Eintrags hatte. Er ignoriert dann das Format,
in das er eingefügt wird.

→ *Automatisch Vorschläge aus dem Wörterbuch verwenden*
Mit diesem Kontrollkästchen weisen Sie Word an, automatisch die Fehler zu korrigieren, wenn Sie Wörter schreiben, die im Wörterbuch stehen.

31.2 Die Zuweisungstabelle erweitern

Um die von Word für die AutoKorrektur verwendete Liste zu erweitern,
gibt es mehrere Möglichkeiten.

→ Sie können die Zuweisungstabelle selbst durchsehen und per Hand
ergänzen.

→ Wenn Ihnen bei der Korrektur eines Wortes im Text der Gedanke an die
Erweiterung der Zuweisungstabelle kommt, schreiten Sie unter Verwendung von Markierung und Zwischenablage sofort zur Tat.

*Verwenden Sie diese beiden Methoden, wenn Sie mehrere Wörter durch Auto-
Korrektur ersetzt haben wollen, z.B. um solche Wortpuzzles wie* `asd tis` *bei
Bedarf durch Word korrigieren zu lassen.*

→ Im Ergebnis der automatischen Rechtschreibprüfung sind unbekannte
Wörter schnell gefunden. Über das Kontextmenü solcher Wörter ergänzen Sie sofort die AutoKorrektur.

→ Bei der Rechtschreibprüfung nach der Texteingabe ist dieser Zugriff
ebenfalls möglich, fallen Ihnen doch spätestens dabei die typischen
Fehler auf.

Achten Sie beim Erweitern der Zuweisungstabelle darauf, dass durch Ihre Arbeit keine zusätzlichen Fehler in Ihren Text hineinkorrigiert werden können. Lassen Sie Word nur unverwechselbare Korrekturen vornehmen, also solche, die nicht in anderem Zusammenhang falsch sein können.

Die Zuweisungstabelle manuell ergänzen

Die direkte Arbeit mit der Zuweisungstabelle ist zu empfehlen, wenn Sie die Liste durchsehen oder mehrere Änderungen auf einmal erledigen wollen.

→ Wählen Sie den Befehl *Extras/AutoKorrektur-Optionen/AutoKorrektur* und aktivieren Sie in der Dialogbox *AutoKorrektur* das gleichnamige Register.

→ Schreiben Sie in das Eingabefeld *Ersetzen* das zu korrigierende und in das Eingabefeld *Durch* das richtige Wort ein. Sie können auch Wortpaare automatisch korrigieren lassen, wenn Sie diese in die Liste eintragen.

→ Klicken Sie nach Kontrolle des Eintrags auf die Schaltfläche *Hinzufügen*. Word übernimmt den Eintrag aus den Eingabefeldern in die Zuweisungstabelle.

→ Wiederholen Sie den Vorgang mit anderen Einträgen.

→ Schließen Sie die Erweiterung der Zuweisungstabelle mit der Schaltfläche *OK* ab.

 Wenn Sie im Eingabefeld Ersetzen *die klein geschriebene Variante Ihres Korrekturwunsches verwenden, wird Word im Text sowohl die klein geschriebene als auch die groß geschriebene Variante automatisch korrigieren. Andernfalls wird nur bei Übereinstimmung der Großschreibung korrigiert.*

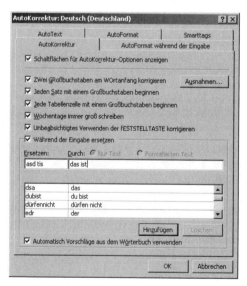

Bild 31.2: Ein neuer Eintrag für die Zuweisungstabelle – in der linken Liste steht der fehlerhafte, in der rechten daneben der korrekte Eintrag.

Textteile direkt in die Zuweisungstabelle übernehmen

Wenn Sie sich an die stille Hintergrundarbeit der Funktion *AutoKorrektur* gewöhnt haben, dann wollen Sie sicher die Ihnen auffallenden Standardfehler schnell in die Funktion übernehmen.

→ Markieren Sie zunächst den gewünschten Text.

→ Wählen Sie den Befehl *Extras/AutoKorrektur-Optionen/AutoKorrektur* und aktivieren Sie in der Dialogbox *AutoKorrektur* das gleichnamige Register.

Word entscheidet anhand der Markierung, ob der markierte Text nach Öffnen der Dialogbox in das Eingabefeld Ersetzen *oder das Eingabefeld* Durch *eingetragen wird. Korrekte Texte, Texte mit Format und Markierungen mit mehreren Wörtern werden in das Eingabefeld* Durch *gesetzt, unbekannte Einzelwörter in das Eingabefeld* Ersetzen.

→ Ergänzen Sie das leere Eingabefeld.

→ Klicken Sie nach Kontrolle des Eintrags die Schaltfläche *Hinzufügen*. Word übernimmt den Eintrag aus den Eingabefeldern in die Zuweisungstabelle.

→ Schließen Sie die Erweiterung der Zuweisungstabelle mit der Schaltfläche *OK* ab.

Mit dem genannten Verfahren wird eine Option aktiv, die bisher verborgen war. Wenn Sie im Eingabefeld *Durch* mit Hilfe einer vorherigen Markierung oder über die Zwischenablage einen Eintrag eingefügt haben, können Sie wählen. Mit der Option *Formatierten Text* wird der im Eingabefeld *Ersetzen* stehende Text eben durch den Eintrag mit Format ersetzt. Das ist praktisch, wenn Sie z. B. durchgehend durch den Text bestimmte Wörter stets in einer besonderen Auszeichnung verwenden.

Das damit zugewiesene Format kann auch eine andere Sprache sein oder der Ausschluss eines Wortes von der Silbentrennung. Greifen Sie bei Bedarf auf diese oder ähnliche Tricks mit der AutoKorrektur zurück. So einfach kann es sein!

Schreibfehler in AutoKorrektur-Einträge wandeln

Fehler, die durch die automatische Rechtschreibprüfung festgestellt werden, übertragen Sie direkt aus dem Text in die Listen der AutoKorrektur, wenn Word einen Korrekturvorschlag machen kann.

→ Wenn die rote Wellenlinie unter einem Wort erscheint, klicken Sie das entsprechende Wort mit der rechten Maustaste an. Sofern Word einen Korrekturvorschlag parat hat, ist das Kontextmenü um den Menüeintrag *AutoKorrektur* erweitert.

→ Ein Klick auf diesen Menüeintrag öffnet die Liste der Korrekturvorschläge noch einmal.

→ Wenn Sie jetzt die richtige Schreibweise aus dem AutoKorrektur-Untermenü wählen, ändert Worword d nicht nur den Begriff im Text, sondern schafft gleichzeitig einen Eintrag in der Zuweisungstabelle.

Danach steht dieser Eintrag beim nächsten Eingabefehler des Wortes zur Verfügung.

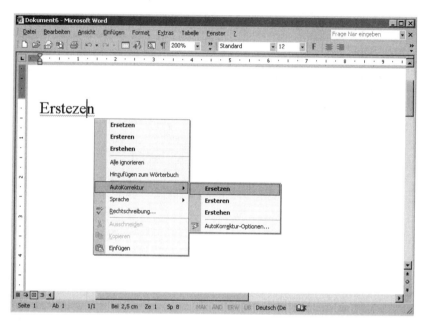

Bild 31.3: Hier ist die Auswahl groß. Es ist genau zu bedenken, ob dieser Eintrag in einen Auto-Korrektur-Eintrag verwandelt wird.

 Voraussetzung dieses Verfahrens sind natürlich eine aktivierte Rechtschreib-prüfung während der Eingabe und die eingeblendete Anzeige der Recht-schreibkennzeichnung.

AutoKorrektur und Rechtschreibprüfung

Die bisher beschriebenen Verfahren sind an einigen Stellen kontraproduktiv, da sie den normalen Arbeitsprozess am Text unterbrechen. Bei der Überprüfung von Rechtschreibung und Grammatik mit dem Befehl *Extras/Rechtschreibung und Grammatik* ist das Aufnehmen neuer AutoKorrektur-Einträge jedoch in einem Arbeitsgang möglich. Außerdem müssen Sie sich bei der Texteingabe beherrschen und nicht jeden Fehler sofort korrigieren.

→ Nach Abschluss der Texteingabe speichern Sie erst einmal Ihre Arbeit. Dann starten Sie die Überprüfung von Rechtschreibung und Grammatik. Die Funktionstaste F7 erledigt das am schnellsten, der Befehl *Extras/Rechtschreibung und Grammatik* tut es aber auch.

→ Fällt Ihnen bei der Überprüfung nun ein Wort auf, das Sie in die Auto-Korrektur einbeziehen wollen, wählen Sie die richtige Schreibweise im Vorschaufenster *Vorschläge* aus.

Wenn Sie nicht das richtige Wort finden, setzen Sie die Schreibmarke in das Vorschaufenster und korrigieren das falsche Wort manuell.

→ Wählen Sie die Schaltfläche *AutoKorrektur*, korrigiert Word das Wort im Text und bringt es gleichzeitig zusammen mit der vorher falschen Schreibweise in der Zuweisungstabelle von AutoKorrektur unter.

→ Wiederholen Sie den Vorgang, so oft Sie wollen bzw. solange Word Ihnen noch Wörter zur Korrektur anbietet.

→ Haben Sie so den Text korrigiert und beiläufig die AutoKorrektur-Funktion um einige Einträge bereichert, beenden Sie die Prüfung der Rechtschreibung und Grammatik.

Einträge verändern

Natürlich ist es von Zeit zu Zeit nötig, bereits festgelegte AutoKorrektur-Einträge zu verändern oder gar zu löschen. Das funktioniert über die Dialogbox *AutoKorrektur* im gleichnamigen Register.

Eine Änderung nehmen Sie folgendermaßen vor:

→ Klicken Sie auf den Menübefehl *Extras/AutoKorrektur-Otionen/Auto-Korrektur*. Wählen Sie das Register *AutoKorrektur*.

→ Um den Inhalt eines unformatiert gespeicherten AutoKorrektur-Eintrags zu ändern, klicken Sie in der Liste unter dem Eingabefeld *Durch* auf den gewünschten Eintrag.

→ Geben Sie Ihren neuen Korrekturwunsch in das Eingabefeld *Durch* ein.

→ Klicken Sie anschließend auf die Schaltfläche *Ersetzen*.

→ Bestätigen Sie die Sicherheitsabfrage von Word mit *OK*. Danach ist der Eintrag verändert.

Bild 31.4: Word fragt sicherheitshalber nach, ob der ursprüngliche Eintrag verändert werden soll.

Besteht der zu ändernde AutoKorrektur-Eintrag aus einem längeren Textabschnitt, einer Grafik oder Text, dessen Formatierung Sie beibehalten wollen, müssen Sie überlegt zur Sache gehen.

→ Fügen Sie den Eintrag zunächst in ein Dokument ein.

→ Sie nehmen anschließend die gewünschten Änderungen vor.

→ Danach markieren Sie den überarbeiteten Eintrag und klicken auf *Extras/AutoKorrektur-Optionen/AutoKorrektur*.

→ Geben Sie den Namen für den AutoKorrektur-Eintrag im Feld *Ersetzen* ein. Klicken Sie dann auf die Schaltfläche *Ersetzen*.

→ Nach Bestätigung der Sicherheitsabfrage ist das korrigierte Element wieder für die AutoKorrektur bereit.

Einträge löschen

Um einen Eintrag aus der Zuweisungstabelle zu entfernen, wählen Sie den nicht mehr gewünschten Eintrag aus und klicken auf die Schaltfläche *Löschen*. Word entfernt den Eintrag kommentarlos, hält ihn jedoch noch kurz für ein erneutes Hinzufügen bereit. Ein neuer Eintrag in eines der Eingabefelder oder die Bestätigung der Dialogbox mit *OK* wird ihn endgültig entfernen.

Eine besondere Variante zum Löschen bietet auch die Optionsschaltfläche *AutoKorrektur-Optionen*. Wenn Ihnen beim Schreiben des Texts auffällt, dass ein AutoKorrektur-Eintrag ungewollte Ersetzungen vornimmt, dann öffnen Sie das Menü der Optionsschaltfläche *AutoKorrektur-Optionen*. Sie finden dort den Eintrag *Automatische Korrektur von »xyz« deaktivieren*. Bei Betätigung dieses Befehls entfernt Word den zugehörigen Eintrag aus der Liste.

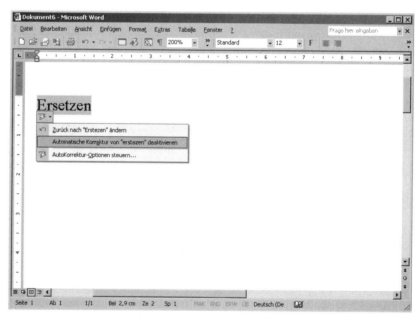

Bild 31.5: Mit der Optionsschaltfläche AutoKorrektur-Optionen *steuern Sie nachträglich das Verhalten der AutoKorrektur.*

Ausnahmen verwalten

Mit der Schaltfläche *Ausnahmen* werden die nötigen Sonderfälle verwaltet. Die Dialogbox *AutoKorrektur-Ausnahmen* führt drei Register.

→ Im Register *Erster Buchstabe* können Sie Abkürzungen eintragen, die mit einem Punkt am Ende geschrieben werden. So verhindern Sie, dass Word den Punkt automatisch als Ende eines Satzes interpretiert und das der Abkürzung folgende Wort automatisch groß schreibt. Word hält von Beginn an einige Einträge in dieser Liste bereit, so dass die häufigsten Fehler schon abgefangen sind.

Bild 31.6: Das Register Erster Buchstabe *verwaltet die Ausnahmen für den Satzbeginn mit Groß-buchstabe.*

→ Im Register *WOrtanfang GRoss* können Sie die Wörter eintragen, die mit zwei Großbuchstaben beginnen dürfen, wie z.B. das schon erwähnte Wort EMail. Da dieser Fall sehr selten auftritt, ist die Liste in diesem Register leer. Wenn nicht, dann haben Sie, ohne es bisher gewusst zu haben, bereits Ausnahmen definiert.

Bild 31.7: Das Register WOrtanfang GRoss *verwaltet die Ausnahmen für den Wortbeginn.*

 Das Register Weitere Korrekturen *nimmt die Wörter auf, die Sie von einer automatischen Korrektur ausschließen möchten.*

Es versteht sich, dass Sie in den Registern mit der Schaltfläche *Hinzufügen* einen in das Eingabefeld geschriebenen Eintrag in die Liste der Ausnahmen aufnehmen bzw. mit der Schaltfläche *Löschen* einen Eintrag daraus entfernen. Viel interessanter ist das in den Registern aktivierbare Kontrollkästchen *Wörter automatisch hinzufügen*.

Ist dieses Kontrollkästchen z.B. im Register *WOrtanfang GRoss* aktiviert, funktioniert die automatische Neuaufnahme so:

→ Sie schreiben das Wort EMail und drücken die [Leertaste].

→ Word schlägt sofort zu – aus EMail wird Email.

→ Sie sind natürlich zunächst erbost und wenden die [←]-Taste an. Wenn Sie jetzt das Wort nur bis zum E löschen und dann die Eingabe der restlichen Buchstaben mail wiederholen, gibt sich Word geschlagen. Es nimmt das Wort EMail automatisch als Ausnahme auf.

Auch wenn Sie sofort nach der AutoKorrektur die Tastenkombination [Strg]+[Z] für *Bearbeiten/Rückgängig* anwenden, wertet Word die Eingabe als Ausnahme.

Mit dem gleichen Verfahren werden auch in die Ausnahmeliste im Register *Erster Buchstabe* automatische Einträge vorgenommen.

Eine weitere Variante bietet die Optionsschaltfläche *AutoKorrektur-Optionen*. Wenn Sie den Befehl *Automatische Korrektur von »EMail« deaktivieren* wählen, setzen Sie das Wort in die Ausnahmeliste.

 Nach der Installation von Word sind die Kontrollkästchen in den Registern aktiviert. Sie sollten also von Zeit zu Zeit die Ausnahmelisten durchsehen, da Sie wahrscheinlich unbewusst bereits Änderungen vorgenommen haben.

31.3 International AutoCorrect

Bei den bisherigen Ausführungen wurde stillschweigend vorausgesetzt, dass Sie die AutoKorrektur für deutschsprachigen Text einsetzen. Word arbeitet in der Funktion *AutoCorrect* mit je einer Liste für die verschiedenen Sprachen. Welche Sprache Verwendung findet, erkennen Sie in der Titelleiste der Dialogbox *AutoKorrektur*, sobald Sie das Register *AutoKorrektur* aktivieren.

 Die Verwendung der AutoKorrektur-Liste hängt eng mit der automatischen Spracherkennung zusammen. Prüfen Sie die Einstellung mit dem Befehl Extras/Sprache/Sprache bestimmen.

 Zu den bereits beschriebenen Verfahren gibt es keine Unterschiede: Sie müssen nur stets darauf achten, die richtige Liste zu bearbeiten.

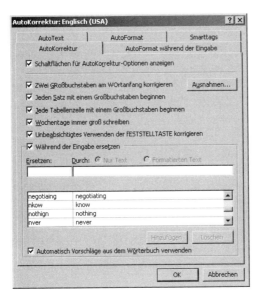

Bild 31.8: Liste und Titelleiste zeigen deutlich: Sie bearbeiten und nutzen die englische AutoKorrektur-Liste.

32 Handzettel durch AutoZusammenfassen

Häufig sollen aus einem umfangreichen Textdokument die wichtigsten Inhalte herausgezogen werden. Die Funktion *AutoZusammenfassen* von Word dient dazu, die Kernthesen Ihres Texts zu identifizieren und übersichtlich darzustellen.

32.1 Kriterien für AutoZusammenfassen

Die Funktion *AutoZusammenfassen* ist in der Lage, Ihren Text mit einer festzulegenden Größenordnung – z.B. 10% des Texts – zusammenzufassen. Wonach beurteilt nun aber Word die Wichtigkeit Ihres Texts, wenn es doch den Inhalt nicht versteht. Sie haben recht, Word arbeitet nach rein formalen Gesichtspunkten.

Beim AutoZusammenfassen sieht Word den Text durch und bewertet jeden Satz nach bestimmten Formulierungen oder häufig vorkommenden Wörtern. Die Sätze mit der höchsten Wertigkeit wählt es dann für die Zusammenfassung aus. So hat ein Satz mit der Formulierung: Für alle Produkte gilt also ... oder Zusammenfassend trifft die Aussage zu, dass unsere Produkte ... große Chancen, von Word bei der Erstellung einer Zusammenfassung berücksichtigt zu werden, wenn er außerdem noch häufig im Text vorkommende Wörter enthält.

Verwenden Sie die Funktion AutoZusammenfassen *vor allem für lange, strukturierte Dokumente, in denen Word an Überschriften, Kernsätzen oder anderen formalen Kriterien eine sinnvolle Zusammenfassung erstellen kann. Selbstverständlich sollten Sie diese Funktion nicht unkontrolliert einsetzen.*

32.2 Arten von AutoZusammenfassen

Mit der Funktion *AutoZusammenfassen* realisiert Word zwei unterschiedliche Aufgabenstellungen:

→ Eine Schnelldurchsicht erledigen Sie, wenn Sie die Zusammenfassung nur als Hervorhebung im Text realisieren. Word zeigt die vorgeschlagene Zusammenfassung im Dokument durch farbige Markierung im Text oder durch die Einblendung der ausgewählten Sätze im Block an. Diese Art der Zusammenfassung wird nicht im Dokument gespeichert; sie eignet sich also hervorragend als Überblick über eine zu erstellende Zusammenfassung.

→ Wenn Sie Word anweisen, die Zusammenfassung im Dokument einzufügen oder als eigenes Dokument zu speichern, werden die ausgewählten Sätze kopiert und an anderer Stelle wieder eingefügt. Sie stehen damit einer Bearbeitung zur Verfügung und können anschließend auch gesichert werden.

Beginnen Sie die Arbeit mit AutoZusammenfassen zunächst mit nur im Text markierten Zusammenfassungen. Damit können Sie sich vor der Erzeugung von neuen Texten einen Eindruck verschaffen, ob Word mit den gewählten Einstellungen einen verwertbaren Rohtext liefert, der wirklich alle Kernthesen enthält.

32.3 AutoZusammenfassen beginnen

Sie beginnen mit der Zusammenfassung durch den Befehl *Extras/Auto-Zusammenfassen*. Danach ist Word je nach Länge Ihres Texts erst mal eine Weile beschäftigt. Sie sehen in der Statusleiste an einer Fortschrittsanzeige, dass die von Word verrichtete Arbeit vorangeht. Nach Erledigung der Zusammenfassung fragt Word in einer Dialogbox, in welcher Weise das Resultat verarbeitet werden soll.

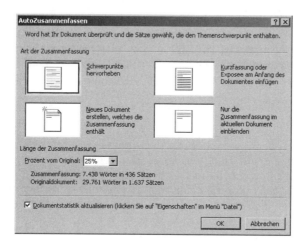

Bild 32.1: *Das Ergebnis von* AutoZusammenfassen: *Wählen Sie die für Sie geeignete Darstellung des Resultats aus.*

Das aktivierte Kontrollkästchen *Dokumentstatistik aktualisieren* führt dazu, dass die Angaben zum Dokument, die Sie über den Menübefehl *Datei/Eigenschaften* abfragen, durch neue, von der Zusammenfassung erzeugte Informationen ersetzt werden. Kontrollieren Sie diese Einträge erst nach Fertigstellung, sonst beginnen Sie mit der Zusammenfassung von vorn.

 Wenn Sie das Dokument selbst in den Datei-Eigenschaften beschrieben haben, sollten Sie dieses Kontrollkästchen unbedingt deaktivieren, da Word ohne Rücksicht die Eintragungen überschreibt.

Geben Sie im Bereich *Länge der Zusammenfassung* an, welchen Umfang die »Quintessenz« Ihres Dokuments haben soll. Dabei ist das Listenfeld *Prozent vom Original* zu öffnen. Es offenbart eine Überraschung. Je nach Textumfang lässt Ihnen Word die Wahl, eine bestimmte Anzahl von Sätzen oder eine Zahl von Wörtern anzugeben, auf die Sie die Zusammenfassung beschränken oder ausdehnen wollen. Was auch immer Sie jedoch auswählen, Word rechnet es in Prozente um.

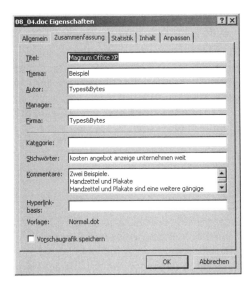

Bild 32.2: *Eintragungen von* AutoZusammenfassen *im Register* Zusammenfassung *der Dateieigenschaften – nützlicher als kein Eintrag an dieser Stelle.*

Im Bereich *Art der Zusammenfassung* der Dialogbox *AutoZusammenfassen* stehen Ihnen vier verschiedene Möglichkeiten zur Auswahl. Sie wählen die gewünschte Art der Zusammenfassung durch einen Klick auf das Vorschaubild und anschließende Bestätigung mit *OK*.

Um dauerhafte Zusammenfassungen zu erzeugen und danach zu bearbeiten, müssen Sie eine der beiden folgenden Optionen anklicken.

→ Wählen Sie *Kurzfassung oder Expose am Anfang des Dokumentes einfügen*, dann wird dem Ursprungstext eine stark verkürzte Version Ihres Werks vorangestellt.

→ Wollen Sie die Kurzfassung in einer separaten Datei speichern, klicken Sie auf *Neues Dokument erstellen, welches die Zusammenfassung enthält*. Das neue Dokument enthält in diesem Fall nur die Zusammenfassung.

Beachten Sie, dass Word beide Optionen unverzüglich ausführt. Sie müssen die Einstellungen bereits vor Bestätigung der Dialogbox mit *OK* erledigt haben. Gefällt Ihnen das Ergebnis nicht, löschen Sie die eingefügte Zusammenfassung und starten die Funktion mit einem erneuten Aufruf des Befehls *Extras/AutoZusammenfassen*.

Mit den beiden folgenden Optionen erstellen Sie keine dauerhaften Zusammenfassungen. Sie erhalten damit aber eine Möglichkeit, die Zusammenfassung zu kontrollieren und die Einstellungen nachträglich zu ändern.

→ Mit der Auswahl *Nur die Zusammenfassung im aktuellen Dokument einblenden* sehen Sie nur die zur Zusammenfassung verwendeten Textpassagen, der Rest des Dokuments wird ausgeblendet.

→ Wenn Sie *Schwerpunkte hervorheben* wählen, hebt Word die entscheidenden Stellen farblich im Text hervor. Der Rest des Dokuments wird grau angezeigt.

Nach Anzeige der Zusammenfassung bleibt ein Teil der Funktionen in einer Symbolleiste zugänglich. Sie können die Prozentzahl der Länge verändern, die der zusammengefasste Text vom Original höchstens annehmen soll. Wählen Sie dazu mit den Pfeilen links bzw. rechts neben der Prozentangabe einen größeren oder kleineren Wert aus. Mit der Symbolschaltfläche *Markieren/anzeigen* können Sie die Kernthesen Ihres Texts allein oder in Zusammenhang mit dem Rest des Texts sehen.

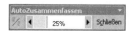

Bild 32.3: *Mit den vergänglichen Zusammenfassungsarten ermitteln Sie mit der Dialogbox* AutoZusammenfassen *den besten Wert für eine zu speichernde Zusammenfassung.*

Wenn Sie die Dialogbox durch Betätigen der Schaltfläche *Schliessen* verlassen, vergisst Word die Zusammenfassung sofort. Da Sie aber nun wissen, ob Word eine sinnvolle Zusammenfassung Ihres Dokuments erstellen würde, und den dafür günstigsten Wert kennen, dürfte es für Sie ein Leichtes sein, die Zusammenfassung in einem eigenen Dokument oder am Anfang des Dokuments einzufügen.

33 Mit Feldern arbeiten

Felder sind besondere Stellen im Text, bei denen eine Feldfunktion im Hintergrund arbeitet und für die Anzeige des Ergebnisses sorgt. Sie können Felder in Word einfügen, die verschiedene Funktionen für Sie übernehmen und Sie dadurch entlasten. Mit dem Seriendruck formulieren Sie z.B. Rundschreiben, die auf eine von Ihnen vorgegebene Datenquelle für Adressen zurückgreifen. Formulare greifen auf Felder zurück und erlauben Ihnen, in Ihrem Dokument wie in einem »echten« Formular Eingaben an bestimmten Stellen im Text vorzusehen. Zusammen bilden diese Elemente ein mächtiges Werkzeug zur Erstellung von Vordrucken für Standardformulare und für die Automatisierung von Dokumenten.

33.1 Grundsätzliches

Felder sind in Word allgegenwärtig, auch wenn dies etwas übertrieben scheint. Tatsache ist, dass Sie Felder wesentlich häufiger verwenden, als Sie vielleicht denken: In vielen Fällen benutzen Sie Felder, ohne es zu wissen.

Felder markieren, informieren und lösen Vorgänge aus. Grob gesagt, dienen Felder dazu, Informationen aufzunehmen. Diese Informationen können auch Änderungen unterworfen sein, daher müssen Feldinhalte aktualisiert werden. Sie können fast jede erdenkliche Art von Informationen in einem bestimmten Feldtyp wiederfinden. Dadurch unterstützen Felder Sie bei vielen Aufgaben und erleichtern Ihre Arbeit erheblich.

Lassen Sie die Seitenzahlen von Word erstellen oder das Datum samt Uhrzeit automatisch einfügen? Auch diese Funktionen greifen auf Felder zurück. Jetzt erkennen Sie sicherlich, welche große Bedeutung den Feldern in Word zukommt.

Felder haben grundsätzlich zwei Gesichter: den normalerweise sichtbaren Feldinhalt und die den Inhalt des Feldes bestimmende Feldfunktion.

Verschiedene Arten von Feldern

Word stellt eine große Anzahl verschiedener Feldtypen zur Verfügung. Grundsätzlich wird zwischen drei Arten von Feldern unterschieden. Dies sind Ergebnisfelder, Aktionsfelder und Markierungsfelder.

→ *Ergebnisfelder*
Diese Felder beinhalten das Ergebnis von Berechnungen, statistische Daten, Datum, Uhrzeit und ähnliche Dinge. In Ergebnisfeldern werden stets Informationen angezeigt.

→ *Aktionsfelder*
Dieser Feldtyp führt bei Aktivierung bestimmte vordefinierte Handlungen aus. Sprünge zu einer bestimmten Textmarke oder Seitennummer oder der Druck der aktuellen Seite sind Beispiele für Aktivitäten, die durch Aktionsfelder ausgelöst werden. Charakteristisches Beispiel sind die Hyperlinks.

→ *Markierungsfelder*

Felder dieses Typs dienen der Kennzeichnung besonderer Textabschnitte und lösen keinerlei Berechnung oder Aktion aus. Sie sind für bestimmte Textbestandteile unbedingt erforderlich.

33.2 Felder für den täglichen Gebrauch

Damit Sie nicht schon für einfache Aufgaben in die Tiefe gehen müssen, bietet Word für einige Standardaufgaben die nötige Unterstützung. Das aktuelle Datum und automatische Seitenzahlen sind zwei solche Aufgaben. Beide erledigen Sie mit Befehlen aus dem Menü *Einfügen*.

Um das aktuelle Datum in ein Dokument einzufügen, setzen Sie die Schreibmarke an die gewünschte Stelle und aktivieren den Befehl *Einfügen/Datum und Uhrzeit*. Word öffnet eine Dialogbox mit verschiedenen Formaten für das einzufügende Element.

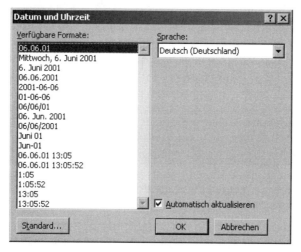

Bild 33.1: *Mit der Dialogbox* Datum und Uhrzeit *übernehmen Sie das Systemdatum in das Dokument – auf Wunsch auch als Feld.*

Wählen Sie im Listenfeld *Verfügbare Formate* das von Ihnen favorisierte Format aus. Dabei entscheiden Sie gleichzeitig, ob Sie nur das Datum, die Zeit oder eine Kombination beider Angaben in das Dokument einfügen.

TIPP

Sollte Word die Sprache des Dokuments nicht automatisch erkannt haben, helfen Sie mit der korrekten Auswahl im Listenfeld Sprache *nach.*

Sobald Sie die Dialogbox mit *OK* bestätigen, liest Word das Systemdatum aus den Innereien Ihres PC und fügt den ermittelten Wert in das Dokument ein. Falls also eine falsche Zeit auftaucht, sollten Sie die Systemzeit des Rechners korrigieren.

Die Auswahl des Kontrollkästchens Automatisch aktualisieren *sorgt dafür, dass Word das Datum als Feld einfügt. Damit bringen Sie das Datum später jederzeit auf den aktuellen Stand.*

Ähnlich häufig wie das Datum ist eine automatische Seitennummerierung nötig. Dieses Verfahren ist sicher weniger zeitaufwendig, als die Seitenzahlen in einem Dokument manuell einzufügen. Wählen Sie den Befehl *Einfügen/Seitenzahlen,* um diese Elemente in das Dokument einzufügen.

Die zunächst unscheinbare Dialogbox vermittelt bequemen Zugang zu verschiedensten Varianten – öffnen Sie die Listenfelder, und nutzen Sie die Schaltfläche *Format,* um sich zu überzeugen.

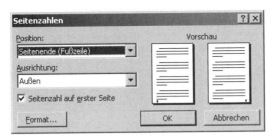

Bild 33.2: Mit der Dialogbox Seitenzahlen *erzeugen Sie bequem eine automatische Seitenzahl – verschiedene Varianten inklusive.*

Um mit einer anderen Seitennummer zu beginnen, klicken Sie erst auf die Schaltfläche Format *und verändern dann den Eintrag* Beginnen bei. *Achten Sie darauf, dass Sie die offenen Dialogboxen erst mit OK und dann mit Schliessen bestätigen: Der Klick auf OK fügt die Seitenzahlen an der ausgewählten Position ein.*

Felder einfügen

Aufgrund der großen Anzahl verschiedener Felder beschränkt sich die Darstellung auf die allgemeine Vorgehensweise im Umgang mit Feldern anhand weiterer Typen für das Datum. Das Einfügen anderer Felder erfolgt analog.

Um ein Feld einzufügen, existieren zwei verschiedene Wege. Zum einen über den Menüpunkt *Einfügen/Feld*, zum anderen manuell durch Eingabe des entsprechenden Platzhalters.

Wenn Sie mit der Erstellung von Feldern noch nicht vertraut sind oder das bestimmte Format des benötigten Feldes nicht kennen, erstellen Sie das Feld über den entsprechenden Menübefehl.

Rufen Sie also das Menü *Einfügen/Feld* auf. Word aktiviert die Dialogbox *Feld*:

→ Im linken Bereich unter dem Punkt *Kategorien* sind die unterschiedlichen Arten von Feldern aufgelistet, aus denen Sie wählen können. Es gibt z.B. Datums- und Uhrzeitinformationen, Formeln und Ausdrücke, Nummerierungen und Dokument- oder Benutzerinformationen.

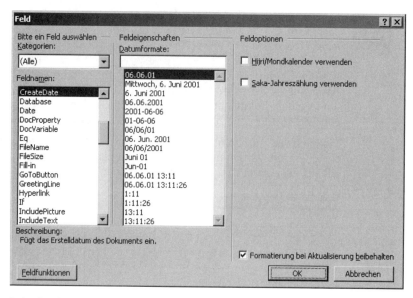

Bild 33.3: Es ist fast immer ratsam, ein Feld über den Menüeintrag Einfügen/Feld *zu erzeugen, es sei denn, Sie kennen die erforderliche Feldfunktion bereits genau. Word stellt eine Vielzahl verschiedener Felder zur Verfügung.*

→ Unter *Feldnamen* zeigt Word die einzelnen Felder an, die Ihnen zu der gerade aktiven Kategorie zur Verfügung stehen. Wählen Sie unter *Kategorien* »(Alle)« aus, werden unter *Feldnamen* alle vorhandenen Feldtypen angezeigt.

→ Im Bereich *Beschreibung* kommentiert Word den gewählten Befehl und erläutert den Einsatzzweck.

→ Unterhalb der drei Bereiche befindet sich die Schaltfläche *Feldfunktionen*, mit der Sie das Verhalten der Dialogbox umschalten. Es erscheint der Bereich *erweiterte* Feldeigenschaften, in dem das Eingabeformat des jeweils gerade markierten Feldtyps erscheint. Damit erhalten Sie eine Lektion über die Syntax des Feldes. Zusätzlich erscheint bei vielen Feldern die Schaltfläche *Optionen,* mit der Sie weitere Feldeinstellungen vornehmen. Diese realisiert Word durch sogenannte Schalter, die je nach gewähltem Feldtyp unterschiedlich aussehen. Bei manchen Feldern wird zwischen allgemeinen und spezifischen Schaltern unterschieden.

→ Auch Felder bzw. Feldinhalte können Sie formatieren. Die Informationen in Feldern ändern sich mitunter im Laufe der Zeit und müssen dann angepasst werden, um die Aktualität der Informationen zu bewahren. Das Kontrollkästchen *Formatierung bei Aktualisierung beibehalten* sorgt dafür, dass Formatierung dabei nicht verlorengeht.

→ Einfacher ist es, mit der Standardeinstellung der Dialogbox *Feld* zu arbeiten: In diesem Fall wählen Sie Feldeigenschaften und Feldoptionen bequem aus speziellen Steuerelementen, die sich von Feld zu Feld unterscheiden.

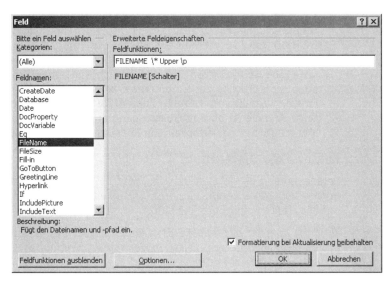

Bild 33.4: Versehen Sie Felder mit zusätzlichen Optionen, die über Schalter eingestellt werden.

Zur Veranschaulichung fügen Sie das aktuelle Datum samt Uhrzeit als Feld in ein Dokument ein.

→ Wählen Sie die Kategorie *Datum und Uhrzeit* und den Feldnamen aus, der das aktuelle Datum in einem Feld darstellt (Date).

→ Wählen Sie das gewünschte Datumsformat, und bestätigen Sie mit *OK*, um das Resultat im Dokument zu sehen.

Wenn Sie mit Extras/Optionen *im Register* Ansicht *die Feldschattierung aktivieren, erscheint ein Feld nach dem Anklicken grau hinterlegt.*

Felder manuell erzeugen

Um ein Feld manuell einzugeben, gehen Sie wie folgt vor. Das Eingabeformat einer Felddefinition verlangt besondere geschweifte Klammern. Diese Feldklammern unterscheiden sich von den bekannten Exemplaren auf der Tastatur und dürfen nicht mit diesen verwechselt werden. Sie erzeugen Feldklammern durch die Tastenkombination Strg+F9. Zwischen diese Klammern tragen Sie die Feldfunktion ein. Wie das spezielle Format von Feldfunktionen aussieht, hängt von der jeweiligen Funktion ab.

Es gibt zwei verschiedene Arten von Erweiterungen für Feldfunktionsnamen: *Argumente* der Feldfunktion und so genannte *Schalter*:

→ Die *Schalter* werden am Ende der Feldfunktion, noch hinter den Argumenten, angehängt und dabei von einem *Backslash,* also dem Zeichen \, angeführt. Mit den Schaltern werden der Feldfunktion weitere Eigenschaften zugewiesen. Sie sind durchgängig optional, müssen also nicht unbedingt verwendet werden. Das Feld HYPERLINK z.B. sieht die Schalter \h, \l, \m und \n vor, welche verschiedene Eigenschaften des zu erzeugenden Hyperlinks festlegen.

→ *Argumente* hingegen können zwingend erforderlich sein, damit die Feldfunktion nicht richtig ausgeführt wird. Betrachten Sie z.B. die Feldfunktion LISTNUM, die ein Element in eine Liste einfügt. Die Syntax dieser Funktion erfordert unbedingt die Angabe eines Namens der Liste. Die Feldfunktion SEQ zur Einrichtung eines Zählers hingegen erlaubt die Angabe des Arguments *Erkennungszeichen*, um gegebenenfalls den Zähler von weiteren Zählern im Dokument zu unterscheiden. Diese Angabe ist aber nicht zwingend erforderlich. Argumente stellen also mögliche oder erforderliche Erweiterungen der Feldfunktion dar.

Felder aktualisieren

Gerade anhand des letzten Beispiels wird deutlich, dass es nötig ist, Feldinhalte zu aktualisieren, da deren Gültigkeit schnell verfällt. Das Datum und die Uhrzeit sind Beispiele dafür.

Word ist nur mit bestimmten Einstellungen über den Menübefehl Extras/ Optionen *zu veranlassen, Felder in definierten Situationen automatisch zu aktualisieren, z.B. beim Druck.*

Sie aktualisieren ein Feld, indem Sie den Cursor auf das Feld bewegen und die F9 -Taste drücken. Falls Sie mehrere Felder in Ihrem Dokument definiert haben, aktualisieren Sie alle Felder gleichzeitig, indem Sie zuerst das gesamte Dokument markieren und dann die F9 -Taste betätigen.

Eine weitere Variante für die Aktualisierung finden Sie im Kontextmenü der Felder.

Mit Voreinstellungen regeln Sie, wann Word die Aktualisierung von Feldern vornimmt. Klicken Sie dazu auf den Menübefehl *Extras/Optionen,* und öffnen Sie das Register *Drucken*.

Aktivieren Sie das Kontrollkästchen *Felder aktualisieren* im Bereich *Druckoptionen*. Word aktualisiert jetzt bei jedem Druckvorgang alle Feldinhalte. Um die Feldfunktionen ebenfalls auszudrucken, aktivieren Sie das Kontrollkästchen *Feldfunktionen* im Bereich *Mit dem Dokument ausdrucken*.

Feldansichten

Felder können in zwei Ansichten erscheinen. Sie schalten zwischen den beiden Ansichten mit der Tastenkombination Alt + F9 um. Die erste Ansicht haben Sie bereits kennen gelernt. In der anderen Ansicht wird statt des Inhalts des Feldes die sogenannte Feldfunktion angezeigt. Eine Feldfunktion stellt in dieser Ansicht den Namen der Funktion mitsamt allen aktivierten Schaltern dar. So ist es möglich, manuelle Änderungen an der Feldfunktion vorzunehmen.

→ Mit Alt + F9 wird für alle Felder die Ansicht umgeschaltet.

→ Soll nur die Ansicht eines bestimmten Feldes geändert werden, bewegen Sie den Cursor auf das Feld und drücken Shift + F9 . Alle anderen Felder sind dann nicht von der Änderung der Ansicht betroffen. Auf die gleiche Weise wird sie wieder zurückgeschaltet.

Feldinhalte formatieren Sie wie herkömmlichen Text, mit dem einzigen Unterschied, dass jede Formatierung immer für das ganze Feld gültig ist.

Haben Sie mehrere Felder in Ihrem Word-Dokument definiert, können Sie die Taste F11 *betätigen. Die Schreibmarke springt dann zum nächsten Feld. Mit* Shift+F11 *gelangen Sie zurück zum vorhergehenden Feld.*

Mit dem Menübefehl *Extras/Optionen* stellen Sie ein, welche Darstellung standardmäßig Verwendung findet. Gehen Sie dazu in das Register *Ansicht* und aktivieren Sie das Kontrollkästchen *Feldfunktionen*. Außerdem haben Sie die Möglichkeit, zu bestimmen, ob und wann eine Feldschattierung dargestellt wird. Im Listenfeld *Feldschattierung* wählen Sie aus, ob die graue Schattierung bei aktiviertem Feld stets oder gar nicht angezeigt wird.

Auch ein rechter Mausklick in ein Feld bringt Sie zum Ziel. Word öffnet das Kontextmenü. Mit einem Klick auf den Menübefehl *Feldfunktionen ein/aus* wechseln Sie die Anzeige.

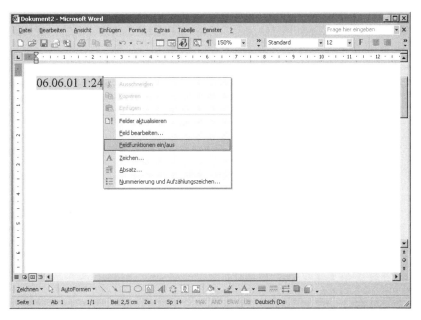

Bild 33.5: Auch im Kontextmenü eines Feldes besteht die Möglichkeit, zwischen Ergebnis und Feldfunktion umzuschalten.

Im Kontextmenü eines Felds finden Sie auch den Befehl Feld bearbeiten. *Nach einem Klick auf diesen Befehl aktiviert Word die Dialogbox* Feld, *in der Sie bequem die Einstellungen des Felds verändern können.*

Felder sperren

Nicht immer sollen alle Feldinhalte aktualisiert werden. Ein Beispiel: Sie haben ein Rechnungsformular erstellt, in dem unter anderem ein Datumsfeld und einige Berechnungsfelder enthalten sind. Die Rechnung ist vor einigen Tagen bereits an den Rechnungsempfänger versandt worden, Sie benötigen aber noch einen weiteren Ausdruck für Ihre Ablage. Falls Word beim erneuten Ausdruck das Datum aktualisiert, stimmt das Rechnungsdatum nicht mehr.

Sperren Sie Felder, deren Inhalt nur gezielt geändert werden soll. Die Sperrung verhindert zeitweilig unbeabsichtigtes Aktualisieren, kann aber wieder aufgehoben werden.

Sie sperren ein Feld, indem Sie das entsprechende Feld anklicken und dann die Tastenkombination ⌐Strg⌐+⌐F11⌐ oder ⌐Strg⌐+⌐3⌐ drücken. Um die Sperrung wieder aufzuheben, verwenden Sie ⌐Shift⌐+⌐Strg⌐+⌐F11⌐ oder ⌐Strg⌐+⌐4⌐.

Felder einfrieren

Es existiert noch eine weitere Möglichkeit, die Aktualisierung von Feldergebnissen zu umgehen. Felder können dauerhaft durch die Ergebnisse ihrer Feldfunktion ersetzt werden. Aus dem Feld wird dann herkömmlicher Text.

Um ein Feld in Text umzuwandeln, markieren Sie das gewünschte Feld mit einem Mausklick und drücken dann die Tastenkombination ⌐Strg⌐+⌐Shift⌐ oder ⌐Strg⌐+⌐6⌐. Der entstehende Text stellt dann das letzte Ergebnis der Feldfunktion dar. Dies muss nicht unbedingt das zuletzt angezeigte sein: also stets zuvor aktualisieren!

Die Umwandlung eines Felds in Text ist nicht rückgängig zu machen. Ausgenommen ist die sofortige Zurücknahme durch den Befehl Bearbeiten/Rückgängig.

Tastenkombinationen zur Verwendung von Feldern

Bei der Texteingabe und bei Formatierungen haben Tastenkombinationen eindeutige Vorteile gegenüber Mausaktionen. An dieser Stelle werden alle Tastenkombinationen, die im Zusammenhang mit Feldern zur Verfügung stehen, in einer Übersicht aufgeführt.

Taste	Bedeutung
⌐Alt⌐+⌐F9⌐	Umschalten zwischen Feldfunktion und Feldergebnis für alle Felder
⌐Alt⌐+⌐Shift⌐+⌐F9⌐	Feldaktion ausführen
⌐F11⌐	Springen zum nächsten Feld
⌐F9⌐, ⌐Alt⌐+⌐Shift⌐+⌐U⌐	Feld aktualisieren
⌐Shift⌐+⌐F11⌐	Springen zum vorherigen Feld

Tabelle 33.1: Tastenkombinationen zur Verwendung von Feldern

Taste	Bedeutung
Shift + F9	Umschalten zwischen Feldfunktion und Feldergebnis für das aktuelle Feld
Strg + F11 , Strg + 3	Sperren des Feldes
Strg + F9	Feldklammern einfügen
Strg + Shift + F11 , Strg + 4	Aufheben der Feldsperre
Strg + Shift + F9 , Strg + 6	Ersetzen der Feldfunktion durch das Ergebnis

Tabelle 33.1: Tastenkombinationen zur Verwendung von Feldern (Forts.)

33.3 Datumsfelder

Das Datum ist ein Textelement, das im Zusammenhang mit Ihren Dokumenten in verschiedenen Zusammenhängen auftaucht. Den Standard haben Sie schon kennen gelernt: Der Befehl *Einfügen/Datum und Uhrzeit* sichert den Zugriff auf das aktuelle Datum. Dahinter steckt die Feldfunktion Time, mit der die Systemzeit Ihres Rechners ausgelesen und in das Dokument gebeamt wird.

→ Ähnlich funktioniert die Feldfunktion Date. Sie ermittelt ebenfalls die Systemzeit.

→ Mit der Funktion CreateDate merkt sich Word im Feld den Tag, an dem das Dokument erstellt wurde.

→ Die Anzeige der Funktion PrintDate aktualisiert Word, wenn das Dokument gedruckt wird. Bis zum ersten Druckvorgang übernehmen Platzhalter die Anzeige.

→ Die Anzeige der Funktion SaveDate aktualisiert Word, wenn Sie das Dokument speichern.

Sie können für jedes Feld zwischen verschiedenen Darstellungsformaten wählen, wobei einige zur Verfügung stehende Formate sogar die aktuelle Uhrzeit mit angeben.

Formate für Datum und Zeit

Die vollständige Syntax für das Datumsfeld lautet:

{Date [\@ "Datum/Zeit-Bild"][Schalter]}.

Datum/Zeit-Bild steht für ein zu verwendendes Darstellungsformat des Datums, das Sie unter *Allgemeine Schaltern* auswählen können. Das Zeichen »@« ist aus formalen Gründen erforderlich und darf nicht weggelassen werden, sonst erkennt Word das festgelegte Format für das Datum nicht mehr.

Zum Zeitpunkt der Drucklegung fanden Datum/Zeit-Bilder in englischen Formaten Verwendung. Prüfen Sie das bei Ihnen verwendete Format mit dem Befehl Einfügen/Feld. *Wählen Sie eine Funktion aus der Kategorie* Datum und Uhrzeit. *Klicken Sie dann auf die Schaltfläche* Feldfunktionen, *um die Formate zu sehen. Verwenden Sie bei Bedarf analoge Bilder wie* tt.MM.jj *anstelle der beschriebenen.*

Datum/Zeit-Bild	Bedeutung
dd.MM.yy	30.07.01
dddd,t. MMMM yyyy	Mittwoch, 30. Juli 2001
t. MMMM yyyy	30. Juli 2001
dd. MM. yyyy	30. 07. 2001
yyyy-MM-dd	2001-07-30
t-MMMM-yy	30-Juli-99
dd/MM/yy	30/07/99
t.MMMM.yy	30. Juli 99
dd/MM/yyyy	30/07/2001
MMMM yy	Juli 99
MMMM-yy	Juli-99
dd.MM.yy HH:mm	30.07.99 10:00
dd.MM.yy HH:mm:ss	30.07.99 10:00:00
h:mm	10:00
h:mm:ss	10:00:00
HH:mm	10:00
HH:mm:ss	10:00:00

Tabelle 33.2: *Tabelle der Datum/Zeit Bilder*

Wenn Sie es bevorzugen oder dazu gezwungen sind, die Feldfunktion manuell einzustellen, gibt es folgende Möglichkeiten: Sie verwenden die Tastenkombination [Alt]+[Shift]+[D] *für das Datum bzw.* [Alt]+[Shift]+[T] *für die Zeit. Word verwendet dabei Standardformate, die Sie in der Feldfunktions-Ansicht nachträglich anpassen können.*

33.4 Hyperlinks

Mit Hilfe eines Hyperlinks realisieren Sie einen Sprung, z.B. zu einer Textmarke, zu einer anderen Datei auf derselben Festplatte oder zu einer Datei im Unternehmensnetzwerk oder zu einer Internet-Adresse. Durch Klicken auf den im Feld enthaltenen Anzeigetext, der in den meisten Fällen von Word automatisch blau und unterstrichen formatiert ist, erfolgt der Sprung zur angegebenen Stelle. Die komplette Syntax dieses Befehls lautet `{HYPERLINK "Dateiname" [Schalter ]}`.

Dabei ist `Dateiname` das Ziel für den Sprungbefehl. In diesem Zusammenhang sind einige Besonderheiten zu beachten:

→ Wenn die Pfadangabe einen langen Dateinamen mit Leerzeichen enthält, schließen Sie ihn in Anführungszeichen ein.

→ Einfache umgekehrte Schrägstriche ersetzen Sie durch doppelte umgekehrte Schrägstriche, um den Pfad anzugeben: z.B.
`C:\\Prints\\Handbuch.doc`.

→ Bei Internet-Adressen geben Sie das Protokoll des URL an, und verwenden dieselbe Syntax wie der URL, z.B. `http://www.firma.com` oder `mailto:ruckzuck@hotmail.com`.

Die Dialogbox Hyperlink einfügen

Nach diesen allgemeineren Ausführungen zum Hyperlink-Feld soll nun die Praxis kommen. In Word müssen Sie nicht mit der Feldsyntax spielen, um dieses wichtige Objekt zu nutzen. Um Hyperlinks einzufügen, platzieren Sie die Schreibmarke an der gewünschten Stelle und klicken im Menü *Einfügen* auf den Befehl *Hyperlink* oder verwenden die Tastenkombination `Strg`+`K`.

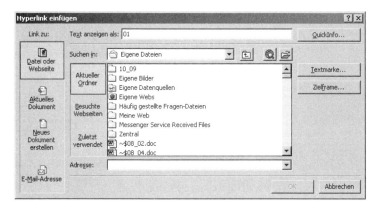

Bild 33.6: Mit dieser komfortablen Dialogbox fügen Sie in das Dokument einen Hyperlink auf ein beliebiges Objekt ein.

Bevor Sie den Hyperlink einfügen, öffnen Sie das Zielobjekt. Das hat zum einen den Vorteil, dass Sie den Link testen. Andererseits aber sorgen Sie damit dafür, dass der Verweis auf das Zielobjekt in der Dialogbox Hyperlink einfügen *bereitsteht.*

→ Beginnen Sie mit der Zuweisung im linken Teil der Dialogbox: Mit den großen Schaltflächen dieses Teils treffen Sie die Vorauswahl für die weitere Funktionalität der Dialogbox.

→ Entscheiden Sie anschließend z.B. bei Auswahl von *Datei oder Webseite*, ob der Link über eine der Schaltflächen *Zuletzt verwendet*, *Besuchte Webseiten* oder *Aktueller Ordner* verfügbar wird. Sie erhalten jeweils eine Liste mit Einträgen, aus der Sie mit einem Klick das gewünschte Ziel wählen. Diese Auswahl erscheint bei *Adresse*.

→ Über die Schaltfläche *QuickInfo* ordnen Sie dem zukünftigen Hyperlink einen erklärenden Text zu, der beim Überfahren des Links in einer QuickInfo erscheint.

→ Einen Sprung auf eine Textmarke erreichen Sie bei gewählter Datei über die Schaltfläche *Textmarke*. Word bietet Überschriften, besondere Textobjekte und eben Textmarken zur Auswahl an.

→ Nach Bestätigung der Dialogbox mit *OK* funktioniert der Hyperlink.

34 Online-Formulare

Der Siegeszug des PC und die immer weitere Ausbreitung von Internetpräsenzen haben einen großen Bedarf an Online-Formularen erzeugt. Damit erfolgt die Dateneingabe direkt am PC in vorbereitete Dokumente. Nach dem Ausfüllen des Dokuments stehen die Daten direkt für die Nachbereitung in computerlesbarer Form bereit.

Word ist besonders gut geeignet, Textelemente zu platzieren, die die Grundlage für ein Online-Formular bilden. Durch geeignete Feldfunktionen erzeugen Sie dann die Bereiche für die Aufnahme der Daten. Das mögliche Einsatzgebiet der Formulare reicht von Standardformularen bis zu umfangreichen Datenerfassungsbögen. Das Beispiel zeigt ein Rechnungsformular, auf dem alle typischen Formularfeld-Varianten Platz gefunden haben. Integriert sind Felder für Berechnungen.

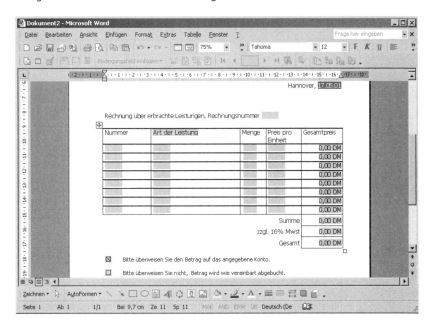

Bild 34.1: Ein Blick vorab auf das fertige Ergebnis – die grauen Bereiche im Dokument offenbaren die Formularfelder.

Der Ablauf sieht dabei folgende Arbeitsschritte vor: Sie erstellen im Entwurfsmodus eine Vorlage für das Formular, an den entsprechenden Positionen des Formulars werden die Formularfelder eingefügt, so dass die Formulareinträge automatisch an den richtigen Stellen vorgenommen werden. Bereits beim Einfügen der Formularfelder entscheiden Sie über die Funktionalität, indem Sie die richtigen Eigenschaften für die Felder vorgeben.

Die Formularfelder platzieren

Für das Platzieren der Formularfelder erstellen Sie zunächst ein Dokument mit dem Text, der für das Verständnis des Formulars nötig ist. Dabei nutzen Sie folgende Funktionen:

→ Verwenden Sie Klicken und Eingeben, um mit Hilfe von Absatzmarken und Tabulatoren Platz für Text und Felder zu schaffen.

→ Für klare Dokumentstrukturen nutzen Sie Tabellen. Dieses Werkzeug von Word ist bestens geeignet, erklärende Texte und Formularfelder aufzunehmen.

→ Um Text an gewünschten Stellen millimetergenau zu platzieren, kommen Positionsrahmen zum Einsatz.

 Textfelder können keine Formularfelder aufnehmen – konvertieren Sie diese Objekte über die Eigenschafts-Dialogbox zu Positionsrahmen.

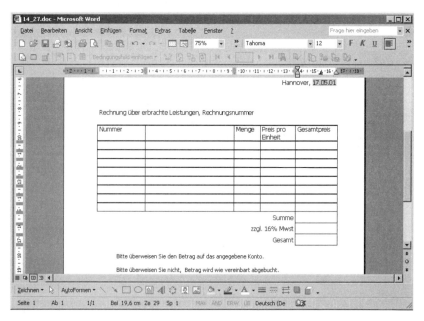

Bild 34.2: Bereiten Sie das Dokument für die Aufnahme der Formularfelder vor – normaler Text und eine Tabelle bilden den Rahmen für die Felder.

Textmarken

Formularfelder von Word arbeiten mit Textmarken. Jedes eingefügte Formularfeld erhält automatisch eine Textmarke zugewiesen. Über dieses Element kann das Feld angesprochen und sein Inhalt in anderen Formularfeldern verwendet werden. Ebenso günstig ist es, Inhalte im Dokument als Textmarke zu definieren und so für die Formeln in den Formularfeldern aufzubereiten.

Textmarken sind Bezeichner für Textstellen oder Textbereiche. Wenn Textmarken einen Bereich kennzeichnen oder in Feldern bestimmt werden, treten Sie gleichzeitig als Container für den Inhalt auf.

Das Beispiel zeigt die Definition einer Textmarke für die in der Rechnung nötige Mehrwertsteuer. Markieren Sie dazu den Text mit der Mehrwertsteuer. Aktivieren Sie dann den Befehl *Einfügen/Textmarke*. In der Dialogbox *Textmarke* definieren Sie einen Namen, passend zum Inhalt z. B. *MWST*.

 Vergeben Sie die Namen von Textmarken sorgfältig. Verwenden Sie mindestens vier Zeichen und beginnen Sie den Namen der Textmarke mit einem Buchstaben.

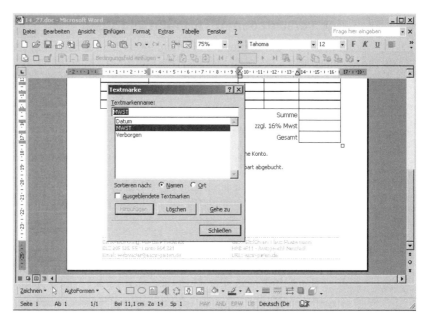

Bild 34.3: Mit der Textmarke MWST *machen Sie den Mehrwertsteuersatz für Berechnungen im Formular verfügbar.*

Die Symbolleiste Formular

Für das Einfügen der Formularfelder stellt Word eine besondere Symbolleiste bereit. Sie öffnen die Symbolleiste *Formular* mit dem Menübefehl *Ansicht/Symbolleisten/Formular*.

Bild 34.4: Die Symbolleiste Formular *gibt Ihnen alle nötigen Werkzeuge in die Hand, um benötigte Elemente in Ihr Formular einzufügen.*

In dieser Symbolleiste sind die unterschiedlichen Formularfelder sowie weitere nützliche Werkzeuge angeordnet.

→ Ganz links in der Symbolleiste finden Sie die Symbolschaltflächen zum Einfügen von Text-, Kontrollkästchen- bzw. Dropdown-Formularfeldern.

→ Weitere Schaltflächen dienen zum Festlegen von Formularfeld-Optionen, zum Zeichnen oder Einfügen von Tabellen und zum Erzeugen von Positionsrahmen.

→ Mit der entsprechenden Schaltfläche schalten Sie die Feldschattierung ein bzw. aus. Die Schaltfläche mit dem Schloss schaltet zwischen dem Entwurfs- und dem Formularmodus um.

 Der Formularmodus sperrt den »normalen« Text des Dokuments und aktiviert die Formularfelder für die Datenaufnahme.

Die verschiedenen Formularfeldtypen

Für die volle Nutzung der Möglichkeiten der Formulare ist die Kenntnis der verschiedenen Formularfeldtypen und ihrer Fähigkeiten von entscheidender Bedeutung. Word realisiert die Funktionsbreite der Formulare mit nur drei Typen:

→ *Text-Formularfelder*
Felder dieses Typs realisieren fast alle Funktionen der Formulare. Trotz ihres Namens setzen Sie diese Felder für die Aufnahme von Texten, Zahlen, Datumsangaben und Berechnungen ein. Bei Eingaben passt sich die Größe des Feldes automatisch an den Umfang der Daten an. Sie können aber auch eine feste Länge vorgeben. Mit zusätzlichen Eingabe- und Listenfeldern, die je nach Typ des Text-Formularfeldes variieren, stellen Sie Formate und Vorgaben ein.

→ *Kontrollkästchen-Formularfelder*
Dies sind kleine Kästchen, die durch Anklicken oder Betätigen der Leertaste aktiviert werden. Im aktivierten Zustand erscheint im Kästchen ein Kreuz. Der Einsatzbereich dieser Felder liegt in den klassischen Formularen zum Ankreuzen. Bei den Optionen legen Sie die Größe des Kästchens und den Standardstatus fest. Das Kästchen ist entweder aktiviert oder deaktiviert.

→ *Dropdown-Formularfelder*
Bei diesem Feldtyp definieren Sie eine Liste mit Vorgabetexten, von denen sich der Anwender bei der Dateneingabe einen Wert auswählt. Die Veränderung der Vorgaben ist im Formularmodus nicht möglich.

Die Arbeitsschritte beim Einfügen der Formularfelder sind überschaubar:

→ Durch einen Klick auf das entsprechende Symbol fügen Sie das Formularfeld an der Position der Schreibmarke ein.

→ Nach einem Doppelklick auf das Feld oder einem Klick auf das Symbol *Formularfeld-Optionen* nehmen Sie die Einstellungen für das jeweilige Feld vor.

→ Mit einem Hilfetext für den Benutzer erhöhen Sie die Datensicherheit.

→ Bevor Sie die Formularfelder ausprobieren bzw. verwenden können, muss das Dokument geschützt werden. Klicken Sie dazu auf die zugehörige Schaltfläche in der Symbolleiste.

Sie können jeden Typ mit einem Makro zu versehen. Dieses wird – je nach Einstellung – im Formularmodus entweder beim Eintritt oder Verlassen des Feldes ausgeführt.

Praxistipp: Textformularfelder einfügen

Für den sicheren Umgang mit Formularfeldern ist ein wenig Übung nötig. Damit Sie diese erlangen, stellt das Beispiel einige nützliche Varianten vor. Beginnen Sie mit einem Formularfeld, das im Formular ein aktuelles Datum erzeugt. Sie setzen dazu die Schreibmarke an die gewünschte Stelle, fügen ein Textformularfeld ein und aktivieren die Dialogbox für die Einstellung der Optionen mit einem Doppelklick. Wählen Sie den Typ *Aktuelles Datum* und suchen Sie im Listenfeld *Datumsformat* das gewünschte Erscheinungsbild heraus. Vergeben Sie den Namen für die Textmarke, z.B. *Datum*. Bestätigen Sie die Einstellungen mit einem Klick auf *OK*.

Bild 34.5: Mit diesen Einstellungen erzeugen Sie ein Formularfeld für das aktuelle Datum.

Im weiteren Verlauf des Beispiels ist ein Formularfeld für die Rechnungsnummer erforderlich. Die Rechnungsnummer enthält normalen Text und soll zehn Zeichen nicht überschreiten. Sie setzen die Schreibmarke an die gewünschte Stelle, fügen ein Textformularfeld ein und aktivieren die Dialogbox für die Einstellung der Optionen mit einem Doppelklick. Belassen Sie den Typ *Einfacher Text* und wählen Sie im Listenfeld *Maximale Länge* die gewünschte Länge aus. Ein besonderer Name für die Textmarke ist nicht nötig. Bestätigen Sie die Einstellungen mit einem Klick auf OK.

Textformularfelder vom Typ Einfacher Text *belegen Sie im Eingabefeld* Vorgabetext *mit einer Standardeinstellung, die im Formularmodus überschreibbar ist. Im Listenfeld* Textformat *sind einfache Eingabemasken gelistet.*

Die erste und zweite Spalte in der Beispieltabelle enthalten ebenfalls Textformularfelder vom Typ *Einfacher Text*. Stellen Sie diese Felder auf eine maximale Länge von 25 Zeichen und belassen Sie die Standard-Textmarke, die Word einträgt. Leider müssen Sie jedes Feld einzeln einfügen: Beim Kopieren erzeugt Word keine Textmarken.

Fügen Sie Textformularfelder spaltenweise in Tabellen ein, damit untereinander stehende Textformularfelder aufeinander folgende Textmarkennamen erhalten. Mit diesem Verfahren vereinfachen Sie spätere Auswertungen.

Interessant wird es nun bei den Formularfeldern der Spalte *Menge*. Sie setzen die Schreibmarke in die erste Zelle unter dem Spaltenkopf, fügen ein Textformularfeld ein und aktivieren die Dialogbox für die Einstellung der Optionen mit einem Doppelklick. Wählen Sie den Typ *Zahl* und suchen Sie im Listenfeld *Zahlenformat* das gewünschte Erscheinungsbild heraus. In diesem Fall ist eine ganze Zahl erforderlich. Vergeben Sie den Namen für die Textmarke, z.B. *Menge1*. Bestätigen Sie die Einstellungen mit einem Klick auf *OK*. Wiederholen Sie den Arbeitsgang in den Zellen darunter analog. Dabei verwenden Sie fortlaufend nummerierte Namen für die zugeordneten Textmarken.

Bild 34.6: Die Textformularfelder vom Typ Zahl *sind in dieser Form Grundlage für die spätere Berechung.*

Auch die Formularfelder der Spalte *Preis pro Einheit* weisen Besonderheiten auf: Sie sind nicht als Währungsangaben formatiert, obwohl Word diesen Luxus bieten würde. Allerdings steht die Umstellung der Dokumente auf den Euro an: Verzichten Sie deshalb darauf, die Währung über das Zahlenformat zu realisieren.

Außerdem lösen die Formularfelder beim späteren Formularmodus die Berechnung aller Formularfelder aus. Sie setzen zum Erzeugen dieser Felder die Schreibmarke in die erste Zelle unter dem Spaltenkopf, fügen ein Textformularfeld ein und aktivieren die Dialogbox für die Einstellung der Optionen mit einem Doppelklick. Wählen Sie den Typ *Zahl* und suchen Sie im Listenfeld *Zahlenformat* das Format heraus.

Vergeben Sie den Namen für die Textmarke, z.B. *Preis1*. Aktivieren Sie das Kontrollkästchen *Beim Verlassen berechnen*. Bestätigen Sie die Einstellungen mit einem Klick auf *OK*. Wiederholen Sie den Arbeitsgang in den Zellen darunter analog. Dabei verwenden Sie fortlaufend nummerierte Namen für die zugeordneten Textmarken.

Bild 34.7: *Das aktivierte Kontrollkästchen* Beim Verlassen berechnen *sorgt im Formularmodus für die Berechnung aller Formularfelder, sobald die Schreibmarke das Feld verlässt.*

Um die Funktionalität der Online-Formulare voll zur Geltung zu bringen, erfolgt nun das Einfügen von Feldern für Berechnungen. Im Beispiel übernimmt die Spalte *Gesamtpreis* die Berechnung des Produkts aus Menge und Preis der benachbarten Zellen. Sie setzen zum Erzeugen dieser Felder die Schreibmarke zunächst in die erste Zelle unter dem Spaltenkopf. Danach fügen Sie ein Textformularfeld ein und aktivieren die Dialogbox für die Einstellung der Optionen mit einem Doppelklick. Wählen Sie den Typ *Berechnung* und suchen Sie im Listenfeld *Zahlenformat* das Währungsformat für die Formatierung des Ergebnisses heraus. Vergeben Sie den Namen für die Textmarke, z.B. *Gesamt1*. Das Eingabefeld *Ausdruck* erhält den Eintrag `=Menge1*Preis1`. Bestätigen Sie die Einstellungen mit einem Klick auf *OK*. Wiederholen Sie den Arbeitsgang in den Zellen darunter analog. Dabei verwenden Sie angepasste Einträge für das Eingabefeld *Ausdruck:* Nutzen Sie jeweils die Textmarken der Formularfelder aus den zugehörigen Zellen.

Arbeiten Sie bei der Erzeugung der Formelausdrücke sehr sorgfältig. Falsche Zuordnungen führen zu versteckten Rechenfehlern – die Suche danach ist mühsam.

Im Rechnungsformular des Beispiels soll die Zelle rechts neben dem Eintrag *Summe* die darüber liegenden Spalten summieren. Dabei kommt eine einfache, integrierte Formel zur Anwendung.

Fügen Sie in die Zelle ein Textformularfeld ein und aktivieren Sie die Dialogbox für die Einstellung der Optionen mit einem Doppelklick. Wählen Sie den Typ *Berechnung* und suchen Sie im Listenfeld *Zahlenformat* das Währungsformat für die Formatierung des Ergebnisses heraus. Vergeben Sie den Namen für die Textmarke, z.B. *Zwischensumme*. Das Eingabefeld *Ausdruck* erhält den Eintrag `=Sum(Above)`. Diese Formel summiert die Werte aus allen Zellen der gleichen Spalte über der Zelle mit der Formel. Bestätigen Sie die Einstellungen mit einem Klick auf *OK*.

Verwenden Sie die Formel =Sum(Über), *wenn die genannte Formel nicht zum Ergebnis führt. Die Liste der verfügbaren Formeln und die dafür verwendete Sprachversion finden Sie im Listenfeld* Funktion einfügen *der Dialogbox* Formel. *Sie aktivieren diese Dialogbox mit dem Befehl* Tabelle/Formel.

Bild 34.8: Mit den integrierten Funktionen von Word erzeugen Sie in Textformularfeldern die notwendigen Ausdrücke.

Runden Sie das Beispielformular mit zwei weiteren Textformularfeldern vom Typ *Berechnung* ab. Die Zelle rechts neben der Mehrwertsteuer erhält den Ausdruck =Zwischensumme*MWST und den Textmarkennamen *Steuerbetrag*. Die Zelle darunter berechnet den Rechnungsbetrag mit dem Ausdruck =Zwischensumme+Steuerbetrag.

Bild 34.9: Word verwendet die Inhalte der definierten Textmarken für die Berechnung.

Dropdown-Formularfelder einfügen

Um bei der späteren Dateneingabe an geeigneten Stellen Auswahllisten bereitzustellen, nutzen Sie die Dropdown-Formularfelder. Sie setzen dazu die Schreibmarke an die gewünschte Stelle, klicken zum Einfügen auf die Symbolschaltfläche für das Dropdown-Formularfeld und klicken doppelt auf das neue Feld, um die Options-Dialogbox zu öffnen. Geben Sie bei den

Optionen unter *Dropdownelement* die Listenelemente nacheinander ein und übernehmen Sie diese mit *Hinzufügen* in die Liste. Mit *Umstellen* ändern Sie die Reihenfolge, in der die Elemente in der Liste erscheinen. Natürlich sollten Sie das Kontrollkästchen *Dropdown aktiviert* aktiviert haben, wenn Sie die Optionen des Feldes mit einem Klick auf *OK* zuweisen.

Bild 34.10: Bequem erzeugen Sie die Auswahlliste für Dropdown-Formularfelder.

Hilfe hinzufügen

Sie können zu jedem Formularfeld einen Hilfetext angeben, der bei Aktivierung des Feldes in der Statuszeile erscheint. Alternativ erzeugen Sie einen Text, der dem Anwender nach einem Druck auf die Funktionstaste [F1] gezeigt wird.

Das Verfahren ist bei jedem Formularfeld gleich: Sie klicken in der Dialogbox *Optionen für Kontrollkästchen-Formularfelder* auf die Schaltfläche *Hilfetext hinzufügen*.

Besonders effektiv arbeiten Sie mit der Hilfefunktion von Formularfeldern, wenn Sie vorab die gewünschten Hilfetexte als AutoText-Einträge ablegen. Damit sparen Sie vor allem bei wiederkehrenden Feldern die umständliche manuelle Eingabe der Hilfetexte.

Bild 34.11: Mit Hilfetexten in der Statusleiste oder bei Aufruf von [F1] unterstützen Sie den Anwender bei der Dateneingabe in das Formular.

→ Für die Statusleiste eignen sich kurze, prägnante Hilfetexte. Aktivieren Sie z.B. die Option *Benutzerdefiniert* im Register *Statusleiste* und tragen Sie den Hilfetext im darunter liegenden Bereich ein. Ein Beispiel, das den Anwendern aus anderen Situationen vertraut ist: `Drücken Sie (F1) für Hilfe!`

→ Die Hilfetexte, die nach dem Drücken von `F1` in einer Dialogbox erscheinen, dürfen ausführlicher sein. Aktivieren Sie dazu das Register *Hilfetaste (F1)*. Dort tragen Sie entweder einen Hilfetext ein oder wählen einen vorbereiteten AutoText-Eintrag aus dem Listenfeld neben der Option *AutoText-Eintrag*.

→ Die Hilfen erscheinen später bei der Formulareingabe automatisch in der Statuszeile, sobald der Fokus auf dem zugehörigen Formularfeld steht. Wird in dieser Situation die Taste `F1` gedrückt, erscheint eine Dialogbox *Hilfe,* die der Anwender nach dem Lesen mit *OK* bestätigen muss.

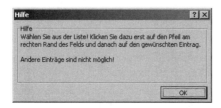

Bild 34.12: Statten Sie Formularfelder mit Hilfetexten aus, die der Anwender mit `F1` aktivieren kann.

Kontrollkästchen-Formularfelder

Im unteren Bereich soll das Formular einen Bereich erhalten, in dem der Nutzer im Formularmodus die Möglichkeit zum Ankreuzen hat. Dazu fügen Sie an der entsprechenden Stelle ein Kontrollkästchen-Formularfeld mit einem Klick auf die zugehörige Schaltfläche der Symbolleiste ein und öffnen durch einen Doppelklick die Optionen. Wählen Sie Größe und Standardwert und achten Sie auf das Kontrollkästchen *Kontrollkästchen aktiviert*, bevor sie die Dialogbox mit einem Klick auf *OK* verlassen.

Testen Sie das Formular ausgiebig. Schalten Sie dazu mit der Symbolschaltfläche in den Formularmodus um und geben Sie Testdaten in das Formular ein. Prüfen sie vor allem die Berechnungen durch Verwendung überschaubarer Werte. Durch erneuten Doppelklick auf die Formularfelder öffnen Sie die Dialogbox mit den Optionen für Korrekturen.

Der Dokumentschutz

Nach Fertigstellung des Formulars müssen Sie den Schutz des Formulars für die Eingabe überdenken. Zwei Handlungen sind empfehlenswert:

→ Beschränken Sie den Schutz auf einzelne Abschnitte des Dokuments. Fügen Sie dazu vor und bei Bedarf auch nach dem zu schützenden Abschnitt mit dem Befehl *Einfügen/Manueller Umbruch* fortlaufenden Abschnittsumbruch ein.

Bild 34.13: *Kontrollkästchen-Formularfelder dienen in Formularen zum Ankreuzen – mit dem Standardwert stellen Sie ein, wie das Kontrollkästchen beim Öffnen des Formulars erscheint.*

Mit diesen Vorbereitungen sorgen Sie beim Dokumentschutz dafür, dass Abschnitte des Dokuments trotz Dokumentschutz noch verändert werden können.

→ Den Schutz sollten Sie zusätzlich mit einem Kennwort versehen, so dass unbefugte Veränderungen am Dokument ausgeschlossen sind.

Zum Abschluss der Vorbereitungen sind weitere Schritte nötig:

→ Blenden Sie die nicht druckbaren Zeichen durch einen Klick auf die zugehörige Symbolschaltfläche in der Standard-Symbolleiste aus.

→ Schließen Sie die Formular-Symbolleiste.

→ Schalten Sie den Formularmodus ein. Zum Schützen des Dokuments nutzen Sie den Befehl *Extras/Dokument schützen*. Aktivieren Sie in der Dialogbox *Dokument schützen* die Option *Formulare* und tragen Sie das Kennwort ein. Klicken Sie bei Bedarf auf die Schaltfläche *Abschnitte*, um den Schutz zu differenzieren. Nach einer Kennwortbestätigung ist das Dokument im Formularmodus geschützt.

→ Speichern Sie das Formular mit *Datei/Speichern unter* als Dokumentvorlage in Ihrem Vorlagenordner.

→ Schließen Sie die Dokumentvorlage.

Das Formular mit Daten füllen

Zum Ausfüllen legen Sie eine neue Textdatei auf Basis der Vorlage für das Formular an. Sie wählen *Datei/Neu* und verwenden die gerade erstellte Vorlage. Durch die Vorbereitung fällt das Ausfüllen leicht: Mit den Pfeiltasten oder der Tab-Taste springt Word alle Felder nacheinander an. Den Modus der Kontrollkästchen schalten Sie mit der Leertaste um. Selbstverständlich reagieren diese Kontrollkästchen ebenso auf einen Mausklick. Textformularfelder mit automatischer Länge ändern nach der Eingabe ihre Länge auf den tatsächlichen Platzbedarf des Textinhaltes.

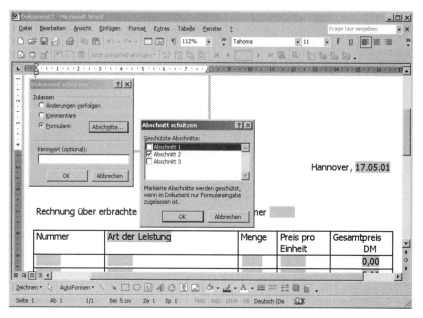

Bild 34.14: Sie müssen das Dokument schützen, bevor Sie das Formular verwenden können. In den Dialogboxen legen Sie die Art des Schutzes fest.

Dropdown-Formularfelder erhalten beim Anspringen einen Listenpfeil – mit einem Klick öffnen Sie die Liste und erhalten die Einträge zur Auswahl.

Verzichten Sie auf die Enter *-Taste. Word fügt dann trotz des Dokument-schutzes einen Zeilenumbruch ein.*

Den Abschluss der Dateneingabe vollziehen Sie mit dem Speichern des Dokuments. Für die Auswertung der Daten können Sie im fertigen Dokument die Formularfelder durch die Ergebnisse ersetzen: Nutzen Sie nach dem Aufheben des Schutzes die Tastenkombination Strg+Shift+F9. Danach sind die Felder verschwunden und durch die bisherigen Ergebnisse ersetzt. Die Textmarken bleiben erhalten: Der Zugang zu den Inhalten ist so über die Textmarken noch möglich.

Wenn Sie den Dokumentschutz bei einem ausgefüllten Formular aufheben und erneut aktivieren, dann gehen die bereits vorhandenen Daten verloren.

35 Teamfunktionen

Word stellt eine Reihe von Funktionen bereit, die auf die Arbeit mit Word-Dokumenten im Team zugeschnitten sind. Neben dem Überarbeiten-Modus eignen sich vor allem die Kommentare zum gemeinsamen Bearbeiten eines Druckstücks. Darüber hinaus erfahren Sie wie Sie mit mehreren Dokumentversionen arbeiten und unterschiedliche Bearbeitungsstände eines Dokuments zusammenführen.

35.1 Kommentare

In der Praxis kommt es häufig vor, dass ein Druckstück durch mehrere Hände geht, bevor die endgültige Fassung vorliegt. Im Regelfall wird das Dokument gedruckt und mit dem Hinweis »Korrekturlesen« oder »Freigabe« in die Postmappe des Bearbeiters gelegt. Dieser nimmt einen farbigen Stift, einen Textmarker oder Haftnotizen zur Hand, hebt fragliche Passagen hervor oder verfasst Anmerkungen. Der überarbeitete Ausdruck gelangt wieder zurück zum zuständigen Sachbearbeiter, der die Anmerkungen in das Dokument einarbeitet. Dank der entsprechenden Funktionen können Sie auf das Ausdrucken des Dokuments verzichten und alle Arbeitsschritte unmittelbar mit Word ausführen.

35.1.1 Kommentare verwenden

Kommentare stellen das elektronische Pendant zu den bekannten Haftnotizen dar. Bei gleicher Funktionalität sind diese Kommentare flexibler einzusetzen und unverlierbar.

Gegenüber dem später erläuterten Überarbeiten-Modus überzeugen Kommentare durch Übersichtlichkeit und einfache Anwendung.

Kommentare einfügen

Im ersten Schritt öffnen Sie das zu bearbeitende Dokument und setzen die Schreibmarke an die zu kommentierende Stelle. Um längere Textpassagen mit einem Kommentar zu versehen, markieren Sie den Textabschnitt mit der Maus oder der Tastatur:

→ Halten Sie die linke Maustaste gedrückt und überfahren Sie die zu markierende Stelle oder drücken bzw. halten Sie die Shift-Taste und benutzen Sie die Pfeiltasten zum Bewegen der Schreibmarke.

→ Zum Einfügen eines Kommentars klicken Sie auf *Einfügen/Kommentar*.

Das Verhalten der Kommentare ist von der gewählten Ansicht abhängig: Die nachfolgenden Ausführungen gehen von der Ansicht Seitenlayout *aus.*

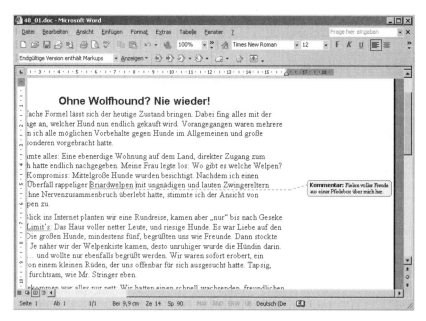

Bild 35.1: Die markierte Textpassage wird mit einem Kommentar versehen.

Word hebt die aktuelle Markierung in Klammern hervor und verwendet einen Kommentartext in der Farbe des Bearbeiters.

→ In rechten Seitenbereich blinkt eine Schreibmarke in einer Kommentarblase hinter dem Wörtchen *Kommentar:* An dieser Position erfassen Sie den Kommentar.

→ Beim Einfügen des ersten Kommentars öffnet Word die Symbolleiste *Überarbeiten* mit den Steuerelementen für die Arbeit mit Kommentaren oder Änderungen.

Bild 35.2: Die Symbolleiste Überarbeiten.

→ Alternativ zur Eingabe in der Kommentarblase bietet Word ein *Überarbeitungsfenster,* das Sie mit einem Klick auf das Symbol am rechten Rand der Symbolleiste ein- bzw. ausblenden.

 Durch Ziehen an der horizontalen Unterteilung zwischen Dokument- und Überarbeitungsfenster passen Sie die Größe der beiden Arbeitsbereiche an die Erfordernisse an.

→ Geben Sie die vorgesehene Anmerkung ein. Im Überarbeitungsfenster stehen Ihnen die grundlegenden Bearbeitungs- und Formatierungs-Funktionen von Word zur Verfügung.

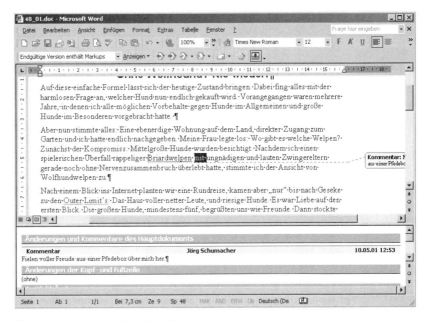

Bild 35.3: Die vorgesehene Anmerkung ist erfasst.

 TIPP

Bei Anzeige der Kommentare im Dokument verwendet Word eine Standardformatierung. Änderungen der Schriftart, -größe und -stil sind ausschließlich im Überarbeitungsfenster zu sehen. Zum Verändern der Standards verwenden Sie die von Word zugewiesenen Formatvorlagen.

→ Die weitere Vorgehensweise richtet sich danach, ob Sie beabsichtigen, noch weitere Kommentare zu erfassen oder nicht.

→ Falls die Erfassung der Kommentare abgeschlossen ist, klicken Sie auf die Schaltfläche, um das Überarbeitungsfenster zu schließen.

→ Um noch weitere Anmerkungen zu verfassen, klicken Sie mit der Maus in das Dokumentfenster und geben den nächsten Kommentar ein.

Word sortiert sämtliche Kommentare im Dokument entsprechend der Reihenfolge im Dokument und fügt im Überarbeitungsfenster den Namen des Bearbeiters hinzu.

→ Nachdem das Kommentieren abgeschlossen ist, speichern Sie das Dokument. Word nimmt alle erfassten Kommentare mit in das Dokument auf – sie stehen zur weiteren Bearbeitung bereit.

Hyperlinks und Kommentare

Word unterstützt Hyperlinks im Kommentar, mit denen Sie Verknüpfungen zu Seiten im Internet, über Textmarken zu einer anderen Stelle im Dokument oder zu einem anderen Dokument auf der Festplatte erzeugen. Gerade in langen Dokumenten ist es fast unmöglich, Wiederholungen und Widersprüche anschaulich zu kennzeichnen, ohne auf umständliche Beschreibungen wie Seite 25, 3. Absatz, zweiter Satz zurückzugreifen.

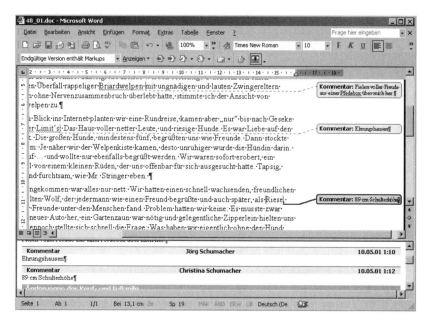

Bild 35.4: Der dritte Kommentar im Dokument ist von einem zweiten Bearbeiter.

Darüber hinaus hängt der Seitenumbruch nicht zuletzt vom gewählten Darstellungsmodus des Bearbeiters ab. An dieser Stelle unterstützt Sie Word mit Hyperlinks zu definierten Textmarken.

→ Zunächst versehen Sie die Stelle, auf die verwiesen werden soll, mit einer Textmarke. Setzen Sie dazu die Schreibmarke an die Stelle, an der die Textmarke einzufügen ist und klicken Sie auf *Einfügen/Textmarke*. Word öffnet die Dialogbox *Textmarke,* in der Sie den Namen für die Textmarke festlegen.

Verwenden Sie aussagefähige Bezeichnungen für die Textmarke.

→ Nach einem Klick auf *Hinzufügen* setzt Word die Textmarke an die entsprechende Position im Dokument.

→ Wechseln Sie zu der Stelle, an der Sie den Kommentar mit dem Hyperlink einfügen wollen, und wählen Sie *Einfügen/Kommentar*.

→ Geben Sie den Kommentartext ein und drücken Sie dann die Tastenkombination [Strg]+[K]. Word öffnet die Dialogbox *Hyperlink einfügen,* in der Sie das Ziel der Verknüpfung auswählen.

→ Zum Einfügen der Verknüpfung klicken Sie auf die Schaltfläche *Textmarke* und wählen die zuvor angelegte Textmarke mit einem Doppelklick aus.

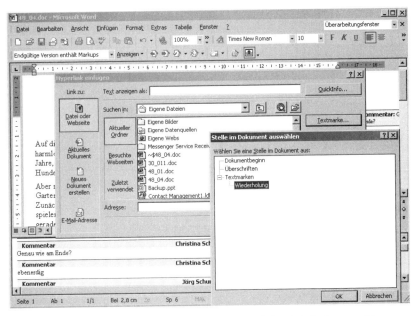

Bild 35.5: In der Dialogbox Hyperlink einfügen *geben Sie das Ziel der Verknüpfung an: Die zuvor angelegt Textmarke wird als Ziel des Hyperlinks festgelegt.*

→ Word schließt die Dialogbox *Stelle im Dokument auswählen.* Mit *OK* bestätigen Sie Eingaben in der Dialogbox *Hyperlink einfügen* und nehmen den Hyperlink in den aktuellen Kommentar auf. Mit einem Klick auf den Hyperlink im Überarbeitungsfenster ist anschließend die entsprechende Stelle im Text schnell aufgefunden.

Um einen anderen Hyperlinktext in den Kommentartext einzufügen, passen Sie die Vorgabe im Eingabefeld Text anzeigen als *an. Dem Hyperlink folgen Sie mit der Kombination* Strg *+ Klicken.*

Benutzerkennung anpassen

Word verwendet zum Kennzeichnen der Kommentare die Benutzerinformationen der aktuellen Version von Word. Sofern Sie ein Dokument auf verschiedenen Rechnern, z.B. in einem lokalen Netzwerk bearbeiten, unterscheiden Sie daran die unterschiedlichen Bearbeiter voneinander. Doch was tun, wenn sich mehrere Sachbearbeiter einen PC teilen und mit der gleichen Version von Word arbeiten? Wie unterscheiden Sie dann die Kommentare unterschiedlicher Verfasser? Durch manuelles Anpassen der Benutzerinformation vor dem Überarbeiten des Dokuments stellen Sie eine Unterscheidung verschiedener Bearbeiter sicher.

→ Zum Anpassen der Benutzerinformationen klicken Sie auf *Extras/Optionen* und wechseln zum Register *Benutzerinformationen*.

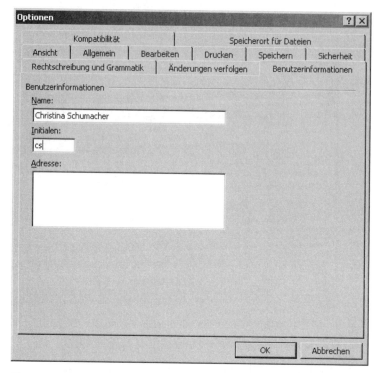

Bild 35.6: Die Benutzerinformationen *verwendet Word zum Kennzeichnen der Kommentare.*

→ Geben Sie den Namen und die Initialen des aktuellen Sachbearbeiters in die entsprechenden Eingabefelder ein, und bestätigen Sie die Eingabe mit einem Klick auf die Schaltfläche *OK*. Alle danach erfassten Kommentare kennzeichnet Word mit den neuen Benutzerinformationen.

Gesprochener Kommentar

Soundkarte und Mikrofon vorausgesetzt, unterstützt Word auch die Verwendung gesprochener Kommentare. Gerade bei umfangreichen Anmerkungen hilft Ihnen diese Funktion, das überarbeitete Dokument übersichtlich zu halten.

→ Nehmen Sie das Mikrofon zur Hand, und setzen Sie die Schreibmarke an die Position für die gesprochene Anmerkung im Dokument. Klicken Sie in der Symbolleiste *Überarbeiten* auf den Listenpfeil an der Schaltfläche *Neuer Kommentar*.

→ Klicken Sie auf *Gesprochener Kommentar*.

→ Die Symbole auf den Schaltflächen des Audiorecorders gleichen denen eines herkömmlichen Kassettenrecorders und weisen die gleiche Funktionalität auf.

→ Sie starten die Aufnahme mit einem Klick auf *Aufnehmen* und sprechen den Kommentartext.

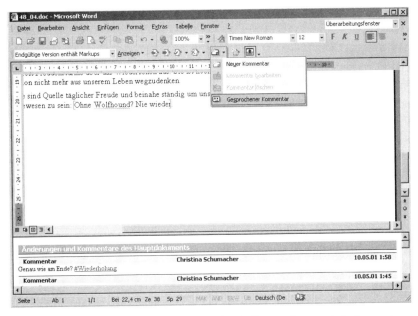

Bild 35.7: Der Befehl Gesprochener Kommentar *startet den* Audiorecorder *zum Aufnehmen eines gesprochenen Kommentars.*

→ Sobald die Aufnahme beendet ist, klicken Sie auf *Wiedergabe beenden.* Word fügt das Audioobjekt als Lautsprechersymbol in das Dokument ein.

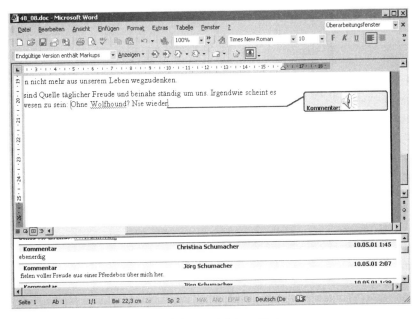

Bild 35.8: Der gesprochene Kommentar ersetzt das geschriebene Wort.

→ Zum Anhören des gesprochenen Kommentars klicken Sie doppelt auf das Lautsprecher-Symbol.

Wenn die Schreibmarke beim Start der Aufnahme im Dokumentfenster blinkt, fügt Word das Audioobjekt im Dokument ein.

35.1.2 Mit Kommentaren arbeiten

Neben dem Erfassen spielt die nachträgliche Bearbeitung der Kommentare eine entscheidende Rolle: die Anmerkungen müssen abgearbeitet und erforderliche Änderungen vorgenommen werden. Schließlich sind die Kommentare nach dem Einarbeiten aus dem Dokument zu entfernen.

Kommentare ansehen

Um einen schnellen Überblick zu gewährleisten, verfügt Word mit der Symbolleiste *Überarbeiten* und dem Überarbeitungsfenster über Funktionen, mit der Sie den Anmerkungstext bequem im Dokumentfenster sehen können.

→ Um die Symbolleiste *Überwachen* zu sehen, nutzen Sie den Befehl *Ansicht/Symbolleisten/Überwachen*.

→ Aktivieren Sie mit einem Klick das Überarbeitungsfenster: Die vorhandenen Kommentare erscheinen im Bereich *Änderungen und Kommentare des Hauptdokuments*.

→ Schalten Sie auf einen der Einträge *... enthält Markups*. Word zeigt nun auch im Dokumentfenster die Kommentare an.

→ Lassen Sie den Mauszeiger einen Moment lang über dem Kommentar ruhen – Word öffnet eine QuickInfo und zeigt den vollständigen Namen des Bearbeiters, die Bearbeitungszeit und die Bearbeitungsart (in diesem Fall *Kommentiert)* als Überschrift (siehe Bild 35.9).

Kommentare öffnen und bearbeiten

Bei den im Dokument vorhandenen Kommentaren steht einer weiteren Bearbeitung nichts im Wege: Zum Bearbeiten dient wieder das Überarbeitungsfenster, in dem Sie vorhandene Kommentare verändern oder ergänzen.

Mit den Zwischenablageoperationen lassen sich Kommentartexte kopieren oder ausschneiden und an einer beliebigen Stelle im Dokument einfügen.

Über Ansicht/Symbolleiste/Überarbeiten blenden Sie die Überarbeiten-Symbolleiste ein. Sie enthält neben Schaltflächen zum Erstellen, Löschen und Bearbeiten von Kommentaren Steuerelemente zum Navigieren.

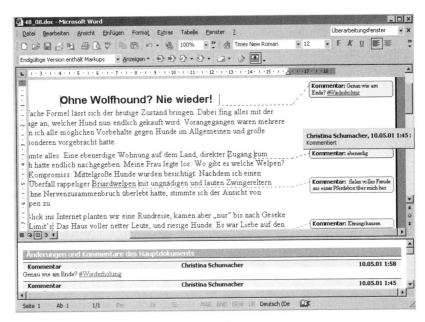

Bild 35.9: *Eine QuickInfo vermittelt die Daten aus dem Überwachungsfenster in das Dokument-fenster.*

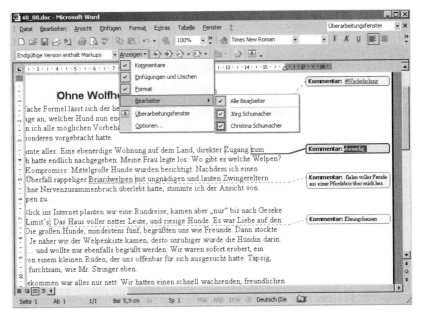

Bild 35.10: *Der schnellste Weg zum Bearbeiten der Kommentare führt über das Menü* Anzeigen *in der Symbolleiste.*

Wie schon beim Einfügen stehen Ihnen im Überarbeitungsfenster die wesentlichen Funktionen und Befehle zum Bearbeiten der Kommentartexte zur Verfügung.

Sobald Sie im Überarbeitungsfenster doppelt auf einen Kommentartext klicken, wechselt Word im Dokumentfenster automatisch zur entsprechenden Stelle im Dokument – so haben Sie immer den entsprechenden Kontext vor Augen.

Kommentare nach Benutzer anzeigen

Wenn Kommentare mehrerer Bearbeiter im Dokument enthalten sind, kann es sinnvoll sein, nur die Kommentare eines Bearbeiters einzusehen. Öffnen Sie das Menü *Anzeigen* in der Symbolleiste *Überarbeiten* und klicken Sie auf den Namen des Bearbeiters, dessen Kommentare Sie selektieren möchten.

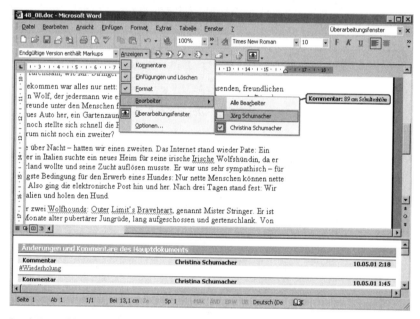

Bild 35.11: Durch Auswahl eines Eintrags im Listenfeld Kommentar von *bestimmen Sie, wessen Kommentare anzuzeigen sind.*

 Im Überarbeitungsfenster erkennen Sie, dass noch andere Kommentare im Dokument vorhanden sind.

Den Objektbrowser verwenden

Bei umfangreichen Dokumenten mit zahlreichen verteilten Anmerkungen ist die Auswahl der Kommentare im Überarbeitungsfenster oder im Dokument umständlich. Word unterstützt Sie mit leistungsfähigen Navigationsfunktionen.

→ Klicken Sie auf die Schaltfläche *Browseobject auswählen* am unteren Rand der rechten Bildlaufleiste oder drücken Sie die Tastenkombination Strg + Alt + Pos1 .

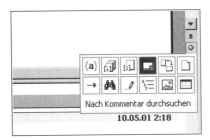

Bild 35.12: *Im Objektbrowser legen Sie fest, welche Objekte mit den Navigationsfunktionen von Word anzusteuern sind.*

Word öffnet den Objektbrowser mit verschiedenen Symbolen, die zum Festlegen des zu suchenden Objekts dienen.

→ Klicken Sie auf das Symbol *Nach Kommentar durchsuchen* – erkennbar am gelben Notizzettel. Durch das Anklicken des Symbols richten Sie Kommentare als Suchobjekt ein. Wenn Kommentare im Dokument enthalten sind, hebt Word die Doppelpfeil-Schaltflächen in der rechten unteren Ecke des Arbeitsbereichs blau hervor – sie dienen zum komfortablen Ansteuern der Kommentare – und positioniert die Schreibmarke automatisch vor dem nächsten Kommentar.

Um nach dem Überarbeiten der Kommentare wieder wie gewohnt mit den Doppelpfeilen oder Tastenkombinationen zwischen den Dokumentseiten zu blättern, müssen Sie den Objektbrowser durch einen Klick auf das Symbol Nach Seite durchsuchen *zurücksetzen.*

→ Um bequem nach allen Kommentaren im Dokument zu suchen, klicken Sie auf *Vorheriger Kommentar* oder *Nächster Kommentar*. Word sucht den entsprechenden Kommentar, wechselt zur jeweiligen Seite und positioniert die Schreibmarke vor dem Kommentar.

Schnelle Tasten: Mit $\boxed{\text{Strg}}$+$\boxed{\text{Bild}\uparrow}$ *gelangen Sie zum vorherigen,* $\boxed{\text{Strg}}$+$\boxed{\text{Bild}\downarrow}$ *blättert zum nächsten Kommentar.*

Bild 35.13: *Mit den Schaltflächen* Vorheriger Kommentar *oder* Nächster Kommentar *blättern Sie durch alle Kommentare im Dokument.*

Mit der Navigationsfunktion Vorheriger Kommentar *oder* Nächster Kommentar *erreichen Sie ebenso ausgeblendete Kommentare anderer Bearbeiter.*

Kommentare löschen

Abgearbeitete Kommentare müssen nach Bearbeitung nicht länger im Dokument verbleiben und werden deshalb gelöscht. Dies bewerkstelligen Sie am schnellsten über den Befehl *Kommentar löschen* im Kontextmenü der Kommentarmarkierung.

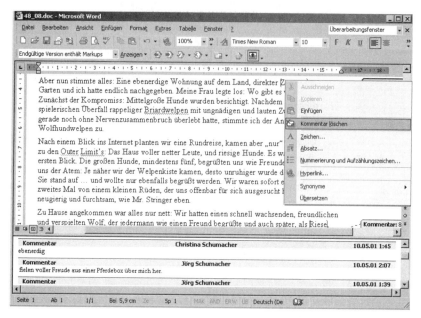

Bild 35.14: Mit Kommentar löschen *entfernen Sie überflüssige Kommentare aus dem Dokument.*

 Wenn Sie lediglich den Text im Überarbeitungsfenster löschen, bleibt die Kommentarmarkierung im Dokument enthalten.

Andere Varianten bietet die Schaltfläche *Änderung ablehnen/Kommentar löschen:* Selektieren Sie für die Ansicht mit *Anzeigen/Bearbeiter/Alle Bearbeiter* oder durch Auswahl eines Bearbeiters die gewünschten Kommentare. Dann haben Sie im Menü der Schaltfläche die Wahl:

→ *Änderung ablehnen/Kommentar löschen* bezieht sich auf den aktuell markierten Kommentar.

→ *Alle angezeigten Kommentare löschen* steht für die sichtbaren Kommentare eines Bearbeiters bzw. mehrerer oder aller Bearbeiter.

→ *Alle Kommentare löschen* beseitigt unabhängig von der Anzeige alle sichtbaren Details.

Kommentare drucken

In einigen Fällen kann es erforderlich sein, das Dokument mit den enthaltenen Kommentaren auf den Drucker auszugeben, z.B. als Dokumentation der Arbeitsschritte.

Die Vorbereitung treffen Sie mit *Anzeigen/Optionen:*

→ Entscheidend für das Layout des Ausdrucks ist zunächst das Kontroll-kästchen *Sprechblasen beim Drucken und Weblayout nutzen.* Ist es deaktiviert, erscheinen später im Druck des Dokuments mit Markups nur die farbigen Textkennzeichnungen.

→ Wenn das Kontrollkästchen *Sprechblasen beim Drucken und Weblayout nutzen* aktiviert ist, dann druckt Word die Kommentare später so, wie Sie es in den Bereichen darunter festlegen.

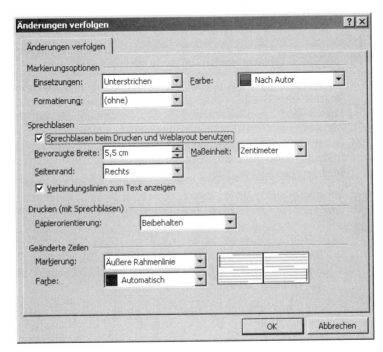

Bild 35.15: Die Dialogbox Optionen *regelt den Ausdruck der Kommentare im Bereich* Sprechblasen.

Nach diesen Vorbereitungen legen Sie im Listenfeld *Drucken* der Dialogbox *Datei/Drucken* die Druckausgabe fest.

→ Wählen Sie den Eintrag *Markupliste,* um eine Liste der Kommentare (und Änderungen) im Dokument zu drucken. Nachdem Sie die Eingabe mit *OK* bestätigt haben, versieht Word die Kommentare im Überarbei-tungsfenster mit den entsprechenden Seitenzahlen und gibt die Liste auf den Drucker aus.

→ Wenn Sie den Eintrag *Dokument mit Markups* wählen, dann druckt Word das Dokument mit zugeordneten Sprechblasen.

35.2 Dokumente überarbeiten

Neben den komfortablen Kommentaren stellt Ihnen Word einen speziellen Überarbeiten-Modus bereit, der alle durchgeführten Änderungen am Dokument im Änderungsprotokoll aufzeichnet. Diese Änderungen lassen sich im Anschluss durch den Überarbeiter dann einzeln überprüfen und annehmen bzw. zurückweisen.

Im Überarbeiten-Modus zeichnet Word alle – auch noch so kleinen – Änderungen auf. Dadurch werden die Dokumente für die Endbearbeitung meist unübersichtlich.

35.2.1 Überarbeiten-Modus aktivieren

Im Überarbeiten-Modus speichert und unterscheidet Word unterschiedliche Bearbeitungsstände. Grundlage ist das Änderungsprotokoll, das Sie beim Einschalten des Überarbeiten-Modus aktivieren. Sämtliche Änderungen, die Anwender am Dokument durchführen, bleiben transparent und sind daher stets nachvollziehbar. Das Dokument wird wie gewohnt bearbeitet und der neue Text im Dokument gespeichert. Die geänderten Passagen bleiben ebenfalls erhalten.

Der Überarbeiten-Modus kommt dann zum Einsatz, wenn es um das vollständige Verfolgen und Aufzeichnen sämtlicher Änderungen am Dokument geht.

→ Um den Überarbeiten-Modus zu aktivieren, klicken Sie auf *Extras/Änderungen nachverfolgen* oder auf die Schaltfläche *Änderungen verfolgen* in der Symbolleiste *Überarbeiten*.

→ Ein Doppelklick auf das ÄND-Feld in der Statusleiste aktiviert ebenfalls den Überarbeiten-Modus. Mit einem rechten Mausklick öffnen Sie ein Kontextmenü, in dem Sie die durchzuführende Operation auswählen.

→ Durch die Voreinstellung *Anzeigen/Einfügungen und Löschen* bzw. *Anzeigen/Format* zeigt Word die durchgeführten Änderungen am Bildschirm an. Gelöschter Text erscheint dann in der Standardeinstellung durchgestrichen, hinzugefügter wird farbig dargestellt.

→ Zum Anpassen der Änderungskennzeichnung öffnen Sie das Register *Änderungen verfolgen* in der Dialogbox *Extras/Optionen* oder wählen den Befehl *Anzeigen/Optionen* aus der Symbolleiste.

Wenn Sie die farbige Markierung stört, dann schalten Sie Ansicht/ Einfügungen und Löschen *beim Überarbeiten aus und aktivieren die Ansicht erst bei Überarbeiten des Dokuments.*

Alle Änderungen, die der Sachbearbeiter im Dokument vornimmt, zeichnet Word im Dokument auf. Word kennzeichnet die Änderungen in der ausgewählten Markierung. Zum Unterscheiden der einzelnen Bearbeiter verwendet Word wieder die *Benutzerinformationen* des gleichnamigen Registers in der Optionen-Dialogbox.

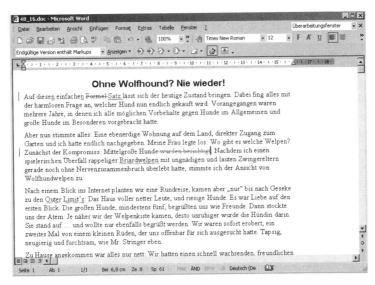

Bild 35.16: *Word hebt alle Änderungen farbig hervor – jeder Bearbeiter erhält dabei eine andere Kennzeichnung.*

Neben den reinen Änderungsinformationen speichert Word Angaben zum Bearbeiter sowie Datum und Uhrzeit der Änderung.

→ Schalten Sie die Änderungsmarkierung ein, und bewegen Sie den Mauszeiger auf eine hervorgehobene Textpassage. Wenn im Register *Ansicht* der Dialogbox *Extras/Optionen* das Kontrollkästchen *Quickinfo* aktiviert ist (Standard), sehen Sie die entsprechenden Informationen, sobald Sie den Mauszeiger auf eine überarbeitete Textpassage setzen.

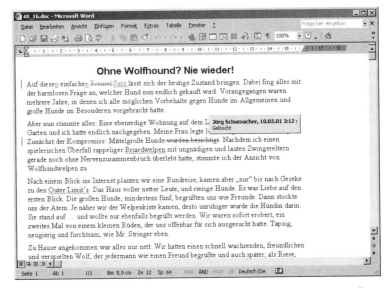

Bild 35.17: *Die Quickinfo gibt Ihnen eine schnellen Überblick über die durchgeführten Änderungen.*

35.2.2 Änderungen annehmen oder ablehnen

Word hat im Überarbeiten-Modus alle durchgeführten Änderungen gespeichert. Im Dokument sind neben der ursprünglichen Version, alle geänderten Texte enthalten. In dieser Form – mit mehreren unterschiedlichen Bearbeitungsständen – ist das Dokument nicht zu gebrauchen. Nachdem das Dokument wie vorgesehen überarbeitet wurde, muss zum Abschluss die endgültige Version entstehen.

→ Zunächst verschaffen Sie sich einen Überblick: Mit Hilfe des Befehl *Anzeigen/Bearbeiter* blenden Sie Bearbeiter ein bzw. aus.

→ Einen weiteren Überblick liefert das Listenfeld *Anzeige für Überarbeitung:* Schalten Sie um zwischen den Versionen *Original* (vor den Änderungen) oder *Endgültig* (nach den Änderungen).

→ Setzen Sie die Schreibmarke mit ⟨Strg⟩+⟨Pos1⟩ an den Anfang des Dokuments.

→ Aktivieren Sie das Überarbeitungsfenster.

→ Klicken Sie auf *Weiter* bzw. *Zurück*, um die Änderungen schrittweise zu verfolgen.

Zwei Schaltflächen dienen zum Bearbeiten:

→ *Änderungen Annehmen* überträgt die durchgeführte Änderung endgültig in das Dokument.

→ *Änderung Ablehnen/Kommentar löschen* weist die aktuell markierte Änderung zurück.

An beiden Schaltflächen befinden sich Pfeile, die auf weitere Varianten für die Überarbeitung verweisen.

→ Mit *Änderungen Annehmen/Alle angezeigten Änderungen annehmen* übernehmen Sie alle Änderungen des aktuellen Bearbeiters ohne weitere Überprüfung in das Dokument.

→ Mit *Änderungen Annehmen/Alle Änderungen annehmen* übernehmen Sie alle vorhandenen Änderungen ohne weitere Überprüfung in das Dokument.

→ *Änderung Ablehnen/Alle angezeigten Änderungen ablehnen* weist sämtliche sichtbaren Änderungen ohne weitere Überprüfung zurück.

→ *Änderung Ablehnen/Alle Änderungen ablehnen* weist sämtliche vorhandenen Änderungen ohne weitere Überprüfung zurück.

→ *Rückgängig* nimmt die letzte Aktion – Annehmen oder Ablehnen – zurück.

Um mehrere Aktionen zurückzunehmen, verwenden Sie die Rückgängig-Funktion von Word. Weitere Befehle zum Annehmen bzw. Ablehnen einzelner Änderungen finden Sie jeweils im Kontextmenü der markierten Änderung.

Überarbeiten der Änderungen

Falls Ihnen beim Einarbeiten der Änderungen Fehler auffallen oder Sie zusätzliche Änderungen vornehmen möchten, müssen Sie den Änderungstext überarbeiten. Klicken Sie dazu in den Änderungstext – alle Eingaben und Änderungen, die Sie vornehmen, zeichnet Word als neue Änderung auf.

35.3 Versionen erhalten

Beim Arbeiten mit Versionen sichert Word nicht nur die einzelnen Änderungen, sondern mehrere komplette Bearbeitungsstände in einer Datei. Jede so gespeicherte Dokumentversion kann getrennt angesprochen und bearbeitet werden. Neue Bearbeitungsstände legt Word als eigenständige Version in der gleichen Datei ab, Vorgängerversionen oder das Original bleiben unverändert erhalten.

35.3.1 Versionskontrolle aktivieren

Der erste Schritt beim Arbeiten mit Versionen ist das Einrichten und Aktivieren der Versionskontrolle für das aktuelle Dokument. Dazu speichern Sie zunächst das Dokument: Die Versionskontrolle kann nur dann aktiviert werden, wenn das Dokument gespeichert ist.

→ Um die Versionskontrolle für ein Dokument einzurichten, klicken Sie auf *Datei/Versionen*. Word öffnet die Dialogbox *Versionen in XX*.

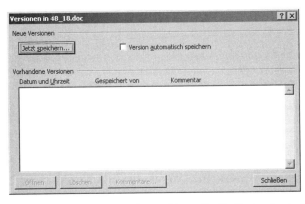

Bild 35.18: In der Dialogbox Versionen in XX *richten Sie die Versionskontrolle ein.*

→ Sobald Sie das Kontrollkästchen *Version automatisch speichern* aktivieren, entsteht bei jedem Schließen des Dokuments eine neue Version. Dazu öffnet Word automatisch die Dialogbox *Version speichern*, in der Sie einen Kommentar erfassen.

→ Nach einem Klick auf die Schaltfläche *Jetzt speichern* legen Sie die aktuelle Fassung des Dokuments sofort als eigenständige Version ab. Word öffnet dazu die Dialogbox *Version speichern*, in der Sie den Kommentar zur aktuellen Version erfassen – Zeit und Datum der

Speicherung, sowie den Namen des Benutzers übernimmt Word automatisch.

→ Um die Versionskontrolle einzuschalten, bestätigen Sie die Eingaben mit *OK*.

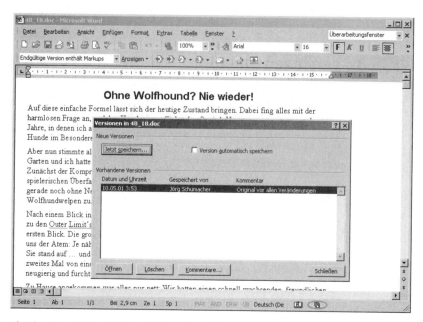

Bild 35.19: Als Hinweis auf die aktivierte Versionskontrolle enthält die Statuszeile ein spezielles Symbol.

 Verwenden Sie aussagefähige Kommentare, um später die verschiedenen Versionen voneinander zu unterscheiden.

Versionskontrolle deaktivieren

Um die Versionskontrolle wieder zu deaktivieren, klicken Sie auf *Datei/ Versionen*. Markieren Sie alle gespeicherten Versionen in der Dialogbox *Versionen in XX* und klicken Sie auf die Schaltfläche *Löschen*. Um vor dem Deaktivieren der Versionskontrolle die Zwischenstände zu erhalten, speichern Sie die einzelnen Dokumentversionen in jeweils einer eigenen Datei ab. Nachdem der letzte gesicherte Zwischenstand entfernt ist, deaktiviert Word die Versionskontrolle – das Symbol in der Statusleiste verschwindet.

35.3.2 Mit Versionen arbeiten

Sie bearbeiten das Dokument bei eingeschalteter Versionskontrolle zunächst wie gewohnt. Sobald Sie einen Arbeitsschritt abgeschlossen haben oder den aktuellen Stand sichern wollen, wählen Sie *Datei/Versionen*. In der Dialogbox *Versionen in XX* legen Sie den aktuellen Bearbeitungstand mit einem Klick auf *Jetzt Speichern* ab.

Sie müssen ausdrücklich angeben, dass Word eine neue Version ablegen soll. Beim Sichern mit Datei/Speichern *legt Word keine neue Version an, sondern sichert die Änderungen im aktuellen Dokument.*

Das Bearbeiten eines Dokuments mit aktivierter Versionskontrolle unterscheidet sich nicht vom normalen Arbeiten in Word. Lediglich das Symbol *Versionen* in der Statusleiste weist auf die aktive Versionskontrolle hin. Im Gegensatz zum Arbeiten mit der Änderungsverfolgung haben Sie immer die letzte Fassung des Dokuments vor Augen.

Versionen anzeigen

Sobald Sie die Versionsverwaltung aktiviert haben, zeigt Word nach dem Aufruf des Menübefehls *Datei/Version* alle gespeicherten Versionen in der Dialogbox *Versionen in XX*. Alternativ klicken Sie doppelt auf das Symbol *Versionen* in der Statusleiste, um die Dialogbox *Versionen in XX* zu öffnen.

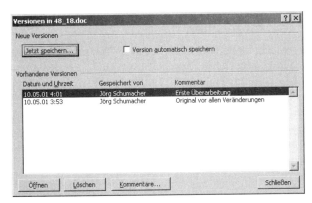

Bild 35.20: Die einzelnen Versionen eines Dokuments lassen sich getrennt voneinander öffnen, bearbeiten oder löschen.

Um auf einen Zwischenstand zuzugreifen, markieren Sie den entsprechenden Eintrag mit der Maus. Vier Schaltflächen bestimmen die auszuführende Aktion:

→ Mit *Öffnen* laden Sie die markierte Version in einem eigenen Dokumentfenster. Dazu verkleinert Word das aktuelle Dokumentfenster, so dass beide Dokumente nebeneinander auf dem Bildschirm zu sehen sind. Die einzelnen Versionen lassen sich getrennt voneinander bearbeiten. Änderungen, die Sie an einer geöffneten Dokumentversion durchführen, müssen Sie als eigenständiges Dokument speichern.

→ *Löschen* dient zum Entfernen der markierten Dokumentversion. Dabei gehen alle ungesicherten Änderungen gegenüber den anderen Versionen verloren. Gehen Sie beim Löschen vorsichtig vor, denn gelöschte Versionen können nicht wieder hergestellt werden.

→ *Kommentare* zeigt den vollständigen Kommentar zur markierten Version an.

→ *Schliessen* beendet die Dialogbox zur Versionsverwaltung.

Versionen als eigene Datei speichern

Eine vorhandene Version kann jederzeit in einer externen Datei gespeichert werden, z.B. um verschiedene Bearbeitungsstände im Ausdruck gegenüberzustellen.

→ Öffnen Sie die Versionsverwaltung mit einem Klick auf *Datei/Versionen*.

→ Markieren Sie die gewünschte Version und klicken Sie auf *Öffnen*. Word teilt das Programmfenster und stellt die ausgewählte Version in einem eigenen Fenster dar- in der Titelleiste erscheinen Dateiname, Datum und Uhrzeit sowie der Hinweis *Version*. Um diese Version zu sichern, verwenden Sie wie gewohnt den Menübefehl *Datei/Speichern*.

 Sobald Sie eine Version schließen, in der Sie Änderungen vorgenommen haben, erfolgt automatisch eine Sicherheitsabfrage, ob diese Änderungen gespeichert werden sollen.

Versionen vergleichen

Um die verschiedenen Versionen eines Dokuments zu vergleichen und daraus den endgültigen Bearbeitungsstand zu erhalten, müssen Sie zunächst die älteren Versionen in einer externen Datei speichern. Die einzelnen Versionen liegen dann als eigenständige Dokumente vor.

 Falls ein Dokument von mehreren Bearbeitern durchgesehen werden soll, geht es schneller, wenn Sie Kopien des Dokuments weitergeben, die dann unabhängig geprüft werden. Diese Kopien führen Sie dann zum Überarbeiten wieder zu einem Dokument zusammen.

→ Öffnen Sie zunächst das erste der zu vergleichenden Dokumente.

→ Wählen Sie dann *Extras/Dokumente vergleichen und zusammenführen*. Word öffnet eine Dateidialogbox, in der Sie die überarbeitete Kopie für den Vergleich auswählen.

→ Nachdem Sie das entsprechende Dokument markiert und mit einem Klick auf *Ausführen* geladen haben, beginnt Word automatisch mit dem Vergleich. Dazu aktiviert Word den Überarbeiten-Modus für das aktuell geöffnete Dokument und fügt die Unterschiede zum Vergleichsdokument als Änderungsmarkierungen ein.

Im Anschluss an den Vergleich zeigt Word Ihnen die Unterschiede wie im Überarbeiten-Modus an. Um das aktuelle Dokument auf den aktuellen Stand zu bringen, führen Sie die Änderungen zusammen.

Dokument an Verteilerliste weiterleiten

Bei bestehender Mail-Verbindung im Team kann eine Funktion eingesetzt werden, bei der Word den Transport übernimmt und die Dokumente für alle Bearbeiter bereitstellt. Dazu wählen Sie ein gespeichertes Dokument und geben es an die Bearbeiter per Mail weiter. Auslösender Befehl ist *Datei/Senden an/Verteilerempfänger*. Word aktiviert die Dialogbox *Verteiler*, in der Sie die Empfänger bestimmen und ein kurzes Anschreiben verfassen. Außerdem legen Sie fest, ob das Dokument an alle Empfänger gleichzeitig herausgeht oder einen Ringverkehr absolviert. In diesem Fall ist die Reihenfolge der Adressen im Verteiler entscheidend.

Im Bereich Zulassen *regeln Sie, was die Empfänger dürfen: verfolgte Änderungen, nur Kommentare oder Formulareingabe.*

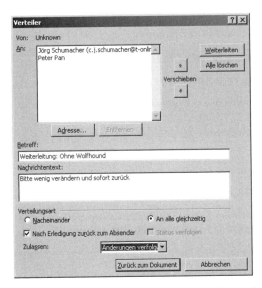

Bild 35.21: In dieser Dialogbox bestimmen Sie die Verteilerempfänger.

Danach hängt alles von den Mitarbeitern ab, sie bestimmen nun das Tempo. Die Bearbeiter erhalten einen erklärenden Text, wie mit dem angehängten Dokument zu verfahren ist. Wichtig ist der Hinweis, dass nach dem Bearbeiten der Befehl *Datei/Senden* auszuwählen ist, um das überarbeitete Dokument an den Autor zurückzugeben.

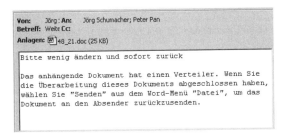

Bild 35.22: Der Hinweistext für den Bearbeiter: oben der manuelle, unten der automatisch eingefügte Text

Falls der Bearbeiter das Dokument schließt, ohne es zu senden, erinnert Word an den Verteiler und fordert zum Absenden auf.

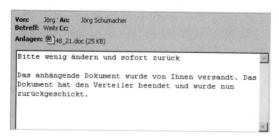

Bild 35.23: Auch in der automatisch erzeugten Antwort ist eine Erklärung angehängt.

Dokumente durch Speichern zusammenführen

Eine übliche Arbeitsweise mit Dokumenten ist es, Kopien an mehrere Bearbeiter zu verteilen. Für das Zusammenführen der dadurch entstehenden verschiedenen Dokumente setzen Sie einfach den Befehl *Speichern unter* ein.

→ Öffnen Sie eine der Kopien des Originaldokuments.

→ Wählen Sie den Befehl *Datei/Speichern unter*.

→ Klicken Sie auf das Originaldokument, um den Dateinamen des Originaldokuments in das Listenfeld zu übernehmen.

→ Bestätigen Sie mit *Speichern*.

→ Wählen Sie in der Dialogbox die Option *Änderungen in vorhandener Datei zusammenführen* und bestätigen Sie mit *OK*.

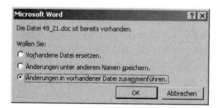

Bild 35.24: Auf diese einfache Weise erzeugen Sie ein Dokument, in dem Sie alle Varianten des Dokuments sammeln.

36 Dokumente schützen

Gerade bei der Arbeit im Team kommt dem Schutz von Dokumenten vor ungewollten Veränderungen erhebliche Bedeutung zu. Nicht alle Benutzer sollen alles verändern dürfen: Die vorhandenen Werkzeuge stellt dieses Kapitel vor.

Word stellt eine Reihe interessanter Funktionen bereit, mit denen Sie den unbefugten Zugriff auf Dokumente erschweren oder reglementieren, wer welche Änderungen am Dokument vornehmen darf. Dreh- und Angelpunkt sind dabei Kennwörter, mit denen Sie das Dokument, angefangen vom Öffnen bis hin zu abgestuften Bearbeitungsfunktionen, sperren.

 Bei der Bildung der Kennwörter sollten Sie auf zu kurze und leicht abzuleitende Wörter, wie Vor- oder Spitznamen, verzichten. Eine Haftnotiz mit dem Kennwort am Monitor ist ebenfalls fehl am Platze.

36.0.1 Sicherheitsoptionen beim Speichern

Zentrale für die Verwaltung der Sicherheitsoptionen in Word ist eine Registerkarte *Sicherheit* in der Dialogbox *Extras/Optionen*. Einen alternativen Zugriff bietet der Befehl *Extras/Sicherheitsoptionen* in der Dateidialogbox zum Speichern des Dokuments.

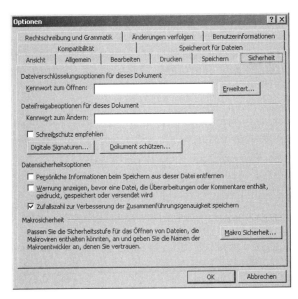

Bild 36.1: *Die Dialogbox* Optionen *bietet im Register* Sicherheit *eine Zusammenfassung der Word-Sicherheitsoptionen.*

→ Der obere Bereich bietet die Dateiverschlüsselungsoptionen für das aktuelle Dokument. Ein Klick auf *Erweitert* öffnet eine Dialogbox, in der Sie den Verschlüsselungstyp festlegen: Standard ist ein für Dokumente aus Office 97/ kompatibler Typ. Das Kennwort im oberen Bereich regelt die Berechtigung zur Einsicht in das Dokument: Nur Benutzer mit korrekter Kennworteingabe dürfen den Inhalt sehen.

→ Der Bereich *Dateifreigabeoptionen* regelt die Freigabe des aktuellen Dokuments für das Verändern. Nur Benutzer mit korrekter Kennworteingabe dürfen das Dokument ändern. Die Art der Änderung bestimmen Sie nach einem Klick auf *Dokument schützen*. Damit öffnen Sie die Dialogbox *Dokument schützen,* die Sie alternativ auch über *extras/ Dokument schützen* erreichen.

→ Die *Dateisicherheitsoptionen* bieten drei Kontrollkästchen zum Schutz vor Weitergabe von individuellen Daten.

- *Persönliche Informationen beim Speichern aus dieser Datei entfernen*: Wenn Sie diese Option verwenden, werden aus dem Dokument persönliche Informationen entfernt. Das betrifft z.B. die Dateieigenschaften in den Eingabefeldern *Autor, Manager, Firma, Zuletzt gespeichert von*. Namen, die Kommentaren, Überarbeitungen oder Versionsinformationen zugeordnet sind, werden in *Autor* geändert. Der in einem Dokument enthaltene E-Mail-Verteiler wird entfernt. Ebenso entfernt werden Downloadverweise von URLs und von Smart Tags. Wenn das Dokument einen mit der Schaltfläche *E-Mail* erstellten E-Mail-Nachrichtenkopf enthält, wird dieser ebenfalls entfernt.

- *Warnung anzeigen, bevor eine Datei, die Überarbeitungen oder Kommentare enthält, gedruckt, gespeichert oder versendet wird*: Dieses allgemeingültige Kontrollkästchen macht darauf aufmerksam, das unkonsolidierte Änderungen oder andere verborgene Elemente im Dokument vorhanden sind. In diesem Fall sollten Sie den Befehl *Ansicht/Kommentare und Änderungen* bzw. *Ansicht/Markup* wählen, um die vorhandenen Elemente zu kontrollieren.

- *Zufallszahl zur Verbesserung der Zusammenführungsgenauigkeit:* Zur leichteren Verfolgung zusammenhängender Dokumente verwendet Word für das Vergleichen und Zusammenführen zufällig erzeugte Zahlen. Mit diesen Zahlen können zwei Dokumente als zusammengehörig identifiziert werden. Das Kontrollkästchen ist im Standard aktiviert: Wenn Sie diese Zahlen nicht speichern, sind die Ergebnisse beim Dokumentvergleich nicht optimal.

→ Nach einem Klick auf *Makro Sicherheit* öffnet Word eine Dialogbox, in der Sie die Sicherheitsstufe für Makros einstellen und vertrauenswürdige Quellen verwalten. Um die Liste der Quellen zu erweiterten, muss die Sicherheitsstufe auf *Mittel* oder *Hoch* stehen. Dann öffnen Sie die Datei oder laden das Add-In mit den Makros, die von einem Hersteller mit einem digital signierten Zertifikat versehen sind. In diesem Fall öffnet eine Sicherheitswarnung mit zugänglichem Kontrollkästchen *Makros aus dieser Quelle immer vertrauen*. Nach Bestätigung dieser Dialogbox bei aktiviertem Kontrollkästchen wird die Quelle als vertrauenswürdig eingestuft und erscheint automatisch in der Liste.

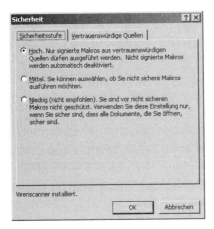

Bild 36.2: In dieser Dialogbox regeln Sie die Sicherheitsstufe für die Behandlung von Makros.

36.0.2 Kennwörter verwenden

Nicht alle Informationen in Word-Dokumenten sind dafür vorgesehen, dass jeder, der Zugang zum Dokument hat, diese Informationen zu Gesicht bekommt. Dabei sollten Sie sich vor Augen führen, dass ein normaler PC kaum Schutzmechanismen bietet und in einem Netzwerk der Zugang z.B. über freigegebene Laufwerke erfolgt. Mit Kennwörtern schränken Sie den Zugriff auf das Dokument ein und versehen Dokumente, die nicht jedem sofort zugänglich sein sollen, mit einem Grundschutz.

Die Steuerelemente zum Einrichten eines Kennworts finden Sie im Register *Sicherheit* der Dialogbox *Extras/Optionen*. Alternativ öffnen Sie beim Speichern des Dokuments den Eintrag *Extras/Sicherheitsoptionen*.

Der Kennwortschutz von Word reicht nicht aus, um vertrauliche und sicherheitsrelevante Daten verlässlich zu schützen.

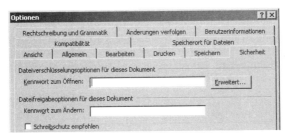

Bild 36.3: Im oberen Bereich der Dialogbox Optionen *sehen Sie im Register* Sicherheit *zwei Eingabefelder mit grundsätzlich verschiedener Wirkung.*

Außer Dokumenten lassen sich auch Dokumentvorlagen mit Kennwörtern schützen.

Der mit Word eingerichtete Kennwortschutz ist an das Word-Dateiformat gebunden. Beim Speichern des Dokuments in speziellen HTML-Einstellungen oder in einem Fremdformat geht der Kennwortschutz mit großer Wahrscheinlichkeit verloren, und das Dokument ist ungeschützt.

Kennwort zum Öffnen

Das *Kennwort zum Öffnen* erschwert den unberechtigten Zugriff auf das Dokument. Word vereitelt den Versuch, das Dokument zu öffnen, wenn nicht das richtige Kennwort eingegeben wurde. Darüber hinaus verschlüsselt Word die im Dokument enthaltenen Informationen, um zu verhindern, dass die Daten mit Fremdanwendungen zu verwerten sind.

→ Um ein Dokument mit einem Zugriffskennwort zu versehen, öffnen Sie das betreffende Dokument.

→ Klicken Sie in Word auf *Extras/Optionen* und öffnen Sie das Register *Sicherheit*.

→ Zum Festlegen des Kennworts klicken Sie in das Eingabefeld *Kennwort zum Öffnen* und geben das gewünschte Kennwort ein.

 Ein Kennwort darf bis zu 15 Zeichen lang sein und kann Buchstaben, Ziffern und Sonderzeichen enthalten. Word unterscheidet dabei zwischen Groß- und Kleinschreibung.

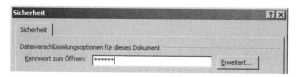

Bild 36.4: Geben Sie das Kennwort in das vorgesehene Eingabefeld ein.

 Wenn Sie das festgelegte Kennwort zum Öffnen vergessen, sind die Informationen nicht mehr zugänglich.

→ Bestätigen Sie die Eingabe mit *OK*. Word öffnet die Dialogbox *Kennwort bestätigen,* in der Sie das neue Kennwort zur Sicherheit noch einmal eingeben. Die Dialogbox bleibt geöffnet, bis das richtige Kennwort erneut eingegeben ist, oder Sie die Bestätigung mit *Abbrechen* beenden.

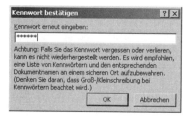

Bild 36.5: Die Bestätigung des Kennworts dient zur Ihrer Sicherheit.

→ Nachdem Sie das Kennwort bestätigt haben, müssen Sie das Dokument speichern, um den Kennwortschutz zu aktivieren. Falls Sie die Änderungen nicht speichern, übernimmt Word das Kennwort nicht – das Dokument bleibt ungeschützt. Beim Schließen des Dokuments zeigt Word automatisch eine Abfrage, ob die Änderungen gesichert werden sollen.

Das Kennwort übernimmt Word automatisch in alle Kopien des kennwortgeschützten Dokuments. Eine automatisch angelegte Sicherheitskopie des Dokuments ist dagegen erst dann ebenfalls geschützt, wenn Sie das Dokument ein weiteres Mal verändert und gespeichert haben.

Kennwort zum Ändern

Mit dem *Kennwort zum Ändern* richten Sie einen Schreibschutz für das Dokument ein und erschweren damit unbefugte Veränderungen am Dokument. Erst nach Eingabe des richtigen Kennworts lässt Word eine Bearbeitung des Dokuments zu. Ohne das richtige Kennwort öffnet Word das Dokument schreibgeschützt.

→ Um ein Schreibschutzkennwort festzulegen, öffnen Sie das betreffende Dokument.

→ Klicken Sie auf *Extras/Optionen* und öffnen Sie das Register *Sicherheit*.

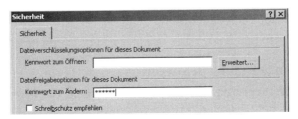

Bild 36.6: Im Bereich Dateifreigabeoptionen für dieses Dokument *vergeben Sie das Kennwort zum Ändern der Datei.*

→ Zum Festlegen des Kennworts klicken Sie in das Eingabefeld *Kennwort zum Ändern* und geben das gewünschte Kennwort ein. Mit einem Klick auf *OK* bestätigen Sie die Eingabe.

Bild 36.7: Dokumente mit einem Kennwort zum Ändern öffnen Sie nach Eingabe des richtigen Kennworts zum Bearbeiten oder schreibgeschützt im Lesezugriff.

→ Word öffnet die Dialogbox *Kennwort bestätigen*, in der Sie das neue Kennwort noch einmal eingeben.

Word hält die Dialogbox Kennwort bestätigen *so lange geöffnet, bis Sie das richtige Kennwort eingegeben oder auf* Abbrechen *geklickt haben.*

→ Nachdem die Kennworteingabe wiederholt und mit *OK* bestätigt ist, speichern Sie das Dokument, um das Kennwort zu aktivieren. Wenn Sie die Änderungen speichern, übernimmt Word das Kennwort endgültig und schützt das Dokument.

 Wenn Sie die Änderungen nicht speichern und das Dokument schließen, zeigt Word die Abfrage, ob die Änderungen gesichert werden sollen. Erst nach dem Speichern ist das Kennwort aktiviert.

Schreibschutz empfehlen

Das Register *Sicherheit* enthält im Bereich *Dateifreigabeoptionen* für dieses Dokument das Kontrollkästchen *Schreibschutz empfehlen*. Wenn Sie dieses Kontrollkästchen aktivieren, erscheint beim Öffnen eine Empfehlung, das Dokument nur schreibgeschützt zu öffnen, um es nicht versehentlich zu verändern. Falls der Benutzer dieser Empfehlung folgt, können Änderungen nur unter einem anderen *Schreibschutz empfehlen* Dateinamen gesichert werden.

Das Kontrollkästchen *Schreibschutz empfehlen* funktioniert unabhängig von der Vergabe eines Kennworts.

Dokumentvorlagen schützen

Um Veränderungen an einer Dokumentvorlage zu verhindern, verwenden Sie das *Kennwort Zum Ändern*. Beim Zugriff auf die schreibgeschützte Dokumentvorlage, z.B. über den Befehl *Datei/Neu/mit Vorlage beginnen*, fragt Word des Kennwort ab.

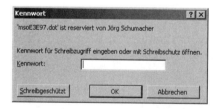

Bild 36.8: Word fragt das Schreibschutzkennwort der geschützten Dokumentvorlage ab.

Anwender, denen das Kennwort nicht bekannt ist, klicken auf die Schaltfläche *Schreibgeschützt*. Word »öffnet« die Dokumentvorlage schreibgeschützt und erzeugt, wie vorgesehen, ein neues Dokument auf der Basis der Dokumentvorlage. Um Änderungen an der Dokumentvorlage vorzunehmen, müssen Sie die Dokumentvorlage über *Datei/Öffnen* laden und dabei das richtige Schreibschutzkennwort eingeben. Veränderungen an Tastenkombinationen, Makros, Formatvorlagen und anderen Einstellungen, die während der Arbeit eine Dokumentvorlage verändern können, erfordern eine Kennworteingabe beim Öffnen oder dann, wenn die Dokumentvorlage gespeichert werden soll.

Mit kennwortgeschützten Dokumenten arbeiten

Um ein Dokument mit einem Kennwort zum Ändern zu öffnen, müssen Sie erst das richtige Kennwort eingeben. Selbst die Vorschaufunktion in der Dialogbox *Öffnen* ist kennwortgeschützt.

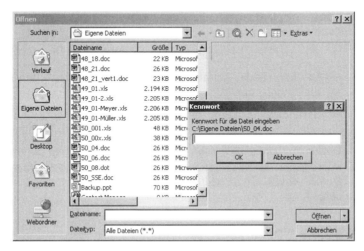

Bild 36.9: Ohne das richtige Kennwort öffnet Word das geschützte Dokument nicht einmal für eine Vorschau.

Etwas anders verhält es sich bei Dokumenten mit einem *Kennwort für das Aufheben des Schreibschutzes*. Das Schreibschutzkennwort verhindert lediglich unbefugte Veränderungen am Dokument – der Inhalt bleibt weiter zugänglich. Beim Öffnen eines schreibgeschützten Dokuments zeigt Word die angepasste Dialogbox *Kennwort*.

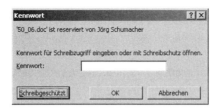

Bild 36.10: Mit einem Klick auf Schreibgeschützt *öffnet Word das Dokument auch ohne die Eingabe des Kennworts.*

Dabei sind zwei Fälle zu unterscheiden:

→ Um das Dokument zum Bearbeiten zu öffnen, geben Sie das richtige Kennwort ein.

→ Ohne Kenntnis des Kennworts klicken Sie auf die Schaltfläche *Schreibgeschützt*, um das Dokument schreibgeschützt zu öffnen. Word lässt dann zwar die Bearbeitung, nicht aber das Speichern der Änderungen im gleichen Dokument zu. Um die Änderungen dennoch zu sichern, entfernen Sie zunächst das Schreibschutzkennwort oder speichern Sie das Dokument unter einem anderen Namen.

Kennwörter entfernen

Sobald ein kennwortgeschütztes Dokument zur Bearbeitung geöffnet ist, ist das eingerichtete Kennwort zugänglich. Um ein Kennwort zu entfernen, öffnen Sie das betreffende Dokument und geben Sie dabei das richtige Kennwort ein.

→ Klicken Sie auf *Extras/Optionen* und öffnen Sie das Register *Sicherheit*.

→ Löschen Sie das Kennwort aus den Eingabefeldern, und bestätigen Sie die Eingabe mit *OK*.

→ Nach dem Speichern der Änderungen ist der betreffende Kennwortschutz aufgehoben und das Dokument wieder frei zugänglich.

Verhindern Sie, dass unbefugte Anwender Zugang zu Ihrem PC erhalten, während ein kennwortgeschütztes Dokument zur Bearbeitung geöffnet ist. Wenige Mausklicks im geöffneten Dokument genügen, um den Schutz aufzuheben.

36.0.3 Dokument schützen

Gerade bei der Zusammenarbeit innerhalb eines Teams ist es nicht immer sinnvoll, ein Dokument mit einem Kennwort gegen Öffnen oder Bearbeiten zu schützen. Vielmehr geht es in diesem Fall darum, benötigte Bearbeitungsfunktionen zuzulassen. Word verfügt deshalb über einen abgestuften Dokumentschutz, der ausschließlich die erforderlichen Bearbeitungen zulässt.

→ Über *Extras/Dokument schützen* richten Sie den Dokumentschutz für das aktuell geöffnete Dokument ein. Word öffnet die Dialogbox *Dokument schützen*, in der Sie die »freigeschalteten« Bearbeitungsfunktionen festlegen und ein optionales Zugriffskennwort vergeben. Alternativ finden Sie den Zugang zu dieser Dialogbox im Register *Sicherheit* der Dialogbox *Optionen*.

In der Dialogbox *Dokument schützen* stehen drei verschiedenen Dokumentschutz-Varianten zur Auswahl, mit denen Sie die zulässige Bearbeitung bestimmen.

Für jedes Dokument lässt sich nur ein Dokumentschutz einrichten. Zusätzliche Sicherheit erlangen Sie, wenn Sie über den Dokumentschutz hinaus noch das Kennwort zum Ändern oder das Kennwort zum Öffnen aktivieren.

Alle Varianten bleiben so lange erhalten, bis der Schutz über *Extras/Dokumentschutz aufheben* wieder rückgängig gemacht wurde. Grundsätzlich kann jeder Anwender, der Zugriff auf das Dokument hat, den eingerichteten Dokumentschutz deaktivieren. Dagegen bewirkt die Festlegung eines Kennworts, dass Word den Menübefehl *Dokumentschutz aufheben* sperrt.

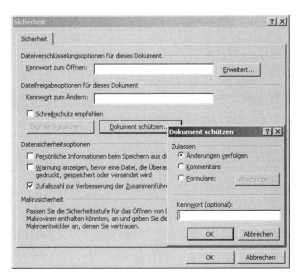

Bild 36.11: *In dieser Dialogbox legen Sie den Umfang der zulässigen Bearbeitung des Dokuments fest.*

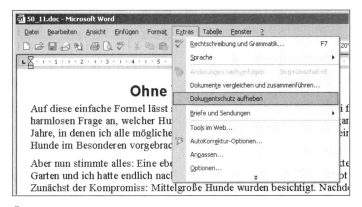

Bild 36.12: *Über* Extras/Dokumentschutz aufheben *entfernen Sie den eingestellten Dokument-schutz.*

Bild 36.13: *Mit einem zusätzlichen Kennwort sichern Sie die Funktion* Extras/Dokumentschutz aufheben.

Der eingestellte Dokumentschutz kann dann nur noch nach der Eingabe des richtigen Kennworts ausgeschaltet werden. Sobald das richtige Kennwort eingegeben wurde, enthält der Anwender unbeschränkten Zugriff auf das Dokument.

Überarbeiten zulassen

Aktivieren Sie die Option *Überarbeiten*, um zu erreichen, dass alle Anwender auf das entsprechende Dokument ausschließlich im Überarbeiten-Modus zugreifen.

Dazu aktivieren Sie in der Dialogbox *Dokument schützen* die Option *Änderungen verfolgen*, die Sie durch ein Kennwort sichern sollten.

Bild 36.14: Mit diesen Einstellungen erreichen Sie, dass Anwender die nicht über das richtige Kennwort verfügen, zwingend im Überarbeiten-Modus arbeiten.

Wie bereits beim Überarbeiten von Dokumenten beschrieben, zeichnet Word automatisch alle Änderungen im Änderungsprotokoll auf. Beim Arbeiten mit mehreren Arbeitskopien ist damit z.B. sichergestellt, dass Word sämtliche in den Kopien vorgenommenen Änderungen protokolliert.

Kommentare zulassen

Um festzulegen, dass Anwender lediglich Kommentare in das Dokument einfügen, aktivieren Sie die Option *Kommentare*. Mit dieser Option erlauben Sie dem Anwender, Kommentare und Hervorhebungen in das Dokument einzufügen – alle anderen Bearbeitungsfunktionen sind gesperrt.

Bild 36.15: Lediglich Kommentare und Hervorhebungen sind zugelassen.

 Wenn Sie den Dokumentschutz Kommentare *aktivieren, ist eine weitergehende Bearbeitung nicht mehr möglich. Als Besonderheit versagt selbst die Rückgängig-Funktion: Einmal gespeicherte Kommentare und Hervorhebungen bleiben bis zum Aufheben des Dokumentschutzes im Dokument.*

Formulareingabe zulassen

Sofern Sie mit den Formularfunktionen von Word benutzerdefinierte Formulare erstellen, benötigen Sie den Dokumentschutz, um das Formular zu aktivieren. Damit geht ein Schutz aller Bereiche des Dokuments einher, die nicht als Formularfeld ausgelegt sind: Lediglich die Eingabe von Werten in die eingerichteten Formularfelder ist zulässig. Dadurch wird verhindert, dass ein Formular durch eine versehentliche falsche Bedienung zerstört wird.

→ Sobald Sie die Option *Formular* in der Dialogbox *Dokument schützen* aktiviert haben, ist nur noch die Eingabe von Daten in Formularfelder zulässig.

Es muss nicht zwangsläufig das gesamte Dokument geschützt werden. Nach dem Einschalten der Option *Formular* in der Dialogbox *Dokument schützen*, aktiviert Word die Schaltfläche *Abschnitte*, sofern im Dokument mindestens zwei Abschnitte definiert sind.

 Zum Erzeugen eines neuen Abschnitts klicken Sie auf Einfügen/Manueller Umbruch *und wählen die Option* Fortlaufend *aus.*

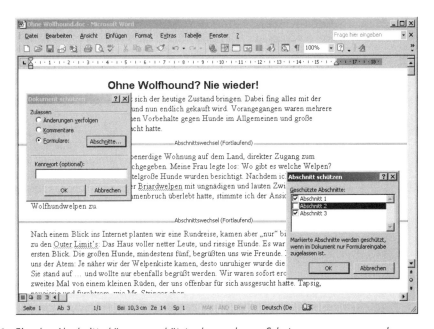

Bild 36.16: Einzelne Abschnitte können geschützt, aber auch vom Schutz ausgenommen werden.

In der Dialogbox *Abschnitte* legen Sie fest, für welche Abschnitte im Dokument der Schutz zu aktivieren ist.

Ein mögliches Anwendungsgebiet ist z.B. ein Faxformular: Über Formularfunktionen geben Sie die formalen Parameter ein. Dieser Bereich ist deshalb für die Formulareingabe geschützt. In einem ungeschützten Abschnitt des Formulardokuments kann der eigentliche Faxtext frei verfasst werden.

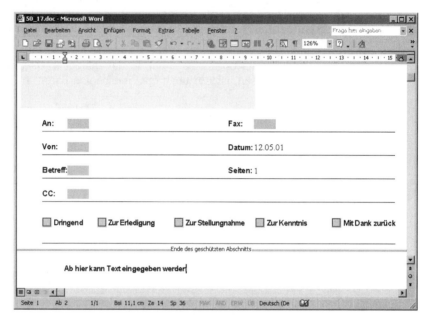

Bild 36.17: *Ein Faxformular mit zwei Abschnitten – der Dokumentschutz ist auf den ersten Abschnitt beschränkt.*

Wenn in einem Dokument keine Formularfelder vorhanden sind, sperren Sie das gesamte Dokument, wenn Sie den Formularmodus aktivieren. Diese Eigenschaft ist z.B. nützlich, wenn Sie ein Worddokument als E-Mail-Anhang versenden. Das Dokument kannn dann zwar gelesen, nicht aber verändert werden. Sogar das Kopieren bestimmter Textpassagen ist ausgeschlossen.

37 Der Seriendruck

Vielleicht sind Sie häufig in der Situation, einen identischen Brief an eine ganze Personengruppe senden zu müssen. Denken Sie z. B. an Einladungen zu einer Feierlichkeit oder eine Anfrage an verschiedene Unternehmen bezüglich eines Auftrags. Es wäre sicherlich lästig, für jeden dieser Adressaten einen gesonderten Brief zu entwerfen oder jedes Mal Anschrift und Anrede selbst eintragen zu müssen. Die Lösung dieses Problems präsentiert Word mit der Serienbrief-Funktion. Dazu rufen Sie den Aufgabenbereich *Seriendruck* im Menü *Extras/Briefe und Sendungen/Seriendruck-Assistent* auf.

Dieser hilft Ihnen bei der Erstellung Ihres Serienbriefes und verwaltet die dazu nötigen Dokumente für Sie. Beim Seriendruck verbindet Word zwei Dateien – ein Hauptdokument mit Platzhaltern und die Datenquelle mit den konkreten Informationen. Dabei werden genau die Elemente des Briefes, die veränderlich sind, also z. B. Adressen, Namen, Anrede etc. aus der Datenquelle heraus in den Brief an vordefinierte Positionen eingefügt. Für jeden Datensatz der Datenquelle druckt Word ein separates Dokument.

Neben Serienbriefen erlaubt der Aufgabenbereich Seriendruck auch die Erstellung von Adressetiketten, Umschlägen und Verzeichnissen auf ähnliche Art und Weise.

Mit den Serienbrieffunktionen lässt sich viel mehr machen, als einfache Serienbriefe mit Adressanpassungen. Mit entsprechenden Routinen lassen sich z. B. individualisierte Textabschnitte einrichten (z. B. geschlechtsspezifisch) oder auch unterschiedliche Preise in Angebote übertragen. Diese Funktionalität erreichen Sie durch zusätzliche Felder in der Datenbank und Bedingungsfelder im Hauptdokument.

Schritt für Schritt zum Serienbrief

Word unterstützt die Serienbrieferstellung durch einen Assistenten. Rufen Sie mit *Extras/Briefe und Sendungen/Seriendruck-Assistent* den Aufgabenbereich *Seriendruck* auf, der Ihnen die Schritte im Einzelnen vorgeben wird. Der Aufgabenbereich *Seriendruck* führt nacheinander durch die einzelnen Arbeitsschritte. Dabei sind immer nur sinnvolle Funktionen zu sehen.

Der Ablauf ist immer gleich: Sie wählen erst ein Hauptdokument – den eigentlichen Serienbrief. Dann wählen Sie eine Datenquelle, z. B. mit den Adressen. Bei Bedarf ergänzen Sie die Datenquelle mit neuen Daten oder legen eine neue Datenquelle an. Für das Zusammenführen der Dokumente sind Platzhalter für die Daten im Hauptdokument erforderlich, die Sie mit Unterstützung von Word einfügen. Führen Sie dann Datenquelle und Hauptdokument zum Ausdruck zusammen, und starten Sie die Ausgabe über den Drucker oder in ein neues Dokument.

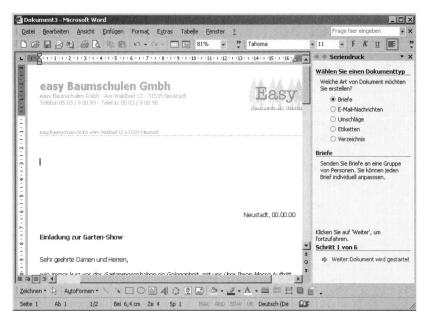

Bild 37.1: Der *Aufgabenbereich Seriendruck unterstützt Sie tatkräftig bei der Erstellung Ihrer Seri-endrucke mit allen nötigen Einzelschritten. Hier sehen Sie den Assistenten nach dem Aufruf.*

Das Hauptdokument erstellen

Wählen Sie im Aufgabenbereich *Seriendruck* den Menüpunkt *Briefe* aus. Alternativ wählen Sie aus, ob Adressetiketten, Umschläge oder ein Verzeichnis erstellt werden.

Ein Verzeichnis ist ein besonderes Hauptdokument, bei dem Word die Inhalte der Datenbank über die Seriendruckfelder nicht in mehrere Dokumente, sondern nacheinander auf einer Seite anordnet.

Der erste Schritt des Assistenten bietet die Wahl zwischen Serienbrief, Serien-Mails, Umschlagdruck, Etikettendruck oder Verzeichnisdruck an.

Nutzen sie nach Auswahl des Dokumenttyps den Link *Weiter:Dokument wird gestartet.* Danach öffnet Word eine weitere Auswahl, mit der Sie durch die entsprechende Schaltfläche ein neues Hauptdokument aus einer Vorlage oder einem vorhandenen Dokument erstellen oder mit *Aktuelles Dokument verwenden* einen gerade erstellten Text als Hauptdokument für den Seriendruck verwenden.

Bevor Sie den Serienbrief erstellen, sollten Sie das Basisdokument vorbereiten. Sie können dann dieses Dokument verwenden, in dem Sie es öffnen und im Aufgabenbereich Seriendruck Aktuelles Dokument verwenden wählen. Lassen Sie in Ihrem Vorlagedokument freie Stellen an den Positionen für die Seriendruckdaten.

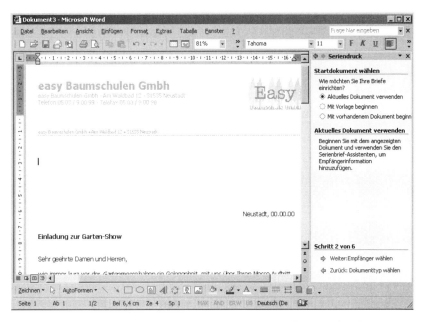

Bild 37.2: Wählen Sie aus, ob Sie ein neues Hauptdokument erstellen oder ein vorbereitetes, gerade im aktiven Fenster angezeigtes Dokument verwenden wollen.

Import der Daten

Es fehlen noch die Daten: An wen wollen Sie Ihren Serienbrief versenden? Dazu müssen Sie nach einem Klick auf *Weiter:Empfänger wählen* den Ursprung der Adressdaten, die Datenquelle, angeben oder erstellen.

→ Wenn Sie noch keine Adressenliste haben und sie mit Word neu erstellen möchten, wählen Sie *Neue Liste eingeben*.

→ Wenn Ihnen eine Adressenliste als Excel-Tabelle, Access-Datenbank oder als Datei im dBase-Format vorliegt, klicken Sie auf *Vorhandene Liste wählen*.

→ Wenn Sie bereits Adressen mit Outlook erfasst haben, aktivieren Sie die Option *Von Outlook-Kontakten wählen*.

Im Beispiel wird eine neue Datenquelle in Word erstellt. Dazu klicken Sie auf die Option *Neue Liste eingeben*. Word wechselt die Darstellung und zeigt im Bereich *Neue liste eingeben* die Schaltfläche *Erstellen*. Nach einem Klick öffnet Word eine Dialogbox, mit der Sie den Aufbau der Datenbank bestimmen. Dazu sind Felder nötig.

Ein Feld fungiert als Platzhalter für die Daten, die später in Ihren Serienbrief eingefügt werden. Sie brauchen also z.B. ein Feld für den Namen, eines für die Straße und eines für den Ort usw.

Das hat Word im ersten Anlauf bereits für Sie erledigt und eine leere Adressliste mit 13 vorbereiteten Feldern angelegt. Dass das nur ein Vorschlag ist, sollten Sie diese Vorgabe zuerst kontrollieren. Dazu klicken Sie in der Dialogbox *Neue Adressliste* auf die Schaltfläche *Anpassen*.

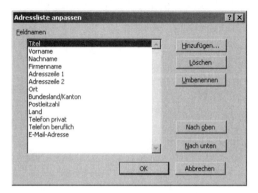

Bild 37.3: In der Dialogbox Adressliste anpassen *legen Sie die zu verwendenden Felder fest.*

In der Auswahlliste *Feldnamen* stellt Ihnen Word bereits die gängigsten Felder für Adressdaten zur Verfügung. Sie richten Felder neu ein, benennen vorhandene um oder löschen überflüssige Felder.

 Für spätere Anwendungen sollten Sie den Vorschlag von Word unbedingt durch ein Feld ergänzen, das das Geschlecht des Adressaten aufnimmt. Außerdem ist ein Feld Anrede *zu empfehlen, in das Sie* Herr *bzw.* Frau *eingeben.*

 Oft ist es sinnvoll, mehr Felder als eigentlich nötig anzulegen. Ein Beispiel: Sie könnten die Postleitzahl und den Ort in ein Feld packen. Dann können Sie aber keine getrennten Selektionen mehr durchführen.

Bestätigen Sie dann die Auswahl der Felder mit *OK*. Nach Bestätigung des Aufbaus bleiben Sie in der Dialogbox *Neue* Adressliste, die der Neuanlage und Bearbeitung der Datensätze dient.

Innerhalb der Datenmaske können Sie mit Pfeil-Schaltflächen zwischen den Datensätzen umschalten. Mit der Enter- oder der Tab-Taste springen Sie zwischen den Feldern vorwärts, mit Shift+Tab können Sie sich ein Feld rückwärts bewegen, ein Klick auf *Schliessen* schließt die Bearbeitung ab.

Anschließend speichern Sie diese Adressenliste unter einem eindeutigen Namen. In dieser Datei werden später die von Ihnen eingegebenen Adressdaten dauerhaft gespeichert, wie in einem Adressbuch.

Nach dem Speichern blendet Word die Dialogbox *Seriendruckempfänger* ein, die der Verwaltung der Adressdaten für den Seriendruck dient.

→ Vorangestellte Kontrollkästchen aktivieren bzw. löschen eine Adresse für den Seriendruck.

→ *Bearbeiten* führt zurück in die Datenmaske.

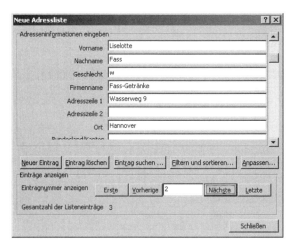

Bild 37.4: In der Datenmaske geben Sie die Datensätze ein.

> → *OK* beendet die Dialogbox und führt zurück zum eigentlichen Serienbrief.

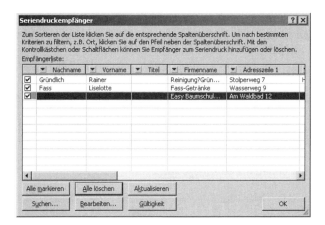

Bild 37.5: Die Dialogbox Seriendruckempfänger *dient der Vorauswahl der Adressaten.*

Mit den AutoFiltern an den Feldnamen in der Dialogbox Seriendruckempfänger *haben Sie die Möglichkeit, die Auswahl der Empfänger einzugrenzen.*

Filtern und sortieren

Eine weitere Möglichkeit zur Vorauswahl von Datensätzen erreichen Sie, wenn Sie mit *Bearbeiten* aus der Dialogbox *Seriendruckempfänger* oder *Empfänger bearbeiten* aus dem Aufgabenbereich *Seriendruck* in die Datenmaske wechseln. Nach einem Klick auf *Filtern und sortieren* beschränken Sie die Auswahl der Datensätze. Word öffnet eine weitere Dialogbox, in der Sie Bedingungen für den Vergleich der Feldinhalte mit Text- oder Zahlenausdrücken vorgeben. Nur wenn der Vergleich zutrifft, wird der entsprechende Datensatz in den Seriendruck übernommen. Ein Beispiel: Die Bedingung Ort Gleich Hannover selektiert für das Zusammenführen nur alle Adressen mit diesem Ort.

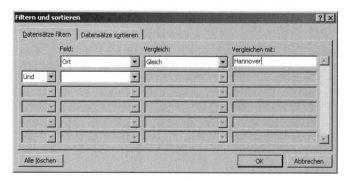

Bild 37.6: Sie können Datensätze sortieren und filtern. Steuern Sie dazu die entsprechenden Register an.

Datenquelle öffnen

Falls Sie bereits über eine Datei verfügen, die die erforderlichen Datensätze enthält, nutzen Sie im Schritt *Empfänger wählen* die Option *Vorhandene Liste wählen* und den Link *Druchsuchen*. Mit der üblichen Öffnen-Dialogbox suchen Sie dann die Datei aus.

Platzhalter in das Hauptdokument einfügen

Im nächsten Schritt fügen Sie die Datenplatzhalter in das Hauptdokument ein. Die jeweiligen Daten erscheinen dann im Ausdruck an genau der Stelle, an der Sie den Platzhalter positionieren. Zur Unterstützung bietet Word besondere Werkzeuge im Aufgabenbereich *Seriendruck* und in der Symbolleiste *Seriendruck*. Falls dieses Werkzeug nicht automatisch erscheint, gehen Sie wie folgt vor:

Bild 37.7: Word unterstützt den Seriendruck mit einer speziellen Symbolleiste.

→ Positionieren Sie den Cursor an der Stelle Ihres Dokuments, an der später das Datenelement stehen soll.

→ Klicken Sie dann in der Seriendruck-Symbolleiste auf das Symbol *Seriendruckfelder einfügen* oder im Aufgabenbereich *Seriendruck* auf *Weitere Elemente* und wählen das gewünschte Feld aus. Word überträgt den Feldnamen sofort an die Position der Schreibmarke und setzt ihn in die benötigten Doppelklammern. Zum nächsten Feld muss natürlich ein Leerraum oder ein Absatz eingefügt werden, sonst druckt Word aufeinander folgende Daten aneinander.

→ So übernehmen Sie nach und nach alle benötigten Seriendruckfelder in Ihr Dokument. Natürlich müssen Sie nicht alle in der Datenquelle vorhandenen Felder in Ihr Dokument einarbeiten – für eine private Einladung reicht als Anrede z.B. der Vorname aus. Deshalb können Sie problemlos auf vorhandene Datenquellen zurückgreifen, die eigentlich für andere Zwecke (umfangreicher) angelegt wurden.

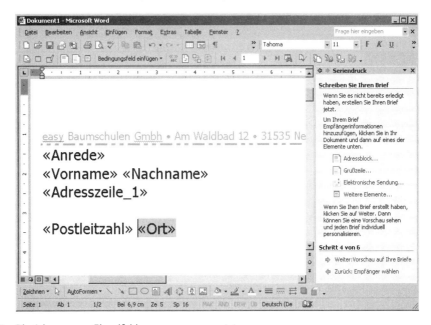

Bild 37.8: Die Adresse, aus Einzelfeldern zusammengesetzt

Die Seriendruckvorschau

Um das Ergebnis der Arbeit nach dem Einfügen der Platzhalter zu beurteilen, bietet Word eine besondere Funktion: Die Seriendruck-Vorschau. Nach einem Klick auf die Symbolschaltfläche ersetzt Word die Platzhalter durch die Daten des ersten Datensatzes. Mit den zugehörigen Schaltflächen blättern Sie bequem durch die Datensätze, um die korrekte Anzeige zu prüfen.

Wenn Sie bei angezeigten Dateninhalten die »normale« Druckfunktion von Word aktivieren, druckt Word das Dokument wie angezeigt: so drucken Sie bei Bedarf einen einzelnen Brief.

Einträge korrigieren

Wenn Sie Einträge korrigieren müssen, wählen Sie in der Symbolleiste die Schaltfläche *Seriendruckempfänger*. Wählen Sie dort den zu verändernden Datensatz aus und klicken Sie auf *Bearbeiten*. In der Datenmaske wird der aktuelle Datensatz angezeigt und kann bearbeitet werden. Bestätigen Sie mit *OK* und die Änderungen werden sofort in Ihrem Dokument wirksam.

Der Adressblock

In dem Bemühen, dem Anwender die Arbeit mit Serienbriefen so einfach wie möglich zu machen, hat Microsoft die speziellen Seriendruckfelder Adressblock und Grußzeile spendiert.

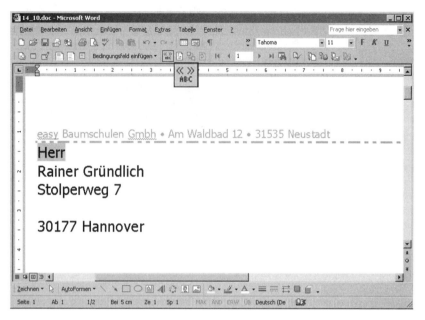

Bild 37.9: Die Seriendruck-Symbolleiste ermöglicht, die Datenfelder in Ihr Dokument einzufügen und in der Seriendruck-Vorschau die Platzhalter mit den Daten vorab schon einmal zu sehen.

Der Adressblock bietet die Möglichkeit, vorab eine Vorschau auf das Ergebnis der Datenverbindung zu werfen und detaillierte Veränderungen vorzunehmen. Er ist bestens auf die Office-Adresslisten und auf die Übernahme von Outlook-Kontakten vorbereitet.

→ Setzen Sie die Schreibmarke an die Stelle im Brief, an der die Adresse erscheinen soll.

→ Klicken Sie im Aufgabenbereich *Seriendruck* auf den Link *Adressblock*. Word öffnet die Dialogbox, in der Sie den Adressblock steuern.

→ Mit den verfügbaren Steuerelementen regeln Sie, wie Word den Adressblock einfügt. Der Vorschaubereich zeigt die Reaktion auf die verschiedenen Kontrollkästchen bzw. Optionen an, so dass eine Entscheidung leicht zu treffen ist.

→ Mit einem Klick auf *OK* fügt Word den Adressblock an der gewünschten Stelle ein.

Der Adressblock besteht beim Einfügen aus einem Feld, die zugeordneten Daten nehmen jedoch mehrere Zeilen ein. Das kann bei einigen Briefvorlagen zu Problemen führen, da dadurch andere Briefelemente ungewollt nach unten verschoben werden. Ersetzen Sie in diesem Fall den Adressbereich durch einen Positionsrahmen mit genau definierter Höhe.

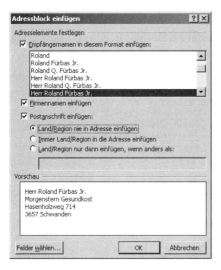

Bild 37.10: Die Dialogbox Adressblock einfügen *bietet eine Vorschau auf die Art der Adressen.*

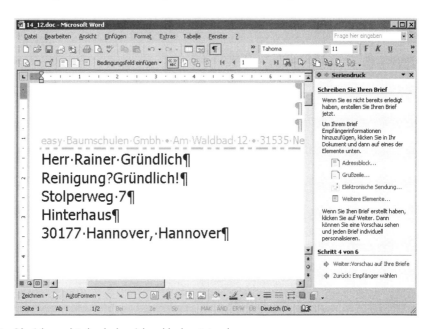

Bild 37.11: Die Adresse ist durch den Adressblock entstanden.

Falls, z.B. bei Verwendung anderer Datenquellen, im Adressblock andere als die erwarteten Informationen erscheinen, dann hat Word die Feldzuordnung falsch interpretiert. Das ist auch im abgebildeten Beispiel der Fall: Der Ort erscheint zwei Mal nacheinander.

In diesem Fall müssen Sie den Adressblock bearbeiten:

→ Klicken Sie mit der rechten Maustaste auf den Adressblock und wählen Sie den Befehl *Adressblock bearbeiten.*

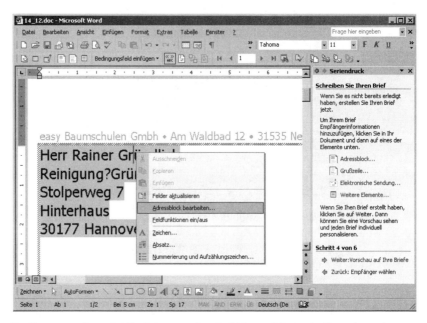

Bild 37.12: Im Kontextmenü von Feldfunktionen stehen Befehle zur Arbeit mit diesen besonderen Elementen bereit: Hier der Befehl Adressblock bearbeiten.

→ Danach erscheint wieder die Dialogbox *Adressblock einfügen.* Hier finden Sie die Schaltfläche *Felder wählen.* Sie führt in eine Dialogbox, die für die Feldzuordnung zwischen der Wordautomatik und der zugrunde liegenden Adressdatenbank zuständig ist.

→ Im Beispiel wurde der erforderlichen Information *Bundesland/Kanton* das Datenbankfeld *Ort zugeordnet.*

→ Um die Wordautomatik zu nutzen, müssen Sie nun die Feldzuordnung checken: Setzen Sie die richtige Zuordnung oder nutzen Sie den Eintrag *(nicht verfügbar),* falls das erwartete Datenfeld in Ihrer Datenbank nicht vorhanden ist.

→ Schließen Sie alle offenen Dialogboxen mit OK, der Adressblock sollte nun funktionieren.

Die Grußzeile

Hinter dem Begriff *Grußzeile* verbirgt sich die Zeile, die für die Anrede verantwortlich ist. Hier hat sich Microsoft für einen Trick entschieden und die Anrede geschlechtsneutral gestaltet.

→ Um dieses Element zu nutzen, platzieren Sie zuerst die Schreibmarke an der richtigen Stelle.

Bild 37.13: Rechts stehen die Felder, die Word erwartet, links die Felder der Datenbank.

→ Dann klicken Sie im Aufgabenbereich *Seriendruck* auf den Link *Gruss-zeile*.

Bild 37.14: In der Dialogbox Grusszeile *gestalten Sie die Anrede im Brief.*

Die Grußzeile funktioniert nur dann korrekt, wenn die Datenbank ein Feld enthält, das je nach Geschlecht den Eintrag Herr *bzw.* Frau *enthält.*

Die Vorschau auf die Briefe

Der fünfte Schritt des Seriendruck-Managers bietet eine Vorschau auf die entstandenen Einzeldokumente und im Aufgabenbereich *Seriendruck* die nötigen Steuerelemente:

→ Mit den Schaltflächen bei *Empfänger* erhalten Sie den Blick auf das jeweils zugehörige Dokument.

→ Veränderungen an den Daten in der Datenbank bietet der Link *Empfängerliste bearbeiten*.

→ Mit einem Klick auf *Empfänger ausschliessen verhindern Sie*, dass der angezeigte Empfänger einen Brief erhält.

Der letzte Schritt: Ausgabe der Daten

Mit den Symbolschaltflächen *Seriendruck in neues Dokument, Seriendruck an Drucker, Seriendruck an Mail ausgeben* oder mit den Befehlen im Bereich *Zusammenführen* des Aufgabenbereichs *Seriendruck* schicken Sie Ihren Serienbrief an den Drucker oder in eine Testdatei. Dabei ersetzt Word die Felder endgültig durch die zugeordneten Daten.

Dabei ist der Befehl *Individuelle Briefe bearbeiten (Seriendruck in neues Dokument)* von besonderer Bedeutung: Er bietet die Variante, die Ergebnisse manuell zu individualisieren.

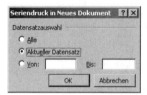

Bild 37.15: Vor dem Zusammenführen entscheiden Sie, welche Datensätze Sie nutzen wollen.

Bedingungsfelder

Oft sollen Serienbriefe durch Einträge in den Daten gesteuert werden. Dieses Verfahren verhindert, dass Sie für jede Aufgabe eine spezielle Datenbank anlegen müssen.

→ Mit der Schaltfläche *Bedingungsfeld einfügen* der Seriendruck-Leiste stehen Ihnen noch eine Reihe weiterer Optionen zur Verfügung. Auch für diese Felder ein Praxistipp: Die Anweisung »Wenn ... Dann ... Sonst« kann z.B. eine geschlechtsspezifische Anrede realisieren.

Praxistipp: Anredefloskeln steuern

Häufig sind in Serienbriefen spezielle Textvarianten nötig. So variiert die Anrede in Briefen mit dem Geschlecht des Adressaten. Dazu wird die Datenbank mit sogenannten Bedingungsfeldern befragt und in Abhängigkeit vom Ergebnis ein Text eingefügt. Günstig ist die Vorbereitung der Datenbank mit einem besonderen Datenfeld. Das Beispiel geht von einem Feld Geschlecht in der Datenbank aus, in dem das Geschlecht des Adressaten durch einfache Buchstaben reflektiert wird. Dort steht ein w für weibliche Adressaten und andernfalls ein m.

→ Setzen Sie die Schreibmarke im Hauptdokument an die gewünschte Stelle.

→ Klicken Sie auf die Schaltfläche *Bedingungsfeld einfügen* – wählen Sie den Befehl *Wenn ... Dann ... Sonst ...*

→ Wählen Sie das Feld Geschlecht aus der Liste der Feldnamen im gleichnamigen Listenfeld.

→ Stellen Sie im Listenfeld den Operator Gleich ein.

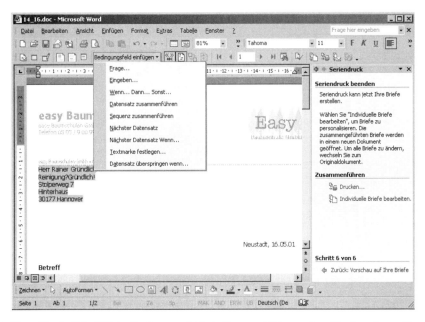

Bild 37.16: *Wenn Sie die Schaltfläche* Bedingungsfeld einfügen *anklicken, sehen Sie diese Auswahl-möglichkeiten. Fügen Sie Bedingungen in Ihren Serienbrief ein, um die Möglichkeiten der Serienbriefe voll auszuschöpfen.*

→ Tragen Sie im Listenfeld Verglichen mit den Vergleichswert ein, z.B. den Buchstaben w.

→ In den Bereich Dann diesen Text einfügen tragen Sie ein, was im Seriendruckergebnis erscheint, wenn die Bedingung erfüllt ist, z.B. Sehr geehrte Frau.

→ In den Bereich *Sonst diesen Text einfügen* tragen Sie ein, was im Seriendruckergebnis erscheint, wenn die Bedingung nicht erfüllt ist, z.B. Sehr geehrter Herr.

→ Bestätigen Sie die Eintragungen mit einem Klick auf *OK* – Word fügt das Feld in das Hauptdokument ein.

Bedingungsfeld	Funktion
Frage	Mit diesem Feld erzeugen Sie eine Eingabeaufforderung, die den Vorgang beim Zusammenführen von Hauptdokument und Datenquelle bei jedem Datensatz unterbricht, damit Sie den Inhalt einer Textmarke bestimmen. Sie fügen diese Textmarke an einer oder mehreren Stellen im Text des Hauptdokuments über das Feld = Textmarkenname ein. Damit steuern Sie die Ausgabe beim Zusammenführen manuell.

Tabelle 37.1: *Funktionen der verfügbaren Bedingungsfelder*

Bedingungsfeld	Funktion
Eingeben	Wie Frage, nur ohne Textmarke. Der direkt eingegebene Text erscheint sofort im Seriendruckergebnis.
Wenn... Dann... Sonst	Fügt Text in Abhängigkeit vom Ergebnis eines Vergleichs ein. Mit diesem Feld steuern Sie z.B. die Personalisierung des Druckergebnisses in Abhängigkeit von Daten aus der Datenquelle.
Datensatz verbinden	Fügt beim Zusammenführen die Nummer des jeweiligen Datensatzes ein. Mit diesem Feld sehen Sie im Seriendruckergebnis den Bezug zur Datenquelle.
Sequenz verbinden	Erzeugt beim Zusammenführen eine laufende Nummer für jeden verwendeten Datensatz. Mit diesem Feld sorgen Sie im Seriendruckergebnis für eine Nummerierung der erzeugten Dokumente.
Nächster Datensatz	Sorgt dafür, dass der nächste Datensatz nicht in einem neuen Dokument, sondern im aktuellen Dokument erscheint. Anwendung findet dieses Feld beim Erzeugen von Listen mit Hilfe der Datenquelle.
Nächster Datensatz Wenn...	Erweitert die Funktionalität des Befehls `Nächster Datensatz` durch einen Vergleich.
Textmarke bestimmen	Weist einer Textmarke einen Inhalt zu.
Datensatz überspringen	Lässt einen Datensatz in Abhängigkeit vom Ergebnis eines Vergleichs aus.

Tabelle 37.1: Funktionen der verfügbaren Bedingungsfelder (Forts.)

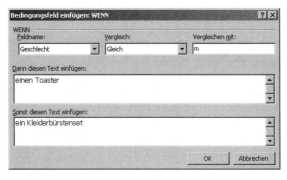

Bild 37.17: Geschlechtsspezifische Varianten realisieren Sie durch die Wenn ... Dann ... Sonst-Anweisung. Über das Listenfeld Vergleich *lassen sich diverse Vergleichsoperatoren anwählen.*

Serienfaxe und Serienmails

Serienfaxe und Serienmails erstellen Sie ebenfalls mit dem Aufgabenbereich *Seriendruck*. Eine Serie von Faxen versenden Sie, wenn Sie einen Faxdrucker ansprechen. Anders als beim direkten Ausdruck erfordern Serienfaxe die stetige Veränderung der Faxnummer. Wenn Sie ein Modem besitzen und Ihr System über eine Faxanwendung verfügt, können Sie Ihren Computer komfortabel als Faxgerät für Serienfaxe einsetzen.

 Ein Faxdrucker ist kein echtes Gerät, sondern eine Schnittstelle zum Modem oder zur ISDN-Karte. Bei der Installation dieser Geräte richten die Setup-Programme die Software für den Faxbetrieb ein und erzeugen im Druckerordner den zugehörigen Eintrag.

 Prüfen Sie vor dem Verschicken von Serienfaxen, ob Ihre Faxanwendung die Arbeit mit Serienfaxen unterstützt.

Die elektronische Variante, die E-Mail, lässt sich ebenfalls über die Seriendruckfunktion automatisieren. Voraussetzung für die korrekte Funktion sind natürlich das vorbereitete Hauptdokument, korrekt installierte Internet-Zugänge und ein Datenfeld in der Datenbank, aus denen Word die E-Mail-Adresse entnehmen kann.

→ Klicken Sie dann im Hauptdokument auf die Schaltfläche *Seriendruckergebnis in E-Mail ausgeben* in der Seriendruck-Symbolleiste.

→ Selektieren Sie in der erscheinenden Dialogbox im *Serieendruck im E-Mail* das Feld der Datenquelle, in der die E-Mail-Adresse zu finden ist.

→ Tragen Sie einen *Betreff* ein. Nach einem Klick auf *OK* startet Word die Verbindung zum Internet und schickt die Mails auf die Reise.

 Selektieren Sie im Listenfeld Nachrichtenformat *den Eintrag* Anlage senden, *um die Struktur des Dokuments zu erhalten. Bei Wahl von* Nur Text *konvertiert Word den Text in ein (unschönes) E-Mail-Format ohne Formatierungen.*

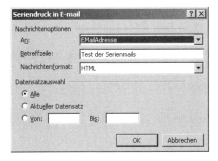

Bild 37.18: Mit einem Datenfeld in der Datenbank und einer eingerichteten Internet-Verbindung verschicken Sie direkt aus dem Aufgabenbereich Seriendruck heraus Serienmails.

Hauptdokumenttyp ändern

Nach einem Klick auf die Symbolschaltfläche *Hauptdokument-Setup* der Symbolleiste *Seriendruck* können Sie den Dokumenttyp nachträglich verändern. Das ist besonders dann wichtig, wenn Sie in einem Dokument die zugewiesenen Seriendruckfunktionen deaktivieren und es in ein normales Word-Dokument verwandeln möchten. In diesem Fall setzen Sie die Option auf *Normales Word Dokument* und bestätigen mit *OK*. Word kappt die Verbindung zur Datenquelle, die Felder bleiben aber im Dokument erhalten. Dieses Verfahren wählen Sie, wenn Sie ein vorbereitetes Seriendokument verschieben oder versenden müssen, ohne die Datenbank ebenfalls weiterzugeben.

38 Etiketten und Umschläge

Alle Jahre kommt z.B. Weihnachten – und damit die Zeit der Glückwunschkarten. Im Gegensatz zu sonstiger Post sind dabei fensterlose Briefumschläge üblich. Word unterstützt Sie dabei, diese aufwendige Arbeit mit dem PC zu erledigen. Dabei können Sie, je nach Leistung und Ausstattung Ihres Druckers, entweder einzelne Exemplare oder Seriendruck-Ergebnisse erzeugen.

Umschlag oder Aufkleber zum Brief

Damit Sie in einem Drucker Briefumschläge bedrucken können, sind besondere Vorkehrungen nötig. Der schwierigste Teil des Verfahrens ist, den Umschlag korrekt einzulegen. Anders sieht die Sache aus, wenn Sie einen Drucker mit einem Schacht für Briefumschläge besitzen. Dann können Sie Umschläge mit dem Seriendruck erzeugen, ohne Papierstaus zu befürchten. Wenn Sie die Umschläge einzeln und manuell einlegen, ist das Drucken einzelner Umschläge anzuraten, so wie es das Beispiel zeigt.

Stellen Sie zunächst den Brief fertig, den Sie in den Umschlag stecken möchten. Danach markieren Sie die Adresse und aktivieren den Assistenten für Umschläge und Etiketten mit dem Befehl *Extras/Briefe und Sendungen/Umschläge und Etiketten*.

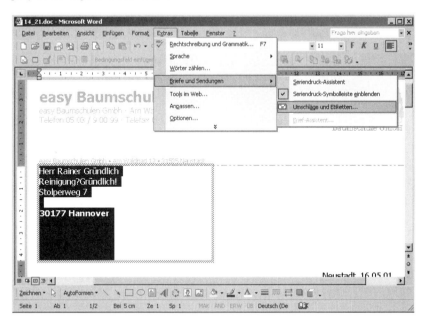

Bild 38.1: Mit dem Assistenten für Umschläge und Etiketten erzeugen Sie auf einfache Weise einen Umschlag oder Aufkleber mit der markierten Adresse.

Der Assistent für Umschläge und Etiketten erscheint in einer Dialogbox, deren Empfängerfeld mit der Adresse aus der Markierung vorbereitet ist.

Im unteren Bereich des Registers *Umschläge* sehen Sie die Vorschau auf das eingestellte Umschlagformat und die Druckoptionen. Mit einem Klick auf einen der Bereiche oder der Schaltfläche *Optionen* gelangen Sie in eine Dialogbox, in der Sie Briefformat und Druckereinstellung verändern.

 Wenn Sie die Schaltfläche Dem Dokument hinzufügen *wählen, erfolgt kein sofortiger Druck. Word fügt den Umschlag als eigenen Abschnitt in den Brief ein – der Druck erfolgt von dort.*

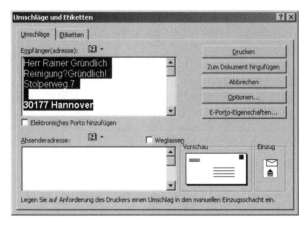

Bild 38.2: Mit den Einstellungen im Register Umschläge *bedrucken Sie den Umschlag für den Brief mit der korrekten Adresse und einem Absender.*

Ähnlich gehen Sie vor, wenn Sie einen Adressaufkleber erzeugen möchten. Öffnen Sie dazu mit einem Klick auf die Registerzunge das Register *Etiketten*. Mit einem Klick auf den Bereich oder auf die Schaltfläche *Optionen* gelangen Sie in eine Dialogbox, in der Sie das Format wählen oder ein Etikett mit den Maßen des Ihnen vorliegenden Etikettenbogens neu erzeugen. (Siehe Bild 38.3)

 Wenn Sie die Schaltfläche Neues Dokument *wählen, erfolgt kein sofortiger Druck. Word erzeugt ein neues Dokument mit Aufklebern für die angegebene Adresse – der Druck erfolgt von dort. Wenn Sie diese Datei speichern, haben Sie solche wichtigen Aufkleber immer im Direktzugriff.*

 Mit der Option Ein Etikett *geben Sie genau die Zeile und Spalte des Etiketts auf dem Bogen an, das Sie mit der Adresse bedrucken möchten. Mit diesem Verfahren verwenden Sie einen Bogen immer wieder für den Ausdruck, bis die verfügbaren Etiketten aufgebraucht sind.*

Etiketten mit dem Aufgabenbereich Seriendruck

Noch eleganter als die beiden vorab beschriebenen Verfahren ist die Variante, Adressetiketten mit dem Aufgabenbereich Seriendruck zu erzeugen. Word bereitet mit Ihrer Hilfe das Dokument vor und erzeugt einen Etikettenbogen, der auf jedem Etikett eine Adresse aus der Datenbank enthält. Mit dieser Funktion erstellen Sie in einem Arbeitsgang die nötigen Etiketten für alle gewünschten Empfänger.

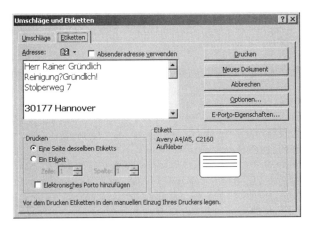

Bild 38.3: Mit den Einstellungen im Register Etiketten *erzeugen Sie entweder einen Etikettenbogen für einen Empfänger oder Sie wählen genau ein Etikett auf dem Bogen.*

→ Ausgangspunkt ist erneut der Aufgabenbereich Seriendruck. Bei der Auswahl des Hauptdokuments wählen Sie den Eintrag *Etiketten*.

→ Wählen Sie dann *Dokumentlayout ändern* und klicken Sie auf Etikettenoptionen.

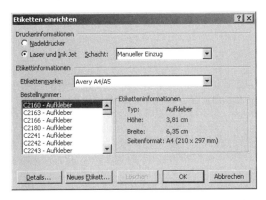

Bild 38.4: Für den exakten Etikettendruck ist das richtige Maß entscheidend – wählen Sie ein vorgegebenes Etikett oder richten Sie ein eigenes ein.

Sie können sich die Arbeit erleichtern, wenn Sie zuerst die in Word verfügbaren Etiketten prüfen und danach gezielt einen der aufgeführten Bögen anhand der Bestellnummer einkaufen.

→ Anschließend verbinden Sie Hauptdokument und Datenquelle über die Schaltflächen im Seriendruck-Manager.

→ In der Dialogbox *Seriendruckfelder* selektieren Sie die gewünschten Adressen.

→ Danach kommt die eigentliche Arbeit: Das Einrichten des Hauptdokuments für den Etikettendruck. Erzeugen Sie im ersten Etikett links

oben das Musteretikett. Wie beim Serienbrief nutzen Sie die Schaltfläche *Seriendruckfeld einfügen,* um aus den Feldern der Datenbank die
Platzhalter einzufügen.

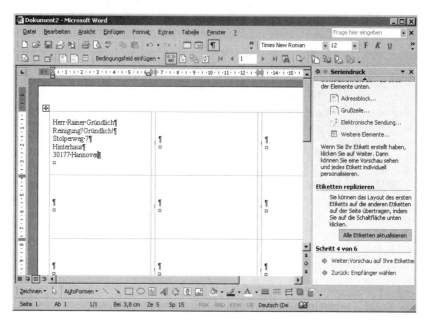

*Bild 38.5: Mit den Seriendruckfeldern aus der Datenbank richten Sie ein Musteretikett ein, das
Word für die Erzeugung des Etikettenbogens nutzt.*

→ Wählen Sie abschließend den Befehl *Alle Etiketten aktualisieren:* Word
überträgt die Inhalte des ersten Etiketts in die anderen Etiketten.

*Word verwendet für die Platzierung der Etiketten eine Tabelle. Deshalb sind
eventuelle Korrekturen vor dem Ausdruck noch mit den Werkzeugen für die
Gestaltung der Tabellen möglich.*

*Bevor Sie den Druck auf den Etikettenbogen leiten, sollten Sie einen Kontroll-
Ausdruck auf Blankopapier vornehmen. Damit vermeiden Sie fehlerhafte
Drucke auf das Spezialpapier.*

39 Dokumente effektiv gestalten

Mit einfachen Mitteln Gestaltungsmerkmale übertragen – das ist das Thema dieses Kapitels. Verschaffen Sie sich die Informationen über Formatierungen, die Sie an Zeichen oder Absätzen vorgenommen haben, und übertragen Sie diese durch Kopieren oder durch Ersetzen auf andere Teile des Textes. Was Sie sonst in vielen Einzelschritten einstellen – z.B. Schriftart, Schriftgröße oder Einzüge – fassen Sie als Formatvorlagen zu einer Sammlung zusammen. Diese Formatvorlagen sorgen für einen schnellen Arbeitsfluss und sichern ein identisches Erscheinungsbild aller Dokumente.

39.1 Der Aufgabenbereich Formatierung anzeigen

Absätze und Zeichen sind in der Lage, zahlreiche Formatierungen anzunehmen. Der Aufgabenbereich *Formatierung anzeigen* gibt darüber Aufschluss:

→ Aktivieren Sie den Befehl *?/Direkthilfe* oder benutzen Sie die Tastenkombination `Shift`+`F1`.

→ Markieren Sie mit einem Klick den Absatz und die Zeichen, über die Sie Informationen benötigen. In dem sich öffnenden Aufgabenbereich sind alle zugewiesenen Formatierungen zu sehen. Wiederholen Sie den Vorgang, so oft es nötig ist: Auf diese Weise erhalten Sie eine schnelle Information als Entscheidungsgrundlage für das Übertragen von Formaten auf andere Zeichen oder Absätze.

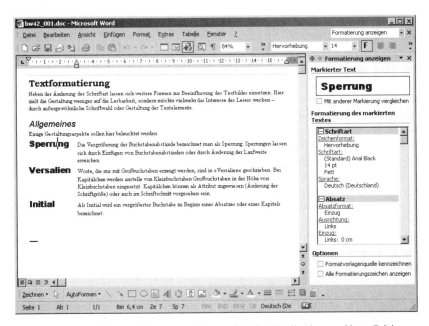

Bild 39.1: Der Aufgabenbereich Formatierung anzeigen *zeigt alle Details über markierte Zeichen und den Absatz, in dem sich die Schreibmarke befindet.*

Alternativ klicken Sie zum Anzeigen der Formatierung im Menü *Format* auf *Formatierung anzeigen* oder Sie wählen nach *Ansicht/Aufgabenbereich* den Aufgabenbereich *Formatierung anzeigen*.

Wenn Sie den Text markieren, dessen Formatierung Sie überprüfen möchten und die Formatierungsangaben im Aufgabenbereich *Formatierung anzeigen* erscheinen, dann sind folgenden Aktionen möglich:

→ Zum Ändern von Formatierungseigenschaften klicken Sie auf den zugehörigen Link und ändern dann die gewünschten Optionen in der erscheinenden Dialogbox.

→ Klicken Sie auf *Erweitern* oder *Reduzieren* neben den Kategorien, um die Informationen über verschiedene Arten der Formatierung, wie Absatz, Abschnitt und Tabelle zu sehen.

→ Um zu erkennen, ob die Formatierung z.B. von einer Formatvorlage stammt, aktivieren Sie das Kontrollkästchen *Formatvorlagenquelle kennzeichnen*.

→ Zum Anzeigen der nichtdruckbaren Formatierungszeichen, wie zum Beispiel Absatzmarken und Tabstopps, aktivieren Sie das Kontrollkästchen *Alle Formatierungszeichen anzeigen*.

Weitere Funktionen verstecken sich zunächst: Wenn Sie mit dem Mauszeiger über den Bereich *Markierter Text* verweilen, erscheint am rechten Rand ein kleiner Pfeil.

→ Zum Formatieren einer Textauswahl mit den Attributen des umgebenden Texts, markieren Sie den Text und klicken dann im Menü des Pfeils auf *Formatierung des umgebenden Textes übernehmen*.

→ Sie löschen die Formatierung des ausgewählten Textes, indem Sie auf den Pfeil klicken und dann den Befehl *Formatierung löschen* wählen.

→ *Alle Textbestandteile mit ähnlicher Formatierung auswählen* durchsucht den Text nach Bestandteilen, die nur unwesentlich voneinander abweichen, z.B. die die gleiche Schriftart und nahezu die gleiche Schriftgröße haben (siehe Bild 39.2).

Praxistipp: Markierten Text vergleichen

Durch die Fähigkeit zur Mehrfachmarkierung können Sie mit Word herausfinden, worin die Unterschiede zwischen zwei markierten Textbereichen bestehen. Dazu markieren Sie den ersten Text und aktivieren dann das Kontrollkästchen *Mit anderer Markierung vergleichen*. Danach markieren Sie den zweiten Textbereich und erhalten im Bereich *Formatierungsunterschiede* das Ergebnis.

Was Sie mit den Informationen anfangen, entscheiden Sie selbst.

→ Nutzen Sie den Befehl *Alle Textbestandteile mit ähnlicher Formatierung auswählen* am Rand einer der beiden Markierungen, um alle ähnlichen Texte zu markieren.

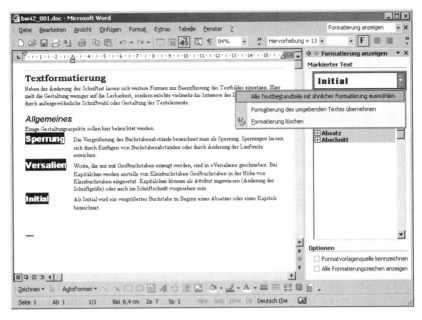

Bild 39.2: Im Menü des Auswahlfelds verstecken sich nützliche Befehle.

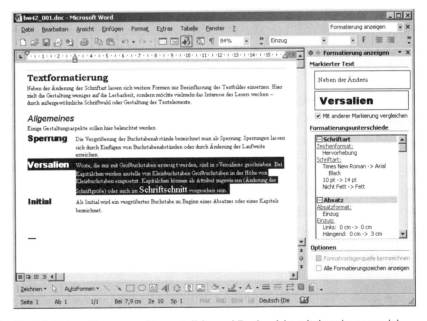

*Bild 39.3: Die Mehrfachmarkierung macht es möglich, zwei Textbereiche miteinander zu verglei-
chen.*

→ Wählen Sie dann in den Dialogboxen, die Sie mit dem Klick auf die
Links öffnen, die einheitlichen Formatierungen aus oder löschen Sie
die Formatierungen.

39.2 Zeichenformate kopieren

Zeichenformate übertragen Sie durch Kopieren schnell auf andere Zeichen. Die erste Variante ist die Anwendung von Tastenkombinationen.

→ Markieren Sie den Text, dessen Format Sie übertragen wollen.

→ Mit der Tastenkombination `Strg`+`Shift`+`C` übernehmen Sie die Formatierungen in einen Zwischenspeicher.

→ Markieren Sie den Text, auf den Sie die Zeichenformatierungen übertragen wollen, und übertragen Sie das Format mit `Strg`+`Shift`+`V`.

→ Wiederholen Sie den Vorgang bei Bedarf, auch zu einem späteren Zeitpunkt. Das kopierte Format steht so lange bereit, bis Sie mit `Strg`+`Shift`+`C` ein anderes Format in den Zwischenspeicher übernehmen.

Als Alternative zum Tastaturverfahren verwenden Sie die Maus. Dafür steht Ihnen die Symbolschaltfläche *Format übertragen* in der Standard-Symbolleiste zur Verfügung – ein symbolisierter Pinsel.

→ Markieren Sie den Text, dessen Format Sie übertragen wollen.

→ Betätigen Sie die Symbolschaltfläche *Format übertragen* in der Standard-Symbolleiste.

→ Ziehen Sie mit gedrückter linker Maustaste die Markierung über den Text, auf den Sie die Zeichenformatierungen übertragen wollen. Wenn Sie die Maustaste loslassen, wird das Format übertragen und der Kopiervorgang beendet.

Um mit der Maus eine Formatierung auf mehrere Textteile nacheinander zu übertragen, leiten Sie den Vorgang mit einem Doppelklick auf das Symbol ein. Die `Esc`*-Taste oder ein erneuter Klick auf das Symbol beenden den Vorgang.*

Die Methode mit der Maus hat gegenüber den Tastenkombinationen einen entscheidenden Nachteil. Sie müssen die Formatierungen in einem Arbeitsgang erledigen. Bevor Sie also nach zwischenzeitlichen Arbeitsschritten erneut mit der Maus Formatierungen übertragen, sind Sie gezwungen, das zu übertragende Format wieder zu markieren. Bei Verwendung der Tastenkombination `Strg`+`Shift`+`C` hätten Sie es auch nach anderen Arbeitsschritten noch zur Verfügung.

Die Funktionstaste `F4` *wiederholt die jeweils letzte Aktion. Wenn Sie also Zeichen oder Absätze mit den zugehörigen Dialogboxen formatiert haben, wiederholen Sie anschließend diese Aktion beliebig oft, wenn Sie konsequent nur diese Aktion nacheinander ausführen.*

39.3 Absatzformate kopieren

Absatzformate kopieren Sie auf die gleiche Weise wie Zeichenformatierungen. Nutzen Sie dazu wie beschrieben die Tastenkombinationen `Strg`+`Shift`+`C` bzw. `Strg`+`Shift`+`V` oder die Symbolschaltfläche *Format übertragen*. Der Unterschied liegt in der Markierung. Um Absatzformatierungen zu kopieren, markieren Sie zunächst den gesamten Absatz. Da die Absatzmarke ebenso alle Informationen über den Absatz enthält, reicht die ausschließliche Markierung der Absatzmarke. Die Wirkung des Kopierens auf den Zielabsatz ist von der Markierung abhängig – es reicht aber aus, die Schreibmarke in einen Absatz zu setzen, um die Formatierung zu übertragen.

Wenn Sie Textelemente innerhalb eines Absatzes markieren, übertragen Sie auf die beschriebene Weise das Zeichenformat des Absatzes nur auf den markierten Text. Der Absatz selbst behält sein Format.

39.4 Formate suchen und ersetzen

Es ist nicht ausgeschlossen, dass Ihnen ein schon durchgängig formatierter Text nach dem Ausdruck nicht mehr gefällt oder Sie bestimmte Formatierungen im gesamten Dokument verändern wollen. Dazu erweitern Sie den schon im Kapitel 24, »Texte suchen und ersetzen«, beschriebenen Befehl *Bearbeiten/Ersetzen* auf Formatierungen.

Um ausschließlich eine Formatierung durch eine andere zu ersetzen, geben Sie in das Eingabefeld *Suchen nach* und in das Eingabefeld *Ersetzen durch* keinen Text ein. Betätigen Sie in den Eingabefeldern bekannte Tastenkombinationen zum Formatieren – z. B. `Strg`+`Shift`+`F` für die Auszeichnung *Fett*. Auch über die Schaltfläche *Format* übertragen Sie Formatierungen in beide Eingabefelder.

Eingestellte Formatierungen in der Dialogbox machen Sie eingabefeldweise durch die Tastenkombination `Strg`+`Leertaste` oder die Schaltfläche *Keine Formatierung* rückgängig.

Wenn Sie in das Eingabefeld Suchen nach Text eingeben, den Sie mit einer Formatierung ausgestattet haben, wird die Suche von Word nur genau in dieser Kombination erfolgreich sein.

Um eine Zeichenformatierung aus einem Text gänzlich zu entfernen, stellen Sie das Format ohne Text im Eingabefeld *Suchen nach* ein. Im Eingabefeld *Ersetzen durch* öffnen Sie über die Schaltfläche *Format* die Dialogbox *Zeichen ersetzen* und deaktivieren das gewünschte Kontrollkästchen. Achten Sie darauf, dass dazu zwei Klicks nötig sind.

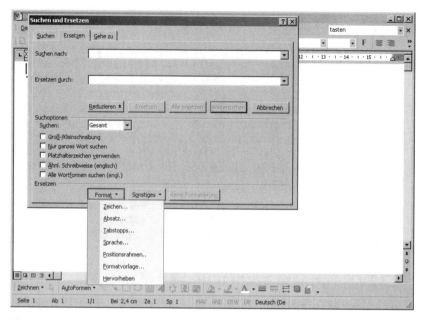

Bild 39.4: Die erweiterte Dialogbox Suchen und Ersetzen. *Die Schaltfläche* Format *führt zu den bekannten Dialogboxen zur Formatierung.*

Bild 39.5: *Mit dieser Einstellung werden alle »graviert« formatierten Zeichen im Text durch die Standardformatierung ersetzt.*

Praxistipp: Formatierungen austauschen

Im Beispiel ersetzen Sie Wörter in Schriftgröße *14pt* und fetter Auszeichnung durch eine andere Schriftart und eine andere Schriftgröße. Dieses Verfahren ist auf andere Problemstellungen leicht übertragbar. Achten Sie darauf, dass Sie durch das Suchen ausschließlich die Textteile erfassen, die Sie wirklich verändern wollen.

→ Setzen Sie die Schreibmarke mit Strg+Pos1 an den Anfang des Dokuments.

→ Öffnen Sie die Dialogbox *Suchen und Ersetzen* mit dem Register *Ersetzen* – z.B. durch die Tastenkombination Strg+H. Die Schreibmarke steht automatisch im Eingabefeld *Suchen nach*.

→ Aktivieren Sie mit der Schaltfläche *Format* das Menü, und wählen Sie dort den Befehl *Zeichen* aus. Stellen Sie in der Dialogbox *Zeichen suchen* die gewünschten Werte ein: *Schriftgrösse: 14pt, Schriftschnitt: Fett*.

Um Fehler zu vermeiden, starten Sie zunächst mit Ihren Einstellungen probehalber nur die Suche. Wechseln Sie dazu in das Register Suchen. *Wenn dieser Vorgang wie gewünscht abläuft, ist das Ersetzen ein Kinderspiel.*

→ Setzen Sie die Schreibmarke in das Eingabefeld *Ersetzen durch*. Wählen Sie analog die Dialogbox *Zeichen ersetzen*. Stellen Sie dort ein: *Schriftart: Arial* und *Schriftgrösse: 18pt*. Da der Schriftschnitt nicht verändert wird, bleibt er automatisch *Fett*.

→ Nach Abschluss der Auswahl betätigen Sie in der Dialogbox *Suchen und Ersetzen* die Schaltfläche *Alles ersetzen*.

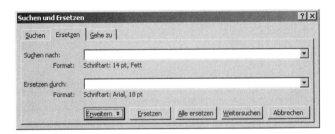

Bild 39.6: Die gewünschten Voreinstellungen für das Ersetzen

39.5 Wissenswertes über Formatvorlagen

Auf den ersten Blick sieht dieses Kapitel schwierig aus. Die Arbeit mit Formatvorlagen ist eine Arbeitsweise in Word, die Sie vor allem bei der Arbeit mit langen Texten verwenden sollten. Sie müssen sich vermutlich in der Praxis damit auseinander setzen. Erst bei der Arbeit am Text mit den Formatvorlagen stellen Sie sich vielleicht die Fragen, die im Folgenden beantwortet werden. Dabei bietet die vorliegende Version von Word wirkungsvolle Hilfsmittel, um an die Arbeit mit Formatvorlagen heranzuführen.

Es gibt in jedem Textverarbeitungsprogramm die Möglichkeit, mit Formatvorlagen zu arbeiten. In anderen Programmen heißen sie manchmal Absatzformate, Absatzlayouts, Stile oder – wie in früheren Versionen von Word – Druckformate.

Mit Formatvorlagen bestimmen Sie das Aussehen der verschiedenen Textelemente eines Dokuments – z.B. der Überschriften, Beschriftungen und der Textteile. Wenn Sie eine eigene oder eine bereits vorhandene Formatvorlage auf einen Absatz oder ein Wort anwenden, weisen Sie eine Vielzahl von Zeichen- oder Absatzformatierungen bzw. eine Kombination aus beiden in einem einzigen Schritt zu. Um z.B. die Formatierung eines bestimmten Textelements im gesamten Dokument zu ändern, korrigieren Sie lediglich die mit diesem Element verbundene Formatvorlage. So erleichtern Formatvorlagen die Formatierung eines Dokuments wesentlich.

Darüber hinaus dienen sie als Bausteine für Gliederungen und Inhaltsverzeichnisse bzw. liefern Referenzen für die Verwendung in Feldern.

Einige Formatvorlagen sind immer vorhanden. Neben den Überschriften existiert immer eine Formatvorlage mit der Bezeichnung *Standard*.

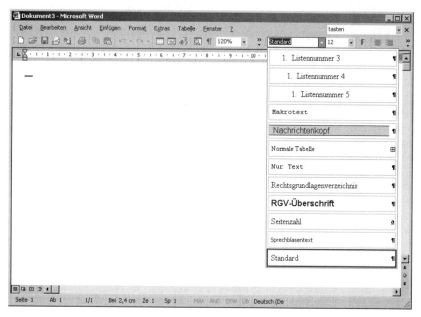

Bild 39.7: Liste der grundsätzlich vorhandenen Formatvorlagen – die Formatvorlagen-Vorschau

Die Liste der Formatvorlagen klappen Sie durch Klick auf den Pfeil am Listenfeld *Formatvorlage* auf der Format-Symbolleiste heraus. Weil in dieser Liste viele mit den Formatvorlagen verbundene Formate zu sehen sind, heißt sie Formatvorlagen-Vorschau. Dadurch dauert es auf älteren Rechner eine Weile, bis Word die Liste zeigt.

Zunächst ist an der Stellung der Namen zu erkennen, wie der Absatz gestaltet ist. Gegebenenfalls ist zu sehen, ob linksbündiger Text am linken Rand negativ oder positiv eingezogen ist. Der Schriftgrad des Namens gibt den genauen Schriftgrad der Formatvorlage wieder, solange er zwischen 8 und 16 Punkt liegt. Word zeigt kleinere Schriften in einer 8-Punkt-, größere Schriften in einer 16-Punkt-Schriftart an.

Die in der Liste neben den formatiert angezeigten Namen angeordneten grauen Kästchen enthalten ebenfalls Aussagen zu den Formatvorlagen. Links oben deuten vier Striche die Absatzausrichtung an – linksbündig, rechtsbündig, zentriert oder Blocksatz. Die Schriftgröße ist angegeben, und ein Zeichen steht für die Art der Formatvorlage. Ein unterstrichenes »a« symbolisiert eine sogenannte Zeichen-Formatvorlage, eine Absatzmarke eine Absatzformatvorlage, ein Gitternetzsymbol steht für Tabellenformate und ein Aufzählungssymbol für Listenformatvorlagen.

Der letzte Eintrag der Formatvorlagenvorschau ist Weitere. *Damit schalten Sie den Aufgabenbereich* Formatvorlagen und Formatierung *ein.*

Ein Praxistipp: Welche Formatvorlagen sind in einem Dokument zugewiesen?

Um die in einem Dokument zugewiesenen Formatvorlagen zu sehen, schalten Sie den Aufgabenbereich *Formatvorlagen und Formatierung* ein.

→ Wenn Sie die Überschrift markieren, erscheint der Name der zugewiesenen Formatvorlage *Überschrift 1* im Bereich *Formatierung des markierten Textes*. Entsprechend sehen Sie die übrigen zugewiesenen Formatvorlagen, sobald Sie einen Absatz markieren bzw. anklicken.

→ Einige Wörter enthalten sogenannte Zeichenformatierungen, wovon Sie sich mit einem Klick darauf selbst überzeugen.

→ Sie können ermitteln, wie oft eine bestimmte Formatierung in Ihrem Dokument vorkommt, indem Sie unter *Wählen Sie eine Formatierung* auf den Bezeichner zeigen und dann auf den Pfeil daneben klicken. Beispiel: Wenn blauer, kursiv formatierter Text drei Mal im Dokument vorkommt, dann enthält das Kontextmenü den Befehl *Alle 3 Instanzen auswählen*.

 Um die den Absätzen zugewiesenen Formatvorlagen mit zu sehen, ohne den Absatz erst zu markieren, aktivieren Sie die Anzeige der Formatvorlagen. Wählen Sie dazu den Befehl Extras/Optionen. *Im Register* Ansicht *stellen Sie mit dem Listenfeld* Breite der Formatvorlagenanzeige *ein positives Maß ein, z.B. 2 cm. Das reicht zunächst aus, da die Breite dieser Spalte jederzeit mit der Maus zu korrigieren ist.*

Direkte Formatierung oder Formatvorlagen

Welcher Absatz welche Formatvorlage verwendet, stellen Sie leicht mit der durch die Tastenkombination ⇧Shift+F1 mit nachfolgendem Klick auf ein Zeichen aktivierten Aufgabenbereich *Formatierung anzeigen* und einem Klick auf einen Textteil fest. Dazu muss aber das Kontrollkästchen *Formatvorlagenquelle kennzeichnen* aktiviert sein. Sobald Sie mit diesem Mauszeiger ein Zeichen anklicken, zeigt der Bereich *Formatierung des ausgewählten Textes* die Absatz- und Zeichenformatierungen. Wichtig ist bei der Verwendung von Formatvorlagen, dass der Bereich keinen Eintrag *Direktes Formatieren:* leer ist. Nur dann funktioniert die Anwendung der Formatvorlagen problemlos.

Spätestens an dieser Stelle sei der Hinweis gestattet, dass Sie sich vermutlich irgendwann im Laufe Ihrer Arbeit mit Word für die Arbeit mit Formatvorlagen oder mit direkter Formatierung entscheiden müssen. Bei der direkten Formatierung bearbeiten Sie Textabschnitte mit den Dialogboxen im Format-Menü oder mit den für die Formatierung zuständigen Symbolschaltflächen oder Tastenkombinationen. Bei dieser Arbeitsweise werden die Formatierungen nicht zum Bestandteil von Formatvorlagen. Der Aufgabenbereich enthält in diesem Fall in den Bereichen *Direkt* Einträge. Diese direkten Formatierungen sind den Formatvorlagen übergeordnet.

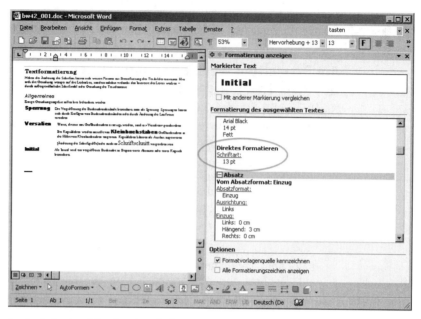

Bild 39.8: Der Aufgabenbereich zeigt eine direkte Formatierung an.

Damit hindern diese manuell vorgenommenen Formatierungen die Formatvorlagen daran, den Text bei Bedarf neu zu formatieren. Sie haben keine andere Wahl, als diese Formatierungen zu entfernen oder daraus spezielle Formatvorlagen zu kreieren, bevor die Arbeit mit Formatvorlagen zum Zuge kommt.

In Word ist für beide Fälle vorgesorgt. Es gibt Tastenkombinationen, um die direkten Formatierungen zu entfernen.

→ Mit ⎡Strg⎤+⎡Leertaste⎤ bzw. mit ⎡Strg⎤+⎡Shift⎤+⎡Z⎤ heben Sie manuelle Zeichenformatierungen auf. Von der Markierung erfasste Zeichen setzen Sie damit auf die Auszeichnung des Absatzes zurück.

→ Mit ⎡Strg⎤+⎡Q⎤ entfernen Sie manuelle Absatzformatierungen – Einzüge, Ausrichtungen, Tabstopp-Positionen. Die in einer Markierung davon erfassten Absätze werden damit auf die Einstellungen in den Formatvorlagen zurückgesetzt.

→ Mit ⎡Strg⎤+⎡Shift⎤+⎡N⎤ weisen Sie allen markierten Absätzen wieder die Formatvorlage *Standard* zu. Danach beginnen Sie wieder von vorn, Formatvorlagen zuzuweisen.

Um konsequent mit Formatvorlagen zu arbeiten, sind zwei Arbeitsweisen für Sie von besonderer Bedeutung – die Zuweisung von Formatvorlagen per Tastenkombination und die Festlegung der für den Folgeabsatz zu verwendenden Formatvorlage. Damit organisieren Sie die Zuweisung von Formatvorlagen bereits während der Texteingabe.

Alternativ zum Entfernen der direkten Formatierung bietet Word den Aufgabenbereich *Formatvorlagen und Formatierung*, mit dem Sie Abweichungen von Formatvorlagen, also direkte Formatierungen, ebenfalls erkennen. In der Standardinstallation ist unter *Extras/Optionen* im Register *Bearbeiten* das Kontrollkästchen *Formatierungen mitverfolgen* aktiviert. Das veranlasst Word, Abweichungen von Formatvorlagen zu registrieren und zu speichern. Zu sehen ist das im Bereich *Wählen Sie eine Formatierung.*

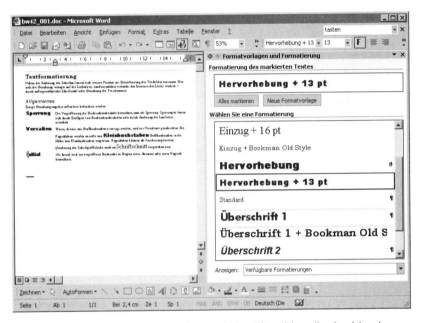

Bild 39.9: *Eintragungen mit einer Erweiterung zeigen nach dem Pluszeichen die abweichende Formatierung.*

Diese Art der Protokollierung nutzen Sie nach Auswahl der abweichenden Formatierung für folgende Arbeitsschritte:

→ Mit einem Klick auf *Alles Markieren* im Aufgabenbereich *Formatvorlagen und Formatierung* oder *Alle x Instanzen wählen* im Menü des Randpfeils markieren Sie alle gleichartigen Vorkommen im Text.

→ Durch den Klick auf *Neue Formatvorlage* gelangen Sie in die Dialogbox *Neue Formatvorlage,* in der Sie die Eigenschaften der Markierung bereits vorfinden. Sie müssen nur den eingestellten Formatvorlagentyp kontrollieren und einen Namen vergeben: Schon haben alle markierten Vorkommen die neue Formatvorlage. Im gleichen Atemzug tilgt Word die »Zwischenlösung« aus dem Protokoll.

→ Alternativ verwenden Sie den Befehl *Formatvorlage ändern* im Menü des Randpfeils. Sie gelangen in die mit *Neue Formatvorlage* nahezu identische Dialogbox *Formatvorlage ändern,* in der Sie den Namen verändern.

→ Wenn Sie unter *Extras/Optionen* im Register *Bearbeiten* das Kontrollkästchen *Inkonsistenz bei Formatierungen markieren* einschalten, dann erscheint unter den Textteilen mit von der Formatvorlage abweichenden Markierungen eine blaue Wellenlinie, an der Sie die direkt formatierten Textteile erkennen.

Beachten Sie in den Steuerelementen die Sprachregelung von Word: Formatvorlage steht für definierte und unveränderte Elemente, der Begriff Formatierung meint direkt vorgenommene und protokollierte Veränderungen.

39.6 Vorhandene Formatvorlagen zuweisen

Die im Lieferumfang von Word enthaltenen Formatvorlagen bieten Ihnen ohne weitere Bearbeitung einen stattlichen Fundus. Absatzformatvorlagen weisen Sie je nach Markierung einem oder mehreren Absätzen zu. Eine Formatvorlage vom Typ *Absatz* enthält zunächst alle Absatzeinstellungen: Ausrichtung, Tabstopps, Abstände, Einzüge und die Einstellungen zum Textfluss. Auch Nummerierungen, Aufzählungszeichen oder Rahmenattribute sind Bestandteil des Absatzformates. Außerdem speichert Word in dieser Formatvorlage noch alle grundsätzlichen Schriftattribute.

Mit dem Listenfeld *Formatvorlage* der Format-Symbolleiste oder im Aufgabenbereich *Formatvorlagen und Formatierung* nutzen Sie die vorhandenen Formatvorlagen.

→ Das Listenfeld müssen Sie durch einen Klick auf den Listenpfeil aufklappen. Um dabei alle von Word eingebrachten Formatvorlagen zu sehen, halten Sie die [Shift]-Taste beim Klick gedrückt. Die formatierten Einträge der Vorschauliste geben einen ungefähren Eindruck der anzuwendenden Formatierung.

→ Wenn Sie das Listenfeld *Anzeigen* im Aufgabenbereich *Formatvorlagen und Formatierung* aufklappen, können Sie ebenfalls *Alle Formatvorlagen* sehen.

→ Praktisch sind auch die beiden anderen Auswahlmöglichkeiten *verfügbare Formatvorlagen* und *Benutzte Formatvorlagen*.

→ Nach Auswahl einer Formatvorlage erhalten Sie in einer QuickInfo eine Beschreibung der enthaltenen Formatierungen.

→ Mit einem Klick auf eine der Formatvorlagen erhält der Absatz die markierte Formatvorlage.

→ Weitere Einstellungen nehmen Sie nach einem Klick auf den Eintrag *Benutzerdefiniert* am Ende der Liste des Felds *Anzeigen* vor.

Von der Dialogbox *Formatierungseinstellungen* gelangen Sie nach einem Klick auf Formatvorlagen in eine Dialogbox, die der Verwaltung der Formatvorlagen dient. Diese Dialogbox nutzen Sie – als Alternative zu den bisher beschriebenen, die Arbeit begleitenden Tools – vor allem dann, wenn Sie eigene Formatvorlagen vor dem Schreiben gezielt anlegen bzw. ändern möchten.

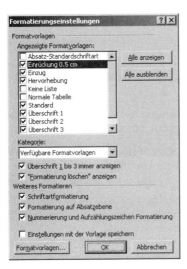

Bild 39.10: Mit der Dialogbox Formatierungseinstellungen *regeln Sie die Ansicht im Aufgaben-bereich* Formatvorlagen und Formatierung.

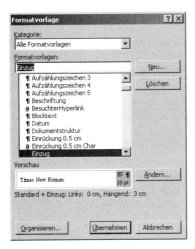

Bild 39.11: Die Dialogbox Formatvorlage regelt den Zugriff auf die Formatvorlagen – *nebenbei auch deren Zuweisung.*

Praxistipp: Tastenkombinationen für Formatvorlagen

Über ein der Formatvorlage zugewiesenes Tastenkürzel weisen Sie effektiv bereits während der Texteingabe Formatvorlagen zu. Die Zuweisung der Tastenkombinationen an die Formatvorlagen erfolgt entweder über den Befehl *Extras/Anpassen/Tastatur,* Kategorie *Formatvorlagen* oder in der Dialogbox *Formatvorlagen* über die Schaltflächen *Bearbeiten* und *Tasten-kombination.*

Für einige Formatvorlagen gibt es Standard-Tastenkombinationen:

→ Strg + Shift + N weist die Formatvorlage *Standard* zu.

→ Mit Alt + 1 erzeugen Sie eine Überschrift der ersten Ebene. Kombinieren Sie die Alt -Taste mit 2 bzw. 3, gilt das für die beiden folgenden Ebenen.

→ Mit der Tastenkombination Strg + Shift + L bestimmen Sie die Formatvorlage *Aufzählungszeichen* für den markierten Text.

→ Wenn Sie mehr als die genannten Überschriftsebenen verwenden, stufen Sie die Ebenen mit der Tastenkombinationen Alt + Shift + Pfeil ← herauf und mit Alt + Shift + Pfeil → herab.

→ Mit der Symbolschaltfläche *Format übertragen* der Standard-Symbolleiste geben Sie ebenfalls Formatvorlagen an andere Absätze weiter.

Bei der Zuweisung von Formatvorlagen an einen einzelnen Absatz muss sich die Schreibmarke lediglich innerhalb des Absatzes befinden. Wenn Sie jedoch Teile eines Absatzes markieren, übertragen Sie ausschließlich die für den Absatz geltenden Zeichenformatierungen an die Markierung. Das gilt nicht mehr, wenn Sie Teile mehrerer Absätze markieren.

Formatvorlagen automatisch zuweisen

Eine bequeme Variante zum Zuweisen von Formatvorlagen ist die Funktion *AutoFormat während der Eingabe*. Aktivieren Sie dafür mit dem Befehl *Extras/AutoKorrektur-optionen* das Kontrollkästchen *Formatvorlagen basierend auf Formatierung definieren* im Register *AutoFormat während der Eingabe*. Danach erstellt Word Formatvorlagen bei der Eingabe automatisch. Word analysiert dabei die Art der Formatierung sowie die Anordnung des Texts und wendet Formatvorlagen an, die mit dieser Formatierung verknüpft sind. Wenn Sie z.B. einige Wörter in einer einzelnen Zeile eingeben, den Schriftgrad vergrößern und den Text zentrieren, weist Word automatisch eine Formatvorlage *Überschrift X* zu. Word verwendet auch in anderen Fällen aus der Liste der mitgelieferten Formatvorlagen die Ihrer Formatierung ähnlichste und nutzt deren Namen – nicht deren Formatierung.

In bestimmten Situationen nutzt Word immer automatisch vorhandene Formatvorlagen – z.B. bei der Arbeit in Kopfzeilen, Anmerkungen, Fußnoten. Es empfiehlt sich, diese Zuordnung zu belassen und bei Bedarf die von Word verwendeten Formatvorlagen zu verändern.

39.7 Neue Formatvorlagen erstellen

Am schnellsten erstellen Sie eine neue Absatzformatvorlage, indem Sie einen Absatz formatieren. Die Formatierung und andere Eigenschaften des markierten Absatzes legt Word dann der neuen Formatvorlage zugrunde.

→ Formatieren Sie einen oder mehrere markierte Absätze – z.B. mit einer Einrückung von drei Zentimetern und hängender erster Zeile. Legen Sie vor und nach den Absätzen einen Abstand von »6 pt« fest.

→ Belassen Sie die Markierung über den Absätzen, denen Sie die neue Formatvorlage zuweisen.

→ Klicken Sie auf das Listenfeld *Formatvorlage* oder aktivieren Sie es mit `Strg`+`Shift`+`S`.

→ Überschreiben Sie den eventuell vorhandenen Formatvorlagennamen mit einem Namen Ihrer Wahl für die neue Formatvorlage – z.B. *Einrückung*.

→ Drücken Sie die `Enter`-Taste.

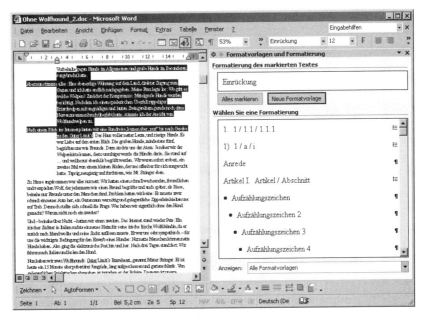

Bild 39.12: Für die markierten Absätze wurde die Formatvorlage Einrückung *auf der Grundlage der Markierung neu erstellt.*

Das beschriebene Verfahren gelingt nur, wenn das Listenfeld Formatvorlage *in der Symbolleiste sichtbar ist. Andernfalls aktivieren Sie mit dieser Tastenkombination den Aufgabenbereich* Formatvorlagen und Formatierung.

Um eine neue Absatzformatvorlage detailliert anzulegen, beschreiten Sie den Weg über die Schaltfläche *Neue Formatvorlage* aus dem Aufgabenbereich *Formatvorlagen und Formatierung.* Dazu ist keine spezielle Markierung im Text nötig. Es erscheint die Dialogbox *Neue Formatvorlage.*

→ Überschreiben Sie im Eingabefeld *Name* die Vorgabe mit einer eindeutigen, zum Inhalt der Formatvorlage passenden Bezeichnung.

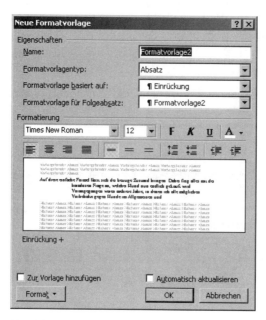

Bild 39.13: Die Dialogbox zum Erstellen einer neuen Formatvorlage.

 Bei der Vergabe des Namens sind 255 Zeichen erlaubt, inklusive eventueller Leerzeichen. Vermeiden Sie Sonderzeichen. Groß- und Kleinschreibung wird an dieser Stelle unterschieden – »Einrückung« und »einrückung« sind unterschiedliche Namen.

→ Wenn es sich um eine neue Absatzformatvorlage handelt, belassen Sie die Einstellung im Listenfeld *Formatvorlagentyp* auf *Absatz*.

→ Im Listenfeld *Formatvorlage basiert auf* erscheint zunächst der Name der Formatvorlage, in der sich die Schreibmarke befindet. Da eine Formatvorlage stets auf einer anderen basiert, treffen Sie eine andere Auswahl oder verändern die Voreinstellung nicht. Über die damit aufgebauten hierarchischen Strukturen erfahren Sie an anderer Stelle noch mehr.

→ Im Listenfeld daneben bestimmen Sie eine *Formatvorlage für Folgeabsatz*. Sobald Sie im Eingabefeld *Name* einen Eintrag vornehmen, wird der Eintrag zunächst übernommen. An dieser Stelle bestimmen Sie, welche Formatvorlage der nächste Absatz bei Betätigung der ⌜Enter⌝-Taste automatisch erhält. Wenn also unmittelbar auf eine *Überschrift 1* sofort immer eine *Einrückung* folgen soll, dann wählen Sie den Namen dieser Formatvorlage im Listenfeld.

→ Die Schaltfläche *Format* klappt eine Liste auf, mit deren Hilfe Sie der Formatvorlage alle gewünschten Formatierungen mit auf den Weg geben.

→ Bei Bedarf verbinden Sie die neue Formatvorlage gleich mit *Format/Tastenkombination* mit einer Tastenfolge für die Schnellzuweisung.

→ Mit dem Kontrollkästchen *Zur Vorlage hinzufügen* bestimmen Sie, ob die neue Formatvorlage auch für neue Dokumente zugänglich wird, die auf der aktuellen Dokumentvorlage basieren. Bei deaktiviertem Kontrollkästchen erscheint die Formatvorlage nur im aktiven Dokument.

Sie müssen dieses Kontrollkästchen nicht aktivieren, wenn Sie das Dokument später in eine Dokumentvorlage umwandeln wollen. Ansonsten fällen Sie Ihre Entscheidung wohl überlegt, um nicht in anderen Dokumenten ständig ähnliche Formatvorlagen neu zu erstellen.

→ Nach Aktivierung des Kontrollkästchens *Automatisch aktualisieren* verändert Word die Formatvorlage automatisch, wenn Sie einen beliebigen Absatz mit dieser Formatvorlage manuell formatieren. Word aktualisiert sofort alle Absätze im aktiven Dokument, die mit dieser Formatvorlage formatiert sind. Diese Einstellung verhindert alle individuellen Einstellungen an Absätzen.

→ Haben Sie alle Einstellungen vorgenommen, bestätigen Sie mit *OK*.

39.8 Formatvorlagen ändern

Die Formatierung im Dokument entspricht noch nicht Ihren Vorstellungen: Sie möchten andere Abstände einstellen, graue Hinterlegungen erstellen, und auch die Schriftzuweisungen finden nicht Ihre Billigung. In diesem Moment spielen die Formatvorlagen ihre ganzen Vorteile aus.

Auch in diesem Fall ist der einfachste Weg wieder die Arbeit im Text. Nehmen Sie sich einen Absatz vor, der die zu ändernde Formatvorlage nutzt. Sie formatieren den Absatz um und prüfen die Wirkung. Wenn Sie zufrieden sind, bleibt nur noch eines zu tun – Word muss wissen, dass Sie alle anderen Absätze gleichen Namens genauso verändern wollen. Wenn Sie beim Erstellen der Formatvorlage das schon beschriebene Kontrollkästchen *Automatisch aktualisieren* ignoriert haben, sind Sie am Zug:

→ Zeigen Sie mit der Maus auf den Vorlagennamen im Listenfeld *Wählen Sie eine Formatierung*.

→ Öffnen Sie das Menü des Pfeils am rechten Rand des Eintrags.

→ Klicken Sie auf *Aktualisieren, um die Auswahl anzupassen*: Word verändert alle gleichnamigen Absätze.

Um die automatische Aktualisierung von Formatvorlagen auszuschalten, wählen Sie mit Format/Formatvorlage *die Formatvorlage aus, klicken auf* Bearbeiten *und deaktivieren das Kontrollkästchen* Automatisch aktualisieren.

Über die Dialogbox ändern

Der Weg über die Dialogbox zum Ändern einer Formatvorlage ist wieder der Weg mit den differenzierteren Möglichkeiten. Mit diesem Verfahren bearbeiten Sie auf Wunsch nacheinander mehrere Formatvorlagen.

Wenn die Formatvorlagenanzeige aktiviert ist, gibt es einen rasant funktionierenden Trick, um die Dialogbox *Formatvorlage* aufzurufen.

→ Setzen Sie die Maus in der Formatvorlagenanzeige über die Formatvorlage, die Sie ändern möchten. Der Mauszeiger kippt, wie an dieser Stelle üblich, mit der Spitze nach rechts.

→ Ein Doppelklick auf eine der angezeigten Formatvorlagen öffnet die Dialogbox *Formatvorlage*. Wenn die Dialogbox erscheint, wird das Wesentliche dieses Vorgangs sofort sichtbar: Die angeklickte Formatvorlage ist bereits ausgewählt und steht zur Bearbeitung bereit.

→ Alternativ wählen Sie aus dem Listenfeld *Anzeigen* den Befehl *Benutzerdefiniert und* dann *Formatvorlagen*.

→ Wenn Sie häufig mit Formatvorlagen arbeiten, sollten Sie für den Direktzugriff auf die Dialogbox das zugehörige Symbol in die Formatsymbolleiste oder den Befehl in das Menü *Format* integrieren: Wählen Sie *Extras/Anpassen*. In der Kategorie Format finden Sie den Befehl *Formatvorlage...*, den Sie durch Ziehen an der gewünschten Stelle platzieren.

Im Listenfeld *Formatvorlagen* sind, wie im Listenfeld *Kategorie* festgelegt, alle oder ausgewählte Formatvorlagen angezeigt. Das aktuelle Zeichenformat ist mit einem Pfeil markiert und die Formatvorlage, in der die Schreibmarke steht, ist markiert.. Die Beschreibung listet genau die Merkmale der Formatvorlage auf, ausgehend von der jeweiligen Basisvorlage.

Natürlich kennen Sie die Dialogbox schon – die Schaltfläche *Neu* führt zum Erstellen einer Formatvorlage. Die eigentliche Überraschung ist aber die Reaktion von Word auf die Schaltfläche *Ändern*. Sie führt zu einer Dialogbox *Formatvorlage ändern*, die der schon beschriebenen Dialogbox *Neue Formatvorlage* ähnlich ist. Der Unterschied besteht in der grundsätzlichen Funktion – es geht um die Bearbeitung bestehender Vorlagen.

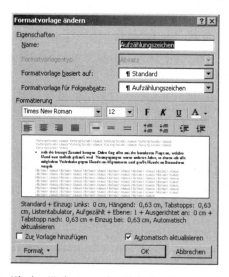

Bild 39.14: Mit den Werkzeugen der Dialogbox Formatvorlage ändern *bearbeiten Sie bestehende Vorlagen.*

Manuelle Formatierungen bleiben erhalten, wenn Sie Einstellungen der Formatvorlage verändern. Haben Sie einem Wort z.B. die Schriftart Times New Roman *und die Auszeichnung* Kursiv *zugewiesen, sind diese Wörter auch nach dem Ändern der Formatvorlage so formatiert. Formatvorlagen stellen globale Definitionen dar, die sich von manuellen überschreiben lassen.*

Um eine Formatvorlage zu löschen, wird sie in der Dialogbox *Formatvorlage* wie üblich markiert. Danach sehen Sie an der Schaltfläche *Löschen*, ob Word Ihnen gestattet, die Formatvorlage zu löschen. Die Schaltfläche ist bei einigen Vorlagen aus dem Lieferumfang deaktiviert.

Wenn Sie versuchen, eine markierte Formatvorlage mit der Schaltfläche *Löschen* zu entfernen, informiert Word über die Folgen.

Bild 39.15: Sie entscheiden, ob Sie die gewählte Formatvorlage wirklich löschen möchten.

Nach Bestätigung der Warnung mit *OK* und Beendigung der Dialogbox *Formatvorlage* weist Word den Absätzen der gelöschten Formatvorlage als Ersatz die Formatvorlage *Standard* zu.

 Benutzerdefinierte Formatvorlagen entfernen Sie mit diesem Verfahren endgültig aus dem Dokument. Einige der Formatvorlagen aus dem Lieferumfang, z.B. Untertitel, *verwerfen Sie ebenso mit der Schaltfläche* Löschen. *Sie sind aber dadurch nicht wirklich gelöscht, sondern durch die Formatvorlage* Standard *ersetzt.*

Formatvorlagen suchen und ersetzen

Mit der schon beschriebenen Funktion *Suchen und Ersetzen* suchen Sie auch nach Formatvorlagen. Wenn Sie wollen, ist auch die Ersetzung zu realisieren. Die Funktion hat in Zusammenhang mit Formatvorlagen einige Besonderheiten.

→ Ausgehend von der Schaltfläche *Format* in der Dialogbox *Suchen und Ersetzen* wählen Sie mit dem Befehl *Formatvorlage* aus der Liste der Formatvorlagen die gewünschte. Je nach Position der Schreibmarke gilt die Einstellung für *Suchen nach* oder *Ersetzen durch*. Unter dem jeweiligen Eingabefeld sehen Sie die gewählte Variante.

→ Sie können Word zusätzlich nach Text oder auch nach einer direkten Formatierung auf die Suche schicken. Damit suchen Sie ganz gezielt nach wenigen Wörtern, da mit diesem Verfahren der Filter eng gesetzt ist.

→ Ein Klick auf die Schaltfläche *Keine Formatierung* hebt die den Eingabefeldern zugeordnete Formatvorlage wieder auf.

→ Um eine Formatvorlage mit *Suchen und Ersetzen* aus einem Text zu entfernen, müssen Sie bei *Ersetzen durch* eine andere Formatvorlage angeben – z.B. *Standard*.

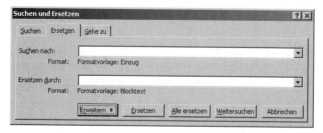

Bild 39.16: *Mit dieser Einstellung ersetzen Sie die Formatvorlage* Einzug *durch die Formatvorlage* Blocktext – *den vorhandenen Text selbst verändern Sie damit nicht.*

 Der Einsatz der Funktion zum Ersetzen erfordert etwas Übung. Bevor Sie an das Ersetzen gehen, sollten Sie mit dem Befehl Suchen *zunächst prüfen, ob Word mit den gewählten Einstellungen auch wirklich nur gewünschte Textteile findet. Zu Ihrer Beruhigung – über* Bearbeiten/Rückgängig *sind Ersetzungsvorgänge zu verwerfen.*

Text zwischen Dokumenten kopieren

Beim Kopieren von Textteilen zwischen Word-Dokumenten werden Formatvorlagen mit übertragen. Dabei hängt die von Word im Zieldokument verwendete Formatierung von der kopierten Markierung ab.

→ Wenn Sie den Ausgangstext ohne Absatzmarke markieren, kopiert Word nur die in der Markierung enthaltenen Zeichenformatvorlagen sowie direkte Zeichenformatierungen.

→ Um die Absatzformatvorlage sowie alle anderen einem Absatz zugewiesenen Absatzformate in ein anderes Dokument zu kopieren, markieren Sie eine einzelne Absatzmarke. Spezielle Zeichenformate im Absatz werden dabei ausgeklammert.

→ Markieren Sie zum Kopieren einen Text einschließlich seiner Absatzmarke, übertragen Sie die Absatzformatvorlage und sonstige dem Absatz direkt zugewiesenen Absatzformate ebenso wie die Zeichenformatvorlagen und zusätzliche Zeichenformate des markierten Textteils in das neue Dokument.

→ Enthält die Markierung einen Abschnittsumbruch, übergeben Sie die gesamte Formatierung des vorhergehenden Abschnitts, einschließlich Seitenränder, Anzahl der Spalten, Anzahl der Zeilen, Seitenformat und -ausrichtung sowie Kopf- und Fußzeilen mit in das neue Dokument.

 Wenn Sie Text mit einer zugewiesenen Absatzformatvorlage in ein Dokument kopieren, das die gleichnamige Formatvorlage enthält, übernimmt der Text die im Zieldokument definierte Formatierung.

Der Formatvorlagenkatalog

Eine besonders elegante Variante, auf die Formatvorlagen in Dokumentvorlagen zuzugreifen, stellt Word mit dem Formatvorlagenkatalog zur Verfügung. Über diese Funktion erledigen Sie grundsätzliche Umgestaltungen des Dokuments mit wenigen Mausklicks.

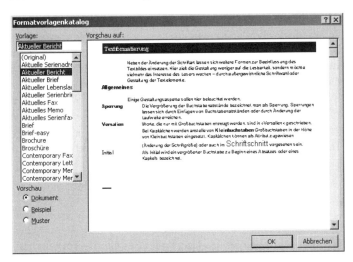

Bild 39.17: Der Formatvorlagenkatalog hilft Ihnen bei der Schnellformatierung Ihrer Dokumente.

Um den Formatvorlagenkatalog zu aktivieren, wählen Sie den Befehl *Format/Design*. Die damit aktivierte Dialogbox *Webdesign* enthält die Schaltfläche zum Aufruf des Katalogs. Nach Aufruf der Dialogbox *Format-vor-lagenkatalog* sehen Sie im Bereich *Vorschau auf* zunächst das unveränderte Dokument. Dieser Fakt ist an der Auswahl *(Original)* im Listenfeld *Vorlage* zu erkennen. In diesem Listenfeld sind alle Dokumentvorlagen zu sehen, die Word in den Vorlagenordnern findet.

Wenn Sie in der Auswahlliste auf eine der dort angeführten Dokumentvorlagen klicken, erscheint das Dokument in der Vorschau so, wie es nach Anwendung der in der Dokumentvorlage enthaltenen Formatvorlagen aussieht. Voraussetzung ist natürlich, dass Sie in Ihrem Dokument Vorlagen mit dem gleichen Namen zugewiesen haben.

Über diesen Weg entscheiden Sie, ob Sie die in einer anderen Dokumentvorlage enthaltenen Formatvorlagen auf das Dokument anwenden. Klicken Sie dazu doppelt auf eine der Dokumentvorlagen oder betätigen Sie nach Auswahl einer Dokumentvorlage die ⌷Enter⌷-Taste bzw. die Schaltfläche *OK*. Nach einem mehr oder weniger langen Augenblick des Nachdenkens stellt Word das Dokument im neuen Format dar.

Speichern Sie das Original, bevor Sie diesen Befehl anwenden. Er ist nicht rückgängig zu machen. Notfalls greifen Sie auf die gespeicherte Version zurück, um die ursprünglichen Formatvorlagen wieder herzustellen.

39.9 Besondere Formatvorlagen

Für die Gestaltung besonderer Textelemente ist ebenso die Arbeit mit Formatvorlagen möglich. Word unterscheidet zwischen Formatvorlagen für Absätze, Zeichen, Tabellen und Listen.

Zeichenformatvorlagen

Zeichenformatvorlagen wenden Sie auf beliebige markierte Zeichen an. Dabei stehen alle Schriftattribute der Dialogbox *Zeichen* bereit. Wenn Sie in Ihrem Dokument für die Kennzeichnung besonderer Wörter Zeichenformate definieren und anwenden, dann beeinflussen Sie die Formatierung dieser besonders hervorgehobenen Wörter im nachhinein über die Veränderung der Zeichenformatvorlage.

Zeichenformatvorlagen weisen Sie meist einem markierten Text zu. Bei der Texteingabe sind sie nach Zuweisung von der aktuellen Schreibposition an gültig.

→ Um neue Zeichenformatvorlagen zu erstellen, wählen Sie den Befehl *Format/Formatvorlage*.

→ Klicken Sie auf die Schaltfläche *Neu*.

→ Überschreiben Sie im Eingabefeld *Name* die Vorgabe mit einer eindeutigen, zum Charakter der Zeichenformatvorlage passenden Bezeichnung.

→ Wählen Sie im Listenfeld *Formatvorlagentyp* die Einstellung *Zeichen*.

→ Im Listenfeld *Basiert auf* erscheinen nun die vorhandenen Zeichenformatvorlagen – vorzugsweise die Vorlage *Absatz-Standardschriftart*. Da eine Formatvorlage stets auf einer anderen basiert, müssen Sie eine Auswahl treffen oder die Voreinstellung belassen.

→ Die Schaltfläche *Format* klappt eine Liste auf, in der Sie der Formatvorlage alle gewünschten Formatierungen zuordnen. Wegen des Typs der Formatvorlage sind nur die Kategorien *Zeichen*, *Rahmen* und *Sprache* zugänglich.

→ Bei Bedarf weisen Sie der neuen Formatvorlage über *Format/Tastenkombination* eine Tastenkombination zu.

Besonders gut geeignet sind Zeichenformatvorlagen, wenn Sie Wörter aus verschiedenen Sprachen im Text verwenden. Die Zuweisung einer Zeichenformatvorlage mit integrierter Spracheinstellung kann trotz automatischer Spracherkennung für die Prüfung der Rechtschreibung und Grammatik und die Silbentrennung sehr hilfreich sein.

Formatvorlagen für Listen und Tabellen

Eine Listenformatvorlage nutzen Sie, um Listen gleiche Ausrichtungen, Nummerierungs- bzw. Aufzählungszeichen sowie Schriftarten zuzuweisen. Die Tabellenformatvorlage ermöglicht die Zuweisung gleicher Attribute für Rahmen, Schattierungen, Ausrichtungen und Schriftarten in Tabellen.

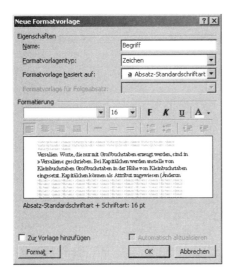

Bild 39.18: Die Zeichenformatvorlage Begriff *wird neu erstellt.*

Für beide Formatvorlagentypen gelten die bereits für die Absatzformatvorlagen beschriebenen Verfahren. Unterschiedlich ist jedoch – je nach Aufgabe der Formatvorlage, die Art der Dialogbox zur Gestaltung der Formatvorlage.

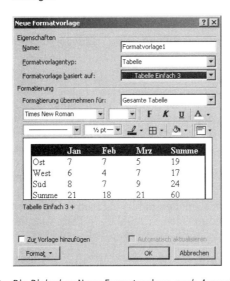

Bild 39.19: Die Dialogbox Neue Formatvorlage *nach Auswahl des Typs* Tabelle

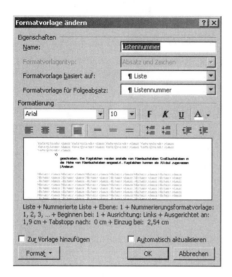

Bild 39.20: Die Dialogbox Formatvorlage ändern *nach Auswahl des Typs* Liste.

39.10 Hierarchische Strukturen

Bei der Erstellung von Formatvorlagen ist bereits deutlich geworden, dass Formatvorlagen untereinander in gewisser Beziehung stehen. Genauer gesagt bilden sie hierarchische Strukturen. Ausgehend von den Formatvorlagen *Standard* und *Absatz-Standardschriftart* und *Normale Tabelle,* die zunächst die jeweilige Basis bilden, baut jede Formatvorlage auf einer anderen auf.

Basisvorlagen

Die jeweils nachfolgende Formatvorlage übernimmt die Formatierungen der in der Hierarchie über ihr stehenden und ergänzt sie durch spezielle Formatierungen. Eine neu auf der Basis einer anderen erstellte Formatvorlage ist also immer nur eine Variante ihrer Vorgänger. Diese Abhängigkeit erkennen Sie in den Formatvorlagen-Dialogboxen und in der QuickInfo des Bezeichners im Aufgabenbereich *Formatvorlagen und Formatierung.* Dort trägt eine markierte Formatvorlage z.B. die Beschreibung *Standard + (spezielle Formatierungen)* als Zeichen dafür, dass sie eine Variante der Formatvorlage *Standard* ist und mit den angegebenen Formatierungen von dieser abweicht.

Wenn Sie in der Basis-Formatvorlage eine Formatierung ändern, ändern Sie alle darauf basierenden Formatvorlagen im gleichen Merkmal. Gestalten Sie z.B. in der Formatvorlage *Standard* die Schriftart, beeinflussen Sie in allen darauf aufbauenden Formatvorlagen die Schriftart ebenfalls. Nur die nachgeordneten Formatvorlagen, in denen ausdrücklich eine andere Schriftart zugewiesen ist, behalten diese bei.

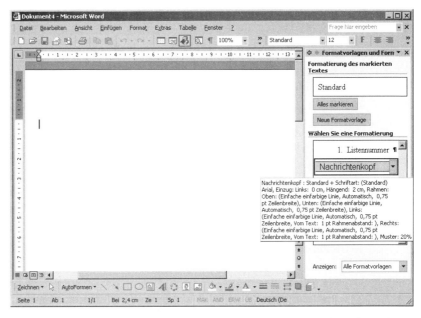

Bild 39.21: *Die markierte Formatvorlage* Nachrichtenkopf *erweitert die Formatvorlage* Absatz-Standardschriftart *erheblich.*

Damit haben Sie es in der Hand, Folgen von Formatvorlagen aufzubauen, die jeweils von einer anderen Basis ausgehen. Sie benötigen einen Plan für Ihr Vorgehen, das von Ihren Arbeitsbedingungen abhängig ist. Es ist prinzipiell immer möglich, für Anwendungsgebiete solche Strukturen zu schaffen, dass die Arbeit zur Veränderung eines Dokuments minimiert wird.

Auf eine Basis-Formatvorlage können Sie zehn weitere Formatvorlagen aufsetzen. Mit der Auswahl Keine Formatvorlage *im Listenfeld* Basiert auf *erklären Sie eine beliebige Formatvorlage zur Basis für andere.*

Wenn Sie den Beginn einer solchen Kette löschen, wird automatisch der Nachfolger zur Spitze der Hierarchie. Die Basis ist jederzeit austauschbar. Immer ist jedoch gewährleistet, dass die Formatvorlagen nur die Formatierungen von ihren Vorgängern übernehmen, die nicht ausdrücklich für sie speziell definiert sind.

Automatische Nachfolge

Wenn Sie bei der Texteingabe die ⌈Enter⌉-Taste betätigen, entsteht ein neuer Absatz. Sie haben es in der Hand, zu bestimmen, welche Formatvorlage einer beliebigen anderen folgt.

So legen Sie z.B. fest, dass auf die Formatvorlage *Titel* die Formatvorlage *Standard* zu folgen hat.

→ Setzen Sie den Fokus im Aufgabenbereich Formatvorlagen und Formatierung auf die Formatvorlage *Titel* und klicken Sie im Menü des Randpfeils auf *Ändern.*

→   Aktivieren Sie im Listenfeld *Formatvorlage für Folgeabsatz* die Format-
    vorlage *Standard*.

→   Bestätigen Sie die Dialogboxen mit *OK*.

Bei der nachfolgenden Texteingabe kommt die neue Eigenschaft der Formatvorlage zum Vorschein:

→   Weisen Sie einem Absatz die Formatvorlage *Titel* zu.

→   Geben Sie den Text für den Titel ein.

→   Schließen Sie die Eingabe des Titels mit der ⌜Enter⌝-Taste ab. Der neue
    Absatz trägt sofort die Formatvorlage *Standard*.

*Dieses Verfahren ist ausschließlich bei der Texteingabe von Bedeutung. Wei-
sen Sie die Formatvorlage nachträglich einem Absatz zu, ändert sich an der
Formatvorlage des folgenden Absatzes nichts.*

Formatvorlagen organisieren

Die Dialogbox *Formatvorlage* enthält die Schaltfläche *Organisieren*. Mit der
Dialogbox *Organisieren* tauschen Sie im Register *Formatvorlagen* zwischen
Dokumentvorlagen oder Dokumenten Formatvorlagen aus.

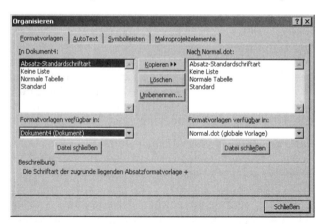

*Bild 39.22: Organisieren von Formatvorlagen mit der Dialogbox – suchen Sie aus Dokumenten die
Highlights Ihrer Arbeit heraus, um sie in anderen Dokumenten zu nutzen.*

Der Umgang mit der Dialogbox ist im Zusammenhang mit Dokumentvorlagen beschrieben. Hier sei nur angemerkt, dass Sie in dieser Dialogbox mit
der Schaltfläche *Umbenennen* den Namen einer Formatvorlage ohne Verlust
von Formatierungen verändern.

40 Die Dokumentvorlagen

Dokumentvorlagen speichern Texte, Makros, Formatvorlagen und Einstellungen. Passende Dokumentvorlagen für jeden Arbeitszweck erleichtern das Erstellen ähnlicher Dokumente oder sichern spezielle Arbeitsumgebungen.

40.1 Allgemeines

Jedes Dokument, das Sie erstellen, basiert auf einer bereits bestehenden Dokumentvorlage – auch wenn Ihnen das bisher nicht bewusst war. Immer dann, wenn Sie ein neues Dokument erzeugen und dabei die Symbolschaltfläche *Neu* aus der Standard-Symbolleiste benutzen, erstellen Sie ein Dokument, das automatisch mit der Dokumentvorlage *Normal.Dot* verbunden ist. Eine solche Dokumentvorlage enthält z.B. Zeichen- und Absatzformate, AutoKorrektur-Texte und spezifische Makros. In ihr können aber auch Texte gespeichert sein, die ein neues Dokument bereits enthalten soll: ein Briefkopf mit Adresse, eine Grafik mit dem Firmenlogo, ein vorgefertigtes Anschriftenfeld, ein Formulartext oder ein Vertrag mit vorgeschriebenen Textpassagen. Die Dokumentvorlagen sind bestens geeignet, für bestimmte Arbeiten eigene, spezifische Formatvorlagen bereitzuhalten.

Die Dateierweiterungen sehen Sie nur, wenn im System die Ordneroptionen entsprechend eingestellt sind. Verwenden Sie dazu den Befehl Start/Einstellungen/Ordneroptionen.

Eine Dokumentvorlage unterscheidet sich äußerlich von einer normalen Textdatei in Word zunächst durch die Dateierweiterung. Die Dokumentvorlage hat die Erweiterung *DOT*, das normale Dokument die Erweiterung *DOC*. Auch der Speicherort ist verschieden. Während Sie Dokumente in beliebigen Ordnern speichern, sollten Sie alle Dokumentvorlagen so speichern, dass sie beim Aufruf des Befehls *Datei/Neu* sofort zur Verfügung stehen. Wenn Sie eine Dokumentvorlage erzeugen, sorgt Word automatisch für den richtigen Speicherort. Mit der Zuweisung des Dokumenttyps *Vorlage* erhält das Dokument eine interne Kennzeichnung, die es als Vorlage ausweist.

Es ist sehr effektiv, für wiederkehrende Dokumente spezielle Dokumentvorlagen anzulegen. Dies könnte jeweils eine Dokumentvorlage für normale Briefe (z.B. BRIEF.DOT), für Faxe (FAX.DOT) und für längere Dokumente mit Berichtscharakter (KONZEPT.DOT) sein. Jede Vorlage wird mit typischen Strukturen versehen und beschleunigt so den Arbeitsprozess.

Auf die unterschiedlichen Vorlagen haben Sie schnell Zugriff. Beim Erstellen einer Datei mit dem Befehl *Datei/Neu* erwartet Word im Aufgabenbereich *Neues Dokument* von Ihnen die Auswahl eines Musters im Bereich *Mit Vorlage beginnen*.

Wenn Sie mit dem Befehl Extras/Optionen *im Register* Speicherort für Datei *einen Dokumentordner z.B. als Ordner für Arbeitsgruppen definieren, behan-*

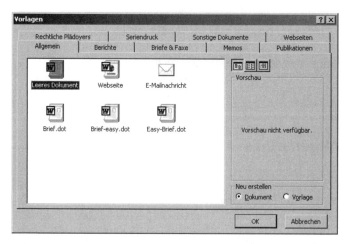

Bild 40.1: Beim Anlegen eines Texts erzeugen Sie Verknüpfungen zu einer beliebigen Dokumentvorlage.

delt Word darin enthaltene »normale« Dokumente in der Dialogbox Neu *wie Dokumentvorlagen.*

Nach dem Klick auf *OK* kommt die Besonderheit der definierten Vorlagen aus diesem Ordner zum Tragen: Word öffnet nicht die Datei selbst, sondern stellt eine Kopie als neues Dokument für die Bearbeitung bereit.

Dokumente und Vorlagen haben in Word viele Gemeinsamkeiten. Bis auf eine Ausnahme können Sie mit Dokumenten prinzipiell so arbeiten wie mit den Vorlagen. Ein wichtiger Unterschied besteht aber darin, dass Sie die verborgene Funktionalität einer Dokumentvorlage an eine andere Vorlage anhängen können. So machen Sie z.B. eine Vorlage mit speziellen Makros oder Tastenkombinationen für andere Bereiche verfügbar.

Mit dem Befehl Neu aus vorhandenem Dokument *greifen Sie ebenfalls auf ein »normales« Dokument zu: Es wird aber wie eine Dokumentvorlage als Kopie geöffnet.*

40.2 Der Inhalt von Dokumentvorlagen

In vielen Dialogboxen von Word – z.B. bei der Festlegung von AutoText-Einträgen oder nach dem Befehl *Extras/Anpassen* – haben Sie die Wahl, den Ort für Ihre Festlegungen zu bestimmen.

Damit gestalten Sie Dokumentvorlagen mit der Zeit zu Arbeitsumgebungen für spezielle Zwecke oder die globale Dokumentvorlage *Normal.Dot* zu einem umfassenden individuellen Werkzeug. Dabei nimmt jede Dokument-vorlage für spezielle Zwecke alles das auf, was für die Erledigung der speziellen Aufgabe nötig ist:

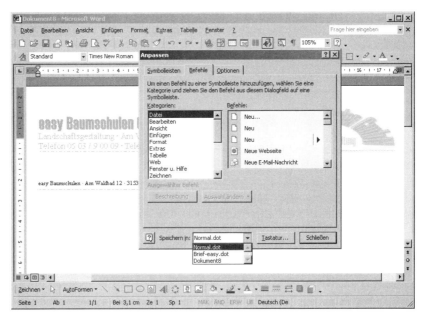

Bild 40.2: In vielen Dialogboxen bestimmen Sie, für welche Dokumentvorlage die Festlegung gelten soll – hier ein Beispiel in der Dialogbox Anpassen.

→ Fügen Sie Text in die Dokumentvorlage ein, der nach Zuweisung der Dokumentvorlage zu einem neuen Dokument als Grundlage für eine Überarbeitung dient.

→ Erstellen Sie AutoText-Einträge als Bausteine für den entsprechenden Zweck. So könnten Sie in einer Dokumentvorlage *Privatbrief* und einer Dokumentvorlage *Behördenbrief* mit dem gleichem AutoText-Kürzel gruss zwei völlig verschiedene Grußformeln anlegen. Sie müssten sich nur ein Kürzel merken, wenn Sie zum Ende des Briefes den AutoText-Eintrag für die Grußformel benutzen.

→ Legen Sie verschiedene Einstellungen für Symbolleisten, Menüs und Tastenbelegungen fest.

→ Erzeugen Sie Formatvorlagen für die verschiedensten Zwecke.

40.3 Dokumentvorlagen erstellen

Word stellt Ihnen zwei Varianten zum Anlegen von Dokumentvorlagen zur Verfügung. Sie erstellen eine Vorlage von Beginn an neu oder wandeln ein »normales« Dokument in eine Vorlage um.

So erstellen Sie eine komplett neue Dokumentvorlage:

→ Wählen Sie *Datei/Neu/Allgemeine Vorlage*. Die Dialogbox *Vorlagen* mit den enthaltenen Vorlagen wird geöffnet.

→ Im Bereich *Neu erstellen* wählen Sie die Option *Vorlage* und zudem noch eine vorhandene Dokumentvorlage als Grundlage. Die Dokumentvorlage sieht aus wie ein normales Dokument. Die Titelzeile enthält den vorläufigen Dateinamen *VorlageX*.

→ Geben Sie den Text ein, der als Vorlage für weitere Dokumente dienen soll. Gegebenenfalls definieren Sie AutoText-Einträge und Formatvorlagen.

→ Speichern Sie die Dokumentvorlage mit einem Namen Ihrer Wahl. Word schlägt einen Ordner für die Dokumentvorlage vor, den Sie natürlich ändern können.

Häufiger werden Sie jedoch die andere Variante wählen und ein bereits bestehendes Dokument in eine Dokumentvorlage umwandeln. In der täglichen Arbeit entsteht zumeist über einen längeren Zeitraum ein ausgereiftes Dokument, das Sie dann in den Rang einer Dokumentvorlage erheben, um es vor unbeabsichtigten Änderungen zu schützen.

Um ein Dokument in eine Vorlage umzuwandeln, brauchen Sie es nur speziell zu speichern:

→ Wählen Sie den Befehl *Datei/Speichern unter*.

→ Aktivieren Sie im Listenfeld *Dateityp* den Eintrag *Dokumentvorlage*. Word gibt automatisch einen Vorlagenordner vor.

→ Erzeugen Sie über die gleichnamige Schaltfläche einen neuen Ordner, um innerhalb der Dialogbox *Neu* ein neues Register anzulegen.

→ Vergeben Sie einen aussagekräftigen Namen für die Dokumentvorlage.

→ Bestätigen Sie die Dialogbox mit *Speichern*.

Danach steht das bisheriges Dokument in der Dialogbox *Neu* in der Liste der Dokumentvorlagen mit zur Auswahl.

Änderungen in Dokumentvorlagen speichern

Mit einem Dokument zusammen wird immer die zugehörige Dokumentvorlage geöffnet. Änderungen, die Sie an Vorlagen vornehmen, sind bis zu einem Speichervorgang nicht gesichert. Erst wenn Sie die Arbeit an einem Dokument beenden oder mit dem Befehl (Shift)+*Datei/Alles Speichern* Änderungen mit einem Schlag speichern, werden Änderungen an der Dokumentvorlage gesichert. Aber spätestens wenn Sie die Arbeit mit Word beenden, werden auf Nachfrage alle Änderungen gespeichert – auch die an Dokumentvorlagen.

Bild 40.3: Nachfrage von Word nach Veränderung an einer Dokumentvorlage

Nur bei der globalen Dokumentvorlage *Normal* ist die Sachlage eine andere. Änderungen an dieser Dokumentvorlage speichert Word so lange automatisch, bis Sie mit dem Befehl *Extras/Optionen* im Register *Speichern* das Kontrollkästchen *Automatische Anfrage für Speicherung von Normal.dot* aktivieren. Dann blendet Word bei jedem Beenden eine Meldung mit der Frage ein, ob Sie die an den Standardeinstellungen vorgenommenen Änderungen speichern möchten. So könnten Sie auch diese Dokumentvorlage überwachen.

Dokumentvorlagen wechseln

Normalerweise entscheiden Sie schon beim Erstellen eines Dokuments über die zugeordnete Dokumentvorlage. Dokumentvorlagen können aber spezielle Formatvorlagen oder AutoText-Einträge enthalten, über die Sie in der zugewiesenen Dokumentvorlage nicht verfügen. Um also eine andere Dokumentvorlage zu verwenden, öffnen Sie mit dem Befehl *Extras/Vorlagen und Add-Ins* die Dialogbox *Dokumentvorlagen und Add-Ins*.

Mit dem Kontrollkästchen Formatvorlagen automatisch aktualisieren *stellen Sie sicher, dass Dokumente die jeweils aktuellen Formatvorlagen aufweisen. Ein aktiviertes Kontrollkästchen sorgt dafür, dass die Formatvorlagen im aktiven Dokument bei jedem Öffnen des Dokuments so aktualisiert werden, dass sie mit den Formatvorlagen der verbundenen Dokumentvorlage übereinstimmen.*

Wenn Sie die Schaltfläche *Anfügen* wählen, gelangen Sie in die Dialogbox *Vorlage verbinden*. In dieser Dialogbox, die genau wie die Dialogbox *Datei öffnen* zu handhaben ist, wählen Sie die gewünschte Dokumentvorlage aus. Danach bestätigen Sie noch die Dialogboxen und haben das Dokument mit einer anderen Dokumentvorlage verbunden.

Mit diesem Verfahren wird der in der neuen Dokumentvorlage vielleicht enthaltene Standardtext natürlich nicht in den Text eingefügt. Um den Text zu verwenden, müssen Sie ein neues Dokument auf der Basis dieser Dokumentvorlage erstellen oder den Text aus einem anderen Dokument kopieren.

Weitere Vorlagen – allgemein zugänglich

Es ist gar nicht nötig, die dem Dokument zugeordnete Dokumentvorlage nur deswegen auszutauschen, weil eine andere z.B. besondere AutoText-Einträge hat. Sie können auch andere als die Dokumentvorlage NORMAL zusätzlich zu globalen Vorlagen erheben.

→ Wählen Sie den Befehl *Extras/Vorlagen und Add-Ins*. In der Dialogbox erklären Sie mit der Schaltfläche *Hinzufügen* – die wieder in eine der Dialogbox *Öffnen* gleichende Dialogbox führt – weitere Vorlagen zu globalen Vorlagen.

→ Die anschließend mit einem Häkchen versehenen Vorlagen sind aktiv. Word erwartet übrigens von Ihnen, dass Sie in diesem Fall die Übersicht behalten. Wenn alle aktivierten Vorlagen z.B. in die Menüstruktur oder in Symbolleisten eingreifen, sind Sie verantwortlich.

→ Entscheiden Sie bei Bedarf, welche Dokumentvorlage aktiviert ist und welche nicht.

→ Wenn eine Dokumentvorlage ihre Schuldigkeit getan hat, werfen Sie die gewünschte Dokumentvorlage mit einem Klick auf die Schaltfläche *Entfernen* einfach hinaus.

 Vorlagen, die Sie in das mit Extras/Optionen *im Register* Speicherort für Datei *festgelegte Startverzeichnis kopieren, werden beim Word-Start automatisch als globale Vorlagen geladen.*

Der Unterschied zwischen der »normalen« globalen Dokumentvorlage *Normal* und anderen globalen Dokumentvorlagen besteht darin, dass Sie diese immer noch per Hand ändern, während Sie alle Änderungen – z.B. an Tastenkombinationen – sofort in die »normale« globale Dokumentvorlage übernehmen.

40.4 Elemente in Dokumentvorlagen verwalten

Wenn Sie regelmäßig neue Dokumentvorlagen für bestimmte Arbeitsaufgaben erstellen, brauchen Sie ein Werkzeug, um die in anderen Dokumentvorlagen bereits enthaltenen Elemente neuen Dokumentvorlagen zuzuordnen. Dieses Werkzeug stellt Word mit der Schaltfläche *Organisieren* in Dialogboxen zur Verfügung – z.B. in der mit dem Befehl *Extras/Vorlagen und Add-Ins* aufgerufenen Dialogbox.

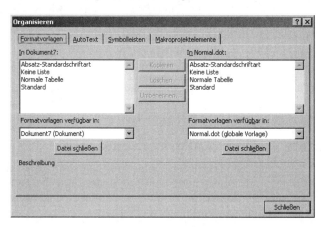

Bild 40.4: Die Dialogbox Organisieren *ist die Schaltzentrale für das Verwalten von Vorlagenelementen.*

Dabei haben Sie in der Dialogbox *Organisieren* die Möglichkeit, Formatvorlagen, AutoText-Einträge, veränderte Symbolleisten oder Makros in anderen Vorlagen verfügbar zu machen.

→ Wählen Sie im ersten Schritt die Quelle und das Ziel Ihrer Bemühungen aus. Nutzen Sie dazu zunächst die Listenfelder *Xxxx verfügbar in* auf der linken Seite und der rechten Seite der Dialogbox. Quelle und Ziel der jeweiligen Aktion bestimmen Sie durch die Markierung.

→ Finden Sie in den Listenfeldern nicht die gewünschten Dokumentvorlagen oder Dokumente, legen Sie mit der Schaltfläche *Datei schliessen* zunächst die voreingestellte Dokumentvorlage beiseite. Danach wird die Schaltfläche mit Beschriftung und Funktion zu *Datei öffnen*. Sie öffnen damit wie gewohnt eine Dokumentvorlage oder ein spezielles Dokument.

→ Wählen Sie nun das gewünschte Register und innerhalb des Registers die Elemente aus, die bearbeitet werden sollen. Nach einer Markierung treffen Sie mit den zwischen den Listenfeldern befindlichen Schaltflächen Ihre Auswahl. Kopieren Sie z.B. AutoText-Einträge von links nach rechts, indem Sie im linken Listenfeld die Markierung vornehmen und anschließend die Schaltfläche *Kopieren* betätigen.

Um mehrere Autotext-Einträge nacheinander zu markieren, halten Sie die Strg *-Taste gedrückt.*

Eine Schaltfläche *Löschen* steht Ihnen bei Bedarf zur Verfügung. Außerdem können Sie einzeln markierte Elemente *Umbenennen*. Hilfe erhalten Sie im Bereich *Beschreibung*, in der kurz die Elemente beschrieben sind, die Sie gerade bearbeiten.

Tastenkombinationen können Sie mit dem beschriebenen Verfahren nicht organisieren. Verwenden Sie dazu den Befehl Extras/Anpassen/Tastatur *und die Dialogbox* Tastatur anpassen.

40.5 Webvorlagen und Webdesigns

Der Vorteil von Dokumentvorlagen zeigt sich deutlich, wenn Sie Online-Dokumente vorbereiten. Die Zahl der zu formatierenden Elemente ist üblicherweise überschaubar: Wenige Überschriftebenen, Aufzählungen, Linien, Text, Hyperlinks und ein gestalteter Hintergrund bestimmen das Bild. Word bietet für die Gestaltung der Web-Dokumente zwei Elemente:

→ Über die Dialogbox *Vorlagen* haben Sie Zugriff auf Dokumentvorlagen für typische Web-Dokumente. Ein Webseiten-Assistent unterstützt Sie bei der Erstellung dieser Dokumente.

→ Sogenannte Webdesigns in einem Katalog fassen Gestaltungselemente thematisch zusammen. Ähnlich wie mit Dokumentvorlagen enthalten sie Formatvorlagen für typische Elemente. Unter der Voraussetzung, dass das Dokument genau die erwarteten Formatvorlagen verwendet, können Sie damit das gewünschte Erscheinungsbild ausprobieren.

Sie erreichen die Auswahl der Webdesigns über den Befehl *Format/Designs*. Im Bereich *Design auswählen* müssen Sie nur den Namen des Designs anklicken, um rechts daneben eine Vorschau zu aktivieren. Diese Vorschau enthält deutliche Hinweise darauf, welche Formatvorlagen Sie nach Zuweisung im Dokument gestalten. Mit einem Klick auf *OK* erledigen Sie den Rest.

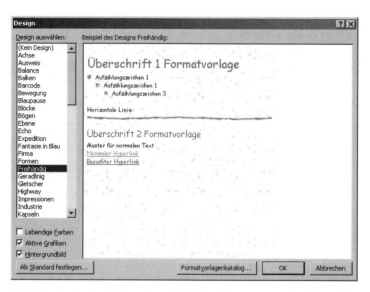

Bild 40.5: Die Dialogbox Design *bietet eine reichhaltige Musterpalette für Online-Dokumente.*

→ Bei Aktivierung des Kontrollkästchens *Lebendige Farben* erzeugt Word hellere Farben für Formate und Tabellenrahmen und verändert die Hintergrundfarbe des Dokuments. Das Ergebnis ist in der Vorschau zu sehen.

→ Aktivieren Sie das Kontrollkästchen *Aktive Grafiken,* um bei der Betrachtung des Ergebnisses in einem Browser die Animationen zu sehen – falls solche im Design integriert sind.

→ Deaktivieren Sie das Kontrollkästchen *Hintergrundbild,* wenn Sie im Dokument eine Hintergrundfarbe verwenden. Andernfalls legt das Kontrollkästchen den Hintergrund des gewählten Designs für das Dokument fest.

Mit den »normalen« Werkzeugen von Word können Sie die Formatvorlagen nach der Zuweisung noch verändern und so individuelle Varianten erzeugen.

41 Die Dokumentstruktur

Sie benötigen in einem langen Dokument einen schnellen Überblick, um zu einer speziellen Textstelle zu wechseln? Zu diesem Zweck teilt die Dokumentstruktur das Word-Fenster vertikal und stellt den Dokumentaufbau dar.

41.1 Die Dokumentstruktur aktivieren

Die Dokumentstruktur ist ein senkrechter Ausschnitt am linken Rand des Dokumentenfensters, der die Struktur des Dokuments anzeigt. Diese Anzeige ist nützlich, um durch ein langes Dokument oder ein Online-Dokument zu blättern und dabei nicht den Überblick zu verlieren. Sie können die Dokumentstruktur in allen anderen Word-Ansichten einblenden. Mit dem Befehl *Ansicht/Dokumentstruktur* schalten Sie die Ansicht der Dokumentstruktur ein oder aus.

Alternativ dazu finden Sie in der Standard-Symbolleiste die Symbolschaltfläche *Dokumentstruktur*. Wenn Sie die Dokumentstruktur einblenden, ist sie lediglich in der aktuellen Ansicht eingeschaltet. Wechseln Sie zu einer anderen Ansicht, müssen Sie die Dokumentstruktur für diese Ansicht gesondert aktivieren.

Um die Dokumentstruktur zu schließen, klicken Sie erneut auf die Symbolschaltfläche *Dokumentstruktur*. Schneller geht es mit einem Doppelklick auf den rechten Rand des Fensterbereichs der Dokumentstruktur.

Die Anzeige in der Dokumentstruktur

Wenn Sie die Dokumentstruktur einblenden, werden in diesem Fensterausschnitt alle Überschriften des Dokuments angezeigt. Am wirkungsvollsten für diese Anzeige ist es natürlich, wenn Sie die Formatvorlagen für Überschriften verwenden oder den Absätzen mit dem Befehl *Format/Absatz* Gliederungsebenen zuordnen.

Wenn Word keine Überschriften mit zugeordneten Formatvorlagen vorfindet, wird das Dokument automatisch nach Absätzen durchsucht, deren Erscheinungsbild Überschriften ähnelt. Das können z.B. Absätze sein, die nur aus einer Zeile bestehen, einen größeren Schriftgrad oder eine besondere Textauszeichnung aufweisen oder mit Abständen zu den folgenden Absätzen formatiert sind. Haben Sie in längeren Dokumenten nur wenige Überschriften festgelegt, werden solcherart gestaltete Absätze zur weiteren Untergliederung der Anzeige verwendet. Word weist diesen Absätzen zeitweise eine Gliederungsebene zu und blendet sie in der Dokumentstruktur ein.

Findet Word im Dokument keine Überschriften, enthält die Dokumentstruktur keine Einträge.

41.2 Mit der Dokumentstruktur arbeiten

Mit Hilfe der Dokumentstruktur wechseln Sie schnell zwischen verschiedenen Textstellen und sehen dabei die Position innerhalb des Dokuments. Dazu klicken Sie in der Dokumentstruktur auf eine Überschrift, um direkt zur zugehörigen Stelle im Dokument zu springen.

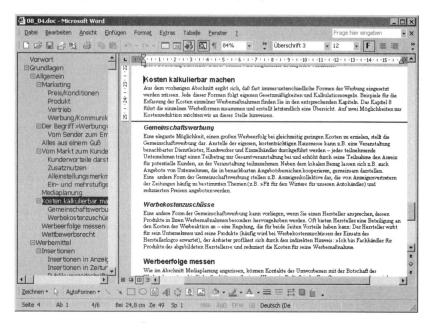

Bild 41.1: Ein Klick auf eine gewählte Überschrift in der angezeigten Dokumentstruktur reicht aus, um den damit beginnenden Textabschnitt zu sehen.

Word blendet den Text, beginnend mit der ausgewählten Überschrift, am oberen Bildschirmrand ein. In der Dokumentstruktur wird die Überschrift hervorgehoben, um die Position der eingeblendeten Textstellen im Dokument zu markieren.

Wenn die Dokumentstruktur zur Anzeige der Überschriften nicht breit genug ist, brauchen Sie nicht den Ausschnitt zu vergrößern. Verweilen Sie mit dem Mauszeiger über einer Überschrift, um deren vollen Wortlaut zu sehen. Word hilft Ihnen dabei mit der Anzeige der Überschrift in einer QuickInfo.

Gliederungsebenen wählen

In der Dokumentstruktur legen Sie – wie in der Gliederungsansicht – fest, welche Überschriftebenen zu sehen sind. Um untergeordnete Überschriften auszublenden, klicken Sie auf das Minuszeichen neben der gewünschten Überschrift. Das Zeichen verwandelt sich in ein Pluszeichen, um die verborgenen Ebenen zu symbolisieren. Klicken Sie auf ein solches Zeichen, erscheinen die untergeordneten Ebenen wieder.

Um jedoch die Struktur eines Dokuments z.B. lediglich mit den Überschriften der ersten Ebene zu sehen, ist der Weg über das Kontextmenü der Dokumentenstruktur effizienter:

→ Klicken Sie mit der rechten Maustaste an eine beliebige Stelle der angezeigten Dokumentstruktur. Das Kontextmenü wird sichtbar.

→ Wählen Sie aus, bis zu welcher Ebene Sie die Struktur sehen wollen. Voraussetzung für eine korrekte Funktion ist natürlich, dass im Dokument die entsprechende Zahl von Ebenen vorhanden ist.

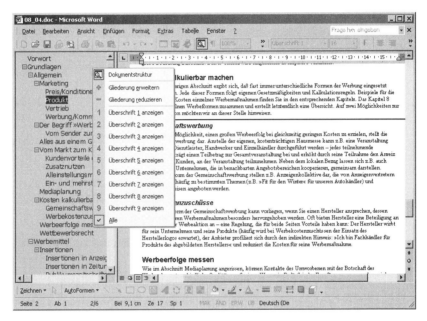

Bild 41.2: Eingeblendetes Kontextmenü der angezeigten Dokumentstruktur zum Ein- und Ausblenden von Gliederungsebenen

Wenn Sie die Größe der Dokumentstruktur verändern wollen, zeigen Sie zunächst auf den rechten Rand des Ausschnitts. Nimmt der Mauszeiger die Form eines horizontalen Doppelpfeils an, ziehen Sie den Rand nach rechts oder links.

Die Anzeige ändern

Die Dokumentstruktur nutzt zur Anzeige eine Formatvorlage. Sie können damit Schriftart und Schriftgrad der in der Dokumentstruktur angezeigten Überschriften und die Hervorhebungsfarbe der aktiven Überschrift ändern.

→ Rufen Sie mit dem Befehl *Format/Formatvorlagen und Formatierung* den Aufgabenbereich *Formatvorlagen und Formatierung* auf.

→ Aktivieren Sie im Listenfeld *Anzeigen* den Eintrag *Benutzerdefiniert*.

→ Klicken Sie auf *Formatvorlagen*, um die Dialogbox *Formatvorlage* aufzurufen.

→ Aktivieren Sie im Listenfeld *Kategorie* den Eintrag *Alle Formatvorlagen*.

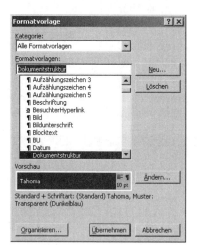

Bild 41.3: *Die Dialogbox Formatvorlage enthält den Eintrag Dokumentstruktur – damit verändern Sie die Anzeige.*

→ Klicken Sie im Listenfeld *Formatvorlagen* auf den Eintrag *Dokument-struktur* und dann auf die Schaltfläche *Ändern*.

→ Klicken Sie auf die Schaltfläche *Format*.

→ Mit dem Befehl *Schriftart* wählen Sie eine andere Schriftart und einen anderen Schriftgrad.

→ Um die Hervorhebungsfarbe zu ändern, klicken Sie auf *Rahmen* und wählen im Register *Schattierung* die gewünschte Farbe.

→ Beenden Sie die Dialogbox mit der Schaltfläche *Schliessen*.

 Um die Dokumentstruktur auszuschalten, ziehen Sie z.B. mit der Maus den rechten Rand des Anzeigefensters ganz an den rechten oder den linken Rand des Dokumentfensters. Word blendet die Struktur dann sofort aus.

42 Textmarken

Für besondere Aufgaben geben Sie Textstellen oder Textausschnitten einen Namen. Diese Textmarken dienen als Orientierungshilfen oder Datenspeicher für andere Funktionen. Erfahren Sie, wie Sie mit Textmarken arbeiten.

42.1 Textmarken in den Text einfügen

Textmarken sind erforderlich, um eine bestimmte Stelle im Text aufzufinden, ein Element als Bezugspunkt für einen Querverweis zu markieren oder einen Seitenbereich für einen Indexeintrag zu erstellen. Sie können Textpositionen, Text, Grafiken, Tabellen oder andere Elemente mit einer Textmarke versehen. Dabei ist zunächst nicht entscheidend, ob Sie wirklich einen Textteil markieren oder nur die Schreibmarke in den Text setzen.

→ Markieren Sie das gewünschte Textelement oder positionieren Sie die Schreibmarke an der gewünschten Stelle.

→ Öffnen Sie mit dem Befehl *Einfügen/Textmarke* die Dialogbox *Textmarke*.

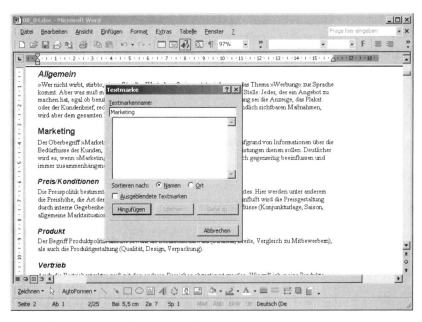

Bild 42.1: Für markierten Text wird ein Name vergeben.

 Die Dialogbox Textmarke öffnen Sie auch mit der Tastenkombination Strg + Shift + F5 .

→ Im Eingabefeld *Textmarkenname* geben Sie den Namen ein. Textmarkennamen dürfen nicht mit Ziffern beginnen und nur alphanumerische Zeichen enthalten. Es ist zu empfehlen, mindestens vier Zeichen einzugeben.

→ Klicken Sie auf die Schaltfläche *Hinzufügen*. Diese Schaltfläche ist nur aktiviert, wenn Sie im Eingabefeld *Textmarkenname* einen gültigen Eintrag vornehmen.

 Wenn Sie nur die Schreibmarke in den Text setzen, bezeichnen Sie mit der Textmarke genau die Stelle im Dokument. Andernfalls fungiert die Textmarke außerdem als Bezeichner und Datenspeicher für den vorher markierten Inhalt.

42.2 Textmarken sichtbar machen

Im Normalfall sind Textmarken im Text nicht sichtbar. Da sie aber an den Text gebunden sind, könnten sie mit diesem gemeinsam gelöscht werden. Sie sollten daher bei der Arbeit mit Textmarken die Anzeige aktivieren.

Mit dem Befehl *Extras/Optionen* aktivieren Sie im Register *Ansicht* das Kontrollkästchen *Textmarken*. Danach erscheinen Textmarken im Dokument in eckigen Klammern [ ] bzw. mit einem senkrechten Strich. Diese Markierungen werden nicht gedruckt.

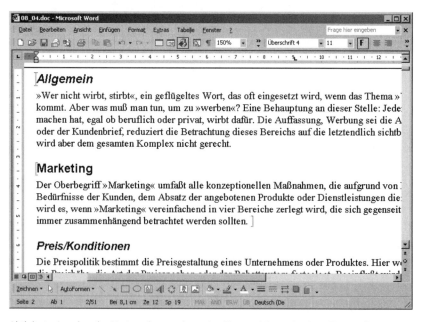

Bild 42.2: Aktivierte Anzeige der Textmarken – oben eine Textposition mit einer Textmarke, darunter ein benannter Abschnitt

Word verwendet z.B. zur Kennzeichnung von Querverweisen und anderen Textelementen besondere, verborgene Textmarken. Aktivieren Sie das Kontrollkästchen Ausgeblendete Textmarken *in der Dialogbox* Textmarke, *um solche verborgenen Textmarken in der Liste* Textmarkenname *zu sehen.*

42.3 Durch das Dokument springen

Textmarken nutzen Sie nach ihrer Festlegung effektiv für das schnelle Bewegen im Text. Im einfachsten Fall öffnen Sie mit der Tastenkombination Strg + Shift + F5 die Dialogbox *Textmarke*.

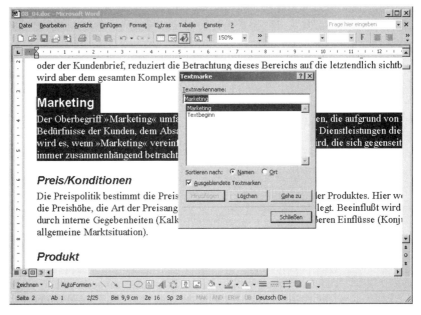

Bild 42.3: Im Text vorhandene Textmarken – anklicken und anspringen

Mit den Optionen im unteren Teil entscheiden Sie, ob Word die Textmarken alphabetisch sortiert oder nach ihrer Position im Text anzeigt. Entscheiden Sie sich für die Variante *Ort*, um diese Dialogbox gleichzeitig als Orientierung zu nutzen.

Wählen Sie eine Textmarke aus und betätigen Sie die Schaltfläche *Gehe zu*. Word zeigt im Text die gewählte Textmarke. Dazu wird die Schreibmarke an eine Position im Text gesetzt, wenn die Textmarke bloß für eine solche steht. Repräsentiert die Textmarke eine Textstelle oder ein Element, erzeugt Word eine Markierung wie bei der Festlegung der Textmarke.

Alternativ zur beschriebenen Variante können Sie mit der Funktionstaste F5 oder der Tastenkombination Strg + G die Dialogbox *Suchen und Ersetzen* aufblenden und dort das Register *Gehe zu* wählen.

Bild 42.4: *Die Dialogbox* Suchen und Ersetzen *mit dem Register* Gehe zu.

→ Um dieses Register zu nutzen, wählen Sie im Listenfeld *Gehe zu Element* das gewünschte Textelement aus, in diesem Fall das Element *Textmarke*.

→ Das Eingabefeld, das anschließend *Textmarkennamen eingeben* heißt, enthält in einer Liste die im Dokument vorhandenen Textmarken. Wählen Sie eine Textmarke aus oder geben Sie einen Namen ein und bestätigen Sie Ihre Wahl mit der Schaltfläche *Gehe Zu*.

Word springt zur angegebenen Marke, ohne die Dialogbox zu schließen. Mit dieser Variante springen Sie schnell von Textmarke zu Textmarke, z.B. um einen Überblick zu erhalten. Mit der Schaltfläche *Schliessen* beenden Sie die Dialogbox *Suchen und Ersetzen*.

Wenn Sie unmittelbar nach diesem Vorgang das Navigationstool benutzen, wird es Sie von Textmarke zu Textmarke bringen, je nach gewählter Symbolschaltfläche zur jeweils nächsten oder zur vorhergehenden Textmarke.

Praxistipp: Textmarken in Hyperlinks verwenden

Wenn es in Ihrem Dokument Textmarken gibt, können Sie Hyperlinks einrichten, um schnell in Ihrem Dokument zu springen. Das Beispiel zeigt die Einrichtung eines Hyperlinks, um vom Ende des Dokuments wieder an den Anfang des Texts zu springen.

→ Setzen Sie die Schreibmarke an das Ende des Texts, z.B. mit ⟨Strg⟩+⟨Ende⟩.

→ Öffnen Sie mit *Einfügen/Hyperlink* die Dialogbox *Hyperlink einfügen*.

→ Klicken Sie auf die Schaltfläche *Textmarke*.

→ In der nun geöffneten Dialogbox *Stelle im Dokument auswählen* klicken Sie eine Textmarke an – z.B. *Dokumentbeginn* – und bestätigen die Dialogbox mit *OK*.

→ Danach ist die Textmarke in die Dialogbox *Hyperlink einfügen* übernommen.

→ Im Bereich *Text anzeigen als* bestimmen Sie die Beschriftung des Hyperlinks im Text.

Bild 42.5: Auswahl der Textmarke für den Hyperlink.

→ Wenn Sie diese Dialogbox ebenfalls mit *OK* bestätigen, ist der Hyperlink an der aktuellen Position der Schreibmarke in das Dokument eingefügt.

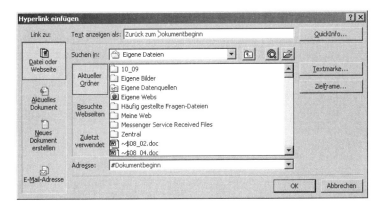

Bild 42.6: Ausgewählte Textmarke in der Dialogbox Hyperlink einfügen.

Der Hyperlink im Dokument zeigt den gewünschten Text unterstrichen an. Standard ist der Name der Textmarke. Mit einem Klick bei gehaltener Strg-Taste folgen Sie dem eingerichteten Hyperlink: Der Klick löst dann den Sprung an die gewählte Textmarke aus.

Klicken Sie in den Hyperlink, und rufen Sie mit Einfügen/Hyperlink *erneut die Dialogbox auf. Damit bearbeiten oder entfernen Sie den Hyperlink.*

42.4 Textmarken bearbeiten

Sie haben bei der Arbeit mit Textmarken die Möglichkeit, überflüssige Textmarken zu löschen. Entscheiden Sie, ob Sie dabei den Textbereich beibehalten oder die Textmarken gemeinsam mit dem Text löschen.

Wenn Sie eine Textmarke für einen größeren Abschnitt vergeben, dann bearbeiten Sie das Textelement ohne die Textmarke zu beeinträchtigen. Auch das Löschen von Teilen des Inhalts zerstört die Textmarke nicht.

Um eine Textmarke komplett – einschließlich des Textelements – zu löschen, verwenden Sie die Dialogbox *Textmarke*.

→ Rufen Sie die Dialogbox *Textmarke* z.B. mit der Tastenkombination ⌨Strg+⌨Shift+⌨F5 auf.

→ Sie markieren die zu löschende Textmarke, betätigen die Schaltfläche *Gehe zu* und beenden die Arbeit an der Dialogbox mit der Schaltfläche *Schliessen*.

→ Durch das Anspringen der Textmarke ist die komplette Textmarke markiert.

→ Mit der ⌨Entf-Taste löschen Sie den gesamten markierten Teil einschließlich der Textmarke.

 Wenn Sie innerhalb der Dialogbox Textmarke *eine Textmarke markieren und dann dort die Schaltfläche* Löschen *wählen, entfernen Sie die Textmarke aus dem Dokument; das Textelement bleibt unverändert.*

Um den Namen der Textmarke einer anderen Textstelle oder einem anderen Textelement zuzuordnen, verfahren Sie wie folgt:

→ Setzen Sie die Schreibmarke an die gewünschte Stelle, bzw. markieren Sie das Textelement.

→ Rufen Sie die Dialogbox *Textmarke* z.B. mit dem Befehl *Einfügen/Textmarke* auf.

→ Sie markieren die zu ändernde Textmarke, betätigen die Schaltfläche *Hinzufügen* und beenden die Arbeit an der Dialogbox mit der Schaltfläche *Schliessen*. Word verändert die Zuordnung der Textmarke.

Praxistipp: Textmarken in Formeln verwenden

Die Namen von Textmarken repräsentieren den zuvor markierten Inhalt. Deswegen sind Textmarken auch als Variable in Formeln einsetzbar, wenn sie für eine Zahl stehen. Im folgenden Beispiel verwenden Sie eine Textmarke zum Berechnen in einer Tabelle. Sie enthält z.B. den Mehrwertsteuerbetrag.

→ Markieren Sie die Textstelle *16%*.

→ Rufen Sie mit ⌨Strg+⌨Shift+⌨F5 die Dialogbox *Textmarke* auf.

→ Tragen Sie in das Eingabefeld die Bezeichnung mwst ein.

→ Klicken Sie auf *Hinzufügen*.

→ Setzen Sie die Schreibmarke in die erste Zelle, in die eine Formel eingetragen werden soll.

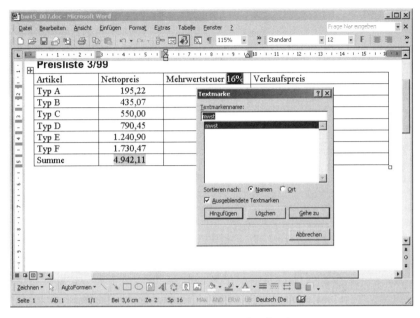

Bild 42.7: Eine Textmarke wird zur Verwendung in einer Formel vorbereitet.

→ Rufen Sie mit *Tabelle/Formel* die Dialogbox *Formel* auf. Das Eingabefeld *Formel* enthält automatisch einen Eintrag, z.B. SUM(Links) bzw. SUM(Left). Setzen Sie die Schreibmarke hinter diesen Eintrag und schreiben Sie das Multiplikationszeichen *. Wählen Sie dann aus dem Listenfeld *Textmarke einfügen* die Textmarke mwst aus. Word trägt sie sofort in die Formel hinter dem Multiplikationszeichen ein.

Wenn Sie in die Formeln einer Tabelle Werte aus einer anderen Tabelle einbeziehen wollen, definieren Sie für die markierte Ausgangstabelle eine Textmarke – z.B. Quelldaten *– und verwenden dann als Zellbezug* Quelldaten A1:A5 *in den Formeln.*

→ Bestätigen Sie die Dialogbox *Formel* mit *OK*.

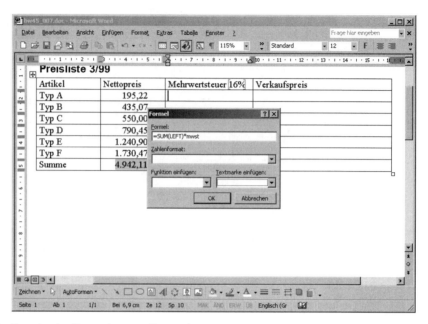

Bild 42.8: Formel unter Verwendung von Textmarken

43 Umfangreiche Dokumente

Lange Dokumente haben eigene Gesetze. Die Handhabung ist schon wegen des Umfangs schwieriger. Außerdem weisen längere Texte meiste eine Gliederungsstruktur auf, die aus mehreren Gliederungsebenen besteht. Und, um das Maß voll zu machen, stellen sich oft weitere Anforderungen: Inhaltsverzeichnis, Stichwortverzeichnis, Querverweise, Kopf- und Fußzeilen, Fuß- bzw. Endnoten. Das Kapitel zeigt, wie Sie diese Anforderungen mit der Hilfe von Word meistern.

43.1 Gliederungen

Am Anfang steht das Konzept: eine vorab erstellte Gliederung teilt das zukünftige lange Dokument in überschaubare Häppchen. Schon an dieser Stelle entscheiden Sie mit über das Endergebnis. Wenn Sie nicht von Beginn an alle nötigen Werkzeuge von Word für lange Dokumente einsetzen, sind die genannten Elemente nachträglich nur mit großen Aufwand zu realisieren. Sie beginnen deshalb die Arbeit an einem solchen Dokument immer in der Gliederungsansicht. In dieser Ansicht steht – wie der Name schon sagt – die Gliederung in ihrer Hierarchie im Vordergrund.

Textgliederungen

Um die Arbeit der Gliederungsansicht zu verstehen, erstellen Sie ein simples Beispiel einer Gliederung auf Basis einer leeren Datei. Sie werden sehen, dass diese Ansicht vorzüglich dazu geeignet ist, eine Gliederung für ein geplantes Dokument wie eine Diplomarbeit zu erstellen und zu bearbeiten.

 Nutzen Sie immer die Gliederungsansicht, um ein vorhandenes, gegliedertes Dokument auf eine komfortable und übersichtliche Weise zu verwalten und zu überblicken.

Erstellen Sie über *Datei/Neu* ein leeres Dokument auf der Basis einer gewünschten Vorlage. Überzeugen Sie sich, dass die Gliederungsansicht eingestellt ist oder schalten Sie in diese Ansicht um, indem Sie das Symbol *Gliederung* links unten neben der Bildlaufleiste aktivieren.

Auffällig an der Gliederungsansicht sind die Symbolleiste *Gliederung* und ein kleines Rechteck vor der blinkenden Schreibmarke.

Bild 43.1: Mit Hilfe der Symbolleiste Gliederung *steuern Sie die Ansicht auf die Gliederung und bearbeiten die Hierarchie.*

Sie sollten in Ihrem Dokument ein dickes Minuszeichen sehen. Dieses Gliederungssymbol repräsentiert die erste Hierarchiestufe in Ihrem Dokument. Gleichzeitig erscheint in der Format-Symbolleiste der Eintrag *Ebene 1*. Optional können Sie in der Gliederungsansicht auf der linken Fensterseite die Formtvorlagenanzeige zuschalten. In ihr wird jeweils vermerkt, welche Formatvorlage den Absätzen zugewiesen ist.

Sie schalten die Druckformatspalte über den Befehl Extras/Optionen *im Register* Ansicht *durch Veränderung des Wertes* Breite der *zu. Die Breite dieser Spalte verändern Sie danach manuell durch Ziehen mit der Maus.*

Wenn Sie die Druckformatspalte sichtbar gemacht haben, erkennen Sie, dass links neben dem Gliederungssymbol der Text *Überschrift 1* erscheint. Diese erste Zeile stellt die oberste Gliederungsebene des Dokuments dar. Tragen Sie den Text für die Überschrift ein.

Erstellen Sie nun eine weitere Hierarchieebene, indem Sie die ⌈Enter⌉-Taste betätigen. Die zweite Zeile erscheint nun in der gleichen Ebene wie der erste Absatz. Nun kommt erstmals die Symbolleiste *Gliederung* zum Einsatz.

Die Symbolleiste Gliederung im Einsatz

Sie sehen auf der Symbolleiste *Gliederung* verschiedene Pfeilsymbole, ein Listenfeld mit Bezeichnung der aktuellen Ebenen, ein Listenfeld *Ebene anzeigen* sowie einige andere Symbole.

Zunächst sind die Pfeile interessant. Die beiden Pfeil-Symbole auf der linken Seite des Listenfelds dienen dazu, einen Gliederungspunkt um eine Hierarchieebene höher oder tiefer zu stufen. Probieren Sie es aus: Verschieben Sie den zweiten Gliederungspunkt eine Ebene nach unten, verwandelt sich der erste Gliederungspunkt in ein Plus-Zeichen und der zweite rutscht ein Stück nach rechts. Das Plus-Zeichen weist darauf hin, dass sich unter dieser Ebene noch eine weitere befindet. In der Druckformatspalte steht nun *Überschrift 2*.

Vielleicht haben Sie es bereits erraten: Das Listenfeld *Ebene anzeigen* dient dazu, die einzelnen Hierarchieebenen einzublenden. Dabei werden durch Auswahl der anzuzeigenden Ebene genau diese und höhere Ebenen eingeblendet. Im Augenblick existieren zwei Ebenen, d.h. Sie können mit dem Listenfeld z.B. die erste Ebene einblenden, die zweite wird dann ausgeblendet. Haben Sie mehrere Ebenen definiert, hilft dies, die Tiefe Ihres Dokuments überschaubarer zu machen, da Sie z.B. nur die Hauptkapitel sichtbar machen, während die Unterkapitel ab einer bestimmten Ebene ausgeblendet bleiben.

Fügen Sie nun durch wiederholtes Betätigen von ⌈Enter⌉ weitere Gliederungspunkte ein, und experimentieren Sie mit unterschiedlich großen Gliederungstiefen.

Das Plus- und Minus-Symbol blendet für den Gliederungspunkt, an dem sich der Cursor gerade befindet, darunter liegende Ebenen ein und aus, während die Ziffern-Symbole jeweils für alle Gliederungspunkte die Ebenen einblenden.

Mit den *Pfeil-auf-* und *Pfeil-ab-*Symbolen verschieben Sie den aktuellen Gliederungspunkt innerhalb der Gliederung um eine Stufe nach oben bzw. unten. Die Hierarchie wird dabei aber beibehalten.

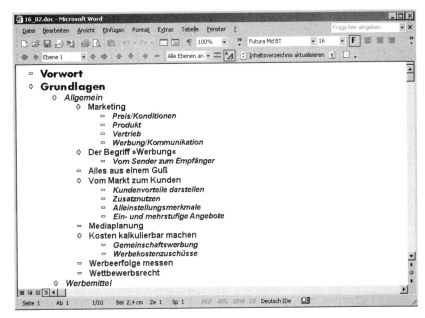

Bild 43.2: *Eine beispielhafte Gliederung. Sie können die einzelnen Ebenen ein- und ausblenden, um den gewünschten Detaillierungsgrad Ihrer Dokumentstruktur anzuzeigen.*

Die Gliederungspunkte sind bisher noch »nackt«, d.h. ohne Beschriftung versehen. Sie können sie beliebig beschriften, dabei erkennen Sie auch, dass unterschiedliche Ebenen unterschiedliche Zeichenformatierungen verwenden.

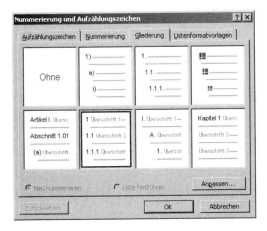

Bild 43.3: *Sie können die Nummerierung Word überlassen, indem Sie den Menübefehl* Format/ Nummerierung und Aufzählungszeichen *verwenden.*

Achten Sie darauf, dass Sie im Register Gliederung *ein Format wählen, das mit den Überschriftformatvorlagen gekoppelt ist.*

Zusätzlich haben Sie die Möglichkeit, in dieser Gliederungsansicht Text aufzunehmen, indem Sie mit dem Doppelpfeil-Symbol eingegebenen und markierten Text in einen Textkörper verwandeln. Der Text gilt dann nicht mehr als Gliederungspunkt und wird als Textkörper durch ein kleines Quadrat gekennzeichnet.

 Um die Gliederung mit dem nötigen Text zu versehen, wechseln Sie aus der Gliederungsansicht in die Normalansicht oder das Seitenlayout. Diese Ansichten sind für die Texteingabe besser geeignet.

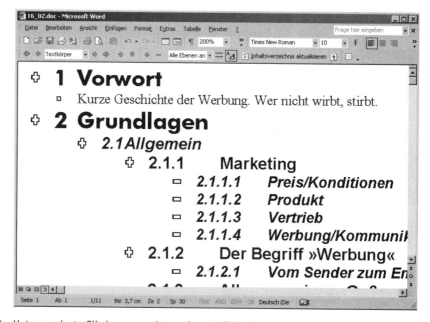

Bild 43.4: Untergeordnete Gliederungspunkte und zusätzliche Texte.

→ Mit dem Eintrag *Alle Ebenen anzeigen* blenden Sie alle Gliederungsebenen zuzüglich der Textkörper ein bzw. wieder aus.

→ Nutzen Sie die Symbolschaltfläche *Nur erste Zeile*, um zugehörige Texte reduziert zu sehen.

→ Bei Bedarf können Sie mit der Schaltfläche *Formatierung* die Formate verstecken oder anschalten.

 Beim Verschieben, Kopieren oder Löschen von Gliederungspunkten mit ausgeblendeten Untergliederungen beziehen sich alle Aktionen ebenso auf jede der darunter liegenden Ebenen samt Textblöcken.

Dokumentgliederungen: Ein Masterdokument erstellen

Wenn abzusehen ist, dass Ihr Dokument einen großen Umfang erreicht, sollten Sie es in mehrere Dateien zu zerlegen. Denn die Arbeitsgeschwindigkeit von Word reduziert sich bei einem Dokument, das mehrere hundert Seiten umfasst, doch erheblich.

Es bringt aber große Nachteile mit sich, wenn Sie z.B. für jedes Kapitel des Gesamtwerks ein eigenständiges Dokument erstellen und es dabei belassen. Sie bekommen Probleme mit der Seitennummerierung, die in jedem der Teildokumente von vorn beginnt, und können nicht mehr ohne weiteres das gesamte Werk durchsehen, geschweige denn drucken oder einen umfassenden Index erstellen.

Die Lösung des Problems bietet Word mit der Funktion der Masterdokumente. Ein Masterdokument dient der Verwaltung sehr großer Dokumente.

Die Aufspaltung eines Dokuments in ein Masterdokument (Zentraldokument) und mehrere Unterdokumente ist eine Art übergeordnete Gliederung. Die nötigen Werkzeuge für die Arbeit finden Sie deshalb in der Gliederungsansicht und der speziellen Symbolleiste.

Das Masterdokument enthält selbst keinen oder nur wenig Text. In ihm befinden sich vielmehr Informationen (Hyperlinks) zu den sogenannten Unterdokumenten, die den eigentlichen Text enthalten und in separaten Dateien gespeichert sind. Außerdem ist das Masterdokument der Platz für übergreifende Elemente, z.B. Inhalts- und Stichwortverzeichnis. Word verwaltet die Unterdokumente selbständig. Für den Benutzer besteht der Text nach wie vor aus einem einzigen Dokument.

Sie haben ein Dokument mit einer wie eben beschriebenen strukturierten Gliederung vorliegen und möchten es nun in ein Masterdokument mit mehreren Unterdokumenten verwandeln.

Schalten Sie in die Gliederungsansicht. Erhöhen Sie die Übersicht durch das Ausblenden der tieferen Gliederungsebenen, so dass Sie nur noch die Überschriften sehen, die jeweils eigene Dokumente bilden sollen.

Um die Zerlegung des Dokuments in Unterdokumente durchzuführen, müssen Sie zunächst den zu zerlegenden Bereich markieren. Nutzen Sie Strg + A , um das ganze Dokument zu markieren.

Durch einen Klick auf das Symbol *Unterdokument erstellen* wird die Zerlegung in die Wege geleitet.

→ Mit einem Klick auf das Symbol *Masterdokumentansicht* schalten Sie in eine spezielle Gliederungsansicht um. Sie erkennen die einzelnen Dokumente an grauen Umrahmungen, die jeweils ein Symbol für ein Unterdokument enthalten. Der gesamte Text befindet sich in den Unterdokumenten, die beim Speichern von Word erzeugt und automatisch nach den Kapiteln benannt werden.

→ Sollten Sie bereits einzelne Kapitel in eigenen Dateien haben, fügen Sie diese in das Masterdokument ein. Klicken Sie auf das Symbol *Unterdokument einfügen,* um ein Dokument auszuwählen und an der aktuellen Position im Masterdokument einzufügen.

Bild 43.5: *Ein in Unterdokumente zerlegtes Dokument erscheint zunächst als eine Aneinanderreihung von verschiedenen Abschnitten.*

Sie arbeiten wie gewohnt mit dem Masterdokument weiter: Wechseln Sie in die Normalansicht oder das Seitenlayout. Der gesamte in den Unterdokumenten befindliche Text erscheint wie zuvor in einem Fenster.

 Sollte der Wechsel in die Normalansicht nicht glücken, nutzen Sie zuvor die Symbolschaltfläche Unterdokumente erweitern *aus der Gliederungs-Symbolleiste.*

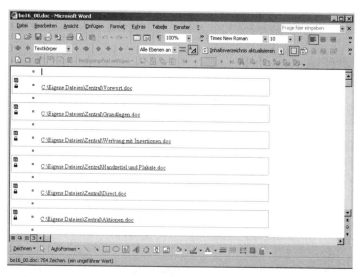

Bild 43.6: *Nach dem Speichern und erneutem Öffnen realisiert Word die Verbindungen zu den Einzeldokumenten über Hyperlinks. Mit nur einem Klick öffnen Sie das zugehörige Dokument.*

Verschieben Sie niemals einzelne Unterdokumente. Dem Masterdokument ist es dann unmöglich, diese wiederzufinden. Um das Dokument in einen anderen Ordner zu verschieben, genügt es, das Masterdokument dorthin zu bewegen. Alle dazugehörigen Unterdokumente werden automatisch mit verschoben, so dass nichts von Ihrer Arbeit verloren geht.

43.2 Fuß- und Endnoten

Fußnoten kennzeichnen vor allem wissenschaftliche Arbeiten. Sie finden Verwendung, um zum Text gehörende, zusätzliche Informationen aufzunehmen und am Ende der Seite gesammelt aufzuführen. Quellenangaben sind der klassische Einsatzbereich von Fußnoten.

In den meisten Fällen werden mit Fußnoten versehene Textpassagen durch eine hochgestellte Ziffer gekennzeichnet, die die Fußnoten fortlaufend nummeriert und dem Text eindeutig zuordnet. Diese Ziffer heißen Fußnotenzeichen, der Text mit den zusätzlichen Informationen Fußnotentext.

 Werden die Informationen nicht jeweils am Ende der Seite aufgeführt, sondern gesammelt am Ende des gesamten Textes angezeigt, spricht man nicht von Fuß-, sondern von Endnoten.

In Word müssen Sie sich nur in Spezialfällen Gedanken um die Formatierung oder Nummerierung Ihrer Fußnoten machen. Word automatisiert die Arbeit mit den Noten. Die Trennlinie am Seitenende, unterhalb der die Fußnoten erscheinen, wird ebenso automatisch generiert.

Fügen Sie Fuß- bzw. Endnoten in Ihr Dokument ein, indem Sie die Schreibmarke an die entsprechende Position im Text bewegen, und rufen Sie dann *Einfügen/Referenz/Fussnote* auf. Es erscheint die Dialogbox *Fuss- und Endnote*, in der Sie die entsprechenden Einstellungen vornehmen.

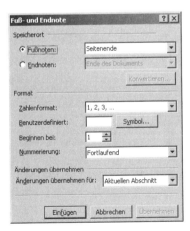

Bild 43.7: Die Dialogbox Fuß und Endnote: Entscheiden Sie, ob Sie eine Fuß- oder eine Endnote verwenden möchten. Wählen Sie die Art der Nummerierung und optional Sonderzeichen einer beliebigen, auf Ihrem Rechner installierten Schriftart aus.

Fuß- und Endnoten schließen einander nicht aus: Sie können in einem Dokument bei Bedarf mit beiden Textelementen arbeiten.

Im Bereich *format* finden Sie weitere interessante Möglichkeiten. Die einstellbaren Optionen betreffen jeweils alle Fuß- bzw. Endnoten im Dokument. Sie können z.B. festlegen, ob die Nummerierung fortlaufend über das gesamte Dokument erfolgt oder bei jedem Abschnitt bzw. jeder Seite neu beginnt.

Sie können Fußnoten ebenso durch die Tastenkombination Strg + Alt + F einfügen.

Wenn Sie die Fußnote in der Normal- oder der Gliederungsansicht erstellen, wechselt Word die Ansicht. Im unteren Bereich des Bildschirms wird der Bereich dargestellt, in dem der Fußnotentext erscheint, während im oberen wie zuvor der »normale« Text erscheint.

In Ihrem Text sehen Sie das Fußnotenzeichen hinter dem zugehörigen Textteil durch ein kleines, gestricheltes Kästchen umrahmt. Im Fußnotenbereich sehen Sie die gleiche Ziffer, hinter der die Eingabemarke auf Ihren Fußnotentext wartet. Dazwischen, gleichsam als Trennobjekt zwischen beiden Bereichen, befinden sich noch eine Schaltfläche zum Schließen dieser Ansicht sowie ein Listenfeld, aus dem heraus Sie z.B. die Fußnotentrennlinie einfügen und anschließend anpassen können.

Geben Sie nun Ihren Fußnotentext an der Cursorposition ein. Wenn Sie fertig sind, fahren Sie entweder mit der Erstellung weiterer Fuß- bzw. Endnoten fort oder Sie schließen die Ansicht und kehren zur gewohnten Dokumentansicht zurück. Ein erneuter Aufruf des Fußnotenbereichs erfolgt mit *Ansicht/Fussnoten.*

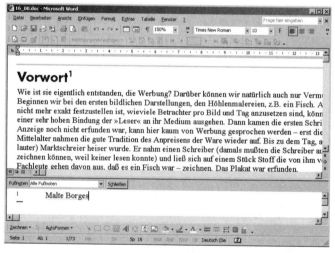

Bild 43.8: Und so erscheint die Fußnote am Seitenende zur Bearbeitung. Natürlich könnten Sie die reichhaltigen Formatierungsmöglichkeiten ausschöpfen. Hier sehen Sie Fußnote und Fußnotentext in der Normal-Ansicht.

Wechseln Sie in das Seitenlayout, um die Fußnoten am Seitenende in der gedruckten Form zu betrachten.

Word hält in dieser Funktion eine Besonderheit bereit: Gehen Sie mit dem Mauszeiger im Originaltext über eine Textstelle, zu der eine Fußnote existiert. Dabei ist es egal, in welcher Ansicht Sie sich gerade befinden. Warten Sie kurz, und der Fußnotentext erscheint neben dem Text in einer Quick-Info, solange der Mauszeiger über dem Text verweilt. Zur Überprüfung Ihrer Fußnotentexte brauchen Sie also nicht in die entsprechende Ansicht zu wechseln.

 Sollte dieses Verfahren nicht funktionieren, dann schalten Sie über Extras/ Optionen *im Register* Ansicht *das Kontrollkästchen* QuickInfo *ein.*

Die Unterschiede bei der Behandlung von Endnoten sind geringfügig. Das Einfügen über die Tastatur erfolgt durch $\boxed{\text{Strg}}$+$\boxed{\text{Alt}}$+$\boxed{\text{E}}$, ansonsten verwenden Sie den gleichen Menübefehl wie bei den Fußnoten. Endnoten können Sie, anders als Fußnoten, am Dokumentende oder am Abschnittsende sammeln. Die restlichen Einstellungsmöglichkeiten entsprechen weitestgehend denen für Fußnoten.

 Sie müssen sich nicht sofort entscheiden, nach welchem Verfahren Sie arbeiten. Mit der Schaltfläche Konvertieren *der Dialogbox* Fuß- und Endnoten *haben Sie die nachträgliche Möglichkeit, die Noten wahlweise zu konvertieren oder zu vertauschen.*

Bild 43.9: Word behandelt Fuß- und Endnoten flexibel: Konvertierungen oder Vertauschungen der Noten kann man automatisch erledigen.

43.3 Querverweise

Verwenden Sie Querverweise, um in Ihrem Dokument von einem Element auf ein anderes zu verweisen. Zum Beispiel können Sie an einer bestimmten Textstelle darauf verweisen, dass das Beschriebene durch eine Grafik veranschaulicht wird, die einige Seiten zuvor an einer ganz anderen Position im Dokument platziert ist.

Erstellen eines Querverweises

Um einen Querverweis zu erstellen, gehen Sie wie folgt vor:

→ Geben Sie im Dokument den einleitenden Text des Querverweises ein, z.B. `Weitere Informationen finden Sie im Kapitel »«`. Setzen Sie die Schreibmarke zwischen die Anführungszeichen.

→ Klicken Sie im Menü *Einfügen/Referenz* auf *Querverweis*.

→ Klicken Sie im Feld *Verweistyp* auf das Element, auf das Sie verweisen möchten, z.B. eine Kapitelüberschrift oder Tabelle.

→ Klicken Sie im Feld *Verweisen auf* auf die Informationen, die Sie im Dokument einfügen möchten, z.B. den Überschriftentext.

→ Klicken Sie im Feld *Für welchen (Verweistyp)* auf ein bestimmtes Element, auf das Sie verweisen möchten. Wenn Sie z.B. im Feld *Verweistyp* auf *Überschriftentext* klicken und das Dokument enthält viele unterschiedliche Überschriften, klicken Sie auf die Überschrift, auf die Sie verweisen möchten.

→ Klicken Sie auf *Einfügen*.

Wenn Sie nicht den Querverweis, sondern die Feldfunktion sehen, schalten Sie mit [Alt]+[F9] *in die Ansicht der Feldergebnisse um.*

Um (Online)-Lesern innerhalb des Dokuments das Wechseln zu dem Element zu ermöglichen, auf das Sie verwiesen haben, aktivieren Sie das Kontrollkästchen *Als Hyperlink einfügen*. Befindet sich das Element, auf das Sie verweisen möchten, in einem anderen Dokument, müssen beide Dokumente Bestandteil desselben Masterdokuments sein.

Falls Sie den Querverweis als Hyperlink ausführen, sollten Sie vom angesprungenen Element einen Rücksprung an die Ausgangsposition einplanen. Richten Sie an der Ausgangsposition dazu eine Textmarke ein, die Sie in der Dialogbox Hyperlink *als Sprungziel auswählen.*

Bild 43.10: Sie fügen einen Querverweis über Einfügen/Referenz/Querverweis *ein.*

Die Bezugsinformation eines Querverweises ändern

→ Markieren Sie im Dokument nur den Querverweis (z.B. »Die Zeitung«) und nicht den einleitenden Text.

→ Klicken Sie im Menü *Einfügen/Referenz* auf *Querverweis*.

→ Klicken Sie unter *Verweisen* auf *Auf das neue Element*, zu dem Sie einen Bezug herstellen möchten.

Um den einleitenden Text eines Querverweises zu ändern, bearbeiten Sie den Text im Dokument.

43.4 Stichwort- und Inhaltsverzeichnisse erstellen

Um einen Index, auch als Stichwortverzeichnis bezeichnet, zu erstellen, gehen Sie in zwei Arbeitsschritten vor. Im ersten Schritt schaffen Sie die Voraussetzungen: Sie kennzeichnen die aufzunehmenden Einträge im Dokument als Indexeinträge. Die weitere Arbeit nimmt Word Ihnen ab. Auch die Erstellung von Inhaltsverzeichnissen ist in Word kein Problem und läuft automatisch ab.

Um ein automatisches Inhaltsverzeichnis zu erzeugen, ist unbedingt die Verwendung von Formatvorlagen im Dokument nötig. Falls Sie die Überschriftebenen der Kapitel über die Gliederungsansicht erzeugt haben, ist diese Voraussetzung erfüllt.

Sie leiten die Erstellung beider Elemente durch den Menübefehl *Einfügen/Referenz/Index und Verzeichnisse* ein.

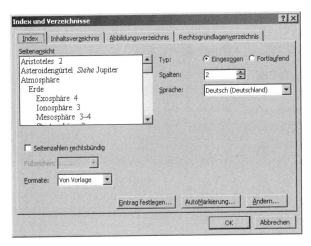

Bild 43.11: Die Dialogbox Index und Verzeichnisse *macht die Indexerstellung und das Generieren eines Inhaltsverzeichnisses leicht.*

Die Dialogbox besteht aus vier Registern – mit einem Klick auf *OK* erzeugen Sie das mit dem angezeigten Register aktivierte Verzeichnis an der Schreibmarke.

→ Im Register *Index* regeln Sie den Typ, die Spaltenanzahl, die Sprache und die Gestaltung des einzufügenden Indexes. Außerdem führen Schaltflächen zur Festlegung von Einträgen und zum Bearbeiten der für den Index verwendeten Formatvorlagen.

→ Im Register *Inhaltsverzeichnis* stellen Sie die Vorgaben für das Inhaltsverzeichnis ein.

→ Über das Register *Abbildungsverzeichnis* wählen Sie aus, ob Sie ein Abbildungsverzeichnis, ein Tabellenverzeichnis oder ein Gleichungsverzeichnis formatieren und erstellen.

→ Das Register *Rechtsgrundlagenverzeichnis* dient zum Einfügen dieses Verzeichnisses, das Textstellen mit Zitaten verknüpft.

Indexeinträge erstellen

Um einen Indexeintrag zu erstellen, positionieren Sie den Cursor an die Stelle im Text, auf die der Index verweisen soll. Gehen Sie dann wie folgt vor:

→ Markieren Sie im Text das Wort bzw. die Wörter, die Sie als Indexeintrag verwenden wollen.

→ Öffnen Sie mit dem Befehl *Eintrag festlegen* im Register *Index* der Dialogbox *Index und Verzeichnisse* die Dialogbox *Indexeintrag festlegen*. Alternativ nutzen Sie die Tastenkombination [Shift]+[Alt]+[X].

 Indexeinträge sehen Sie nur, wenn die Anzeige der Formatierungszeichen eingeschaltet ist. Stichwort- und Inhaltsverzeichnis werden als Felder eingefügt.

Bild 43.12: In der Dialogbox Indexeintrag festlegen *bestimmen Sie Haupt- bzw. Untereintrag und können statt einer Seitenzahl auch einen Querverweistext angeben. Nach Bestätigung des Eintrags sehen Sie das Ergebnis in Ihrem Text.*

→ Übernehmen oder bearbeiten Sie den Haupteintrag, der im Stichwortverzeichnis auf die Textstelle verweist.

→ Definieren Sie bei Bedarf einen Untereintrag. Der Untereintrag erscheint im Index dann je nach gewähltem Format eingerückt oder bündig unterhalb des Haupteintrags.

→ Klicken Sie auf *Festlegen* und der Indexeintrag ist fertig.

Das Resultat sehen Sie dann in Ihrem Dokument. Der Eintrag erscheint in geschweiften Klammern, die grau hinterlegt sind. Der Inhalt besteht aus dem Hinweis »XE«, der besagt, dass es sich hierbei um einen Index handelt, und dem Titel des Eintrags.

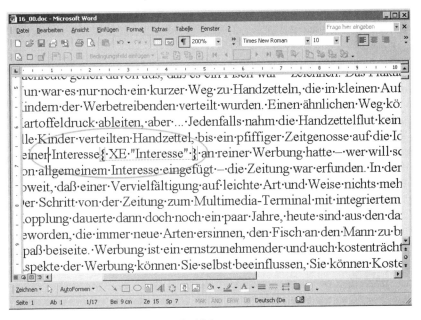

Bild 43.13: Und so sieht ein Indexeintrag im Originaldokument aus.

Die Dialogbox zum Festlegen der Indexeinträge bleibt geöffnet, so dass Sie weitere Einträge in einem Arbeitsgang festlegen können. Sie klicken dazu neben die Dialogbox in das Dokument, suchen den nächsten gewünschten Eintrag, markieren diesen und klicken wieder in die Dialogbox. Word übernimmt die Markierung automatisch in das Eingabefeld *Haupteintrag*.

Verwenden Sie die Tastenkombination [Alt]+[Shift]+[x] *zum Aktivieren der Dialogbox* Indexeinträge festlegen.

Stichwortverzeichnis einfügen

Wenn Sie alle Einträge für das Stichwortverzeichnis im Dokument eingefügt haben, platzieren Sie zunächst die Schreibmarke an der Stelle, die den Index aufnimmt. Sie nutzen den Befehl *Einfügen/Index und Tabellen* und öffnen das Register *Index*. Nehmen Sie alle notwendigen Formatierungen und Einstellungen vor. Mit einem Klick auf *OK* erzeugen Sie den Index.

Um den Index nach dem Einfügen weiterer Einträge zu aktualisieren, klicken Sie auf den Index und drücken die [F9] *-Taste.*

Ein Index wird, wie andere Verzeichnisse auch, über eine Feldfunktion in den Text integriert. Deshalb sollten Sie auf jeden Fall vor dem Ausdrucken eine Aktualisierung vornehmen, da die Seitenangaben im Index durch Änderungen des Dokumentaufbaus verändert werden. Sie sollten stets nur mit einem aktuellen Index drucken.

Für automatische Aktualisierungen der Felder vor dem Druck aktivieren Sie unter Extras/Optionen *im Register* Drucken *das Kontrollkästchen* Felder aktualisieren.

Die Arbeit mit Inhaltsverzeichnissen

Für ein Inhaltsverzeichnis benötigen Sie Überschriften, die mit Hilfe der Formatvorlagen für Überschriften erzeugt wurden. Setzen Sie die Schreibmarke an die gewünschte Position und wählen Sie den Befehl *Einfügen/ Referenz/Index und Verzeichnisse.*

Im Register *Inhaltsverzeichnis* legen Sie die Optionen für die Erstellung eines solchen fest. Es werden verschiedene Formate vorgeschlagen, von denen Sie eines auswählen oder, wie beim Index, eine Vorlage bearbeiten. Sie können die Anzeige und Ausrichtung der Seitenzahlen bestimmen, Füllzeichen auswählen sowie die Tiefe, also die Anzahl der dargestellten Ebenen, diktieren.

 Unter Optionen *stehen Ihnen weitere Möglichkeiten zur Gestaltung des Verzeichnisaufbaus zur Verfügung.*

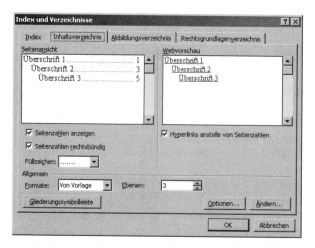

Bild 43.14: Das Register Inhaltsverzeichnis *leitet Sie durch die Erstellung – ein Klick auf* OK *fügt das Verzeichnis an der Schreibmarke an.*

Sie aktualisieren das Inhaltsverzeichnis, indem Sie es markieren und die `F9`-Taste betätigen. Dabei haben Sie die Wahl, ob das Verzeichnis neu erzeugt wird oder nur die Seitenzahlen eine Aktualisierung erfahren. Im letzteren Fall bleiben manuelle Korrekturen erhalten.

 Word führt das Inhaltsverzeichnis automatisch mit Hyperlinks aus: Mit einem Klick auf einen Eintrag bei gehaltener `Strg`*-Taste wechseln Sie sofort an die zugehörige Textstelle.*

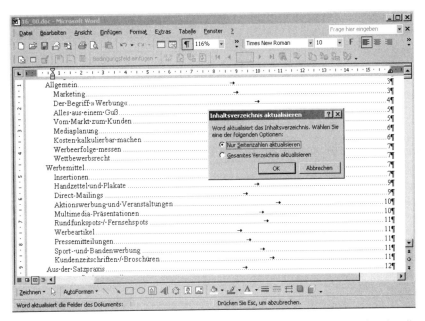

Bild 43.15: Ein Inhaltsverzeichnis erscheint nach der Erzeugung sofort im Dokument – beim Aktualisieren haben Sie die Wahl.

44 Automatisch beschriften

Abbildungen oder Tabellen werden üblicherweise in einem Dokument fortlaufend nummeriert, in einer einheitlichen Form beschriftet und bei Bedarf in einem eigenen Verzeichnis aufgelistet. Word unterstützt Sie bei dieser Aufgabe.

Voraussetzung für die korrekte Funktion der automatischen Beschriftungen ist der richtige Arbeitsablauf. Nur in diesem Fall fährt Word alle Unterstützung auf. Überlegen Sie zunächst, welche Elemente Sie in Ihrem Dokument verwenden. Für jedes eigenständige Element erzeugen Sie dann eine eigenständige Beschriftung, die Sie später zu einem zugehörigen Verzeichnis verwenden. Eventuell müssen Sie bereits vor der ersten Beschriftung eine neue Kategorie erzeugen.

Praxistipp: Eine Beschriftungskategorie erzeugen

Für den Fall, dass die vorbereiteten Kategorien nicht Ihren Wünschen entsprechen, bietet Word die Neuerstellung von Kategorien. Diesen Arbeitsschritt können Sie zu jeder Zeit vornehmen, auch in einem anderen Dokument. Word merkt sich die neuen Kategorien bis auf Widerruf.

→ Platzieren Sie die Schreibmarke.

→ Aktivieren Sie den Befehl *Einfügen/Referenz/Beschriftung*.

→ Klicken Sie auf die Schaltfläche *Neue Bezeichnung*.

→ Tragen Sie die gewünschte Kategoriebezeichnung in die Liste ein, z.B. *Foto* oder *ClipArt*.

→ Bestätigen Sie die Dialogbox mit *OK*.

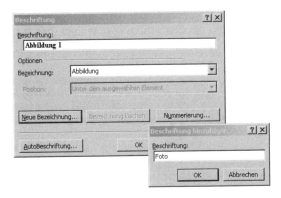

Bild 44.1: *Erstellen Sie neue Kategorien für die Beschriftung Ihrer Elemente, falls die vorhandenen nicht ausreichen oder nicht gefallen.*

 Überflüssige selbsterstellte Kategorien aktivieren Sie im Listenfeld Bezeichnung *und entfernen sie mit der Schalfläche* Bezeichnung löschen *aus der Liste.*

Ein Objekt beschriften

Um ein Element, sei es nun eine Tabelle oder eine Abbildung, zu beschriften, fügen Sie es zunächst in den Text ein. Unmittelbar danach aktiveren Sie im Menü *Einfügen/Referenz* den Befehl *Beschriftung*. Er öffnet die dazugehörige Dialogbox.

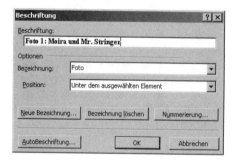

Bild 44.2: In der Dialogbox Beschriftung *stehen Ihnen alle Funktionen zur Verfügung, mit denen Sie Elemente der verschiedenen Kategorien einheitlich beschriften.*

Achten Sie darauf, dass beim Öffnen der Dialogbox das Eingabefeld Position *aktiviert ist. Andernfalls schließen Sie die Dialogbox, um das eingefügte Element zu markieren. Öffnen Sie dann die Dialogbox erneut, um das Element zu beschriften.*

→ Beginnen Sie im Bereich *Optionen*.

→ Aus dem Listenfeld *Kategorie* wählen Sie die gewünschte aus. Es stehen standardmäßig drei zur Auswahl: *Abbildungen*, *Gleichungen* und *Tabellen*. Falls Sie eigene Bezeichnungen erzeugt hatten, tauchen diese ebenfalls in der Liste auf.

→ Die Zeile *Beschriftung* nimmt den Text auf, der als Beschriftung Verwendung findet. Diesen Text ergänzen Sie nach der Nummer.

→ Legen Sie im Listenfeld *Position* fest, wohin die Beschriftung gesetzt werden soll.

→ Die Art der Nummerierung ändern Sie über die Schaltfläche *Nummerierung*. Sie können die Kapitelnummern in die Nummerierung einbeziehen und verschiedene Trennzeichen zwischen Kapitel- und Elementnummer verwenden.

Bild 44.3: Die Nummerierung lässt sich auf vielfältige Weise gestalten.

→ Wenn Sie alle nötigen Einstellungen vorgenommen haben, schließen Sie den Vorgang mit einem Klick auf *OK* ab.

Einige Beschriftungen erscheinen in einem Textfeld. Wenn Sie die Schreibmarke in das Textfeld setzen, können Sie den Text bearbeiten. Die Nummernsequenz ist als Feld realisiert.

Wenn Sie mit der Art des Textfeldes nicht einverstanden sind, ändern Sie die Eigenschaften über sein Kontextmenü. Bestätigen Sie danach die Schaltfläche Als Standard für AutoForm festlegen *ebenfalls aus dem Kontextmenü.*

Automatisches Beschriften beim Einfügen

Sie können die Beschriftung automatisieren. Dazu beauftragen Sie Word, alle Objekte bereits beim Einfügen mit einer Nummerierung und Beschriftung zu versehen. Um dies zu erreichen, gibt es in der Dialogbox *Beschriftung* die Schaltfläche *AutoBeschriftung*. In der Dialogbox *AutoBeschriftung* suchen Sie aus der Liste den Objekttyp aus, den Sie einfügen wollen. Dann ordnen Sie eine vorhandene Bezeichnung zu oder erzeugen zuvor eine neue.

Die Liste der Elemente korrespondiert mit dem im System registrierten OLE-Server. Für besondere Fälle müssen Sie die Windows-Registrierung bemühen.

Bild 44.4: *Die Funktion* AutoBeschriftung *nimmt Ihnen fast jegliche Arbeit im Zusammenhang mit der Beschriftung von Objekten ab.*

Sofort in dem Augenblick, in dem Sie ein Objekt der gewählten Art in Ihr Dokument einfügen, wird Beschriftung erstellt. Sie brauchen sich also keinerlei Gedanken mehr um dieses Problem zu machen. Selbst wenn Sie zwischendurch Objekte anderer Art einfügen, merkt sich Word die aktuelle Nummer des entsprechenden Objekttyps.

Lassen Sie sich von Word verwöhnen: Die Funktion AutoBeschriftung *macht die Arbeit noch einmal einfacher. Legen Sie für jeden Objekttyp, den Sie verwenden wollen, eine automatische Beschriftungsart fest. Bei jedem Einfügen eines solchen Objekts wird dieses sofort von Word beschriftet.*

45 Texte illustrieren

Grafiken und Illustrationen werten Text optisch auf. Dieses Kapitel erläutert, wie Sie Bilder oder Zeichnungen in Ihr Word-Dokument übernehmen und bearbeiten.

45.1 Grafische Elemente in Texte einbeziehen

Word kann fast alle grafischen Objekte in den Text integrieren und eine Bearbeitung dieser neuen Elemente organisieren. Nahezu mühelos ändern Sie eingefügte Grafiken – Bilder, Zeichnungen, Diagramme – in Größe, Form und Ausschnitt. Ergänzt mit den vielen Möglichkeiten, den Text vor, hinter oder um die Grafiken zu setzen, ist beinahe jede Aufgabe denkbar. Glückwunschkarten, Einladungen, Visitenkarten oder mit Diagrammen aufgewertete Geschäftsberichte, alles ist mit wenig Aufwand realisierbar. Was früher ein eigenes Programm erforderte – z.B. das Erzeugen eines Logos für einen Briefkopf – erledigen Sie mit der vorliegenden Version schnell und unkompliziert. Und – vorausgesetzt Sie haben einen Scanner – integrieren Sie selbst Fotos oder Zeitungsausschnitte. Der Befehl *Einfügen/ Grafik* ist die zentrale Drehscheibe für das Integrieren grafischer Elemente in den Text.

Aus Datei einfügen

Der umfangreichste Befehl ist dafür der Befehl *Einfügen/Grafik/Aus Datei*. Die nachfolgende Dialogbox enthält im Listenfeld *Dateityp* die Word verständlichen Grafikformate. Wenn Sie die dort angebotene Auswahl auf den ersten Blick etwas verwirrt, es steckt System dahinter. Word arbeitet nur mit den Grafikformaten, die sich dazu eignen, mit einem entsprechenden Konvertierungsprogramm in ein eigenes Format umzuwandeln.

Für den Anwender von Word haben einige Grafikformate besondere Bedeutung, weil sie nach der Installation von Microsoft Windows und Word sofort verfügbar sind.

→ *Pixelgrafiken*
Diese aus vielen einzelnen Bildpunkten zusammengesetzten Bilder, auch Bitmaps genannt, werden unter Windows mit dem Zusatzprogramm *Microsoft Paint* erzeugt bzw. bearbeitet. Die Qualität dieser Grafiken hängt von der Zahl der Einzelpunkte ab, mit der sie erzeugt worden sind. Bei Vergrößerungen läßt die Qualität dieser Grafiken schnell nach. Die typische Dateierweiterung ist *bmp*. Je nach installierter Word-Variante verfügen Sie vielleicht über den Microsoft Photo Editor für dieses Dateiformat. Beim Scannen erzeugt Word ein weiteres Pixelformat: Fotos erscheinen im Format *jpg*.

→ *Vektorgrafiken*
Sie beschreiben die Bildelemente durch mathematische Modelle. Sie können in ihrer Größe ohne Qualitätsverluste geändert werden. Word selbst arbeitet im Modul *Zeichnen* mit diesem Grafikformat. Die typische Dateierweiterung unter Windows ist *wmf*.

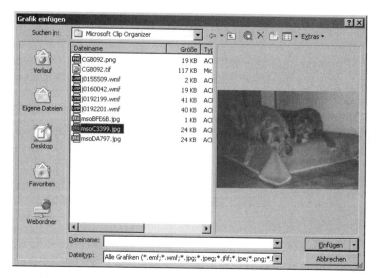

Bild 45.1: Im Vorschauteil der Dialogbox erhalten Sie einen Eindruck von der gewählten Grafik.

Um ein gutes Druckergebnis zu erreichen, verwenden Sie Vektorgrafiken. Diese werden immer mit der Auflösung Ihrer Geräte gedruckt, während Sie die Dichte der Bildpunkte in Pixelgrafiken nicht beeinflussen können.

Vor dem Einfügen einer Grafik müssen Sie sich klar darüber sein, ob die Grafik mit dem Dokument verknüpft oder in das Dokument eingebettet wird. Nähere Erläuterungen dazu finden Sie in Kapitel 48, »Objekte in Dokumenten«.

Einfügen von ClipArts

Beim Kauf von Word erwerben Sie viele kleinere Grafiken, die sogenannten ClipArts. Thematisch geordnet, enthält die Galerie der ClipArts fertige Grafiken, die Sie verwenden oder gezielt abändern. Es ist eigentlich für jeden Anlass etwas vorhanden – symbolische Grafiken, Schmuckelemente oder Rahmen. Für die Gestaltung einer Einladungskarte z. B. sollte etwas zu finden sein. Mit dem Aufgabenbereich *ClipArt einfügen*, der an anderer Stelle beschrieben ist, und dem Clip Organizer erledigen Sie den Verwaltungsaufwand.

Praxistipp: Wasserzeichen im Text

Bei den sogenannten »Wasserzeichen« im Hintergrund von Briefpapier handelt es sich eigentlich um ein Muster, was beim Schöpfen des Papiers aufgelegt war, wodurch dieses nach dem Trocknen durchscheinend wirkt. Mit Word geht das auch. Versehen Sie Grafiken mit entsprechenden Helligkeits- und Kontrastwerten.

→ Nutzen Sie den Befehl *Einfügen/Grafik/ClipArt*.

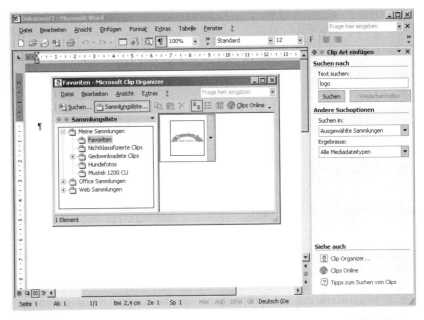

Bild 45.2: Mit dem Arbeitsbereich Clip Art einfügen *und dem* Clip Organizer *fügen Sie Clips in das Dokument ein.*

→ Suchen Sie z.B. mit Hilfe des Texts Personen das passende Signet. Informationen zum Clip erscheinen nach kurzer Zeit, wenn der Mauszeiger über einem Clip verharrt.

→ Klicken Sie auf die ClipArt: Danach befindet sich der Clip im Dokument.

Alternativ ziehen Sie den Clip aus dem Aufgabenbereich per Drag&Drop in das Dokument.

→ Nach einem rechten Mausklick auf die soeben eingefügte Grafik haben Sie im Objektmenü Zugriff auf den Befehl *Grafik formatieren* und gelangen über diesen in die gleichnamige Dialogbox und in das Register *Bild*.

→ Im Listenfeld *Farbe* ändern Sie die Auswahl von *Automatisch* erst auf *graustufen,* bestätigen die Dialogbox und rufen die Dialogbox *Grafik formatieren* erneut auf.

→ Nun muss die Grafik etwas verblassen: Ändern Sie die Einstellung im Listenfeld Farbe auf *Ausgeblichen*. Word passt die Helligkeits- und Kontrastwerte automatisch an. Wenn Ihnen das Bild denn doch zu blass geworden ist, regeln Sie die Helligkeit per Schieber bis zur gewünschten Auszeichnung nach. Wenn Sie gleich eine nur schwarz-weiße Grafik verwenden, sollte dieses Nachregeln überflüssig sein.

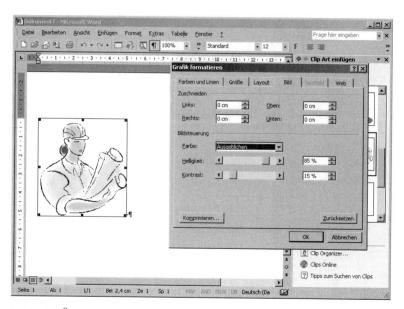

Bild 45.3: Durch eine Änderung der Kontrast- und Helligkeitswerte verändert sich die Farbe des Clips.

Um die Grafik als Wasserzeichen für ein zukünftiges Briefpapier einzurichten, bleiben drei Aufgaben zu erledigen:

→ Skalieren Sie die *Grösse* im gleichnamigen Register der Dialogbox *Grafik formatieren* auf 75%. Dabei sollten die Kontrollkästchen *Seitenverhältnis* (proportionales Dehnen) und *Relativ zur Originalbildgrösse* aktiviert sein.

→ Im zweiten Schritt stellen Sie die Grafik in die Mitte der Briefseite. Wechseln Sie in das Register *Layout:* Wählen Sie den Textfluss *Hinter den Text.*

Bild 45.4: Mit diesen Positionswerten erscheint die Grafik in der Mitte des Blattbereichs.

Die Standardeinstellung für den Textfluss um Bilder stellen Sie unter Extras/ Optionen *im Register* Bearbeiten *ein. Im Listenfeld* Bild einfügen als *wählen Sie den gewünschten Standard-Textfluss: Üblich ist zunächst* Mit Text in Zeile.

→ Klicken Sie auf *Weitere* und setzen Sie die Ausrichtung in den zugehörigen Eingabefeldern zentriert und relativ zur Seite. Alternativ verwenden Sie die Option *Zentriert* im Bereich *Horizontale Ausrichtung*.

→ Eine Besonderheit gilt es zu beachten: Das Kontrollkästchen *Objekt mit Text verschieben* bleibt deaktiviert, schließlich soll der Clip bei der Eingabe nicht verrutschen.

→ Das gleiche gilt für das Kontrollkästchen *Verankern*, mit dessen Hilfe Sie eine Kopplung zwischen Text und Grafik herstellen.

→ Das Kontrollkästchen *Überlappen zulassen* gestattet für Spezialfälle, z.B. die Ansicht im Browser, das Überlappen von Objekten mit derselben Umbruchart. Für das Wasserzeichen deaktivieren Sie auch dieses Kontrollkästchen.

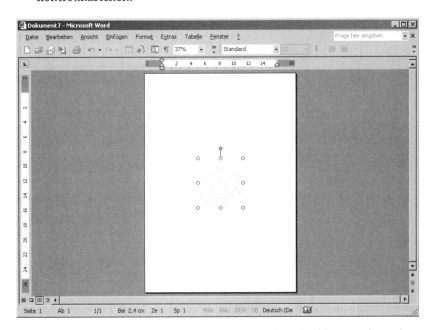

Bild 45.5: *Mit wenig Aufwand haben Sie ein graues Wasserzeichen im Seitenhintergrund generiert.*

Bei Herstellung von Mustern für Faxpapier sollten Sie auf Gestaltungsmittel wie Wasserzeichen verzichten. Oft genug werden Faxe unleserlich, weil das Wasserzeichen nach der Übertragung mit dem eigentlichen Text verschmilzt. Beim Faxen werden Graustufen durch Rastern von Punkten emuliert. Diese Rasterung – die übrigens auch die üblichen Drucker durchführen – kann durch die geringe Auflösung den Einlese- und den Ausgabevorgang in eine einheitliche schwarze Fläche verwandeln. Sie sollten also probieren, wie Ihr Drucker die Wasserzeichen verkraftet.

45.2 Bearbeitungsmöglichkeiten grafischer Elemente

Eine erste Anleitung zu diesem Thema haben Sie bereits im Beispiel vorgefunden. Die Bearbeitungsmöglichkeiten für Grafiken sind umfangreich, führen aber immer wieder auf eine Dialogbox zurück, über die Sie das Kontextmenü der Grafik erreichen.

Einige Regeln gelten immer:

→ Grafikobjekte werden durch einen Klick auf die Grafik markiert. Es erscheinen dann acht Markierungspunkte. Mit diesen Markierungspunkten nehmen Sie mit der Maus Größenänderungen vor.

→ Ein grüner Punkt signalisiert den Anfasser für das Drehen der Grafik um den Mittelpunkt.

→ Das zum Grafikobjekt gehörende Kontextmenü erreichen Sie mit einem Klick der rechten Maustaste auf den – manchmal unsichtbaren – Rahmen.

→ Ein Doppelklick auf das Grafikobjekt löst in jedem Fall eine Bearbeitungsfunktion aus – aber je nach Objekt eine andere. Word nimmt Ihnen so die Arbeit ab, sich jedes Mal daran zu erinnern, was Sie dort eingefügt hatten.

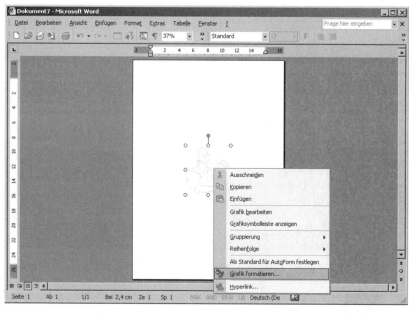

Bild 45.6: Der Befehl zum Formatieren des Objekts hat je nach Element eine andere Bezeichnung – hier ist es Grafik *formatieren.*

Grafische Elemente positionieren

Grafiken positionieren Sie zunächst auf zwei Arten: Mit der Maus nach Augenschein und mit der Dialogbox genau nach Maß.

Zum Positionieren mit der Maus zeigen Sie auf das Grafikobjekt – der Mauszeiger nimmt die Form eines Vierfachpfeiles an, als Zeichen, dass Sie das Grafikobjekt nunmehr in alle Himmelsrichtungen verschieben können. Solange Sie die Maustaste gedrückt halten, folgt ein gestrichelter Rahmen und gibt an, wo die Grafik beim Loslassen platziert wird.

Bei millimetergenauer Positionsbestimmung hilft die Dialogbox *Grafik formatieren* mit ihrem Register *Layout* und dem Befehl *Erweitert* – wie im Beispiel beschrieben.

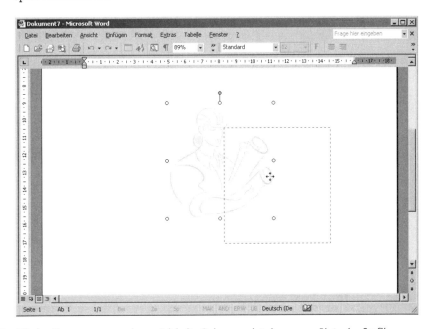

Bild 45.7: Mit der Maus gezogen – der gestrichelte Rahmen zeigt den neuen Platz der Grafik.

Größenänderungen

Für Größenänderungen gilt das eben Erläuterte analog. Sie entscheiden, ob Sie die Maus oder die Dialogbox einsetzen.

Für proportionale Größenänderungen wählen Sie einen der Markierungspunkte in den Ecken. In der Dialogbox *Grafik formatieren* nutzen Sie dazu im Register *Grösse* die entsprechenden Möglichkeiten bei aktiviertem Kontrollkästchen *Seitenverhältnis*. Dann bleiben auch bei Größenänderungen über die Dialogbox die Proportionen erhalten.

Farben und Linien

Mit der Dialogbox *Grafik formatieren* können Sie den bisher unsichtbaren Rahmen um Ihre Grafik sichtbar machen und gestalten und den – nicht immer vorhandenen – Raum um die Grafik ausfüllen. Benutzen Sie dazu die Dialogbox *Grafik formatieren* und das Register *Farben und Linien*.

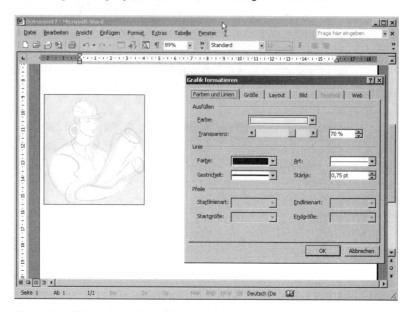

Bild 45.8: Mit wenigen Klicks erhält die Grafik einen leichten Trauerrand und eine graue Füllung.

Mit Hilfe des Schiebers Transparenz *lassen Sie bei einigen Füllungen den Text durchscheinen.*

Der Textfluss

Word bietet eine Vielzahl von Möglichkeiten dafür, wie Sie den Textfluss um die Grafik vom Text gestalten. In der Dialogbox *Grafik formatieren* steht dafür das Register *Layout*.

Die Elemente des Registers sind eigentlich selbsterklärend. Achten Sie beim Probieren nur darauf, dass die Grafik rechts und links genügend Platz für den Text lässt.

Das Register Layout *enthält im ersten Zugriff nur globale Einstellungen für das Objekt. Für genauere Einstellungen nutzen Sie die Schaltfläche* Weitere.

Bei von Text umflossenen Grafiken ist der Platz der Grafik sehr wichtig. In der Layoutansicht sind die kleinste Bewegung der Grafik und die Reaktion des Textes zu sehen. Aber die Maus ist ungenau. Ist die Alternative dazu nur das umständliche Menü? Es geht tatsächlich einfacher und mit Blickkontakt: Verwenden Sie die Richtungstasten zum Positionieren der Grafik.

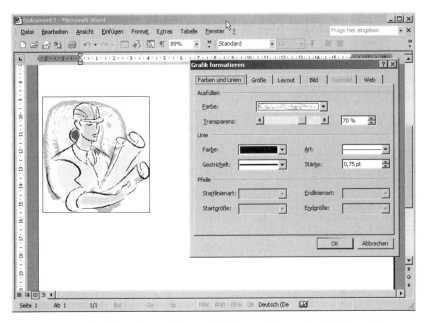

Bild 45.9: Die Dialogbox Grafik formatieren *reizt zum Probieren. Hier wurde als Füllung eine andere Grafik gewählt.*

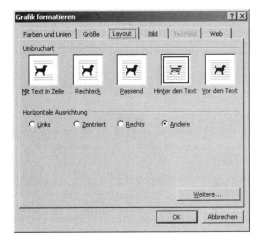

Bild 45.10: In diesem Register stellen Sie genau ein, ob und wie der Text die Grafik umfließen soll.

Markieren Sie das Grafikobjekt und verschieben Sie es dann mit den Richtungstasten in die gewünschte Richtung. Ein Tastendruck bewegt die Grafik um 3,2 Millimeter in die gewünschte Richtung. Zu ungenau? Kombinieren Sie den Vorgang mit der ⟨Strg⟩-Taste und die Grafik bewegt sich nur noch in Schritten von 0,3 Millimeter. Das sollte nun ausreichend wenig sein.

Für die Mehrzahl der beschriebenen Gestaltungsmöglichkeiten steht Ihnen auch eine Symbolleiste zur Verfügung. Sie erscheint automatisch bei einem Klick auf die Grafik. Alternativ aktivieren Sie die Symbolleiste Grafik *mit dem Befehl* Ansicht/Symbolleisten.

Für die Gestaltung des Textflusses kennt Word sogenannte Textfluss-umbrüche. Mit diesem besonderen Steuerzeichen, das Sie mit dem Befehl *Einfügen/Umbruch* und der gleichnamigen Option einfügen, erzeugen Sie einen manuellen Zeilenumbruch. Sie beenden damit die Eingabe in die aktuelle Zeile und sorgen dafür, dass Word den Text unterhalb eines Objek-tes fortsetzt. Das ist aber nur möglich, wenn die nächste leere Zeile keine am linken oder rechten Rand ausgerichteten Objekte enthält.

Konturen bearbeiten

Wenn Ihnen der Textfluss um die Kontur einer Grafik noch nicht gefällt, probieren Sie, die Kontur der Grafik selbst zu ändern. Wählen Sie dazu im Menü des Symbols *Textfluss* aus der Symbolleiste *Grafik* den Befehl *Rah-menpunkte bearbeiten*. Die Kontur der Grafik wird dadurch mit Punkten auf einer roten Linie umrahmt – der Kontur. Durch Ziehen an den Punkten ver-ändern Sie die Kontur.

Sie fügen Punkte hinzu durch Halten der Strg*-Taste und Mausklick auf einen freien Linienbereich – ein Mausklick auf einen Punkt mit gehaltener* Strg*-Taste entfernt diesen.*

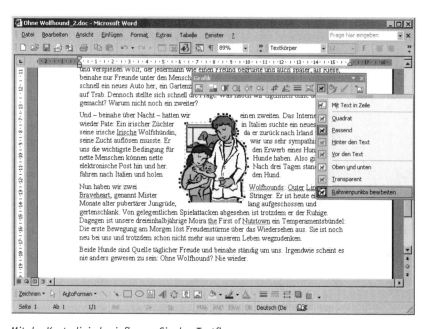

Bild 45.11: Mit der Konturlinie beeinflussen Sie den Textfluss.

ClipArts verändern

Die ClipArts von Word lassen sich einfach ändern. Sie müssen dazu nur wissen, dass ClipArts aus mehreren Einzelobjekten zusammengesetzt sind, die zu einer Gruppe zusammengefügt sind. Wenn Sie diese Gruppierung aufheben, können Sie so auch Einzelteile der Grafik verwenden. Dazu kann es erforderlich sein, dass Sie einer Konvertierung des Bilds in ein Zeichnungsobjekt zustimmen.

Wenn Sie die Gruppierung aufheben, zerfällt das Bild in Einzelobjekte. Schaffen Sie bei Bedarf neue Gruppierungen, um Einzelelemente zu verwenden.

45.3 AutoFormen – Zeichnen mit Word

Zeichnen mit Word – das könnte ein eigenes Buch füllen. Mit der vorliegenden Version ist Word weit davon entfernt, sich auf die Bearbeitung von Text zu beschränken. Der Text muss aufgewertet werden durch Pfeile, Hinweise oder sogar Sprechblasen? Kein Problem, Word liefert die Grundelemente eines Grafikprogramms gleich mit. Zeichnen Sie also munter im Text mit Word und nutzen Sie für schnelles Arbeiten die vorgefertigten AutoFormen.

Von entscheidender Bedeutung für die Funktionalität von Word beim Zeichnen ist das Kontrollkästchen *Automatisch beim Einfügen von AutoFormen einen neuen Zeichnungsbereich erstellen* im Register *Allgemein* der Dialogbox *Extras/Optionen*. Dieses Kontrollkästchen ist im Standard aktiviert: Word erzeugt beim Einfügen einer AutoForm automatisch zunächst einen Container für mehrere Zeichnungselemente, den Zeichnungsbereich. Alle AutoFormen finden darin ihren Platz.

Wenn Sie dieses Kontrollkästchen deaktivieren, dann steht in den Dokumenten zunächst jede AutoForm einschließlich der Textfelder für sich. Sie erzeugen den Zusammenhang zwischen den Formen später durch Gruppieren. Um manuell einen Zeichnungsbereich zu erstellen, wählen Sie den Befehl *Einfügen/Grafik/Neue Zeichnung*.

Welches der Verfahren Sie bevorzugen, müssen Sie in der Praxis selbst heraus finden. Das Kapitel geht zur Beschreibung der Einzelfunktionen davon aus, dass beim Einfügen kein neuer Zeichnungsbereich eingefügt wird.

Hinein in den Zeichenmodus

Gezeichnet wird im Text selbst. Aktivieren Sie in der Standard-Symbolleiste das Symbol *Zeichnen* – die Symbolleiste *Zeichnen* erscheint und Word schaltet in die Layoutansicht um.

Jetzt kann es losgehen: Zeichenwerkzeug auswählen, Stelle im Dokument zeigen, linke Maustaste gedrückt halten und zeichnen. Das Loslassen der Maustaste beendet den Zeichenvorgang.

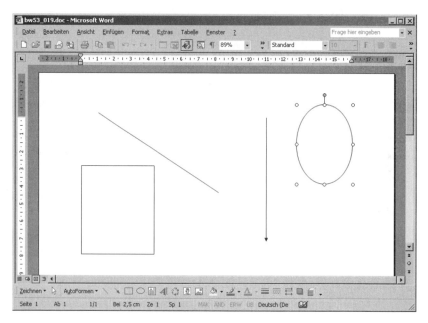

Bild 45.12: Alle Zeichenelemente sind mit der Maus eingefügt: auswählen, klicken, ziehen, fertig.

 Kreise und Quadrate erscheinen automatisch, wenn Sie das Symbol Ellipse bzw. Rechteck auswählen und einfach an die gewünschte Stelle klicken. Word fügt dann eine Standardgröße ein, die Sie nachträglich verändern können.

Als Zeichenhilfe – z.B. für Kreise oder Quadrate – nutzen Sie die Tastatur zur Unterstützung. Halten Sie während des Zeichenvorgangs die `Shift`-Taste gedrückt, erfolgt die Veränderung nur noch waagerecht, senkrecht oder diagonal – aus Ovalen werden Kreise. Linien legen Sie so in bestimmte Winkel.

Normalerweise ist beim Einfügen der Zeichenelemente die linke obere Ecke der Bezugspunkt. Halten Sie aber die `Strg`-Taste gedrückt, wird der Mittelpunkt des Elements Bezugspunkt. Das ist bei Kreisen ideal. Beide Tasten sind auch zusammen wirkungsvoll.

 Die Taste `Esc` kann unerwünschte Vorgänge abbrechen. Haben Sie ein Zeichenwerkzeug ausgewählt und wollen doch nicht zeichnen, dann kehren Sie mit einem Druck auf die genannte Taste in den Textmodus zurück.

Die Symbolleiste Zeichnen

Die Qual der Wahl haben Sie, wenn Sie sich für ein Zeichenwerkzeug aus der Symbolleiste entscheiden müssen. Schnelle Hilfe zum Einsatz erhalten Sie, wenn Sie den Mauszeiger einen Moment über der betreffenden Schaltfläche verweilen lassen.

Bild 45.13: Die Symbolleiste Zeichnen enthält die Zeichenwerkzeuge.

Der linke Teil der Symbolleiste enthält Werkzeuge zum Bearbeiten von Objekten.

→ Der Befehl *Zeichnen* aktiviert ein Menü für gehobene Ansprüche. Hier ist immer nur das aktiviert, was im gegenwärtigen Bearbeitungszustand mit dem Zeichenobjekt machbar ist. In den oberen Befehlsblöcken können die Gruppierung von Objekten und ihre Anordnungsreihenfolge beeinflusst werden. Ausrichtungen, Drehungen und die Festlegung von Standardformen sind weitere Möglichkeiten.

→ Die Symbolschaltfläche *Objekte markieren* funktioniert als Schalter. Sie schaltet einen Markierungsmodus ein oder aus, mit dem Sie mehrere Objekte gleichzeitig markieren können, z.B. um sie zu einer Gruppe zusammenzufügen.

Der mittlere Teil der Symbolleiste enthält Werkzeuge für das Einfügen von Objekten.

→ Der Befehl *AutoFormen* aktiviert ein Menü, mit dem Sie Zugriff auf zunächst 120 Standardformen für grafische Elemente haben. Es sind wirklich automatische Formen, wie später noch zu sehen ist.

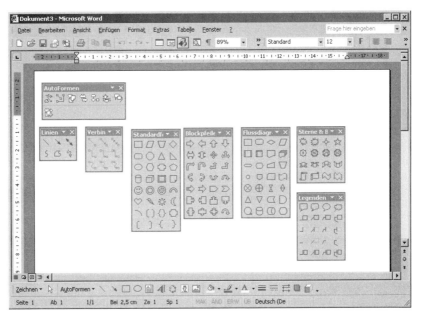

Bild 45.14: AutoFormen soweit der Bildschirm reicht – einige Menüs lassen sich als eigene Symbolleisten aus der Symbolleiste Zeichnen *herausziehen*.

→ Die Symbolschaltflächen *Linie*, *Pfeil*, *Rechteck* und *Ellipse* schalten die Zeichenwerkzeuge für einen einmaligen Zeichenvorgang ein. Diese vier Elemente sind eigentlich AutoFormen – Word behandelt sie auch so. Sie sind nur wegen der vermuteten Häufigkeit an dieser Stelle explizit hervorgehoben.

*Wenn Sie mehrere Linien, Pfeile, Rechtecke oder Ellipsen nacheinander ein-
fügen wollen, klicken Sie doppelt auf das Symbol. Danach zeichnen Sie die
gewählte Form wiederholt, bis Sie die rechte Maustaste betätigen oder die
[Esc]-Taste drücken.*

→ Die Symbolschaltflächen *Textfeld*, *WordArt* und *Schematische Darstellungen* sind Werkzeuge zum Einfügen dieser besonderen Objekte.

→ Der rechte Teil der Symbolleiste enthält Werkzeuge für das Gestalten
von Objekten – die Palette der Füllfarben und der Schriftfarben, die
Paletten für die Arten von Linien, Pfeilen und Strichen sowie die
Gestaltungselemente für Schatten und dreidimensionale Effekte.

AutoFormen einfügen

Eine große Auswahl an Zeichengrundformen steht Ihnen zur Verfügung.
AutoFormen aus sechs Kategorien enthalten so ziemlich alle Elemente, mit
denen man im Text für ein wenig Abwechslung sorgen kann. Vorbei ist die
Zeit, als dafür große Mühe verwendet werden musste. Benutzen Sie einfach
die vorgefertigten Bausteine, verändern Sie sie nach Ihren Wünschen, und
fügen Sie Text ein.

Verwenden Sie den Befehl Weitere AutoFormen *im Menü* AutoFormen *der
Zeichnen-Symbolleiste, wenn Sie auf den Clip Organizer zugreifen möchten.*

Zum Einfügen der AutoFormen sind zwei Wege möglich.

→ Um eine AutoForm in einer Standardgröße einzufügen, wählen Sie eine
Form aus und klicken an die gewünschte Stelle. Die Form wird eingefügt und kann bearbeitet werden.

→ Um eine AutoForm in einer beliebigen Größe einzufügen, wählen Sie
eine Form aus, klicken an die gewünschte Stelle und ziehen die Form
mit der Maus auf die gewünschte Größe. Beim Loslassen der Maustaste
wird die Form eingefügt und kann anschließend bearbeitet werden.

AutoFormen bearbeiten

Um AutoFormen zu bearbeiten, müssen sie wie jedes andere Element zuerst
markiert werden. Sie klicken dazu auf eine AutoForm. Wenn die Markierungspunkte erscheinen, ist das Element markiert.

Wenn die AutoForm mit Text umgeben ist, nutzen Sie die Symbolschaltfläche *Objekte markieren* aus der Symbolleiste *Zeichnen*. Dann können Sie nur
Zeichenelemente markieren, der Text stört Sie nicht weiter. Der Markierungsmodus bleibt eingeschaltet, bis er z.B. durch die [Esc]-Taste deaktiviert wird. Seine eigentliche Aufgabe ist aber das Markieren mehrerer Elemente: Ziehen Sie mit der Maus ein Markierungsrechteck um die
gewünschten Elemente. Es werden alle Elemente markiert, die vom Markierungsrechteck vollständig erfasst wurden.

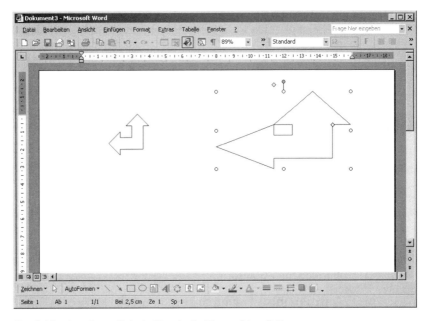

Bild 45.15: Die gleiche AutoForm: links in Standardgröße, rechts mit Verzerrung

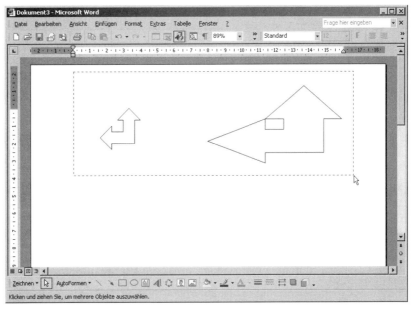

Bild 45.16: Das Markierungsrechteck umfasst beide AutoFormen – nach dem Loslassen der Maus-
taste sind beide Elemente gleichzeitig markiert und können gemeinsam bearbeitet
werden.

In der Praxis kommt aber noch ein anderer Fall häufig vor. Um z.B. nur Pfeile und Linien Ihrer Zeichnung mit einer anderen Linienstärke zu versehen, sollen auch nur diese Elemente markiert sein. Mit dem Markierungsrechteck erfassen Sie aber auch dazwischen liegende AutoFormen. Abhilfe schafft die ⌜Shift⌟-Taste. Wenn sie niedergehalten wird, können Sie mit der Maus die Elemente nacheinander anklicken und damit markieren.

Markierte Zeichenelemente können genauso kopiert oder ausgeschnitten werden wie normaler Text. Das funktioniert mit den Symbolen genauso wie mit Drag&Drop. Verwenden Sie das Kopieren von Elementen, wenn Sie genau gleiche Elemente an anderer Stelle einfügen wollen.

AutoFormen verschieben und verändern

Viel Neues gibt es an dieser Stelle nicht mehr zu berichten. Das Verschieben, die genaue Positionierung und die Größenänderung sind bei allen grafischen Elementen gleich. Grundsätzliches wurde am Beispiel der ClipArts schon beschrieben. Aber AutoFormen haben noch etwas Besonderes: einen zusätzlichen gelben Markierungspunkt. Durch Ziehen mit der Maus verändern Sie die Grundform.

AutoFormen formatieren

Formatierungen für AutoFormen sind Farben, Linien und Füllungen. Zu erreichen sind die Gestaltungswerkzeuge bei markierter AutoForm über den Befehl *Format/AutoForm* oder über die Symbolleiste.

Verfahren Sie beim Formatieren von AutoForm wie bei Text – fügen Sie erst alle Elemente ein, bevor Sie Formatierungen vornehmen. Die Farbeinstellungen gelten so lange, bis erneut geändert wird. Durch Mehrfachmarkierungen wenden Sie gleiche Auszeichnungsmerkmale schnell auf mehrere Elemente an – Sie sparen viel Zeit.

Linien und Pfeile formatieren

Über die Symbolleiste *Zeichnen* haben Sie die Möglichkeit, die Arten der Linien, der Striche und der Pfeile zu bestimmen. Damit variieren Sie die Grundform, bis das gewünschte Ergebnis entsteht.

→ Legen Sie mit der Palette *Linienart* die Stärke der Linie fest. Über die Palette können Sie neun einfache und vier doppelte Linienstärken wählen, nach einem Klick auf *Weitere Linien* über die Dialogbox *AutoForm formatieren* beliebig viele.

→ Mit einer Wahl aus der Palette *Strichart* bestimmen Sie, ob die Linie durchgängig gezogen wird oder wie sie unterbrochen ist.

→ Nach einem Klick auf *Pfeilart* variieren Sie die Art der Pfeile nach Belieben.

Füllungen

Füllungen und Füllfarben sind ein schier unerschöpflicher Fundus für das Probieren geeigneter Effekte. Um sich nicht nur am Bildschirm daran zu erfreuen, ist ein Farbdrucker natürlich die Voraussetzung.

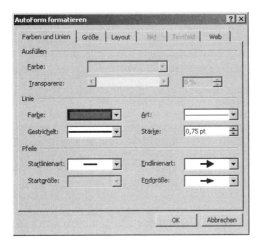

Bild 45.17: *Größere Auswahl als die Paletten bietet die Dialogbox* AutoForm formatieren – *hier am Beispiel der Pfeile demonstriert.*

Die Dialogbox *Fülleffekte* gibt Ihnen mit ihren Registern die Möglichkeit, Strukturen, Muster und Grafiken als Fülleffekte zu verwenden. Sie finden die Dialogbox am schnellsten über die Symbolleiste *Zeichnen*. Klicken Sie auf den Dropdown-Pfeil neben dem Symbol *Füllfarbe*. Aus dem erscheinenden Menü wählen Sie den Befehl *Fülleffekte*.

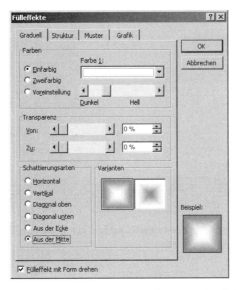

Bild 45.18: *Ein Beispiel der zahllosen Fülleffekte aus der gleichnamigen Dialogbox – ein zweifarbiger Schattierungsverlauf aus der Mitte heraus.*

Schatten

Zu den vielen Möglichkeiten, AutoFormen zu gestalten, gehört die Zuordnung von Schattenspielen. Zu diesem Thema gibt es viele Variationen, die Sie bei Bedarf schnell ausprobiert haben:

→ Wählen Sie eine AutoForm, die Symbolschaltfläche *Schatten* regelt (fast allein) den Rest.

→ Wählen Sie einen Schatten aus, und betrachten Sie das Ergebnis – ein Helfer ist ebenfalls aktiv geworden – die Symbolleiste *Schatteneinstellungen*. Damit gestalten Sie die Schatten weiter und betrachten dabei das Ergebnis. Verschieben Sie den Schatten in eine beliebige Richtung, oder geben Sie ihm eine andere Farbe. Ein Klick auf eine der Farben reicht aus.

 Besonders interessante Schatteneffekte ergeben sich, wenn Sie der AutoForm keine Füllfarbe zuordnen.

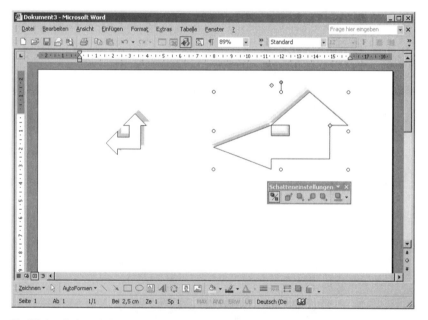

Bild 45.19: Ein Klick auf einen Schatten und ein wenig Nacharbeit mit den Symbolschaltflächen der Symbolleiste – so entsteht ein Schatten.

AutoFormen in drei Dimensionen

Die Mehrzahl aller AutoFormen bringen Sie auf Wunsch in eine dreidimensionale Form. Über die Symbolleiste wählen Sie Grundformen aus. Um die Grundformen weiter zu variieren oder die Veränderung der Effekte am Bildschirm zu beobachten, wählen Sie die Auswahl *3D-Einstellungen* nach einem Klick auf die Symbolschaltfläche *3D*. Dann erscheint die gleichnamige Symbolleiste mit interessanten Einstellungsmöglichkeiten.

Bild 45.20: Die Symbolleiste 3D-Einstellungen

→ Wenn Sie auf eine der Schaltflächen mit der Bezeichnung *Kippen* klicken, wird die Form bei jedem Klick um 6° in die gewünschte Richtung gedreht. Halten Sie beim Klick die `Shift`-Taste gedrückt, wird gleich um 45° gedreht.

→ Mit vorgegebenen Werten oder mit einer Angabe in »Punkt« bestimmen Sie nach einem Klick auf die Schaltfläche *Tiefe*, wie weit Ihre AutoForm in den Raum hineinragt.

→ Bestimmen Sie, in welche *Richtung* die AutoForm räumliche Tiefe erhält und ob dabei eine Perspektive verwendet wird.

→ Wählen Sie aus acht Möglichkeiten, aus welcher Richtung Ihre Auto-Form beleuchtet wird. Auch die Beleuchtungsstärke ist wählbar.

→ Drei Oberflächenarten – *Matt, Plastik, Metall* – sowie ein Drahtrahmen stehen zur Auswahl.

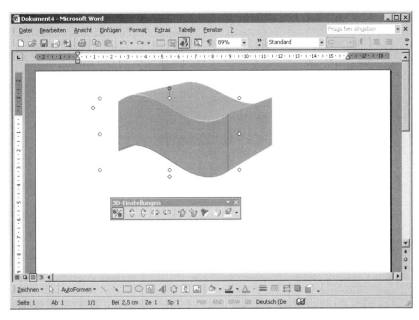

Bild 45.21: Die AutoForm Welle *der Kategorie* Sterne und Banner, *verändert durch dreidimensionale Effekte.*

Wenn Sie eine AutoForm nach Ihren Wünschen abgeändert haben, wollen Sie den Vorgang sicher nicht immer wiederholen müssen. In Word wurde auch daran gedacht. Mit dem Befehl Als Standard für AutoForm festlegen *aus dem Kontextmenü der AutoForm sorgen Sie dafür, dass die Formatierungen auch beim nächsten Einfügen dieser AutoForm vorhanden sind.*

Das Raster

Für die Anordnung der grafischen Elemente verwendet Word ein unsichtbares Gitternetz. Bei der Bearbeitung von Schatten ist es z.B. in Aktion – die Symbolschaltflächen zum Bewegen des Schattens orientieren sich am Raster. Einstellungen für dieses Raster nehmen Sie mit dem Befehl *Gitternetz* aus dem Menü *Zeichnen* der Symbolleiste *Zeichnen* vor.

Bild 45.22: Die Dialogbox Zeichnungsraster *mit den Voreinstellungen von Word.*

→ AutoFormen werden beim Einfügen heimlich am Raster ausgerichtet, wenn in der Dialogbox das Kontrollkästchen *Objekte am Raster ausrichten* aktiviert ist (Standard).

→ Haben Sie ein grobes Raster eingestellt und wollen die AutoFormen trotzdem nach Bedarf platzieren, können Sie dieses Kontrollkästchen vorübergehend aktivieren bzw. deaktivieren, indem Sie beim Ziehen oder Zeichnen einer AutoForm die [Alt]-Taste halten. Sie müssen sich dafür natürlich merken, was in der Dialogbox eingestellt ist.

→ Der Nullpunkt des Rasters ist der Seitenrand. Wenn Sie das Raster an anderer Stelle ausrichten, verändern Sie die Rasterquelle. Deaktivieren Sie dazu das Kontrollkästchen *Seitenränder* VERWENDEN. Stellen Sie dann den Nullpunkt über die Eingabefelder ein.

→ Eine weitere Arbeitserleichterung: Das Kontrollkästchen *Objekte an anderen Objekten ausrichten* richtet die AutoFormen automatisch an Gitternetzlinien aus, die durch die vertikalen und horizontalen Ränder von AutoFormen gehen.

→ Aktivieren Sie das Kontrollkästchen *Rasterlinien am Bildschirm anzeigen,* um beim Platzieren von Elementen eine sichtbare Hilfe zu erhalten.

Die Rastereinstellungen übernehmen Sie mit der Schaltfläche Standard *in die aktuelle Dokumentvorlage. Dort sind sie bis zur nächsten Änderung gültig.*

Ausrichten oder Verteilen

Je nach selbst gestellter Aufgabe oder auch nur um Ordnung in die Auto-Formen oder andere grafische Elemente zu bringen – Word hilft Ihnen, die AutoFormen auszurichten oder auf dem Blatt zu verteilen.

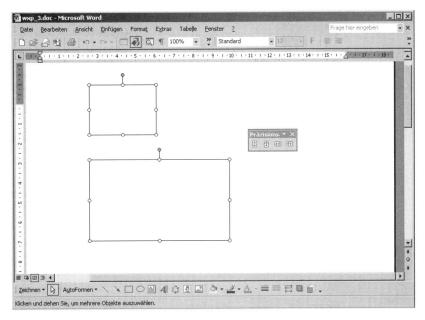

Bild 45.23: *Die zwei Rechtecke sind links exakt ausgerichtet – die aus dem Menü herausgezogene Symbolleiste* Präzisionsausrichtung *hat wertvolle Hilfe geleistet.*

Bei vertikaler Ausrichtung sollten die AutoFormen nebeneinander stehen, damit sie auf eine Linie gebracht werden können, ohne aufeinander zu rut-schen. Analoges gilt für das horizontale Ausrichten.

Word kann aber noch mehr. Grafische Elemente können auch anders aus-gerichtet oder sogar verteilt werden. Auch der Menüpunkt *Ausrichten oder Verteilen* kann als Menüleiste herausgezogen werden. Sie haben zwei Mög-lichkeiten für diesen Arbeitsgang: innerhalb der gewählten AutoFormen oder relativ zur Seite.

→ Die Schaltfläche *Relativ zur Seite* in der Symbolleiste oder die entspre-chende Option im Menü *Zeichnen* funktioniert als Umschalter. Das ist logisch, weil sich die beiden Möglichkeiten gegenseitig ausschließen. Eine Aktivierung richtet die markierten Objekte relativ zur Seite aus oder verteilt diese relativ zur Seite.

→ Deaktivieren Sie diese Option, wenn die markierten AutoFormen rela-tiv zueinander ausgerichtet oder verteilt werden sollen.

→ Wenn Sie jedoch nur ein Element markiert haben, kann es nur relativ zur Seite ausgerichtet werden.

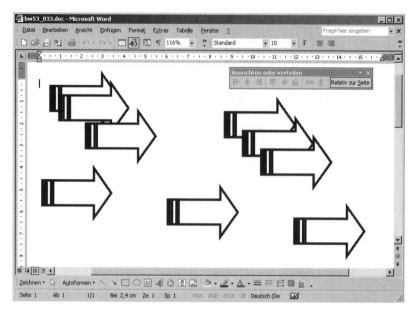

Bild 45.24: *So wirkt das Verteilen: Oben die Ausgangssituation, rechts daneben eine Verteilung innerhalb der drei Elemente und darunter eine Verteilung relativ zur Seite.*

Anordnen

Wenn Sie mehrere AutoFormen so verwenden, dass sie sich gegenseitig überdecken, entscheiden Sie über die Reihenfolge. Teilen Sie Word mit, welche AutoForm eine andere überdecken darf.

Sie ziehen die Symbolleiste *Reihenfolge* aus dem Menü *Zeichnen* der gleichnamigen Symbolleiste heraus und haben mehrere Möglichkeiten für die markierten AutoFormen.

→ *In den Vordergrund* zieht das gewählte Element vor alle anderen – es darf alle anderen verdecken.

→ *In den Hintergrund* setzt das gewählte Element hinter alle anderen – es wird von allen anderen verdeckt.

→ *Eine Ebene nach vorn/hinten* ist nur bei mehr als zwei Elementen von Bedeutung. Das gewählte Element wird jeweils eine Zeichenebene vor- bzw. zurückgesetzt – erzeugen Sie eine Reihenfolge.

→ *Vor/hinter den Text bringen* bestimmt das Verhältnis zum Text.

Gruppierungen erstellen oder aufheben

Wenn Sie die Beispiele verfolgt oder selbst mit AutoFormen experimentiert haben, ist es Ihnen bestimmt schon aufgefallen: Eine unbedachte Mausbewegung, und die mühsam angeordneten AutoFormen sind gegeneinander verschoben. Da hilft Word weiter – binden Sie mehrere grafische Elemente zu einer Gruppe zusammen. Sie können alle vorhandenen Elemente auf einmal gruppieren oder jeweils einige nacheinander.

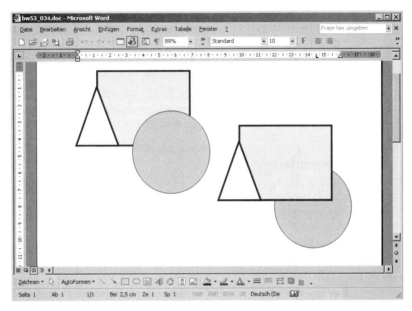

Bild 45.25: Der Kreis rechts wurde um eine Ebene nach hinten gesetzt – nun verdeckt das Rechteck einen Teil.

Es empfiehlt sich aber, immer die Elemente miteinander zu gruppieren, die eine sachliche Einheit bilden. Dann sind Sie bei Bedarf in anderen Zusammenhängen als eine Einheit verwendbar.

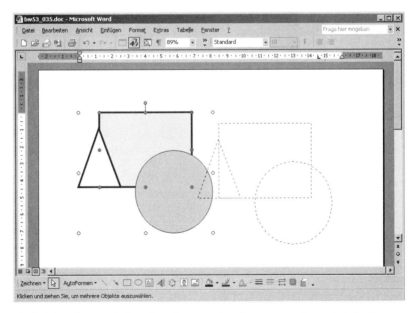

Bild 45.26: Die drei AutoFormen sind zu einer Gruppe verbunden; nun reagieren sie beim Verschieben wie ein einzelnes Objekt.

Nach dem Gruppieren – zu erledigen über das Kontextmenü einer der markierten Grafiken – gibt es nur noch acht Markierungspunkte für das gesamte neue Objekt. Es kann also nicht nur verschoben, sondern mit den üblichen Methoden auch vergrößert oder verkleinert werden. Auch das Gruppieren mit anderen Objekten ist möglich.

Wenn Sie irgendwann wieder die Objekte einzeln bearbeiten wollen oder müssen, heben Sie die Gruppierung wieder auf. Markieren Sie dazu die Gruppe und wählen Sie den Befehl *Gruppierung aufheben* aus dem Kontextmenü.

Legenden

Unter den AutoFormen sind die Legenden etwas Besonderes – es sind eigentlich Textfelder mit einer verweisenden Linie oder einem Pfeil. Sie dienen dazu, einen Text oder eine Grafik mit einem Kommentar zu versehen.

Auch eine markierte Legende hat einen gelben Markierungspunkt. Er passt bei diesen besonderen Formen den Ansatzpunkt der verweisenden Linie an.

Haben Sie die Legende an ein anderes grafisches Objekt angefügt, gruppieren Sie es mit diesem. Damit ist ausgeschlossen, dass die beiden Elemente den Kontakt zueinander verlieren.

Bild 45.27: Nur wenige Aktionen lassen ein Bild »lebendig« werden – Legende einfügen, einige Korrekturen und Text eingeben.

Die Mehrzahl der AutoFormen könnten Sie nachträglich in ein Textfeld verwandeln. Es ist aber anzuraten, erst die Gestaltung abzuschließen, bevor die Umwandlung in ein Textfeld erfolgt. Einige Gestaltungen für AutoFormen sind nachträglich an Textfeldern mit Text nicht mehr möglich, ohne die Textgestaltung ebenfalls zu korrigieren.

Kurven und Freihandformen

Word verfügt in den Paletten über eine Vielzahl von AutoFormen. Außerdem ist es aber möglich, Formen nach eigenem Wunsch selbst zu zeichnen. Mit den Werkzeugen *Kurve*, *Freihandform* und *Skizze* aus der Werkzeugpalette *AutoFormen/Linien* sind Sie dazu in der Lage. Alle mit diesen Werkzeugen erzeugten Formen sind natürlich im Nachhinein veränderbar.

→ *Kurve*
Haben Sie die Symbolschaltfläche gewählt, wandelt sich der Mauszeiger in ein Fadenkreuz. Klicken Sie auf den gewünschten Anfangspunkt. An jedem Scheitelpunkt der gewünschten Kurve klicken Sie – Word berechnet die kurvenförmige Verbindung der Punkte. Ein Doppelklick oder die ⎡Esc⎤-Taste beenden den Zeichenvorgang. Soll die Kurve geschlossen werden, doppelklicken Sie in der Nähe des Anfangspunkts.

→ *Freihandform*
Im Unterschied zum Werkzeug *Kurve* erzeugen Sie durch Mausklick Eckpunkte, die eine gerade Linie verbindet. Halten Sie die Maustaste ständig gedrückt, wird die Mausbewegung durch eine Freihandskizze nachvollzogen.

→ *Skizze*
Das Werkzeug *Skizze* funktioniert nur durch Ziehen mit der Maus und wird nach Loslassen der Maustaste beendet – das sind die Unterschiede zwischen den Werkzeugen *Skizze* und *Freihandform*.

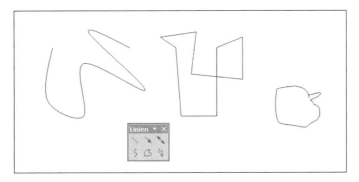

Bild 45.28: Kurve, Freihandform und Skizze – Werkzeuge für verschiedene Formen.

Eine mit diesen Werkzeugen erstellte Form schließen Sie über ihr Kontextmenü auch nachträglich. Mit der Wahl des Befehls *Kurve schliessen* zieht Word einen geraden Strich zwischen Anfangs- und Endpunkt.

Wenn Sie Freihandformen ausprobieren, merken Sie es schnell: Sie erfordern viel Übung. Nur selten werden Sie auf Anhieb die gewünschte Form erreichen.

Sie werden das Ergebnis verbessern wollen. Word hat diese Formen auf eine besondere Art erstellt. Bei jedem Richtungswechsel der Maus ist ein verborgener Scheitelpunkt erstellt worden, der Ihnen nun zur Bearbeitung zur Verfügung steht.

→ Um die Kurve oder Freihandform durch Verschieben, Löschen oder Hinzufügen von Scheitelpunkten zu ändern, markieren Sie das gewünschte Objekt und klicken im Menü *Zeichnen* der Zeichnen-Symbolleiste auf *Punkte bearbeiten*. Wenn Sie den Modus zur Punktbearbeitung eingeschaltet haben, stehen Ihnen neue Werkzeuge zur Verfügung.

→ Sie korrigieren die Formen durch Ziehen an den Punkten. Diese sind meist als sogenannte *Autopunkte* eingefügt.

→ Über das an die Scheitelpunkte gebundene Kontextmenü können Sie aber neue Punkte setzen, Punkte löschen und die Punktart ändern. Durch Umwandlung eines Autopunktes in einen sogenannten *Übergangspunkt* erhält der Punkt sogenannte *Stützpunkte*.

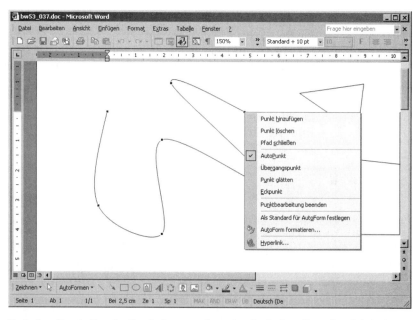

Bild 45.29: Nach dem Einschalten des Bearbeitungsmodus zeigt die Freihandform ihre Scheitelpunkte.

→ Aktivieren Sie dagegen das Kontextmenü eines Abschnitts ohne Punkte, können Sie gekrümmte Abschnitte glätten oder gerade Abschnitte krümmen.

Freihandformen und Kurven gestalten Sie auf die gleiche Weise wie andere AutoFormen. Fügen Sie z.B. Farben oder Muster hinzu, und ändern Sie die Linienart. Es ist jedoch nicht möglich, Text einzufügen. Dazu nutzen Sie ein Textfeld, das Sie nach Fertigstellung mit den Formen gruppieren.

Drehen und Kippen

Drehen können Sie eingefügte Grafiken, AutoFormen, Legenden und Textfelder. Zum Drehen klicken Sie nach Markierung des Objekts den grünen Markierungspunkt, mit dem Sie das Objekt um seinen Mittelpunkt drehen.

Alternativ finden Sie im Menü *Zeichnen/Drehen oder kippen* den Befehl *Freies Drehen*. Der Mauszeiger ändert sich, und das Objekt erhält runde, grüne Punkte. Erfassen Sie einen dieser Punkte mit der Maus und ziehen Sie die Maus in die gewünschte Richtung. Wenn die gestrichelte Linie die gewünschte Position eingenommen hat, lassen Sie die Maustaste los, das Element nimmt die neue Position ein. Ein Klick neben das Element oder die [Esc]-Taste schaltet den Modus wieder ab. Drehpunkt ist aber immer der unsichtbare Mittelpunkt des Zeichnungselements. Wenn Sie genaue Vorstellungen vom Drehwinkel haben, können Sie in der Dialogbox *Objekt formatieren*, Register *Grösse*, im Eingabefeld *Drehung* die genaue Gradzahl angeben.

Im Menü *Zeichnen* befindet sich das Untermenü *Drehen oder Kippen*. Damit kippen Sie das Zeichnungselement im Schnellverfahren horizontal oder vertikal oder drehen es in Schritten von 90° nach links bzw. rechts. Bei Bedarf lässt sich dieses Untermenü auch als Symbolleiste auf die Arbeitsfläche herausziehen.

Wenn Sie häufiger auf selbsterstellte Zeichnungselemente zurückgreifen wollen, nutzen Sie die AutoText-Einträge. Gruppieren Sie Elemente, und vergeben Sie einen Namen für dieses neue Symbol. Anschließend verwenden Sie es wie jeden anderen AutoText-Eintrag.

Wordgrafik-Objekte

Es ist selbstverständlich, dass Sie sich nicht jedes Mal die Mühe machen wollen, im Text komplizierte Zeichnungen zu wiederholen. Natürlich ist es möglich, die einmal gezeichneten Elemente, die ja beim Speichern mit dem Dokument abgelegt werden, über die Zwischenablage in ein neues Dokument zu kopieren. Es gibt aber auch eine andere Variante. Die Zeichnungselemente werden in einen Container gepackt und so zu einem eigenständigen Objekt. Wann Sie das tun, bleibt Ihnen überlassen. Sie können die Zeichenelemente nach dem Zeichnen umwandeln oder schon vor dem Zeichnen den Container erstellen.

Zum Erstellen eines Containers vor dem Zeichnen nutzen Sie den Befehl *Einfügen/Objekt* und wählen Microsoft Word-Bild bzw. Microsoft Word Picture.

Damit wird eine Ebene erzeugt, die wie ein Zeichenbrett anzuwenden ist. Der Text ist nun allerdings nicht mehr zu sehen. Sie können aber auf diesem Zeichenbrett genauso zeichnen wie direkt im Text – Text eingeben,

Tabellen einfügen, Grafiken importieren. Auch an die Begrenzungen sind Sie beim Zeichnen nicht gebunden; diese können nachträglich verändert werden.

 Diese Form der Zeichenfläche erscheint auch, wenn Sie bei einer eingebetteten Grafik den Befehl Bild bearbeiten wählen.

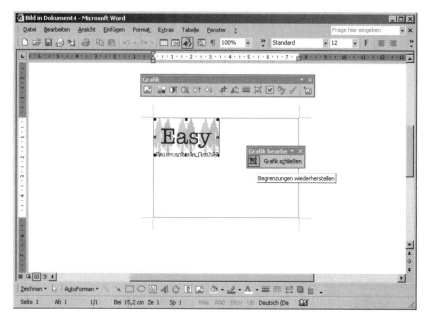

Bild 45.30: Eine Word-Grafik wird bearbeitet – die Symbolleiste Grafik bearbeiten *regelt die Größe und die Ansicht.*

Haben Sie die Zeichenfläche eingefügt, erscheint wie gewohnt die Symbolleiste *Zeichnen*, aber auch die recht unscheinbar wirkende Symbolleiste *Grafik bearbeiten*. Wichtig daran ist die Schaltfläche *Begrenzungen wiederherstellen*. Wenn Sie beim Zeichnen die Begrenzungen überschreiten, wird ein Klick auf diese Schaltfläche die Grenzen um Ihre Zeichnungselemente erweitern.

Nun kommt der eigentliche Clou – speichern Sie eine Kopie der Word-Grafik in eine Datei. Ermöglicht wird das durch das veränderte Menü *Datei*. Sie finden dort drei angepasste Befehle.

→ *Aktualisieren*
Die Word-Grafik im Dokument wird auf den Bearbeitungsstand gebracht.

→ *Schliessen und zurückkehren zu*
schließt das Zeichenbrett. Änderungen werden automatisch übernommen.

→ *Kopie speichern unter*
Dieser Befehl führt zur Dialogbox *Speichern unter*. Er ermöglicht es, die Word-Grafik als eigene Datei zu speichern. Somit steht sie dann für weitere Aufgaben zur Verfügung.

Praxistipp: Grafikobjekte per Schaltfläche speichern

Der Befehl zum Speichern einer Kopie steht Ihnen nicht zur Verfügung, wenn Sie normal im Text gezeichnet haben. Dazu müssen Sie Ihre Zeichenelemente nachträglich in den Container packen:

→ Markieren Sie dazu die gewünschten Zeichenelemente im Markierungsmodus.

→ Nach der Markierung der gewünschten Zeichenobjekte wird es etwas komplizierter, da der zugehörige Befehl etwas versteckt ist. Über *Ansicht/Symbolleisten/Anpassen* fügen Sie ein nützliches Symbol zur Symbolleiste *Grafik* hinzu – das Symbol *Word-Grafik*. Sie finden das Symbol *Word-Grafik* in der Kategorie *Zeichnen*.

→ Ziehen Sie das Symbol auf die gewünschte Symbolleiste und beenden Sie den Anpassen-Modus.

Bild 45.31: In der Kategorie Zeichnen *dieser Dialogbox ist das Symbol* Word-Grafik *zu finden.*

Nun ist nur ein einziger Klick auf die neu gewonnene Symbolschaltfläche nötig, und die zuvor markierten Zeichnungselemente sind in den Container gepackt. Hier geht es allerdings nicht ohne Tücken ab. Textfelder werden nicht integriert, umfließender Text wird teilweise mit in die Word-Grafik übernommen.

Wenn Sie beabsichtigen, Zeichnungselemente als eigene Datei zu speichern, wählen Sie besser den ersten Weg; er führt sicherer zum Erfolg.

46 WordArt

Sie benötigen für kurze Ausdrücke eine besondere Gestaltung, z.B. für eine Glückwunschkarte, einen Werbezettel oder ein Logo? Dann sollten Sie sich das WordArt-Modul ansehen.

WordArt ist ein Hilfsprogramm, dessen Bezeichnung gut mit »Wortkunst« übersetzt ist. Es ist für Effekte mit wenigen Wörtern vorgesehen. Ein Katalog mit 30 Stilen und 40 Formen kann aus einem Text eine »Textgrafik« zaubern. Geben Sie z.B. Schriften einen Schatten, biegen Sie Schriftzüge zu Bögen, oder stellen Sie einen Text senkrecht dar – sparsam eingesetzt ist WordArt ein effektvolles Gestaltungsmittel.

WordArt erstellen

Der Funktionsumfang von WordArt ist schnell beschrieben. Texte aus WordArt werden von Word wie grafische Elemente behandelt. Zum Erstellen dient der Befehl *Einfügen/Grafik/WordArt* oder ein Klick auf die Symbolschaltfläche *WordArt einfügen* der Zeichnen-Symbolleiste. Jetzt erscheint der *WordArt-Katalog*. Die Vorschaubilder in der Dialogbox *WordArt-Katalog* vermitteln einen ungefähren Eindruck über die resultierende Form. Wählen Sie ein Muster mit einem Klick – Sie können das Objekt nachträglich noch beliebig oft ändern.

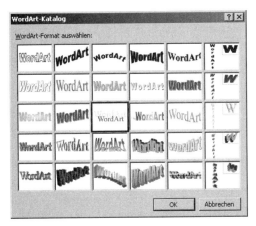

Bild 46.1: Der WordArt-Katalog *bietet definierte WordArt-Formen zur Auswahl.*

Nach Wahl eines Stils erlaubt die Dialogbox *WordArt-Text bearbeiten* die Eingabe eines Textes.

 War vor dem Aufruf der WordArt-Funktion ein Text markiert, erscheint er als Vorgabe in der Dialogbox WordArt-Text BEARBEITEN. *Auch den Inhalt der Zwischenablage könnten Sie einfügen.*

Neben der reinen Texteingabe hat diese Dialogbox auch noch die Aufgabe, Schriftart, Schriftgröße und die Attribute fett und kursiv festzulegen. Der Text kann dabei mehrere Zeilen umfassen. Die [Enter]-Taste trennt die Zeilen voneinander.

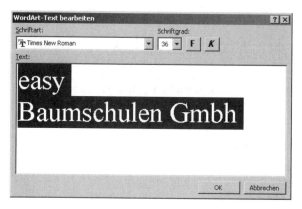

Bild 46.2: Die Texteingabe erfolgt in einer separaten Dialogbox.

Bestätigen Sie dann mit OK, um das neue Element endgültig einzufügen. Jetzt wird der eingegebene Text im gewählten Stil formatiert und erscheint im Dokument.

WordArt-Elemente verhalten sich wie Grafikobjekte – sie lassen sich beliebig verschieben, in der Größe ändern und analog mit den bereits beschriebenen Dialogboxen formatieren. Beginnen Sie zuerst mit dem Textfluss: Bei Einstellung des Layouts Hinter den Text *wird die WordArt frei verschiebbar.*

WordArt nachträglich formatieren

Gleichzeitig mit Markierung der WordArt erscheint die Symbolleiste *Word-Art* auf dem Bildschirm. Damit haben Sie die Zentrale für die Veränderung der WordArt.

→ Mit der Schaltfläche *WordArt einfügen* fügen Sie ein neues WordArt-Objekt in das Dokument ein.

→ Ein Klick auf *Text bearbeiten* lädt den bisherigen Text und erlaubt eine Überarbeitung. Diese Dialogbox erscheint auch nach einem Doppelklick auf das Objekt.

→ Nach einem Klick auf *WordArt-Katalog* weisen Sie dem Objekt einen neuen Stil zu.

→ Die Schaltfläche *WordArt formatieren* führt in die Dialogbox für die Veränderung der Objekteigenschaften. Diese Dialogbox enthält unter anderem die Register *Farben und Linien* und *Grösse*, in denen die Voreinstellungen der WordArt zu finden sind. Verwenden Sie alternativ den Befehl *Format/WordArt*.

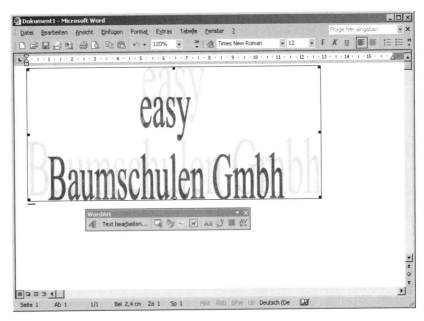

Bild 46.3: Das Ergebnis: Mit wenigen Aktionen erscheint ein kunstvolles Textelement.

Bild 46.4: Nutzen Sie die Symbolleiste WordArt, *um das eingefügte Objekt zu verändern.*

→ Die Schaltfläche *WordArt-Form* öffnet eine Liste mit weiteren vorgegebenen Formen. Das Anklicken einer neuen Form fügt den Text neu in das gewählte Element ein.

Ein grüner Kreis an der Begrenzung der markierten WordArt symbolisiert die Funktion zum Drehen des Objekts. Durch Ziehen an dieser Markierung rotiert das Objekt um den Mittelpunkt. Wird dabei Shift *gehalten, ist der Rotationswinkel auf 15°-Schritte begrenzt.*

→ Ein Klick auf das Symbol *Textfluss* aktiviert ein Untermenü mit den Varianten zur Gestaltung des Textflusses. Diese Palette können Sie bei Bedarf als eigenständige Symbolleiste aus der Symbolleiste herausziehen.

→ Mit einem Klick auf *WordArt-Buchstaben mit gleicher Höhe* skalieren Sie Groß- und Kleinbuchstaben auf gleiche Höhe.

→ Die Schaltfläche *WordArt als vertikaler Text* ordnet die einzelnen Buchstaben untereinander an.

→ Das Symbol *WordArt-Ausrichtung* öffnet ein Menü mit den üblichen Absatzausrichtungen und zwei speziellen Optionen:

– *Zeichen ausrichten* funktioniert ähnlich wie Blocksatz, fügt aber zusätzliche Buchstabenabstände ein.

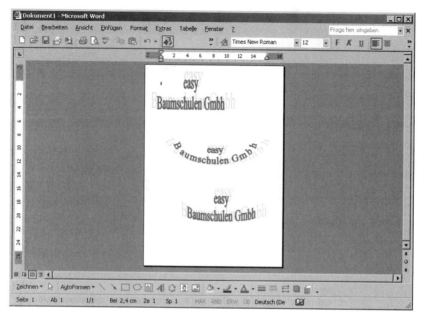

Bild 46.5: Alle drei WordArts basieren auf der gleichen Katalogauswahl – durch Veränderung der Form sind neue Effekte entstanden.

- *Streckung ausrichten* bewirkt eine horizontale Dehnung oder Stauchung der Zeichen, um Sie im Blocksatz auszurichten.

→ Das letzte Symbol dieser Symbolleiste, *WordArt-Zeichenabstand*, öffnet ein Untermenü zur Veränderung des Buchstabenabstandes.

Wie die AutoFormen haben einige WordArt-Elemente einen oder zwei zusätzliche gelbe Markierungspunkte. Durch Ziehen an dieser Markierung verändern Sie die Hülle der WordArt innerhalb gewisser Vorgaben – der Text passt sich in die neue Hülle ein.

Die Gestaltungsvarianten können Sie ausgiebig miteinander kombinieren. Dabei unterliegen Sie aber einer generellen Einschränkung: Alle Symbolschaltflächen der WordArt-Symbolleiste gelten immer für den gesamten Text, Teile davon können nicht unterschiedlich gestaltet werden.

 Sie können mehrere WordArts mit unterschiedlichen Gestaltungen erstellen und anschließend zu einem Objekt gruppieren. So könnten Sie diese Einschränkung umgehen.

Praxistipp: Logo mit WordArt

Diese Aufgabenstellung ist für WordArt wie geschaffen, wenn es sich um einfache Logos handelt. Das Beispiel kombiniert zwei WordArts mit einem Zeichenobjekt zu einem Logo.

→ Um ein Logo zu erstellen, das an einen bestimmten Absatz geankert werden soll, klicken Sie zunächst dorthin.

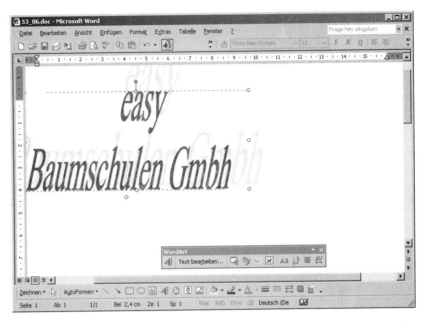

Bild 46.6: Durch Ziehen des gelben Kontrollpunktes verändern Sie die Objekthülle und damit auch die Form der WordArt.

 WordArts lassen sich auch in Kopf- oder Fußzeilen unterbringen. Dazu müssen Sie zuerst den Befehl Ansicht/Kopf und Fusszeilen *ausführen.*

→ Wählen Sie den Befehl *Einfügen/Grafik/WordArt.*

→ In der Dialogbox *WordArt-Katalog* wählen Sie in der zweiten Zeile den dritten Stil von rechts aus. Leider liefert der WortArt-Katalog im Gegensatz zu anderen Paletten keine QuickInfo mit einem Namen, es sollte aber als Beschreibung auch so gehen.

→ Überschreiben Sie den Blindtext mit easy Baumschulen GmbH. Schriftart, Schriftgröße und Auszeichnung nehmen Sie einfach hin oder verändern sie nach Ihren Wünschen. Das Beispiel greift die für den Briefkopf verwendete Schrift *Hattenschweiler* wieder auf.

→ Setzen Sie den Textfluss auf *Hinter den Text,* damit die WordArt zu einem echten Objekt konvertiert.

→ Klicken Sie auf die Symbolschaltfläche WordArt-Form. Im angezeigten Menü wählen Sie die AutoForm *Bogen nach oben (gefüllt)* – die QuickInfo wird Ihnen beim Auffinden helfen.

→ Nun verstärken Sie die gewählten Effekte noch etwas. Verändern Sie die Grafik, indem Sie den Markierungspunkt verschieben.

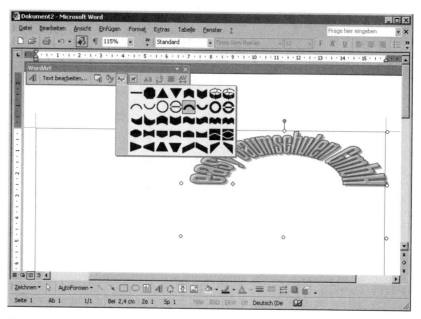

Bild 46.7: Die neue Form ist gewählt, einige Korrekturen ergeben ein gefälliges Bild.

→ Verändern Sie die Farbe: Die Grundfarbe der meisten WordArts liegt hinter *Format/WordArt*, Schatteneinstellungen verändern Sie über *Schattenart/Schatteneinstellungen/Schattenfarbe (Symbolleiste Zeichnen)*.

→ Erstellen Sie eine zweite WordArt mit dem Eintrag Landschaftsgestaltung. Schieben Sie das zweite Objekt nach Anpassung der Größe in den Bogen der ersten WordArt.

Aktivieren Sie die Ansicht der Gitterlinien, um genauere Anpassungen vorzunehmen. Verwenden Sie Zeichnen/Gitternetz (Symbolleiste Zeichnen).

→ Vollenden Sie das Logo, indem Sie eine Linie als Zeichenobjekt unterhalb der beiden WordArts ziehen, um den Bogen optisch zu schließen.

→ Markieren Sie alle drei Objekte. Aktivieren Sie den Befehl *Gruppierung/Gruppierung* aus dem Kontextmenü der Markierung, damit sich die Objekte nicht mehr gegeneinander verschieben.

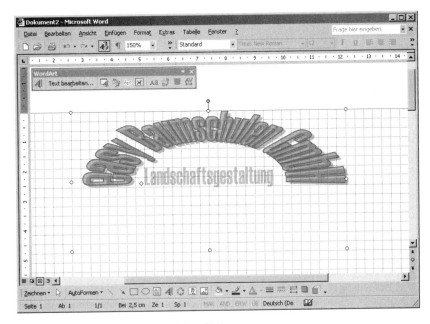

Bild 46.8: Die zweite WordArt ist erzeugt und eingefügt.

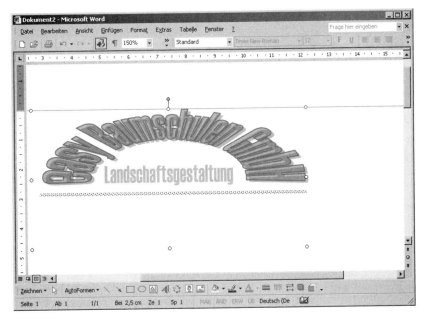

Bild 46.9: So sollte das Ergebnis zum Schluss aussehen.

Praxistipp: WordArt speichern

WordArt ist ein Tool, mit dem Sie keine eigenständigen Dateien erstellen können. Um aber das einmal erstellt Logo für spätere Zwecke aufzuheben, bringen Sie es am besten im Clip Organizer unter.

 Der nachfolgend beschriebene Weg ist für alle Zeichnungselemente gültig, die Sie mit Word erstellen.

→ Markieren Sie das erstellte Logo und übernehmen Sie es mit *Bearbeiten/Kopieren* in die Zwischenablage.

→ Starten Sie den Clip Organizer und aktivieren Sie im Bereich *Sammlungsliste* die gewünschte Kategorie.

→ Wählen Sie im Clip Organizer den Befehl *Bearbeiten/Einfügen*: Das Logo erscheint in der Vorschau.

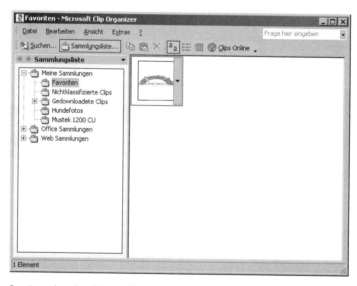

Bild 46.10: Das Logo hat den Weg in die Sammlung gefunden.

Mit einigen wenigen Ergänzungen schaffen Sie Ordnung:

→ Klicken Sie auf den grauen Listenpfeil am rechten Rand des Clips, und wählen Sie den Befehl *Vorschau/Eigenschaften*.

→ Entnehmen Sie der Vorschau im unteren Bereich den automatisch erzeugten Dateinamen und den Speicherort.

→ Klicken Sie auf *Schlüsselwörter bearbeiten*, um die Bezeichnung des Clips und die Schlüsselwörter zu verändern.

→ Nach dem Schließen steht der Clip für weitere Aufgaben bereit.

47 Textfelder und Positionsrahmen

Immer dann, wenn eingefügte Grafiken oder bestimmte Textpassagen an einem angestammten Platz festzuhalten sind, kommen Text- und Positionsrahmen ins Spiel. Dieses Kapitel zeigt Ihnen, wie Sie solche Rahmen erstellen und mit ihnen arbeiten.

47.1 Textfeld oder Positionsrahmen?

Üblicherweise erfolgt in Textprogrammen die Texteingabe rein sequenziell: Was Sie zuerst eingeben, erscheint als erstes. Zusätzlicher Text nimmt eingebundene Grafikelemente mit sich. Das ist meist nicht gewollt, bestimmte sollen Elemente trotz Überarbeitung einen festen Platz auf dem Papier einnehmen. Adressangaben und die Bankverbindung sollen natürlich bei jedem Brief an der gleichen Stelle stehen, und auch grafische Zusätze dürfen nicht verrutschen.

Diese Funktionen bieten in Word die *Textfelder* und die *Positionsrahmen*.

→ Textfelder lassen sich frei auf dem Blatt und unabhängig vom Text verschieben, gesondert formatieren (mit Rahmen und Mustern und allen schon von den AutoFormen bekannten Effekten) und nehmen Texte und Bilder auf. Damit sind sie unentbehrlich für besondere Gestaltungselemente – z.B. für Briefpapier.

→ Die Gestaltungsvarianten für Positionsrahmen sind einfacher, dennoch realisieren auch diese Elemente wirkungsvolle Platzierungen.

Word verwendet Textfelder und Positionsrahmen als »Zeichnungsobjekte« – d.h. als sogenannte Container für Text, der auf einer Seite positioniert wird und Größenveränderungen zugänglich ist. Ein damit positioniertes Element unterbricht den schon beschriebenen sequentiellen Textfluss – es ist schlicht etwas Besonderes. Ausdruck dieser Besonderheit ist ein Rahmen, der dieses Element einschließt. Eigentlich wird somit im Textfluss also nicht das Element, sondern nur sein Rahmen bewegt. Das gilt für Positionsrahmen und Textfelder gleichermaßen – dennoch haben beide spezielle Aufgaben.

In einigen Fällen kann es unter Word nötig sein, Positionsrahmen zu verwenden. Formularfelder, Seriendruckfelder, Indexeinträge, Kommentare bzw. Fuß- und Endnoten – alle diese Arbeitstechniken kollidieren mit Textfeldern und erfordern alternativ die Arbeit mit Positionsrahmen. Auch für die Einbindung von Gestaltungseigenschaften über die Verwendung von Formatvorlagen ist der Umgang mit den Positionsrahmen notwendig: Ein Positionsrahmen kann einer Formatvorlage zugeordnet sein, Textfelder dagegen nicht.

Wenn Sie ein einmal erzeugtes Textfeld in einen Positionsrahmen umwandeln müssen, gehen Ihnen die gegenüber den Positionsrahmen erweiterten Formatierungsmöglichkeiten der Textfelder verloren.

Bild 47.1: *Ein Textfeld kann – unter Verlust einiger Formatierungen – nachträglich in einen Positionsrahmen umgewandelt werden.*

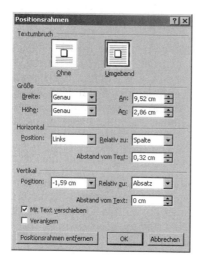

Bild 47.2: *Nach der Umwandlung eines Textfelds in einen Positionsrahmen steht Ihnen diese Dialogbox zur Verfügung.*

Positionsrahmen sind also die kompliziertere – und in einigen Anwendungsbereichen auch die professionellere Variante. Textfelder erreichen aber in der Mehrzahl aller Fälle vor allem durch ihre Flexibilität einen hohen Gebrauchswert. Sie bieten höhere Funktionalität als Positionsrahmen, um Text zu positionieren und die Grafikeffekte von Word zu nutzen. Kombiniert mit dem Zeichnungsbereich oder AutoFormen realisieren Sie damit nahezu alle grafischen Anforderungen.

→ Mit Textfeldern beginnen Sie Text in einem Teil des Dokuments und setzen ihn in einem anderen Teil fort, indem Sie die Textfelder verknüpfen.

→ Für die Formatierung von Textfeldern stehen die Möglichkeiten der Zeichnen-Symbolleiste zur Verfügung. Sie können 3D-Effekte, Schatten, verschiedene Linienarten und Linienfarben sowie Füllfarben und Hintergründe verwenden.

→ Es steht eine größere Auswahl an Optionen zur Einstellung des Textflusses zur Verfügung.

→ Textfelder können Sie drehen und kippen.

→ Mit dem Befehl *Format/Textrichtung* ändern Sie in einem Textfeld die Textrichtung .

→ Textfelder können wie Grafiken gruppiert werden. Ihre Ausrichtung und Verteilung als Gruppe lässt sich leicht ändern.

Wenn Sie häufiger mit Positionsrahmen arbeiten, verwenden Sie ein neues Symbol in der Symbolleiste, indem Sie den Word-Befehl `EinfügenPosRahmen` *integrieren. Damit umgehen Sie beim Einfügen auch die Aktivierung des Zeichnungsbereichs, der bei darin enthaltenen Textfeldern die nachträgliche Umwandlung in einen Positionsrahmen verhindert.*

Bevor Word jedoch mit Textfeldern oder Positionsrahmen arbeiten kann, wird die Ansicht umgeschaltet in die Layoutansicht. Dabei kann ein weiterer Unterschied deutlich werden: Wenn Sie zur Normalansicht zurückkehren, können Sie den Inhalt eines Positionsrahmens weiter sehen und bearbeiten, den eines Textfeldes dagegen nicht.

Exkurs ## Der Zeichnungsbereich

Wenn Sie in Microsoft Word eine Zeichnung erstellen bzw. eine AutoForm einfügen, erscheint um die Zeichnung herum ein Zeichnungsbereich. Der Zeichnungsbereich vereinfacht die Anordnung und Größenänderung der Objekte in einer Zeichnung. Sie formatieren den Zeichnungsbereich, indem Sie den Bereich markieren und dann im Menü *Format* auf *Zeichnungsbereich* klicken. Nach genauer Platzierung dient er dann als Container für alle weiteren Elemente.

Um eine Zeichnung zu erstellen, positionieren Sie die Schreibmarke an der Stelle Ihres Dokuments, an der Sie die Zeichnung erstellen möchten. Wählen Sie *Einfügen/Grafik/Neue Zeichnung*. Anschließend fügen Sie beliebige Formen oder Bilder hinzu.

→ Mit den Befehlen im Menü *Zeichnen/Ausrichten oder verteilen* (Symbolleiste *Zeichnen*) ordnen Sie die Objekte im Zeichnungsbereich an.

→ Der Befehl *Anpassen* auf der Symbolleiste *Zeichnungsbereich* sorgt dafür, dass dieser Bereich exakt um die äußere Begrenzung des erstellten Zeichenobjekts verläuft. Diesen Befehl sollten Sie am Ende der Bearbeitung verwenden, wenn Sie den Zeichenbereich abschließend frei an seine endgültige Position verschieben wollen.

→ Das Symbol *Erweitern* schafft Luft um die im Zeichenbereich befindlichen Objekte.

→ *Zeichnung skalieren* verändert die Zeichnung, den Zeichenbereich und Texte innerhalb der Objekte proportional. Nach dem Klick auf das Symbol erfassen sie eine Ecke der Zeichnung und verändern die Größe.

→ *Textfluss* aktiviert das übliche Menü zur Veränderung der Beziehungen des Zeichnungsbereichs zum umgebenden Text.

Achten Sie genau darauf, ob Sie das Textfeld beim Einfügen innerhalb oder außerhalb des Zeichnungsbereichs aufziehen. Textfelder, die Sie im Zeichnungsbereich erstellen, können nur innerhalb des Bereichs platziert werden. Wenn Sie ein einzelnes Zeichnungsobjekt erzeugen wollen und dafür die kompletten Objekteigenschaften benötigen, dann müssen Sie z.B. das Textfeld außerhalb des Zeichnungsbereichs erstellen und nachträglich korrekt platzieren.

47.2 Textfelder erzeugen

Zum Erstellen eines neuen Textfeldes dient der Menüpunkt *Einfügen/Textfeld*. Der Mauszeiger erscheint als kleines Kreuz, mit dem mit gedrückter linker Maustaste ein Rechteck aufgezogen wird.

→ Entscheiden Sie, ob Sie das Textfeld innerhalb oder außerhalb des Zeichnungsbereichs aufziehen.

→ Es ist zunächst unwichtig, wo sich ein Positionsrahmen befindet und welche Ausmaße er hat. Diese Einstellungen können exakt mit Formatfunktionen vorgenommen werden.

→ Die Position und Größe eines Textfeldes verändern Sie nachträglich mit der Maus.

Das Textfeld wird durch einen grau schraffierten Rahmen gekennzeichnet. In diesem blinkt die Schreibmarke. Nun haben Sie die Möglichkeit, Text einzugeben.

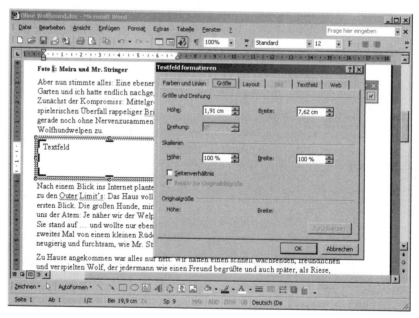

Bild 47.3: Textrahmen im gleich großen Zeichnungsbereich, hier mit der entsprechenden Dialogbox abgebildet, bieten Freiheit beim Platzieren von Text- und Bildelementen.

Es geht aber auch anders – lassen Sie Word für sich arbeiten. Markieren Sie einfach den oder die Absätze, die in das Textfeld sollen.

Nach Bestätigung des Befehls *Einfügen/Textfeld* geht es ganz fix: Word setzt einen Rahmen samt Inhalt an den Anfang des aktuellen Absatzes – als separates Feld ohne Integration in einen Zeichnungsbereich. Wenn Sie die Absatzmarke mit markiert hatten, wurden alle Formatierungen des Texts übernommen. Legen Sie los: Verschieben Sie das Textfeld mit der Maus an eine bestimmte Position, passen Sie seine Größe mit der Maus an – Ihren Gestaltungswünschen sind (fast) keine Grenzen gesetzt.

47.3 Textfelder einstellen

Die Dialogbox *Textfeld formatieren* – sie öffnet sich bei markiertem Textfeld nach Aufruf von *Format/Textfeld* – bietet sechs Register, in denen Sie die Einstellungen vornehmen können. Sie erreichen diese Dialogbox auch durch Aktivieren des Kontextmenüs mit einem rechten Mausklick auf den Rand eines Textfeldes.

→ *Farben und Linien*
Mit diesem Register versehen Sie ein Textfeld mit einer Umrandung oder einer Hintergrundfarbe bzw. Musterfüllung. Als Füllung sind auch Grafiken möglich. Der Schieberegler *Transparenz* hilft Ihnen bei Gestaltung besonderer Effekte: Probieren Sie, um das richtige Gefühl dafür zu erhalten.

→ *Grösse*
Word kann die Abmessungen entweder selbst anhand der integrierten Objekte ermitteln, erlaubt aber ebenso eine numerisch exakte Ausdehnung. Veränderungen der absoluten Werte spiegeln sich in den prozentualen Skalierungen wider und umgekehrt. Die Beschränkung auf proportionale Größenänderungen aktivieren Sie durch das Kontrollkästchen *Seitenverhältnis*.

→ *Layout*
Hier legen Sie fest, ob und wie der »normale« Text um das Textfeld herumfließen kann. Mit der Einstellung *Ohne* unter *Umbruchart* lassen sich z.B. »Wasserzeichen« auf einem Briefbogen hinzufügen. Über die Schaltfläche *Weitere* im Register *Layout* gelangen Sie in eine Dialogbox, in der Sie das Layout exakt mit zusätzlichen Optionen ausstatten. Das gilt aber nur für Textfelder außerhalb eines Zeichnungsbereichs. Wenn sich das Textfeld innerhalb eines Zeichnungsbereichs befindet, dann regeln Sie im Register *Layout* lediglich die Position des Textfelds innerhalb des Bereichs.

→ *Bild*
Dieses Register ist nur aktiv, wenn eine Grafik beim Aufruf der Dialogbox markiert war. Es erlaubt die Veränderung von Helligkeits- und Kontrastwerten oder das Zuschneiden von Bildelementen.

→ *Textfeld*
Auf dieser Registerkarte stellen Sie den inneren Abstand zwischen Text und Rahmen ein. Hier können Sie auch das Textfeld zu einem Positionsrahmen konvertieren.

→ *Web*

Das Register stellt ein Eingabefeld bereit, in das Sie Text eintragen, der von Browsern beim Bildaufbau oder fehlenden Bildern anstelle des Bildes gezeigt wird.

Als Vorgabe zieht Word eine Linie um Textfelder. Diesen Rahmen entfernen Sie über das Register *Farben und Linien*. Ein Klick in dem Listenfeld *Farbe* auf *Keine Linie* sorgt dafür, dass dieser Rahmen nicht länger gezeichnet wird.

 Wenn Sie sich auf Ihr Augenmaß verlassen wollen, führen Sie Dehnungen und Verschiebungen mit der Maus durch. Das Ziehen an den Markierungspunkten in der Ecke des Textfeldes (oder der Grafik) bewirkt ein proportionales Skalieren, die Seitenknoten verändern die entsprechenden Abmessungen, ohne die andere Richtung zu beachten. Wenn sich der Mauszeiger in einen Vierfachpfeil verwandelt hat, verschieben Sie das Element mit gedrückter Maustaste an eine beliebige andere Position – auch über die Seitenränder hinaus.

Mit einem einfachen Trick setzen Sie Textfelder mit dem eingeschlossenen Text vor oder hinter den überlagerten Text und sorgen für gegenseitige Überlagerung. Markieren Sie ein Textfeld und wählen Sie mit der rechten Maustaste auf der Begrenzung das zugehörige Kontextmenü aus.

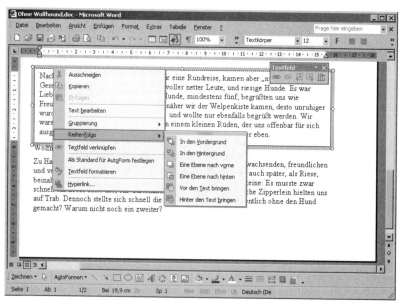

Bild 47.4: Mit diesem Kontextmenü können Sie die Reihenfolge der Textfelder ändern – bestimmen Sie was verdeckt wird und wovon.

Wenn Sie noch weiter experimentieren wollen: Auch die Textrichtung in Textfeldern können Sie ändern. Der bisher immer grau unterlegte und inaktive Menübefehl *Format/Absatzrichtung* ist aktiviert, wenn Sie ein Textfeld markieren.

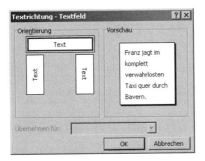

Bild 47.5: *Schnell ist ein Text in eine andere Richtung gebracht, die Dialogbox* Textrichtung – Textfeld *macht es möglich.*

Textfelder verknüpfen

Eine besondere Funktion hält Word für die Arbeit mit Textfeldern noch bereit: Lassen Sie Text aus einem Textfeld in das andere fließen. Einfach geht es obendrein. Sie brauchen nur Text und mehrere Textfelder Ihrer Wahl. Eines davon ist der Anfang, dort kommt der Text hinein. Natürlich ist er umfangreicher als das Feld – sonst ist das nachfolgende ja überflüssig.

→ Markieren Sie das erste Textfeld aus, und wählen Sie den Befehl *Textfeld verknüpfen* aus dem Kontextmenü oder der Symbolleiste *Textfeld*. Es erscheint ein Mauszeiger in Form eines gefüllten Bechers, der sich über einem anderen Textfeld sozusagen ausschütten lässt.

→ Klicken Sie in das zweite Textfeld der Kette. Haben Sie geklickt, ist das Ende des Texts in diesem Feld.

→ Wiederholen Sie den Vorgang für die Textfelder nacheinander, solange Sie Textfelder oder Text zur Verfügung haben.

Die Regeln sind überschaubar – in ein Textfeld mit Text kann nicht noch etwas eingefüllt werden. Sie brauchen nur einen Plan. Um die Reihenfolge der Textfelder in dieser Kette – sinnigerweise benutzt auch Word dieses Symbol – zu ändern, müssen Sie den Vorgang vom Ende her aufdröseln. Aus der Mitte heraus ein Feld lösen, das ist zuviel für Word.

Rückgängig machen können Sie den Vorgang am einfachsten mit eingeblendeter Symbolleiste. Diese Leiste enthält auch ein Symbol zum Lösen der Verbindung – eine gesprengte Kette. Sogar daran, dass Sie irgendwann nicht mehr wissen, welche Reihenfolge Sie beim Füllen gewählt hatten, ist gedacht. Mit den Symbolen *Nächstes Textfeld* oder *Vorheriges Textfeld* hangeln Sie die Kette rauf oder runter.

Verankerungen

Nachdem im vorherigen Abschnitt so zutreffende Bezeichnungen für entsprechende Funktionen gewählt waren, ist es hier leider nicht so. Wenn Sie bei *Verankern* eventuell daran dachten, einen Textrahmen unveränderlich irgendwo auf einer Seite festzuzurren, dann haben Sie sich geirrt.

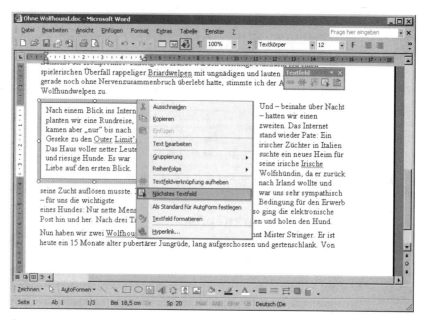

Bild 47.6: Über die Symbolleiste Textfeld *oder das Kontextmenü bearbeiten Sie verknüpfte Textfelder.*

Leider heißt dieser Begriff nur, dass Sie den Textrahmen nicht an einen anderen Absatz als den gerade gewählten anleinen können. Denn irgendwo ist jeder Textrahmen angebunden. Wenn Sie die Anzeige nicht druckbarer Zeichen aktiviert haben, sehen Sie ein Ankersymbol, wenn Sie einen Textrahmen aktivieren. Sie erinnern sich: Ein Textfeld wird beim Einfügen vor den jeweils nächsten Absatz gesetzt und mit diesem verbunden. Diese Organisation hat einen üblen Nebeneffekt. Sollten Sie gerade diesen Absatz komplett, d.h. mit seiner Absatzmarke, löschen, verschwindet das Textfeld ebenso. In den abgebildeten Beispielen sind alle Textfelder an der Überschrift festgemacht – löschen Sie diese, ist das Blatt leer.

Wozu also das Ganze? Verschieben Sie ein Ankersymbol mit der Maus an einen Absatz, den Sie garantiert nicht wieder löschen, z.B. eine Überschrift. Sie können das Textfeld trotzdem verschieben. Wenn Sie es hier nun verankern, ist es an diesen Absatz gebunden und kann nicht zufällig beim Verschieben einem anderen Absatz zugeordnet werden.

Wenn Sie ein Textfeld in einer Kopf- oder Fußzeile verankern, erscheint es auf jeder Seite. Diese Verankerung entsteht automatisch, wenn Sie zunächst den Kopf- und Fußzeilenmodus aktivieren und das gewünschte Objekt im Bereich von Kopf- oder Fußzeile einfügen. Sie können es trotzdem beliebig positionieren.

Und noch ein Letztes: Wenn Sie das Kontrollkästchen *Objekt mit Text verschieben* in der Dialogbox *Erweitertes Layout* deaktivieren, ist das Textfeld gegen Veränderungen im Text relativ immun, bis Sie den Absatz, an dem es ankert, auf die nächste Seite verdrängen. Dann geht das Textfeld mit ihm.

48 Objekte in Dokumenten

»Objekt« ist unter Windows ein Sammelbegriff für die unterschiedlichsten Informationen und Daten. Hier erfahren Sie, wie Sie Daten aus anderen Programmen in Ihre Word-Dokumente übernehmen können und welche Bearbeitungsfunktionen Ihnen dann noch zur Verfügung stehen. Außerdem erhalten Sie einen Einblick in nützliche Tools, die Word für spezielle Aufgaben bietet.

48.1 Objekte einfügen

Wenn Sie den Ausführungen des Buches bis hierher gefolgt sind, werden Sie festgestellt haben, dass Word allein schon eine Menge leistet. Trotzdem können Arbeitssituationen entstehen, die den gezielten Datenaustausch erforderlich machen, um z.B. die Fähigkeiten anderer Programme oder nützlicher Word-Beigaben auszunutzen. Letztendlich geht es also um Situationen, in denen die eigentliche Arbeit mit dem Spezialisten erfolgt, die Lösung selbst aber in Word zu sehen ist.

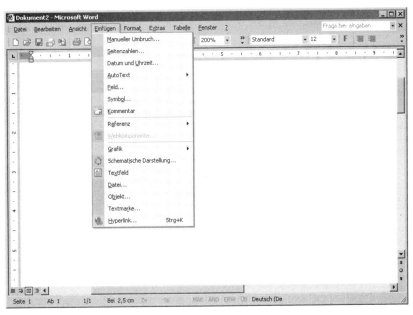

Bild 48.1: Über den unteren Befehlsblock des Menüs Einfügen *werden die unterschiedlichsten Objekte in den Text eingebettet oder Verknüpfungen erstellt.*

Das Menü *Einfügen* enthält die Menüoption *Datei*. Verwenden Sie diese Möglichkeit zum Einfügen einer kompletten Datei in Ihren Text nur, wenn es sich um eine Textdatei von Word 2002, seinen Vorgängern oder andere in Word-Format konvertierbare Dateiinhalte handelt. Vorsichtshalber sollten Sie auch in der Dialogbox *Extras/Optionen*, Register *Allgemein* das Kontrollkästchen *Konvertierung beim Öffnen bestätigen* aktivieren. Die Angabe in den Word-Hilfen, dass bei aktiviertem Kontrollkästchen immer das richtige Konvertierungsprogramm ausgewählt wird, ist durch die Praxis nicht bestätigt.

48.2 Diagramme mit MS Graph

Das Diagramm-Modul Graph kann eher nüchternes Zahlenmaterial grafisch aufbereiten. Durch die angebotenen Diagrammtypen – darunter Säulen-, Balken-, Linien- und Kreisdiagramme – sind Ihrem Gestaltungsspielraum kaum Grenzen gesetzt .

Daten übernehmen

Microsoft Graph hat die Aufgabe, aus simplen Zahlenkolonnen Diagramme zu generieren. Doch woher kommen die Daten? Dafür gibt es mehrere Varianten. Die einfachste Möglichkeit ist, die Daten direkt in die von Graph angebotene Tabelle einzugeben. Dazu entfernen Sie die Musterdaten in der Tabelle und ersetzen sie durch die gewünschten Daten.

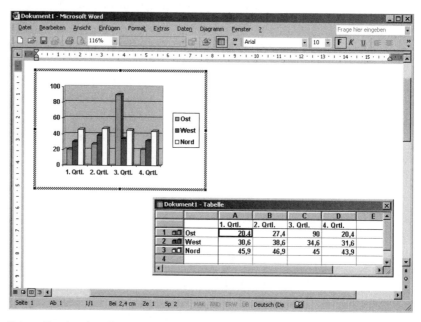

Bild 48.2: Datenreihen bereiten Sie mit MS Graph grafisch auf.

Der Befehl *Einfügen/Grafik/Diagramm* ruft das Graph-Modul auf. Das Programm meldet sich anschließend mit einer Mustertabelle und dem dazugehörigen Säulendiagramm. Das Diagramm und die Tabelle können Sie beliebig vergrößern und verkleinern.

Aber auch bereits bestehende Daten, z.B. aus Word oder Excel, lassen sich als Darstellungsgrundlage heranziehen. Dies wird wahrscheinlich die häufigste Möglichkeit sein, Daten an Graph zu übergeben.

→ Markieren Sie die Daten, aus denen das Diagramm erstellt werden soll, und befördern Sie sie mit *Bearbeiten/Kopieren* in die Zwischenablage.

→ Wechseln Sie nun in Graph, und aktivieren Sie dort das Datenblattfenster.

→ Markieren Sie anschließend die Zelle, in die der Inhalt der linken oberen Zelle der kopierten Daten kommen soll.

→ Rufen Sie schließlich den Befehl *Bearbeiten/Einfügen* auf.

Wenn Daten vor dem Start von Graph markiert sind, werden diese automatisch in die Datentabelle aufgenommen.

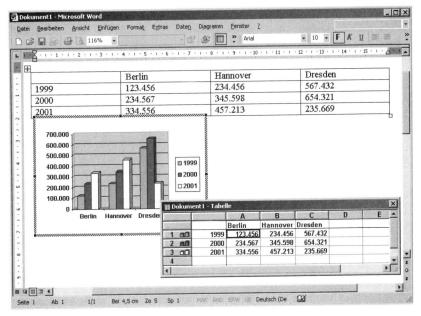

Bild 48.3: Die Datenübernahme aus einer Word-Tabelle ist denkbar einfach – nach Markierung und Aufruf von Graph *ist das Diagramm erzeugt.*

Eine andere Variante übernimmt Daten aus einer Fremddatei. Diese Datei muss aber ein bestimmtes Format aufweisen. Dieses Verfahren eignet sich deshalb besonders dafür, Daten aus einer Excel-Tabelle herauszufiltern.

Markieren Sie in der Graph-Tabelle die Startzelle für das Einlesen der Daten und rufen den Befehl *Bearbeiten/Datei importieren* auf. In der Dialogbox bestimmen Sie, ob Sie die gesamte Tabelle oder nur einen Bereich übernehmen wollen. Mit *OK* werden die Daten übernommen.

Diagrammtyp zuweisen

Jeder Diagrammtyp betont bestimmte Aspekte der zugrunde liegenden Daten. So kann die Wahl des falschen Diagrammtyps Daten in falschem

Licht erscheinen lassen. Grundsätzlich unterscheidet Graph zwei Arten von Diagrammen: 2D- und 3D-Diagramme.

→ 2D-Diagramme sind immer flächig und können maximal zwei Dimensionen – Spalten und Zeilen – darstellen.

→ Die 3D-Diagramme haben durch eine Perspektive und dem Hinzufügen einer dritten Achse eine räumliche Wirkung. Bei einem dreidimensionalen Diagramm sind Darstellungen von drei Datendimensionen möglich.

Mit dem Befehl *Diagramm/Diagrammtyp* öffnen Sie die Dialogbox *Diagrammtyp*.

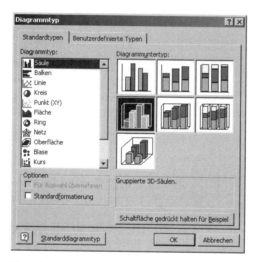

Bild 48.4: Die Palette der Diagrammtypen ist recht umfangreich.

Im Listenfeld *Diagrammtyp* wählen Sie eine Kategorie und im Bereich *Diagrammuntertyp* die entsprechende Ausgestaltung.

Die Registerkarte Benutzerdefinierte Typen *nimmt fertig erstellte und formatierte Diagramme als Muster auf. Aktivieren Sie das Kontrollkästchen* Benutzerdefiniert, *klicken Sie auf die Schaltfläche* Hinzufügen *und vergeben Sie in der anschließenden Dialogbox einen Namen. Wenn Sie eine Vorlage nicht mehr benötigen, klicken Sie auf die Schaltfläche* Löschen *– der Typ verschwindet aus der Liste.*

Hier noch ein paar Tipps zu den einzelnen Varianten:

→ *Liniendiagramme* zeigen Trends oder Änderungen von Daten über einen bestimmten Verlauf. Dieser Typ bietet sich an, wenn Abläufe mit vielen einzelnen Werten dargestellt werden sollen.

→ Mit *Flächendiagrammen* werden Trends dargestellt, ähnlich wie bei Liniendiagrammen. Sie heben die einzelnen Bestandteile der Gesamtsummen als Fläche hervor – hierdurch ist jedoch die Fähigkeit eingeschränkt, viele Werte im Überblick zu haben.

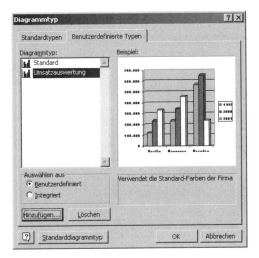

Bild 48.5: *Einmal aufgebaute Diagramme können Sie für die spätere Wiederverwendung als benutzerdefinierten Typ ablegen.*

→ *Säulen- und Balkendiagramme* eignen sich gut für Vergleiche zwischen einzelnen Zahlengruppen.

→ *Kreisdiagramme* stellen die Verhältnisse von einzelnen Teilen gegenüber einer Gesamtheit dar. Dieser Diagrammtyp enthält immer nur eine Datenreihe.

→ Das *Streuungsdiagramm* verdeutlicht die Abhängigkeit zweier oder mehrerer Wertereihen.

→ Ein *Netzdiagramm* ist ein Diagramm, das von einem zentralen Punkt ausgeht. Anhand dieses Typs kann die Symmetrie bzw. die Übereinstimmung von Daten besonders gut dargestellt werden.

Die 3D-Diagramme entsprechen in ihrer Funktion ihren zweidimensionalen Geschwistern. Sie bieten sich bei besonderen Ansprüchen an die Gestaltung an.

Diagramm formatieren

Im Listenfeld *Diagrammobjekte* der Symbolleiste werden alle Diagrammbereiche und -teile aufgelistet. Je nach Auswahl markiert Graph das entsprechende Objekt. Betrachten Sie die Formate einer Datenreihe etwas näher:

Nachdem eine Datenreihe markiert wurde, drücken Sie die Tastenkombination $\boxed{\text{Strg}}$+$\boxed{1}$.

Alle Formatierungsvarianten anzusprechen würde den Rahmen dieses Buches sprengen. Die üblichen Formatierungen – Farben, Schriftattribute oder Rahmen – sind an anderer Stelle beschrieben.

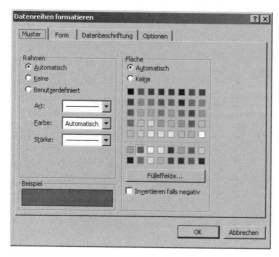

Bild 48.6: Je nach ausgewähltem Diagrammobjekt öffnet sich die Formatieren-Dialogbox mit anderem Inhalt.

48.3 Der Clip Organizer

Die Clipsammlung stellt ClipArts, Bullets, AutoFormen, Fotos, Sounds und Animationen bereit und kann diese in Office-Dokumente einfügen. Dieses Tool ist damit ein nützliches Verwaltungsprogramm für alle grafischen und multimedialen Elemente, mit denen Sie die Arbeitsergebnisse aufwerten wollen.

Arbeitsbereich Clip einfügen

Grafische Objekte aus der Clipsammlung können Sie z.B. in Word, Excel, PowerPoint, Publisher, Photo Draw und – mit Einschränkungen – in Access einfügen. Die Clipsammlung ist ein Programm-Modul, das vorgefertigte Elemente verwaltet, strukturiert und im schnellen Zugriff hält. Diese Elemente sind thematisch und in Sammlungen geordnet.

Der Befehl *Einfügen/Grafik/ClipArt* ruft die Sammlung im Arbeitsbereich auf den Schirm. Sie enthält vier unterschiedliche Mediatypen.

→ *Clip Art*
   Dieses Register enthält Zeichnungen auf Vektorbasis, in der Regel WMF-Grafiken.

→ *Fotos*
   Hier sind Bitmapbilder – Fotos oder Web-Grafiken – zu finden.

→ *Sounds*
   sammelt Klangfolgen. Diese lassen sich z.B. in PowerPoint-Präsentationen oder in Webseiten einsetzen.

→ *Filme*
   Videos und Animationen benötigen relativ viel Platz auf der Festplatte. Sie lassen sich z.B. in PowerPoint-Präsentationen einsetzen.

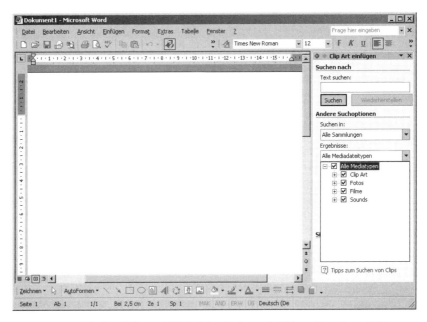

Bild 48.7: Der Arbeitsbereich Clip einfügen *hilft bei der Suche nach Bildern, Sounds und Video.*

Der Arbeitsbereich *Clip Art einfügen* wird von mehreren Listenfeldern beherrscht. Zunächst funktioniert das Tool als Suchhilfe: Jedes in der Sammlung registrierte Element besitzt beschreibende Stichwörter. Durch die Dateiablage und den Dateityp sind weitere Suchoptionen bestimmt, die Sie durch Kontrollkästchen vor den jeweiligen Einträgen steuern.

Nach der Suche erscheinen die Vorschauabbildungen im Arbeitsbereich und können per Drag&Drop in das Dokument gezogen werden.

Der Clip Organizer

Nach einem Klick auf den Link *Clip Organizer* öffnet sich das eigentliche Verwaltungstool. Beim ersten Start öffnet sich die Dialogbox *Clip zum Organizer hinzufügen*. Auf Wunsch sucht das Programm in den unter *Optionen* angegebenen Laufwerken oder Ordnern nach Mediadateien, um diese ebenfalls zu verwalten.

Die Sammlungsliste im linken Teil enthält die verfügbaren Clips. Dabei greift der Ordner *Office Sammlungen* auf die Clips aus dem Officepaket zu.

Die Kategorien strukturieren die verfügbaren Clips. Die Wahl einer anderen Kategorie führt sofort zu einer Anpassung des Vorschaubereichs.

Da die Clipsammlung als OLE-Server arbeitet, lässt sie sich in allen OLE-Clients mit Befehlen wie Einfügen/Objekt *aufrufen.*

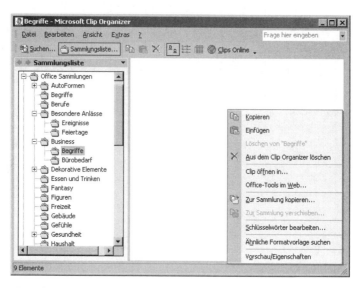

Bild 48.8: *Ein umfangreiches Menü hilft beim Umgang mit den Clips.*

Die Clipsammlung übernimmt auch Verwaltungsaufgaben. Ein Klick auf *Datei/Neue Sammlung* öffnet eine Dialogbox, in der Sie bei den eigenen Sammlungen an einem definierten Ort weitere Kategorien anlegen, löschen oder auch hinzufügen können. Hier könnten Sie z.B. eine zusätzliche Kategorie *Werbung* einfügen, in der alle Werbeelemente, Logos und Produktfotos untergebracht werden. Auch das Eingabefeld *Keywords* hat eine Bedeutung: Die Suchfunktion kann Grafiken nach den hier angegebenen Stichworten selektieren.

Bild 48.9: *Die Dialogbox* Neue Sammlung *hilft bei der Verwaltung der Clips.*

Im Kontextmenü der Kategorien in der Sammlungsliste finden Sie den Eintrag *Eigenschaften,* mit dem Sie der Sammlung einen oder mehrere Ordner zuweisen. Der Organizer holt dann die enthaltenen Bilder in die Sammlung.

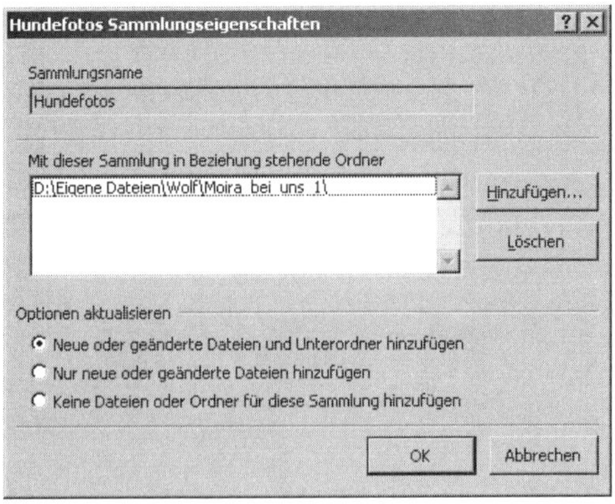

Bild 48.10: Eine neue Sammlung entsteht.

Die Kategorien dienen der Sortierung der Sammlungs-Objekte, also muss auch eine Zuweisung möglich sein. Diese Zuweisung wird mit *Vorschau/ Eigenschaften* aus dem Kontextmenü eines Clips vorgenommen: Diese Dialogbox zeigt Zusatzinformationen, wie z. B. Dateigröße, Dateityp und Speicherpfad. Außerdem können in dieser Dialogbox die Schlüsselwörter bearbeitet werden.

Datei/Clips zum Organizer hinzufügen importieren ruft eine Dateidialogbox auf, die zusätzliche Grafikdateien in die Sammlung übernimmt. Nach Wahl einer Datei und *Hinzufügen zu* erscheint die Dialogbox *Zur Sammlung hinzufügen*, so dass Sie sofort eine Zuordnung der Kategorien vornehmen können.

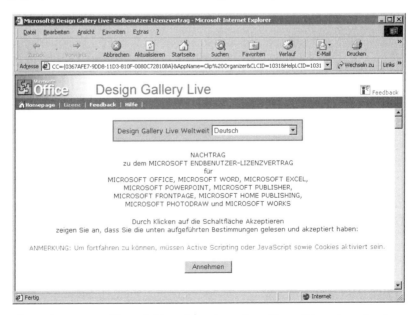

Bild 48.11: ClipArts im Internet: Microsoft bietet kostenlos weitere Clips auf der entsprechenden Internet-Seite. Zuerst müssen Sie den Lizenzvertrag akzeptieren.

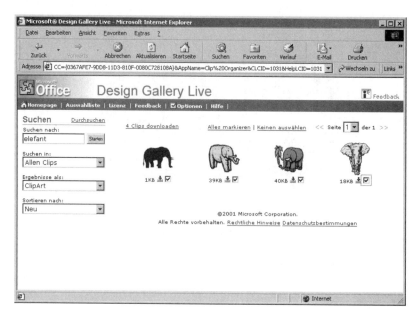

Bild 48.12: Die Suche war erfolgreich.

 Wenn Ihnen die mitgelieferten Clips nicht reichen und Sie über einen Internet-Zugang verfügen, sollten Sie die Internet-Schaltfläche anklicken. Dann stellt die Sammlung eine Internet-Verbindung zum Microsoft-Server her und lädt eine Seite mit der Bezeichnung »Clipsammlung live«.

Nach Bestätigen der Lizenzvereinbarung ändert die Web-Site: Sie finden Suchelemente und Links zu besonderen Angeboten.

Nach Eingabe der Suchkriterien und Anklicken von *Starten* erscheinen nach einer kurzen Ladezeit weitere Vorschauabbildungen. Ein Klick in das Kontrollkästchen sammelt die Clips für den Download.

Nach dem Download erscheinen die Clips in der Sammlung. Auch Schlüsselwörter und Kategorien werden automatisch angepasst.

Exkurs Clips im Dokument

Ein einmal eingefügtes ClipArt-Element kann problemlos skaliert oder verschoben werden. Das Ziehen an den Markierungspunkten bewirkt eine Größenänderung. Wird beim Ziehen an den Eckpunkten die Shift-Taste gehalten, skaliert Office das Element proportional. Die Strg-Taste verschiebt den gegenüberliegenden Knoten in die der Mausbewegung entgegengesetzte Richtung, so dass ein Skaliereffekt vom Mittelpunkt entsteht. Das Verschieben eines Clips mit gehaltener Shift-Taste erzeugt eine Kopie.

Filme und Sounds erscheinen in Dokumenten mit zugeordneten Programmsymbolen: Nach einem Doppelklick wird der Clip abgespielt.

48.4 Der Formel-Editor

Wenn in wissenschaftlichen Texten eine Formel auftaucht, beginnt manchmal das Rätseln: Wie soll das gehen? Zeichnen ist kein Problem. Ein langer Strich hier, ein kurzer Strich da, einige Sonderzeichen – fertig ist die Formel. Aber mit einem Programm von Office? Kein Problem, elegant und schnell fügen Sie mit dem Zusatzprogramm *Microsoft Formel-Editor* die gewünschte Formel ein. Sie wählen die Symbole aus, und tragen die Werte ein. Der Formel-Editor bringt die Eingaben automatisch in eine allgemein übliche Form.

Der Formel-Editor gehört zu den Office-Komponenten, die nicht standardmäßig installiert werden. Sie müssen dieses Tool bei Bedarf durch eine benutzerdefinierte Installation zum Funktionsumfang ergänzen. Dabei müssen Sie die Installationsart Vom Computer ausführen *wählen, andere Varianten sind nicht ausreichend.*

Den Formel-Editor aufrufen und beenden

Der Aufruf des Formel-Editors erfolgt in gewohnter Weise: Schreibmarke an die Einfügestelle setzen, Menü *Einfügen/Objekt* wählen und im Register *Neu erstellen* aus der Liste der Objekttypen den Typ *Microsoft Formel-Editor 3.0* auswählen.

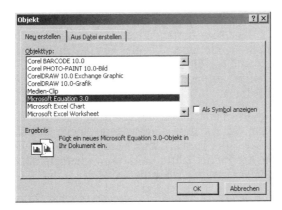

Bild 48.13: Über diese Dialogbox starten Sie den Formel-Editor, um eine Formel als Objekt z. B. in Word einzubetten.

Sollten Sie in der Liste der Objekttypen den Eintrag Microsoft Formel-Editor 3.0 nicht finden, suchen Sie nach seiner englischsprachigen Entsprechung – Microsoft Equation 3.0.

Nach Bestätigung in der Dialogbox wechselt die Anwendung die Menüleiste. Eine Symbolleiste, die veränderte Menüleiste und ein schattierter Rahmen zeigen Ihnen an, dass Sie mit der Formelgestaltung beginnen können.

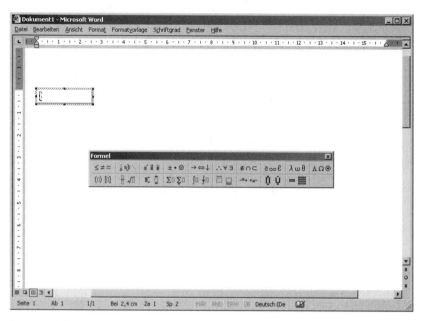

Bild 48.14: Der Formeleditor wartet auf Eingabe.

Eigentlich ist der Formel-Editor ja ein eigenständiges Programm, das Sie auch außerhalb der Office-Anwendungen starten können. Das wäre nicht schlecht, könnten Sie die Ergebnisse des Formel-Editors als eigenständige Dateien ablegen und für die Arbeit zur Verfügung stellen. Das geht aber nicht, Sie finden im autonom gestarteten Formel-Editor kein Menü zum Speichern von Dateien.

Die Formel wird als Objekt in das Dokument eingebettet. Sie verhält sich anschließend wie jedes andere eingebettete Objekt. Ein Klick neben die Formel in den Text: Der Formel-Editor wird beendet. Ein Doppelklick auf die Formel, und der Formel-Editor gestattet Nacharbeiten. Über die Veränderung des Rahmens verändern Sie die Größe der Formel.

Legen Sie häufig benötigte Formeln zusammen in einer Formeldatei ab. Bei Bedarf kopieren Sie die benötigten Formeln in das aktuelle Dokument. Dieses Verfahren spart Zeit: Nacharbeiten fallen geringfügiger aus als neue Formeln.

Eine Formel basteln

Der Ausdruck »basteln« ist an dieser Stelle bewusst gewählt: Ein großes Werk braucht seine Zeit. So schön, wie die Formeln hinterher in Ihrem Text aussehen – die dafür nötige Mühe sieht ihnen keiner mehr an. Schon ein Blick auf die Symbolleiste zeigt Ihnen deutlich, dass der Formel-Editor mit umfangreichen Funktionen glänzt.

Bild 48.15: *Die Symbolleiste des Formel-Editors – sie stellt Symbole und Vorlagen für das Erstellen von Formeln zur Verfügung.*

Sie erstellen mit Hilfe des Formel-Editors komplexe Gleichungen, indem Sie aus der Symbolleiste zuerst Symbole wählen und dann verschiedene Variablen und Zahlen eingeben. Wenn Sie eine Formel erstellen, greift der Formel-Editor ein. Es erfolgt eine automatische Formatierung. Sie können natürlich vordefinierte Formatierungen sowie automatisch zugeordnete Formatvorlagen während der Arbeit mit dem Formel-Editor ändern.

In der oberen Reihe der Symbolleiste des Formel-Editors finden Sie Schaltflächen mit über 150 mathematischen Symbolen. Ein Klicken auf eine Schaltfläche zeigt eine Palette – eine Sammlung von miteinander verwandten Symbolen und Vorlagen. Klicken Sie auf das gewünschte Symbol, um es in die Formel einzufügen.

Die untere Reihe der Symbolleiste enthält Schaltflächen zum Einfügen von ca. 120 Vorlagen für mathematische Ausdrücke, z.B. für Brüche, Wurzeln, Summenbildungen, Integrale, Produkte, Matrizen sowie verschiedene Klammern. Viele Vorlagen enthalten sogenannte Felder, das heißt Flächen, in die Sie Text und Symbole eingeben. Wählen Sie die gewünschte Vorlage, und füllen Sie sie aus. Dabei fügen Sie bei Bedarf Vorlagen in die Felder ein, um komplexe Formeln zu erzeugen.

Eingabe von Text und Zahlen im Formel-Editor

Der Formel-Editor meint es besonders gut mit Ihnen, er übernimmt die automatische Formatierung eingegebener Zeichen. Er setzt allerdings dabei voraus, dass Sie eine mathematische Formel eingeben. Also erscheinen Texte kursiv und ohne Leerzeichen. Wenn Sie das wollen, weil es sich wirklich um mathematische Variablen handelt, dann lassen Sie den Formel-Editor arbeiten: Er setzt solche typischen Funktionen wie sin, cos u.a. automatisch nicht kursiv und grenzt mathematische Operatoren wie z.B. das Pluszeichen durch Leerzeichen von der restlichen Formel ab. Um normalen Text einzugeben, steht Ihnen das Menü *Formatvorlage* zur Verfügung. Dort ändern Sie die zugewiesene Formatvorlage für einen markierten Formelbereich durch Anklicken.

Die Menüoption Andere *gibt Ihnen die Möglichkeit, markierten Formelteilen eigene Formatierungen zuzuweisen, ohne die definierten Formatvorlagen zu ändern.*

Haben Sie über *Definieren* im Menü *Formatvorlagen* unter Schriftgrad *Änderungen* vorgenommen, betreffen diese alle weiteren Aufrufe des Formel-Editors, da sie nicht in der Datei selbst, sondern in den Grundeinstellungen des Editors gespeichert sind. Vorher erstellte Formeln sind aber nicht betroffen – solange Sie den Editor nicht noch einmal zur nachträglichen Bearbeitung aufrufen.

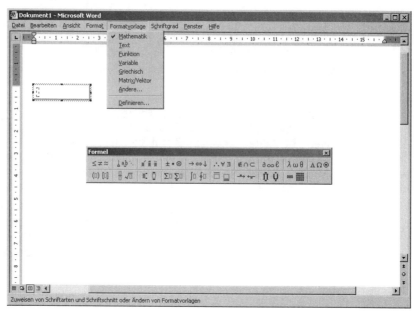

Bild 48.16: Der Formel-Editor ist variabel – über das Menü haben Sie Zugriff auf alle Formatie-rungen.

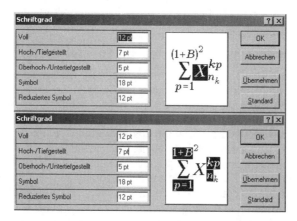

Bild 48.17: Die Schriftgrößen verändern Sie gezielt für jeden Formel-Teil.

Besondere Techniken im Formel-Editor

Der Formeleditor ist kein typisches Microsoft Produkt. Deshalb weichen Begriffe und Handlungsfolgen ein wenig vom »normalen« Word ab.

→ *Bewegen*
In Formeln bewegen Sie die Schreibmarke mit Maus und Richtungstas-ten, um Änderungen an Formelteilen vorzunehmen. Die Tabulatortaste wechselt zwischen Formelbereichen.

→ *Löschen*
Das Löschen von Zeichen erfolgt wie gewohnt.

→ *Neue Zeile*
Eine neue Formelzeile erzeugen Sie mit der Eingabetaste.

→ *Leerzeichen einfügen*
Leerzeichen sind nur im Textmodus einzufügen. Setzen Sie die Schreib-
marke an die gewünschte Stelle, wählen Sie den Befehl *Formatvorlage/
Text* und fügen Sie dann Leerzeichen ein.

→ *Abstände beeinflussen*
Grundeinstellungen für Abstände bestimmen Sie mit dem Befehl *Format/
Abstand*. Im oberen Teil der Symbolleiste befindet sich dafür alternativ
eine Schaltfläche zum Einfügen von Abständen.

→ *Freies Positionieren*
Sie positionieren ein Formelelement frei innerhalb der Formel, wenn
Sie es markieren und anschließend mit gedrückter ⟨Strg⟩-Taste mit
den Richtungstasten bewegen. Um gleichzeitig mehrere Elemente zu
positionieren, halten Sie beim Markieren die ⟨Strg⟩-Taste gedrückt.

→ *Ausrichten*
Haben Sie mehrere Formeln untereinander geschrieben, müssen sie
ausgerichtet werden. Mit dem Befehl *Format/Bei = Ausrichten* können
Sie untereinander stehende Formeln am Gleichheitszeichen ausrichten. Der darunter befindliche Menübefehl richtet Formeln am Komma
aus.

→ *Ausrichtungszeichen*
Flexiblere Ausrichtungen erlauben Ausrichtungszeichen, die Sie ebenfalls über die Symbolleiste an der aktuellen Position der Schreibmarke
einfügen. Die Ausrichtung an diesen Zeichen hat Vorrang vor Ausrichtungen über das Menü.

48.5 Organigramme

Officeanwendungen müssen unterschiedlichste Aufgaben erfüllen. In vielen Fällen werten visuelle Objekte den Text auf und vermitteln die Aussagen anschaulich. Dabei werden spezielle Funktionen eines Tools genutzt.

Ein Organigramm einfügen

Typischer Vertreter dieser Arbeitsweise ist Microsoft OrgChart, ein Programm, mit dem Sie Organisationsstrukturen erzeugen. Nachdem die
Schreibmarke korrekt platziert ist, rufen Sie den Befehl *Einfügen/Grafik/
Organigramm* auf. Dieses Programm ist nicht alleine lauffähig und kann
nur aus einem Anwendungsprogramm gestartet werden. Nach kurzer Zeit
erscheint ein Zeichenbereich *Microsoft Organigramm* und eine Symbolleiste
zur Arbeit mit dem Tool.

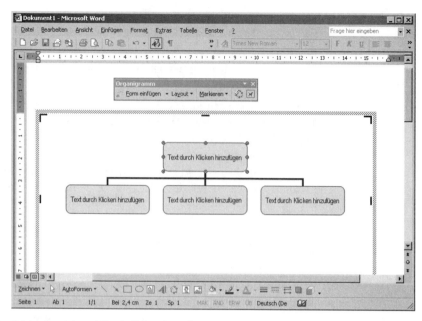

Bild 48.18: Zeichenbereich und Symbolleiste Organigramm.

Die Symbolleiste *Organigramm* bietet folgende Funktionen:

→ Die Schaltfläche *Form einfügen* geht von der gesetzten Markierung aus
und erstellt einen neuen Kasten in der Hierarchie. Dabei bezeichnen
»Manager« höhere und »Untergebene« untergeordnete Hierarchieebenen, während eine »Kollegin« auf der gleichen Stufe wie ein ange-
klicktes Feld angeordnet wird. Der »Assistent« wird zwischen die Hier-
archieränge eingeklinkt.

→ *Layout* bietet ein Menü, mit dem Sie das Aussehen des Organigramms
verändern. Hervorzuheben ist der Befehl *AutoLayout,* der noch einmal
als Symbol in der Leiste vorhanden ist. Damit öffnen Sie die Dialogbox
Organigrammtypkatalog, die verschiedene Diagrammtypen zur Wahl
bietet.

→ Für die gezielte Markierung bestimmter Teile des Diagramms nutzen
Sie die Schaltfläche *Markieren.* Je nach Auswahl sind einige Befehle
deaktiviert. Mit den verfügbaren Befehlen wählen Sie z.B. alle Verbindungslinien gleichzeitig aus. Das hilft besonders dann, wenn ein
nahezu fertiges Diagramm abschließend gestaltet wird.

→ *Textfluss* gestaltet die Einordnung des Organigramms in den umgebenden Kontext.

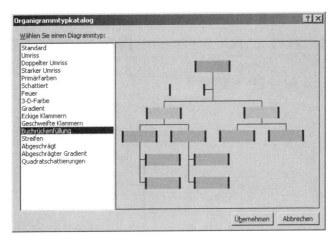

Bild 48.19: Der Organigrammtypkatalog stellt Typen als Grundlage eigener Entwürfe bereit.

Organigramm erstellen

Der Organigramm-Manager erstellt standardmäßig einen »Chef« mit drei Mitarbeitern. Die Elemente sind normale AutoFormen mit Texteingabefunktion: Sie setzen die Schreibmarke in die AutoForm, um Text einzugeben.

Um einen weiteren Mitarbeiter einzufügen, klicken Sie auf den Rahmen der Person, der diesem Mitarbeiter unterstellt ist. Dann wählen Sie *Form einfügen/Untergebene*.

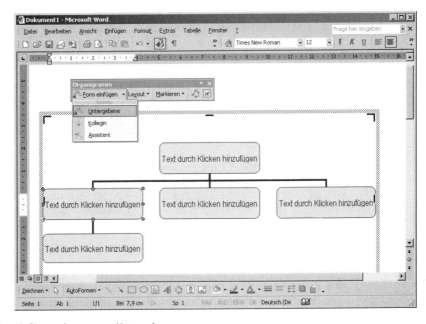

Bild 48.20: Einfügen eines neuen Untergebenen

Die Darstellung des Organigramms beeinflussen Sie mit dem Befehl *Layout*.

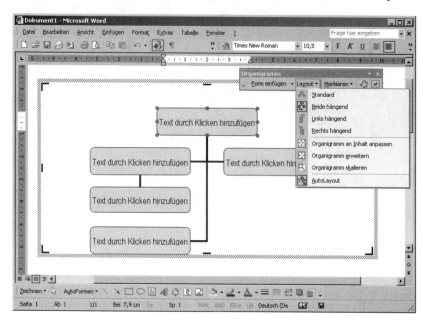

Bild 48.21: Das Menü Layout *beeinflusst die Darstellung der Mitarbeiter-Kästen.*

Die Datenübergabe

Nachdem Sie alle Änderungen vorgenommen haben, müssen Sie das Organigramm noch an die aufrufende Anwendung zurückgeben. Klicken Sie dazu einfach neben das Organigramm. Die aufrufende Anwendung übernimmt das Objekt: Es kann nach Bedarf formatiert, gedehnt, gezerrt oder proportional verändert werden, aber immer nur in seiner Gesamtheit. Einzelelemente beeinflussen Sie damit nicht. Einmal erstellte Organigramme werden üblicherweise nicht in einer separaten Datei gespeichert, sondern im aufrufenden Dokument abgelegt. Falls Sie etwas vergessen haben, klicken Sie das Organigramm einfach an. Durch den Klick wird das Werkzeug wieder aufgerufen, und Sie können Änderungen vornehmen.

48.6 Schematische Darstellungen

Mit Hilfe schematischer Darstellungen können Sie Ideen anschaulich präsentieren und Dokumente lebendig gestalten. Diese Diagrammformen basieren nicht auf numerischen Daten, sondern setzen Textelemente mit grafischen Elementen in Beziehung.

Typen

Die Diagrammtools für schematische Darstellungen finden Sie als Symbol auf der Symbolleiste *Zeichnen* und als Befehl im Menü *Einfügen*. Nach einem Klick erscheint die Dialogbox *Diagrammsammlung,* aus der Sie den gewünschten Diagrammtyp auswählen.

Bild 48.22: Mit der Auswahl in der Dialogbox Diagrammsammlung *wählen Sie den Diagrammtyp.*

Mit der Auswahl von *Organigramm* erzeugen Sie hierarchische Beziehungen. Diese Diagrammform spielt eine besondere Rolle und ist deshalb in einem eigenen Kapitel dargestellt. Die anderen Formen bilden eine Gruppe: Mit dem Befehl *Ändern zu* aus der Symbolleiste *Diagramm* können Sie einen Typ in den anderen verwandeln.

Folgende Diagrammtypen stehen zur Verfügung:

→ Zyklusdiagramm: Diesen Diagrammtyp verwenden Sie zur Darstellung eines Prozesses, der sich in gleicher Weise fortlaufend wiederholt.

→ Zieldiagramm: Dieses Diagramm setzen Sie ein, um die Schritte bei einer Zielwertsuche darzustellen.

→ Radialdiagramm: Dieses Kreisdiagramm eignet sich zur Darstellung der Beziehungen zwischen den einzelnen Elementen eines Hauptelements.

→ Venn-Diagramm: Dieses Diagramm dient zur Darstellung sich überlagernder Bereiche zwischen und innerhalb von Elementen.

→ Pyramidendiagramm: Dieser Diagrammtyp eignet sich bestens zur Darstellung konstruktiver Beziehungen.

Gemeinsame Steuerelemente

Beim Erstellen oder Ändern eines Diagramms wird das Diagramm mit Ziehpunkten und einem nicht druckbaren Rahmen in einem Zeichnungsbereich angezeigt. Gleichzeitig erscheint die Symbolleiste *Diagramm*.

→ Sie können die Größe des Diagramms bestimmen und so z.B. den Zeichnungsbereich vergrößern, um mehr Bearbeitungsfläche zu erhalten. Alternativ legen Sie den Rahmen enger um das Diagramm, um ungenutzte Flächen zu reduzieren.

– Der Befehl *Layout/Diagramm an Inhalt anpassen* auf der Symbolleiste *Diagramm* sorgt dafür, dass dieser Bereich exakt um die äußere Begrenzung des erstellten Diagramms verläuft. Diesen Befehl sollten Sie am Ende der Bearbeitung verwenden, wenn Sie den Zeichenbereich abschließend frei an seine endgültige Position verschieben wollen.

- Der Befehl *Layout/Diagramm erweitern* schafft Luft um die im Zeichenbereich befindlichen Objekte.

- Der Befehl *Layout/Diagramm skalieren* verändert das Diagramm, den Zeichenbereich und Texte innerhalb der Objekte proportional. Nach dem Klick auf das Symbol erfassen Sie eine Ecke der Zeichnung und verändern die Größe.

- *Layout/AutoLayout* schaltet den Modus ein bzw. aus. Bei eingeschaltetem Modus können Sie die Diagrammtypen ineinander transformieren. Die dabei entstehenden Typen weichen oft erheblich von den Standardformen ab.

→ *Textfluss* aktiviert das übliche Menü zur Veränderung der Beziehungen des Zeichnungsbereichs zum umgebenden Text.

→ Sie formatieren das gesamte Diagramm mit den definierten Formatvorlagen.

→ Alternativ formatieren Sie Teile des Diagramms genau so, wie Sie Auto-Formen formatieren: Sie können Farben und Text hinzufügen, die Linienstärke und -art verändern sowie Füllbereiche, Strukturen und Hintergründe hinzufügen.

→ Mit den Schaltflächen *Form nach vorne verschieben* bzw. *Form nach hinten verschieben* verändern Sie die Reihenfolge der Textelemente schrittweise.

→ *Diagramm umkehren* verändert die Anordnung aller AutoFormen gleichzeitig.

→ Um Elemente oder Segmente hinzuzufügen oder zu verschieben, verwenden Sie die Symbolleiste *Diagramm*, die mit Ihrem Diagramm angezeigt wird.

Bild 48.23: Die Symbolleiste Diagramm

 Für Flussdiagramme gibt es keinen vorbereiteten Diagrammtyp. Flussdiagramme erstellen Sie als Kombination von AutoFormen, z.B. Flussdiagrammformen und Verbindungen, die Sie im Menü AutoFormen auf der Symbolleiste Zeichnen *finden.*

Zyklusdiagramme

Bei einem Zyklusdiagramm erhalten Sie als Standard drei Textblöcke, die durch Kreissegmente optisch verbunden sind. Die Kreissegmente sind nur als Gesamtheit veränderbar, die Textelemente dagegen einzeln.

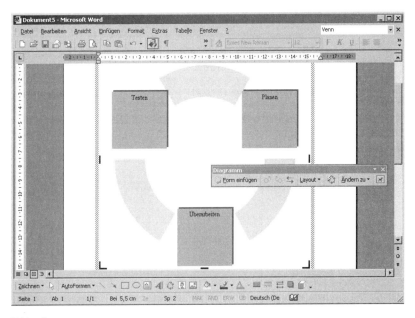

Bild 48.24: Zyklusdiagramm

Radialdiagramme

Grundform eines Radialdiagramms sind vier kreisförmige Textelemente, die sternförmig angeordnet sind. In diesem Fall können Sie z.B. alle Verbindungslinien zu Pfeilen umarbeiten.

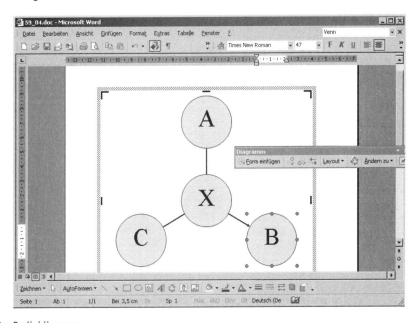

Bild 48.25: Radialdiagramm

Pyramidendiagramme

Beim Pyramidendiagramm erhalten Sie im Standard innerhalb eines Dreiecks drei Scheiben. Die übereinander angeordneten Textelemente können einzeln formatiert werden.

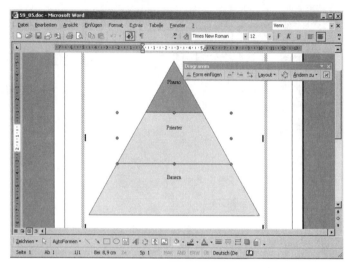

Bild 48.26: Pyramidendiagramm

Venn-Diagramme

Beim Venn-Diagramm besteht der Standard aus drei sich überlappenden Bereichen und drei in zugehörig angeordneten AutoFormen mit Textfeldern. Die AutoFormen sind schwer zu erkennen: Nutzen Sie die Abbildung als Orientierungshilfe.

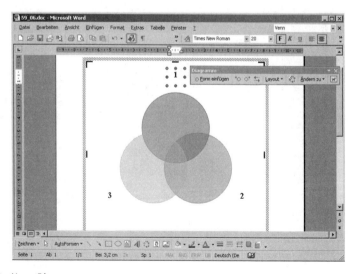

Bild 48.27: Venn-Diagramm

Zieldiagramme

Dieses Diagramm ist wie eine Zielscheibe aufgebaut. Sie finden zunächst drei Zielbereiche mit angebundenen AutoFormen vor, die mit Hilfe der Kennzeichnung *Text durch Klicken hinzufügen* auf ihre Funktion als Textcontainer verweisen. Entweder durch den Klick auf AutoFormat oder durch Bearbeitung der Einzelelemente erzielen Sie die gewünschten Effekte.

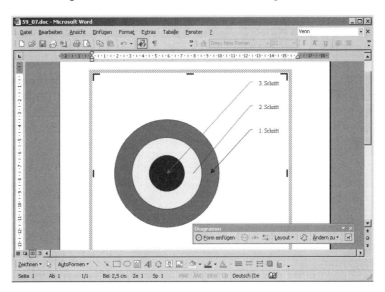

Bild 48.28: Zieldiagramm

48.7 Microsoft Office Document Scanning

Nicht immer liegt ein Dokument bereits in elektronischer Form vor. Scanner übernehmen es, Bilddaten optisch zu erfassen und in elektronische Form zu bringen. Das Kapitel zeigt, welche Office-Tools die Schnittstelle zwischen Scanner und Programm bieten.

Das Tool *Office Document Scanning* übernimmt das Scannen mit Texterkennung und -übergabe an Word. Sie benötigen für den Einsatz des Tools einen ordnungsgemäß installierten Scanner. Sie starten das Tool mit *Start/programme/Microsoft Office Tools/Microsoft Office Document Scanning*. Die gleichnamige Dialogbox erscheint und bietet die Voreinstellungen.

Ablauf und Funktionsweise des Scannens sind vom installierten Scanner abhängig. Auch die Arbeitsweise von Document Scanning *richtet sind in einigen Details nach den Scannervorgaben.*

Bevor Sie an das Scannen gehen, sollten Sie einen kleinen Ausflug durch die Einstellungen unternehmen:

→ Nach einem Klick auf *Scanner* erscheint eine Dialogbox, in der Sie den Scanner auswählen und testen können. Dieser Schritt ist nur erforderlich, falls Sie mehrere Scanner installiert haben.

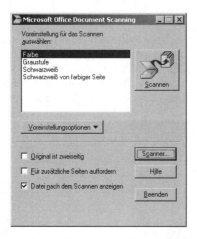

Bild 48.29: Die Start-Dialogbox von Microsoft Office Document Scanning.

→ Drei Kontrollkästchen im unteren Bereich regeln Details:

– Für Scanner mit automatischem Blatteinzug ist das Kontrollkästchen *Original ist zweiseitig* zuständig. Damit sorgen Sie dafür, dass die richtige Seitenreihenfolge im späteren Dokument automatisch erzeugt wird.

– *Für zusätzliche Seiten auffordern* setzen Sie ein, falls ein Dokument mit mehreren Seiten nacheinander gescannt und bearbeitet wird.

– *Datei nach dem Scannen anzeigen* sichert die Bearbeitung nach dem Scanvorgang.

→ Ein Klick auf die Schaltfläche *Voreinstellungsoptionen* ruft – nach Auswahl einer definierten Voreinstellung – eine Befehlsaufwahl aus. Wenn Sie z.B. auf *Ausgewählte Voreinstellung bearbeiten* klicken, dann erscheint eine Dialogbox, in der Sie die getroffenen Vorgaben sehen bzw. verändern.

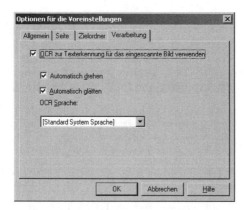

Bild 48.30: Im Register Verarbeitung *der Dialogbox* Optionen für die Voreinstellung *wird die Texterkennung eingeschaltet und gesteuert.*

Alle definierten Vorgaben gehen von einer gewünschten Texterkennung aus. Wichtig ist, dass die richtige Sprache gewählt ist. Das erfolgt ebenfalls im Register Verarbeitung.

→ Nach dem Klick auf *Scannen* wird der Scannertreiber installiert. Falls danach der Treiber Ihres Scanners startet, sollten Sie die Einstellungen aus Document Scanning ebenfalls eintragen: Eine direkte Übergabe der Parameter erfolgt bei wenigen Scannertypen.

→ Danach starten Sie in der für Ihren Scanner zuständigen Dialogbox den Scanvorgang.

Bild 48.31: Nach Abschluss des Scanvorgangs erfolgt unmittelbar die Texterkennung.

→ Wenn das entsprechende Kontrollkästchen aktiviert war, erscheint das Programmfenster von Microsoft Office Dokument Imaging.

Standard- und einziges Dateiformat für Microsoft Office Dokument Imaging ist das TIF-Format: Sie können Scanergebnisse in diesem Format speichern und zu einem späteren Zeitpunkt erneut mit Imaging öffnen.

→ Klicken Sie auf *Datei/An Word senden* oder nutzen Sie die gleichnamige Symbolschaltfläche.

→ Wählen Sie aus, welche Teile des Dokuments an Word gehen sollen.

→ Nach Übergabe des Texts an Word geht es an die Kontrolle des erzeugten Texts. Gemeinsam mit Rechtschreib- und Grammatikprüfung sind die wenigen Fehler schnell gefunden.

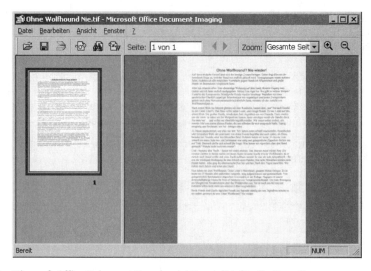

Bild 48.32: Microsoft Office Dokument Imaging ist Spezialist für die Verwaltung von gescannten Dokumenten.

Bild 48.33: Entscheiden Sie, welche Elemente an Word gesendet werden.

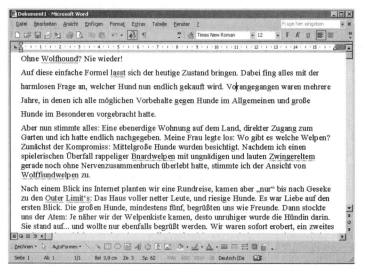

Bild 48.34: Der Text in Word

49 Makros und VBA

Obwohl Word nicht mit Funktionen geizt, gibt es sicher die eine oder andere Aufgabe, die mit den gebotenen Mitteln nur zeitaufwendig zu realisieren ist. Die integrierte Programmiersprache Visual Basic für Applikationen dient als leistungsfähiges Hilfsmittel, um beliebige Funktionen neu zu erzeugen und Arbeitsabläufe zu automatisieren.

49.1 Handlungsfolgen aufzeichnen und wiederholen

Um individuellen Ansprüchen gerecht zu werden, hat Microsoft die Programmiersprache VBA (»VBA«, auch *Visual Basic für Anwendungen*) in die Anwendungen integriert. In Verbindung mit dem Visual Basic Editor (VBE) steht Ihnen eine vollständige Entwicklungsumgebung zum Anpassen und Erweitern der Funktionalität von Word zur Verfügung.

Visual Basic für Anwendungen

Während die Programmiersprache *Visual Basic* als eigenständige Anwendung zu erwerben ist und eigenständige Programme erzeugt, ist VBA bereits in alle Anwendungen des Office-Pakets integriert. Im Unterschied zu Visual Basic erzeugt VBA keine eigenständigen lauffähigen Programme. VBA-Anwendungen sind ausschließlich in Verbindung mit den jeweiligen Office-Anwendungen funktionsfähig. VBA dient zur Steuerung und zur Erweiterung des Funktionsumfangs der Office-Anwendungen und vor allem zum Automatisieren wiederkehrender Arbeitsabläufe.

 Alle Funktionen und Routinen der jeweiligen Office-Anwendung, aber auch die anderer Office-Module stehen – ergänzt durch zusätzliche Programmstrukturen – für die Programmierung zur Verfügung.

Trotz oder gerade wegen der hohen Funktionalität der Office-Anwendungen gibt es in der Praxis viele Arbeiten, die für die Anwendung von VBA geeignet sind.

So ist in vielen Fällen zum Erledigen der Aufgabe lediglich ein Bruchteil der vorhandenen Programmfunktionen notwendig. Warum sollen sich also die Anwender mit den Feinheiten der Programme auseinandersetzen? Schneller, einfacher und weniger fehlerträchtig ist es z.B., Daten bequem in einer Datenmaske anstatt mit den normalen Bearbeitungsfunktionen zu erfassen. Die Verarbeitung der Daten, wie das Einfügen der Daten an der richtigen Stelle in einem Rechnungsformular, die anschließende Berechnung erledigt ein Makro – der Anwender übernimmt nur noch die Endkontrolle.

Ein weiteres Einsatzgebiet ist die Entwicklung eigenständiger Anwendungen. Viele Funktionen, die früher mit Hilfe kleiner Makros erledigt wurden, sind mittlerweile im Funktionsumfang moderner Anwendungen enthalten.

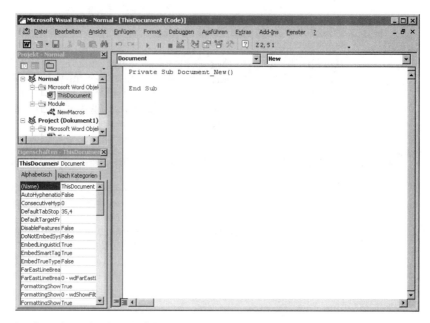

Bild 49.1: *Das integrierte* Visual Basic für Anwendungen *automatisiert Arbeitsabläufe und erweitert die Funktionen der Office-Anwendungen – auch von Word.*

Mit zunehmender Komplexität und Automatisierung in den Einzelanwendungen geht es heute immer häufiger darum, komplette, unter Umständen programmübergreifende Lösungen mit den integrierten Makro-Sprachen zu erstellen. In diesem Fall steht der Anwender vor der Tatsache, dass VBA eine richtige Programmiersprache ist und als solche zu erlernen ist.

Praxistipp: Makros aufzeichnen

Der einfachste und häufigste Fall beim Einsatz von VBA ist das Aufzeichnen eines Makros. Ein Makro ist eine Folge von Befehlen und Arbeitsabläufen, die aufgezeichnet und damit zu einem neuen Befehl zusammengefasst werden. Durch Ausführen dieses neuen Befehls »spielen« Sie die aufgezeichnete Befehlsfolge ab. Auf diese Weise vereinfachen und beschleunigen Sie Routineaufgaben wie das Formatieren bestimmter Textpassagen. Word unterstützt durch einen Makro-Recorder das Neuanlegen dieser nützlichen Helfer. Dieser Recorder zeichnet die durchgeführten Schritte auf und schreibt den dazugehörigen VBA-Code in das Makro.

Nachdem die Aufzeichnung beendet ist, kann das aufgezeichnete »Programm« immer wieder abgerufen werden – dabei kommt entweder ein zugeordnetes Symbol, eine selbst definierte Tastenkombination oder der Befehl *Extras/Makro/Makros* zum Einsatz.

Im folgenden Beispiel erstellen Sie eine kleine Arbeitshilfe, mit der Sie Buchstabendreher im Handumdrehen beseitigen.

Bild 49.2: Ein Schrecken für alle Vielschreiber: Buchstabendreher, bei denen selbst die Korrektur-funktion von Word versagt.

Das aufgezeichnete Makro verknüpfen Sie mit einer Tastenkombination, die Sie in die Standard-Dokumentvorlage *Normal.Dot* einbinden – später genügt dann ein Tastenbefehl, um vertauschte Zeichen zu korrigieren.

Bevor Sie mit einer Aufzeichnung beginnen, planen Sie alle Arbeitsschritte. Besonders wichtig ist die Ausgangssituation: Wenn Sie z.B. eine Suchen-Funktion durchführen, sucht das Makro immer nach den vorhandenen Ein-trägen, sofern diese nicht im Makroprozess verändert werden.

→ Setzen Sie die Schreibmarke zwischen die zu tauschenden Zeichen – im Beispiel die Zeichen e und i im Wort Serienbreif. Damit haben Sie auch für spätere Einsätze den Startpunkt des Makros definiert: Die Schreibmarke steht zwischen den beiden zu vertauschenden Zeichen.

→ Rufen Sie den Befehl *Extras/Makro/Aufzeichnen* auf.

→ In der Dialogbox *Makro aufzeichnen* geben Sie dem Makro den Namen *TauscheZwei* und legen fest, ob es über die Symbolleiste oder ein Tas-tenkürzel gestartet werden soll. Für dieses Beispiel klicken Sie auf die Schaltfläche *Tastatur*, vergeben die Kombination Strg+., V und klicken dann auf *Zuordnen*.

Die Tastenkombination Strg+. funktioniert als Präfixtaste: Die Betäti-gung versetzt Word in einen Wartezustand, erst die nächste Taste löst den Vorgang aus.

Bild 49.3: *Symbole, Menüeinträge oder Tastenkombinationen weisen Sie dem zu erstellenden Makro bereits beim Start des Makrorecorders zu.*

→ Klicken Sie auf *Schliessen*, um die Dialogbox TASTATUR ANPASSEN zu beenden. Eine Mini-Symbolschaltfläche zeigt nun ebenso wie die Buchstaben *Mak* die laufende Aufzeichnung an.

→ Halten Sie die ⟨Shift⟩-Taste gedrückt, und setzen Sie die Schreibmarke mit ⟨Pfeil→⟩ um ein Zeichen nach rechts – Word markiert den überstrichenen Bereich.

→ Drücken Sie ⟨Strg⟩+⟨X⟩, um das markierte Zeichen auszuschneiden.

→ Bewegen Sie die Schreibmarke mit ⟨Pfeil→⟩ ein Zeichen nach rechts, und drücken Sie ⟨Strg⟩+⟨V⟩, um den ausgeschnittenen Buchstaben einzufügen.

→ Setzen Sie die Schreibmarke mit ⟨Pfeil←⟩ um ein Zeichen nach links: Die Schreibmarke steht nun zwischen den vertauschten Buchstaben.

→ Schließen Sie die Makroaufzeichnung mit dem Befehl *Extras/Makro/ Aufzeichnung beenden* oder durch einen Klick auf das Quadrat der Makro-Symbolleiste ab.

Makros werden immer als Teil einer Datei oder Dokumentvorlage abgespeichert.

Mit *Extras/Makro/Makros*, Wahl des Makros TauschZwei in der Dialogbox und einem Klick auf die Schaltfläche *Bearbeiten* öffnen Sie den VBA-Editor. Hier sehen Sie den erzeugten Visual-Basic-Code – und können ihn bei Bedarf manuell ändern.

Sobald Sie nun die Tastenkombination ⟨Strg⟩+⟨,⟩+⟨V⟩ eingeben, führt Word das soeben aufgezeichnete Makro aus und tauscht die Zeichen links und rechts der Schreibmarke aus.

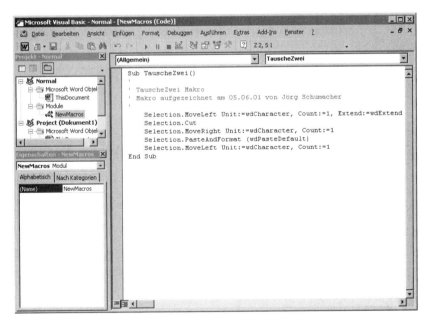

Bild 49.4: Word wandelt die Makroabläufe nach der Aufzeichnung in VBA-Code um.

Trotz der bereits zugewiesenen Tastenkombination lässt sich das Makro auch in ein Menü oder eine Symbolleiste einbinden.

Mit dem Befehl *Ansicht/Symbolleisten/Anpassen* öffnen Sie die Dialogbox *Anpassen*. In dieser Dialogbox aktivieren Sie zuerst das Register *Befehle* und markieren danach im Listenfeld *Kategorien* den Eintrag *Makros*.

Alle zur Verfügung gestellten Makros stehen im Listenfeld *Befehle*. Hier wählen Sie das entsprechende Makro – in unserem Beispiel *Normal.New-Macros.TauscheZwei* – und schieben es mit gedrückter linker Maustaste in die Symbolleiste.

Die Erscheinung der Schaltfläche wird vermutlich nicht Ihren Erwartungen entsprechen. Mit der Schaltfläche *Auswahl ändern* öffnen Sie ein Menü, in dem Sie den Namen des Symbols oder Menüeintrags bzw. die Symboldarstellung selbst anpassen.

49.2 Die Entwicklungsumgebung VBE

Jede Programmiersprache setzt voraus, dass der Programmtext eingegeben werden kann. Microsoft hat dafür ein spezielles Programm mitgeliefert, das sich nicht nur um die Eingabe des Programmcodes kümmert, sondern auch noch zahlreiche Hilfen zur Verfügung stellt.

Mit der Tastenkombination [Alt]+[F11] oder mit dem Befehl *Extras/Makros/Visual Basic-Editor* wechseln Sie in die Entwicklungsumgebung für VBA-Programme. Dies kann zu jedem Zeitpunkt und von jeder Stelle aus passieren, auch wenn noch kein Makro existiert.

In der eigenständigen Anwendung VBE findet die gesamte Entwicklung, inklusive des Formularentwurfs und Programmtests statt.

Als erstes sehen Sie neben einem neuen Menü und einer neuen Symbolleiste zwei unterschiedliche Fenster. Jedes dieser Fenster hat seine eigene Funktion. Bei Bedarf – und wenn der Bildschirm groß genug ist – lassen sich weitere Fenster zuschalten.

Das Code-Fenster

Das Code-Fenster, das eigentliche Arbeitsfenster mit dem VBA-Programm, nimmt den größten Platz ein. Es stellt eine Reihe nützlicher Zusätze bereit. Die Verwendung unterschiedlicher Farben fällt sofort ins Auge. Einige Programmpassagen erscheinen grün, andere blau und wieder andere schließlich schwarz. Die Farben weisen auf besondere Funktionen der jeweiligen Texte hin:

→ *Grün*
Grüner Text ist ein Kommentartext. Kommentare werden mit Hochkommata eingeleitet und dürfen komplette Zeilen belegen oder einfach hinter einer Programmzeile eingefügt werden.

Kleine Applikationen – wie z.B. das im Beispiel erstellte Zeichen-Makro – müssen Sie sicher nicht besonders kommentieren. Bei umfangreicheren Projekten geht ohne eine Kombination aus Papierdokumentation (Struktur-, Ablauf- und Datenflusspläne) und Programmkommentaren schnell der Überblick verloren – Programmänderungen oder -ergänzungen werden umständlich oder sogar unmöglich.

→ *Blau*
Blaue Passagen kennzeichnen Programmbefehle oder Funktionen.

→ *Schwarz*
Schwarz sind alle Objekte, Variablen, Konstanten und Operatoren gekennzeichnet.

Auch im Visual Basic-Editor ist die IntelliSense-Technologie integriert. Bereits beim Eintippen erscheint – sobald der vorgegebene Befehl oder das Objekt erkennbar ist – eine Liste der aktuell zur Verfügung stehenden Funktionen. Dazu zählen selbstdefinierte Typen ebenso wie alle durch die jeweilige Anwendung zur Verfügung gestellten Objekte. Ähnliches gilt beim Aufruf von Funktionen: Eine QuickInfo mit einem Syntaxhinweis erscheint automatisch. Dadurch bleiben dem Programmierer sowohl Schreibfehler als auch die Suche nach Eigenschaften, Methoden oder der exakten Parameterübergabe erspart.

Haben Sie sich erst einmal mit dieser Art der Einmischung angefreundet, ist sie wirklich eine große Erleichterung. Die Übernahme des ausgewählten Eintrags geschieht einfach mit den Tasten [Tab] oder [Enter].

VBE ist in der Lage, so viele Code-Fenster zu öffnen, wie Module vorhanden sind. So lässt sich ein Code auf einfache Weise in verschiedene Formulare oder Module übernehmen – auch der Visual Basic Editor beherrscht Drag&Drop und die Zwischenanblageoperationen.

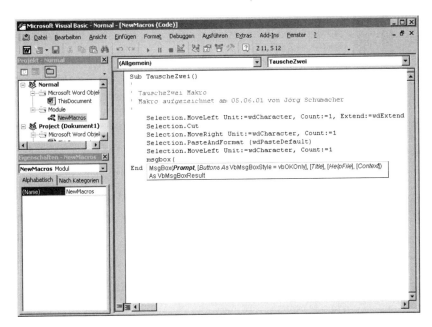

Bild 49.5: In der Quickinfo sehen Sie die benötigten Parameter.

Die Code-Fenster können Sie auf verschiedene Weise öffnen:

→ Sie klicken im Projekt-Explorer ([Strg]+[R]) auf ein Formular oder Modul und anschließend auf die Schaltfläche *Code anzeigen* (ebenfalls Projektexplorer).

→ Sie klicken doppelt auf ein Steuerelement oder ein Formular im *User-Form-Fenster*.

→ Der Befehl *Ansicht/Code* oder die Taste [F7] ruft ein Code-Fenster auf.

Über dem Code-Fenster sind zwei Listenfelder angeordnet. Die Objektliste enthält den Namen des markierten Objekts. Klicken Sie auf den Pfeil rechts neben dem Listenfeld, um eine Liste aller mit dem Formular verknüpften Objekte anzuzeigen.

Das Feld *Prozedur* zeigt alle Ereignisse, die für das angezeigte Objekt gültig sind. Bei der Auswahl eines Ereignisses wird die mit diesem Ereignisnamen verknüpfte Ereignisprozedur im Code-Fenster angezeigt.

Das Eigenschaftenfenster

Mit der Tastenkombination [F4] öffnen Sie das Eigenschaftenfenster, in dem sämtliche Eigenschaften eines Elements entweder in alphabetischer Reihenfolge oder nach Kategorien sortiert aufgelistet sind.

Dieses Fenster bietet einen leichten Zugang zu möglichen Einstellungen des aktiven Elements. Ein Klick auf eines der Eingabefelder öffnet Listen mit möglichen Werten.

Handelt es sich um ein Modul, beschränkt der Visual Basic Editor die Anzeige auf den Modul-Namen.

Der Projekt-Explorer

Der Projekt-Explorer, den Sie mit $\boxed{\text{Strg}}$+$\boxed{\text{R}}$ öffnen, bietet Ihnen eine Übersicht über die Struktur eines Projekts. In der hierarchischen Liste sehen Sie alle zusammengehörigen Einzelteile eines oder mehrerer Projekte. Hier können Sie einzelne Bestandteile auf- und zuklappen lassen.

Bild 49.6: *Der Projekt-Explorer stellt eine Zusammenfassung der Einzelteile eines oder mehrerer Projekte bereit.*

Der Explorer zeigt auch Elemente an, auf die nur verwiesen wurde. So wird zum Beispiel bei einem Word-Dokument immer die passende Dokumentvorlage mit aufgenommen. Das Fenster lässt sich jederzeit über die Symbolleiste ein- oder ausschalten. Gerade bei umfangreichen Projekten erleichtert es die Übersicht. Außerdem ermöglicht es Ihnen einen schnellen Zugang zu allen Teilen des Projekts.

49.3 Verschiedene Ansichten im Editor

Außer den bereits beschriebenen Hauptfenstern bietet die VBE noch weitere Ansichten. Diese lassen sich bei Bedarf über das Menü *Ansicht* ein- oder ausschalten.

Das Direktfenster

Das Direktfenster öffnen Sie über den Menübefehl *Ansicht/Direktfenster* oder mit der Tastenkombination $\boxed{\text{Strg}}$+$\boxed{\text{G}}$. Dieses Fenster verwenden Sie, um folgende Aktionen auszuführen:

→ Testen Sie problematischen oder neu erstellten Code.

→ Erzeugen Sie Abfragen oder Ändern Sie Variablenwerte während der Ausführung einer Anwendung. Sobald Sie die Ausführung unterbrechen, kann der Variablen wie im Code ein neuer Wert zugewiesen werden.

→ Geben Sie Abfragen ein oder ändern Sie einen Eigenschaftswert während der Ausführung einer Anwendung.

→ Rufen Sie Prozeduren wie im Code auf, und überprüfen Sie das Ergebnis.

Überwachungsfenster

Das Überwachungsfenster hilft Ihnen bei der Fehlersuche und Programmkontrolle. In ihm werden die aktuellen Überwachungsausdrücke angezeigt. Hier lässt sich z.B. der Wert aller Variablen oder auch ein Zwischenergebnis von Formeln betrachten.

Das Überwachungsfenster wird automatisch geöffnet, wenn Sie über Debuggen/Überwachung hinzufügen *im Projekt einen Überwachungsausdruck festlegen.*

UserForm-Fenster

Formulare werden in einem eigenen Fenster dargestellt und verfügen über ein eigenes Objektmodell. Diese Objekte lassen sich direkt einprogrammieren. Dieser Komponente von VBA hat Microsoft einen eigenen Namen gegeben, »MS Forms«.

Die Forms sind eigenständige Teile eines Projekts, haben eigene Methoden und Eigenschaften. Sie stellen ein eigenes Modul und ihre Steuerelemente als normale Objekte dem Projekt zur Verfügung.

Schriftgröße, -art und -auszeichnung sind frei definierbar. Bilder optimieren die äußere Form, ActiceX-Elemente sorgen für einen schnellen Aufbau und eine an die üblichen Windows-Applikationen angepasste Bedienung. Wenn Sie ein Formular in das Projekt einfügen, erscheint eine Auswahl von Formularelementen.

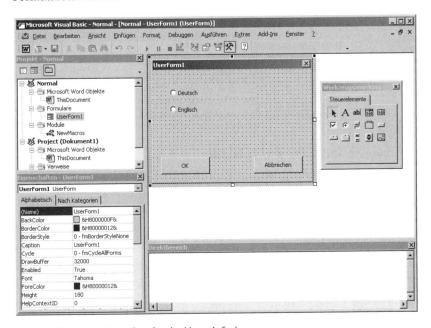

Bild 49.7: Das Erstellen eines Formulars ist denkbar einfach.

Diese Elemente ziehen Sie per Drag&Drop auf das Formular und passen sie mit Hilfe des Eigenschaftsfensters problemlos an. Auch bei der Anordnung und Gestaltung von Elementgruppen hilft Ihnen VBE. So kann die Ausrichtung mehrerer Steuerelemente gemeinsam festgelegt oder deren Größe vereinheitlicht werden.

49.4 ActiveX-Steuerelemente

ActiveX-Steuerelemente erscheinen z.B. als Kontrollfelder, Listenfelder oder Schaltflächen. Dennoch handelt es sich um eigenständige in sich abgeschlossene Programm-Module, mit denen Sie auf definierte Daten der aufrufenden Anwendung zurückgreifen können.

Diese Module setzen Sie in eigenen Anwendungen ein – also auch in VBA-Programmen. Damit sparen Sie eine Menge Programmieraufwand. Von der einfachen Meldungsbox bis hin zu kompletten Grafikprogrammen – alles kann mit diesen Programmelementen realisiert werden. Dabei registrieren sich diese Programm-Module selbst: Ein registriertes Modul steht auch anderen Applikationen und sogar unterschiedlichen Programmiersprachen zur Verfügung.

Aus den umfangreichen Fähigkeiten resultieren auch Gefahren: Es gibt kaum etwas, was man mit einem ActiveX-Control nicht programmieren könnte. Wenn Ihnen also zweifelhafte ActiveX-Controls angeboten werden – im Internet oder in Anwendungsprogrammen –, lassen Sie Vorsicht walten.

Alle zur Verfügung stehenden Elemente finden Sie in der Symbolleiste *Steuerelement-Toolbox*. Ein Klick auf das Symbol *Weitere Steuerelemente* öffnet eine Liste mit allen auf dem System verfügbaren ActiveX-Komponenten.

ActiveX-Steuerelemente lassen sich in benutzerdefinierte Programme, aber auch in Formulare oder Dialogboxen einsetzen. Sie können ein Makro starten, Eigenschaften und Parameter übergeben: Bei entsprechendem Einsatz erleichtern sie den Anwendungsentwurf erheblich.

49.5 Makros verwalten

Vorhandene Makros sind in Word in Dokumenten oder Dokumentvorlagen gespeichert und lassen sich bei Bedarf individuell organisieren. Klicken Sie dazu auf den Befehl *Extras/Makro/Makros*. In der Dialogbox *Makros* klicken Sie auf die Schaltfläche *Organisieren* – Word öffnet die Dialogbox *Organisieren*. Im Register *Makros* nehmen Sie die Zuordnung der Makros zu Dokumenten und Dokumentvorlagen vor. Wählen Sie dazu die Dateien, zwischen denen Sie Makros austauschen wollen, in der rechten und linken Liste aus.

Gegebenenfalls öffnen Sie die gewünschten Dateien, nachdem Sie die vorhandenen Dateien geschlossen haben.

Um Makros zu kopieren, markieren Sie den entsprechenden Eintrag in der Liste und übertragen das markierte Makro mit einem Klick auf die Schaltfläche *Kopieren* in das Zieldokument.

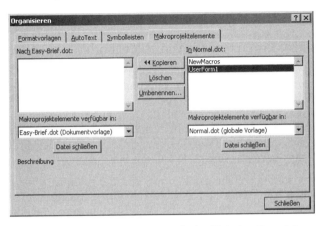

Bild 49.8: Kopieren von Makros oder UserForms in der Dialogbox Organisieren

Wenn Sie ein Makro vor dem Kopieren umbenennen wollen, steht die Schaltfläche Umbenennen *zur Verfügung.*

Automakros

In der VBE können Sie den Prozeduren neue Namen geben. Einige Namen sind in Word reserviert, um automatische Funktionen auszulösen.

→ Ein Makro mit dem Namen AutoExec wird beim Starten von Word ausgeführt. Damit könnten Sie z.B. Voreinstellungen in Ihrer Arbeitsumgebung einrichten. Speicherort ist natürlich dafür die *Normal.Dot.*

→ Das Makro, welches beim Beenden von Word z.B. die vorgefundenen Einstellungen rekonstruieren soll, muss den Namen AutoExit tragen.

→ Um beim Öffnen eines Dokuments ein Makro automatisch auszuführen, erhält es den Namen AutoOpen; Speicherort ist das Dokument selbst. Wenn Sie z.B. im Dokument Felder verwendet haben, die eine Frage stellen, könnten Sie in einem solchen Makro die Aktualisierung und damit das Abfragen organisieren.

→ Das Gegenstück dieses Makros trägt den Namen AutoClose. Es wird beim Schließen des Dokumentfensters ausgeführt.

→ Die häufigste Variante für den Einsatz von Automakros ist jedoch ein Makro mit dem Namen AutoNew, das in Dokumentvorlagen gespeichert wird. Wenn Sie mit dem Befehl *Datei/Neu* ein neues Dokument auf der Basis dieser Dokumentvorlage erstellen, wird das Makro ausgeführt. Um z.B. die in Teil 2 dieses Buches erstellte Dokumentvorlage so zu ergänzen, dass die Schreibmarke bei Erstellen eines neuen Briefes automatisch in das Adressfeld gesetzt wird und zuvor die Feldverknüpfung für das automatische Datum auflöst, setzen Sie ein so benanntes Makro ein.

49.6 VBA erlernen

Im Rahmen dieses Buches ist natürlich keine umfassende Einführung in VBA möglich. Einige grundlegende Erklärungen sollen jedoch helfen, die Struktur von VBA darzustellen und einen Weg zum Erlernen aufzuzeigen.

Objekte, Eigenschaften und Methoden

VBA teilt sich in zwei Bereiche auf. Der eine Bereich ist der Sprachkern, der Bereich, der in allen Office-Anwendungen identisch ist. Er ist eine Weiterentwicklung der alten BASIC-Sprache und enthält die grundsätzlichen Elemente, z.B. Datentypen, Schleifen, Selektionen, Dateiverwaltung, Zeichenkettenumwandlungen. Der andere Bereich, der VBA so vielseitig einsetzbar macht, sind die Objektmodelle der einzelnen Office-Anwendungen – also auch das Objektmodell von Word .

Objekte stellen das Fundament von VBA dar; nahezu alle Aktionen in VBA schließen den Umgang mit Objekten ein. Sämtliche offengelegten Elemente einer Anwendung – z.B. Word-Dokumente, Tabellen, Kopf- oder Fußzeilen, Abschnitte, Absätze, Wörter usw. – werden als Objekte bezeichnet. Durch das Erstellen von Prozeduren, die Methoden anwenden und die Eigenschaften der Objekte steuern, können Sie Aufgaben in Word automatisieren. Im VBA-Code müssen Sie ein Objekt identifizieren, bevor Sie eine der Objektmethoden anwenden oder den Wert einer seiner Eigenschaften ändern können. Dabei ist es meist nötig, den Platz des entsprechenden Objekts in der Objekthierarchie der jeweiligen Office-Anwendung zu kennen.

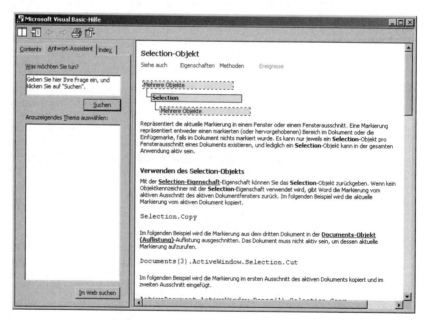

Bild 49.9: Beispiel aus der VBA-Hilfe zur Objekthierarchie

Zu fast jedem Objekt gehören eine Reihe von Methoden. Bei einer Methode handelt es sich um eine Aktion, die mit einem Objekt durchgeführt werden kann. Solche Methoden sind z.B. das Markieren oder das Kopieren. Die Anzahl der Methoden schwankt stark von Objekt zu Objekt.

Eine Eigenschaft ist meist ein Attribut eines Objekts, mit dem eines seiner Charakteristika (Größe, Farbe oder Bildschirmposition) oder ein Aspekt seines Verhaltens (z.B. ob es aktiviert oder sichtbar ist) definiert wird. Sie ändern die Charakteristika eines Objekts, indem Sie die Werte seiner Eigenschaften ändern.

Beim Umgang mit VBA ist es sehr hilfreich, die Onlinehilfe zu verwenden, um herauszufinden, welche Eigenschaften und Methoden für ein Objekt benutzt werden können und welche Objekte in der Hierarchie über bzw. unter einem bestimmten Objekt stehen.

Durch Einblick zum Durchblick – Programmcode interpretieren

Zum Programmsystem Visual Basic für Applikationen finden Sie im Handbuch nur wenig. Microsoft verlässt sich dabei ganz auf die – unbestritten – ausführlichen Online-Hilfen.

Wenn Sie VBA erlernen wollen, sollten Sie die Möglichkeiten von Word nutzen. Beginnen Sie mit der Aufzeichnung einzelner Befehle mit dem Makro-Recorder. Danach steht der entsprechende Quelltext in der VBA-Entwicklungsumgebung zur Verfügung. Die aufgezeichneten Befehle erlernen Sie dann leichter über die kontextsensitive Hilfefunktion der VBE: Setzen Sie die Schreibmarke in ein Wort, und drücken Sie die Taste F1 .

Der Vorteil der Makro-Aufzeichnung mit dem Befehl *Extras/Makro/Aufzeichnen* besteht darin, dass damit »echter« VBA-Code erzeugt wird. Dieser Quelltext gibt Aufschluss darüber, welche Objekte sich hinter den konkreten Elementen von Word verbergen und welche Eigenschaften und Methoden angesprochen wurden, um das aufgezeichnete Resultat zu erzielen. Das Ergebnis der Makro-Aufzeichnung steht als Sub-Prozedur im Modul NewMacros im Quelltext zur Einsicht bereit.

Wenn Sie z.B. bei der Aufzeichnung einen so einfachen Befehl wie *Datei/Neu* ausführen und damit ein neues Dokument auf der Grundlage einer Vorlage erstellen, liefert schon der damit erzeugte Quellcode einige Einblicke in die Struktur von VBA. Sobald Sie danach mit Alt + F11 die VBE aufrufen, finden Sie in einer Sub-Prozedur diese Aufzeichnung:

```
Sub Neues_Dokument()
'
' NeuerBrief Makro
' Makro aufgezeichnet am
'
Documents.Add Template:= _
"C:\Vorlagen\Anwendungsdaten\Microsoft\Vorlagen\Normal.dot",
NewTemplate:=_False, Documenttype:=0
End Sub
```

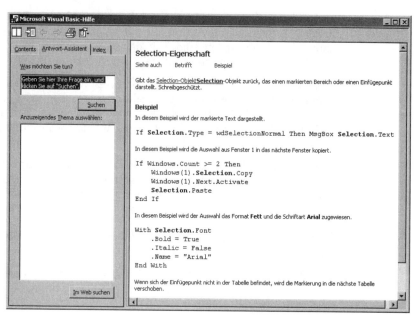

Bild 49.10: *Bequem: Wenn ein Befehl oder eine Funktion markiert ist, öffnen Sie mit der Taste* `F1` *den zugeordneten Hilfetext.*

Zunächst ist gut die Struktur zu erkennen. Das Makro beginnt mit dem Schlüsselwort `Sub`, gefolgt vom eingegebenen Namen und einigen Kommentarzeilen. Die Zeile darunter bezeichnet mit `Documents` ein (multiples) Aufzählungsobjekt und mit `Add` die darauf anzuwendende Methode. Das (einfache) Objekt `Template` bezeichnet schlicht die Dokumentvorlage mit ihrem kompletten Verzeichnisbaum. Kurz gesagt: Mit der `Add`-Methode und der `Documents`-Auflistung können Sie ein neues Dokument öffnen, das auf einer Vorlage basiert. Abgeschlossen wird die `Sub`-Prozedur mit den Schlüsselwörtern `End Sub`.

So richtig spannend wird es, wenn Sie in der VBE die Schreibmarke auf ein Objekt oder Schlüsselwort setzen und mit der Funktionstaste `F1` die Hilfe aufrufen. Die Hilfeseite eines Objekts enthält neben zweckdienlichen Informationen und einem praktischen Programmierbeispiel immer weiterführende Hyperlinks, mit denen Sie sämtliche für das Objekt verfügbaren Eigenschaften und Methoden abrufen können.

Objekte und Methoden erscheinen in der Schreibweise `Objekt.Komponente.Komponente.Komponente.Komponente` im Code – am Beispiel oben: `Documents.Add`. Für eine VBA-Anweisung werden also Objekte und Methoden durch Punkte getrennt aneinandergehängt.

Da die meisten Methoden noch von optionalen oder notwendigen Argumenten gefolgt sein können, sind Zusätze nötig. So erhält im obigen Beispiel das Argument `New Template` durch den Zuweisungsoperator `:=` den Wert `False`, was in diesem Fall bedeutet, dass keine neue Vorlage, sondern ein Dokument neu erstellt wird.

Für den Umgang mit Objekten bringt VBA naturgemäß einige Sprachelemente und Kontrollstrukturen mit, die genau auf den Umgang mit Objekten zugeschnitten sind. So erleichtert das Konstrukt With/End With den gleichzeitigen Zugriff auf mehrere Eigenschaften und Methoden eines Objekts.

So könnte z. B. der Programmausschnitt

```
Selection.MoveLeft Unit:=wdCharacter, Count:=1, Extend:=wdExtend
Selection.Cut
Selection.MoveRight Unit:=wdCharacter, Count:=1
Selection.Paste
```

unter Verwendung von With/End With folgendermaßen aussehen:

```
With Selection
    .MoveLeft Unit:=wdCharacter, Count:=1, Extend:=wdExtend
    .Cut
    .MoveRight Unit:=wdCharacter, Count:=1
    .Paste
End With
```

Das sieht zwar auf den ersten Blick nach mehr Zeilen aus, vereinfacht die Programmstruktur aber wesentlich. Der Programmabschnitt tauscht an der aktuellen Position der Schreibmarke die Zeichen links und rechts der Schreibmarke.

Wenn innerhalb eines solchen Blocks mehrere Zugriffe auf ein untergeordnetes Objekt erfolgen sollen, kann ebenfalls dafür mit With *ein neuer Block für dieses Objekt begonnen und mit* End With *wieder beendet werden, so dass eine Verschachtelung entsteht.*

Variablen

Variablen – vereinfacht – sind Speicherplätze für Werte aller Art. In VBA können Sie einer Variablen selbst einen Wert zuweisen oder über eine Anweisung einen Wert ermitteln lassen. Es sind nur wenige Regeln nötig, um einen Variablennamen korrekt zu schreiben. Variablennamen enthalten nur Buchstaben und Ziffern, beginnen immer mit einem Buchstaben und dürfen maximal 255 Zeichen lang sein.

Sie sollten keine Namen verwenden, die bereits durch Funktionen, Anweisungen und Methoden in Visual Basic verwendet werden, da auf diese Weise die Funktionalität des entsprechenden Schlüsselworts in der Sprache beeinträchtigt wird. Namen dürfen innerhalb des gleichen Gültigkeitsbereichs nicht wiederholt auftauchen.

Visual Basic berücksichtigt die Groß-/Kleinschreibung nicht, behält jedoch die Schreibweise der Anweisung bei, mit der der Name deklariert wurde.

Datentypen

Bei der Definition von Variablen wird die dafür reservierte Speichergröße vom Datentyp bestimmt. VBA unterscheidet zwischen numerischen Variablen und Zeichenketten-Variablen. Innerhalb beider Kategorien gibt es wieder unterschiedliche Datentypen. Wann immer Sie Variablen verwenden, müssen Sie entweder die Typenkennzeichnung mit angeben oder die Variablen deklarieren. Z.B. wäre das bei einer Zeichenketten-Variablen mit der Deklaration und nachfolgender Zuweisung möglich:

```
Dim Beispiel as String
Beispiel = "Das ist der Beispieltext"
```

Ebenfalls für VBA verständlich ist die Zuweisung durch

```
Beispiel$ = "Das ist der Beispieltext"
```

Hierbei übernimmt das Zeichen $ die Rolle der Typzuweisung.

Arrays

Ein Array ist ein Auffangbecken für Variablen, aus dem die Variablen mit Hilfe eines Zählers herausgeholt werden. Dadurch eignen sie sich besonders für die Verwendung in den später noch zu erwähnenden For-Schleifen. Arrays werden mit Dim deklariert – in diesem Fall auf den Datentyp Variant, der einen beliebigen Inhalt zulässt.

```
Dim Wochentage, Tag1
Wochentage = Array("Mo", "Di", "Mi", "Do", "Fr", "Sa", "So")
Tag1 = Wochentage(2)   ' Tag1 enthält "Di".
Tag1 = Wochentage(4)   ' Tag1 enthält "Do".
```

Bedingte Anweisungen, Schleifen und Sprünge

Mit Hilfe bedingter Anweisungen und Schleifenanweisungen – auch Kontrollstrukturen genannt – können Sie Visual Basic-Code erstellen, der Entscheidungen trifft und bestimmte Aktionen wiederholt. Bedingte Anweisungen überprüfen, ob eine Bedingung True oder False ist, und legen dann eine oder mehrere Anweisungen fest, die in Abhängigkeit vom Ergebnis der Überprüfung ausgeführt werden sollen. Normalerweise ist eine Bedingung ein Ausdruck, der einen Vergleichsoperator verwendet.

Die folgenden Erläuterungen dienen nur dazu, Ihnen einen Überblick über mögliche Anweisungen zu geben, damit Sie in der VBA-Hilfe zielgerichtet nachschlagen.

→ Verwenden Sie die bedingte Anweisung If...Then...Else, um die Programmausführung zu verzweigen, wenn eine Bedingung True oder False ist.

```
If Hallo = 1 Then
Msgbox ("Hallo")
End If
```

Sobald die Variable Hallo den Wert 1 annimmt, ist der Vergleichsausdruck 1=1 wahr; damit wird die If-Anweisung ausgeführt: Die Informationsbox mit dem Text »Hallo« erscheint.

→ Verwenden Sie die Select...Case-Anweisung, um aus einer Gruppe von Bedingungen eine Verzweigung auszuwählen. Schleifen ermöglichen die wiederholte Ausführung einer Gruppe von Anweisungen.

Einige Schleifen wiederholen Anweisungen, bis eine Bedingung dem Wert False entspricht, andere, bis eine Bedingung dem Wert True entspricht. Es gibt weiterhin Schleifen, die Anweisungen für jedes Objekt in einer Auflistung oder mit einer festgelegten Anzahl an Wiederholungen ausführen.

→ Verwenden Sie die Kontrollstruktur Do...Loop, um eine Schleife auszuführen, wenn oder solange bis eine Bedingung dem Wert True entspricht.

→ Verwenden Sie die Kontrollstruktur For...Next, um Anweisungen mit einer festgelegten Anzahl an Wiederholungen auszuführen. Dabei wird ein Zähler benutzt.

→ Verwenden Sie die spezielle Kontrollstruktur For...Each...Next, um eine Gruppe von Anweisungen für jedes Objekt in einer Auflistung zu wiederholen.

Listingbeispiel

Zum Abschluss ein kleines Beispiel, das die Verwendung von Variablen, die Ablaufsteuerung mit Hilfe von If-Anweisungen und das Auskommentieren mit dem Hochkomma demonstriert:

```
Sub Hallo()
'
' Hallo - Makro
'
Dim Mldg, Stil, Kopf, OhOh, Ktxt, Antwort, Text1, Text2 ' Variablen
definieren
Mldg = "natürlich mit Word "     ' Meldung definieren
Stil = vbYesNoCancel + vbQuestion + vbDefaultButton1      '
Schaltflächen der MsgBox bestimmen
Kopf = "VBA + VBE...eine starke Gemeinschaft"        ' Titel
definieren

' Meldung anzeigen.
Antwort = MsgBox(Mldg, Stil, Kopf)

If Antwort = vbYes Then                          ' "Ja" gewählt.
    Text1 = "Ja"
    Text2 = "Schön zu wissen"
Else                                             ' "Nein" gewählt.
    Text1 = "Nein"
    Text2 = "Das darf doch nicht wahr sein!"       ' Do it
End If
Dim Stil2
Stil = vbOKOnly + vbQuestion
Antwort = MsgBox("Auf Wiedersehen", Stil2, Text1 + " - " + Text2)
End Sub
```

50 Word als Mail-Editor

In der aktuellen Version ist Word bedeutend mehr als eine leistungsfähige Textverarbeitung. Eine umfassende Unterstützung von HTML- und Internet-Funktionen machen das Programm zu einem wichtigen Werkzeug der elektronischen Kommunikation.

50.1 Web- und E-Mail-Funktionen einrichten

Spezielle Voreinstellungen bestimmen das Ablaufverhalten der E-Mail- und Web-Funktionalität von Word. Die entsprechenden Einstellungen sind im Register *Allgemein* der Dialogbox *Extras/Optionen* angeordnet.

Weboptionen

Mit einem Klick auf die Schaltfläche *Weboptionen* öffnen Sie die gleichnamige Dialogbox, in der Sie die Behandlung von HTML-Dokumenten festlegen.

Die Voreinstellungen in den Registern der Dialogbox Weboptionen *sind für die Verwendung des Internet Explorers ausgewählt. Beim Entwurf eigener Webseiten sollten Sie das Ergebnis mit anderen Browsern prüfen und bei Bedarf die Weboptionen anpassen. Damit stellen Sie sicher, dass Ihre Seiten auch auf anderen Ziel-Browsern wie gewünscht dargestellt werden.*

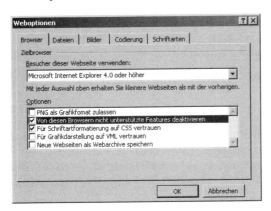

Bild 50.1: Mit den Steuerelementen im Register Browser *bestimmen Sie, wie HTML-Code behandelt wird.*

→ Im Register *Browser* bestimmen Sie die Darstellungsform der HTML-Dokumente. Die Seitenbeschreibungssprache HTML entwickelt sich fortlaufend weiter: Neue Befehle und Funktionen kommen hinzu. Ältere Browser unterstützen folglich nicht alle Funktionen der neuesten Version. Wählen Sie im Listenfeld den verwendeten Browser aus, um sicherzustellen, dass Word keine HTML-Anweisungen generiert oder auswertet, die der ausgewählte Browser nicht unterstützt. Aktivieren Sie alternativ die erwünschten Kontrollkästchen im Bereich

Optionen: Word zeigt in diesem Fall an, welcher Browsertyp dafür erforderlich ist. Sogenannte Cascaded Style-Sheets (CSS) vereinfachen die Gestaltung von HTML-Seiten, indem die benötigten Schriftinformationen zu einer Tabelle zusammengefasst werden. Bei aktiviertem Kontrollkästchen *für Schriftformatierung auf CSS vertrauen* benutzt Word Cascaded Style-Sheets.

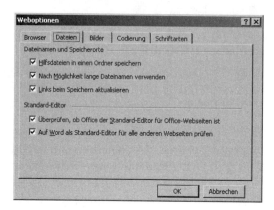

Bild 50.2: *Die Benennung und Ablage der verknüpften Dateien regeln Sie im gleichnamigen Register.*

→ Den Speicherort und die Benennung aller für das Web-Dokument benötigten Dateien legen Sie im Register *Dateien* fest. Aktivieren Sie das Kontrollkästchen *Links beim Speichern aktualisieren,* um Word zu veranlassen, die Verknüpfungen zu den Webseiten beim Speichern des Web-Dokuments zu aktualisieren.

Die erforderlichen Einstellungen richten sich auch nach dem Web-Server, auf dem Sie das Web-Dokument publizieren.

→ Die Behandlung von Grafiken und Bildern, die im Web-Dokument enthalten sind, erstellen Sie ebenfalls individuell. Im Register *Bilder* geben Sie vor, welche Ausgabeformate und -auflösungen die Grafiken in den von Word erzeugten Web-Dokumenten haben. Voreingestellt sind als Zielmonitor eine Auflösung von 800 mal 600 Pixeln bei 96 dpi.

Den beim Erzeugen des HTML-Code zugrunde liegenden Zeichensatz und die Schriftinformationen richten Sie in den Registern *Codierung* und *Schriftarten* ein. Falls Sie Seiten für das außereuropäische Ausland, z.B. Asien oder Osteuropa, erzeugen wollen, müssen Sie hier die entsprechenden Einstellungen vornehmen. Damit stellen Sie sicher, dass Ihre Seiten beim Betrachter richtig dargestellt sind.

Die Standardschriftart und -größe der Webseite richten Sie mit den Listenfeldern *Proportionale Schrift* und *Festbreitenschrift* ein.

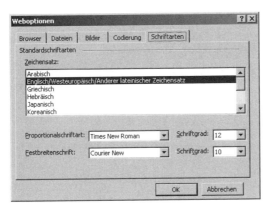

Bild 50.3: Die Standardschriftart und -größe der Webseite bestimmen Sie im Register Schriftart.

E-Mail-Optionen

Word dient ebenfalls als Editor für E-Mails. Falls Sie mit Outlook 2002 arbeiten, haben Sie es sicher schon gemerkt: Word 2002 ist als Standardeditor für Mails eingestellt. Alternativ bietet Word umgekehrt die Schaltfläche *E-Mail*, um eine Mail zu verfassen und die dafür nötigen Steuerelemente zu bieten.

Um diese Funktion zu steuern, klicken Sie im Register *Allgemein* der Dialogbox *Extras/Optionen* auf die Schaltfläche *E-Mail-Optionen*. Word öffnet die gleichnamige Dialogbox mit zwei Registern. Mit den Steuerelementen im Register *E-Mailsignatur* legen Sie fest, ob und wie Word ausgehende E-Mails signiert.

Eine Signatur ist ein bestimmter Text, der einer Nachricht beim Versand hinzugefügt wird. Eine Signatur enthält z.B. Ihren Namen, die Anschrift und Ihre Telefonnummer.

Um mit Signaturen zu arbeiten, müssen sie erst einmal erstellt werden. Im Listenfeld *Geben Sie den Titel (...)* legen Sie einen Namen für die neu zu erstellende Signatur fest. Zum Erfassen des Texts klicken Sie in das Eingabefeld *Erstellen Sie Ihre E-Mailsignatur* und geben den gewünschten Text ein. Mit Hilfe der Schaltflächen oberhalb des Eingabefelds formatieren Sie die Signatur bei Bedarf.

Die Verwendung aufwendiger Formate in E-Mails ist nicht üblich – beschränken Sie sich auf einfache Texte.

Um der Signatur eine E-Mail-Adresse oder einen Link zu Ihrer Homepage hinzuzufügen, klicken Sie auf die Schaltfläche *Hyperlink einfügen* oder drücken die Tastenkombination Strg+K.

Die neue Signatur übernehmen Sie mit einem Klick auf die Schaltfläche *Hinzufügen* in die obere Liste.

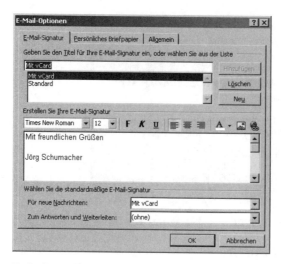

Bild 50.4: *Nach einem Klick auf die Schaltfläche* E-Mail-Optionen *richten Sie Word für die Verwendung als E-Mail-Editor ein.*

Legen Sie bei Bedarf weitere Signaturen an, z.B. um zwischen privaten und geschäftlichen Grußformeln zu unterscheiden.

In den Listenfeldern *Für neue Nachrichten* und *Zum Anworten und Weiterleiten* wählen Sie die Signatur aus, die Word als Standard an die entsprechenden E-Mails anhängt.

Briefpapier

Mit so genannten Briefpapieren geben Sie Ihren E-Mails ein individuelles Erscheinungsbild. Anstelle einer einfachen schmucklosen Textnachricht versenden Sie E-Mails mit einer aufwendigen Gestaltung.

Bei der Verwendung eines persönlichen Briefpapiers versenden Sie Ihre E-Mail als HTML-Dokument. Durch die aufwändige Formatierung wächst die Größe der versandten Nachricht auf Kosten einer schnellen Übertragung teilweise beträchtlich an. Zudem unterstützen längst nicht alle E-Mail-Clients HTML-codierte Mails.

Um Ihre E-Mails mit einem Briefpapier zu versehen, nehmen Sie die entsprechenden Einstellungen im Register *Persönliches Briefpapier* vor.

→ Mit einem Klick auf die Schaltfläche *Design* greifen Sie auf die bereits beschriebenen Web-Design-Vorlagen zu.

→ Die Standardschriftart, die Word bei der Erstellung einer E-Mail verwendet, richten Sie alternativ zur Designwahl in den Bereichen zum Verfassen einer Nachricht und zum Beantworten oder Weiterleiten einer Nachricht ein. Ein Klick auf die Schaltfläche *Schriftart* öffnet jeweils die bekannte Dialogbox *Zeichen*, in der Sie Zugriff auf alle unter Windows installierten Schriften haben.

50.2 E-Mail mit Word

Im Buch wurde bereits mehrfach auf die umfassende Internet-Unterstützung von Word hingewiesen. Die elektronische Kommunikation mit E-Mails ist ein wichtiger Bestandteil dessen, was das Internet mittlerweile auszeichnet: Schneller und einfacher lassen sich Informationen nicht verteilen. In der vorliegenden Version stellt Ihnen Word die Dienste eines komfortablen E-Mail-Editors zur Verfügung.

E-Mail verfassen

Jedes Word-Dokument lässt sich nach einem Klick auf *E-Mail* als Nachricht versenden. Word blendet augenblicklich die benötigten Steuerelemente im oberen Teil des Arbeitsbereichs ein.

Alternativ nutzen Sie den Link *Neue E-Mail-Nachricht* im Aufgabenbereich *Neues Dokument*. Um eine neue E-Mail zu verfassen, genügt dann ein Klick auf die Schaltfläche *Neue E-Mail-Nachricht* in der Symbolleiste *Standard*.

Nutzen Sie für spezielle Aufgabenstellungen im Mailverkehr das Menü Datei/ Senden an.

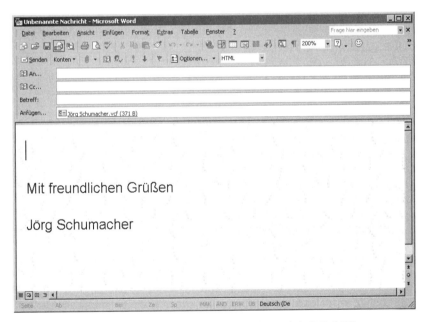

Bild 50.5: Nach einem Klick auf die Schaltfläche E-Mail zeigt sich Word als E-Mail-Editor.

→ Den Empfänger geben Sie in das Eingabefeld *An* ein. Falls Word die Adresse nicht automatisch erkennt, klicken Sie auf *Namen überprüfen.*

→ Aus dem Listenfeld *Konten* wählen Sie das Mail-Konto aus, das die Mail transportieren soll. Damit bestimmen Sie gleichzeitig über die Absenderadresse, die mit der Mail auf Reisen geht.

 Nach Bedarf richten Sie noch weitere Empfänger ein. Achten Sie darauf, jede Eingabe des Empfängers zu bestätigen – der Eintrag muss mit einem Semikolon von den anderen Einträgen im Eingabefeld abgetrennt sein.

→ Nach einem Klick auf die Schaltfläche *An* öffnet Word das Adressbuch – die entsprechenden Empfängerdaten wählen Sie bequem durch Klicken aus. Daneben sind alternative Typen für den Empfänger möglich:

- *An:* Das Original der Nachricht geht an die eingegebene(n) Adresse(n).

- *Cc:* Eine Kopie der Nachricht geht an die eingegebene(n) Adresse(n). Die Adresse des Kopie-Empfängers erscheint beim Empfänger des Originals (Carbon Copy).

- *Bcc:* Um dieses Eingabefeld zu sehen, klicken Sie bei Bedarf auf die Schaltfläche *Bcc.* Eine Kopie der Nachricht geht an die eingegebene(n) Adresse(n). Die Adresse eines Empfängers, den Sie in diesem Eingabefeld eintragen, erscheint nicht beim Empfänger des Originals (Blind Carbon Copy).

→ Im Eingabefeld *Betreff* geben Sie einen Hinweis auf die Nachricht ein. Dieser Hinweis erscheint beim Empfänger im Kopf der Nachricht und erlaubt Rückschlüsse auf den Inhalt.

 Wenn Sie eine Nachricht ohne Betreff verschicken wollen, zeigt Word einen entsprechenden Warnhinweis.

→ Um einer E-Mail eine Datei oder ein Dokument anzuhängen, klicken Sie auf die Schaltfläche *Datei anfügen.* Word öffnet die Dateidialogbox, in der Sie eine Datei auswählen, die an Ihre Mail anhängt wird.

→ Mit den Schaltflächen *Dringlichkeit Hoch* bzw. *Dringlichkeit Niedrig* verändern Sie die Priorität der Mail.

 Nicht alle Mail-Clients unterstützen diese Einteilung; die Priorität wird dann entsprechend angepasst oder ignoriert.

→ Praktisch für die Kontrolle des Mailverkehrs ist die Schaltfläche *Zur Nachverfolgung kennzeichnen.* Damit können Sie der Mail einen Fälligkeitstermin geben und diese nach Erledigung der damit verbundenen Aufgaben als abgeschlossen kennzeichnen. Die Verwaltung dieser Eigenschaft erfolgt in Outlook.

→ Nach einem Klick auf *Optionen* verändern Sie die Nachrichten- und Sicherheitseinstellungen. Einige der dort verfügbaren Funktionen sind jedoch an die Verwendung von Outlook als Mailclient gebunden.

→ Den eigentlichen Text der Nachricht erfassen Sie im Textfenster. Hier stehen Ihnen nahezu alle Bearbeitungsfunktionen von Word zur Verfügung.

E-Mail versenden

Nachdem die Mail fertiggestellt ist, genügt ein Klick auf *Senden*, um die Nachricht zu verschicken. Je nachdem welche Einstellung Sie bei Ihrem E-Mail-Client vorgenommen haben, wird gleich eine Internet-Verbindung aufgebaut und die Mail verschickt, oder Word kopiert die E-Mail in den Postausgang des Clients.

51 Die Visitenkarte im Internet

Die eigene Homepage im Internet ist längst nicht mehr nur für gewerbliche Nutzer interessant – immer häufiger findet der private Anwender den Weg in das Netz der Netze. Ob es dabei ausschließlich um die Selbstdarstellung oder um den Austausch von Meinungen und Informationen geht, spielt keine Rolle – auf Ihrer Homepage machen Sie aufwändig gestaltete Dokumente Millionen von Anwendern mit dem sprichwörtlichen Mausklick zugänglich.

51.1 Grundlagen

Ein wichtiges Merkmal von Office ist die umfassende Internetunterstützung. Das Internet begegnet Ihnen heutzutage auf Schritt und Tritt. Darüber hinaus setzen sich die im Internet üblichen Formate und Dienste mehr und mehr bei der Erledigung von Standardaufgaben durch. Microsoft hat die Entwicklung weiter vorangetrieben: Office entspricht allen Erfordernissen zeitgemäßer Arbeitsorganisation – auch in diesem Bereich.

In Internet hat sich in kurzer Zeit eine eigene Sprache – ein bunter Mix aus englischen und deutschen Begriffen – entwickelt. Immer wieder stoßen Sie auf die verschiedensten Fachbegriffe. Hier ein »Link« auf eine »Web-Site«, dort ein HTML-Dokument, das Sie sich mit Ihrem »Browser« anzeigen lassen können. Ohne weiter auf die technischen Hintergründe des Internet einzugehen, soll diese Arbeitsdefinition als Grundlage für die folgenden Ausführungen herangezogen werden:

Mehrere Computer, die miteinander in Verbindung stehen und untereinander Daten austauschen, werden als Netzwerk bezeichnet. In aller Regel sind diese Netzwerke räumlich begrenzt. Daher spricht man hier auch von einem LAN (Local Area Network). Daneben stehen sogenannte Weitverkehrsnetze (WAN – Wide Area Network), mit denen z.B. die verschiedenen Standorte großer Unternehmen vernetzt sind. In allen Fällen stellen ein oder mehrere zentrale Rechner (Server) den Arbeitsplätzen (Clients) Daten und Verarbeitungsdienste zur Verfügung. Auch das Internet funktioniert ähnlich wie ein Netzwerk – allerdings mit weltweit verteilten Servern.

Die Bezeichnung »Server« kommt aus dem Englischen und bedeutet soviel wie »Dienender« oder »Lieferant«. Ein Server stellt die auf ihm gespeicherten Daten zur Verfügung und bietet Dienstleistungen, wie z.B. die Weiterleitung der Daten, an.

Zugang zum Internet

Um den vollen Umfang der Internet-Funktionen von Word zu nutzen, müssen Sie über einen eingerichteten Internetzugang verfügen.

Wegen der Vielzahl der unterschiedlichen Internet-Anbieter und den möglichen Systemkonfigurationen kann an dieser Stelle nicht auf die Einrichtung eines Internet-Zugangs eingegangen werden: Er wird im Weiteren vorausgesetzt.

In aller Regel benötigen Sie eine Benutzerkennung, mit der Sie sich bei der Einwahl identifizieren, und ein Passwort als Zugriffsschutz. Bei der Anwahl stellt Ihr Computer eine Verbindung zum Zugangsserver des Internetanbieter her. Je nach Internetanbieter kommt in manchen Fällen eine spezielle Zugangssoftware zum Einsatz. Der klassische Weg führt über das DFÜ-Netzwerk von Windows. Der Zugangsserver realisiert den Zugriff auf Inhalte und Dienste im Internet. Dabei spielt es keine Rolle, ob Sie auf Internet-Seiten in Japan oder Amerika zugreifen: Sie bezahlen neben dem Nutzungsentgelt für den Internetzugang lediglich die Verbindungsgebühren für die Telefonverbindung zwischen Ihrem Computer und dem Zugangsrechner.

Falls Sie noch nicht über einen Internetzugang verfügen, nutzen Sie das Angebot kostenloser Testzugänge, um erste Erfahrungen zu sammeln. Die entsprechende Zugangssoftware z.B. von T-Online, CompuServe oder AOL finden Sie auf vielen CDs von Computerzeitschriften.

Webordner im Intranet einrichten

Einfacher gestaltet sich die Sache, wenn Sie in einem Intranet eingebunden sind, das den Zugang zum Internet und zu den firmenspezifischen Seiten selbständig managt. Die entsprechenden Berechtigungen vorausgesetzt, müssen Sie lediglich den Namen des zugeordneten Servers kennen, um mit den Funktionen von Office einen Webordner im Intranet einzurichten. Ein Webordner ermöglicht einem Team oder einem reisenden Nutzer, Dateien und Ordner auf Webservern genau so zu verwalten, wie sie das auf dem lokalen Rechner gewöhnt sind.

Die nachfolgend beschriebenen Funktionen sind stark abhängig vom Betriebssystem und in Netzwerken von den Benutzerberechtigungen. Beschrieben werden Abläufe unter Windows 98 SE in einem Windows 2000 Server Netzwerk. Sie sind aber mit denen anderer Systeme vergleichbar.

Ausgangspunkt der Frage nach einem Webordner für den Teamzugriff ist meist der Gedanke beim Speichern eines Dokuments. Deshalb finden Sie den Zugang zum Einrichten des Webordners unter anderem in der Dialogbox *Speichern unter*.

Nach dem Klick auf das Symbol *Webordner* öffnet sich der zugehörige Inhaltsbereich.

Die Neueinrichtung erfolgt mit dem Befehl *Webordner hinzufügen*, den Sie in den Officeanwendungen auch auf dem Arbeitsbereich *Neues Dokument* finden oder dem analogen Befehl in der Dialogbox.

In der nachfolgenden Dialogbox *Webordner hinzufügen-Assistent* wählen Sie die Option *Neue Webordner erstellen* und klicken auf *Weiter*.

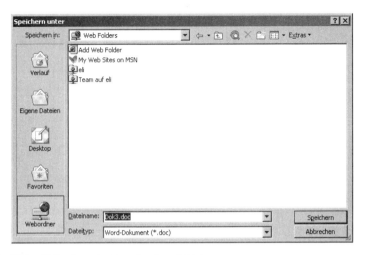

Bild 51.1: Einige Webordner sind bereits eingerichtet.

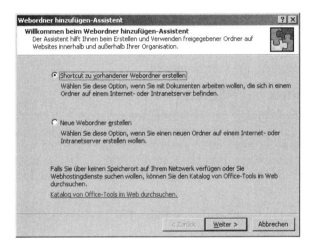

Bild 51.2: Ein Assistent unterstützt die Einrichtung von Webordnern.

Der nächste Schritt des Assistenten erwartet die Eingabe eines Speicherorts für den Webordner:

→ Im Eingabefeld *Ort* geben Sie den Namen des Servers ein, für den Sie die Zugriffsberechtigung haben, z.B. `http://servername/Ordnername` wobei `servername` als Platzhalter für den konkreten Namen und `Ordnername` für den gewünschten Namen des Ordners steht.

→ Das Eingabefeld *Shortcutname* nimmt eine Kurzbezeichnung auf, mit der Sie den neu erstellten Ordner benennen.

Beenden Sie mit *Fertig stellen*. Danach steht der neue Ordner in den Dateidialogboxen wie ein »normaler« Ordner zur Verfügung.

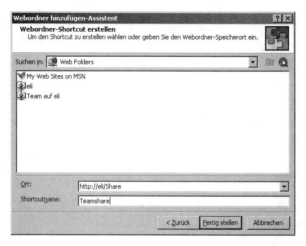

Bild 51.3: Der untere Bereich der Dialogbox nimmt den Servernamen und den gewünschten Ordnernamen auf.

Wenn Sie von Ihrem Administrator den Namen eines Webordners erhalten, dann fügen Sie ebenfalls einen Webordner hinzu. Abweichend vom beschriebenen Verfahren wählen Sie aber die Option Shortcut zu vorhandener Webordner erstellen, *der Rest ist analog.*

Webordner bei MSN einrichten

Ähnlich funktioniert das Verfahren, wenn Sie bei MSN (Microsoft Network) auf den durch Passport gesicherten Seiten einen Webordner anlegen. Mit einem solchen Ordner im Internet können Sie praktisch von jedem Ort der Welt aus über einen beliebigen Internetzugang Daten austauschen: Ideal z.B. für Außendienstmitarbeiter, um ständig die neusten Informationen im Zugriff zu haben.

Voraussetzung ist natürlich ein Hotmailaccount, über dessen Passwort die Anmeldung erfolgt.

→ Zum Einrichten des Webordners stellen Sie zuerst die Verbindung zum Internet her und starten dann den Assistenten.

→ Im Eingabefeld *Ordnerspeicherort* tragen Sie dann den URL `http:// www.msnusers.com/MeinAccount@hotmail.com/files` ein, wobei `MeinAccount@hotmail.com` natürlich für Ihren Zugang steht.

→ Nach dem Klick auf *Weiter* erfolgt die Anmeldung auf den gesicherten Seiten.

→ Anschließend erfragt der Internetdienst den Namen des neuen Ordners.

→ Beenden Sie die Einrichtung mit *Fertig Stellen*. Danach steht der neue Ordner in den Dateidialogboxen wie ein »normaler« Ordner zur Verfügung, wenn die Internetverbindung steht und die Anmeldung bei Passport erfolgt ist.

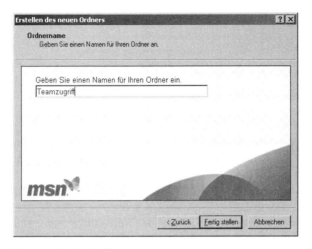

Bild 51.4: *Ein neuer Ordner in Internet.*

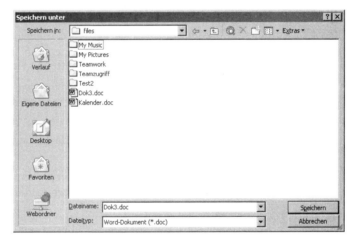

Bild 51.5: *Die Dateidialogbox* Datei Speichern unter *beim Zugriff auf den Hotmail-Webordner: Ein Unterschied zum »normalen« Speichern ist kaum auszumachen.*

Daten, die Sie auf fremden Webservern deponieren, sollten Sie zusätzlich mit einem Kennwort gegen das Öffnen sperren.

Bilder beim Speichern komprimieren

Die Bilder für das Internet unterliegen eigenen Gesetzen: Einerseits sollen Sie die Information bestens wiedergeben, andererseits aber in hoher Geschwindigkeit erscheinen. Diesen Widerspruch löst Office schon beim Speichern der Dokumente: Bilder werden komprimiert. Das Programm für Internetseiten ist Word: Es soll als Beispiel dienen.

→ Wählen Sie in der Dialogbox *Speichern unter* den Befehl *Extras/Bild komprimieren.*

Bild 51.6: Die Voreinstellungen für das Komprimieren der Bilder in einem Worddokument.

→ Im oberen Bereich der Dialogbox *Bilder komprimieren* entscheiden Sie, ob die veränderten Einstellungen auf alle Bilder oder nur auf das zuvor markierte Bild zutreffen soll.

Die Komprimierung für Einzelbilder legen Sie nach Markierung des Bilds in der Dialogbox Grafik formatieren *fest: Im Register* Bild *finden Sie die Schaltfläche* Komprimieren. *Die Dialogbox ist mit der beschriebenen identisch.*

→ Im Bereich *Auflösung ändern* stellen Sie die Optionen ein:

- Standard ist die Einstellung *Drucken:* Die Bildauflösung wird auf 200 dpi verändert. Diese Option sollten Sie nur verwenden, wenn die Auflösung des Bilds höher ist als 200 dpi.

- Die Auflösung *Web/Bildschirm* verändert die Bildauflösung zu 96 dpi, was für das Internet optimal ist.

- Nicht ändern sollten Sie die Auflösung, wenn die Bildauflösung bereits unter 96 bzw. 200 dpi liegt, oder wenn der Einsatzzweck eine noch höhere Auflösung erfordert.

→ Die Kontrollkästchen im unteren Bereich steuern die Komprimierung: *Bilder komprimieren* schaltet den Vorgang ein.

Das Kontrollkästchen Zugeschnittene Bereiche löschen *entfernt die Bereiche aus dem Bild, die durch die Zuschneidfunktion zwar nicht sichtbar, im Dokument jedoch noch vorhanden sind. Danach können Sie die außerhalb des Zuschneidbereichs liegenden Bildteile nicht mehr rekonstruieren.*

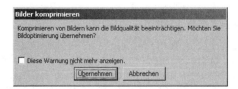

Bild 51.7: Nach dem ersten Hinweis, dass die Bildqualität beim Verändern der Auflösung leidet, wird das Bild komprimiert.

Bilder in Webqualität scannen

Bereits beim Scannen der Bilder können Sie Einfluss auf die im Dokument erscheinenden Bilder nehmen: Nach einem Klick auf den Befehl *Einfügen/ Grafik/von Scanner oder Kamera* erscheint eine Dialogbox, die das entstehende Bild nach Übernahme vom Gerät in das gewünschte Format komprimiert.

Voraussetzung für die korrekte Arbeit der Funktion ist natürlich, dass der Scanner eine Auflösung liefert, die größer als die gewünschte Auflösung im Dokument ist.

→ Der Klick auf *Einfügen* sollte nur dann genutzt werden, wenn die Scannersteuerung von der Officeanwendung ausgeht, was in den wenigsten Fällen der Fall ist.

→ Nach dem Klick auf *Einfügen anpassen* startet die Twainschnittstelle des Scanners mit den Steuerungen des Scanners.

→ Das Kontrollkästchen *Bilder zur Media Gallery hinzufügen* sorgt dafür, dass das gescannte Bild im Ordner *Eigene Dateien/Eigene Bilder* abgelegt und in den Clip Organizer aufgenommen wird.

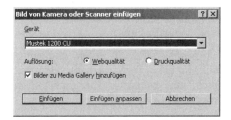

Bild 51.8: Bereits vor dem Scannen entscheiden Sie, wie das Bild im Dokument aufgenommen wird.

51.2 Webseiten mit Word erstellen

Um mit Word HTML-Dokumente zu erzeugen, ist es nicht notwendig, ein Programmier-Profi zu sein. Ein vollkommen neu gestalteter Assistent nimmt Ihnen diese Aufgabe ab und macht den Entwurf eigener Webseiten unkompliziert. Über *Datei/Neu/Allgemeine Vorlagen* (im Aufgabenbereich *Neues Dokument* unter *Mit Vorlage beginnen*) öffnet Word eine Dialogbox, in der Sie das Register *Webseiten* auswählen.

Bevor Sie den Assistenten starten, sollten Sie unter Extras/Optionen *im Register* Allgemein *das Kontrollkästchen* Konvertierung beim Öffnen bestätigen *checken: Es sollte deaktiviert sein, damit Sie bei der Fertigstellung des Webs nicht jede Einzelseite bestätigen müssen.*

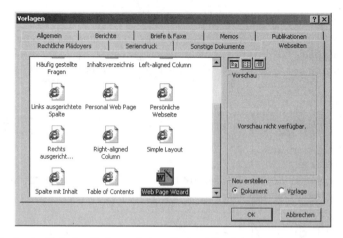

Bild 51.9: *In der Dialogbox* Vorlagen *haben Sie Zugriff auf den komfortablen Webseiten-Assistenten von Word.*

Zum Starten des Assistenten klicken Sie auf den Eintrag *Web Page Wizard* bzw. *Webseiten-Assistent*. Dieser nützliche Helfer führt Sie Schritt für Schritt durch die Erstellung einer eigenen Webseite: von der Anlage des Dokuments über die Auswahl geeigneter Vorlagen bis hin zur Gestaltung unter Verwendung verschiedener Designs.

 Trotz der reichhaltigen Auswahl sollten Sie zu Anfang mit einer einfachen Seite beginnen, um einen schnellen Einstieg in die Materie zu bekommen. Versuchen Sie nicht gleich, ein komplexes Formular mit allen möglichen Steuerelementen zu entwerfen.

Bild 51.10: *In sechs Schritten gelangen Sie mit dem Webseiten-Assistenten zum fertigen Ergebnis.*

→ Den Titel und den Speicherort der Webseite geben Sie im ersten Schritt des Assistenten an. Nachdem Sie alle Angaben vorgenommen haben, gelangen Sie mit einem Klick auf die Schaltfläche *Weiter* zum zweiten Schritt des Assistenten.

→ In der vorliegenden Version ist der Assistent in der Lage, mehrere Dokumentseiten in einem Arbeitsgang anzulegen. Im zweiten Schritt legen Sie daher fest, ob Word Frame-Sets für die Navigation in die Webseite einfügen soll. Mit den sogenannten Frames unterteilen Sie eine HTML-Seite vertikal oder horizontal in mehrere eigenständige Abschnitte. Jeder Frame entspricht einem eigenen HTML-Dokument mit eigenen Inhalten: Grafiken, Texte oder zusätzliche Hyperlinks. HTML-Seiten lassen sich mit diesen Frames sehr abwechslungsreich gestalten. Mit Hilfe der Steuerelemente im eingefügten Frame blättern Sie bequem durch die neue Webseite. Beim Blättern bleibt das Navigationselement unverändert, und die gewählte Seite wird im zweiten Bereich der Webseite angezeigt.

– *Vertikaler Frame* teilt die Webseite senkrecht und fügt Hyperlinks zu den enthaltenen Seiten ein.

– Die Option *Horizontaler Frame* teilt die Webseite in der Waagerechten und fügt Hyperlinks zu den enthaltenen Seiten ein.

– *Separate Seite* legt eine eigenständige Inhaltsseite an, auf der die Hyperlinks zu den Dokumenten enthalten sind.

 Mit Frame-Sets verleihen Sie Ihrem Web-Dokument ein professionelles Erscheinungsbild, das sich von den statischen HTML-Dokumenten abhebt.

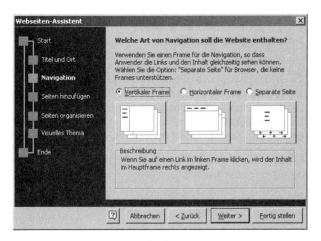

Bild 51.11: Im Handumdrehen erzeugen Sie Frame-Sets mit Navigationselementen.

→ Klicken Sie die entsprechende Option an, um die Webseite in Frames zu unterteilen, und bestätigen Sie Ihre Auswahl mit *Weiter*.

 Der Begriff Website oder Web bezeichnet eine Reihe einzelner zusammenhängender Webseiten, die wie ein mehrseitiges Dokument komplette Inhalte gegliedert wiedergeben.

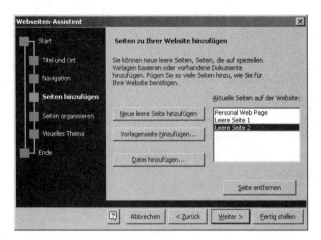

Bild 51.12: Im Schritt Seiten zu Ihrer Website hinzufügen *legen Sie die Seiten des neuen Web-Dokuments fest.*

→ In der vorliegenden Version unterstützt Sie Word beim Aufbau kompletter Web-Sites, indem Sie bei Bedarf gleich mehrere Seiten in einem Arbeitsgang anlegen. Im Bereich *Aktuelle Seiten auf der Website* zeigt der Assistent ein Liste der bereits automatisch hinzugefügten Webseiten an. Im Schritt *Seiten zu Ihrer Website hinzufügen* bietet Ihnen der Assistent dazu Schaltflächen:

– Um eine leere Seite aufzunehmen, klicken Sie auf die Schaltfläche *Neue leere Seite hinzufügen.*

– Nach einem Klick auf *Vorlagenseite hinzufügen* öffnet der Assistent die Dialogbox *Webseitenvorlagen,* die Ihnen eine Auswahl aus den mitgelieferten Webseiten anbietet. Gleichzeitig sehen Sie eine Vorschau der markierten Vorlage im Arbeitsbereich. Diese Vorlagen enthalten neben Platzhaltertext, den Sie an individuelle Bedürfnissen anpassen, Formate und Links zur Navigation innerhalb der Seite.

 Um die Vorlage besser zu beurteilen, schieben Sie die Dialogbox Webseitenvorlagen *aus dem zentralen Blickfeld.*

– *Datei hinzufügen* öffnet die bekannte Dateidialogbox, über die Sie bereits vorhandene Text- und HTML-Dokumente zur Website hinzufügen.

– Mit der Schaltfläche *Seite entfernen* löschen Sie die markierte Seite aus der Liste und entfernen sie gleichzeitig aus dem zu erstellenden Webdokument.

→ Nachdem alle benötigten Seiten zur Website hinzugefügt sind, bestätigen Sie die Auswahl mit einem Klick auf die Schaltfläche *Weiter.* Der Assistent wechselt zum folgenden Schritt, in dem Sie die relative Position der Webseiten individuell anpassen.

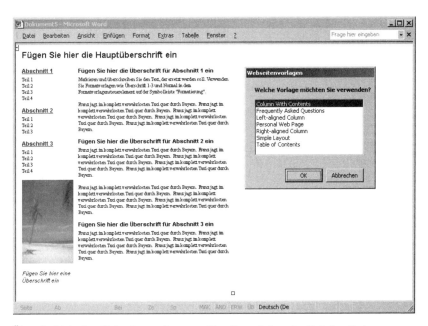

Bild 51.13: Über die Dialogbox Webseitenvorlagen *greifen Sie auf die mitgelieferten Vorlagen von Office zu.*

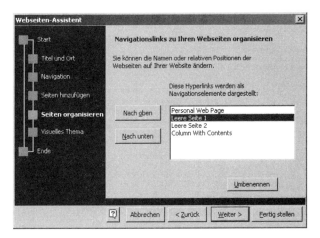

Bild 51.14: Im Schritt Navigationslinks ...organisieren *legen Sie die Reihenfolge der Navigationselements fest.*

 Die tatsächliche Anordnung der Seiten ist nicht von Interesse; im Schritt Seiten organisieren passen Sie lediglich die Anordnung der Navigationslinks und damit die Reihenfolge beim Surfen an. Sinnvoll ist, wenn Sie Links zu allgemeinen Informationen an den Anfang und Detailinformationen an das Ende der Liste stellen.

→ Die Reihenfolge in der Liste entspricht der Reihenfolge der Einträge im Navigationsframe. Um einen Eintrag umzuordnen, markieren Sie den entsprechenden Eintrag und verschieben ihn mit den Schaltflächen *Nach unten* und *Nach oben* an die vorgesehene Position.

→ Die Bezeichnungen der Webseiten erscheint im Navigationsframe als Beschriftung für die entsprechenden Links. Nach einem Klick auf die Schaltfläche *Umbenennen* öffnet der Assistent die Dialogbox *Hyperlink umbenennen,* in der Sie die neue Beschriftung des Links erfassen.

→ Im folgenden Schritt, den Sie nach einem Klick auf die Schaltfläche *Weiter* erreichen, fragt der Assistent Gestaltungswünsche ab. Bei der Auswahl eines visuellen Themas greifen Sie auf die mitgelieferten Designvorlagen zu, die sogenannten Webdesigns. Um ein Webdesign für Ihre Homepage auszuwählen, aktivieren Sie die Option *Visuelles Thema hinzufügen* und klicken dann auf die Schaltfläche *Themen durchsuchen.*

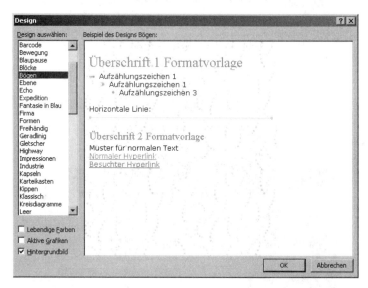

Bild 51.15: Als visuelles Thema bezeichnet der Assistent verschiedene Webdesignvorlagen, mit denen Sie Hintergrund, Farbgestaltung, Grafiken und die verwendeten Schriftarten festlegen.

→ Der Assistent öffnet die Dialogbox *Design,* in der Sie die Auswahl des gewünschten Designs vornehmen. Das Listenfeld *Design auswählen* zeigt alle mitgelieferten Designvorlagen. Im rechten Bereich der Dialogbox sehen Sie eine Vorschau des gewählten Designs. Unterhalb der Liste sind drei Kontrollkästchen angeordnet, mit denen Sie Einfluss auf die Gestaltung nehmen:

– Aktivieren Sie das Kontrollkästchens *Lebendige Farben,* um hellere Farben für Formate und Tabellenrahmen und eine veränderte Hintergrundfarbe zu erhalten. Das Ergebnis ist in der Vorschau zu sehen.

– Aktivieren Sie das Kontrollkästchen *Aktive Grafiken,* um bei der Betrachtung des Ergebnisses in einem Browser die Animationen zu sehen – falls solche im Design integriert sind. In den Designs sind mit dieser Variante die Bullets ausgestattet.

- Deaktivieren Sie das Kontrollkästchen *Hintergrundbild,* wenn Sie im Dokument eine Hintergrundfarbe verwenden. Andernfalls legt das Kontrollkästchen den Hintergrund des gewählten Designs für das Dokument fest.

Bei langsamen Verbindungen erreichen Sie ohne Hintergrundbild und aktive Grafiken eine bessere Übertragungsgeschwindigkeit.

→ Wenn Ihre Wahl auf ein bestimmtes Design gefallen ist, klicken Sie auf die Schaltfläche *OK,* um die Auswahl zu bestätigen. Mit *Weiter* gelangen Sie zum letzten Schritt des Assistenten.

→ Um das Web-Dokument mit den vorgenommenen Einstellungen aufzubauen, klicken Sie auf *Fertig stellen.* Word beendet den Assistenten und baut das Dokument Seite für Seite auf. Je nachdem, wie viele Seiten Sie erstellen lassen, nimmt dieser Vorgang einige Zeit in Anspruch. Sobald das Dokument fertig gestellt ist, öffnet Word die erste Seite des Dokuments und zeigt die Symbolleiste *Frames*.

51.3 Anpassen der automatisch erzeugten Webseite

Der Assistent hat ganze Arbeit geleistet und ein Word-Dokument erstellt, das nur noch mit Inhalten gefüllt werden muss. Als nächstes müssen die Platzhalter »Geben Sie hier Ihren Text ein« markiert und mit den gewünschten Angaben überschrieben werden. Beim Bearbeiten der Texte greifen Sie auf die Bearbeitungsfunktionen von Word zurück. Word ist in der Lage, Webseiten und HTML-Dokumente wie normale Word-Dokumente über den Befehl *Datei/Öffnen* zur Bearbeitung zu laden.

Ein wichtiger Unterschied zum Arbeiten mit normalen Word-Dokumenten ergibt sich aus der Verwendung von Frames im Webdokument: Jeder einzelne Frame stellt ein eigenständiges Dokument dar. Beim Bearbeiten, Speichern und beim Zuweisen von Formaten und Formatvorlagen greifen Sie immer auf ein einzelnes Dokument zu. Änderungen, die Sie an den Formaten vornehmen, gelten folglich nur für das aktuell bearbeitete Dokument.

Der Aufbau des Dokuments ist nicht festgeschrieben: Sie können nach Bedarf Elemente entfernen oder neue hinzufügen. Beim Speichern im HTML-Format hat Word die angebotenen Formatvorlagen angepasst. Im Listenfeld *Formatvorlage* erscheinen nur noch Formate, die später in einem HTML-Browser darstellbar sind. So ist sichergestellt, dass die zugewiesenen Absatz- und Zeichenformate später auf Ihrer Webseite erhalten bleiben.

Um die gewünschte Formatierung bei der Anzeige des Dokuments mit einem HTML-Browser sicherzustellen, greift Word auf komplexe Formatbeschreibungen zurück, die der Assistent automatisch generiert.

Hypertext-Einträge verändern

Die einzelnen HTML-Dokumente können nahezu beliebig lang werden. Damit der Betrachter später nicht den Überblick verliert, ist die Webseite vom Assistenten bereits durch Überschriften, Textmarken und Hyperlinks innerhalb des Dokuments gegliedert.

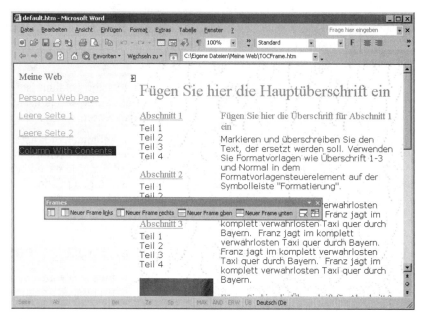

Bild 51.16: Die vom Assistenten erzeugte Webseite weist bereits einige automatisch generierte Hyperlinks auf.

Einige Textpassagen sind farbig hervorgehoben. Hierbei handelt es sich um Hyperlinks, die auf andere Stellen im Dokument verweisen. Mit einem Klick auf diese Hyperlinks bei gehaltener Strg-Taste gelangen Sie zum festgelegten Abschnitt mit den persönlichen Daten.

Die eingefügten Hyperlinks lassen sich wie jedes beliebige andere Textelement bearbeiten, kopieren, verschieben oder mit einem anderen Zeichenformat versehen.

Um einen Hyperlink zu bearbeiten, klicken Sie mit der rechten Maustaste auf den Hyperlink und wählen im Kontextmenü den Eintrag *Hyperlink/ Hyperlink bearbeiten* aus. Word öffnet die Dialogbox *Hyperlink bearbeiten*.

Im Bereich *Link zu* ist die Schaltfläche *Aktuelles Dokument* aktiviert. Word stellt die im aktuellen Dokument enthaltene Sprungzeile in einer hierarchischen Liste im Bereich *Aktuelles Dokument* dar.

Um das aktuelle Ziel des Hyperlinks zu sehen, klicken Sie auf die Schaltfläche Datei oder Webseite. *Im Eingabefeld* Dateityp oder Webseite *zeigt Word die aktuell zugewiesene Textmarke an.*

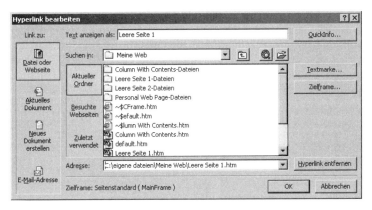

Bild 51.17: In der Dialogbox Hyperlink bearbeiten *passen Sie das Ziel eines Hyperlinks nachträglich an – im Beispiel wurde der Hyperlink* Leere Seite 1 *angeklickt.*

Hyperlinks hinzufügen

Bei Bedarf fügen Sie weitere Links in das Dokument ein. Sobald Sie eine Internet-Adresse (URL) eintragen, genügt auf der späteren Webseite ein Klick auf den Link, um die entsprechende Seite im Internet zu öffnen.

Der Hyperlink soll im Beispiel zum Navigationsframe auf der linken Seite hinzugefügt werden. Klicken Sie dazu unter den letzten Link und geben Sie den gewünschten Text ein. Um ein einheitliches Erscheinungsbild der Webseite zu gewährleisten, erhält der neue Link die Formatvorlage *Hyperlink*, die bereits bei den anderen Links im Navigationsframe Anwendung gefunden hat.

Das Ziel des Links legen Sie fest, indem Sie den Text markieren und dann über *Einfügen/Hyperlink* (Strg+K) die gleichnamige Dialogbox aufrufen. Klicken Sie im Bereich *Link zu* auf die Schaltfläche *Datei oder Webseite* und geben Sie den URL in das Eingabefeld *Adresse* ein.

Exkurs Sprungadressen

Warum nur Internet-Adressen als Hyperlinks einsetzen? Das universelle HTML-Format bietet sich auch als Kommunikationsträger innerhalb eines Netzwerks an. Nahezu alle Office-Pakete, Satzsoftware und Grafikprogramme sind in der Lage, einen HTML-Code zu erzeugen. Verwenden Sie HTML-Dateien, um jedem Netzwerkteilnehmer die benötigten Informationen über einen Internet-Browser zu präsentieren. In diesem Fall kann jede beliebige Datei als Ziel des Hyperlinks dienen. Wenn der Browser dann noch in der Lage ist, Programme und Dateierweiterungen zu verknüpfen, steht einer individuellen Informationsverwaltung im Unternehmen nichts mehr im Wege.

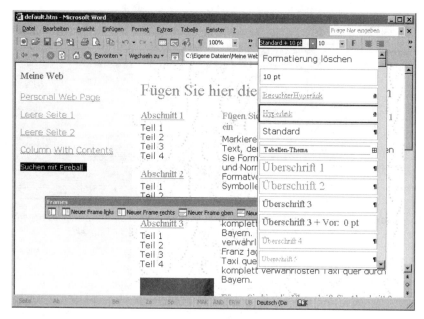

Bild 51.18: Ein neuer Link mit dem richtigen Format im Navigationsframe, über den auf eine Internet-Suchmaschine zugegriffen werden soll.

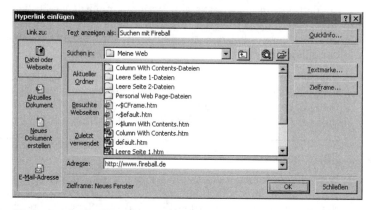

Bild 51.19: Mit der Angabe der URL http://www.fireball.de *wird beim Anklicken dieses Hyperlinks die Suchmaschine Fireball aufgerufen.*

Als Letztes geben Sie den Frame an, in dem das Zieldokument nach einem Klick auf den Hyperlink geöffnet wird. Dazu nutzen Sie die Schaltfläche *Zielframe*. In der erscheinenden Dialogbox *Zielframe bestimmen* wählen Sie den gewünschten Frame aus.

Der Vorteil beim Arbeiten mit Framesets liegt in der strukturierten Darstellung der angeforderten Informationen: In der Praxis soll der Anwender von Ihrer Homepage auf die Suchmaschine zugreifen, die Homepage aber nicht verlassen. Im Listenfeld stehen Ihnen dazu verschiedenen Einträge zur Verfügung, mit denen Sie festlegen, wie die andere Seite zu öffnen ist.

*Die angebotenen Positionen richten sich nach dem Aufbau Ihres Web-Doku-
ments. Dabei finden zum Teil auch englischsprachige Bezeichner Verwendung.*

→ *LeftFrame* legt fest, dass das neue Dokument im linken Frame darzustellen ist.

→ Mit der Auswahl *MainFrame* bestimmen Sie, dass die neuen Informationen im zentralen Frame des Webdokuments dargestellt werden.

→ *RightFrame* legt fest, dass das Zieldokument im rechten Frame darzustellen ist.

→ *Seitenstandard (Mainframe)* wählt den im Dokument als Standard eingerichteten Frame zur Darstellung der neuen Inhalte aus.

→ *Gleicher Frame* legt fest, dass das Zieldokument in dem Frame darzustellen ist, in dem sich der Hyperlink befindet.

→ Mit der Einstellung *Ganze Seite* erscheint das Zieldokument über die
gesamte Seite im Browser. Das Dokument mit dem aufgerufenen
Hyperlink wird ausgeblendet.

→ Um zu bestimmen, dass im Browser ein neues Fenster mit dem Zieldokument geöffnet wird, wählen Sie den Eintrag *Neues Fenster (New
window)*.

 *Um die Position des Zieldokuments interaktiv festzulegen, klicken Sie auf
den entsprechenden Frame im Vorschaufeld links neben dem Eingabefeld.*

Bild 51.20: Die Suchmaschine soll in einem neuen Fenster des Internet-Browsers ausgeführt werden.

Alternativ geben Sie eine Verknüpfung zu einer definierten Textmarke im
Dokument an: Mit einem einfachen Mausklick springen Sie so an eine
beliebige Stelle des Dokuments. Diese Angaben finden im zweiten Bereich
der Dialogbox statt.

Markieren Sie dazu die gewünschte Textpassage, und wählen Sie *Einfügen/
Textmarke*. In der angezeigten Dialogbox geben Sie einen Namen für die
neue Textmarke ein.

 Öffnen Sie die Optionen-Dialogbox mit Extras/Optionen *und aktivieren Sie
das Kontrollkästchen* Textmarken *im Register* Ansicht, *um die Textmarken
im Dokument zu erkennen.*

Sobald der Mauszeiger einen Moment lang über einem Hyperlink steht, werden die Ziele der Hyperlink-Verknüpfungen (Textmarke, Datei oder URL) angezeigt.

Feedback

Häufig kommen auf Homepages verschiedene Feedbackelemente zum Einsatz. Der einfachste Fall sind E-Mail-Adressen, an die sich der Anwender mit Kritik oder Anmerkungen zur Homepage wenden kann. Wenn Sie die E-Mail-Adresse als Hyperlink in das Dokument einfügen, genügt ein Klick auf den entsprechenden Link im Browser, damit der E-Mail-Client gestartet wird. Der Anwender kann sofort seine Nachricht an die richtige Adresse schicken. Zum Einfügen eines Hyperlinks zu einer E-Mail-Adresse markieren Sie die Stelle, an der Word den Link einfügen soll, und wählen den Menübefehl *Einfügen/Hyperlink*. Klicken Sie im Bereich *Link zu* auf die Schaltfläche *E-Mail-Adresse* und geben Sie die Adresse des vorgesehenen E-Mail-Empfängers im Eingabefeld *E-Mail-Adresse* ein.

Nutzen Sie das Eingabefeld *Betreff*, um für die neu zu erstellende Nachricht einen Betreff voreinzustellen. Der festgelegte Text erscheint dann im E-Mail-Client des Anwenders im Betreff der Nachricht.

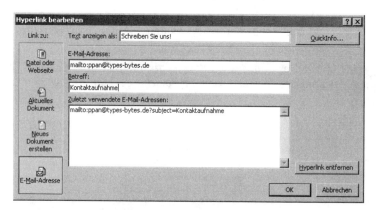

Bild 51.21: *Beim Einfügen eines Hyperlinks zu einer E-Mail-Adresse geben Sie bei Bedarf gleichzeitig den Betreff der Nachricht mit ein.*

Frames bearbeiten

Zum Bearbeiten der im Webdokument enthaltenen Frames stellt Ihnen Word alle erforderlichen Hilfsmittel bereit. Sie finden diese Funktionen und Befehle im Menü *Format/Frames* oder in der Symbolleiste *Frames*.

Die Funktionen zum Einfügen und Bearbeiten von Frames stehen Ihnen ebenfalls bei normalen Word-Dokumenten zur Verfügung.

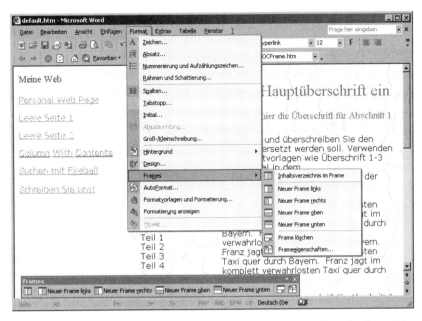

Bild 51.22: Über das Menü Format/Frames *oder die Symbolleiste* Frames *bearbeiten Sie die enthaltenen Frames einer Webseite.*

Mit den folgenden Funktionen ändern Sie die Frames im Dokument und damit das Erscheinungsbild Ihrer Webseite:

→ *Inhaltsverzeichnis im Frame* legt einen neuen Frame an und fügt das Inhaltsverzeichnis des aktuell geöffneten Dokuments ein. Dabei wertet Word die enthaltenen Formatvorlagen aus, denen eine Ebene zugewiesen ist.

→ *Neuer Frame links* fügt einen neuen leeren Frame im linken Bereich des aktuellen Frames/der Dokumentseite ein.

→ *Neuer Frame rechts* fügt einen neuen leeren Frame im rechten Bereich des aktuellen Frames/der Dokumentseite ein.

→ *Neuer Frame oben* fügt einen neuen leeren Frame an der Oberkante des aktuellen Frames/der Dokumentseite ein.

→ *Neuer Frame unten* fügt einen neuen leeren Frame an der Unterkante des aktuellen Frames/der Dokumentseite ein.

→ *Frame löschen* entfernt den aktiven Frame nach einer Sicherheitsabfrage.

→ *Frameeigenschaften* öffnet die gleichnamige Dialogbox, in der Sie verschiedene Einstellungen zum aktiven Frame vornehmen können.

Das Register *Frame* bestimmt den Inhalt und die Bezeichnung des Frames. Die darzustellende Webseite legen Sie im Listenfeld *Anfangsseite* fest. Die Anfangsseite bestimmt die Webseite, die beim Öffnen des Webdokuments standardmäßig dargestellt wird.

Bild 51.23: In der Dialogbox Frameeigenschaften *richten Sie den aktuellen Frame ein.*

Nach einem Klick auf die Schaltfläche *Durchsuchen* öffnet Word eine Datei-dialogbox, in der Sie das gewünschte Dokument auswählen. Die Bezeichnung des Frames geben Sie im Listenfeld *Name* vor. Word zeigt im Listenfeld alle bereits im aktuellen Frameset enthaltenen Bezeichnungen an. Um eine neue Bezeichnung festzulegen, geben Sie den Namen in das Listenfeld ein.

Wenn Sie den Namen bestehender Frames verändern, müssen Sie die entsprechenden Zuordnungen bei den Hyperlinks manuell anpassen.

Die Eingabefelder *Breite* und *Höhe* geben die Abmessungen des Frames und den Bezugspunkt wieder. Zum Anpassen der Breite oder Höhe verschieben Sie die Trennlinie zwischen den Rahmen mit der Maus.

Bewegen Sie dazu den Mauszeiger auf die Trennlinie – der Mauszeiger verwandelt sich in einen kleinen Doppelpfeil. Halten Sie die linke Maustaste gedrückt, und ziehen Sie die Trennlinie an die neue Position.

Blenden Sie das horizontale Lineal über Ansicht/Lineal *ein, um die Begrenzung zwischen den Frames leichter zu erkennen.*

Im Register *Rahmen* der Dialogbox *Frameeigenschaften* legen Sie das Erscheinungsbild der Trennlinien zwischen den Frames fest. Mit den Optionen im Bereich *Frameseite* legen Sie fest, ob Rahmenlinien zum Einsatz kommen sollen. Sobald die Option *Alle Framerahmenlinien anzeigen* aktiviert ist, blendet Word weitere Steuerelemente ein, mit denen Sie die Breite und Farbe der Rahmenlinie einstellen. Die vorgenommenen Einstellungen gelten für alle Frames des Webdokuments.

Im Bereich *Einzelner Frame* regeln Sie die Anzeigeoptionen das aktuellen Frames. Im Listenfeld *Bildlaufleisten im Browser anzeigen* stellen Sie ein, ob und wann im Browser für den aktuellen Frame Bildlaufleisten angezeigt werden sollen. Das Kontrollkästchen *Framegrösse in Browser anpassen* ist standardmäßig aktiviert und bewirkt, dass der betreffende Frame an die Darstellungsgröße im Browser angepasst wird.

Multimedia-Elemente auf Webseiten

In Web-Dokumente fügen Sie bei Bedarf beliebige Steuerelemente, wie z.B. Schaltflächen aber auch Sounds und Videos, ein. Die entsprechenden Steuerelemente zum Einfügen zusätzlicher Elemente sind zentral in der Symbolleiste versammelt.

 Die Symbolleiste Webtools *blenden Sie über* Ansicht/Symbolleisten/Webtools *ein.*

Bild 51.24: Über die Schaltflächen der Symbolleiste Webtools *fügen Sie Multimedia-Elemente in die Webseite ein.*

 Ehe Sie mit dem Internet-Publishing beginnen, sollten Sie sich mehrere Browser zulegen, um die erzeugten Seiten auszuprobieren – je nach Browser und den eingestellten Optionen treten teilweise erhebliche Unterschiede in der Darstellung Ihrer Seite auf.

Beachten Sie auch, dass nicht alle Anwender, die Sie erreichen wollen, immer über die neuesten Browser verfügen. Im schlimmsten Fall werden deshalb wichtige Informationen nicht oder nur unvollständig angezeigt. Es bietet sich an, zunächst eine einfache HTML-Seite mit allen notwendigen Informationen zu erstellen. Videos oder animierte Grafiken legen Sie dann auf einer weiteren Seite ab, die bei Bedarf über einen Hyperlink aufgerufen wird.

Bilder im Internet

Bilder und Grafiken helfen dabei, eine Webseite interessanter zu gestalten. Auch zusätzliche Informationen lassen sich so leichter visualisieren. Beim Einfügen von Bildern greifen Sie auf die bereits eingehend beschriebenen Befehle im Menü *Einfügen* zurück.

Da alle Daten über die Internet-Verbindung geladen werden, verbieten sich große Datenmengen. Die beste Abbildung nutzt wenig, wenn der Besucher Ihrer Webseite den Ladevorgang abbricht, weil ihm die Übertragung der Daten zu lange dauert. Zwei Dateiformate haben sich im Online-Bereich durchgesetzt und können in der Regel von jedem Browser angezeigt werden:

→ Das GIF-Format – ursprünglich vom Online-Dienst CompuServe entwickelt – hat mittlerweile weltweit Bedeutung erlangt. Dieses Format erlaubt die Darstellung von bis zu 256 Farben in einer individuellen Palette. Daneben werden mehrere Bildebenen unterstützt. Eine GIF-Grafik kann mehrere unabhängige Bilder speichern und erlaubt eine verlustlose Kompression der Bilddaten.

Im so genannten Interlaced-Modus werden Bilder bereits beim Ladevorgang grob wiedergeben, mit zunehmender Datenmenge nimmt auch die Bildqualität zu.

→ Das JPEG-Format – erkennbar an der Dateierweiterung JPG – kann unterschiedlichste Farbmodelle bis hin zu TrueColor (24-Bit-Farbe) transportieren und zeichnet sich durch sehr hohe Kompressionsraten aus. Allerdings geht dies zu Lasten der Bilddetails. Je höher die Kompression, desto mehr Bilddetails gehen verloren. Auch hier steht Ihnen ein »progressiver« Bildaufbau zur Verfügung. Dabei zeigt das darstellende Programm bereits bei einer geringen übertragenen Datenmenge eine grobe Vorschau.

Unabhängig davon, welches Format Sie einsetzen, achten Sie auf jeden Fall auf Farbtiefe und Auflösung der eingebundenen Bilder – sie bestimmen die resultierende Bildgröße und damit die zu übertragende Datenmenge. Ein zusätzlicher Hinweis an dieser Stelle: Die Bildauflösung ist entscheidend für die spätere Darstellungsgröße im Internet-Browser. Für PC-Dateien empfiehlt sich ein Wert von 96 dpi.

Alle Grafiken können Sie – wie Textpassagen – mit einem Hyperlink versehen. Markieren Sie dazu die gewünschte Grafik und wählen Sie *Einfügen/Hyperlink* oder benutzen Sie die Tastenkombination Strg+K. Word öffnet die bereits bekannte Dialogbox, in der Sie die Zieladresse der Hyperlink-Verknüpfung angeben.

Stichwortverzeichnis

B

C

F

H